中央编译局文库出版工作领导小组（编委会）

主　　任：贾高建
副 主 任：俞可平　魏海生　陈和平　柴方国　杨金海
委　　员：崔友平　沈红文　杨雪冬　季正聚　陈家刚
　　　　　赖海榕　郗卫东　张文成　刘明清

中央编译局文库出版工作领导小组办公室

主　　任：薛晓源
成　　员：徐向梅　苗永姝

中央编译出版社文库编辑中心编辑小组

刘明清　薛晓源　谭　洁　董　巍　贾宇琰
冯　章　曲建文　苗永姝　邓　彤　杜永明
盛菊艳　李媛媛　薛迎春　董　妍

国家"十二五"重点图书

马克思主义研究资料

第32卷

主　编　杨金海
副主编　冯　雷（常务）　薛晓源

马克思恩格斯列宁生平与事业研究 II

本卷主编　马　瑞

《马克思主义研究资料》顾问委员会

贾高建　俞可平　宋书声　殷叙彝　詹汝琮　张钟朴
李洙泗　冯文光　赵家祥　严书翰　梁树发　郭建宁

《马克思主义研究资料》编辑委员会

主　编：杨金海

副主编：冯　雷（常务）　薛晓源

编　委　（按姓名拼音排序）

陈喜贵　冯　章　黄晓武　江　洋　李百玲　李义天
李媛媛　林进平　刘仁胜　刘　英　刘元琪　吕增奎
马　瑞　苗永姝　彭萍萍　盛菊艳　史清竹　武锡申
姚　颖　苑　洁　郑　锦　郑天喆　周艳辉

参加本卷编辑出版工作的有

杜永明　苗永姝　曲建文

总　序

呈献给读者的这套《马克思主义研究资料》丛书，旨在服务于我国正在实施的马克思主义理论研究和建设工程，积极吸收和借鉴国外马克思主义研究成果，对改革开放以来中央编译局编译的有关国外学者研究马克思主义的成果，以及少量相关的国内学者的研究成果整理出版，为我国马克思主义研究提供基础性的参考资料。本丛书计划出版37卷，三年内陆续完成编辑和出版工作。

编译国外学者关于马克思主义的研究成果，并对相关问题展开深入探讨，是马克思主义经典著作编译研究的基础性工作。中央编译局作为马克思主义经典著作编译研究的专门机构，历来十分重视这项工作。20世纪50年代以来，特别是改革开放以来，中央编译局的同志们编译了大量国外学者关于马克思主义的研究文献，也发表了不少自己的相关研究成果。这些成果曾经在中央编译局编辑的《马列著作编译资料》、《马列主义研究资料》、《马克思主义与现实》等刊物公开发表，或在内部刊物《马克思恩格斯研究》、《列宁研究》等刊载。这些成果对于推进马克思主义经典著作的编译和研究工作发挥了重要作用，时至今日，一些学者仍然把它们当做研究马克思主义的珍贵资料。

然而，随着近年来中央实施马克思主义理论研究和建设工程的深入推进以及马克思主义学科建设的快速发展，这些研究资料的留存情况已经远远不能适应形势发展的需要了。《马列著作编译资料》和《马列主义研究资料》早已停止出版，很多人难以找到原有资料；《马克思恩格斯研究》等内部刊物刊载的文章没有公开面世，也难以为人们广泛使用；而新编译的文献资料又很零散。因而，希望中央编译局提供马克思主义研究资料的呼声越来越高。

为了继承前辈的事业，适应学界的需要，尽可能全面系统地收集整理中央编译局近几十年来编译的国外学者关于马克思主义的研究成果以及相关的国内学者的研究成果，中央编译局专门成立了《马克思主义研究资料》丛书课题组，并对该项工作提供了基金资助。课题组不仅在局内组织力量进行工作，而且争取到社会力量的支持。经过课题组同仁两年多努力，已经形成一批编辑成果，还将继续补充、完善并陆续推出。这套《马克思主义研究资料》丛书就是这些成果的集中体现。

本丛书力求体现如下四个特点，这也是丛书编辑工作所力求遵循的四条原则：第一，保证文献性。本丛书主要收集改革开放以来中央编译局刊物发表的有关马克思主义理论编译和研究方面的成果，这些刊物包括公开出版的《马列著作编译资料》、《马列主义研究资料》、《马克思主义与现实》、《当代世界与社会主义》、《经济社会体制比较》、《国外理论动态》等，也包括内部刊物《马克思恩格斯研究》、《列宁研究》、《斯大林研究》、《马克思恩格斯列宁斯大林研究》等；少量收集其他杂志发表的中央编译局学者编译或撰写的有关文章；个别收集与中央编译局长期合作的其他学者的相关文章；对所收商榷性文章涉及的其他学者的成果，也作为附文收入，以示对相关学者的尊重，也便于读者在阅读正文时参考。收集整理这些学术成果的目的主要是为学界研究马克思主义提供参考资料，同时帮助人们了解马克思主义研究的历史进程和思想脉络。因此，本丛书所收文献力求保持其历史原貌，包括其中的人名、地名、术语、引文等，都不作改动，以便读者进行文献考证之用，只对个别错漏文字等进行校正，对于文中可能产生歧义的地方，以"本丛书编者注"的方式加以说明。其中读者特别应当留意的是译名、术语的不统一问题，例如关于《马克思恩格斯全集》历史考证版，就有多种表达方式：原文版、国际版和 MEGA 版，其中，往往又以"老"、"新"、"MEGA^1"、"MEGA^2"、"MEGA1"、"MEGA2"等来区分历史考证版第1版和第2版。第二，突出编译性。本丛书所收文献中，以国外学者的成果为主，包括国外学者关于马克思主义经典作家的著作、思想、生平事业，乃至书信往来、工作生活等方面的研究文献，凡比较有资料价值的，均在收集之列。如上所述，国内学者的相关考证性成果，包括经典著作翻译、版本、传播、重要术语考据等文献，凡具有资料价值的，也一并收入，但这部分内容所占比例较小。第三，力求系统性。上述几十年来形成的这些编译研究资料繁茂芜杂，十分零散，使用起来很不方便，编辑整理就更为困难。为把这些宝贵文献整理面世，使之更好地发挥作用，编辑人员下了很大功夫。在收集整理中，我们力图分门别类，尽可能将同类资料按照一定逻辑顺序编排，使之呈现一定的系统性，以便读者全面掌握有关资料。第四，力争权威性。本丛书力争选编国内外在相关研究领域具有一定权威性的专家学者的具有代表性和影响力的文献。为保证文献的权威性和准确性，我们对文献的引文进行了校订，特别是对有关马克思主义经典著作的引文进行了原版原文核对，并对注释尽可能地作了规范化处理，以便读者更准确地了解引文及其出处。

基于上述考虑，本丛书的编排体系大体分四个部分。第一部分是经典著作研究，包括关于《共产党宣言》、《资本论》等手稿、创作、版本、传播诸方面的研究文献；第二部分是基本理论研究，包括哲学、政治经济学、科学社会主义以及政治学、法学等方面的研究文献；第三部分是版本和传播、编译以及生平事业研究；第四部分是国外马克思主义研究。每一部分包括若干卷。每一卷都有本卷编辑说明，对本卷编辑的思路、内容和有关技术问题作简要交代。各卷内容按照逻辑顺序进行编排，在此基础上再按照时间顺序编排。各卷内容一般要作分类，并加分类标题，以便读者阅读研究。

需要说明的是，由于本丛书是整理编辑已有的文献，而且主要限于整理编辑中央编译局学者编译和研究的部分成果，这就决定了本丛书不可避免地存在一些缺憾。一是这些文献中有的观点不一定正确。选编这些文献并不意味着编者赞同其中的观点，我们的目的仅仅在于为人们研究马克思主义提供参考资料，其中正确的思想成果可以作为我们研究借鉴的思想资源，而错误的观点可以作为我们研究批评的对象。例如，对有关马恩对立论的观点，我们是不赞成的，但为了让研究者了解、研究和批评这种观点，也收入了相关文章。所以，谨请读者在使用这些文献时注意辨别是非。二是这些文献存在质量参差不齐的情况。由于这些文章的作者、译者水平不同，写作时间、背景、针对的问题、产生的影响以及发表的刊物等不同，其质量也就有一定差别。例如，有的概念和译文在今天看来不一定科学、准确，有的文献曾经很有价值而在今天看来最多只有学术史的价值。在选编过程中，我们尽量收入那些分量较重、影响较大的文献，但为了比较全面地反映学术史的原貌并提供尽可能详细的研究参考资料，也收入了一些篇幅较短、影响不大但有一定资料或史料价值的文献。另外，有少量比较重要的文献，由于作者或译者不同意收入，也不得不忍痛割爱。三是这些文献的系统性、规范性不太强。尽管我们努力按照上述编辑原则工作，对这些文献进行了分类整理，力求全面系统地提供给读者相关方面的文献资料，但由于这些资料十分繁杂，彼此之间的关联性不强，有的方面资料较多，有的较少，且发表的刊物、时间等不同，体例也很不统一，整理起来难度极大，加之各位编者的研究角度不同，水平各异，所以，每一卷书的结构、篇章、内容、观点等都不尽相同，其规范程度也不尽一致。对本丛书存在的以上不足或缺憾，谨请读者鉴谅；对其中可能存在的疏漏和错误之处，谨请读者批评指正。

本丛书在编写和出版过程中，得到了各个方面的大力支持。中央编译局对此项工作高度重视，始终给予鼎力支持。国家出版基金将本丛书列入2013年度资助项目。中央编译出版社为本丛书申报国家出版基金项目并最终立项，以及为丛书出版做了大量工作。本丛书所收文献的译者、作者和出版者，凡已联系上的，均给予我们大力支持，同意使用这些文献；对尚未联系上的，我们将尽力联系，也请相关同仁主动联系我们。丛书顾问委员会的专家对丛书的编写工作给予热情指导，编委会成员和课题组同仁为丛书的编写付出了辛勤劳动。在此一并致以衷心的谢意！

《马克思主义研究资料》
编辑委员会
2013年12月10日

编辑说明

本卷是"马克思恩格斯列宁生平与事业研究"第 II 卷，收录"生平事业研究（下）"，时间跨度为 1848 年以降。

本卷根据马克思恩格斯生平事业的发展演变历程，借助史料梳理，再现了以下史实：马克思在维也纳的经历；《新莱茵报》的出版及其影响；恩格斯在瑞士的经历；马克思恩格斯在 1848—1849 年欧洲革命中的作用以及他们对革命的反思；马克思恩格斯在 1852 年科隆共产党人案中从事的辩护活动、对科隆共产党人案件的历史回顾；马克思恩格斯为建立工人阶级政党所作的斗争；马克思恩格斯在曼彻斯特的生活与革命经历；恩格斯在巴黎公社中的独特历史贡献；恩格斯晚年受普鲁士警察秘密监视的情况；恩格斯的加拿大和美国之行等。最后，简述了列宁领导十月革命武装起义及此后他的经济思想和领导能力方面的情况。

为保持文献性，本丛书的注释尽量保持原貌，不作改动；但对原注释有错误或有遗漏的，我们尽可能查阅了有关文献，作了必要的规范和完善；对有些查找不到的，保留原来的内容和格式。

目 录

生平事业研究（下） 1

马克思在19世纪40至50年代亲自宣传自己的经济学理论的观点

　　〔苏〕Л.Р.米西克维奇 3

关于马克思、恩格斯和他们的战友们在1848—1849年革命期间的

　　活动的新材料

　　〔苏〕С.З.列维奥娃 5

马克思在维也纳

　　〔奥地利〕夏娃·普里斯特尔 22

有关马克思在维也纳的资料 32

关于《新莱茵报》的创办史

　　——新文献和史料

　　〔德〕弗朗索瓦·梅利斯 36

《新莱茵报》对萨克森省民主派报刊的影响（1848—1849年）

　　〔德〕赫伯特·彼得斯 123

弗里德里希·恩格斯在瑞士（1848年—1849年初的冬季）
〔苏〕索·佐·列维奥娃 ……………………………… 164

恩格斯1849年夏在瑞士的政治流亡（史料综述）
〔联邦德国〕米·克尼里姆 ……………………………… 179

马克思和恩格斯论安全委员会及其在1848—1849年资产阶级
　民主革命中的作用
〔德〕埃迪塔·纳格尔 ……………………………… 190

对马克思捐款购买武器一事的不同看法
白玉琴 ……………………………………………… 205

欧洲1848—1849年革命：一次历史的类型比较的尝试
〔德〕瓦尔特·施密特 ……………………………… 211

革命之后、国际之前《新莱茵报。政治经济评论》出版史
〔德〕马丁·洪德 ……………………………………… 224

1852年科隆共产党人案件中马克思和恩格斯所参与的辩护活动
〔德〕英格里特·多纳尔 ……………………………… 247

从新材料来判断1852年科隆共产党人案件
〔苏〕Г. Д. 戈洛维娜 ………………………………… 293

科隆共产党人案件和《共产党宣言》
梁　明 ……………………………………………… 296

马克思恩格斯和1853年纽约的《改革报》
〔德〕乌特·埃姆里希 ………………………………… 302

1859—1860年马克思和恩格斯为建立工人阶级政党所作的斗争
〔德〕卡尔－海因茨·莱迪希凯特 …………………… 352

马克思恩格斯揭露巴枯宁秘密同盟的经过

　　〔苏〕尼·尤·科尔平斯基 …………………… 377

马克思在曼彻斯特

　　〔英〕W. O. 亨德森 ……………………………… 396

恩格斯在曼彻斯特

　　〔英〕W. O. 亨德森 ……………………………… 415

恩格斯和曼彻斯特的席勒协会

　　〔德〕F. P. 席勒 …………………………………… 435

恩格斯和巴黎公社

　　辛叔安 ……………………………………………… 448

恩格斯和国际米兰支部（1871—1872年）

　　〔苏〕И. B. 格里戈丽耶娃 ……………………… 466

马克思恩格斯在建立和巩固不列颠联合会委员会中的作用
（1871—1873年）

　　〔苏〕B. Э. 库尼娜 ……………………………… 481

恩格斯在普鲁士秘密警察监视中

　　〔苏〕波·格·塔尔塔科夫斯基 ………………… 505

1888年夏恩格斯的美国和加拿大之行

　　〔德〕托马斯·波勒 ……………………………… 518

恩格斯的骨灰罐是在1895年8月27日投葬海中的吗？

　　王宏道 ……………………………………………… 535

《列宁年谱》简介

　　施　均 ……………………………………………… 539

列宁在斯维尔德洛夫共产主义大学作论国家讲演的经过
　　〔苏〕П.М.拉比诺维奇 ………………………………… 543
列宁在十月武装起义的日子里
　　——《列宁年谱》选译 …………………………………… 556
列宁——经济战线上的领袖
　　〔苏〕伊·伊·拉德琴柯 …………………………………… 593
列宁起草改组消费合作社提纲的经过（摘译）
　　〔苏〕И.А.法鲁丁 ………………………………………… 627

生平事业研究（下）

马克思在19世纪40—50年代亲自宣传自己的经济学理论的观点[*]

〔苏〕Л.P.米西克维奇

马克思的经济学理论的制定和宣传是同时进行的；在马克思主义形成的初期，理论的制定和宣传是紧密交织在一起的。理论发展的必要性直接来自工人运动的实践。在先进工人、朋友和同志面前就经济学理论问题发表看法，促使马克思更明确地表达自己的观点。早在1844年，警察报告中就记载了马克思在巴黎积极做宣传工作的情况。他在布鲁塞尔还继续做这种工作。马克思在演讲中强调指出，如果共产主义和社会主义的理论不是以关于资本主义现实关系的知识为依据，那就只会流于空想。颇能说明问题的是，马克思的许多朋友早在40年代末就期待他写出政治经济学方面的奠基性的著作。马克思着手写《资本论》时，一直积极从事宣传工作。50年代末和60年代初，他曾讲授政治经济学。应该指出，马克思给工人讲课是无报酬的。我们看到的有马克思讲解分工和地租的两份政治经济学手抄讲稿片断。马克思曾围绕《政治经济学批判》这一著作举行讲座，上述两份讲稿片断无疑是和那一时期有

---

[*] 本文选自《马列主义研究资料》1985年第3辑。

原题注：此文原载于《马克思的〈资本论〉史文集》莫斯科1983年版第311—341页。——译者注

关。这两个片断清楚地表明了讲稿的性质和内容以及马克思仔细备课的情况。为了给为数不多的二三十个听众讲课，马克思预先就准备了讲稿，标出了打算详细论述的基本问题。讲课草稿使人能一目了然地判断马克思讲演的某些特点。马克思一开始先复述上一次讲授的基本结论，然后提出新的问题，列举具体的例子。"由于必须给修养不足的听众更加清楚地讲解理论课题，马克思不得不寻找更准确的表达方法，把注意力放到一些尚未研究透彻的课题上。"①（第 340 页）马克思亲自宣传自己的经济学理论，对于在德国和英国工人运动活动家中间传播科学观点起了相当大的作用。

[译自苏联《社会科学文摘（科学共产主义问题类）》1984 年第 4 期第 18—19 页]

（晓非 译）

---

① 《马克思的〈资本论〉史文集》莫斯科 1983 年版第 340 页。

关于马克思、恩格斯和他们的战友们在1848—1849年革命期间的活动的新材料[*]

〔苏〕C.3.列维奥娃

苏联的马克思学是在坚实的史料学基础上发展起来的。我们的学者所进行的研究的科学价值，就在于他们把涉及面很广的文献资料，即各个时期的手稿、书信和报刊等，作为深入研究、分析和概括的基础。苏联的马克思主义者竭力详细查阅了苏联的全部档案资料（首先对马列主义研究院党务档案馆的极丰富的卷宗作了详细的查阅）。通过这些研究，发掘了大量重要的和有意义的文献，进一步加深了我们对科学共产主义创始人生平活动的了解。然而，挖掘查找的工作远没有就此结束，还应到国外的档案馆中继续查找。

阿姆斯特丹国际社会史研究所的资料，对从事马克思学的研究人员来说，具有很大的吸引力。那里藏有马克思、恩格斯和他们的战友们、朋友们的相当可观的文献遗产，以及有关马克思主义和国际工人运动的史料。

为了编辑《马克思恩格斯全集》原文版第3部分（马克思和恩格斯的通信），不久前，本文作者有机会到阿姆斯特丹国际社会史研究所档案馆进行工作。这次工作的主要目的，是研究马克思和恩格斯的书

---

[*] 本文选自《马克思恩格斯研究》1991年总第5辑。

信、第三者写给他们的书信以及他们在1849—1859年间的生平活动资料。在查阅阿姆斯特丹国际社会史研究所收藏的资料中，发现了许多涉及马克思和恩格斯的历史文献资料。

在这些资料中有一些是属于19世纪40—50年代的同马克思和恩格斯有关的文献。它们分散在阿姆斯特丹国际社会史研究所的各种卷宗里，而且至今未曾有人查阅过。

在维利希全宗里发现了一些关于1848—1849年德国革命后期，即1849年6—7月的文献，这个时期恩格斯作为志愿部队中的一员在德国西南部参加起义。

这次起义是在小资产阶级民主主义者的领导下进行的，它的口号是维护具有妥协性质的帝国宪法，这个口号表明了1848—1849年德国革命的性质。实现德国的民族统一是这次革命的基本任务，而只有民众的革命斗争获得胜利、反动的君主制度被彻底消灭才能完成这个任务。为此，马克思和恩格斯作了各种尝试，力图去影响运动的进程，结果未能成功。小资产阶级的领袖们拒绝采纳马克思和恩格斯的建议：使整个德国西南部举行起义，动员一切民众并采取坚决措施来反对反动派。① 起义领导者的这种立场已经决定了这次起义的结局。

普法尔茨临时政府曾邀请恩格斯担任各种民事或军事的职务，显然都遭到了恩格斯的拒绝。恩格斯在《德国维护帝国宪法的运动》一文中提到此事时强调指出：如果在无产阶级的运动中，他会毫不犹豫地接受这样的职位。②

---

① 参看《马克思恩格斯全集》第1版第7卷第167页。
② 参看《马克思恩格斯全集》第1版第7卷第178页。

然而，这个自发地表达了德国人民渴望民族统一意愿的维护帝国宪法运动获得巨大的规模。当德国西南部的起义发展为群众性起义时，恩格斯不能再袖手旁观了。

他加入了共产主义者同盟盟员、前普鲁士军官维利希所指挥的一支志愿部队，参加了全部的战斗。这支七八百人的部队由三个连队组成，一个叫做工人连，他们过去（1848年4月）在维利希的指挥下参加过巴登共和派起义，起义失败后曾被扣留在法国南部的贝桑松（因此又称贝桑松连）；另外两个志愿军连队的人员是莱茵普鲁士（卜留姆和爱北斐特）起义的参加者，恩格斯就是其中之一①。

这支用大镰刀武装起来的部队战士，基本上是工人和农民。② 维利希的部队里同时还有一个大学生连和一些其他志愿人员。关于贝桑松连的社会成分的情况，在阿姆斯特丹国际社会史研究所维利希的全宗里有一份1848年10月6日编制的贝桑松连的花名册。③ 这份计有262人的名单，不仅有名有姓，而且还有职业类别。从对这份名单的分析可以看出，这是一支具有非常坚强的无产阶级成分的队伍，这个连的绝大多数志愿军战士（221人）是工人和手工业者。

可见，维利希的部队里集结了一批最坚强的无产阶级分子，这就成了起义队伍中一支最富有战斗力和最坚强的部队。正如恩格斯所指出的，维利希部队的战士是"全普法尔茨最可靠的士兵"，而且指挥成员都具有一定的作战经验。④

---

① 参看《马克思恩格斯全集》第1版第7卷第152、204页。
② 参看《马克思恩格斯全集》第1版第7卷第152、183页。
③ 阿姆斯特丹国际社会史研究所维利希遗著。
④ 《马克思恩格斯全集》第1版第7卷第183—184页。

作为副官的恩格斯担负着部队的武器和装备供给工作，以及与其他起义团队的通信联络工作。例如，1849年7月6日体操运动员分队的指挥员埃梅尔曼致维利希的信封正面写着："志愿军部队指挥员维利希上校收。如指挥员不在，兹委托副官恩格斯凭收条办理。"① 在这封信中（此信将首次发表在《马克思恩格斯全集》原文版第3部分第3卷的"附录"中）埃梅尔曼对恩格斯关于部队装备问题的一封信作了答复，而恩格斯的信没有保存下来。

恩格斯也参加了作战计划的制定工作。在战斗中，他总是处在最危险的战线上，曾率领过志愿军的某些队伍，如贝桑松连等。②

我们至今所掌握的有关恩格斯参加巴登—普法尔茨起义的文献微乎其微。苏共中央马列主义研究院党务档案馆里只存有一份恩格斯用铅笔写的有关维利希部队中个别起义小分队装备配置清单的手迹。③

在阿姆斯特丹国际社会史研究所里还发现恩格斯的另一份手迹。它写在1849年6月29日拉科夫给维利希的信的背面。④ 这是一份起义者，包括贝桑松连的装备配置清单，同时还有1849年7月5日使用的暗语和口令："海得尔堡"、"亨利"、"笑声"和"咳嗽"。这些暗语是普法尔茨军队总司令济格尔1849年7月5日写信通知维利希的⑤，由此可以确定，恩格斯的这个手迹也写于1849年的7月5日。

---

① 阿姆斯特丹国际社会史研究所维利希遗著。
② 《马克思恩格斯全集》第1版第7卷第199—200、206—207、220、223页。关于恩格斯的参战情况，参看克利姆等：《恩格斯文献传记》，中央编译局译，湖南人民出版社1986年版，第228—243页。
③ 苏共中央马列主义研究院中央党务档案。
④ 阿姆斯特丹国际社会史研究所维利希遗著。
⑤ 阿姆斯特丹国际社会史研究所维利希遗著。

恩格斯的手迹充实了我们所掌握的关于他参加1849年巴登·普法尔茨起义的资料。

在阿姆斯特丹国际社会史研究所马克思和恩格斯全宗内"第三者手稿"分宗里存有一份19世纪50年代的文献。这是一份不知何人所写的关于陶森璐和豪格的几则札记。① 根据第4页上写的"第恩街28号卡·马克思公民收"来判断,它是寄给马克思的,地址就是1850—1856年马克思在伦敦的住处。这些札记是在马克思和恩格斯撰写抨击性文章《流亡中的大人物》时期(1852年5—6月)写的。

在最后一页(第4页)上,札记的标题是"豪格将军"。把这个札记同抨击性文章《流亡中的大人物》一文对照一下就可以看到,马克思在该文论述豪格的第11章中曾使用过这个札记中的资料。这个自命为"将军"的豪格,在伦敦流亡者中冒充自己是参加过匈牙利革命战斗而被奥地利人于1849年处死的那位奥地利军官豪克。② 在这份札记手稿的下方,马克思写了如下一段话:

"无论在匈牙利还是在维也纳,没有人听说过豪格将军,1848年革命结束后,此人却以意大利将军的身份出现在汉堡,在伦敦长时期地被认为就是被绞死的豪克。现在似乎已经确定,他并不是已故的豪克。"

这段话的结尾是这样的:"在流亡者中间,这个忧郁的人以'倒霉鬼'(dasarmetier)这一绰号而闻名。或者,用法国人的较客气的说法来表达,就是'可怜虫'(lepauvrediable)。"

在抨击性文章《流亡中的大人物》由恩格斯执笔的相应段落上,插入一句由马克思增补的话:"无论在匈牙利还是在维也纳,没有人听

---

① 阿姆斯特丹国际社会史研究所马克思恩格斯遗著。
② 参看《马克思恩格斯全集》第1版第8卷第347页。

说过我们的这位豪格，1848 年革命结束后，此人却以革命将军的身份出现在汉堡。"① 接着该文写道：

"我们的豪格在伦敦长时期地被认为就是在匈牙利战役中闻名的、被绞死的军官豪克。现在，似乎已经确定，他并不是已故的豪克……在流亡者中间，这个忧郁的人以'愚蠢的小牲畜'或者如法国人所说的 labonnebeete 这个外号闻名。"②

可见，新发现的马克思的这一小段手稿同《流亡中的大人物》一文有关，而在这篇文章中，正如我们从书信中所了解的，马克思和恩格斯不仅使用了大量的出版文献，而且还使用了他们从朋友们和各界流亡人士中得到的不少手写的资料。关于陶森瑙和豪格的札记就是这种史料之一，这两个人都是流亡伦敦的小资产阶级活动家，马克思和恩格斯在抨击性的文章中对他们进行了无情的嘲笑。

阿姆斯特丹国际社会史研究所马克思和恩格斯全宗里有一个专门收藏关于马克思和恩斯文献遗产的分宗，其中有一份爱德华·伯恩施坦亲笔题名为"将军登记录"的文献。③

这是一份记录着马克思和恩格斯文献遗产手迹以及恩格斯本人收藏的其他资料的清单。从文词上可以看出，这份清单是伯恩施坦在恩格斯去世前不久，在病重的恩格斯的口授下编制的。

这份清单如下：

马克思的《法哲学批判》的片断；

《德意志意识形态》手稿（"施蒂纳，1845—1846 年，摩尔和我"，

---

① 苏共中央马列主义研究院中央党务档案。
② 《马克思恩格斯全集》第 1 版第 8 卷第 347 页。
③ 阿姆斯特丹国际社会史研究所马克思恩格斯遗著。

"费尔巴哈和鲍威尔,1846—1847年,摩尔和我","1847年的真正的社会主义,摩尔和我");

《经济学哲学手稿》;

(片断:政治经济学批判。布鲁塞尔,1846—1847年。摩尔的手稿:《资本论》的第一份译文);

《流亡中的大人物》;

(1850年手稿,流亡——摩尔和我);

马克思的经济学手稿,包括1857年经济学手稿,《资本论》第2、3卷手稿;

马克思的数学手稿;

关于巴黎公社的札记和摘录;

马克思的提纲和摘录;

第一国际总委员会记录(3卷集);

国际巴塞尔代表大会大会记录;

威廉·沃尔弗(鲁普斯)的手稿和文件;

1850—1851年关于美国的资料(克路斯的书信和文件);

1854年全年的《纽约改革报》。

这份文件是恩格斯的一份特殊的遗嘱,在文件的末尾指明,马克思的这些手稿和摘录应全都转交给他的小女儿爱琳娜(杜西)。

在阿姆斯特丹国际社会史研究所的这同一份卷宗里,还保存着奥古斯特·倍倍尔对马克思和恩格斯40至50年代的一些书信和别人寄给他们的信所做的札记和摘录。① 可以断定,倍倍尔的这份手稿是在他准备出版马克思和恩格斯的书信集时写的。从倍倍尔的札记中看出,他对马

---

① 阿姆斯特丹国际社会史研究所马克思恩格斯遗著。

克思和恩格斯的书信的研究是多么仔细。一方面他注意历史材料，另一方面注意工人运动史，特别是共产主义者同盟史的一些问题在书信中的反映。

分析一下倍倍尔的札记，并同我们掌握的马克思和恩格斯的书信对照一下，可以看出，除了我们所熟知的文献以外，倍倍尔还提到并记述了两封没有保存下来的信的内容，这两封信是19世纪40年代他人写给马克思的。

第一封是科本于1841年9月23日写给马克思的信。倍倍尔指出："科本在信中邀请马克思到他那里作客，从收信的地址判断，马克思此时是住在柏林贝尔符大街13号。"

马克思和他的朋友黑格尔左派分子卡尔·弗里德里希·科本之间的来往书信几乎没有保存下来。马克思写给科本的信，我们一封也没有，我们掌握的只有科本于1841年6月3日写给马克思的一封信。①

倍倍尔提到的另一封我们没有掌握的信是卢格于1843年5月31日写给马克思的。这封信是卢格写给马克思的有关《德法年鉴》出版准备事宜的一系列著名信件之一。这封信谈到卢格同出版商就杂志出版事宜商谈情况。按照倍倍尔的说法，卢格告知马克思："苏黎世的弗吕贝尔已经答应出版，因此，计划让维干德在莱比锡出版就没有意义了；维干德缺乏在当时的困难局面下承担这一冒险事业的勇气。不过，弗吕贝尔要求一大笔经费。"

看来，倍倍尔在札记中提及的这两封信，在转交给德国社会民主党档案馆时丢失了。

阿姆斯特丹国际社会史研究所马克思和恩格斯全宗里还收藏着有关

---

① 《马克思恩格斯全集》原文版第3部分第1卷第360—363页。

马克思和恩格斯的各种剪报,这是具有传记价值的资料。

其中包括法国资产阶级报纸《立宪主义者报》和《国民报》的剪报,上面有恩格斯1848年1月底被驱逐出巴黎的消息。

迄今为止,关于法国当局这次采取镇压措施的情况和原因,我们掌握的情况有限。巴黎警察局对恩格斯在法国首都的革命活动,对他在秘密的正义者同盟成员——巴黎的德国手工业工人中间的宣传活动早有耳闻。还在1846年12月,警察局长德累赛尔就接到内务大臣杜沙特尔关于把恩格斯和一位正义者同盟领袖艾韦贝克驱逐出法国的命令。① 然而,事隔一年后才找到采取这一措施的合适借口。

1847年12月31日,恩格斯出席了德国革命流亡者在巴黎举行的新年宴会,并在宴会上作了演说。② 在七月王朝面临尖锐政治局势的形势下,警察当局利用此事对德国流亡者进行镇压。1848年1月29日,恩格斯接到要他离开法国的书面命令。当天夜里,他的寓所遭到搜查。警察的这些行为激起了法国舆论界的强烈不满。1848年2月6日,资产阶级奥尔良派机关报《立宪主义者报》作了如下报道:

"巴黎2月3日讯。

巴黎的年轻德国流亡者恩格斯先生,一部论述英国赤贫现象的著作③的作者,不知由于什么原因收到了警察局限他24小时内离开巴黎并在3日内离开法国的命令,否则法国宪兵将要把他引渡给普鲁士警察

---

① 《马克思恩格斯全集》第1版第27卷第79页。

② 《马克思恩格斯全集》第1版第4卷第614页;叶·斯捷潘诺娃:《恩格斯传》,中央编译局译,三联书店1975年版,第145页。

③ 这里指恩格斯:《英国工人阶级状况》,见《马克思恩格斯全集》第1版第2卷第269—587页。

当局。"①

资产阶级自由派报纸《国民报》② 第二天就转载了这条消息,一个星期后,恩格斯的一位朋友的父亲,共产主义者同盟成员雅科布·沙贝利茨在巴塞尔创办的《瑞士国民日报》上也登出了这条消息。③

1848年2月8日,《立宪主义者报》和《国民报》都援引巴黎《祖国报》的报道发表了如下消息:

"不久前才来到巴黎的恩格斯先生,深夜在自己的住所被捕,种种迹象使人相信,此举缺乏任何合乎情理的理由。同时被捕的还有几名被无故指控犯了共产主义罪行的巴黎工人,并被投入孔谢尔热里监狱。"

2月9日,《国民报》又一次援引《祖国报》的报道,就此刊登了一篇简讯:

"关于上星期已报道的有关恩格斯先生同一大批德国人被逐一事,《祖国报》再次报道详情如下:

除夕,大约数百名住在巴黎的德国人,其中大部分是工人,在饭店聚会。

事先决定不进行任何政治辩论(事实证明,这次聚会充满和睦的气氛,确切些说带有某种家庭聚会的性质)。

在宴会最后吃甜点心时,来宾中的恩格斯先生按照德国人的习惯向自己的同胞讲了几句话,如果想找的话,在这段话中也许可以找到某些政治性的隐喻;可是人们向他指出了这一点,他就不再说下去,于是宴会就在非常和睦的气氛中结束。

---

① 1848年2月6日《立宪主义者报》。
② 1848年2月7日《国民报》。
③ 1848年2月14日《瑞士国民报》第38期。

这本是一件区区小事，却成了六个星期后这些外国人中的一些人遭到非法逮捕的原因，他们从此不再享有他们在法兰西土地上曾一直享有的好客对待。

政府对外国人所采取的这种强制手段，难道不意味着它也会用同样手段来镇压期望行使集会权的本国人吗？"①

法国报纸的上述报道很有价值，因为这些报道把恩格斯遭受的迫害同巴黎的一些德国工人流亡者，即共产主义运动的参加者遭受的迫害联系在一起，并把恩格斯在新年宴会上的讲话说成他被逐出法国的直接原因。

强调指出这一点是十分重要的，因为法国官方报纸，特别是《通报》对恩格斯被驱逐的原因散布了一些无中生有的说法。1848年2月20日，恩格斯在马克思主持的布鲁塞尔民主协会会议上抨击了这些谣言。《德意志—布鲁塞尔报》就此言简意赅地报道说：恩格斯"简短地叙述了他被驱逐的情况"②。

在阿姆斯特丹国际社会史研究所的档案里，有不少关于德国工人运动活动家如约瑟夫·魏德迈和威廉·沃尔弗等人的个人卷宗。查阅一下这些卷宗，并同苏共中央马列主义研究院中央党务档案馆的有关卷宗比

---

① 1848年2月9日《国民报》；阿姆斯特丹国际社会史研究所马克思恩格斯遗著。

② 《马克思恩格斯全集》第1版第4卷第581页；附和这个诽谤的后来还有斯蒂凡·波尔恩。在他的一部回忆录里，多处对恩格斯进行恶毒的攻击，因为他对恩格斯对他在1848年革命中的行为的批评耿耿于怀。波尔恩竭力想使人们相信，恩格斯是因干了不光彩的事被驱逐出巴黎的（斯蒂凡·波尔恩：《一个四十八岁的人的回忆》1898年莱比锡版第70页）。

较一下，可以发现一些迄今为止人们还不了解的有关马克思和恩格斯的战友们在19世纪40年代至50年代的革命活动的文献。

在魏德迈的厚厚的全宗里，有一些涉及他在1848—1849年的革命活动的文献。革命初期，魏德迈在威斯特伐里亚地区的工业城市哈姆。他是这里的工人联合会的组织者之一，在革命的日子里，他积极参加了威斯特伐里亚的民主运动和工人运动。① 然而，关于魏德迈在这个时期的活动情况，我们所掌握资料甚少。因此，阿姆斯特丹国际社会史研究所现存的工人联合会的两份文件具有很大的意义。

一份是《哈姆工人联合会的要求》②，上面未注明日期，很可能写于1848年春。这份文件共有9项，其中有4项具有泛民主主义的性质。例如，第1项建议废除现行的税收制度，实行累进所得税；第2项要求废除常备军，实行全民武装和指挥官选举制；第5项要求对贫穷儿童实行免费教育；第9项要求迁移自由和实行统一的德国国籍。

《哈姆工人联合会的要求》的另外5项属于社会和经济方面的条款，多半反映了工人的经济要求。例如，第4项要求通过国家承担社会劳动费用的办法来实现劳动保障；第3项要求成立由工人代表和雇主代表组成的劳动部；第6项要求调整工作日和工资。第8项也很有趣，它建议建立垦殖区，"开初设在国有土地上"。

尽管这些要求有种种局限性，其中相当大一部分反映了工人的阶级觉悟的不成熟，但是这些政治的、泛民主主义的要求的提出值得人们注意，因为它们同马克思和恩格斯所制定的纲领性文献——《共产党在德

---

① 卡尔·欧伯曼：《约瑟夫·魏德迈传》，天津师范学院外语系翻译小组译，人民出版社1980年版，第98—99页。

② 阿姆斯特丹国际社会史研究所魏德迈遗著。

国的要求》是相呼应的。这表明，魏德迈大概参与了《哈姆工人联合会的要求》的起草工作，他考虑到工人的阶级觉悟的水平以及他们日常斗争的条件，努力使他们了解德国泛民主主义改革的任务，吸引他们参加政治斗争。

关于这种努力的结果，以及魏德迈在哈姆工人联合会中的影响，可以根据下述情况来判断：该联合会出席了1848年6月中旬在美因河畔法兰克福举行的德国民主主义者同盟和工人联合会第一届代表大会。魏德迈代表哈姆工人联合会出席了这次代表大会。① 阿姆斯特丹国际社会史研究所至今还保存着哈姆工人联合会管委会于1848年6月4日发给他的代表证。②

在阿姆斯特丹国际社会史研究所卷宗中发现的另一份文献，是我们了解魏德迈1848—1849年革命时期的活动的一份补充材料。这看来是美因河畔法兰克福"国防委员会"写给爱北斐特安全委员会的一封介绍信。它是由国防委员会成员、著名的小资产阶级民主主义者领袖尤利乌斯·弗吕贝尔、路德维希·西蒙和威廉·阿道夫·特留茨会列尔三人签署的。信中写道："兹向爱北斐特安全委员会介绍持信人约瑟夫·阿尔诺德·魏德迈先生，他是前普鲁士炮兵军官。"③

这封信上没有注明日期，可能写于1849年5月上旬，即爱北斐特起义期间。可以设想，魏德迈是想前往爱北斐特，以便参加起义，并运用自己的军事经验服务于革命的人民。大家知道，恩格斯此时也在爱北

---

① C. З. 列维奥娃：《1848—1849年德国革命中的马克思》莫斯科1970年版第185页。
② 阿姆斯特丹国际社会史研究所魏德迈遗著。
③ 阿姆斯特丹国际社会史研究所魏德迈遗著。

斐特，在起义的军事组织方面起了重要的作用。遗憾的是，我们不掌握魏德迈抵达爱北斐特的资料。也许仔细研究一下《新德意志报》的内容，就可以对这个问题作出回答，因为魏德迈曾是这家报纸的编辑之一。该报对爱北斐特发生的事件非常关注，在5月20日发有的一篇社论中，痛斥了爱北斐特安全委员会中资产阶级头目的所作所为，因为他们把恩格斯排除于起义领导之外，迫使他离开爱北斐特。①

在阿姆斯特丹国际社会史研究所有关威廉·沃尔弗的厚厚的全宗里，收藏有涉及马克思和恩格斯的这位朋友和战友的生平和革命活动的一些文献，这些文献至今尚不为人所知。

威廉·沃尔弗积极参加了德国的民主运动和工人运动。1848年春，他曾逗留在西里西亚，是布雷斯芬工人联合会会员②，1848年5月发给他的编号为669的会员证证实了这一点③。

到科隆后，沃尔弗同马克思、恩格斯和《新莱茵报》的其他编辑一道成了科隆民主协会的积极会员，经常发表政治评述。在他的编号为1384的会员证上，有1848年7、8、9三个月交纳会费的记录。④

我们知道，威·沃尔弗是1848年8月在科隆召开的莱茵民主协会和工人联合会第一次代表大会的代表，这次代表大会在团结莱茵省的革命力量方面起了重要的作用。现有文件证实，他还出席了1848年9月

---

① 卡尔·欧伯曼：《约瑟夫·魏德迈传》，天津师范学院外语系翻译小组译，人民出版社1980年版，第126页。

② B.施米特：《1848—1849年革命初期的威廉·沃尔弗》(《新莱茵报》创刊之前)；《1972年德国历史年鉴》1973年莫斯科版第54—56页。

③ 阿姆斯特丹国际社会史研究所威廉·沃尔弗遗著。

④ 阿姆斯特丹国际社会史研究所威廉·沃尔弗遗著。

24日在科隆召开的第二届莱茵民主主义者代表大会。在沃尔弗的代表证上盖有大会组织者民主主义者莱茵区委员会的印章（马克思是该委员会成员之一），证上填写的姓名是："科隆代表沃尔弗"①。这次大会是在科隆的群众运动蓬勃发展和安全委员会宣告成立的气氛下召开的，马克思、恩格斯和沃尔弗以及民主主义组织的其他一些领导人出席了这次会议。会议的宗旨是促使莱茵省各革命力量的团结。但是在会议接近尾声时，局势发生了急剧变化。当局已做好准备对民众运动采取行动。由于政治局势极度紧张，会议不得不提前结束。翌日，9月25日，科隆宣布戒严，《新莱茵报》和其他民主派报纸被勒令停刊，并向威廉·沃尔弗等民主协会和工人联合会的领导人发出了通缉令。但是，沃尔弗只是短暂离开科隆。他很快又回来并转入地下，继续为复刊后的《新莱茵报》撰稿。后来科隆解除戒严，当局不得不暂时放弃对革命报纸的编辑们的迫害。这时，为了争取免予起诉，沃尔弗决定自动到有关当局申明。1849年2月28日，他收到法院侦查员签署的文件，声明撤回对他的逮捕令。②

《新莱茵报》停刊以后，1849年5月下旬，沃尔弗来到美因河畔法兰克福，以代表身份参加了全德国民议会最后阶段的活动。他在1849年5月26日和30日的会议上所作的两次坚定的发言③，是人们都熟

---

① 阿姆斯特丹国际社会史研究所威廉·沃尔弗遗著。
② 阿姆斯特丹国际社会史研究所威廉·沃尔弗遗著；《马克思恩格斯全集》第1版第19卷第73页。
③ 《马克思恩格斯全集》第1版第19卷第101—103页；瓦特尔·施米特：《法兰克福国民议会里的一个共产党员：威廉·沃尔弗在法兰克福和斯图加特议会上的争吵》，载于1973年《工人运动史》第3期第229—237页。

悉的。

1849年5月30日，国民议会就会议改在斯图加特举行一事进行投票。沃尔弗对此投了赞成票。在他的一份现存的声明手稿中，他是这样解释投票理由的："我之所以投'赞成'票，是想看一看，国民议会今后是否还会像以往那样背叛人民的利益，由于无能和缺少决心而蒙羞受辱。"①

德国革命失败后，沃尔弗流亡到瑞士，在那里滞留了将近两年。在这段时间，沃尔弗因与朋友们隔绝而感到苦恼。由于常常受到瑞士当局的迫害，他不能再继续留在苏黎世。1851年夏，他凑足了路费准备去英国，马克思和恩格斯曾坚持要他这样做。1851年6月3日，威·沃尔弗抵达法国沿海城市第厄普，在那里接到警方允许他西渡英国的通知。② 两天后，即6月5日，他在伦敦港注册入境。③ 在布勒斯劳出版的《新奥得报》于6月15日向读者报道说："几天前，曾接替前议员施腾策尔的沃尔弗，从施特里高取道法国到达伦敦。"④ 从此开始了沃尔弗的英国流亡时期，他起初住在伦敦，后来搬到曼彻斯特。⑤

在阿姆斯特丹国际社会史研究所卷宗里发现的上述资料，对研究马克思主义和工人运动史无疑有重要意义的。这些新文献资料涉及以下内

---

① 阿姆斯特丹国际社会史研究所威廉·沃尔弗遗著。
② 阿姆斯特丹国际社会史研究所威廉·沃尔弗遗著。
③ 阿姆斯特丹国际社会史研究所威廉·沃尔弗遗著。
④ 1851年6月15日的《新奥得报》第273期第3页。
⑤ 瓦尔特·施米特：《马克思和恩格斯在曼彻斯特的战友威廉·沃尔弗》，载于1976年《科学史杂志》（东德）第6期第642—661页。

容：马克思和恩格斯在 19 世纪 40 年代和 50 年代的活动；马克思和恩格斯著作的创作史；无产阶级革命家的光荣大军，即马克思和恩格斯的朋友和战友们的生平斗争事迹。

(原载苏共中央马列主义研究院《纪念卡尔·马克思诞辰 160 周年论文集》1978 年莫斯科版)

(王孝勇 译)

马克思在维也纳*

〔奥地利〕 夏娃·普里斯特尔

1848年初秋,大约是8月27日到9月9日或10日这段时间,卡尔·马克思在维也纳。关于马克思生平中的这段经历,只有很少一些事实为人所知。人们知道,马克思曾在维也纳,并以客人的身份参加过民主俱乐部的一次会议,在讨论时发过言,几天以后,他在第一届维也纳工人联合会总会会议上作了两次报告:一次是关于国际形势,特别是关于欧洲各国工人运动的发展;另一次是关于雇佣劳动与资本。从激进派报纸《宪法报》的报道和九月初创刊的工人联合会的报纸关于会议情况的报道中可以看出,第二次的报告是一篇引导人们了解马克思主义基本问题的报告。这就是迄今在工人运动的历史著作里关于马克思访问维也纳所记载的全部事实。此外,也有相当不确切的猜测,说马克思到维也纳来是为了给《新莱茵报》筹集经费。

尽管关于这次访问没有许多事实材料,但是,自由党人和在他们之后的社会民主党人的历史著作里都对马克思访问维也纳的目的和影响迅速作了解释。这些人说,马克思来到维也纳的目的是使民主主义的左派,特别是工人对他的"革命理论"发生兴趣。但是,他遭到了彻底

---

* 本文选自《马列著作编译资料》1981年第16辑。

的失败。

正如有人在上个世纪80年代和90年代就已经满意地着重指出的那样,维也纳工人的想法同其他国家的工人"完全不一样",他们不是对马克思不理解,就是对他的"革命理论加以拒绝"。这样,可怜的马克思几天之后,竟一事无成地、灰心丧气地回去了。人们试图用这种天真的解释在字里行间说明,维也纳工人对"革命理论"简直有一种历史性的反感,而这种解释今天仍然是社会民主主义关于马克思访问维也纳的正式的论断。

但是这些解释者没有说明的是下述矛盾:1848年8月和9月正是决定革命命运的时刻。在这期间,首先在德国和奥地利突然爆发了有目共睹的革命内部的关键性冲突——资产阶级和无产阶级之间的冲突。在这期间,提出了下述问题:是革命将向左的方向发展下去,并给人民带来真正的解放;还是资产阶级将占优势,并由于他们害怕上升的无产阶级而同王公贵族和好,背叛革命?因此,革命处在十字路口,每时每刻都是极为宝贵的。马克思是这次革命左派的领袖之一。一个这样的人在这样的时刻到维也纳逗留两周之久,仅仅是为了作两个人们理解不了的报告,这是可能的吗?如果说,马克思逗留了两周的这个城市按照1848年革命左派的看法是一个"无事可做"的地方,那么,他很可能是一个与世隔绝的、异想天开的梦幻者。然而,众所周知,他并不是这种人,因此只有第二种可能性:在维也纳"不为人所理解的"马克思的非常出色的理论不会使他在那里获得非常好的反应,并且他的政治活动不会局限于这两个报告。这里应当对这个论断提出几点依据。

马克思是在一个极其特殊的时刻来到维也纳的,不能说他是偶然选择了这个时刻。在他到达维也纳的前四天,发生过新的流血事件,即8月23日事件,这是几星期以来一连串冲突的高潮。正像资产阶级六月份在巴黎突然发动了一场反对曾经帮助它取得革命胜利的无产阶级的流血恐怖战争那样，奥地利的资产阶级在 8 月 23 日也对年轻的无产阶级进行了第一次血腥的打击。

自 1848 年 5 月以来，维也纳到处是失业。企业主关闭了他们的工厂，资本流入伦敦和其他"可靠"地区的交易所。在左派、大学生和激进市民——这些人后来成立了民主党——以及他们的代表，并在安全委员会的压力下，政府为失业者兴办了一些工程，在这些工程中，工人大约能获得以前在工厂中那样的工资，有时甚至更多的工资。这些工程，绝非许多历史学家后来所描写的那样，是白白浪费金钱的、毫无意义的土方工程，而是重要的生产劳动，诸如开凿多瑙河运河、扩建铁路等。由于一个别的原因，政府难以长期负担这些工程。政府明文规定：每个失业者应该在为失业者兴办的工程中加以安置，正像一些资产阶级右翼报纸，首先是《新闻报》直言不讳地供认的那样，政府通过这一规定"事实上承认了劳动权利这一社会主义要求"。政府认为，这一点，加上年轻的工人运动的不断发展，第一批类似工会组织和第一批工人政治组织，即工人联合会的建立，是一种危险，必须给以打击。8 月 23 日就是一次打击。

8 月 21 日劳工大臣**施瓦策**突然宣布把女工和童工的工资减少五个克劳泽，并且通知，不久也要减少男工的工资。以往，在工人和政府发生争执时，总是请安全委员会或者大学生代表充当调解人。这一次任何一方连通知都没有接到。政府没有调解的打算。当布吕恩费尔德的工人派出一个代表团向劳工大臣提出抗议的时候，他说出了政府的真正想法。他说："我们什么也不会让你们得到，你们的下场同巴黎人一样，我们决定实行清洗。"8 月 22 日晚上，城内集结了一万名武装人员，他们是各大市民区的国民自卫军成员、军队和城市卫队。

8月23日，抗议降低工资的工人排着长队穿过维也纳的普拉特游艺场。在猎人街（即今天的普拉特大街）街口，骑兵队冲向他们，挥舞马刀杀进队伍，并开始殴打和射击手无寸铁的人们。游行示威者——其中许多人是妇女、儿童和老年人——四处逃散，但是政府的军队跑得更快。逃跑的、摔倒的和受伤的人遭到骑兵的袭击或被马刀砍死。个别的游行示威者逃进房子里，政府的军队就向屋里射击。工人当中死者无数，伤者约百人。

8月23日的大屠杀甚至使一部分资产阶级感到惊恐，这在资产阶级报刊上也可以看到。一位撰稿人在右翼报刊《新闻报》上对他在8月23日之后的几天走过工人区时的所见所闻是这样描述的：

> 母亲坐在那里哭泣，早晨曾目送她的儿子去上班，但儿子没有再归来；男人在那里来回走动，他曾亲眼目睹他的一些朋友惨遭屠杀，他的孩子惨遭践踏，他咽下咒骂，因为他不愿像许多人那样被关进牢房……我穿过帐篷，那里为反对饥饿、争取金钱而斗争的当代斗士横七竖八地躺着。我从一些大门前走过，看到了屋里的人表情恐惧，人们为财产而担忧，这使我不寒而栗。

政府机关报《维也纳日报》对8月23日势必造成的后果说得比许多左派还清楚。该报在8月30日的《回顾》一文中写道：

> 把法国的情况搬到我国，在我国谈论无产阶级、工人以及像在法国出现的那些社会主义弊病，这是某些记者所干的一件轻松而舒适的工作。迄今在我们这里没有真正觉醒起来的无产阶级，8月23日造就了这样一个阶级。这一天使工人与其余的阶级分开来了，并使他们产生一种思想，自身遭受苦难的思想。这一天给他们留下了具有历史意义的记忆，使他们成为国中之国。工人看到了在他们的毫无保障的贫困和受到武装保护的占有之间的矛盾。而

在这个时刻,出现了一个无产阶级,这个阶级从前是不存在的,那是因为它还没有觉醒。

正是在这个时刻,卡尔·马克思来到了维也纳。

官方报纸《维也纳日报》记载,8月27日来到维也纳的人当中有一个"哲学博士卡尔·马克思,来自巴黎"(警察局在这里可能把他从前的居住地同他后来的居住地——科隆给弄混了)。几天以后,马克思第一次在民主俱乐部的一次会议上作了发言。

施提弗特、耶利内克、贝歇尔、海弗纳尔等左派人士都是该俱乐部和民主党成员。库德利希是位常客。该党主张土地改革,要求平等的和普遍的选举权,其代表同大学生、工人一起争得了在制定宪法的帝国国会的选举权。该党是非官方的共和主义组织,该党和大学生代表组织是唯一的这样的组织,它承认劳工问题和工人要求是存在着的并且是合理的。不论是海弗纳尔的《宪法报》,还是贝歇尔的《激进报》都发表过有关工人状况、住宅问题、失业现象和学徒问题的文章。文章多数是第一届维也纳工人联合会总会的创始人和主席**弗里德里希·桑德尔**写的,另外一些文章出自他的朋友和同事、工人施泰因和施密特之手。

民主党关于"解决工人问题"的意见是相当混乱的。施提弗特鼓吹的是圣西门式的贵族的空想社会主义;耶利内克解决工人问题的办法是:扫除一切阻碍资本主义健康发展的东西,从而"达到工人也会从中受益的富裕"。贝歇尔、科利施博士等人认为,假如奥地利变成一个共和国,这个问题就会"自然而然地"得到解决。然而所有这些人都主张成立一个工人组织,"目的是为了学习和互相帮助"。8月23日以后,该党号召为受难者及其家属募捐,并且在其报纸上直截了当地称施瓦策为"屠杀工人的凶手"。

马克思和当时从布勒斯劳来到维也纳的弗吕贝尔以来宾的身份出席的这次大会，研究了8月23日事件的后果问题。与会者在异口同声地、严厉地谴责了大臣以后，一致要求施瓦策和全体内阁辞职。接着，又对应当向谁，是向国会还是向皇帝提出要求施瓦策辞职的问题展开了讨论。弗吕贝尔和另外一些人赞成派遣一个代表团去晋见皇帝，其他人要求向帝国国会提出撤职的议案。之后，马克思作了发言。

马克思发言的全文没有保存下来。他所讲的内容，人们从《激进报》和《宪法报》的简短报道中大致可以叙述出来，而这个内容本来可以从官方的《维也纳日报》的来源中了解得更加清楚一些，奇怪的是这个来源却在马克思主义的历史文献中没有被引用过。从这些报道中可以看出：马克思在简短的发言中不仅说明了8月23日事件关系到什么问题，它究竟对革命产生什么影响，而且还向维也纳的左派指出了工人阶级是能够拯救革命的唯一力量，并且给他们指明了使这一斗争力量能够战斗和更加成熟的道路。马克思作为人民的领袖和导师，他的作用也许还从来没有像在谈到革命命运的这篇简短发言中如此闪电般地表现出来。

《激进报》8月30日的报道是简短的。在报道了关于应当向皇帝还是向国会要求施瓦策辞职，以及是要施瓦策一人离职还是全体内阁辞职的问题的辩论情况之后，写道：

> 马克思先生认为，谁是大臣，这是无所谓的，因为在这里像在巴黎一样，问题的实质是资产阶级和无产阶级的斗争。他的发言非常俏皮、尖锐而有教益。耶利内克先生试图反驳马克思先生。他把维也纳的情况同法国的情况尖锐地对立起来，并得出不同的结论。他以一种令人信服的方式证明，维也纳工人没有社会见解，他们在八月运动中只是为了五个克劳泽才互相打架。

因此，从《激进报》上可以看出，马克思提出了有决定意义的问题。不过，《维也纳日报》政论栏中的报道更为详细。在9月17日发表的一篇署名P.B.S.的回忆中提到了左派组织的"阴谋"。指责"某联合会"和"某俱乐部"（从其叙述中可以清楚地看出，指的是民主俱乐部），让外国的政治家们在那里"尖刻地批评"奥地利政府的措施，并且播下"不信任的种子"。接着报道说：

> 这样就向四处煽动。一个外国博士在这里的一个正在讨论把大臣们撤职的联合会中竟然说什么："人们迄今只谈到两个高级权威，打算要求这两个权威，即帝国国会和皇帝把大臣们撤职，但是人们忘记了最高权威——人民！我们必须面向人民，必须采用一切办法向人民做工作。我们必须掀起一个反对内阁的风暴，并且采用一切方式，甚至采用靡菲斯特斐勒司①的手段付诸实施。我们必须通过报刊、招贴画、谈话来加强活动。"这些话使我永世难忘，因为这些话包含这个党的整个意图、所有计划。

关于把大臣们撤职的讨论只是在民主俱乐部里举行过，外国"博士"只能是马克思——因为弗吕贝尔在这个晚上代表了完全不同的观点。从这篇文章中可以看出，P.B.S.那天晚上是在场的。除了"靡菲斯特斐勒司的手段"是杜撰的以外，引文很可能是转述了卡尔·马克思在"讨论中的发言"。

那么，他的发言到底产生了什么影响呢？认为这个发言"没有被理解"这种论断不仅遭到《维也纳日报》的激烈反对，而且也遭到其他文章的反对。9月3日——也是马克思在工人联合会发表演说之时——，在左翼大学生组织报纸《大学生信使报》上发表了弗吕贝尔

---

① 靡菲斯特斐勒司是歌德著《浮士德》中的魔鬼。——译者注

的一篇冗长而尖锐的文章，题目是《资产阶级和人民》。弗吕贝尔在文章中反对资产阶级和无产阶级之间存在阶级对立的论断。他认为，巴黎的六月事件确是两个阶级之间的公开破裂，可是维也纳的八月事件却没有造成这种后果。显而易见，这一论战也是针对马克思的，附和弗吕贝尔文章的，不仅有无数内容相同的文章，而且还有许多在工人联合会所作的报告，在这些报告中，资产阶级左派发言者采取了反对阶级斗争理论的态度。如果马克思所讲的话确实"没人听"，那为什么要展开论战呢？

* * *

不过，事件的进展也说明了另外一些事，就是说，马克思在维也纳不只是作了几次报告，而且还帮助左派改进他们的政治活动。因为他在《新莱茵报》上经常提出的**"一切进步力量联合起来"**这一要求，在他访问维也纳期间和访问之后，比以往任何时候变得更为强烈了。9月3日为8月23日被枪杀的工人举行的葬礼，变成了一次声势浩大的、联合一致的示威游行，工人联合会和左派市民自卫团，民主妇女同盟和大学生、铁路工人和其他团体代表，天主教工人联合会和民主党，组成队伍穿过全城。

五天之后，在《大学生信使报》上又发表了一篇详细而有趣的报道。报道中说，民主俱乐部向一切自由和进步的组织呼吁，要求他们密切合作。同时，联合会通知说，事件本身也要求必须同**德国、匈牙利**和其他国家的同类性质的组织密切合作。一个匈牙利代表因前几天访问过联合会，双方共同作出了有关这方面的决定。同德国的组织也正着手进行这样的接触并建立密切的联系。

此外，《大学生信使报》的报道还揭穿了神秘的"匈牙利代表团"

的谜底。当时，政府的报界对这件事绞尽了脑汁。他们获悉，包括一些政府官员如**德亚克**在内的匈牙利代表团在维也纳非正式逗留。报刊说他们曾同某些奥地利的政府官员举行了谈判。代表团强烈要求报刊辟谣，9月10日或11日，该代表团像来的时候一样，又悄悄地离开了。从《大学生信使报》的报道中可以知道，代表团实际上干了些什么。

这里问题涉及的是把在**一个国家和国际范围内的进步组织在组织上加以联结**的第一次尝试。认为这一切发生与马克思在维也纳逗留期间仅仅是"偶然"的，认为他确实同这些促使加强左派力量（这种加强后来在秋季战斗中明显地表现出来）的谈判和措施毫无关系，这能是认真的态度吗？政府报刊当然持有另外一种看法。例如，9月18日的《维也纳日报》就完全直言不讳地写道，在德国和奥地利发生的骚乱"最近明显地"表现出互相协调的现象，这应该归咎于"煽动者的党"（这是他们对民主党的称呼）的**"外国客人们"**。该报把左派突然提出的重新建立安全委员会的要求，也归咎于同样的影响。安全委员会是在8月23日的后两天被政府解散的，而左派**没有**采取什么措施反对解散。不过，9月10日、11日和12日大学生、工人、民主党的和其他组织的代表要求政府立即重新建立该委员会，这件事使《维也纳日报》十分气愤地确认：

> 现在重申，安全委员会可以同第一次法国革命的巴黎公社相比拟，这次革命成为以后一切运动的策源地，成为当时国民公会的领导者。这大概就是那些希望安全委员会把帝国国会的冷静讨论放在一边的人们向往的计划。

当然，《维也纳日报》自然是在进行有意的煽动；但是，它并非没有道理。安全委员会是唯一直接从革命斗争中产生的机构，如果重新建立这一机构就意味着革命运动的加强。那些在马克思来访之前对拯救这个机构无所作为的人，现在为了重新建立安全委员会竟然举行一次大规模的请愿，这是偶然的吗？工人联合会**在马克思来访之后**突然要求国会**武装工人**，这是偶然的吗？在马克思向工人讲话以后，工人联合会大张旗鼓地开始为建立一个自己的**工人议会**进行鼓动，这是偶然的吗？这个工人议会应是一个工人代表大会，每个部门都应派出自己的代表参加大会并讨论下列问题：工人同其他各个等级在政治上一律平等，成立一个以雇员和雇主的代表作为国务秘书的劳工部，缩短劳动时间，设立疾病保险，取消一切针对工人的限制，如强制携带身份证，禁止居住和限制结婚等。

*　　*　　*

目前还不可能确定有关马克思访问维也纳的更加详细情况，因为，第一，许多涉及他逗留的文件和材料已经消失了；第二，有一份肯定是非常有价值的材料——1848年秘密报告——在一般情况下仍然无法接触到。也许有一天我们会了解得更多。不过，有一点今天已经清楚了：马克思不是一个偶然访问维也纳的人，也不是一个不被人理解的和令人失望的客人。他曾经帮助奥地利的第一次工人运动具有政治觉悟，并且不仅通过他的教导，而且通过他的直接的和及时的帮助，把奥地利的进步运动推进了一步。

（原载维也纳《道路和目的》杂志1953年第6期，
转载于东德《历史科学》杂志1953年第5期）
（胡永钦　译　马兵　校）

有关马克思在维也纳的资料[*]

《新莱茵报》关于马克思赴维也纳的通知

科隆8月24日,《新莱茵报》主编卡尔·马克思于昨天前往维也纳旅行数日。①

[载于1848年8月25日《新莱茵报》第85号（原文是德文）]

---

[*] 本文选自《马列著作编译资料》1981年第16辑。

① 马克思去维也纳，是为了加强同民主主义工人组织的联系，并募集出版《新莱茵报》所需的资金，因为在该报挺身捍卫巴黎起义者之后许多股东都拒绝予以资助。马克思于8月27日抵达维也纳。第二天，他在民主联合会的会议上，反对民主主义者、柏林中央委员会的代表尤里乌斯·弗吕贝尔的意见，后者支持一项建议，即向奥皇递交请愿书，要求将劳工大臣施瓦策免职，此人是1848年8月23日资产阶级国民自卫军同维也纳工人之间发生流血冲突的罪魁祸首。马克思从原则上反对同君主协商。8月30日马克思在维也纳第一工人联合会作了关于巴黎六月起义的报告，指出这次起义有德国工人侨民参加；9月2日在联合会作了关于雇佣劳动与资本的报告。通过同奥地利的国民议会（帝国国会）中德意志—波希米亚党团领袖鲍洛施的谈话，马克思确信捷克人和德意志人之间的民族对立并没有影响两个民族的工人的相互关系，工人是由共同的阶级利益联系在一起的。马克思约于9月中旬回到科隆。

报载到达维也纳的访问者名单

新到者

8月27日

斯特里洛·达梅萨先生——商人，从泽姆林来。博伊斯特男爵夫人——皇室帝国骑兵上尉的妻子，从泰尔诺夫来。安东·费尔施泰因先生——商人，从施瓦岑贝尔格来。卡尔·马克思——哲学博士，从巴黎①来。亚历克·库萨先生和巴西尔·吉卡先生——非薪金收入者，从英国来。①

关于马克思1848年8月28日在维也纳民主联合会上讲话的报纸报道②

摘自《激进报》

维也纳8月30日。民主联合会本月28日会议是我们当前历史上最吸引人和最重要的事件之一。在出席的客人中有著名的政论作家**尤里乌斯·弗吕贝尔**和《新莱茵报》主编**卡尔·马克思**先生。他们两人都由

---

① 这里提到巴黎，显然是由于马克思身上带的是1848年3月30日巴黎警察局签发的护照（见《马克思恩格斯全集》第1版第5卷第452—453页之间的插图）。

① 后面还有一批同日到达维也纳的人的名字。——译者注
② 见《〈新莱茵报〉关于马克思赴维也纳的通知》的脚注。

于各自特殊的命运而成了突出的人物。作为作家,他们也占有对德国来说具有不小意义的显著地位……

马克思声称,哪一个人当大臣是无关紧要的,因为这里也和巴黎一样,现在关键在于资产阶级和无产阶级之间的斗争。他的讲话非常俏皮、辛辣而富有教益……

摘自《维也纳报》

……在本地某联合会正辩论撤换大臣们的时候,一位**外国博士**说了下面一番话,是事出有因的:

"直到现在为止,为撤换大臣们只是说准备向两个最高权力提出呼吁——帝国国会和皇帝;但是却忘了呼吁最伟大的力量——人民。**我们必须向人民呼吁,必须用一切办法来影响人民。我们必须掀起反对政府的风暴,为了达到这一目的,必须使用一切方法,甚至使用恶魔的方法。为了达到这一目的,我们必须利用报刊、招贴画和讨论会。**"

[载于1848年8月31日《激进报》第64号和(原文是德文)1848年9月17日《维也纳报》第252号]

关于马克思1848年9月2日在维也纳第一工人联合会上作演说的报道①

……马克思博士就雇佣劳动与资本问题发表了长篇演说。他在引言中说,所有的革命都是社会革命。资本不是由货币,而是由原料、生产

---

① 见《〈新莱茵报〉关于马克思赴维也纳的通知》的脚注。

工具、生活资料组成的；雇佣劳动使资本与生产的产品对立。说资本家和工人的利益相一致，纯属谎言。随着分工的发展，工人之间的竞争加剧，工资下降；而由于使用机器，工资更下降了。生产费用决定着工资。文明并没有改善工人们的处境，而是起了相反的作用。捐税增加，生活必需品价格上涨。

演说人还谈到了曾经试行补救办法，但均告无效，例如马尔萨斯人口过剩的理论，英国的济贫院，工业训练，废除保护关税和捐税。最后他说处境一定要改善，因为不是所有的工人都被当作工人使用，而是有一部分工人留作……

(原载1848年9月5日《宪法报》第136号)

(利群 译)

关于《新莱茵报》的创办史

——新文献和史料*

〔德〕 弗朗索瓦·梅利斯

《新莱茵报》的创办史以及它将近一年的存在都是同1848—1849年革命的发展紧密联系在一起的。从第1号开始,该报就力图参与革命的进程,因此成为这次运动的一部分。

众所周知,马克思作为该报的"主编"决定着这家报纸的政策。早在该报出版前五个星期①,即1848年4月24日,马克思就已将报纸副标题定为"民主派机关报",从而暗示了该报日后将要坚定不移地采取的立场:即民主主义运动的极左翼的立场。该报不仅代表德国的,而且代表整个欧洲的民主派。该报公开表明这一立场②,是它同正在为民族独立而斗争的各国人民团结一致,并且与当时已经惨遭失败的工人阶级的解放斗争休戚相关的明确标志。

一方面,在1848年秋季其影响已日益超越地区范围的《新莱茵报》,通过它的关于德国和欧洲时局的论战文章,指明了当前运动的前

---

* 本文选自《马克思恩格斯列宁斯大林研究》2001年第3辑。

① 见第5部分。

② 在发行按语中说:"《新莱茵报》不仅是德国民主派的,而且是欧洲民主派的机关报。"(1848年12月19日《新莱茵报》第172号第1版)

进方向。另一方面，它越来越成为强大起来的反动派的眼中钉。最后，无须官方出面禁止，一招"警察诡计"①就迫使该报在1849年5月19日停刊。

《新莱茵报》的历史并不是从1848年6月1日第1号的出版才开始的。事先有一个为期三个月的准备阶段。在此阶段有许多经济上和组织上的困难需要克服，同时，还经常出现个人之间的激烈争论。

迄今为止，有关《新莱茵报》创办史的研究只有一项正式成果：卡尔·奥伯曼和格哈尔特·贝克尔1970年重印该报广告和章程，并对它们作了恰当的评论，从而使人了解了一些重要文献。②除此之外，关于《新莱茵报》的创办情况散见于对该报历史的总体论述③、专题论

---

① 马克思在红色油墨印刷的告别号中是这样写的（《马克思恩格斯全集》第1版第6卷第600页），1849年5月22日的《卡尔斯鲁厄日报》也称将马克思驱逐出境是"老一套的警察诡计"。

② 卡·奥伯曼、格·贝克尔：《关于〈新莱茵报〉的创办过程。启事和章程》，载于《工人运动史论丛》1970年第12期第576—595页。

③ S.古列维奇：《卡·马克思和弗·恩格斯的〈新莱茵报〉》莫斯科1958年版；索·列维奥娃：《马克思和恩格斯为革命无产阶级机关报〈新莱茵报〉的建立和巩固而斗争的历史》莫斯科1959年版和《1848—1849年德国革命中的马克思》莫斯科1970年版。

著①以及马克思②、恩格斯③、赫斯④和该报其他编辑⑤的传记。另外，在有关其他题目的研究——关于共产主义者同盟的历史⑥，关于莱茵地

---

① 亨·屈姆霍夫：《卡尔·马克思和〈新莱茵报〉同1848—1849年革命时期民主运动的关系》，载于1961年《哲学研究》柏林（前民主德国）第32页及以下几页。

② 例如，费·梅林：《马克思传》莱比锡1918年版第161页；鲍·尼古拉耶夫斯基、奥·门申-黑尔芬：《卡尔·马克思传》汉诺威1963年版第168页及下页；亨·屈姆霍夫〔等人〕：《卡尔·马克思传》柏林（前民主德国）1967年版第144页及下页；奥·J.哈门：《红色的四八年战士。卡尔·马克思和弗里德里希·恩格斯》纽约1969年版第222页及以下几页；理·弗里登塔尔：《卡尔·马克思。他的生平和时代》慕尼黑—苏黎世1981年版第362页及以下几页。

③ 恩·德朗：《弗里德里希·恩格斯一百周年诞辰生平事略》维也纳1920年版第16页；古·迈尔：《弗里德里希·恩格斯传》柏林1920年版第1卷第316页及以下几页；亨·屈姆霍夫、霍·巴特尔、格·贝克尔、罗·德卢贝克、埃·昆杰利、霍·乌尔里希：《弗里德里希·恩格斯传》柏林（前民主德国）1970年版第180页及以下几页；L.F.伊利乔夫、J.P.埃德尔、N.J.科尔平斯基、阿·马雷什、G.D.奥比什金、W.W.普拉特科夫斯基、J.A.斯捷潘诺娃、B.G.塔尔塔科夫斯基：《弗里德里希·恩格斯的生平与活动》莫斯科1973年版第140页及以下几页。

④ 埃·西尔伯讷：《莫泽斯·赫斯的一生》莱顿1966年版第284页；什·纳曼：《解放与救世主义。莫泽斯·赫斯生平与事业》，载于《社会史资料与研究》美因河畔法兰克福（等地）1982年版第3卷第230页及以下几页。

⑤ 乌·泽姆克：《1822—1856年的格奥尔格·维尔特。奔波于文学、政治和生意之间》杜塞尔多夫1989年版第107页及以下几页；伊·洪特：《作家及共产主义者恩斯特·德朗克》，载于《1848年的革命人物》第2卷，收入赫·布莱贝尔、瓦·施密特和罗·韦伯编辑的前民主德国科学院编：《中央历史研究所文集》柏林（前民主德国）1987年版第73卷第85—114页，另见第95页及以下几页。

⑥ 马·洪特：《1836—1852年共产主义者同盟史》，载于《哲学与科学史。研究和资料》美因河畔法兰克福（等地）1993年版第3卷第477页及以下几页。

区的历史①等的研究——以及出版的相关的原始材料②,也涉及《新莱茵报》的创办情况。之所以再次对该报的创办情况进行专门研究,是因为发现了两份可改变人们对它的看法的新文献。此外,对革命时期的其他报刊的系统研究也给了我们意外的启发。不过,本文不是要一一追述有关《新莱茵报》的创办情况的细节。确切地说,本文的着眼点在于新的材料,在于所提出的问题。

《新莱茵报》出版之前的历史可分为两个阶段:第一个阶段从1848年3月中旬至4月12日,第二个阶段从1848年4月13日至6月1日。

巴黎二月革命在许多国家引发了革命起义。尤其是维也纳和柏林起义,使德国流亡者热情空前高涨。马克思和恩格斯决定返回德国并重新出版1843年被查封的《莱茵报》。在科隆,当时有两个小组也在为重新创办报纸而努力。4月12日晚,在莫泽斯·赫斯和弗里茨·安内克的召集下召开了一次会议,马克思在会上获胜。人们对于这次标志着重大

---

① 格·贝克尔:《1848—1849年在科隆的卡尔·马克思和弗里德里希·恩格斯。关于科隆工人协会史》柏林(前民主德国)1963年版第21页及以下几页;迪·多韦:《行动和组织。1820—1852年普鲁士莱茵省的工人运动、社会主义和共产主义运动》,载于《弗里德里希-艾伯特-基金会研究所论文集》汉诺威1970年版第78卷第142页及以下几页;亨·比尔施太因:《马克思在科隆》(附卡尔·奥伯曼的文章),载于《287本藏书》科隆1983年版第165页;乔·斯佩贝尔:《莱茵地区的激进派。1848—1849年的民主运动与革命》普林斯顿-新泽西1991年版第297页及以下几页。

② 约·汉森搜集、编辑:《莱茵省关于1830—1850年政治运动史的信件和档案》第2卷《1840—1850年》第1部分《1846年1月—1848年4月》,载于《莱茵史学协会会刊》(波恩)1942年第36期第703页及以下几页;海·费尔德尔、马·洪特、叶·康捷尔、索·列维奥娃编:《共产主义者同盟。文献和资料》(三卷本)柏林(前民主德国)1970—1984年版第1卷第1102页。

转折的会议所知不多。估计这时才最终决定,在科隆而不是在柏林实施这项计划。

第二阶段包括各项直接的准备工作。在这一时期,对报纸的经营方式、方针和名称、编辑部的组成以及最早几号报纸的出版,作出了最后的决定。

1. 马克思办报计划的形成

关于第一阶段,应该特别澄清三个问题。

第一个问题是,马克思的办报计划是何时形成的。已知的最早的证明是罗兰特·丹尼尔斯曾在1848年3月21日询问过他:"我从弗·舍勒尔那里听说,你打算创办一份报纸,是在巴黎还是在德国?"① 当时,自2月22日在巴黎爆发革命以来,已大约过去了四个星期。

2月26日清晨,马克思和恩格斯在布鲁塞尔接到了路易-菲力浦垮台和共和国宣告成立的消息。② 毫无疑问,他们当即就意识到这次事件对于德意志联邦的发展的意义。③ 迄今为止还无法确定,在德国出版

---

① 罗·丹尼尔斯1848年3月21日给卡·马克思的信,见《马克思恩格斯全集》历史考证第2版第3部分第2卷第403页。

② 贝·安德烈亚斯:《1848年2—3月马克思在布鲁塞尔被捕及遭驱逐》,载于《卡尔·马克思故居文集》(特里尔)1978年第22期第100页注119。恩格斯在他的《巴黎的革命》的补遗中写道:"刚刚传来的消息说,人民已经获得胜利,宣布了共和国的成立。老实说,我们并没有料想到巴黎的无产阶级会达到如此辉煌的成就。"(《马克思恩格斯全集》第1版第4卷第547页)

③ 贝·安德烈亚斯:《马克思被捕》(《马克思恩格斯全集》第1版第4卷)第33页、第100页注119、第111页及下页注169。另见恩格斯在《巴黎的革命》最后三句话中的激情表述(《马克思恩格斯全集》第1版第4卷547页)。

报纸这一计划酝酿成熟的时间,是马克思仍在布鲁塞尔的时候还是在他被驱逐出比利时之后。2月29日,比利时国王莱奥波德就签署了针对《德意志——布鲁塞尔报》出版者阿达尔贝特·冯·伯恩施太德的驱逐令①,据此,这份宣传德国流亡者观点的报纸不复存在。

据文献记载,办报计划形成于3月中旬。② 许多人认为,马克思实际上是在3月19日作出最后决定的。总之,科隆的卡罗琳·舍勒尔在3月19日以后的两天,就知道了这一打算。③

身在国外的德国流亡者,热情关注着在2月底—3月初巴黎革命胜利的影响下,在德国南部、西部和中部各邦迅速蔓延的请愿运动和群众运动的消息。"三月革命的要求"——武装群众、不限制新闻出版自由、刑事陪审法庭、成立德国议会——传遍整个德国。④ 从3月5日起就在巴黎的恩格斯写信告诉马克思:"德国别处的消息很好。在拿骚,是一次成功的革命;在慕尼黑,大学生、艺术家和工人正在进行真正的

---

① 详见格·罗斯:《阿达贝特·冯·伯恩施太德和他的〈德意志—布鲁塞尔报〉评三月革命前德国流亡者出版史》,载于1993年《多特蒙德报刊研究论丛》[慕尼黑(等地)]第51卷,尤其是第107页;安德烈亚斯:《马克思被捕》,见《马克思恩格斯全集》第1版第4卷第111、160页。

② 《共产主义者同盟。文献和资料》第1卷第1102页。

③ 丹尼尔斯1848年3月21日给马克思的信,见《马克思恩格斯全集》历史考证版第2版第3部分第2卷第403页。

④ 法·瓦伦丁:《1848—1849年德国革命史》(两卷本),第1卷《截至法兰克福议会召开》柏林1930-1931年版,科隆1970年再版第338页及以下几页;瓦·施密特、格·贝克尔、赫·布莱贝尔、罗·德卢贝克、西·施密特、罗·韦伯:《1848—1849年德国革命史。附插图》柏林(前民主德国)1973年版第46页及以下几页;沃·西曼:《1848—1849年德国革命》美因河畔法兰克福1985年版第58页及以下几页。

起义；在卡塞尔，革命一触即发。"①

3月19日和23日，梅特涅在维也纳倒台和柏林街垒战胜利的消息传到巴黎，令德国流亡者群情振奋。② 这时，返回德国已没有任何障碍。由格奥尔格·海尔维格和阿达尔贝特·冯·伯恩施太德组织的德国志愿军团第一营向巴登方向进军，目的是向全德国宣告共和国的建立。与此同时，3月6日重新建立的、由马克思领导的共产主义者同盟中央委员会③以及受其影响的"德国工人俱乐部"④，建议大家单独或组成小组返回德国。同盟领导机关制定的17条准则，即"共产党在德国的要

---

① 《马克思恩格斯全集》第1版第27卷第132—133页。
② J.G.罗基扬斯基：《共产主义者同盟领导反对在巴黎组建德国志愿军团的斗争》，载于《工人运动史论丛》1975年第17期第469—488页，见第477页。
③ 马·洪特：《共产主义者同盟史》，见《马克思恩格斯全集》第1版第4卷第424页以下；雅·格朗尚：《马克思在巴黎：1843年10月11日—1845年2月1日》，载于《马克思第一次到巴黎以及〈德意志意识形态〉的产生》《卡尔·马克思故居论文集》（特里尔）1990年第43期第163—212页。
④ "德国工人俱乐部"的成立大会于1848年3月8日召开。贝·安德烈亚斯、雅·格朗尚、汉斯·佩尔格：《弗里德里希·恩格斯和卡尔·马克思不为人知的方面》第1册：《1840—1874年》，载于《卡尔·马克思故居论文集》（特里尔）1986年第33期第40页及下页；马·洪特：《共产主义者同盟史》，见《马克思恩格斯全集》第1版第4卷第428页。关于俱乐部的活动，见《马克思恩格斯全集》第1版第4卷第427页及以下几页；罗基扬斯基：《同盟领导的斗争》，载于《工人运动史论丛》1975年第17期第474页及下页。德国民主协会总计有1500名成员。

求",首批传单最迟已于3月27日出现。① 同时代人已经认为,这些"要求"应该也可以作为筹划中的报纸的纲领。共产主义者同盟在伦敦的一位成员路易·海尔贝格认为,有关为赫斯的《莱茵报》撰稿(有待研究)的建议,是以承认17条"要求"为条件的。

我们应该把马克思的办报计划放在这段时间。1848年3月21日前后,恩格斯从布鲁塞尔来到巴黎。② 尽管马克思以前早就谈起过这项计划,但是在恩格斯抵达之后才确定了具体的步骤。因为很明显,无论是马克思3月16日的来信,还是恩格斯18日写给马克思的回信,都没有提到这个计划。根据来自柏林的消息,军队已撤退,国王颁发了两道诏令——取消书报检查、加快召开联合议会,看来要实现这个计划再也没有任何阻碍了。恩格斯在3月26日写给妹夫埃米尔·布兰克的信中,提到了马克思和他的共同决定:"我给母亲写信要钱,准备再过几天离开这里回德国去,**我们**[着重号是本文作者所加]打算在德国重新出

---

① 马·洪特:《1848年3月的17条"共产党在德国的要求",关于共产主义者同盟革命纲领史,附勘误表》,载于《德国工人运动史论丛》1968年第10期第203—236页;《共产主义者同盟史》,见《马克思恩格斯全集》第1版第4卷第443页及以下几页;《为另一场革命制定的纲领。再论"共产党在德国的要求"》,载于瓦·施密特编:《民主、自由主义与反革命。1848—1849年德国革命研究》柏林1998年版第247—272页;卡·奥伯曼:《关于德国无产阶级和共产主义者同盟在1848年革命前期的参与情况》,载于《史学杂志》1968年第16期第1023—1033页。

② 《马克思恩格斯全集》第1版第27卷第137页:据布鲁塞尔圣若斯区人口登记簿记载,迁出日期为1848年3月21日,目的地是巴黎。米·克尼里姆:《弗里德里希·恩格斯的私人生活、社会及公务活动(1848—1849),附1840—1844年的活动,同时代人的叙述和见证》,载于《来自恩格斯故居的消息》(乌培河谷)1986年第4期第86页。

版《莱茵报》。"① 两天后,他写信对收到"四张五英镑银行汇票的前半截"② 表示感谢,这时他就已经为布兰克预订了一份报纸。

这个办报计划在巴黎的德国流亡者圈子里引起了注意,这一点不足为奇。于是德国报纸也谈到这个计划,不过迄今为止对此只是间接得到证实。③ 在1848年3月29日《特里尔日报》的一篇通讯中甚至可以说有了明确的预告,但没有点明报纸名称。而已经知道的是,通过这篇3月24日来自巴黎的通讯④,比较详细地将德国共产主义者对德意志民主协会的计划所持的立场告知广大的读者。没有"引起人们不着边际的夸夸其谈和愤怒抨击",相反,这时在德国盛行公开宣传共产主义者的观点,因为"现在,自由结社权和新闻出版自由最终也在那里成为反对偏见和诽谤的正当武器"⑤。共产主义者试图就共产主义运动的目标和方向引起一场公开讨论,恰在此时,3月30日的《科隆日报》上刊登了卡尔·格律恩的长篇大论,共产主义者的努力可以看作是对这些长篇大

---

① 《马克思恩格斯全集》第1版第27卷第499页。
② 《马克思恩格斯全集》第1版第27卷第501页。
③ 《巴黎,3月26日》,载于1848年3月30日《科隆日报》第90号副刊第1页。
④ 《巴黎,3月24日》,载于《特里尔日报》1848年3月29日第89号副刊第1页;罗基扬斯基引自《同盟领导的斗争》,载于《工人运动史论丛》1975年第17期第481页及下页。该报道同共产主义者同盟中央委员会未曾广泛发表的声明在内容上一致,这篇报道的作者可能是威·沃尔弗,见《工人运动史论丛》1975年第17期第484页;瓦·施密特:《威廉·沃尔弗》柏林(前民主德国)1979版第2卷第145页及下页;马·洪特:《共产主义者同盟史》,见《马克思恩格斯全集》第1版第4卷第433页。
⑤ 载于1848年3月29日《特里尔日报》第89号副刊第1页。

论的回答。格律恩在他为《科隆日报》撰写的巴黎通讯①中称17条"要求"为"理想主义货色",随后他表示不太赞同马克思的办报计划。②

最迟在3月的最后几天,马克思得到了在科隆有人打算出版一份民主派报纸的消息:在科隆逗留过几天的格奥尔格·维尔特从布鲁塞尔写信告诉马克思:"丹尼尔斯、毕尔格尔斯、德斯特尔提到办一份新报纸。——他们相信会得到资金,但我认为这尚无把握。"③维尔特又补

---

① 关于格律恩的作者身份问题,见詹·施特拉斯迈尔:《卡尔·格律恩与1845—1848年的共产党》,载于《卡尔·马克思故居论文集》(特里尔)1973年第10期第23页。

② 卡·格律恩:《巴黎,3月26日》,载于1848年3月30日《科隆日报》第90号副刊第1页:"希望新闻出版自由很快给我们带来共产主义报刊,这样,舆论之风就会吹过这场混乱,最后的借口——'我们确实可以!但是我们就是没有机关报'——就会不复存在。在自由的条件下,只要失去了理由,借口再也行不通了,而且再也没有进行谩骂和诽谤的借口了。如果'共产主义者'先生们最终能够堂堂正正的话,那么,新闻出版自由的胜利就不是微不足道的。不过,我们要求的比我们希望的要多。"另见施特拉斯迈尔:《卡尔·格律恩与共产党》,载于《卡尔·马克思故居论文集》(特里尔)1990年第43期第24页。施特拉斯迈尔引用了格律恩1848年3月26日为《特里尔日报》撰写的通讯:"读者看到某份报刊的时候,就会抑制不住内心的喜悦",不过,这段评论指的不是《莱茵报》。它指的可能是印有17条《要求》的传单,见施特拉斯迈尔:《卡尔·格律恩与共产党》,载于《卡尔·马克思故居论文集》(特里尔)1990年第43期第24页及下页,并见迪·多韦:《德国的第一家社会主义日报,〈特里尔日报〉从自由主义经过"真正的社会主义"发展成为无政府主义》,载于《社会史档案》(汉诺威)1972年第12期第55—107页。

③ 格·维尔特1848年3月25[和]26日或27日给马克思的信,见《马克思恩格斯全集》历史考证第2版第3部分第2卷第414页。

充说:"与其在巴黎坐守,不如你来这里会好些。因为不管怎样,现在有许多事情可以做。警察无能为力了,到现在为止,大赦令看来确实是真的。"①

看来,维尔特还不知道,马克思和恩格斯正在为动身做最后的准备。至少恩格斯——许多流亡者也是一样②——不得不首先筹措路费。他多次为此事向父母求助③,后来他的妹夫埃米尔·布兰克的生意在这"危急时期"④帮了他。为了使被组织到"德国工人俱乐部"里的那些德国人也能返回家乡,马克思和恩格斯动用了他们同斐迪南·弗洛孔的友好关系⑤。"我们的老友弗洛孔当时任临时政府委员,为那些由我们派回国的工人争得了许给义勇军的同样的旅途便利。这样我们就送了三

---

① 1848年3月25[和]26日或27日给马克思的信,见《马克思恩格斯全集》历史考证第2版第3部分第2卷第414页。维尔特指的是弗里德里希-威廉四世1848年3月20日颁布的《对因政治或新闻出版方面的违法和犯罪行为而被指控或受到判决的人的赦免令》,载于卡·奥伯曼编辑并作序言的《统一和自由。1815年至1849年的德国史》[柏林(前民主德国)1850年版第283页]。这个消息对于马克思来说非常重要,因为普鲁士政府1844年曾发布命令,一旦马克思越过边境,就立即予以逮捕。见马克思1848年8月23日给弗·克·胡·冯·屈尔韦特的信,载于《马克思恩格斯全集》历史考证第2版第3部分第2卷第159页;1844年7月3日莫·赫斯致马克思,载于《马克思恩格斯全集》历史考证第2版第3部分第1卷第434页。

② 例如沙佩尔。见卡·沙佩尔1848年3月28日给共产主义者同盟中央委员会的信,载于《马克思恩格斯全集》历史考证第2版第3部分第2卷第418页。

③ 伊·恩格斯和老恩格斯1848年3月25日给恩格斯的信,载于《马克思恩格斯全集》历史考证第2版第3部分第2卷第409页。

④ 《马克思恩格斯全集》第1版第27卷第499、501页。老恩格斯1848年4月1日给埃米尔·布兰克的信,载于《马克思恩格斯全集》历史考证第2版第3部分第2卷第567页。

⑤ 《马克思恩格斯全集》第1版第27卷第136、500、503页。

四百个工人回到德国去,其中绝大多数是同盟盟员。"① 不过,他们拒绝接受弗洛孔关于为重新创办《莱茵报》提供资金的建议,因为他们"作为德国人不愿意从即使是友好的法国政府那里领取津贴"②。

第二个问题是,何时作出了将科隆作为出版地点的决定。

35年以后,恩格斯写道,只有科隆适于出版《新莱茵报》③,好像就没有考虑过其他可能性。他作出这个决定的理由是,当时以科隆为中心的莱茵省在各个方面都成为德国最先进的地区,并且借助拿破仑法典保持着现代的法律观点。相反,他用黑暗的色彩对柏林进行了描绘:除了那里有"大批的官僚以及贵族的和宫廷的奴仆"之外,在柏林实行的是"可怜的普鲁士邦法"。④ 后来的作者未加验证就采用了恩格斯这段叙述。⑤

然而,对于是否从一开始就确定科隆为编辑部所在地,我们有理由表示怀疑。有根据认为,马克思和恩格斯至少曾一度考虑过柏林。1848年3月30日为马克思签发的**"免费护照"**中有一句话:"本警察局敦请各军政机构在持照人从巴黎省经美因茨前往柏林途中为其提供通行的便利。"⑥ 只有马克思本人能够获得这一说明。如果他的目的地是科隆,绝对没有必要加以隐瞒。

引人注意的是,马克思、恩格斯和德朗克在动身之前也办了一份黑森的签证。1848年4月5日,萨克森驻巴黎公使馆参赞卡尔·古斯塔

---

① 《马克思恩格斯全集》第1版第21卷第254页。
② 《马克思恩格斯全集》第1版第30卷第506页。
③ 《马克思恩格斯全集》第1版第21卷第20页。
④ 《马克思恩格斯全集》第1版第21卷第20页。
⑤ 弗·梅林:《马克思传》莱比锡1918年版第161页;P. N. 费多西耶夫等人:《卡尔·马克思传》柏林(前民主德国)1984年第7版第211页。
⑥ 原件藏于国际社会史研究所《马克思恩格斯遗物》卷宗E45。仿宋体字为事先印好的。

夫·阿道夫·冯·博泽在寄给德累斯顿的报告中写道："卡尔·马克思，哲学博士，特里尔人，弗里德里希·恩格斯，文学博士，普鲁士巴门人，恩斯特·德朗克，法学博士，科布伦茨人，第一个人是巴黎德国共产主义委员会书记，第二个人是该委员会成员，第三个人则因与普鲁士现任当局意见不一而知名，本月3日，为办理经美因茨前往柏林的法国护照签证，他们在公使馆被引见给黑森公爵。"①

另外，恩格斯在他1876年为消遣画报《新世界》撰写的回忆威廉·沃尔弗的文章中提到："他〔威廉·沃尔弗——作者注〕在巴黎没有住多久。柏林的三月革命、法兰克福议会和柏林议会的筹备，促使他首先前往西里西亚，争取激进派在竞选中获胜。他想在我们〔马克思和恩格斯——作者注〕一开始办报的时候，无论是在科隆办还是在柏林办，就从西里西亚到我们这里来。"②

尽管通常应该谨慎对待回忆文章，尤其是过了28年才写的回忆文章③，不过恩格斯的意见毕竟是与以前引用过的原始材料相符的。丹尼尔斯曾询问马克思，是打算在巴黎还是在德国创办报纸，这也说明，出版地点的问题还悬而未决。如果已经确定在科隆，那么，燕妮·马克思

---

① 《法兰西和萨克森公使馆1848—1849年发自德累斯顿和巴黎的报告》，载于赫尔穆特·克雷奇马尔和霍斯特·施勒希特编：《萨克森州德累斯顿档案馆丛书》2—3卷〔柏林（前民主德国）版〕第74页。

② 《马克思恩格斯全集》第1版第19卷第69页。

③ 雅·格朗尚最近对斯·波尔恩的《一个四八年战士的回忆》中的10句话进行了研究，再次以实证说明，回忆录的准确性是有限的，在文章结尾处，他阐述了一个原则："一个证据等于没有证据。"〔雅·格朗尚：《正确利用历史回忆录。50年后斯蒂凡·波尔恩论马克思恩格斯》，载于《德国研究》（普罗旺斯地区艾克尼版）1995年第29期第201—213页〕

就会跟她的"姐妹"——在科隆当教师的女友卡罗琳·舍勒①,提到她们可能很快就会见面。另外,4月18日威廉·沃尔弗向美因茨的卡尔·瓦劳发出十分绝望的呼救声:"马克思、恩格斯、德朗克等人在哪儿?不管他们在哪儿,把他们的地址给我"②,这也说明,当他3月29日或30日从巴黎出发开始前往德国的密使之行时,决定尚未作出。信中的另一处说得更清楚:"赫斯、安内克、哥特沙克等人已经登出出版报纸的预告,现在正忙着筹集股份!!赫斯又想出了好主意。"③沃尔弗可能如同维尔特早在3月25日的信中所写的一样④,在信中建议马克思应该尽快赶往科隆。

恩格斯后来之所以考虑将科隆作为《新莱茵报》的出版地点,可能是因为注意到了柏林革命的实际进程。但是,在1848年3—4月,还绝对无法预计到,柏林和科隆的局势将会如何发展。作为普鲁士首都并因而成为政治中心的柏林,完全可能是马克思的一个选择对象,尤其是因为街垒战士的胜利给普鲁士带来了极大的革命推动力。⑤

---

① 亨·屈姆霍夫:《卡罗琳·舍勒——马克思一家和恩格斯的朋友》,载于《马克思恩格斯年鉴》[柏林(前民主德国)版]1978年第2卷第241—250页,见第242页及下页。

② 威·沃尔弗1848年4月18日给共产主义者同盟中央委员会的信,载于《马克思恩格斯全集》历史考证版第2第3部分第2卷第426页。

③ 威·沃尔弗1848年4月18日给共产主义者同盟中央委员会的信,载于《马克思恩格斯全集》历史考证版第2第3部分第2卷第422页。

④ 维尔特1848年3月25[和]26日或27日给马克思的信,载于《马克思恩格斯全集》历史考证第2版第3部分第2卷第414页。

⑤ 见吕·哈赫特曼:《柏林1848年。革命政治史和社会史》波恩1997年版。

至于什么时候确定为科隆，暂时只能进行推测。有人指出，到了1848年4月12日才最后敲定。①

由于办报计划在巴黎尚且悬而未决，关于已在法国首都组成编辑委员会②的说法，看来也值得怀疑了。

第三个问题是马克思、恩格斯和德朗克回德国的路线。

筹措路费并不是马克思和恩格斯不得不解决的唯一困难。同其他流亡者一样，他们也需要一份进入德国的有效护照。正如威廉·沃尔弗和弗里德里希·克吕格尔不得不指出的那样，普鲁士驻巴黎公使哈茨费尔特拒绝为政治流亡者签发护照。③ 于是，马克思和恩格斯向法国当局求助。他们觉得巴黎警察总监马尔克·科西迪耶夫④是一个态度友好的官

---

① 见第4部分。

② 马·洪特：《共产主义者同盟史》，《马克思恩格斯全集》第1版第4卷第460页。1848年5月，威廉·沃尔弗在西里西亚的诺伊马克特—施特里高争取获得法兰克福国民议会中的一个议席，并取代布雷斯劳的历史学家古·阿·施腾策尔当选为代表。这一事实说明，在科隆比较具体地考虑过编辑部的组成，也曾将威·沃尔弗考虑在内。赫·布莱贝尔：《威廉·沃尔弗1848年春季在布雷斯劳》，载于《史学杂志》1958年第6期第1310—1326页，见第1317页；施密特：《威廉·沃尔弗》柏林（前民主德国）1979版第2卷第162页及下页。

③ 施密特：《威廉·沃尔弗》柏林（前民主德国）1979版第2卷第149页；《对普鲁士驻巴黎公使馆的意见》，载于1848年4月16日《柏林阅览室》第92号第4页。

④ 关于马·科西迪耶尔，见格朗尚：《马克思在巴黎》，载于《卡尔·马克思故居论文集》（特里尔）1990年第43期第181页注46。后来，马克思在《新莱茵报》副刊中摘录了他的回忆录：《前警察总监科西迪耶尔回忆录，节选》，载于1848年12月12日《新莱茵报》第166号第1页及下页。

员。他在1848年3月30日免费为马克思①和恩格斯②签发了有效期为一年的旅行护照。

不过,这并没有排除所有的障碍。由于他们打算和德朗克一起在美因茨稍作逗留,所以他们还需要一份黑森大公国的签证。但是,正如萨克森外交代表在4月5日发往德累斯顿的报告中所通报的那样③,黑森公使拒绝发放签证。这是他们决定改变行进路线的原因之一。

马克思和恩格斯还想在动身之前向埃蒂耶纳·卡贝辞行。他们打算告诉他,要把现实的政治的发展,尤其是"德国共产主义运动进展"的情况,随时向他通报。④ 他们大概也希望能够给他们筹划中的报纸搞到关于法国政治发展情况的通讯。4月4日和5日,他们多次造访卡贝的办公室。但由于人多拥挤,他们未能挤到他的面前。于是,他们委托

---

① 马克思的护照复印件,见《马克思恩格斯全集》历史考证第1版第1部分第7卷第586页。并见格朗尚:《马克思在巴黎》,载于《卡尔·马克思故居论文集》(特里尔)1990年第43期第206页及下页。

② "1848年12月23日伯尔尼州外来人口居留证登记表摘录",载于克尼里姆:《弗里德里希·恩格斯》(《马克思恩格斯全集》第1版第27卷第132页)。在"出示证明的种类"下面注明:"法兰克福政府护照,1848年3月30日颁发,有效期1年";恩格斯1848年11月15日给伯尔尼州司法局和警察局的信,载于《马克思恩格斯全集》历史考证第2版第3部分第2卷第170页。恩格斯的护照没有保留下来。曼·克利姆根据马克思的护照所设计的恩格斯的护照,是拼凑出来的历史。曼·克利姆搜集并作注:《弗里德里希·恩格斯。1820—1895年生平资料》,见《雷克拉姆斯百科丛书》莱比锡1977年版第641卷第203页。——威·沃尔弗早在1848年3月27日就已得到法国护照。施密特:《威廉·沃尔弗》柏林(前民主德国)1979版第2卷第149页。

③ 克雷奇马尔、施勒希特编:《法兰西和萨克森公使馆的报告》,载于赫尔穆特·克雷奇马尔和霍斯特·施勒希特编:《萨克森州德累斯顿档案馆丛书》2—3卷[柏林(前民主德国)版]第74页。

④ 《马克思恩格斯全集》第1版第27卷第505页。

后来《新莱茵报》的巴黎通讯员之一，奥古斯特·海尔曼代表他们将一封信转交给卡贝。①

马克思、恩格斯和德朗克启程去德国时，除了要恢复和协调共产主义者同盟的活动以及建立并统一各工人协会之外，他们最大的目标就是创办报纸。先期从巴黎动身的同盟密使也接受了有关的任务。② 另外，马克思本人打算尽力争取在普鲁士"重新入籍"。

可以假定，马克思、恩格斯和德朗克在1848年4月5日傍晚乘坐每天18点发出的邮政专车离开巴黎，取道沙隆、凡尔登和梅斯。③ 他们

---

① 《马克思恩格斯全集》第1版第27卷第505页。

② 见瓦·施密特：《共产主义者同盟和1848年4月和5月统一德国各工人协会的尝试》，载于《史学杂志》1961年第9期第577—614页；马·洪特：《共产主义者同盟史》，《马克思恩格斯全集》第1版第4卷第454页及以下几页。

③ E.波佩勒编辑并作注：《德国邮政及欧洲主要干线手册》美因河畔法兰克福1840年第5版第207页；《普鲁士邮路及与之直接联系的国外邮车》柏林1841年版第41卷第641页，及U.亨舍尔：《最新德国及邻国邮政和铁路手册》美因河畔法兰克福1845年版第118页，告知，巴黎的邮政专车每天18点发车。从巴黎至美因茨，这些邮车需用40—41小时。除了邮政专车之外，还有价格便宜的公共马车，不过仅到梅斯就要用45小时，全程就要用一倍多的时间。有证据证明马克思1848年4月5日尚在巴黎，4月7日早晨就已通过哈布基兴，因此他不可能乘坐公共马车（波佩勒：《邮政手册》第208页）。——施密特：《威廉·沃尔弗》柏林（前民主德国）1979版第2卷第151、360页注61提出，从巴黎通往德国的铁路，使当时的美因茨处在有利位置上（南锡，梅斯，萨尔布吕肯，凯撒斯劳滕，沃尔姆斯，美因茨，美因河畔法兰克福，卡塞尔，马格德堡，柏林），这种说法是不准确的。1855年才出现了一条从巴黎经南锡和斯特拉斯堡通往美因茨的直线铁路；而从美因茨经宾根通往科隆的铁路则是1859年才建成［阿·冯·迈尔：《1835—1890年德国铁路历史和地理》（两卷本）柏林1891年版、柏林1984年再版第1卷第44、480页；H.－W.杜姆扬：《德国铁路线手册》美因茨1984年版第46页；汉·科布舍夫基：(1835—1892年德国铁路线图册) 杜塞尔多夫1971年版第30页，第52号，萨尔布吕肯铁路；全貌见第95页，1850年年底的铁路］。

可能在25小时后在福尔巴克-萨尔布吕肯越过边境,然后从那里继续向凯撒斯劳滕和美因茨行进。① 其他返乡的流亡者也选择了这条路线。② 不过,他们显然想绕过普鲁士的领土,因为普鲁士政府1844年指令它的边防站,马克思如果入境,立即予以逮捕。③ 德朗克三周前刚从事瑟尔堡垒逃出。④ 于是,这一队旅行者可能在梅斯改乘邮车,由东南方向朝萨尔格米讷(萨尔格明德)行进,于4月7日凌晨在哈布基兴通过"王国——巴伐利亚一等海关分所"。⑤ 他们从那里经茨韦布吕肯和凯撒

---

① 弗·汉德克:《[……]德国和邻国邮车及旅行图》格洛高1847年版。每天上午9点发车的名为"巴黎之路"的邮政专车同样从美因茨经凯撒斯劳滕前往萨尔布吕肯、梅斯和巴黎。见《邮车》,载于1848年4月6日《美因茨日报与外来人口报》第97号第3版。

② 卡·奥伯曼:《论弗里德里希·恩格斯在1848年春夏的活动的意义》,载于《史学杂志》1961年第9期第28—47页,见第34页。

③ 格·贝克尔:《新发现的卡尔·马克思的两封信。对其1848年生平的补充事实》,载于《史学杂志》1968年第16期第306—326页,见第317页;《马克思恩格斯全集》第1版第5卷第451—454页,并见《马克思恩格斯全集》历史考证版第2第3部分第2卷。

④ 伊·洪特:《恩斯特·德朗克》,载于《1848年的革命人物》第2卷,收入赫·布莱贝尔、瓦·施密特和罗·韦伯编辑的前民主德国科学院《中央历史研究所文集》柏林(前民主德国)1987年版第73卷第92页及下页。

⑤ 在马克思的护照上有下列手写的登记内容:"18[48]年4月7日"作者感谢哈布基兴镇长曼弗雷德·纳格尔提供的有趣的详细情况以及从前的海关文件。威廉·沃尔弗也于1848年3月31日在哈布基兴通过边境。那么,他可能最迟在3月29日离开了巴黎;他大概在3月31日晚间或第二天凌晨抵达美因茨。浏览1848年4月1日前后的《美因茨日报与外来人口报》,没有发现有关他在这座城市停留情况的更详细的消息。1848年3月29日《美因茨日报》上的外来人口名单中有一处"来自克罗伊茨纳赫的沃尔弗",不过所指的不会是威廉·沃尔弗。那时,作为同盟特使的他取道科布伦茨、科隆、汉诺威、柏林去了西里西亚[施密特:《威廉·沃尔弗》柏林(前民主德国)1979版第2卷第149页]。

斯劳滕前往美因茨。① 他们大概最迟在下午时分抵达美因茨，住在"射手旅馆"②。第二天，他们到黑森警察局报关入境。③ 此时，米哈伊尔·巴枯宁④和著名的科隆民主主义者弗兰茨·拉沃⑤也在美因茨。

1848年4月5日，必定是在巴黎中央委员会的提议下，卡尔·瓦劳、阿道夫·克路斯和保尔·施土姆普弗以美因茨工人教育协会的名义

---

① 每天上午10时从美因茨出发，取道阿尔蔡、凯撒斯劳滕、茨韦布吕肯、萨尔格明德和梅斯的邮车路线也可以按相反顺序行进（《邮车》，载于1848年4月6日《美因茨日报》第97号第3版）。

② 约·海因策尔曼：《美因茨大教堂阴影下的马克思和恩格斯》，载于1975年《美因茨杂志。中莱茵考古、历史和艺术年鉴》（美因茨）第173页。因此，奥伯曼认为德朗克大概在科布伦茨才结识了马克思和恩格斯的说法是不正确的。卡·奥伯曼：《卡尔·马克思与1848—1849年的德国革命》，载于比尔施太因：《马克思在科隆》，载于《287本藏书》科隆1983年版第138—185页，见第153页。作为来自科布伦茨的同盟特使，德朗克于1848年4月18日再次在美因茨逗留，他再次下榻于同一家旅馆（见1848年4月19日《美因茨日报》第110号第4版）。因此，伊·洪特在《恩斯特·德朗克》[《1848年的革命人物》第2卷，收入赫·布莱贝尔、瓦·施密特和罗·韦伯编辑的前民主德国科学院《中央历史研究所文集》柏林（前民主德国）1987年版第95页]上有关德朗克在美因茨逗留情况的叙述有待修正。

③ 马克思的护照上有签名和公章，护照上的登记内容为："已审阅，美因茨1848年4月8日"。如果克利姆认为，马克思是用这份护照进入普鲁士，那他就搞错了（《卡尔·马克思。1818—1883年生平资料》，载于《雷克拉姆百科丛书》莱比锡1970年版第439卷第232页）。

④ 海·蒙茨：《美因茨的保尔·施土姆普弗同卡尔·马克思和弗里德里希·恩格斯的联系。并论美因茨工人运动史》，见《黑森工人运动史论丛》（达姆施塔特）1986年第5期第329页注66。以食利者身份出现的巴枯宁也来自巴黎并下榻于"莱茵旅馆"，见1848年4月7日《美因茨日报》第98号第2页。

⑤ 海因策尔曼：《美因茨大教堂阴影下的马克思和恩格斯》，载于《美因茨杂志。中莱茵考古、历史和艺术年鉴》（美因茨）。

发出呼吁。主要是要把所有工人协会联合起来，成立一个全德国的工人组织。① 除了要尽可能广泛地吸收共产主义者同盟盟员，马克思和恩格斯可能主要利用在美因茨逗留的机会，商谈为实现这个呼吁需要采取哪些进一步的步骤。② 不排除当时也谈到了出版报纸的计划。

马克思在美因茨的逗留大概不久就在莱茵地区引起传闻，说他打算在那里出版报纸。从共产主义通讯委员会③时期起就同马克思和恩格斯有着密切联系的商人亨利希·楚劳夫，在4月10日写信给莫泽斯·赫斯："我听说，马克思将要在美因茨出版一家报纸。"④ 之所以出现这个传闻，可能是因为在美因茨也有人正在努力，打算在不久之后，即从

---

① 摘录于海·费尔德尔、马·洪特、叶·康捷尔、索·列维奥娃编：《共产主义者同盟. 文献和资料》（三卷本）柏林（前民主德国）1970－1984年版第1卷第751页及下页。

② 施密特：《共产主义者同盟和统一的尝试》，载于《史学杂志》1961年第9期第591页及以下几页；多韦：《行动和组织》，载于《弗里德里希－艾伯特－基金会研究所论文集》汉诺威1970年版第78卷第139页；马·洪特：《共产主义者同盟史》，载于《马克思恩格斯全集》第1版第4卷第460页及以下几页。

③ 关于共产主义通讯委员会的历史，见康捷尔：《马克思和恩格斯》第89—165页；赫·弗德：《革命前夜的马克思和恩格斯。德国共产主义者政治方针的制定(1846—1848年)》，载于德国柏林科学院：《历史研究所论文集》系列一《德国通史》7［柏林（前民主德国）1960年版］第41—125页；卡·奥伯曼：《关于共产主义通讯委员会在1846年，主要在莱茵地区和威斯特伐利亚的历史》，载于《德国工人运动史论丛》1962年第4期专集第116—143页。

④ 亨·楚劳夫1848年4月10日给赫斯的信，载于《莫泽斯·赫斯通信集》（埃·西尔伯讷编，维·布卢门贝格协助），见《德国和奥地利工人运动史资料与研究》海牙1959年版第2卷第184页。

1848年5月1日起，出版一份名为《莱茵报》的日报。① 不过，支持这家报纸的是追求君主立宪的势力。②

4月11日，马克思、恩格斯和德朗克，大概是乘船沿着莱茵河③，继续前往科隆，他们在当天傍晚或晚间抵达，最初曾在拉舍尔毛利乌斯

---

① 蒙茨的《美因茨的保尔·施土姆普弗的联系》[见《黑森工人运动史论丛》（达姆施塔特）1986年第5期）第243页] 也强调指出，这个说法得不到证实。另外，纳曼的《解放和救世主义》[《社会史资料与研究》美因河畔法兰克福（等地）1982年版第3卷] 第486页及下页的注14认为，从楚劳夫的陈述中可以推断出，马克思可能在美因茨得知，赫斯、哥特沙克和安内克在办报计划的态度上并不像他一直认为的那样坚定，因此他把科隆作为落脚点。从目前的论述得出的结论是：这种推测是毫无根据的。

② 见1848年5月1日《卡尔斯鲁厄日报》第119号的广告："5月1日，一家新报创刊了，它是由一家股份公司创办，名称为《莱茵报》，代表的是君主立宪制的利益。"值得注意的是，共产主义者同盟成员和美因茨工人教育协会书记卡尔·瓦劳曾是这家报纸的印刷工。见恩·德朗克1848年5月17日给马克思的信，载于《马克思恩格斯全集》历史考证第2版第3部分第2卷第449页。该报于1848年12月31日再度停刊。

③ 三家沿美因茨—科隆线路航行的公司，在莱茵河上经营着"轮船航运业务"，它们是："尼德兰轮船航运公司""杜塞尔多夫公司"和"科隆公司"。比如，船只每天6点、7点、7点45分和10点从美因茨出发，用一天时间到达科隆（见《曼海姆晚报》1848年4月5日第95号、7日第97号第380页和第389页；1848年1月2日《亚琛城日报》第2号第4页）。根据亨舍尔：《最新邮政和铁路手册》（美因河畔法兰克福1845年版）第162页，莱茵河上的轮船每天6点、8点、10点30分和13点从美因茨起航，分别于15点30分、16—17点、19—20点以及20—21点抵达科隆。威廉·沃尔弗在1848年4月18日的信中写道，他也乘轮船沿莱茵河前往科隆 [见《共产主义者同盟》（三卷本）柏林（前民主德国）1970—1984年版第760页]。

一斯泰因维克角的"拉舍尔旅馆"落脚。① 他们恰恰在这一天前往科隆,是因为第二天晚上将要召开《莱茵报》创办大会。

2. 为在科隆重新创办《莱茵报》而作出的努力

1848年3月24日,在第84号《科隆日报》的副刊上刊登了一则不引人注意的简短启事:

> 致《莱茵报》编者先生们:
> 你们现在是否放弃了1843年3月31日作出的承诺,是否要等取消书报检查的限制之后,才重新着手办那份报纸?!②

这里显然是指在查封之前的最后一号《莱茵报》。在这一号上,报头的下方登有一首诗:《告别》,其中第5段中写道:

> 我们得到朋友们的赞同,
> 而敌人用斗争向我们致敬:
> 日后让我们在新的地点再见
> 即使失去一切,勇气依然如故!③

甚至在约翰·威廉·迪茨印刷厂工作的排字工人也写了告别信,他

---

① 同《科隆外埠人报》有关的《科隆通报》1848年4月12日第88号刊登的"昨日到达的外来人员名单":"马克思博士来自巴黎,住拉舍尔旅馆。德朗克博士,住宿同上。作家恩格斯,住宿同上。"
② 1848年3月24日《科隆日报》第84号副刊第1页。
③ 《告别》,载于1843年3月31日(莱茵报)(科隆)第90号第1版。

们在信中预祝报纸早日获得新生。①

遗憾的是，将上述启事交付刊登的人选择了匿名方式。② 不过，这则启事是一个信号，表达了科隆以及整个莱茵地区一定范围的人士对于将该报作为同《科隆日报》抗衡的报纸重新出版的愿望。

不过，大概是不需要这样一个信号。前监事会和《莱茵报》③ 撰稿人中较为激进的人士，最迟在柏林三月事件之后就已考虑重新出版该报。这些人中有弗里茨·安内克、亨利希·毕尔格尔斯、罗兰特·丹尼尔斯、卡尔·德斯特尔和安德烈亚斯·哥特沙克。应该在3月25日之前就已经作出了有关的思考。④ 计划很快就传开了。《特里尔日报》驻科隆通讯员在不久之后报道说："科隆，3月29日。［……］——有人正计划在科隆创办一份新报纸，该报将同《科隆日报》一样遵循一条较为坚定的路线。"⑤

然而，这个计划的实施碰到了在维尔特写给马克思的信⑥中所提到的经济困难，此外，个人之间也有意见分歧。

到了1848年3月3日，法兰克福联邦议会不得不考虑要求在革命

---

① 威·迪：《〈莱茵报〉排字工人的告别信》，载于1843年3月31日《莱茵报》（科隆）第90号第4版。

② 作者可能是已经于1843年2月在《科隆市民关于继续出版〈莱茵报〉的请愿书》上签名的29人之一（《马克思恩格斯全集》第2版第1卷第749页）。

③ 多韦：《行动和组织》，见《弗里德里希－艾伯特－基金会研究所论文集》汉诺威1970年版第78卷）第56页。

④ 维尔特1848年3月25［和］26或27日给马克思的信（《马克思恩格斯全集》历史考证版第2版第3部分第2卷）。

⑤ 1848年4月1日《特里尔日报》第92号第1版。

⑥ 见《马克思恩格斯全集》历史考证版第2版第3部分第2卷。

的德意志各邦实行资产阶级自由的强大呼声。它让德意志各邦自行决定，取消书报检查并保证新闻出版自由。① 迫于日益高涨的群众集会的压力，弗里德里希·威廉四世于1848年3月17日不得不被迫颁布"新闻出版法"，该法第1条称："特此取消书报检查。所有与书报检查有关的法令、指令、机构和惩处规定一律作废。"② 不过，第4条规定，每周定期出刊六次或数次的报刊应缴纳保证金，保证金的数额按1820年5月30日的营业税缴纳法确定。③ 科隆的报纸出版商应缴保证金数额为4000帝国塔勒。④ 由此就设置了一道障碍，只有那些经济实力雄厚的出版商才有可能出版日报。因此，要求实行法国在二月革命后实行的

---

① 恩·鲁·胡贝尔编：《德国宪法史资料》斯图加特（等地）1978年第3版第1卷第329页。罗斯：《阿达尔贝特·伯恩施太德》，载于1993年《多特蒙德报刊研究论丛》[慕尼黑（等地）] 第51卷第19—33页，对在1815—1848年复辟时代掀起的压制政治性报刊的浪潮进行了概述。

② 1848年3月17日《新闻出版法》，载于《普鲁士王国法令汇编》1848年第8号第69页[部分复印件，载于施密特等人：《1848—1849年德国革命史。附插图》柏林（前民主德国）1973年版第85页]。

③ 载于《普鲁士王国法令汇编》1848年第8号第69页[部分复印件，载于施密特等人：《1848—1849年德国革命史，附插图》柏林（前民主德国）1973年版第70页]；《1820年5月30日营业税缴纳法》，载于《普鲁士王国法令汇编》1820年第14号附件[部分复印件，载于施密特等人：《1848—1849年德国革命史，附插图》柏林（前民主德国）1973年版第156页]。

④ 《新闻出版法》，载于《普鲁斯王国法令汇编》1848年第8号第70页。保证金的数额取决于该地属于四类城市中的哪一类。除了科隆，第一类城市还包括柏林、布雷斯劳、但泽、柯尼斯堡、马格德堡、斯德丁、亚琛和埃尔伯费尔德以及巴门。第二类、第三类和第四类城市的保证金分别为200、1000和500帝国塔勒。保证金必须按普鲁士国债券的票面价值交存。可以免交保证金的包括已经定期出版的报刊，以及数学、自然科学、地理、医学、音乐或纯行业题材的专业报刊。

"无条件的新闻出版自由"① 的呼声日益响亮。② 这一要求所指的是取消对政治性报刊的所有限制。计划出版《莱茵报》的科隆人士，因此将希望寄托在1848年4月2日将要召开的联合议会上。安内克在3月28日给弗里德里希·哈马赫尔的信中写道："对于民主派报纸来说，这里的前景还不是不妙。不过，一旦推翻［新的］③ 新闻出版法，前景就会好转。但愿不会超出一个星期。"④ 事实上，3月29日出任首相，并在4月2日作为国王派赴议会的专员主持了柏林第二届联合议会开幕仪式的卢道夫·康普豪森⑤，提交了《关于未来的普鲁士宪法若干基础的条

---

① 例如，《亚琛城日报》3月7日就报道过有关取消所有法国报纸的保证金和印花税的消息（《巴黎，3月5日》，载于1848年3月7日《亚琛城日报》第67号专刊第1版）。

② 例如，维尔特在给马克思的信中这样写道："我到科隆已经几天了。一切都武装起来了，人们不相信柏林的许诺，只有普选权、无条件的新闻出版自由和结社权才能使大家满意。"维尔特1848年3月25［和］26或27日给马克思的信，载于《马克思恩格斯全集》历史考证版第2版第3部分第2卷。

③ 根据《共产主义者同盟》柏林（前民主德国）1970—1984第744页，草稿中有"新的"一词；据猜测，安内克搞错了，编者将"新的"改为"旧的"。库·科泽扬卡和卡·奥伯曼编辑并作注：《马克思和恩格斯的同时代人，1844—1852年书信选》，载于《德国和奥地利工人运动史资料和研究》阿森（等地）1975年版第6卷第147页。安内克也援引了1848年3月17日的《新闻出版法》。

④ 弗·安内克1848年3月28日给弗·哈马赫尔的信，载于《马克思和恩格斯的同时代人》1975年阿森－阿姆斯特丹版第147页。

⑤ 于·霍夫曼：《卢道夫·康普豪森。普鲁士第一位资产阶级首相》，载于布莱贝尔等人编：《革命人物》［收入赫·布莱贝尔、瓦·施密特和罗·韦伯编辑的前民主德国科学院编：《中央历史研究所文集》柏林（前民主德国）1987年版第73卷第425—448页，见第436页］。

例法案》。①4月4日，议员们将经过若干修改的法案升格为法律。② 所以赫斯和安内克在其作为启事刊登在4月7日《科隆日报》上的《要求重新创办〈莱茵报〉》一文中能够充满信心地宣告，当月2日由联合议会提请讨论的法律草案将在几天后生效，按照该法律草案将"取消出版新报刊须缴纳保证金的规定"③。

不过，"报刊印花税"依然保留，每个季度开始时，印花章醒目地印在每份刊物的标题部位，以此证明政治性报刊的印花税业已缴纳，国内每份报刊每年缴纳印花税1塔勒。④ 1848年12月8日的条例生效后，才取消了下一年度的交费。⑤

正如已经提到过的，筹措资金仅仅是问题之一。准确地说，有不

---

① 爱·布莱希汇编：《1848年4月2日召开的联合议会的协定》柏林1848年版第7页及下页。

② 《1848年4月6日关于未来的普鲁士宪法若干基础的条例》，载于《普鲁士王国法令汇编》1848年第8号第87页。第2条规定："为了扩大赋予我们人民的新闻出版自由，兹取消今年3月17日法令第1号［……］关于出版新报刊须交纳保证金的规定。"

③ 1848年4月7日《科隆日报》第98号副刊第2页，转载自《莱茵通信和档案》［《莱茵史学会会刊》（波恩）1942年第36期］第703页及下页。

④ 1822年3月7日《关于印花税的法令》，载于《普鲁士王国法令汇编》1822年第5号第88页。有关论述，见格·埃尔坎：《普鲁士报纸税。利用俾斯麦和普鲁士内阁档案论新闻出版政策史》，载于《柏林报刊学和报刊实践研究班论文》耶拿1922年版第1册第21页。文中叙述的1822年的方法也同样适用于1848年。普鲁士报纸税于1810年开始在普鲁士征收，1822年进行了修改。《新莱茵报》全年大概应交纳6000塔勒，是该税的最高额。

⑤ 1848年12月8日《关于取消报纸印花税的条例》，载于《普鲁士王国法令汇编》1848年第58号第422页。不过，1852年再次开始收费。

同的三伙人要求充当1843年被查禁的报纸的继承者。争执一直持续到4月中旬。

如果不是早于马克思和恩格斯，那么也是在同一个时间，毕尔格尔斯、德斯特尔和丹尼尔斯也在计划让报纸重获新生。维尔特在1848年3月23—25日逗留科隆期间，就此事同他们进行过协商。① 迄今为止还无法确定，毕尔格尔斯在他亲笔写的履历中的表述——根据该履历，他"在1848年春，同一些打算出版一份带有明确的自由思想的报纸的人进行过协商，协商的结论是创办《新莱茵报》"② ——是否与此有关，是否因此就说马克思和科隆这三个人从一开始就统一了他们的计划，抑或是在维尔特向马克思通报了科隆几个人的计划之后才取得了一致意见。但我们可以由此认为，在很早的时候就已约定进行合作。不过，毕尔格尔斯在1876年的《忆斐迪南·弗莱里格拉特》中"创办报纸一事是由格奥尔格·维尔特和我筹划的"③ 这种说法更使人产生疑问。这种说法只可能与上文提到过的维尔特在科隆的逗留有关，因为维尔特此后到了4月底才重返科隆。④

---

① 维尔特不仅在已经摘引过的、3月25[和]26日或27日写给马克思的信中提到此事，而且在3月27日从布鲁塞尔写给他母亲的信中写道："我们就在科隆创办一家新报纸的事进行过商谈，昨天，26日星期日，我回到这里。"载于扬·吉尔肯斯协助、于尔根–沃尔夫冈·格特编辑并作前言的《格奥尔格通信全集》[两卷本，美因河畔法兰克福（等地）1989年版] 第1卷第443页；布·凯泽编：《格奥尔格通信全集》（五卷本）柏林（前民主德国）1957年版第5卷第284页。

② 摘引自《莱茵通信和档案》，载于《莱茵史学协会会刊》（波恩）1942年第36期第704页。

③ 亨·毕尔格尔斯：《忆斐迪南·弗莱里格拉特》，载于1876年12月10日《沃斯日报》第290号《星期日副刊》第50号。

④ 泽姆克：《格奥尔格·维尔特》杜塞尔多夫1989年版第108页。

哥特沙克也有集股出版一份民主派报刊的想法。他在3月26日将此想法告诉了赫斯。① 尚在布鲁塞尔的赫斯认为自己有最终担任《莱茵报》负责人的机会，6年前他在该报的创办和组织工作中曾起过决定性作用。② 他在4月2日前后返回科隆。③

　　在这里不得不暂时中断按时间顺序进行的叙述，对迄今流行的说法——即在科隆的《莱茵报》创办过程中，马克思和恩格斯并没有参与——表示疑问。这种说法的根据是，丹尼尔斯和哥特沙克故意向他们建议说，他们应该去巴门或特里尔，在那里参加柏林国民议会的竞选。④ 这种说法可能是以恩格斯为依据，众所周知，他曾写道：

---

①　安·哥特沙克1848年3月26日给莫·赫斯的信，载于《赫斯通信集》第178页。

②　埃·西尔伯讷：《〈莱茵报〉的创办者和编辑莫泽斯·赫斯》，载于《社会史档案》汉诺威1964年版第4卷第5—44页；《莱茵通信和档案》，载于《莱茵史学协会会刊》（波恩）1942年第36期第703页。

③　早在1848年4月4日，亨·楚劳夫给在科隆的赫斯寄了一封信［《赫斯通信集》第178页以下；西尔伯讷：《莫泽斯·赫斯》，载于《社会史资料与研究》美茵河畔法兰克福（等地）1982年版第283页］。

④　迈尔：《弗里德里希·恩格斯传》柏林（前民主德国）1970年版第316页；列维奥娃：《马克思和恩格斯》，载于《马克思和恩格斯为革命无产阶级机关报＜新莱茵报＞的建立和巩固而斗争的历史》莫斯科1959年版245页；《德国革命中的马克思》莫斯科1970年版第50页；什·纳曼：《关于共产主义者同盟第二阶段在德国的历史》，载于《社会史档案》汉诺威1965年版第5卷第18页；《解放和救世主义》，载于《社会史资料与研究》美茵河畔法兰克福（等地）1982年版第233页；屈姆霍夫等人：《弗里德里希·恩格斯传》柏林1920年版第1卷第180页及下页；施佩贝尔：《莱茵地区的激进派》普林斯顿—新泽西1991年版第298页；马·洪特：《共产主义者同盟史》，载于《马克思恩格斯全集》第1版第4卷第482页。

当我们到达科隆的时候，那里已经由民主党人，部分地也由共产党人在筹备创办大型报纸。他们想把报纸办成纯地方性的，即科隆的报纸，而把我们赶到柏林去。①

这与此事有什么关系呢？为了更好地理解，这里还要再次引用丹尼尔斯 3 月 21 日写给马克思的信："你想入籍，不想被选入国民议会了吗？我从舍勒尔小姐那里听说，你打算创办一份报纸。是在巴黎还是在德国？"② 这段话表明，丹尼尔斯还不知道，马克思在政治形势发生变化之后有何打算。科隆在一两天后才知道柏林胜利的消息，巴黎到了 3 月 20 日才知道。当时，无论丹尼尔斯还是马克思，都无法对政治结果作出估计。因此，丹尼尔斯在同一封信中写道："你肯定急于想知道来自柏林的详细消息。我们这里也是一样。因为我们到现在为止还是完全一无所知。"③

关于马克思应该入籍并被选入国民议会的建议是完全合法的。当时，预备议会尚未把国民议会选举方式定下来（距国民议会选举还有 10 天），而建立一个以人民主权为基础的全德议会的要求是民主派阵营的基本要求之一。应该为国民议会争取到最优秀的人物，即在三月革命前，在反对诸侯统治的斗争中扬名的那些人。丹尼尔斯从 1846 年起参与共产主义通讯委员会的活动。他和马克思的见解完全一致，并同马克

---

① 《马克思恩格斯全集》第 1 版第 21 卷第 20 页。
② 丹尼尔斯 1848 年 3 月 21 日给马克思的信，载于《马克思恩格斯全集》历史考证版第 2 版第 3 部分第 2 卷 403 页。
③ 丹尼尔斯 1848 年 3 月 21 日给马克思的信，载于《马克思恩格斯全集》历史考证版第 2 版第 3 部分第 2 卷 403 页。

思保持着友好往来。① 因此，仅仅以他的建议为依据，就推断出他和哥特沙克希望《共产党宣言》的两个作者离开科隆，以便可以在没有他们参与的情况下完成出版报纸的计划，这是非常不合情理的。此外，迄今为止没有任何证据证明，丹尼尔斯有出版一份报纸或参加一家报社，甚至是一家反对马克思的报社的雄心！

即使对于哥特沙克，这种谴责也是无法立足的。3月26日，他在写给赫斯的信中表示反对海尔维格的行动。他认为，"共和国"的名字尚未广为人知，而无产阶级目前还没有强大到足以单独行动的程度。在"社会危机"中，比起"剑拔弩张"，不久将要召开的立法议会——他所指的是法兰克福国民议会——为"实现我们的原则"提供了更好的机会。② 哥特沙克还说，为了能被推举为候选人，他力争克尽"绵薄之力"。如若他没有取胜，那么也许律师施奈德或者毕尔格尔斯会获得成功。在这一点上，他认为："如果马克思愿意回到特里尔，恩格斯愿意回到巴门，在当地力争成为候选人，当然好了。"快到这封长信的结尾时，他才更像是顺便提到："也许这里可以集股创办一家民主派报纸。"③

人们一致认为，在读过这封信之后，赫斯产生了利用时间上的有利条件在科隆重新创办《莱茵报》的想法。不过，哥特沙克和丹尼尔斯一样，特别主张有尽可能多的、代表"我们的原则"的人参加国民议会的竞选。他们两人在政治上真正关心的是这件事，而不是试图让马克思和恩格斯远离科隆。众所周知，威廉·沃尔弗也刚刚前往西里西亚，

---

① 例如，当马克思因被当局驱逐而在1849年5月19日离开科隆的时候，丹尼尔斯将马克思当时已很有价值的藏书照管了许多年。

② 哥特沙克1848年3月26日给赫斯的信，载于《赫斯通信集》第175页及下页。

③ 哥特沙克1848年3月26日给赫斯的信，载于《赫斯通信集》第176页。

像恩格斯在关于他的回忆中强调的那样,"争取激进派在竞选中获胜"①。作为"被囚的狼",——沃尔弗因在大学生联合会中的活动而被监禁八年,并在1843年发表的报告中得到这个称号——作为名声传出西里西亚的社会主义者,沃尔弗本人在西里西亚的诺伊马克特—斯特里高为谋求法兰克福国民议会中的一个议席而奔忙。②

最后,还有马克思的一段话,在准备起诉柏林《国民报》诽谤期间,他给他的辩护人、法律顾问维贝尔的信中写道:"(**秘密**:当我到达科隆的时候,康普豪森的一个朋友曾建议我到柏林他那里去。我没有理睬这种暗中的拉拢)。"③ "康普豪森的一个朋友"是指医生亨利希·克莱森,马克思在《莱茵报》时期就与他相识——当时克莱森担任监事股东会的副主席。此后不久,他出任柏林新闻出版局局长。他的建议不见得就是要试图阻止马克思在科隆出版报纸这一计划的实现。

---

① 《马克思恩格斯全集》第1版第19卷第69页。

② 布莱贝尔:《威廉·沃尔弗在布雷斯劳》,载于《史学杂志》1958年第6期第1317页;施密特:《威廉·沃尔弗》,柏林(前民主德国)1979版第2卷第162页以下;《具有多样化社会主义思想的威廉·沃尔弗》,载于《工人运动史论丛》1996年第2期第3—19页,见第4页及下页。《新莱茵报》被查封后,沃尔弗进入国民议会。诺伊马克特-斯特里高选区议员,自由派历史学家古斯塔夫·施滕策尔放弃议席之后,沃尔弗替补。

③ 《马克思恩格斯全集》第1版第30卷第507页。早在《莱茵报》被查封之后,普鲁士政府于1843年6月建议马克思出任国家公职。汉·佩尔格编,伊·克里格-诺伊协助:《卡尔·马克思在1842—1843年〈莱茵报〉上的论著,附弗里德里希·恩格斯的文章》特里尔1984年版第301页。

3. 赫斯的计划

赫斯可能最迟在1848年4月2日前后到达科隆时已经得知，马克思和毕尔格尔斯、丹尼尔斯和德斯特尔有着相同打算。然而，马克思还在巴黎，而毕尔格尔斯和德斯特尔当时也不在科隆。他们两人作为该城推选的代表参加了法兰克福预备议会的工作。他们4月5日才重返科隆。① 赫斯利用这个时机，和安内克一起在短短的几个小时之内拟就了一篇简介。这份简介于4月7日以《要求重新创办〈莱茵报〉》为题刊登在《科隆日报》广告栏中。这篇简介注明日期为同一天，署名是赫斯和安内克（并写有他们在科隆的住址）。哥特沙克还未在此署名，可能是由于对他而言成立工人协会更为重要。因为前一天他已在《科隆日报》上邀请"所有的志同道合者和所有有兴趣经常讨论时事问题的人"成立一家"民主主义—社会主义的俱乐部"。② 4月13日，他当选为工

---

① 马·赛佩尔：《1848—1849年科隆民主协会。资产阶级革命期间城市协会和党派的形成》，载于《科隆历史和文化文集》科隆1991年版第15卷第63、67页。纳曼在《解放与救世主义》[《社会史资料与研究》美茵河畔法兰克福（等地）1982年版第230页]中认为，"马克思派"毕尔格尔斯和丹尼尔斯在观望，这种说法是错误的。马·洪特在《共产主义者同盟史》（《马克思恩格斯全集》第1版第4卷第482页）中，也提到德斯特尔是参加1848年3月31日—4月3日协商的唯一一名共产主义者，这也是不符合实际情况的。

② 1848年4月6日《科隆日报》第97号第4页。

人协会主席。① 不过，并不排除赫斯、安内克和哥特沙克曾商定进行一定的分工，他们将《莱茵报》视为将由前面两人负责编辑出版的、工人协会未来的机关报。恩格斯后来的评论表明，有人想把报纸办成纯地方性的，即科隆的报纸。② 简介还提供了另一个依据，即简介强调指出，报纸"将从有关现存的实际情况的具体观点出发，从经济和政治方面［……］全面探讨再也无法回避的社会问题，即资本与劳动的关系等的问题"③。

赫斯和安内克在《要求》中提到1843年春季《莱茵报》被查禁一事，这次事件在短短一年的时间里得到全德国的同情。在反动政府及其豢养的机关报——此处指3月31日停刊的《莱茵观察家》——于1848春天倒台之后，科隆需要第二家报纸的出现，人们向签名者表达了有关愿望。"如果我们有志于拯救祖国于双重危难"④，就不能耽误时间。按赫斯和安内克的说法，这双重危难，一指"我们处身其中的无拘无束的无政府状态"，一指"威胁着我们的那些反动而专制的要求"⑤ 该报的倾向应该是"地地道道民主主义的"。赫斯和安内克认为，有必要从经济和政治方面讨论社会问题，"但绝对不谈带有某种理论、思想、原则

---

① 关于工人协会的历史，见汉·施泰因：《科隆工人协会（1848—1849年）。论莱茵社会主义的早期阶段》科隆1921年版；贝克尔：《在科隆的卡尔·马克思和弗里德里希·恩格斯》柏林（前民主德国）1963年版第21页。关于同普鲁士莱茵省的关系，见多韦：《行动和组织》，载于《弗里德里希－艾伯特－基金会研究所论文集》汉诺威1970年版第78卷第145页及以下几页。
② 《马克思恩格斯全集》第1版第21卷第20页。
③ 1848年4月7日《科隆日报》第98号副刊第2版。
④ 1848年4月7日《科隆日报》第98号副刊第2版。
⑤ 1848年4月7日《科隆日报》第98号副刊第2版。

和体系观点的问题"①。

最后,他们提出有关筹措资金的想法。由于保证金马上即告取消,因此头半年仅需要一笔用于保证出版社和编辑部费用的资金。他们希望,能够在几周之内通过报纸的预订筹集到这笔资金,半年之后则由订户予以补足。力求在"德国议会"和"法国国民议会"召开之前出版报纸②,也就是从5月初或5月中旬开始。③

至今还不知道,赫斯命人刊登报纸预订表是在发表简介的同时,还是在几天之后,而且——和创办报纸的广告一样——由《科隆日报》的发行人杜蒙-绍贝格办理。几年前发现一份"即将创办的报纸的预订表",遗憾的是没有登记内容。④ 正面上端印着《重新创办〈莱茵报〉的要求》,其文字同《科隆日报》上的广告仅仅略有差别。⑤ 这段文字以下划分为"姓名"、"住址"和"数量"三栏。印有印刷说明的背面也是如此。

赫斯当即采取了必要的步骤。5月1日就要出版试刊号。⑥

在发表简介的当天就有亚琛的两家企业表示愿意承担《莱茵报》的出版和销售。如果报纸在亚琛出版,丰克-缪勒公司就负责提供资金。克里斯蒂安·缪勒的信中说,"这绝不是狭隘的城市**爱国主义**,不过,我们作为商人应该把由我们支配的资本用于我们感兴趣的生意,这

---

① 1848年4月7日《科隆日报》第98号副刊第2版。
② 1848年4月7日《科隆日报》第98号副刊第2版。
③ 制宪议会于5月4日召开,法兰克福国民议会于5月18日召开。
④ 该表刊登在科隆大学与城市图书馆收藏的两份《新莱茵报》原件中的一期上。还有一份预订表现在收藏于莫斯科俄罗斯中央档案馆,但遗憾的是,同样没有登记的名字。
⑤ 差别仅在于拼法和版面不同。
⑥ 路·海尔贝格1848年4月17日给赫斯的信,载于《赫斯通信集》第190页。

就促使我们提出了这个条件"①。他建议在科隆和亚琛之间的迪伦火车站会晤协商。②

同样在4月7日,书商和乐器商海因里希·本拉特在写给赫斯的信中提议承担报纸的销售。他不等赫斯让报纸在亚琛出版,就提出了下列条件:

1)每季度3个银格罗申作为报纸业务费(用于支付承办报酬)。
2)由我介绍给您的广告,一律打25%的折扣。
3)每3个月结算一次。
4)报纸及广告的邮资由您负担。
5)如应传送预订表,由您负担汇总预订表所需费用。
6)用于业务的免费报纸一份,存档。③

是否同丰克-缪勒或本拉特进行过具体商议,想必还值得怀疑。不过,赫斯看来认真考虑过丰克-缪勒的提议。他至少告诉该公司,他计划在几天之后前往亚琛,于是公司于4月13日请求他事先寄来"简介"或"用于试刊号的主要文章"④。由于赫斯在此期间未能召开4月12日

---

① 丰克-缪勒(克·缪勒)1848年4月6—7日给赫斯的信,载于《赫斯通信集》第181页。
② 丰克-缪勒(克·缪勒)1848年4月6—7日给赫斯的信,载于《赫斯通信集》第108页。
③ 亨·本拉特1848年4月7日给赫斯的信,载于《赫斯通信集》第183页及下页。
④ 丰克-缪勒1848年4月13日给赫斯的信,载于《赫斯通信集》第185页。在目前发现的一份1849年3月18日的亚琛月刊《时代杂志》(恩斯特·特尔·梅尔编,丰克·缪勒印刷)的试刊号上,刊登了下列广告:"《新莱茵报》亚琛发行部。为了使《新莱茵报》今后在晚间与科隆的报纸同时到达本地读者的手中,编辑部感到有必要在亚琛设立一个发行部,并将此事交我负责。特将此情况告知读者,请读者及时向我预订第2季度的报纸。需要刊登的文字和文章也请尽速交我处理。亚琛,1849年3月17日。恩斯特·特尔·梅尔。"

的创办大会,事情就搁置下来了。①

赫斯还极力为报纸寻找撰稿人和通讯员。他在4月9日建议当时尚在伦敦居留的路易·海尔贝格移居亚琛并加入报纸编辑部。海尔贝格4月17日才回信,并提出一系列条件,他特别提到,赫斯和安内克曾书面声明,17条"共产党在德国的要求"应成为该报的政治纲领。② 由于"在1843年和现时之间存在的不仅仅是五年的时间,而是发生了一场世界革命",他只能按照该纲领的精神撰写文章。③ 他提出,赫斯也信奉更为共产主义的原则,他认为,简介中提到将要讨论的是不带有某些理论、思想、原则和体系的观点的社会问题,这个提法只是一种策略,可用来避免在当前"对某些最终解决还有待于遥远的未来的问题进行轻率危险的论战"④。此外,海尔贝格要求至少有一年按照与赫斯同等条件签约聘用他,并由出版人出资为他预订各种英文报刊。其他条件涉及路费和报酬。海尔贝格也请赫斯考虑,不在亚琛而在地处中部的地区,例如在美因河畔法兰克福出版《莱茵报》,甚至报纸以后应该使用其他名称。

赫斯争取到艾韦贝克和斯蒂凡·波尔恩担任通讯员。布鲁塞尔德意志工人协会书记、大概曾在出版商卡尔瓦尔特那里为马克思的《工资》

---

① 不过,赫斯在4月21日还写信告诉他的弟弟拉撒路,不久他将在德国创办一份报纸。莫·赫斯1848年4月21日给拉撒路·赫斯的信,载于《赫斯通信集》第193页。
② 海尔贝格1848年4月17日给赫斯的信,载于《赫斯通信集》第188页。
③ 海尔贝格1848年4月17日给赫斯的信,载于《赫斯通信集》第187页。
④ 海尔贝格1848年4月17日给赫斯的信,载于《赫斯通信集》第188页。

一稿排字的施洛特曼①从比利时首都供稿。②

不过，只有在亚琛的报纸不影响马克思的计划时，艾韦贝克才愿意定期撰写通讯，而且他建议避免使用可能引起误解的《莱茵报》这一名称。他还提出，他是唯一的巴黎通讯员，应对他的名字保密。③看样子他打算同时为马克思的报纸写通讯。④他本来不相信赫斯的计划能够成功。他说，对"各种事情经常不断的失败"早已习惯了，"即便这件事吹了，我也想赌一把"。⑤

艾韦贝克认为，必须避免"给党内业已大量存在的分裂添加新的分裂"⑥，海因里希·楚劳夫也有同感。不过，虽然楚劳夫认为赫斯可能同马克思一道出版报纸，但他在4月4日写道："不过您应该立即在科隆重新着手《莱茵报》的出版工作。在老订户之外要增加一些新订户。我认为，这件事可能会进展顺利。"⑦他说，他得知马克思和恩格斯想在4月4日前往埃尔伯费尔德，他将和他们商谈此事。⑧过了不到一个

---

① 卡·格·福格勒1848年4月24日给马克思的信，载于《马克思恩格斯全集》历史考证第2版第3部分第2卷第433页。

② S.施洛特曼1848年4月24日给赫斯的信，载于《赫斯通信集》第194页。

③ 奥·海·艾韦贝克1848年4月16日给赫斯的信，载于《赫斯通信集》第186页。

④ 巴黎区部1848年4月30日给共产主义者同盟中央委员会的信，载于《马克思恩格斯全集》历史考证第2版第3部分第2卷第440页。

⑤ 艾韦贝克1848年4月16日给赫斯的信，载于《赫斯通信集》第186页及下页。

⑥ 艾韦贝克1848年4月16日给赫斯的信，载于《赫斯通信集》第186页及下页。

⑦ 楚劳夫1848年4月4日给赫斯的信，载于《赫斯通信集》第179页。

⑧ 楚劳夫1848年4月4日给赫斯的信，载于《赫斯通信集》第179页。

星期，楚劳夫向赫斯提出一个问题，这次他很恼火："在我介入报纸历史之前，请回答我，毕尔格尔斯早就筹备过创办《莱茵报》的事，而且不久将因之扬名，这是不是真的?"① 他说："你别生我的气，这多少有些自私的味道。"即使当楚劳夫听到有关马克思的计划的错误消息时，他对力量分裂的看法仍是一语中的："这种四分五裂的局面令人痛惜！团结才有利于所有派别。"②

不知道毕尔格尔斯、德斯特尔和丹尼尔斯对简介的发表作何反应。他们可能找到了将新形势告知马克思的办法。在毕尔格尔斯1852年为科隆共产党人案件作的笔记中有一段话或许是指此事："应我的邀请，卡尔·马克思从巴黎动身前往科隆，接受《新莱茵报》的主编工作。"③ 我们在卡罗琳·冯·威斯特华伦1848年6月26日写给韦尔纳·冯·韦尔特海姆的信中发现了意思差不多的表述。④ 不过，也不排除马克思、恩格斯和德朗克在美因茨看到了《科隆日报》上赫斯和安内克的《要求》，因而促使他们当即起程前往科隆。

---

① 楚劳夫1848年4月10日给赫斯的信，载于《赫斯通信集》第184页。
② 楚劳夫1848年4月10日给赫斯的信，载于《赫斯通信集》第184页。
③ 摘自《莱茵通信和档案》，载于《莱茵史学协会会刊》（波恩）1942年第36期第705页。
④ 卡罗琳·冯·威斯特华伦写道："卡尔［卡尔·马克思——作者注］的工作促使他迅速前往科隆——他从巴黎出发即被聘往那里——和几个人一起出版一份已经创刊的报纸。"卡·冯·威斯特华伦1848年6月26日给韦尔纳·冯·韦尔特海姆的信，载于马格德堡州档案馆——州主档案，目录H. 奥斯特劳第1150号第2卷（韦尔特海姆家族遗产，奥斯特劳财产档案第1150号：骑士领地主韦尔纳·冯·韦尔特海姆的卷宗。私人信件、诗歌以及1838—1850年的同类物件）。亨利希·格姆科夫教授、博士向作者说明了该信的情况，作者为此表示感谢。

4. 马克思和恩格斯抵达科隆时的政治形势及 4月12日的会议

1848年4月11日，马克思在离别五年之后重返科隆。恩格斯有三年未到此地。35年后，他写道："我们（主要是由于有马克思）在24小时内就把阵地夺了过来；报纸成了我们的了；不过我们做了让步，把亨利希·毕尔格尔斯列入了编辑部。"① 在这段经常被引证的文字中只略微提到需要克服的困难。

同赫斯的争论是何时开始的？马克思是如何将出版报纸一事争取到自己手中的？亨利希·毕尔格尔斯在其中起了什么作用？马克思"在4月11日和12日以暴风骤雨之势涤荡了科隆的舞台"②，事实果真如此吗？

首先，我们来描述一下马克思、恩格斯和德朗克抵达时所面临的政治环境。

在四五月期间，有三个政治事件特别引起科隆公众的关心。③ 第一个政治事件是即将举行的法兰克福国民议会和柏林协商议会选举。④

---

① 《马克思恩格斯全集》第1版第21卷第20页。

② 马·洪特：《共产主义者同盟史》，载于《马克思恩格斯全集》第1版第4卷第482页。

③ 有关的资料，见于·赫雷斯：《1848—1849年。科隆革命》科隆1998年版。关于三四月间的形势，见该书第30页及以下几页。

④ 赛佩尔：《科隆民主协会》，载于《科隆历史和文化文集》科隆1921年版第67页；赫雷斯：《1848—1849年。科隆革命》，科隆1998年版第33页及以下几页。

1848年4月11日，莱茵省总督艾希曼宣布了有关这次选举的暂行规定。① 第二天就发表了科隆行政区中央选举委员会的带有自由主义倾向的纲领，该纲领的作者中有亨利希·克莱森。4月16日和17日在斯托尔维尔克咖啡馆就此纲领展开的讨论，导致了自由派和民主派的决裂。一次群众集会委托16人委员会起草民主派的选举纲领。毕尔格尔斯和德斯特尔也积极参与了这个所谓的斯托尔维尔克委员会的活动。尤其是后来在选举委员会中也起到了非常积极作用的德斯特尔，由于其在预备议会中承担的工作而对民主派的纲领施加了影响。② 该纲领与中央选举委员会纲领的不同之处主要表现在选举方式③问题以及社会福利政策方面的要求上。④

天主教徒也在4月15日提出了自己的选举纲领；他们可以在初选时（1848年5月1日）登记17个教士作为选举人。⑤ 在第二轮投票中——普鲁士议会为5月8日，法兰克福议会为5月10日——三个政治派别分别获得每个议会中的一个议席和一名代表名额。如果哥特沙克

---

① 康·雷普根：《1848年革命期间莱茵地区的三月运动和五月选举》，载于《波恩历史研究》波恩1955年版第4卷第164页。

② 康·雷普根：《1848年革命期间莱茵地区的三月运动和五月选举》，载于《波恩历史研究》波恩1955年版第4卷第176页及下页；有关对该纲领的评价，见该书172页及以下几页；并见赛佩尔：《科隆民主协会》，载于《科隆历史和文化文集科隆1921年版第67页、第82页及下页。

③ 自由派主张间接选举，而民主派则要求实行普遍而直接的选举。

④ 自由派的纲领仅仅要求由国家"建立用于改善劳动阶级生活和减轻劳动阶级负担的大众化机构"，而民主派则要求采取一些措施使每个市民免遭失业并得到最低的生活保障。见雷普根：《三月运动》，载于《波恩历史研究》波恩1955年版第4卷附录J第332页。

⑤ 康·雷普根：《1848年革命期间莱茵地区的三月运动和五月选举》，载于《波恩历史研究》波恩1955年版第4卷第236页。

没有在工人协会中号召抵制选举,民主派的成功无疑会更为巨大。不过,所有靠济贫费生活或受雇佣的人被排除在选举之外。在88000个居民中,21000个居民拥有选举权。①

科隆的选举斗争特别受到《科隆日报》广告栏和"谈话沙龙"的关注②,科隆民主派的《人民选举纲领》也是发表在该报上。③

代表民主派的弗兰茨·拉沃被入法兰克福议会。他获得166张选票中的109张。民主协会创办伊始就是其成员的法律顾问基尔成为盖塞尔大主教在普鲁士国民议会上的代表。于5月17日补选中在马耶讷选区获胜的德斯特尔进入柏林议会。④ 而同样代表民主派参加竞选的毕尔格尔斯和卡尔·施奈德第二,却在第二轮选举中未能当选。

作为"没有国籍的人",马克思不能参加选举。至于恩格斯和其他回国的流亡者如何行使他们的选举权,我们就无从知晓了。根据普鲁士选举制度,只有在当地向警方报入户口不少于12个月的人才有选举权。⑤ 而预备议会则明确地保证给予返乡的流亡者以选举权和被选举权。⑥ 由此,流亡法国12年的雅科布·费奈迭在科隆给拉沃让路之后,在霍姆堡和陶奴斯被选入国民议会。⑦

第二个引起公众关心的是石勒苏益格—荷尔斯泰因问题。4月7

---

① 沃·西曼:《1848—1849年革命》美因河畔法兰克福1985年版第85页。按照赛佩尔:《科隆民主协会》(《科隆历史和文化文集》科隆1991年版第15卷第86页)上的估计,民主派因此丢掉3000—5000张选票。
② 见雷普根:《三月运动》,载于《伯恩历史研究》波恩1955年版第221页。
③ 1848年4月21日《科隆日报》第112号副刊1第1版。
④ 雷普根:《三月运动》,载于《伯恩历史研究》波恩1955年版第151页。
⑤ 雷普根:《三月运动》,载于《伯恩历史研究》波恩1955年版第127页。
⑥ 雷普根:《三月运动》,载于《伯恩历史研究》波恩1955年版第123页。
⑦ 雷普根:《三月运动》,载于《伯恩历史研究》波恩1955年版第152页。

日,海尔曼·贝克尔博士、教师奥勃莱恩和市议会议员伯克尔成立了一个临时委员会,每天20—21点在"行宫"客栈协调各项行动。① 4月15日,该委员会转为救济协会。它组织过同石勒苏益格—荷尔斯泰因临时政府代表以及50人委员会代表(罗伯特·勃鲁姆和拉沃)的集会,组织过斯托尔维尔克咖啡馆的公开音乐会,在这些音乐会上为志愿兵募集钱款、衣服和武器。4月16日就有一行65个科隆人动身前往伦茨堡。4月18日和20日又有其他志愿兵随后跟上。不过,4月底得知石勒苏益格—荷尔斯泰因的普鲁士军队领导人拒绝接收更多的志愿队,运动势头就减弱了。②

许多科隆市民踊跃加入市民自卫团。大约6000居民分成28个连③,其中也有许多民主协会④和工人协会⑤的成员。3月底4月初,集结完毕,通过简单多数的方式选出了各级军官。1848年4月13日的临时的

---

① 见瓦·屈恩《青年海尔曼·贝克尔。一篇关于莱茵工人运动史的原始资料稿》,载于《威斯特伐利亚—下莱茵地区多特蒙德报刊研究所出版物》多特蒙德1934年版第2卷第46页及下页。瓦伦丁:《德国革命史》柏林1930—1931年版(科隆1970年再版),第 I 卷第459页及以下几页提供了有关的总概况。

② 屈恩:《青年海尔曼·贝克尔》,载于《威斯特伐利亚-下莱茵地区多特蒙德报刊研究所出版物》多特蒙德1934年版第2卷第196页。

③ 赛佩尔:《科隆民主协会》,载于《科隆历史和文化文集》科隆1991年版第15卷第187页。

④ 例如,卡·施奈德第二任第3旗区旗手,卡·瓦赫特尔任第9连上尉,彼·诺特容克和威·安·霍施佩尔特任排长,斐·埃塞尔第二任第4旗区的中士,见赛佩尔:《科隆民主协会》,载于《科隆历史和文化文集》科隆1991年版第15卷第189页。

⑤ 例如,弗·安内克和彼·勒泽尔在第7连,约·莫尔在第10连服役。屈恩:《青年海尔曼·贝克尔》,载于《威斯特伐利亚-下莱茵地区多特蒙德报刊研究所出版物》多特蒙德1934年版第2卷第62页及下页。

"科隆市民自卫团章程"宣称其目的在于"保护法律自由,维护市民社会所有成员间的和睦与融洽,抵制对公共秩序的任何破坏"。① 由于市民自卫团原则上欢迎每个正派的市民,因此在社会方面和政治方面参差不齐,所以在各个连队内部和连队之间不可避免地出现了对立。例如,第16连的代表们在《科隆日报》上发表了一则以《和睦》为标题的声明,反对有人"不仅将思想,而且也将无政府状态和杀人放火的行径"归罪于"共和国和共产主义"②。在这份声明上签名的还有德斯特尔以及后来的《新莱茵报》报社监事会主席约翰·多米尼库斯·科特斯。③ 后来,编辑恩格斯、德朗克和维尔特也参加了这个连。④ 在其他部门中也可以看到报纸的撰稿人⑤、印刷该报的老板⑥、印刷工人和发行负责人。

---

① 弗·安内克和彼·勒泽尔在第7连,约·莫尔在第10连服役。屈恩:《青年海尔曼·贝克尔》,载于《威斯特伐利亚-下莱茵地区多特蒙德报刊研究所出版物》多特蒙德1934年版第2卷第53页。另见马·赛佩尔:《1848年科隆市民自卫团》,载于《科隆历史》1985年第17期第76—116页,及第18期第149—153页的附录,以及卡·奥伯曼:《1848—1849年科隆市民自卫团的社会构成》,载于《经济史年鉴》柏林(前民主德国)1970年版第4期第141—158页。

② 屈恩:《青年海尔曼·贝克尔》,载于《威斯特伐利亚-下莱茵地区多特蒙德报刊研究所出版物》多特蒙德1934年版第2卷第60页及以下几页。

③ 屈恩:《青年海尔曼·贝克尔》,载于《威斯特伐利亚-下莱茵地区多特蒙德报刊研究所出版物》多特蒙德1934年版第2卷第61页。

④ 奥伯曼:《市民自卫团的社会构成》,载于《威斯特伐利亚-下莱茵地区多特蒙德报刊研究所出版物》多特蒙德1934年版第2卷第145页及下页。

⑤ 亨·毕尔格尔斯任第2连排长。

⑥ 威·克劳特任第7连上尉。

然而不可忽视的是，尽管有在这里只能略微提到的这种起义气氛①，马克思在前往德国的途中以及在科隆本地也碰到了反共和国与共产主义的情绪。有关他是17条"要求"共同署名者的传闻比他先期到达。②《埃尔伯费尔德日报》等报刊试图削弱他和恩格斯以及赫斯的地位："现在有一帮知名人物来到这里。带头的是马克思、恩格斯、赫斯。共产主义者在进行煽动，不过人们认为，在科隆和其他地方活动的所有此类俱乐部，尽管能够造成灾难，却一事无成。"③ 德朗克在5月5日的信中说，在法兰克福，如果有人承认自己是共产主义者，就会被人用石头砸个半死。④ 马克思也从其他城市得到类似消息。⑤ 甚至连杰出的科隆民主派也公开表示，他们"坚决反对共产主义"⑥。

---

① 还有必要提到受到革命大力推动的社会运动，特别是莱茵河纤夫、帆船船夫和小承运商针对"资本垄断毁灭中间阶层"而发起的抗议活动（赫雷斯：《1848—1849年。科隆革命》科隆1998年版第39页及下页）。

② 贝克尔：《新发现的卡尔·马克思的两封信》，载于《史学杂志》1961年第9期第308页。

③ 1848年4月15日《埃尔伯费尔德日报》第106号副刊第1页。

④ 德朗克1848年5月5日给共产主义者同盟中央委员会的信，载于《马克思恩格斯全集》历史考证第2版第3部分第2卷第442页。

⑤ 例如，约·席克耳从美因茨来信说："在这里，如果有人以共产主义者的身份出现，肯定会被人用石头砸死，虽然这些蠢牛们根本搞不清什么是共产主义。"约·席克耳1848年4月18日给马克思的信，载于《马克思恩格斯全集》历史考证第2版第3部分第2卷第421页。

⑥ 例如，从1848年6月初开始出版《莱茵守卫者》的卡·克拉默。该报也刊登过民主协会的记录。他在"简介"中强调指出，他不赞成共产主义者用来改变"贫苦阶级状况"的手段，在这一点上，他是"坚决反对共产主义"的（《莱茵守卫者》第1号；赛佩尔：《科隆民主协会》，载于《科隆历史和文化文集》科隆1991年版第15卷第107页）。

建立共和国的要求也遭到大多数科隆市民的否决。共和主义思想的代表大多被指责为"煽动者";人们硬说他们为达到目的而粗暴使用武力,并且甚至不惜发动政变。这种观点的代表人物有科隆上诉法院参事、后来的普鲁士国民议会议员约翰·亨利希·施林克。① 这种观点与十天前刊登在《科隆日报》"议事厅"栏中的颇具声望的律师潘内斯的一封来信②两相呼应,这封信招来一片赞成的声音,而这种声音尤其发自于市民自卫团的队伍。③

马克思可能刚到科隆就立即抓紧时间,向朋友和熟人了解形势、政治气氛以及力量对比。因此,他能够很快适应新的形势,而不是像到目前为止文献中假设的那样,1848年5月中旬才适应了新形势。

所有迹象表明,事实上,马克思、恩格斯和德朗克抵达后,过了24个小时就对报纸未来的路线和报纸编辑部的组成作出了临时决定。除了恩格斯的回忆,还有另一个证据为此作证:奥格斯堡《总汇报》的科隆通讯员提到了定于4月12日召开的《莱茵报》创立大会:"科隆,4月12日。[……]此外,今天晚上将召开一家新的代表人民意愿的报纸的创立大会。在最近的风潮中名字经常被提到的安内克先生,以及《社会明镜》的出版人赫斯先生,已宣布出版一家新的莱茵报。"④

对于这次大会的地点、来宾、过程——都不得而知。不过,以赫斯和马克思为代表的两种根本不同的社会观发生了冲突。仅在几个星期之

---

① "议事厅",载于1848年4月23日《科隆日报》第114号和115号副刊第1页。
② 1848年4月10日《科隆日报》第101号副刊第1页。
③ 1848年4月11日《科隆日报》第102号副刊第1页;4月12日第103号副刊2第1页;4月13日第104号副刊第2页;4月14日第105号副刊1第4页。
④ 1848年4月18日《总汇报》第109号第1731页。

前，马克思在《共产党宣言》中同"真正的"社会主义进行了彻底清算。① 现在，赫斯作为"真正的"社会主义的代表人物反对他。② 无法想象他们能够共同出版一家报纸。此外，在报纸的性质这个问题上产生了分歧。看来，赫斯、安内克和哥特沙克倾向于出版一家"地方性的，即科隆的"报纸，而马克思想的则是出版一家大型日报。

辩论的结果已经众所周知：马克思"赢得了优势"。除了恩格斯和德朗克，马克思在大会上可能尤其得到了约瑟夫·莫尔③、卡尔·沙佩尔④、丹尼尔斯和毕尔格尔斯的支持。显然，赫斯在这场辩论中几乎没有成功的可能。与当初在1842年一样，作为报纸的共同发起人之一的他仍然

---

① 《马克思恩格斯选集》第2版第1卷第298页及下页。

② 关于"真正的"社会主义，参看霍·施图克：《行动哲学，青年黑格尔派和真正的社会主义者的"哲学的实现"之研究》，载于《工业世界》（斯图加特）1963年第3期191—244页。关于同"真正的"社会主义的辩论，参看弗德：《革命前夜的马克思和恩格斯》，载于德国柏林科学院《历史研究所论文集》系列一《德国通史》7［柏林（前民主德国）1960年版］第42页及下页、第142页及下页；西尔伯讷：《莫泽斯·赫斯》，载于《社会史资料与研究》美茵河畔法兰克福（等地）1982年版第245页及下页。

③ 莫尔是17条《共产党在德国的要求》的署名者之一，作为土生土长的科隆人，他在1848年4月上半月回到故乡［N.别洛乌索娃：《约瑟夫·莫尔》，载于康捷尔编辑的《马克思和恩格斯与早期无产阶级革命家》（译自俄文）柏林（前民主德国）1965年版第42—75、59页；格·贝克尔：《共产主义者同盟中央委员会委员及科隆工人协会主席——约瑟夫·莫尔》，载于布莱贝尔等编：《革命人物》（收入赫·布莱贝尔、瓦·施密特和罗·韦伯编辑的前民主德国科学院《中央历史研究所文集》柏林（前民主德国）1987年版第73卷第53—83页，见第53页及下页。

④ 沙佩尔是17条《要求》的署名者之一。根据阿·库尼克的《卡尔·沙佩尔。欧洲工人运动之父》（坎贝尔1980年第2版）第153页，沙佩尔于1848年4月20日之前抵达科隆。

未能得到主编的位置。①

但是，在这一形势的转变对马克思有利的情况下，尽管 1848 年 4 月 12 日《埃尔伯费尔德日报》的一篇通讯中就已经谈到"再生的莱茵报"②，报纸的出版却依然毫无把握。不过，仅仅是预告报纸的出版显然就招来了对手。正像同一篇报道中提到的那样，博罗莫伊斯和皮乌斯协会也计划出版一家政治性报纸与《莱茵报》唱对台戏。③

5. 亨利希·毕尔格尔斯的活动

报纸确实办成了，这也应当特别感谢毕尔格尔斯。毕尔格尔斯本人在他晚年，即 1876 年发表的《忆斐迪南·弗莱里格拉特》一文中对自己在 1848 年革命时期的活动只作了很有保留的叙述。④ 他发表这篇文章不仅是因为他与诗人的关系，而且还因为他已放弃了自己四五十年代的青春理想。另外，正如他本人在 1850 年的一封信中⑤所承认的那样，他几乎不曾以编辑的身份进行活动。毕尔格尔斯在 1844 年与马克思建立

---

① 西尔伯讷:《〈莱茵报〉的创办者和编辑莫泽斯·赫斯》，载于《社会史档案》汉诺威 1964 年版第 4 卷第 12 页。

② 1848 年 4 月 15 日《埃尔伯费尔德日报》第 106 号第 1 页。

③ 载于 1848 年 4 月 15 日《埃尔伯费尔德日报》第 106 号第 1 页。1848 年 4 月 18 日的《奥得总汇报》转发了这篇通讯。由于内部存在意见分歧，教皇至上主义的《莱茵国民大厅》直到 1848 年 10 月 1 日才出版。

④ 亨·毕尔格尔斯:《忆斐迪南·弗莱里格拉特》，载于《沃斯日报》1876 年 11 月 26 日、12 月 10、17、24 日第 278、290、296、302 号；《论〈新莱茵报〉》，载于该报《星期日副刊》第 50 和 51 号。

⑤ 即亨·毕尔格尔斯 1850 年 3 月 27 日给马克思的信，载于《马克思恩格斯全集》历史考证第 2 版第 3 部分第 3 卷第 502 页。

了紧密的联系,1850—1851年间成为共产主义者同盟中央委员会委员,并且作为科隆共产党人案件的主要被告之一被判处六年徒刑,后来他加入了德国进步党,并代表该党被选入帝国国会。①

大概就是由于毕尔格尔斯思想的这种转变,恩格斯后来贬低了毕尔格尔斯在该报的筹备工作中的作用以及他在编辑部的活动。如果加以更详细的研究,就可证实毕尔格尔斯的作用要大得多。

毫无疑问,第一批股东曾通过决议,把报纸的"编辑工作以及撰稿人和通讯员的聘用工作"②委托给毕尔格尔斯,今天看来,这个决议只是一种权宜之计。③但这项决议却是由于马克思"占领"该报之后出现的局势而作出的。马克思是"无国籍者"④。依照1848年4月6日的规定,所有普鲁士人(!)均有权在未取得"警方事前许可"的情况下举行集会以及建立各种协会。⑤同样,这也适用于关于定期出版刊物的申

---

① 尚未出版一本亨·毕尔格尔斯的传记。

② 《关于创办〈新莱茵报〉的启事》,载于1848年5月17日的《威斯特伐利亚汽船》(帕德博恩)第12期第4页;奥伯曼、贝克尔:《关于〈新莱茵报〉的创办过程》,载于《工人运动史论丛》1970年第12期第584页。

③ 大概是马·洪特:《同盟史》,载于《马克思恩格斯全集》第1版第4卷第484页。可是洪特却使人产生这样的想法,即依照《新莱茵报》社的章程马克思作为"主编"才有权确定报纸的政治方针和雇用编辑。然而,章程里绝对没有这方面的规定。第15条只不过规定:"发行负责人对该报的内容负有法律责任。"(奥伯曼、贝克尔:《关于〈新莱茵报〉的创办过程》,载于《工人运动史论丛》1970年第12期第591页及下页)

④ 参看格·贝克尔:《新发现的卡尔·马克思的两封信》,载于《史学杂志》1968年第16期第306页及以下几页。

⑤ 《1848年4月6日关于未来的普鲁士宪法若干基础的条例》,载于《普鲁斯王国法令汇编》1848年第8号第87页(第4条)。

请。虽然马克思在抵达科隆两天后就已采取必要的措施以恢复他的普鲁士国籍，但是马克思的申请是否以及什么时候能得到批准，那时还不清楚。马克思于6月2日，也就是在该报已出版之后才获准在科隆滞留。

为了从一开始就避免麻烦，第一批股东委托毕尔格尔斯采取必要的措施。当时出版报纸须符合以下规定：

> 想在短期内或者一个月的期限内出版杂志的人，必须在出版之前向省督递交一份该杂志的启事，明确地说明该杂志的内容、出版时期以及名称。①

由此可以理解，为什么不是马克思，而是毕尔格尔斯发表了《新莱茵报》的启事。当然，有关文件迄今为止还未能找到。②

还有一个问题需要澄清，这就是报纸的名称问题。马克思起先打算用原来的名称——《莱茵报》出版，正如他还曾于1851年12月向约瑟夫·魏德迈建议的："……只能以原来的名称进行活动，这是常规。"③但是，在启示中预告该报的名称却是《新莱茵报》。放弃原来名称的原因可能是，赫斯已经递交了他写的启事。但是也不能排除，是马克思放弃了原来的名称，以避免与自1848年5月1日以来在美因茨出版的《莱茵报》相混淆。

从一切迹象来看，马克思当时是避免公开与出版报纸的计划联系起来。直到按规定至迟于1848年5月26日召开的股东大会上马克思被委

---

① 《新闻出版法》，载于《普鲁斯王国法令汇编》1848年第8号第70页（第4条）。

② 经向科布伦茨的州档案馆和杜塞尔多夫的北莱茵——威斯特伐利亚档案馆询问，得到否定的答复。不能排除，1848年4月6日的新法在革命的"动乱"中尚未彻底付诸实施。

③ 《马克思恩格斯全集》第1版第27卷第619页。

派担任"主编"之后,他才公开露面。这就是他为什么最初完全有意地让毕尔格尔斯出面当该报出版人的原因。

马克思在他4月13日以前写给科隆警察局要求获得公民权的申请书草稿①中曾提到,他打算参加一份将要重新出版的报纸的工作。但申请书中并没有说明他要在科隆居住的这种动机。4月19日,甚至在科隆第五警区的警官面前,马克思对他要在科隆居住的真正原因也是只字未提,而只是说明,他正在撰写一部关于国民经济学的著作,他将以自己写作的收入和其妻子的财产为生。②

就在决定性的股东大会之前一个星期,维尔特——毫无疑问是受马克思的委托——把创办《新莱茵报》的意愿通知了布鲁塞尔的律师吕西安·莱奥波德·若特兰。同时,他还明确地要求若特兰在《社会辩论报》上预告该报的出版由亨利希·毕尔格尔斯担任编辑,马克思参与协助:"维尔特告诉我,他将指定毕尔格尔斯先生担任编辑,与您[即马克思]进行合作。"1848年5月21日比利时的周报上发表的出版启事考虑了这一要求。③《巴门日报》在注明"X5月23日"的一篇通讯中

---

① 马克思1848年[4月]给科隆市警察局的信[草稿],见《马克思恩格斯全集》历史考证第1版第1部分第7卷591页及下页。

② 格·贝克尔:《新发现的卡尔·马克思的两封信》,载于《史学杂志》1968年第16期第310页及下页、317页;《马克思恩格斯全集》历史考证第2版第3部分第2卷734页。

③ 吕·莱·若特兰1848年5月19日给马克思的信,见《马克思恩格斯全集》历史考证第2版第3部分第2卷第451页、1848年5月21日《社会辩论报》(布鲁塞尔)第49号第573页。

也提到，预计将于6月1日出版的报纸由毕尔格尔斯和马克思担任编辑。①

对于马克思退居幕后可以提出两个理由：一个理由是，毕尔格尔斯必定能对有事业心的小资产阶级民主主义者施加一定的影响。早在革命爆发以前毕尔格尔斯就奋力争取这些民主主义者。② 最后，首先必须找到出资者。在这座城市，毕尔格尔斯在各个民主流派的代表中享有很好的声誉。这一点在他参加预备议会的选举中最清楚地表现了出来，这次选举是于3月26日在一个有4000名公民参加的群众集会上进行的。③ 毕尔格尔斯4月中旬在受托起草民主纲领的斯托尔维尔克委员会中的活动④以及他后来被选入民主协会理事会都说明，他是担任报纸创办人的首选人物。

---

① 1848年5月25日《巴门日报》第144号第4版。亚历山大·君特在他为1848年6月7日《季节》（汉堡）写的通讯中也写道："除了《自由人民报》和《工人日报》以外，预计还有毕尔格尔斯将要负责编辑出版的《莱茵报》。"

② 早在1847年8月，毕尔格尔斯就曾向计划出版一家批判性刊物的马克思阐明了征集股份的想法："我认识的人大多属于小资产阶级。我就要给威斯特伐利亚方面写信。"毕尔格尔斯1847年8月30日给马克思的信，载于《马克思恩格斯全集》历史考证第2版第3部分第2卷356页及下页。另见哥特沙克1847年11月5日给马克思的信，载于《马克思恩格斯全集》历史考证第2版第3部分第2卷第374页。

③ 马·赛佩尔：《1848—1849年科隆民主协会。资产阶级革命期间城市协会和党派的形成》，载于《科隆历史和文化文集》科隆1991年版第15卷第63页。

④ 马·赛佩尔：《1848—1849年科隆民主协会。资产阶级革命期间城市协会和党派的形成》，载于《科隆历史和文化文集》科隆1991年版第15卷第78页。在这个委员会工作的除了毕尔格尔斯和德斯特尔以外还有卡·瓦赫特尔，后来他加入了于1848年5月底成立的新莱茵报社监事会的临时委员会。

另外，还有已经提到过的对于共产主义理论以及甚至对于共和国的保留态度。这种态度马克思在他的计划中不能不予以考虑。难怪恩格斯在他从巴门写来的关于他竭力为报纸争取股份的报告中也强调："如果我们的 17 条哪怕有一份在这里被传播出去，我们在这里就会失去一切。"① 出于所有这些原因，马克思想出了退居幕后的好主意。当然他无法完全阻止公众偶尔把他跟该报的筹备工作联系起来，例如，5 月 12 日《卡尔斯鲁厄日报》的一篇科隆通讯写道："现在已开始筹备的《新莱茵报》前景很好，该报将以集股的方式创办，每股 50 塔勒，而且马克思和维尔特都将加入该报。"②

我们还依据这些看法研究了两份文件：《新莱茵报》的启事和《创办〈新莱茵报〉的临时协议》。这两份文件在内容上和时间上紧密相连，而且都可被称作是《新莱茵报》的创办文件。启事是毕尔格尔斯负责起草的。笔者在科隆大学和市图书馆找到的《临时协议》③ 是股东们商议的结果。

这份启事可能是在股东会议之前不久草拟的，它发表在《临时协议》之前。"报纸的倾向已［着重点是我加的——作者注］写在启事中。"启事上注明"1848 年 4 月于科隆"。启事草拟的准确日期迄今为止尚未查明。我们只知道，该启事在 4 月 24 日就已完成，因为在马克思于 4 月 24 日左右写的一封信中第一次提到了这份启事："启事（毕尔格尔斯写的）等等已从这里给埃尔伯费尔德的黑克尔寄去。"④ "等等"

---

① 《马克思恩格斯全集》第 1 版第 27 卷第 143 页。
② 1848 年 5 月 15 日《卡尔斯鲁厄日报》第 133 号第 2 页及下页。
③ 另一份收藏于莫斯科的俄罗斯中央档案馆。
④ 《马克思恩格斯全集》第 1 版第 27 卷第 141 页。

一词可能就是指《临时协议》。《埃尔伯费尔德日报》在一篇4月27日科隆的通讯中也提到过这份启事。①

1970年才由奥伯曼重新发表的这份启事②之所以长期下落不明，原因大概是：显然该启事与赫斯和安内克写的启事不同，不是作为广告发表在报纸上，而只是作为传单散发的。③ 不过，约瑟夫·魏德迈当时也在奥托·吕宁主办的、在帕德博恩出版的《威斯特伐利亚汽船》1848年5月17日最后一期上发表了这份启事。魏德迈在导言中强调了出版一家大型报纸作为"民主派中央机关报"的必要性。④

奥伯曼和贝克尔的看法是，魏德迈所写的导言之后的正文就是启事的原文。⑤ 然而这是错误的。启事的结尾提到：好些人——指出了名字——手中可能有认股清单。此外，《威斯特伐利亚汽船》还写道："第一批股东们的《临时协议》还对上述规定作了如下补充：（1）一征集到200股，就召开全体股东大会以确定报社的章程；然后报社开始运

---

① 1848年4月30日《埃尔伯费尔德日报》第120号第1页。奥伯曼错误地把启事的发表日期说成是1848年5月17日。根据《埃尔伯费尔德日报》的那篇通讯，启事肯定最迟是4月27日在科隆散发的（奥伯曼、贝克尔：《关于〈新莱茵报〉的创办过程》，载于《工人运动史论丛》1970年第12期第581页）。

② 卡·奥伯曼、贝克尔：《关于〈新莱茵报〉的创办过程》，载于《工人运动史论丛》1970年第12期第576页及以下几页。

③ 《卡尔斯鲁厄日报》的科隆通讯员显然也得到了一份启事，因为他在其1848年5月12日的报道中提到了其中的细节（1848年5月15日《卡尔斯鲁厄日报》第133号第3版）。

④ 约·魏德迈：《新莱茵报》，载于1848年5月17日《威斯特伐利亚汽船》第12期第3页及下页。

⑤ 卡·奥伯曼、贝克尔：《关于〈新莱茵报〉的创办过程。启事和章程》，载于《工人运动史论丛》1970年第12期第584页。

行。(2) 委托亨利希·毕尔格尔斯先生负责编辑工作以及撰稿人和通讯员的聘用工作。"① 第一句是魏德迈写的,后面的文字是他摘自《协议》,而《协议》很有可能是马克思连同启事一起寄给他的。魏德迈谈到了"第一批股东们的《临时协议》"。然而,《协议》中并没有提到"第一批股东们"。由此可见,想必是在那封没有保存下来的马克思给魏德迈的信中谈到了"第一批股东们"②。据《埃尔伯费尔德日报》报道,启事中"没有提及任何编辑的名字"③。这一点也说明:启事中并未包含前面所引用的两点。现在发现的两面印的《关于创办〈新莱茵报〉的启事》传单证实了这一点。④

各种书刊对毕尔格尔斯所撰写的启事评价各不相同。奥伯曼和贝克尔有理由指出,启事首先是面向可能会出钱资助《新莱茵报》的资产阶级和小资产阶级民主主义者;在当时的形势下,不能按照17条"要求"来阐明《新莱茵报》的纲领。⑤ 与此相反,洪特认为,毕尔格尔斯

---

① 卡·奥伯曼、贝克尔:《关于〈新莱茵报〉的创办过程》,并参看《关于创办〈新莱茵报〉的启事》,载于1848年5月17日《威斯特法利亚汽船》(帕德博恩)第12期。

② 当然不能排除下面这种情况,即魏德迈不久前曾在科隆停留,尤其是他和吕宁曾打算出版一家日报。该报于1848年7月1日以《新德意志报》为名在达姆施塔特出版。

③ 1848年4月30日《埃尔伯费尔德日报》第120号第1版。

④ 收藏于莫斯科的俄罗斯中央档案馆。这里缺少对印刷者的说明。除了魏德迈所作的补充,这份传单和《威斯特伐利亚汽船》刊登的内容直到加着重号的地方都是一致的。

⑤ 奥伯曼和贝克尔:《关于〈新莱茵报〉的创办过程》,载于《工人运动史论丛》1970年第12期第580页;奥伯曼:《卡尔·马克思与1848—1849年的德国革命》,载于亨·比尔施太因《马克思在科隆》科隆1983年版第165页及下页。

并不胜任这一任务,写得不够透彻。①

撇开对启事的批评②,这里有一个问题:马克思为什么不亲自写启事或者至少对它的内容施加影响。毫无疑问,马克思本来可以促使毕尔格尔斯修改某些措辞③,尤其是他一周前赢得了对赫斯的胜利。一个月以后马克思无情地修改了毕尔格尔斯为《新莱茵报》第2号写的一篇文章。④

因此,人们普遍认为,像启事这类的东西符合当时莱茵省成分复杂的民主主义者的情绪和看法。恩格斯4月15日在一封写给埃米尔·布兰克的信中毫不掩饰地描述了巴门的局势:"到处都充斥着瓦解、破产、无政府状态、悲观失望、恐惧、愤恨、对立宪政体的热情、对共和国的

---

① 马·洪特:《1836—1852年共产主义者同盟史》,载于《马克思恩格斯全集》第1版第3卷第483页。

② 威廉·布兰克认为:"黑克尔也觉得该启事太不明确,并且从中找出了几个与你们的想法完全相反的观点。"(威·布兰克1848年4月28日给恩格斯的信,载于《马克思恩格斯全集》历史考证第2版第3部分第2卷第436页)恩格斯曾不加评论地确认收到了启事:"我刚刚接到启事,连同你的信"(恩格斯1848年4月25日给马克思的信,载于《马克思恩格斯全集》第1版第27卷第141页),马·洪特在《同盟史》(《马克思恩格斯全集》第1版第4卷)第483页上把这说成是恩格斯对启事的内容不满意的证据。然而,确认收到的不仅是启事,而且还有马克思的信。

③ 参看毕尔格尔斯1847年8月30日给马克思的信,见《马克思恩格斯全集》历史考证第2版第3部分第2卷351—357页,特别是第356页。

④ [亨利希·毕尔格尔斯、卡尔·马克思]《＊＊科隆,6月1日》,载于1848年6月2日《新莱茵报》第2号第1版、《马克思恩格斯全集》历史考证第1版第1部分第7卷第593—595页。

仇恨，等等。"① 毕尔格尔斯在预备议会②以及在有关民主纲领的讨论中所积累的各种经验使他认识到，如果不想冒犯一些潜在的认购股份者而想筹集到必需的15000塔勒的话，就不应当为《新莱茵报》拟订太明确的宗旨。如果说《埃尔伯费尔德日报》的通讯员依然从启事的内容中推断出它是一份"共和派的社会主义报纸"③，这一定不是马克思打算要达到的效果。

如果把启事与民主派的纲领进行比较，就会发现它们在很大程度上是一致的。④ 看来，"第一批股东们"对这份启事确实是没有任何异议。他们把他们商议的结果集中概括在前面已提到的《临时协议》中。这里第一次重新发表该协议的全文：

---

① 《马克思恩格斯全集》第1版第27卷第506页。

② 恩斯特·鲁道夫·胡伯：《1789年以来的德国宪法史》斯图加特（等地）1988年版第2卷第598页及以下几页；康·雷普根：《1848年革命期间莱茵地区的三月运动和五月选举》，载于《伯恩历史研究》波恩1955年版第115页及以下几页。

③ 1848年4月30日《埃尔伯费尔德日报》第120号第1版。

④ 比如都要求人民主权，消除各邦分治，民主自由，军队、行政、司法和教育的改革，确保劳动人民的生活等。参看《关于创办〈新莱茵报〉的启事》，见奥伯曼和贝克尔：《关于〈新莱茵报〉的创办过程》，载于《工人运动史论丛》1970年第12期第582页及以下几页。选举纲领草案，是由4月16日在斯托尔维尔克召开的大会上选出的委员会建议撰写的［见《莱茵省关于1830—1850年间政治运动史的信件和档案》，载于《莱茵史学协会会刊》（波恩）1942年第36期第2卷第2部分（《1848年4月—12月》），海因茨·博伯拉赫利用约瑟夫·汉森的准备材料作了修订［科隆（等地）1976年版第56页及以下几页］；马·赛佩尔：《1848—1849年科隆民主协会》，载于《科隆历史和文化文集》科隆1991年版第15卷第78页及以下几页。

关于创办《新莱茵报》的临时协议

一

以"新莱茵报社"为名在科隆成立一家股份两合公司。

二

公司的宗旨是,以《新莱茵报,民主派机关报》为名出版一份日报。

三

公司的资金定为30000通用塔勒,将以集股的方式筹措,共分600股,每股50塔勒。

四

一旦征集到200股,就召开全体股东大会,以确定公司的章程。然后公司开始运行。

五

委托亨利希·毕尔格尔斯先生负责编辑工作以及撰稿人和通讯员的聘用工作。报纸的倾向已写在启事中,通过启事邀请人们入股公司。

1848年4月于科隆①

把传单与留传下来的《新莱茵报》相比较,结果无疑表明,《临时协议》是在威康·克劳特的印刷厂翻印的。启事可能也是在那里翻印的。

这两份创办文件在报纸的经济保障方面的说法既是相同的,又是互为补充的:

第一,即将组建的公司——和当初《莱茵报》的情况一样——应

---

① 收藏于科隆大学和市图书馆,莫斯科的俄罗斯中央档案馆。

是股份两合公司。①

第二，应当筹措 30000 塔勒的总资金以抵偿开支，其中一半作为备用基金。为了筹集资金将发行股票，每股价值为 50 塔勒。预定以分期付款的方式认购股份，以便即使是"不大富裕的人"也能资助这个企业。然后每隔一定时间《新莱茵报》就要求缴纳已认购股份价值 10%。② 这种财务计划就资产总额以及预定的备用资金而言符合启事中已阐明的想法。③

第三，印刷厂主威廉·克劳特、沃尔弗—卡普弗勒公司——前者是

---

① 莱茵省的商法典规定了下列三种公司组合：股份公司、两合公司和未命名的公司。在两合公司的特殊形式——股份两合公司中一位或者几位无限责任股东与一位或者几位有限责任股东签订合同。无限责任股东是以他们的全部财产共同为股份作担保，而有限责任股东只是以他们投入的资金作担保（《莱茵省商法典。依据商法典出台时由法国政府下令完成的官方的德译本》克雷费尔德 1834 年版第 13 页及以下几页）。

② 这种要求第一次发表在 1848 年 6 月 7 日《新莱茵报》第 7 号第 4 版上。关于新莱茵报公司财务状况的详情，见奥伯曼和贝克尔：《关于〈新莱茵报〉的创办过程》，载于《工人运动史论丛》1970 年第 12 期第 586 页及以下几页。并见索·列维奥娃：《〈新莱茵报〉的编辑工作》，载于《历史年鉴》柏林（前民主德国）1973 年第 8 期第 70—73 页。

③ 威·克卢滕特雷特：《三月革命前政治思想运动中 1842—1843 年的〈莱茵报〉》，载于 1973 年《多特蒙德报纸研究论丛》（多特蒙德）第 2 年卷第 10 卷 174 页。实际上，发行了 12000 股，每股价值 25 塔勒，这一点启事也强调过："除了要给那些想投入较多资金的人外，也给所有只是对该企业有些感兴趣的人提供资助该企业的机会。"（1973 年《多特蒙德报纸研究论丛》（多特蒙德）第 2 年卷第 10 卷第 175 页）

《新莱茵报》后来的编辑之一斐迪南·沃尔弗的兄弟①——以及马克斯·肯梅里希和埃施-亨思公司都上了股份认购名单。② 国外有兴趣认股的人有罗兰特·丹尼尔斯。③

有两件迄今为止尚不清楚的事实不能放过：其一，《临时协议》中第一次——因此是在很早的时候——提到报纸的副标题是"民主派机关报"。由于启事中还没有提到副标题，因此有关这个副标题的决定可能是股东们商议之后才作出的。在这种情况下，可能是带"民主派机关报"这个副标题的布鲁塞尔周报《社会辩论报》启发了马克思。④ 其二，看样子这时位于阿加塔街12号的印刷厂的厂主威廉·克劳特已主

---

① 瓦·施密特：《斐迪南·沃尔弗——马克思和恩格斯编辑〈新莱茵报〉期间的战友》，载于《1848年的革命人物》[收入赫·布莱贝尔、瓦·施密特和罗·韦伯编辑的前民主德国科学院《中央历史研究所文集》柏林（前民主德国）1987年版第73卷第9—52页，第10页注9，第18页注63］。

② 马·肯梅里希是个商人，在卡塔琳娜街2B号的一幢房子里经营一家出售殖民地产品的商店，并与一家代销兼承办运输的公司有联系。鲁·埃施和安·亨思在小桑特考尔街1号共同经营一家承办运输、经销及代销的公司［威廉·格雷温编：《科隆住宅总目录（姓名地址录）》科隆1848年版第98、117、128页］。

③ 见1848年5月17日《威斯特伐利亚汽船》（帕德博恩）第12期第48页；奥伯曼和贝克尔《关于〈新莱茵报〉的创办过程》，载于《工人运动史论丛》1970年第12期584页。

④ 马克思和恩格斯当时与自1844年7月7日以来出版的《社会辩论报》的编辑、比利时律师吕·莱·若特兰保持着密切的联系。若特兰在"布鲁塞尔民主协会"成立以后还于1847年11月7日当选为该协会的主席，马克思当选为副主席。恩格斯为《社会辩论报》撰写了各种不同的文章（贝·安德烈亚斯：《1848年2—3月马克思在布鲁塞尔被捕及遭驱逐》，载于《马克思恩格斯全集》第1版第4卷第11页及下页，并见恩格斯1848年3月18日给马克思的信，载于《马克思恩格斯全集》第1版第27卷第139页）。

动提出承担报纸的印刷工作。① 普鲁士政府每年资助18000塔勒并在克劳特处印刷的《莱茵观察家》② 由于柏林发生的革命不得不于3月31日停刊,因此克劳特有闲置的印刷能力。作为回报他认购了股份吗?也许是这样,否则几乎就无法解释,为什么马克思不把报纸的印刷交给过去印刷过《莱茵报》的约翰·威廉·狄茨。1848年8月底恩格斯和克劳特发生了争吵,之后仅仅过了几个小时狄茨就接管了《新莱茵报》的印刷工厂。③

股东们第一次开会协商就确定立即进行出版报纸的筹备工作。同时,这也表明,在共产主义者未来的政治工作方面,特别是在同盟作为一个组织在德国的作用方面,思想转变在当时就已开始,而不是在5月中旬。④ 尽管争取把各工人协会集中统一起来的努力的失败直到5月初才在其影响所及范围内显现出来,但《协议》尤其明显地表明,办报的计划已进展到了什么程度。巴黎亢奋的革命情绪渐渐地被对德国实际

---

① 详情参看弗·梅利斯:《〈新莱茵报〉的印刷者。关于1848年夏天突然更换印刷厂一事》,载于瓦·施米特编:《民主、自由主义和反革命。1848—1849年德国革命研究》(柏林1998年版) 第273—320页,关于克劳特,见第274页及以下几页。

② 《莱茵省关于1830—1850年间政治运动史的信件和档案》,载于《莱茵史学协会会刊》(波恩) 1942年第36期第2卷第1部分第520页。1848年初该报的销售额大约为800份,而《科隆日报》的销售额为9500份 [载于1973年《多特蒙德报纸研究论丛》(多特蒙德) 第2年卷第10卷第440页]。

③ 弗·梅利斯:《〈新莱茵报〉的印刷者》,载于瓦·施密特编:《民主、自由主义和反革命。1848—1849年德国革命研究》第284页。

④ 瓦·施密特:《共产主义者同盟和1848年4月和5月统一德国各工人协会的尝试》,载于《史学杂志》1961年第9期第608页及下页;马·洪特:《1836—1852年共产主义者同盟史》,载于《马克思恩格斯全集》第1版第4卷第467页及下页。

局势的冷静观察所代替。① 启事和《协议》标志着作为富有斗争精神、进步的民主派机关报的《新莱茵报》的一个新时期。

尤其是《协议》中所确定的报纸的基本政治方针驳倒了洪特的所谓6月1日出版的《新莱茵报》是共产主义者同盟的机关报的说法。② 洪特以他的基本论点——即同盟在革命期间仍继续存在③——为出发点，得出了对该报的政治作用的毫无根据的看法。因此他也许以为，同盟通过该报的报道能够对法兰克福国民议会施加影响。④

---

① 美因茨同盟支部的信以及关于延期召开把德国各工人协会联合起来的会议的建议已经有了这方面的征兆。1848年4月23—24日的《美因茨支部致共产主义者同盟中央委员会》一文，载于《马克思恩格斯全集》历史考证第2版第3部分第2卷第430页。

② 马·洪特：《1836—1852年共产主义者同盟史》，载于《马克思恩格斯全集》第1版第4卷第550页："所有三篇文章［指《资产阶级和反革命》《法兰西阶级斗争》和《路易·波拿巴的雾月十八日》——作者注］都是连载文章，都是为同盟的机关报——科隆的《新莱茵报》、汉堡的《新莱茵报。政治经济评论》和纽约的《革命》——撰写的。"

③ 马·洪特：《1836—1852年共产主义者同盟史》，载于《马克思恩格斯全集》第1版第4卷第3卷《第二章 革命中的同盟》第413—590页。例如，有人总是说：共产主义者同盟中央委员会委员直至1849年4月始终是民主主义者莱茵区域委员会的成员（第496页）；在柏林的普鲁士制宪议会中德斯特尔可以算是同盟的代表（第498页）；在法兰克福国民议会中威廉·沃尔弗也可以算是同盟的代表（第497页及下页）；1848年8月底在乡村开始进行的革命宣传鼓动被理解为同盟政治活动［洪特强调］上质的飞跃（第508页）；同盟成员马克思承认维也纳和柏林是主要活动场所（第508页）；30位共产主义者同盟盟员中大约有10位是科隆安全委员会的成员，其中包括五位在科隆的中央委员会委员（第509页）。这都是无稽之谈。甚至早就与同盟断绝了关系的威廉·魏特林在革命中也不得不充当同盟盟员（第530页）。这种例子可以随意举出。

④ 马·洪特：《1836—1852年共产主义者同盟史》，载于《马克思恩格斯全集》第1版第3卷《第二章 革命中的同盟》第498页。

恩格斯在革命前后都是中央委员会委员,并且是《新莱茵报》的编辑,因此他就是一位非常熟悉当时情况的时代见证人;1885年他在他的题为《关于共产主义者同盟的历史》一文中说明:"[……]自从使秘密同盟需要存在的原因消失时起,这样的秘密同时本身也就失去了意义。而这对于刚刚使这个秘密同盟摆脱了最后一点密谋性残余的人们来说,是毫不奇怪的。"① 一年前恩格斯在他的那篇关于《新莱茵报》的文章中指明了该报立场的前后一致性:"当我们着手在德国创办一种大型报纸的时候,这种情况就决定了我们的旗帜。这个旗帜只能是民主派的旗帜,但这个民主派到处,在各个具体场合,都强调了自己的特殊的无产阶级性质,这种性质是它还不能一下子就写在自己旗帜上的。"② 股东们早就作出的——同时也是马克思的!——给报纸加上《民主派机关报》这个副标题的决定具有三重意义:

第一,艾韦贝克早在4月30日就提出③的《共产主义机关报》几乎已不再有机会了。它至多只能作为"地方小报"勉强维持生存。甚至不得不绝对避免办报的计划与共产主义者同盟迄今为止所发布的文件,特别是与一个月以前散发的17条《要求》产生任何直接的联系。

第二,马克思和恩格斯在与卡尔·海因岑的争论中强调,共产主义者和民主主义者尽管在理论上存在种种分歧,但他们在反对政治压迫的

---

① 《马克思恩格斯选集》第2版第4卷第203—204页。
② 恩格斯:《马克思和〈新莱茵报〉(1848—1849年)》,载于《马克思恩格斯全集》第1版第21卷第19页。
③ 1848年4月30日《巴黎区部致共产主义者同盟中央委员会》,载于《马克思恩格斯全集》历史考证第2版第3部分第2卷第439页。

斗争中拥有共同的利益。① 在刚刚争得了结社自由和新闻出版自由的条件下以及在莱茵省仍然实行拿破仑法典的条件下,已有可能从民主主义立场出发采用大众传播以及组织的形式去努力完成《共产党宣言》中所拟订的任务:"只要资产阶级采取革命的行动,共产党就同它一起去反对专制君主制、封建土地所有制和小市民的反动性。"②

第三,马克思办一份全国性的民主派日报,就有机会亮出他自己对现实问题的看法并对相当多的在政治上参加革命活动的人产生影响。

马克思和恩格斯后来曾强调指出,他们在《新莱茵报》上维护了无产阶级的利益③,代表了德国民主派的最坚定的方向④,支持了意大利人、匈牙利人和波兰人的事业⑤,但他们并未明确指出,该报在革命中就是同盟机关报。因而马克思在革命后不得不反驳对他的指责,说他

---

① 弗·恩格斯:《共产主义者和卡尔·海因岑》,载于《马克思恩格斯选集》第 2 版第 1 卷第 205 页;关于马克思和恩格斯与海因岑的辩论,见赫·弗德:《革命前夜的马克思和恩格斯》,载于德国柏林科学院《历史研究所论文集》系列一《德国通史》7 柏林(前民主德国)1960 年版第 217 页及以下几页。

② 《马克思恩格斯选集》第 2 版第 1 卷第 306 页。

③ 弗·恩格斯:《德国维护帝国宪法的运动》,载于《马克思恩格斯全集》第 2 版第 10 卷第 13 页。

④ 《卡尔·马克思主编的〈新莱茵报,政治经济评论〉召股启事》,载于《马克思恩格斯全集》第 2 版第 10 卷第 708 页。

⑤ 马克思 1860 年 3 月 3 日给法律顾问维贝尔的信,载于《马克思恩格斯全集》第 1 版第 30 卷第 508 页。

"不该使同盟的宣传活动停顿下来"①。《新莱茵报》只有作为民主派机关报才能广泛发挥作用,这种作用的表现是该报印数上升到了6000份,该报获得了跨地区的甚至全欧洲的反响。

重要的是,马克思认识到公开宣传共产主义原则的时机尚未成熟,所以才在政治上支持这份日报作为民主派报纸。这种新方针——以及他以某种方式与公开宣传17条《要求》"决裂"——在1848年4月底就已清楚地确定。马克思决定把《新莱茵报》办成"民主派机关报",就是明确表示拥护该报的民主主义倾向。

有几位作者提到,1848年5月9日股东们在科隆的居策尼希进行了进一步的协商,但他们没有说出资料来源。② 他们可能是依据恩格斯于1848年5月9日写的一封信,信中写道:"请把股东会议的结果立即告

---

① 马克思于1860年2月29日在一封写给斐·弗莱里格拉特的信中再次提到:"请你回想一下你所知道的科隆来信(1849—1850年),这些信直接责备我不该使同盟的宣传活动停顿下来(我当时这样做,是有非常正当的理由的,绝不是出于个人考虑)。"(《马克思恩格斯全集》第1版第30卷第480页)。曼·海克尔在他为《弗莱里格拉特与马克思和恩格斯的通信集》而写的序言中说,诗人加入同盟与他1848年10月当《新莱茵报》编辑大约是同时发生的,这种说法想必也是不可靠的。弗莱里格拉特只可能是在革命后才参与同盟的活动(由曼·海克尔编辑并作序的《弗莱里格拉特与马克思和恩格斯的通信集》柏林1968年版,共分两部分,见第1部分)。关于弗莱里格拉特加入同盟一事,见弗莱里格拉特1860年2月28日给马克思的信(第138页)。

② 亨·屈姆霍夫:《卡尔·马克思〈新莱茵报〉同1848—1849年革命时期的民主主义运动的关系》,载于1961年《哲学研究》[柏林(前民主德国)]第36页;威·克卢滕特雷特:《三月革命前政治思想运动中1842—1843年的〈莱茵报〉》,载于1973年《多特蒙德报纸研究论丛》第2年卷第10卷第39页。奥·哈门:《红色的四八年战士。卡尔·马克思和弗里德里希·恩格斯》纽约1969年版第223页。

诉我。"① 几天后《卡尔斯鲁厄日报》报道，现在正着手创办《新莱茵报》。② 这个报道与股东们的协商会议是否有关联，现在还不清楚。因此，这个问题暂且搁置起来。

6. 一项政治决定：1848年6月1日出版《新莱茵报》

在股东会议之后的五个星期里，报纸的筹备工作集中于下面两点。

第一，必须确保报纸的资金筹措。对此有三种途径可以考虑：与有潜力的股东进行商谈，让他们作为无限责任股东带来尽可能多的资金；发行股票以及征求订户。

第二，消息报道。为此必须争取到通讯员并预订其他报纸。当时消息主要是通过报纸来传播。只有官方的电报才通过昂贵的光电线路传送，而且从1848年夏天起电磁电讯才可用于日常的消息传送。③

马克思特别重视资金的筹措。因为他从自己的经验中知道，这样的计划——暂且撇开政府的书报检查政策不谈——常常会由于缺乏足够的资金而落空。就在4月12日的决定性会议之后两天，恩格斯便赶到巴门，了解他的出生地以及埃尔伯费尔德的情况。他还希望，从他的父亲

---

① 《马克思恩格斯全集》第1版第27卷第144—145页。
② 1848年5月15日《卡尔斯鲁厄日报》第133号第3版。
③ 1834年，在柏林和科布伦茨之间铺设了一条光电线路，该线路通过科隆。天气好的时候有3—4个小时可以通过这条隶属于普鲁士总参谋部的线路由柏林向科布伦茨传送消息。1852年，这条线路被电磁电讯线路所代替（阿·萨尔：《科布伦茨地区电信发展的意义》，载于《中莱茵邮政史》1990—1991年版第62—63卷第26页及以下几页；霍·德罗格：《普鲁士光电通讯的发展及其先驱》，载于《德国邮政史档案》1982年第2期第18页及以下几页）。

那里得到较大的一笔钱。也许恩格斯和马克思甚至还考虑要争取让恩格斯的父亲当股东。因为马克思4月25日之前在他的信中焦急地写道："但是现在你必须向你的老头提出要求。"① 恩格斯立即作了答复："从我的老头那里根本什么也弄不到。在他看来，《科隆日报》已经是叛逆的顶峰了，所以他宁愿叫我们吃1000颗子弹，也不会送给我们1000塔勒。"②

马克思在4月24日前后给恩格斯的信中还写道，在科隆已经有很多人认购了股份，因此大概很快就能够开始出版报纸了③；与此同时，股份认购工作——根据现有的资料判断——在莱茵省进展却非常缓慢。从恩格斯④、德朗克⑤、威廉·布兰克⑥的信中可以看出一副相当阴暗的景象。恩格斯把原因归纳为一点："问题的实质是，在这里［在巴门——作者注］甚至连这些激进的资产者都把我们看成是他们的未来的主要敌人，不愿意把武器交到我们手里，因为我们可能很快会把它们掉转过来反对他们自己。"⑦ 另外，有能力的投资者们不敢把他们的资金投在不确定的事业上，尤其是在动荡的革命时代。德朗克就在他给马克思的信中写道："现在这些家伙把他们的钱握在手中不放，好像他们知

---

① 《马克思恩格斯全集》第1版第27卷第141页。
② 《马克思恩格斯全集》第1版第27卷第142页。
③ 马克思1848年4月24日前后给恩格斯的信，载于《马克思恩格斯全集》第1版第27卷第141—142页。
④ 恩格斯1848年4月25日和5月9日给马克思的信，载于《马克思恩格斯全集》第1版第27卷第142—144页。
⑤ 德朗克1848年4月29日以及5月15日给马克思的信，载于《马克思恩格斯全集》历史考证第2版第3部分第2卷第437、447页。
⑥ 威·布兰克1848年4月28日给恩格斯的信，载于《马克思恩格斯全集》历史考证第2版第3部分第2卷第436页。
⑦ 《马克思恩格斯全集》第1版第27卷第142页。

道不久就要停止支付一切利息似的；有少数几个人，我觉得他们差不多还算是愿意投资的，但他们首先要求出示一份计划。你知道一位银行家是怎样理解这个词的，不是指报纸的计划，而是指财务计划。"① 5月15日德朗克再次以一位银行家的名义请求速寄一份印好的计划来。② 马克思是否满足了这一请求，尚不得而知。

5月6日，马克思和维尔特来到埃尔伯费尔德恩格斯处，他们在那里的"魏登旅馆"住了两三天。③ 此行可能首先是为了争取股东以及为报纸的出版作进一步的准备。详细情况——可能还邀请了亨利希·楚劳夫——已无法知晓。但恩格斯5月9日写给马克思的那封信提供了一些情况。看样子，马克思曾要求取得明显的结果，因为恩格斯确实把到那时为止的股份认购情况向马克思作了说明。④

在六个星期内筹集到了13000塔勒的经营资金，也就是说，还不到预期数额的一半。⑤ 原本还打算用15000塔勒作为备用基金。⑥ 正如恩

---

① 德朗克1848年4月29日给马克思的信，载于《马克思恩格斯全集》历史考证第2版第3部分第2卷第437页。

② 《马克思恩格斯全集》历史考证第2版第3部分第2卷第447页。

③ 1848年5月7日《贝格区和马克区每日通报》（埃尔伯费尔德）第109号第4页。

④ 《马克思恩格斯全集》第1版第27卷第144页。

⑤ 依据1848年6月6日《德意志报》（海德堡）第157号第1252页。《巴门日报》在5月23日的通讯中报道，已认购了10000塔勒（1848年5月25日《巴门日报》第144号第4页）。

⑥ 按照新莱茵报社已批准的章程第40条，备用基金规定为10000塔勒。参见卡·奥伯曼和格·贝克尔：《关于〈新莱茵报〉的创办过程。启事和章程》，载于《工人运动史论丛》1970年第12期第595页。

格斯本人所强调的,具有决定性意义的是,已筹集到必需的资金。① 通过在许多报纸上发表《新莱茵报》的出版启事,还在莱茵省以外争取认购。② 根据《杜塞尔多夫日报》报道,在1848年12月底还有人认购股份③,而且维尔特在1849年初还从巴黎报告说,著名的歌剧作曲家贾科莫·梅耶贝尔不反对认购三股。④

那么哪些股东为确保报纸于6月1日出版做出了贡献?莱茵省的商法典规定,必须把公司无限责任股东的姓名、身份和居住地登入商业登记册。还要把有限责任股东的投资数额记录在股份登记册中。⑤ 然而,所有这些书面证明资料迄今为止可以说是下落不明。因此,我们只能以书信和其他证明材料中零零碎碎的说明为依据。根据这些材料,《新莱茵报》的股东在科隆有卡尔·德斯特尔⑥、亨利希·毕尔格尔斯⑦、格

---

① 恩格斯1848年5月24日给埃·布兰克的信,载于《马克思恩格斯全集》第1版第27卷第508页。

② 参见1848年5月30日《德意志总汇报》(莱比锡)第151号第2012页;1848年6月4日《总汇报》(奥格斯堡)第156号附刊第2496页。

③ 1849年1月3日《杜塞尔多夫日报》第3号第1版。

④ 德朗克1849年1月31日—2月1日给恩格斯的信,载于《马克思恩格斯全集》历史考证第2版第3部分第3卷第188页。

⑤ 《莱茵省商法典。依据商法典出台时由法国政府下令完成的官方的德译本》克雷费尔德1834年版第15页及下页,第36、42条及下面一条。

⑥ 恩格斯1848年5月9日给马克思的信,载于《马克思恩格斯全集》第1版第27卷第144页。

⑦ 恩格斯1848年5月9日给马克思的信,载于《马克思恩格斯全集》第1版第27卷第144页。

奥尔格·维尔特、见习法官卡尔·瓦赫特尔①、退职尉官海尔曼·科尔夫②、商人和商务代办斯蒂凡·阿道夫·瑙特③、商人路易·舒尔茨④、经销亚麻织品的商人约翰·多米尼库斯·科特斯⑤、萨洛蒙·哥特沙克(安德烈亚斯·哥特沙克的兄弟)⑥、和法学家爱德华·博恩施太特⑦，在巴门有裁缝弗里德里希·威廉·许纳拜恩⑧，在埃尔伯费尔德有商人

---

① 参看1848年6月21日《新莱茵报》第21号第4版。瓦赫特尔不仅是市民自卫团第9连连长，而且在1848年9月还是科隆安全委员会的成员，他还受聘于一些人民委员会和选举委员会。

② 1848年6月1日海·科尔夫首先临时担任了《新莱茵报》的发行工作。新莱茵报社于7月30日在公证人克拉厄那里订立了公司合同以后，科尔夫正式担任了这一职务。他担任这一职务直至1849年3月31日(1848年7月31日《新莱茵报》第61号第4版和1849年4月1日第261号第1版)。

③ 见1848年7月31日《新莱茵报》第61号第4页。瑙特起初是发行负责人之一，从1849年4月1日起接任科尔夫的职务。在报纸被迫停刊以后，他作为马克思的全权代表处理报纸的善后工作。

④ 见1848年7月31日《新莱茵报》第61号第4页。路·舒尔茨是《新莱茵报》的发行负责人之一。

⑤ 1848年11月11日全体股东大会推选科特斯为新莱茵报社的七人监事会的主席(1848年11月14日《新莱茵报》第142号第4版)。

⑥ 见安·哥特沙克1849年3月22日给莫·赫斯的信，见《莫泽斯·赫斯通信集》，载于《德国和奥地利工人运动史资料与研究》海牙1959年版第2卷第216页。

⑦ 恩格斯1848年5月9日给马克思的信，载于《马克思恩格斯全集》第1版第27卷第144页。

⑧ 《马克思恩格斯全集》第1版第27卷第144页。许纳拜恩是共产主义者同盟盟员，而且在1849年5月是埃尔伯费尔德安全委员会成员。

卡尔·黑克尔①和亨利希·楚劳夫②。上面提到的这些人在股东中只占一小部分,但重要的是商人、手工业者和法学家所占比例很大,这几类人在民主协会中也很有代表性。③

据马克思自己说,他曾为这个"党的企业"(他本人把《新莱茵报》称之为"党的企业")④总共花费了37000多塔勒。可是,马克思作为无限责任股东——这是有据可查的⑤——至多能从他应得的父亲的

---

① 威·布兰克1848年4月28日给恩格斯的信,载于《马克思恩格斯全集》历史考证第2版第3部分第2卷第436页。卡·黑克尔是1849年5月埃尔伯费尔德起义的领导人之一。

② 《马克思恩格斯全集》第1版第27卷第154页。1849年1月,楚劳夫用13股贝格区—马克区铁路股票——马克思为此作保——继续从经济上资助《新莱茵报》(《弗莱里格拉特与马克思和恩格斯的通信集》(柏林1968年版)第2部分第2页,《马克思恩格斯全集》第1版第4卷547页)。

③ 参看科隆民主协会积极分子的社会人口调查,见马·赛佩尔:《1848—1849年科隆民主协会。资产阶级革命期间城市协会和党派的形成》,载于《科隆历史和文化文集》科隆1991年版第15卷第136页。

④ 马克思1849年7月13日给魏德近的信,载于《马克思恩格斯全集》第1版第27卷第524页。

⑤ 燕·马克思1850年5月20日给约·魏德迈的信:"亲爱的魏德迈先生,您知道,我的丈夫为了报纸曾经作了多大的牺牲,他拿出了几千现款,而当继续办下去的希望已经很小的时候,他却成了报纸的所有人(民主派的庸人硬叫他这样干的,否则他们自己必须负担债务)。"(《马克思恩格斯全集》第1版第27卷第630页,译文稍有改动)

遗产中拿出 2000 塔勒投入报社。① 然而，如果我们考虑到，马克思的岳父约翰·路德维希·冯·威斯特华伦作为特里尔工资最高的政府官员当时全年收入为 1800 塔勒，那么我们就可以判断出，像这样一大笔开支对马克思来说究竟意味着什么。② 前面提到的安德烈亚斯·哥特沙克是

---

① 因此贝·安德烈亚斯指出，马克思于 1848 年 2 月 9 日得到一笔 2000 塔勒的遗产预付款，除此之外，他当时没有比这更多的钱（贝·安德烈亚斯：《1848 年 2—3 月马克思在布鲁塞尔被捕及遭驱逐》，载于《马克思恩格斯全集》第 1 版第 4 卷第 13 页及下页，第 92 页注 36）。《马克思恩格斯全集》历史考证第 2 版第 3 部分第 3 卷第 807 页"注 26.19—21"的说明在四个方面不确切：第一，马克思不是在戒严解除以后，当所有经济来源都枯竭的时候，才从遗产中拿出这笔款子投在报纸上的。第二，为了确保（新莱茵报）从 1848 年 10 月 12 日起能定期出版，开出了专门的借据。由于款项在较晚的时候才到位，马克思预付了 1000 塔勒。然而这对他来说还是力所能及的，因为他在 9 月 18 日从波兰的民主主义者弗拉基斯拉夫·科斯策尔斯基处借到了 2000 塔勒。有关详情，参看弗·梅利斯：《维持〈新莱茵报〉的努力。一份文献资料》，载于《马克思恩格斯研究论丛》1992 年新辑第 154—172 页；并且见弗·梅利斯：《1848 年秋弗里德里希·恩格斯漫游法国和瑞士。新的认识和假说》，载于《〈马克思恩格斯全集〉历史考证版研究》1995 年第 1 辑第 61—92 页和第 80 页注 88。第三，发行负责人科尔夫 1848 年 9 月 24 日，也就是在科隆戒严以前在《科隆日报》上登载的一则公告中宣布，要用尺寸更大的开本，也就是说用一台新的高速印刷机来印刷《新莱茵报》。这台印刷机同样也是用马克思从弗·科斯策尔斯基处借来的钱买的。参看弗·梅利斯：《维持〈新莱茵报〉的努力》第 164 页。第四，马克思在报纸于 1849 年 5 月 19 日被勒令停刊之前不久才接收了报纸的财产，然而他这么做不是为了巩固报纸的法律地位，而是为了在报纸可能要宣布停刊的情况下让那些股东们——可惜他们的名字不得而知——得到解脱。参看燕·马克思 1850 年 5 月 20 日给约·魏德迈的信，载于《马克思恩格斯全集》第 1 版第 27 卷第 630 页。理·弗里登塔尔的说法（《卡尔·马克思。他的生平和时代》慕尼黑—苏黎世 1981 年版第 365 页）也缺乏任何根据，他说："他［马克思——作者注］不得不用自己的钱投资，购买了一台高速印刷机；至于机器是多少钱买的，鉴于他的经济状况始终十分不清楚而无法更确切地查明。"

② 海·蒙茨：《卡尔·马克思。论述生平和事业的基础》特里尔 1973 年版第 331 页。

科隆贫民诊所医生，年薪为130塔勒。①

由此可见，迄今为止人们几乎没有注意到马克思当时显然是担任了双重职务：他不仅是报纸的主编，而且还作为无限责任股东之一参与决定新莱茵报社的经营政策。② 由于公司合同迄今尚未找到，我们对无限责任股东、他们的权限以及经营方式知之甚少。我们只知道，公司合同和章程的拟定拖延了很长时间。③ 在达成一致以前，在钟街13号和15号德里姆伯恩处根据需要召开了好几次全体股东大会。④ 直到7月29日才当着科隆公证人克拉厄的面签署了公司合同，并批准科尔夫、瑙特和

---

① 卡·施托梅尔：《安德烈亚斯·哥特沙克（1815—1849年）》，载于《莱茵地区的人物略传》（受莱茵地区历史学会的委托编）科隆1988年版第11卷第170页。

② 马·洪特（《1836—1852年共产主义者同盟史》，载于《马克思恩格斯全集》第1版第4卷485页）认为，1848年底马克思、恩格斯、丹尼尔斯和其他坚定的民主主义者手中刚好拥有100股以上的投票权，这就祛除了在股东大会上被多数票否决的危险，事实当然绝对不是这样的。马克思本人能占有的票数不超过5票，如果他不代表出席的股东，那么根据章程第30条他只可以获得10票（参看卡·奥伯曼和格·贝克尔：《关于〈新莱茵报〉的创办过程。启事和章程》，载于《工人运动史论丛》1970年第12期第593页）。马克思于1848年11月11日或12日写给恩格斯的信证明，马克思在股东大会上很有可能被多数票所否决："至于你们的编辑职务，我是这样做的：（1）立即在第1号报上指明，编辑委员会原有成员不变；（2）向**愚蠢**而反动的股东们声明，他们可以随意不再把你们看做是编辑部的人员，但我有权**随意支付我想要给的高额酬金**，所以，他们在金钱上将丝毫占不了便宜。"（《马克思恩格斯全集》第1版第27卷第147页。译文稍有改动）

③ 参看卡·奥伯曼和格·贝克尔：《关于〈新莱茵报〉的创办过程。启事和章程》，载于《工人运动史论丛》1970年第12期第584页。

④ 参看1848年6月18、21和26日的股东大会邀请书，载于1848年6月2、21、26日《新莱茵报》第2、21和26号。

路·舒尔茨为发行负责人或发行负责人助理。①

当然，马克思一定是事先就与其他无限责任股东一起至少在两个问题上商定了应急办法。1848年6月26日卡罗琳·威斯特华伦告诉韦尔纳·冯·韦尔特海姆，马克思为这家报纸工作每年可拿到1500塔勒，而且雇用期为三年。②

恩格斯也自告奋勇。他捐助了几百塔勒，并且购买了大约100塔勒的股票。③

正如一些书信所指明，此后要利用每一个机会，为报纸招徕订户。④但是，在这方面直至6月1日也是收效甚微。根据《特里尔日报》的一篇通讯报道，6月初共计只有300位订户⑤，尽管海德堡的《德意志报》在科隆的《新莱茵报》第1号出版之际报道说，"在所有啤酒馆和零售酒店里都摆放着订单，而且［……］前天在所有街道拐角处的墙壁上都张贴着用醒目的大字写的大型征订启事。"⑥后来订阅

---

① 1848年7月31日《新莱茵报》第61号第4页。

② 参看卡·威斯特华伦1848年6月26日给韦·冯·韦尔特海姆的信，收藏于马格德堡州档案馆。

③ 卡·奥伯曼和格·贝克尔：《关于〈新莱茵报〉的创办过程。启事和章程》，载于《工人运动史论丛》1970年第12期第584页及下页；伊·恩格斯1848年10月30日给弗·恩格斯的信，见《马克思恩格斯全集》历史考证第2版第3部分第2卷第494页及下页。弗·梅林的提示（《马克思传》莱比锡1918年版第161页）是针对通过订购而获得的股份。

④ 参看恩格斯1848年3月28日给埃·布兰克的信，载于《马克思恩格斯全集》第1版第27卷第501—503页；德朗克1848年5月15日给马克思的信，见《马克思恩格斯全集》历史考证第2版第3部分第2卷第447页及下页。

⑤ 1848年6月10日《特里尔日报》第262号第3页。

⑥ 1848年6月6日《德意志报》第157号第1252页。

人数才不断上升,以致在该报被迫停刊时单是外国的订阅人数就已达到2400个。①

通讯员网最初也具有临时性质。例如,虽然巴黎的艾韦贝克和在柏林工作的斯蒂凡·波尔恩都允诺为该报撰稿,但是总的来说,这个通讯员网6月初既不符合一家大型日报的要求,又不符合马克思的计划,即通过"与英国、法国、意大利、比利时和北美的民主派领导人的私人关系比其他任何一家报纸都更能准确地反映外国的社会政治运动。"② 此外马克思还在《新莱茵报》的第1号上指出:"《新莱茵报》原定于7月1日出版。和通讯员们商定的也正是这个日期。"③

怎么又决定提前一个月出版报纸呢?早在5月17日德朗克就在给马克思的信中写道:"想一想,在一个新季度到来的前一个月出版报纸会是多么有利啊!第一批订户总是无关紧要的,因而,如果就在四个星期后再扩大订户,那损失会更小。"④ 事实上,后来就是这么做的。但是,对马克思来说,政治上的原因起着决定性的作用。在5月份,普鲁士军队变本加厉地对亚琛、特里尔、曼海姆和美因茨的居民采取暴力行

---

① 1849年5月26日《西德意志报》(科隆)第2号第4版。根据1849年5月21日《法兰克福报》报道,《新莱茵报》在被迫停刊时印数已达5000—6000份。马克思在不得不离开科隆之前,通过普鲁士邮局收到了订户寄来的1500塔勒,他只能用这笔钱偿还债务(卡·马克思:《高尚意识的骑士》(《马克思恩格斯全集》第2版第12卷第583页)。

② 1848年12月19日《新莱茵报》第172号第1版。

③ 《〈新莱茵报〉编辑部的声明》,见《马克思恩格斯全集》第1版第5卷第13页。

④ 德朗克1848年5月17日给马克思的信,见《马克思恩格斯全集》历史考证第2版第3部分第2卷第449页。

动。美因河畔法兰克福的民主主义者由于加入了工人协会而被驱逐出该城。在这种情况下并且鉴于法兰克福国民议会的漠不关心，马克思认为有必要提前出版《新莱茵报》："但是，鉴于反动派重新采取的无耻行动，可以预料德国的九月法令很快就要颁布，因此，我们决定利用自由环境中的每一天，从6月1日起就开始出报。"① 该报给人们提供一个反对反动派的途径。②

6月1日就出版报纸的决定最迟可能是5月下旬作出的。恩格斯在他于5月24日写给埃米尔·布兰克的信中的陈述说明这种猜测是正确的："上星期六我来到了科隆这里。《莱茵报》将在6月1日出版。"③ 这个星期六是5月20日。最早在这一天马克思与恩格斯一起商议了最后步骤。《巴门日报》早在5月23日的通讯中就报道说："毕尔格尔斯和马克思编辑的我们的《新莱茵报》的认购款已达到10000塔勒，而且该报大概将于6月1日出版。"④

在这两位朋友的谈话中，股东大会的筹备工作无疑也占重要地位。大会召开的日期已相当具体地确定了下来。5月28日《科隆日报》和

---

① 《马克思恩格斯全集》第1版第5卷第13页。马克思所说的九月法令是指法国政府于1835年颁布的压制新闻出版的法令。鉴于1835年7月28日的暗杀国王事件，提高了期刊的保证金，对发表反对现存国家制度及私有制的文章和著作的作者实行监禁或课以高额罚款。

② 参看弗·恩格斯：《法兰克福议会》和《许泽尔》等，见《马克思恩格斯全集》第1版第5卷第14—20页。

③ 《马克思恩格斯全集》第1版第27卷第507页。奥格斯堡：《总汇报》在1848年5月24日的通讯中还报道说，《新莱茵报》将会于7月1日出版（1848年5月29日《总汇报》第150号第2390页）。

④ 1848年5月25日《巴门日报》第144号第4版。

《杜塞尔多夫日报》都刊登了一则根据"股东大会的决议"出版《新莱茵报》的广告。① 由于《科隆日报》总是在前一天印刷,股东大会想必最迟是于 5 月 26 日召开的。

不妨也把股东大会所作出的决议比较准确地追述一下。该决议大概可归纳为以下八点:

(1) 从 6 月 1 日起每天出版一号大张《新莱茵报》。

(2) 由《莱茵报》的前编辑卡尔·马克思博士先生担任编辑部的领导。

(3) "编辑委员会"的成员有:亨利希·毕尔格尔斯先生、恩斯特·德朗克先生、弗里德里希·恩格斯先生、格奥尔格·维尔特先生、斐迪南·沃尔弗先生和威廉·沃尔弗先生。

(4) 订购价格为:

在科隆一季度　1 塔勒 15 银格罗申

在普鲁士所有其他地方　2 塔勒 3 银格罗申 9 分尼

在普鲁士以外加收外国的报纸邮费。

(5) 只有同时订购下一季度(7、8、9 月)的报纸才能订购 6 月份的报纸。这 4 个月报纸的订购价格为:

在科隆　2 塔勒

在外地　2 塔勒 25 银格罗申

(6) 在 6 月 10 日以前凭临时收据收取股票的第二个百分之十。外地的股东先生们需将这百分之十或每股按 5 塔勒把钱邮寄给阿加塔街 12 号的发行负责人,随后立即把临时收据寄回,邮资免付。

---

① 1848 年 5 月 28 日《科隆日报》第 149 号第 1 副刊第 4 版;1848 年 5 月 28 日《杜塞尔多夫日报》第 147 号副刊第 2 版。

（7）由海尔曼·科尔夫先生、卡尔·瓦赫特尔先生和格奥尔格·维尔特先生组成一个临时委员会起草公司合同草案和章程草案。

（8）临时任命海尔曼·科尔夫先生为发行负责人。①

我们可以把1848年5月26日大会的意义归纳如下：马克思在有意退居幕后一段时间之后，从这时起出来担任一家将会具有跨地区意义的民主派报纸的领导。马克思被任命为"主编"，这表明股东们赞赏他作为《莱茵报》前编辑所取得的那些成就。马克思以他出类拔萃的才智确保了对这份报纸的领导，该报的编辑委员会是由经受过考验的政论家组成的。他们保证了这家报纸具有很高的水平。订户和股份的确定在一定程度上可以保证企业能够长久地办下去和企业在"正常情况下"能够达到某种程度的兴盛。

现在我们也能够更确切地确定根据现有的马克思恩格斯版本所标明的马克思于"1848年5月底"写给意大利《黎明报》编辑的信②的写作日期。马克思在信中表示《新莱茵报》将支持意大利争取独立的斗争，并且建议互相交换报纸，以便能及时报道两国所发生的事件。信中

---

① 这些决议的资料来源如下：1)《预告〈新莱茵报〉于1848年6月1日出版的广告》，载于1848年5月28日《科隆日报》第149号第1副刊第4版；2) 同上；3) 1848年6月1日《新莱茵报》第1号第1版；弗·恩格斯《马克思和〈新莱茵报〉》，见《马克思恩格斯全集》第1版第21卷第20页；4) 1848年5月28日《科隆日报》第149号第1副刊第4版以及1848年5月30日第151号第4版；《新莱茵报》第1号第1版（价格说明不同）；5) 同上（这里也是价格说明不同）；6) 同上，1848年6月6日第6号第4版；7) 同上，1848年6月2日第2号第4版，1848年6月21日第21号第4版，1848年6月22日第22号第4版；8) 同上，第1号第4版，1848年7月31日第61号第4版。

② 《马克思恩格斯全集》第1版第5卷第8页。

写道:"亲爱的先生:由卡尔·马克思主编的一种新的日报《新莱茵报》,从6月1日起即将在科隆城开始出版。"①

由于这封信可能是在股东大会之后,也就是说是在5月26日之后才写的,而且基于信中有"即将"的说法,可以把5月31日(《新莱茵报》第1号在这一天已经印好)排除在外,因此我们可以把这封信的写作时间限定在1848年5月27日和30日之间。

股东大会之后,编辑人员集中全力准备出版第1号,当然这时参与此事的除了马克思和恩格斯以外只有在科隆的毕尔格尔斯和维尔特。对这一号的内容进行一次详细的分析,结果表明,它大概不是在5月29日以前构想出来的。从一开始要做的事情就是要确保报纸在新闻报道的现实性方面达到一个较高的水平。5月31日,大约在15点②马克思和其他编辑手中可能都已拿到了用高速印刷机印刷的第一批报纸。

迄今为止尚不清楚的是,报纸的第1号至少有四个印刷样张:两个"试样张"和两个真正的第1号的样张。

大概就在第1号出版之前,马克思要求印制"样张"。③ 这种样张的作用本来就是预告新报纸的出版以及通告该报的纲要——多半是通过

---

① 《马克思恩格斯全集》第1版第5卷第8页。

② 参看1848年11月7日《新莱茵报》第136号第4版:"由于发生了意外的情况,今天下午4点以前可能无法送出第一批《新莱茵报》。因此,如果今天由于我们的过失报纸晚一点抵达,我们恳请我们的读者原谅。《新莱茵报》发行部。"

③ 此后,编辑部还曾多次要求印制样张。因此,1848年6月28日、7月1日和10月12日《新莱茵报》第28、31、114号既有标准版本又有样张。它们之间唯一的区别在于后者在第1版的报纸名称处标有"样张"字样。

113

印制启事本身。然后常常是通过书店①以及在一些代表大会②和群众集会上免费散发样张。由于《新莱茵报》的试刊号因时间不够而无法在6月1日之前出版,马克思首先采取了应急措施,6月1日在一些发行量大的报纸上刊登广告宣布《新莱茵报》的出版。迄今为止,已在11家报纸上找到了同样的广告,这些广告与《科隆日报》5月28日刊登的那则广告一字不差。③

---

① 例如,参看1848年7月5日《埃尔伯费尔德日报》第184号第4版上刊登的《下莱茵日报》的广告:"至于该报的倾向和广告,请读者参阅已经出版和不久还要继续出版的试刊号,读者每次可通过邮局收到这些免费的试刊号。"波尔恩在为预定于1848年6月1日出版的工人中央委员会机关报《人民报》做准备工作时也于1848年5月25日发表了试刊号。其中详细阐明了该报深为关注的事情[《共产主义者同盟。文献和资料》柏林(前民主德国)1970—1984年版第1卷第788页及以下几页]。德斯特尔从克滕给发行负责人科尔夫寄来了印数为15000份《民主初选人》的样本,并请求免费给予《新莱茵报》的样张[卡·德斯特尔1848年12月23日给海·科尔夫的信,载于《马克思和恩格斯的同时代人。1844—1852年书信选》《德国和奥地利工人运动史资料和研究》阿森(等地)1975年版第6卷第232页]。

② 1849年1月维尔特报告说,他在汉诺威民主派代表大会上散发了"我们的报纸的样张"。维尔特1849年1月31日给马克思的信,见《马克思恩格斯全集》历史考证第2版第3部分第3卷第184页。当然这里所说的样张可能不是指1848年10月12日第114号的样张,而只是指一个时间更近的样张。由此可见,一定还有其他样张。

③ 除了《科隆日报》外,还有下列报纸刊登了这样的广告:1848年5月28日《亚琛城日报》第149号第4版,1848年6月4日《总汇报》(奥格斯堡)第156号第2496页,1848年6月11日《柏林阅报室》第134号第4版,1848年5月29日《不来梅政治、商业和文化日报》第150号第4版,1848年5月30日《德意志总汇报》第151号第2012页,1848年6月3日《德意志报》第154号第1232页,1848年5月28日《杜塞尔多夫日报》第147号副刊第2版,1848年5月29日《埃尔伯费尔德日报》第148号第4版,1848年5月30日《卡尔斯鲁厄日报》第148号第4版,1848年5月30日《特里尔日报》第151号第4版。这些报纸中的一部分报纸以及其他一些报纸,如《奥得总汇报》和《曼海姆晚报》,在6月中旬或者6月下旬都再次刊登了关于征订1848年第三季度《新莱茵报》的广告。

试刊号和第1号只有微小的差别。其一，试刊号在副标题"民主派机关报"的左边印有"样张"字样；其二，试刊号首页下面的空白处印了两行提示："为了节省费用和您能按时收到《新莱茵报》，请您到离您最近的邮局去办理订阅手续。1848年6月1日于科隆。《新莱茵报》发行部。"①

由于在印制"样张"期间在第4版上发现了一个错误，于是就把高速印刷机停下来并作了修正。②

试刊号印好之后紧接着就印刷众所周知的真正的第1号。为了这个目的，在首页上把"样张"字样以及关于订阅的要求都从版面上删除了。还印出了两个异本。在已查阅的这一号的17份原件中"编辑委员会"之后是个句号。而柏林国家秘密档案馆收藏的那份上却是一个惊叹号。此外，还对第4版上的黑体字"Roggen"作了修改。③

----

① 第1号"样张"的这一印刷异本的原件收藏于：柏林的德国历史博物馆，编号以DO52/2903；代特莫尔德利珀河州图书馆，编号Z1848 2；莫斯科的俄罗斯中央档案馆，编号f. 1/1/268/13041, Nr. 304, 1. 3。1848年6月5日《巴门日报》第155号第2版及下一版曾多次提到这个试刊号。

② 在第4版（第3栏）上把黑体字"Rubol"改为"Rübol"。经过修正的几份"样张"收藏于：科隆大学和市图书馆，编号Ztg 7, alt Л480；普鲁士文化财产国家图书馆，编号Haus 1。不过，在首页上还有另外一个错误被忽略了：在用大一号字体和黑体字阐明提前出版《新莱茵报》的原因处所有异本都把"Correspondenz"印成了"Correspordenz"。

③ 柏林普鲁士文化财产基金会国家秘密档案馆，编号47360。原件来自德国社会民主党图书馆。该馆在1933年以后被纳粹当局查封并被归入国家秘密档案馆。虽然人们试图把"德国社会民主党图书馆"的印记弄得无法辨认，但是由5位数字组成的黑色印刷字样却毫无疑问地显示了其来历。此外，在首页左边空白处还有出自尤利乌斯·莫特勒之手笔的非常清楚易读的边注。以下的几号又都印成句号。

人们既不知道试刊号的印行量,又不清楚真正的第1号的印行量。关于第一个月订户的数量,说法不一,在 300 户①和 1000 多户②之间。根据现有的所有资料来看,后一种说法可能是言过其实了。

7. 《新莱茵报》第1号出版所引起的反响

不仅是马克思和整个编辑部怀着紧张的心情等待着这一时刻的到来。对政治感兴趣的公众,正如报刊上的许多短评所说的,也对这份来自莱茵省的新报纸予以关注。迄今为止,可以在15家国内外报纸上查到有关报道。③ 当然,基本观点因上述报纸的政治色彩不同而各异。例如,6月5日出版的民主派《法兰克福报》写道:"今天《新莱茵报》

---

① 1848年6月10日《特里尔日报》第162号第3版。

② 卡·威斯特华伦1848年6月26日给韦·冯·韦尔特海姆的信,收藏于马格德堡州档案馆。

③ 1848年6月29日《黎明报》(佛罗伦萨)第258号第1032页,1848年6月16日《总汇报》(奥格斯堡)第168号第2084页,1848年6月4日《巴门日报》第154页第2版,1848年6月9日《来自波希米亚的立宪主义者报》(布拉格)第60号第2版,1848年6月4日《社会辩论报》(布鲁塞尔)第51号第596页,1848年6月6日《德意志报》第157号第1252页,1848年6月5日《法兰克福报》第155号第1副刊第2页,1848年6月11日《柏林政治和学术问题王国特权报》(《福斯报》)第134号第4版,1848年6月6日《莱比锡日报》第158号特别增刊第3688页,1848年6月6日《美因茨日报与外来人口报》第154号第2版,1848年6月7日《国民报》(柏林)第65号第3版,1848年6月24日《北极星报》(伦敦)第558页第5版,1848年6月10日《特里尔日报》第162号第3版,1848年6月6日《人民报。工人的中央委员会机关报》(柏林)第3号第2版,1848年6月11日《科隆工人联合会会刊》第8号特别增刊第3版。

第一次出版发行。从七位编辑中——这听起来大概有点壮观——我给你们举出几位：亨·毕尔格尔斯、格·维尔特、恩·德朗克和马克思，而公众早就对这些人物作出了评价。第1号已表现出彻底的民主主义，并且主要是在为一场斗争做准备，而法兰克福议会将不会觉得这场斗争很轻松。"①海德堡的《德意志报》在其科隆通讯的开头写下讽刺性的评语："现在，谢天谢地，祖国得救了；今天，在一个'编辑委员会'的领导下，[……]《新莱茵报》第1号出版了"，然后让人仔细地研究几篇编辑部文章，如《法兰克福议会》或者《许泽尔》。②虽然这位通讯员认为《新莱茵报》的语言"粗鲁"和"玩世不恭"，但他仍然表示希望该报获得成功。③

当时德国发行量最大的报纸——奥格斯堡《总汇报》强调指出，《新莱茵报》机智地和辛辣地抨击了"我们的大臣们的软弱以及我们各阶层的动摇性和不彻底性"。《总汇报》也嘲笑了《新莱茵报》"粗俗而怪诞的语气"，并且认为，该报最好不应以"民主派机关报"命名；而应以"共和派机关报"命名。④ 早在5月28日，也就是说，在第1号出版之前，《埃尔伯费尔德日报》的科隆通讯员就告诉人们，"将于6月1日在这里重新出版的共和派《新莱茵报》也将和工人报以及米尔海姆的自由人民报一起维护最狂热的共和主义原则，或者更确切地说是恐怖主义的共产主义原则"⑤。该报一星期后又报道说，"它在巴黎大学

---

① 1848年6为5日《法兰克福报》第155号第1副刊第2版。
② 《马克思恩格斯全集》第1版第5卷第14—20页。
③ 1848年6月6日《德意志报》157号第1252页。
④ 1848年6月16日《总汇报》第158号第2084页。
⑤ 1848年6月1日《埃尔伯费尔德日报》第151号第2版。

和布鲁塞尔的民主主义者联合会策划颠覆活动"①。《特里尔日报》预言"盼望了这么久的《莱茵报》不会有好的销量,因为人们的期待在很大程度上已落了空"②。《法兰克福报》对此作了回答,它讽刺地说道,《特里尔日报》由于它深切的忧虑而可能提供了关于该报状况将越来越好的最让人放心的保证。③《莱比锡日报》的科隆通讯员得到消息说,《新莱茵报》在第一天就同"排字工人的实际的社会主义进行了斗争"④。"这些工人不愿意听任7位资产者[指编辑们——作者注]随心所欲地剥削他们,并要求提高他们的工资。"⑤ 斯蒂凡·波尔恩也是于1848年6月1日在柏林出版了《人民报》,他在6月6日该报第3号上把《新莱茵报》编辑委员会成员称作是"我们的朋友",并且强调:"这些名字确保了这家民主派机关报的编辑方针的坚定性。"⑥ 为了证明这一点,波尔恩后来还全文转载了《新莱茵报》第1号上发表的恩格斯关于法兰克福议会的文章。《巴门日报》的科隆通讯员着重指出,恩格斯是这座城市的"很有才能、真诚而具有坚定信念的儿子",并且热情洋溢地说道:"虽然没有特地去了解情况,但我们熟悉这位伟大的自由英雄以前的文学成就,因而仍然认为,我们在第1号上发表的好几篇文章中从简练的表达方式上重新认出了他。"⑦

在外国的报纸中,倒是《北极星报》向《新莱茵报》发出了最友

---

① 1848年6月9日《埃尔伯费尔德日报》第159号第2版。
② 1848年6月10日《特里尔日报》第162号第3版。
③ 1848年6月15日《法兰克福报》第164号第2副刊第1版。
④ 1848年6月6日《莱比锡日报》第158号特别增刊第3688页。
⑤ 1848年6月6日《莱比锡日报》第158号特别增刊第3688页。
⑥ 1848年6月6日《人民报。工人的中央委员会机关报》第3号第2版。
⑦ 1848年6月4日《巴门日报》第154号第2版。

好的祝愿:"人们以卓越的才能和非凡的勇气经营着这家自称为'民主派机关报'的日报,我们向它欢呼致意,它是反抗各种形式的暴政和非正义的崇高运动中的一位可敬、能干而勇敢的同志。"而且这家伦敦报纸还着重补充道:"主编是马克思博士,他在欧洲工人权利捍卫者中是最有才能的人之一。"① 1848年6月4日的比利时《社会辩论报》也表示欢迎"德国民主派机关报"——《新莱茵报》的出版。②

8. 总结

《新莱茵报》的创办经历了三个月的时间。在该报的创办过程中有两个时间段很引人注目。第一个时间段包括马克思直至1848年4月12日夜晚在巴黎、美因茨和科隆的活动。大约在1848年3月19日,马克思听到德国的请愿运动和民众运动迅速扩展的消息,决定与恩格斯一起重新出版《莱茵报》。他和大约于3月21日抵达巴黎的恩格斯商讨了这一计划之后,就着手付诸实施。以3月底拟定的17条《共产党在德国的要求》作为章程。当时尚未解决的问题是,报纸应在哪里出版,在柏林还是在科隆。4月5日,马克思、恩格斯和德朗克带着法国护照启程前往德国。由于普鲁士和黑森的公使馆拒绝给予签证,他们不得不经过巴伐利亚的哈普克尔欣绕道而行。

几乎同时,科隆的两个小组——哥特沙克、安内克和大约于4月2日抵达科隆的赫斯为一组,毕尔格尔斯、德斯特尔和丹尼尔斯为另一组——也在实施一项重新出版声誉依然极佳的《莱茵报》的计划。为

---

① 1848年6月24日《北极星报》第557号第5版。
② 1848年6月4日《社会辩论报》第51号第596页。

此目的，赫斯和安内克于4月7日发表了他们的《重新创办〈莱茵报〉的要求》一文。同时，他们还散发了笔者发现的"即将创办的报纸的预订单"，他们还设法争取撰稿人和通讯员，并且与亚琛的一位打算出版报纸的出版商建立了联系。1920年初出现的并且直至最近仍然有人坚持的一种论点认为，不论是哥特沙克还是丹尼尔斯都打算在没有马克思和恩格斯参与的情况下实现办报的计划，并且为此让他们离开科隆，他们建议马克思和恩格斯在他们的家乡特里尔或者巴门谋求柏林的或者法兰克福的国民议会的一个议席；这一论点是经不起批判性的检验的。

在赫斯和安内克于4月12日召开的《莱茵报》的创办会议上发生了一场争论，这场争论既具有私人性质又具有有关办报构想的性质。赫斯和马克思由于他们在1842—1843年参与过《莱茵报》的工作，都认为，他们有权出来办报。但是赫斯打算把这份报纸办成"纯科隆地方的"报纸；与此相反，马克思打算办一种大型的全国性日报。此外，他们两人还分别代表根本不同的社会观点，因此缺乏联合办报的坚实基础。马克思能够使这场争执出现有利于自己的结局，而且他这时已在科隆主持进一步的办报筹备工作。大概他这时才决定把科隆作为计划中的报纸的出版地。

随着马克思在创办会议上的胜利，《新莱茵报》的创办开始进入第二个时间段，在这期间对报纸的政治倾向、报纸的名称、编辑部人员的组成、财务计划以及提前一个月出版作出了决定。

人们迄今为止尚未注意到的第一批股东们在1848年4月24日前后召开的会议具有和创办会议相类似的重要作用。在这次会议上通过了《关于创办〈新莱茵报〉的临时协议》。这份《临时协议》和毕尔格尔斯草拟的启事成了《新莱茵报》的创办文件。这两份文件现在都已找到，启事——其内容已为人所熟悉——当时只是两页传单。

《协议》中关于报纸的副标题为"民主派机关报"的规定和启事都表明，马克思和他的一部分朋友改变想法不是在5月中旬才开始，而是在4月就已开始。巴黎亢奋的革命情绪平静下去了，人们开始对德国局势进行冷静的观察。德国的局势还不容许人们公开把17条"共产党的要求"当作是报纸的纲领。在报纸出版之前五个星期这样的想法就已形成。

此外，从上述两份文件以及其他资料中都可看出，与迄今为止流行的观点不同，毕尔格尔斯在4月12日—5月26日前后这段时间里在《新莱茵报》的筹备工作中起了主要的作用。因此，马克思虽然觉得毕尔格尔斯不适合编辑的职位，但也——可能是迎合股东大会的要求——不得不考虑接受他为编辑部成员。首先，毕尔格尔斯在马克思抵达科隆以前就已致力于该报的出版工作；其次，他在科隆的民主运动中享有很好的声誉。这种声誉——《莱茵报》在莱茵省所享有的声誉除外——为《新莱茵报》获得积极的响应提供了一定的保证，而这种响应也特别地表明，人们愿意从经济上支持这家报纸。6月初公司由于筹措到了13000塔勒的资金——当然其中大部分仅仅是预订款，使办报有了比较稳定的经济基础。此外，毕尔格尔斯之所以起着这样的作用，是因为马克思出于法律上的原因，尤其是出于政治上的原因避免与办报计划发生联系。马克思作为"无国籍者"无法办理一些必要的手续，撇开这点不谈，他作为恰巧在17条"要求"上签上了自己的名字的共产主义者，对争取主要是来自资产阶级阵营的股东来说并不会有一个良好的开局。学术界迄今为止同样还不知道的5月26日前后召开的股东大会确定了编辑部的人员构成；这次会后，有11家发行量大的德国报纸刊登广告，预告马克思"主编"的《新莱茵报》的出版。

由经受过考验的政论家组成的编辑部确保了《新莱茵报》具有很高的水平。该报办了差不多一年,在这期间它越出德国赢得了好评,被公认为是进步的、富有斗争精神的激进民主派的机关报。

[原载《MEGA 研究》(阿姆斯特丹) 1998 年第 1 辑]

(张红、章林 译)

《新莱茵报》对萨克森省民主派报刊的影响（1848—1849年）*

〔德〕赫伯特·彼得斯

1816年4月1日萨克森省建立，成为普鲁士的一部分。同莱茵省和威斯特法伦省一样，它是在1814—1815年维也纳会议谈判桌上产生的，这样，普鲁士作为对拿破仑战争的胜利者之一和为维护君主制度而建立的神圣同盟的一个重要支柱，它除了得到矿藏丰富的莱茵地区和威斯特法伦之外，还得到了大半个萨克森。普鲁士的统治者为了强调这一事实，把这个新得到的区域称为"萨克森省"，这是对萨克森韦廷王朝的一种污辱，它为掌握德国中部和东北部的统治权同霍亨索伦家族已争夺了400多年。①

这一地区目前包括马格德堡、哈雷、爱尔福特行政区以及波茨坦、莱比锡和苏尔行政区的一部分。它在过去较长一段时期内保持了一种独特的风格。萨克森省不是历史上已经形成的，它没有一个持续的发展过程，这是同它北部毗邻的普鲁士的老省份勃兰登堡和普鲁士相比较而言的。更确切地说，它显示出是普鲁士君主国的极不一致的部分，在它大

---

* 本文选自《马克思恩格斯研究》1992年总第8辑。
① 参看瓦尔特·弗里登斯布尔格：《萨克森省、它的形成和发展》1919年哈雷版第22页。

约 25000 平方公里的面积上约有 20000 平方公里是从前萨克森的疆土,韦廷王朝的 869000 臣民也随之成了普鲁士霍亨索伦君主国的臣民。①阿尔特马克的省会是马格德堡,它是"原始的"普鲁士地区,同下列地区一起构成一个奇特的地理形状:巴尔比、戈门伯爵领地,曼斯费尔德周周的区域,托尔高、代利奇、策尔比希,艾伦堡和杜本行政区,梅泽堡和瑙姆堡—蔡茨教区,奎尔富特侯爵领地,施托尔贝格伯爵领地,维滕贝格、施洛伊辛根和齐根吕克区以及图林根区。②

这个省与萨克森、汉诺威、不伦瑞克和图林根邦相邻,它的领土支离破碎且不统一。在南部,属施瓦茨堡地区的鲁多尔施塔特和松德斯豪森以及属于萨克森魏玛的阿尔施泰特均为飞地,它们阻碍了公共交通。北部不伦瑞克的卡尔佛德又是一处飞地,安哈尔特邦从东西方向向省内伸展,它使该省从南至北只有一条狭窄的通道。最后,属普鲁士范围的施洛伊辛根和齐根吕克也是飞地,它们位于图林根地区境内,只有穿越州界才能到达。

除了这些特殊的领土条件,没有传统的历史以及居民中三分之二原属萨克森的人对普鲁士的敌对情绪也影响了这个省的发展。最后再加上不同的经济和法律条件的存在以及它们首先对生产力、法制和经济制度发展状况较长久的影响而形成了特殊的经济状况。人们为了在新并入的萨克森地区和过去的威斯特法伦王国地区实施 1807 年颁布的施泰因的农

---

① 参看古斯塔夫·赫茨贝格:《萨克森省的历史》1990 年柏林版第 27—33 页。

② 参看阿尔弗雷德·桑德尔:《萨克森省 19 世纪的经济发展》1934 年哈雷版第 4 页。

业法，从而为资本主义的发展创造相同的条件用了将近15年的时间。①

1845年，过去的萨克森行政专区梅泽堡才通过废除行会约束实现了行业自由的制度；施泰因1808年的城市改革同样用了35年的时间才以一种经过修订的，不利于地方自治的形式得以推广。

因此，萨克森省在它刚建立的头10年里经济发展缓慢和不持续是不可避免的。所以，农业长期占主导地位，这也是由于马格德堡和梅泽堡行政区土质好的缘故；此外还形成了一个以繁荣甜菜加工为目的的工业。萨克森省由于有了诸如从甜菜中提炼食糖这样使农业变革的技术，使其在1848—1849年革命前夕成为一个典型的工农业地区。在这里，现代农业、机械、原料工业以及化学工业开始占主导地位。萨克森省社会状况的特点是，大地产具有强大的经济和政治地位②，与莱茵省相比，大资产阶级在政治生活中却无足轻重，小资产阶级受到失去社会地位的威胁，所以表现出与无产阶级有很大的共同性。

1849年，在总人口为1790754的居民中，新生的无产阶级有256000人，其中28346人是工厂无产阶级。③一个五口之家每周的最低生活费用需要三个半塔勒，而每周的平均工资男人是两个半塔勒，妇女一个塔勒，小孩半个塔勒。所以，除了丈夫之外，妻子和孩子也要按当时的普遍标准干上12个小时才能达到最低的生活水平。④然而无数的日

---

① 参看瓦尔特·弗里登斯布尔格：《萨克森省、它的形成和发展》1919年哈雷版第29页。

② 参者罗兰特·施塔尔：《普鲁士的萨克森省南部以及西南部农村1848年3—11月的人民革命运动》1974年梅泽堡版第75页。

③ 参看阿尔弗雷德·桑德尔：《萨克森省19世纪的经济发展》1934年哈雷版第195—196页。

④ 马格德堡国家档案馆。

薪工人、学徒的工匠和林业工人每周只能得到半个塔勒①，因此他们每天的工作时间有时被迫延长到18个小时②。

广泛、残酷的剥削经常引起自发的抗议，引起偶尔有目的的社会性的反抗，或者甚至武装冲突。③ 直至1830年，基本上只有孤立行动的小资产阶级的势力出现，它们是反封建的反抗运动的捍卫者。不过，1823年时还出现过以苏尔纺织学徒工呼吁增加他们的工资为开端的自发的工人运动。④ 1830—1840年间地方性的反抗的次数急剧增加，三月革命以前反抗运动的发展主要表现为工人、农业工人和农民参加运动的人数不断扩大。社会动乱、自发的和武装的战斗以及罢工遍及十个城市和六个乡镇。⑤ 从1840年到1848—1849年革命爆发这段时期的特点是人民群众的革命运动继续蓬勃发展。这里，特别要强调的是，社会冲突不断激化，有时，为了保护现行制度，这种冲突只有通过军队的介入才能解决。⑥

工人阶级合法的和非法的组织活动表明了革命运动的继续发展，尤其是在省会马格德堡人们采取了大量的行动。1845—1846年间人们在这里成立了一个工人教育协会、一个印刷工人协会和一个机械制造工人

---

① 梅泽堡中央档案馆。

② 参看《马格德堡工人运动从发生到现状的历史原始资料集》马格德堡教育学院版第1卷9页。

③ 参看埃里希·哈林：《萨克森省和共和国的历史，以单张照片为依据》1931年柏林版第2页。

④ 梅泽堡中央档案馆。

⑤ 参看赫伯特·彼得斯：《1848—1849年革命中的普鲁士萨克森省》1978年马丁·路德大学版第21—22页。

⑥ 梅泽堡中央档案馆。

协会。① 40年代初马格德堡建立了正义者同盟的支部，但它在1846年底被警察发现并遭到破坏。②

在萨克森省工业较发达的北部地区，工人阶级开展了大多以社会经济为目标的团体运动，除这一运动的初步尝试之外，反抗运动还有另一种表现形式：1844年在城市中建立了民众大会，讨论政治和社会要求，尤其是在马格德堡、哈蕾和爱尔福特，人们揭露了地方上的弊端并把它们作为为普鲁士统治制度进行普遍批判的根据。③ 通过上述行动，劳动阶级和阶层在政治上的自我意识开始形成，爱尔福特的市长甚至不得不承认，那里的市民互助协会在它每周一次的集会上把"保护……穷人反抗富人压迫的权利"作为自己的宗旨。④

因此，市民大会虽被禁止，但民主反对派却在较小的城市中建立了根据地，这些据点一直坚持到革命爆发之前。同普鲁士大多数其他省份相比，萨克森省市民大会具有突出的地位；这种地位对于革命前夕阶级力量总的状况来说是重要的、决定性的。

在马格德堡和梅泽堡行政专区广泛兴起了自由信仰教义的福音公会的运动，这一运动是萨克森省独特的精神和政治反对派的第二个表现形式，这使它在普鲁士其他省份中特别突出。自由公理会的领袖们取经于青年黑格尔派对虔信派的批判，受路德维希·费尔巴哈关于人和社会之

---

① 参看《马格德堡工人运动从发生到现状的历史原始资料集》第1卷第10页。
② 梅泽堡中央档案馆；另参见《共产主义者同盟文件汇编》第1卷第1031页注释78。
③ 马格德堡国家档案馆。
④ 梅泽堡中央档案馆。

间博爱的思想的束缚①，用弗里德里希·恩格斯的话来说，他们用"攻击天主教……正统……变相攻击政府本身"，反对国教的新教徒通过反对"普鲁士国王……那种教权主义和严格的正统主义的倾向""得到迅速的发展"。② 这一教派主要在劳动人民，特别是无产阶级和农村贫民之中得到迅速发展。③

在萨克森省，宗教反对派运动在有很多人参加的诸多次民众大会上宣传新闻自由、教学自由、改善国民教育和反对贫困的斗争。④ 这些要求虽然同资产阶级领导下的自由派的要求一致⑤，但是，"不确定性"⑥和一种"真正"社会主义的伤感倾向表明了反对国教的新教徒宣传的实质。不过在这里，恩格斯的评论值得特别注意。他的评论认为，宗教上反封建的反对派的迅速发展只是昙花一现⑦，尽管在马克思大学同学威纳尔·冯·韦尔特海姆⑧领导的梅泽堡行政专区这一发展波及了较大的人口范围。

同样，真正的"社会主义的反动幻想只能暂时在基本的政治观点形成过程中对萨克森省民主主义工人运动产生影响。在革命爆发前后，面

---

① 《路德维希·费尔巴哈全集》1989 年柏林版第 7 卷第 194—206 页；《路德维希·费尔巴哈全集》1981 年柏林版第 6 卷第 24—32 页。
② 《马克思恩格斯全集》第 1 版第 8 卷第 27 页。
③ 梅泽堡中央档案馆。
④ 参看爱德华·巴尔策《当代信仰更新》1877 年诺德豪森版第 11—15 页。
⑤ 参见《马克思恩格斯全集》第 1 版第 8 卷第 22、27 页。
⑥ 参见《马克思恩格斯全集》第 1 版第 8 卷第 22、27 页。
⑦ 参见《马克思恩格斯全集》第 1 版第 8 卷第 27 页。
⑧ 梅泽堡中央档案馆；亨利希·吉姆柯夫《新发现的马克思家庭的文献》，载于 1976 年 5 月 5 日《新德意志报》。

对每天政治斗争的严酷现实,面对市民大会和工人联合会的传统,40年代中期还很盛行的自由公理会的乌托邦式的社会主义这时已经衰落。

因普遍不满于现存的封建国家宪法而兴起的萨克森省民主运动有着20年的斗争经验。但另一方面,反对派力量由不同成分组成,因而它们的"利益各不相同"①,这种情况也起决定作用。因受封建制度压迫而引起的农民的愤怒情绪遍及萨克森省的大部分地区,这与广大手工业界反普鲁士的愿望和重新建立旧的萨克森的行会制度的想法相对立,从过去几年的经验看,不能在开始阶段就指望这些力量有秩序地走到一起。同样,城市无产阶级与农民和农村无产阶级还没有任何来往,在萨克森省很少或根本感觉不到资产阶级,确切些说资产阶级的自由主义的领导作用。因此,在考察革命前夜的反对派运动时,人们会发现小资产阶级领导下的民主派占有突出的地位。在这里,民主运动紧密结合的速度和规模以及它的领导才能均比各社会集团所承担的革命义务更为重要,这就有必要明确表明革命民主主义的要求,它们(不包含乌托邦式的幻想)能够使民主运动的各流派按区域、有计划地建立在共同基础上。

民主主义报刊在解决这一问题上负有很大的责任。它的任务是尽可能迅速、有效和广泛地利用革命所取得的合法性。

萨克森省以前几乎没有自由主义的或是民主主义的日刊新闻。只有爱尔福特在1844年时由那里的市民互助协会主席戈斯韦恩·克拉克吕格创办过《德国城乡信使报》,这家报纸(它有义务满足市民大会的要求)在革命爆发前一直是唯一的一家民主派报纸。根据报纸的政治立场和它在萨克森省,尤其是在毗邻的梅泽堡行政专区的传播,显然确定了

---

① 《马克思恩格斯全集》第1版第8卷第29页。

自己的标准而且在一段时期内成为哈雷民主派报刊的榜样。但是不久便表明,《哈雷报》(即后来的《哈雷民主报》) 不仅抵制古老的半官方性报纸《马格德堡报》和几家保守的报纸,它的影响还超过了《德国城乡信使报》。然而,《哈雷报》的这一发展首先是由于它越来越接近《新莱茵报》的缘故。

在普鲁士,3月3日科隆工人的游行拉开了1848—1849年革命的序幕。3月14日和15日,在爱尔福特和马格德堡城里第一次爆发了有人员伤亡的武装冲突。萨克森省的市民和莱茵省的居民一起在普鲁士开始了三月革命,但这不是反映人们政治上的不满情绪和革命积极性的唯一情况。萨克森省革命的特点明显表现为农民的参与,因此,有可能建立工人阶级和农民之间的联盟。

直至4月底,城乡劳动人民争取取消封建负担、改善劳动和生活条件的行动一直没有中断过,反动派和虔信派最激进的维护者们不是被驱逐①,就是被迫大量放弃自己的封建特权(就贵族领地占有者而言)。②在城市,无产阶级已经转而首先制定政治口号,从而针对封建资产阶级的国家权力和小资产阶级联盟的伙伴开始采取一种阶级的立场。而农村居民的行动仍旧是自发的,地区性的,而且仅仅出于经济原因。

资产阶级放弃了与工人、小资产阶级和农民结成联盟建立革命专政的做法,谋求对封建势力采取和平谅解的策略,从此,民主运动面临着新的更高的要求。③ 民主运动的小资产阶级领袖们这时的任务是坚决同自由主义划清界限,此外还要使自己明确地成为所有劳动阶级和阶层的

---

① 参看赫伯特·彼得斯:《1848—1849年革命中的普鲁士萨克森省》第2页。
② 梅泽堡中央档案馆。
③ 参看《德国1848—1849年革命历史画册》1973年柏林版第95页。

代言人。

五月选举的结果表明,大资产阶级的自由主义和民主主义之间的政治分化进一步加深。虽然4月在爱尔福特①和哈雷成立了一些具有无产阶级大众基础的民主联合会,但却没能防止三个行政区出现民主联合会相对独立的发展。② 因此,哈雷的民主主义者为联合全省的联合会所作的努力暂时失败了。

显然,只有爱尔福特在革命的这一时期发行了民主的报纸。1848年3月,具有民主主义倾向的报纸《图林根报》并入《德国城乡信使报》,5月终于创办了左派倾向最强的《电讯报》,这是第一家与科隆的《新莱茵报》建立联系的报纸。

《哈雷报》于1848年7月初才诞生。在省会,民主运动将那里的《马格德堡报》发展成宣传自己的观点的出版物。由于这家报纸也让阿尔特马克的反动大地主和虔信派的维护者发表言论,并以温和的民主主义为幌子维护省政府的利益,因此,并不可靠,而且长时间没有什么成效。这样,马格德堡的民主派力量和无产阶级在随后的一段时间里不得不把注意力放在爱尔福特和哈雷的报纸上。

民主派报纸的地位必须尽快得到加强。首先,出版者是否利用自己足够的力量,把报纸扩大成革命运动的指挥中心,或是否只是多少报道一些日常的和地方上发生的事件,这是问题的关键。《电讯报》,特别是《哈雷报》终于避免了作为民主派地方小报勉强存在的危险,这是由于它们越来越接近《新莱茵报》的缘故。通过与"革命年代德国最

---

① 参看1848年4月12日《图林根报》。
② 参看1848年9月22日《马格德堡报》。

著名的报纸"①的合作,哈雷和爱尔福特的责任记者逐渐熟悉了马克思、恩格斯的世界观和革命新闻工作的原则。

《新莱茵报》为实现民主主义阵营内部劳动人民要组织起来的愿望做出了重要贡献。因此,它不仅是社会进步和革命力量的政治指导中心的代言人,而且也是革命力量的组织中心。它只有成功地同各州、省和政府行政专区的革命中心建立稳固的联系才能够起到民主派机关报的作用。它很早就在整个德国赢得了固定的读者,从而大大影响了公众舆论。

《马格德堡报》发表了一篇1848年9月19日发自科隆的通讯,披露了这样一个事实:马格德堡第27步兵团被调往莱茵省省会,以镇压那里的骚乱。该团的一位军官抱怨市民与马格德堡官兵之间的紧张关系。特别引起人们注意的是,他认为首先是《新莱茵报》要对此事负责。②这位莱茵人说,他把《新莱茵报》看成是他的主要读物,从中他得出了自己政治观点,他的追求只是要比《新莱茵报》的言论更粗鲁,比它的报道更愚昧无知。他尖刻讽刺的对象是"有偏见的普鲁士主义",这句话指的是,"政治上不如德朗克博士,马克思……和其他成员成熟的人"。③

马克思和恩格斯认为,跨地区性的新闻工作不能单纯靠长篇的、论述整个政治形势的社论以及对法兰克福或柏林议会活动的情况的详细报道来维持。要想使广大群众对重大的政治问题以及与其相关的日常的政治任务产生兴趣,就需要对地方的特殊性及问题进行讨论,并且有必要

---

① 《马克思恩格斯全集》第1版第21卷第21页。
② 参看1848年9月22日《马格德堡报》。
③ 参看1848年9月22日《马格德堡报》。

表明,《新莱茵报》不仅能出色地报道整个普鲁士和德国其他州的形势,而且还关心较远地方劳动人民的问题,对革命的基本问题和地区范围中尚未解决的问题给予必要的重视。

编辑们从开始就这样认为,进行这样的报道不是附带着就能完成的事。德国其他一些州的读者和通讯员更多地希望,地方新闻栏目不仅仅是保留或是简单地扩大,而且根据需要或是展开评论或是收入一般的报道栏目中。由于编辑部发表的看法指出了地区和地方上事件所产生的政治和社会经济影响①(爱尔福特通讯的例子就证明这一点)②,所以地方运动具有重要意义。它们唤起人们的勇气和信心,教育人民要有果敢精神和革命的坚定性,并对民主联合会及其领导力量的目标明确的果断的行动给予正确的帮助和指导。

这一类的报道取得了成效和进展,这不仅在很大程度上取决于编辑部对通讯员的引导,而且也取决于实现相互间的联系和这个省开始出现的积极反应。马克思的工作以及他为报纸的存在和继续发展所需的经费的忧虑,使他负担过重。③尽管他不能在任何情况下都马上对通讯员的来稿和信件作出反应④,但他通常都对德国和德国境外的撰稿人出色的、勤奋的工作给予肯定⑤。这样,稿件往来就成了对双方都有利的一种交换经验的方式。马克思不仅收到了人们对德国政治事件进展所作的极有价值的评论,而且还有对他来说至关重要的消息,它们反映了读者

---

① 参看赫伯特·彼得斯:《1848—1849年革命中的卡尔·马克思、〈新莱茵报〉和爱尔福特》,载于《图林根历史文献》1970年爱尔福特版第2卷第141页。
② 参看1848年7月23日《新莱茵报》第53号。
③ 《马克思恩格斯全集》第1版第27卷第630页。
④ 参看《马克思恩格斯全集》原文版第3部分第2卷第469页。
⑤ 《马克思恩格斯全集》第1版第27卷第510—511页。

的意见以及他的报纸在普鲁士各省和德国其他各州中所引起的反响，对这些情况的了解有助于编辑部进一步改进它的理论工作和提供消息方面的工作。

一则有关地方事件的消息和以此为依据对重要的革命政治的联系进行分析都必须要有忠实于事实、对革命事业负责的报道以及可靠的提供消息的人。德国的许多报纸，其中也包括很有名气的报纸只是很少或根本不重视对新闻，特别是来自国外的新闻的可信性的审查，与此相反，马克思则不断努力使国内外的报道达到一个高水平。在反革命得胜，《新莱茵报》不复存在之后，马克思在他流亡伦敦时还强调指出，他的主编工作对他来说要有很高的道德要求和个人自尊心，他不允许任人损害他这个阶段工作的记忆。

为了提高力求达到的办报水平，一般要求与国外的革命中心和国内最重要的革命地区建立尽可能紧密的、多方面的、持续的联系。要做到这一点首先要找到那种不首先关心报酬①而愿意付出个人的精力和作出牺牲的通讯员，他们必须有政治头脑，善于思考，有性格，能及时为《新莱茵报》提供重要而准确的消息。但在科隆又有另一些条件，通讯文章必须经过仔细审查并根据其重要性和消息的内容以适当形式发表。1848—1849年间普鲁士的萨克森省的革命发展充分证明，《新莱茵报》正是这样做的。

《新莱茵报》共发表了112篇以普鲁士萨克森省发生的事件为题材的文章、评论和消息。此外还有15篇报道是涉及法兰克福和柏林议会活动的，它们评论了萨克森省议员的活动。在这112篇来自萨克森省的

---

① 参看《马克思恩格斯全集》原文版第3部分第2卷第455、515、518页。

文章和报道中有超过半数的58篇是评述爱尔福特局势的。① 来自爱尔福特的通讯之所以占优势是由于早在6月初就通过在柏林制宪会议中的爱尔福特代表戈斯维恩·克拉克吕格同《新莱茵报》建立了联系。② 此后,《电讯报》的编辑康拉德·威廉·施特劳布和弗朗茨·列奥斯又进一步扩大了通信交往,这种交往在10月份民主联合会的全体大会上正式得到了确认并使之合法化。③

如果人们推测萨克森王国几乎没有一个工人联合会订阅《新莱茵报》④,那么人们丝毫不怀疑,在与之相邻的萨克森省南部有工人联合会订阅《新莱茵报》并与之建立了交换关系。爱尔福特政府1849年4月评论说,爱尔福特的民主派报刊利用《新莱茵报》,尤其是1848年8月17日的第77和78号"来传播这样的观点,即爱尔福特三月革命的所有希望都被……占领者和军队化为乌有和践踏"⑤,它还认为,民主派与保守势力之间日益加剧的紧张关系是因此而产生的,爱尔福特政府的上述评论和观点证明科隆编辑部和爱尔福特的民主派报刊之间是有一定联系的。与此同时,政府的备忘录也清楚地告诉人们,《新莱茵报》和地方左派报纸是以何种方式参与民主运动在政治上向更高水平的发展和无产阶级的阶级教育的,他们取得了什么样的成果。

---

① 参看赫伯特·彼得斯:《1848—1849年革命中的卡尔·马克思、〈新莱茵报〉和爱尔福特》,载于《图林根历史文献》1970年爱尔福特版第2卷第140页。

② 参看赫伯特·彼得斯:《戈斯弗思、克拉克吕格》,载于《1884年的革命人物》1970年柏林版第277、283—284页。

③ 爱尔福特国家档案馆。

④ 参看罗尔夫·维贝尔:《萨克森1848—1849年革命,对革命动力的阐述及分析》1970年柏林版第309页。

⑤ 哥达国家档案馆。

60年代初我们这个州地方志中一种具有代表性的观点认为,德国中部的工人运动没有受到过共产主义者同盟和《新莱茵报》的任何推动①,这种观点不仅仅被爱尔福特的通讯所驳倒。除爱尔福特之外,哈雷(它曾是德国民主联合会中央委员会的区域委员会所在地②)也是这样的城市,人们在这里撰写了该省的普通通讯并把它们寄给科隆编辑部。激进的民主主义者古斯塔夫·拉瓦尔德和戈斯韦恩·克拉克吕格相似,他至少可以被看作是共产主义者同盟的同情者,在哈雷可能基本上是他负责或指导哈雷通讯。③由于拉瓦尔德长期担任《哈雷民主报》的编辑,所以科隆和哈雷的民主派报之间形成了类似于科隆和爱尔福特间的联系。但这并不能够证明,除了《哈雷民主报》之外哈雷人民同盟与《新莱茵报》也建立了正式的联系,像爱尔福特的民主联合会那样。

其余的报道和消息主要来自省会马格德堡。它们讨论的不是全省所遇到的普遍问题,而是讨论北部马格德堡行政专区所发生的事件。民主主义者亨利希·雪恩霍夫④和奥托·德·拉·契瓦勒利(曾是一名军官)是马格德堡保护人民权利协会理事会成员,他们很有可能担任过通讯员。⑤

《新莱茵报》采用萨克森省的报道不仅仅是为了向读者提供地方上的消息,把莱茵省以外发生的事件用于扩展并深化它的理论和政治分析,它还在政治上引导工人阶级和其他民主力量,使民主联合会向更高

---

① 参看埃里希·诺伊斯:《论民主主义左派在哈雷1818年革命运动中的历史》,载于《人民群众——历史的创造者》1962年柏林版第192页。
② 参看1848年6月25日《新莱茵报》第25号,1848年7月15日第45号。
③ 《马克思恩格斯全集》原文版第3部分第3卷第217、200、234页。
④ 《马克思恩格斯全集》原文版第3部分第3卷第217、200、234页。
⑤ 《马克思恩格斯全集》原文版第3部分第3卷第217、200、234页。

水平发展以及在理论上教育人民群众方面做出了重要的贡献。《新莱茵报》在对萨克森省的形势进行评述时全力地支持那里的革命力量。它通过为继续革命的斗争辩护，来向参加革命的力量和组织证明，他们的行动是正确的、必要的。他们可以从中获取新的勇气和信心，即使在反革命胜利的情况下也使民主运动明白，失败是暂时的。《新莱茵报》的评论不仅向民主联合会指出了它们采取进一步行动的方向，它而且还建议它们，把自己的工作同其他民主联合会的工作和问题作一比较，还是在政治和世界观的教育方面所作的一个重要贡献。因此，《新莱茵报》不仅对政治原则问题，而且对如何策略地着手解决这些政治原则问题给予了重要的指导性帮助，这种做法有助于使地方性和区域性的任务顺应重大的政治时事问题，从而使人们认识并避免地方主义和地方盲目性所带来的危险。

《新莱茵报》在创办后不久便开始刊登有关萨克森省的报道。五月选举没给封建反动势力带来什么值得炫耀的成果，选举结束后，萨克森省的反动势力便转而有组织地开展反对革命和人民主权原则的斗争。他们以制定反革命的战略为开端，在这里他们行动的重点是对付报刊，除了传统的君主制度的堡垒柏林和波茨坦之外，马格德堡和哈雷也变成了反革命势力聚集并组织行动的中心。

这就使革命的人民运动和工人阶级面临变化了的更加复杂的任务。要想不让反革命占有优势，就有必要巩固三月革命的成果。这样做的前提是想出办法增强城乡劳动人民的革命决心，加强城乡居民的联盟，形成对议会制的革命民主主义态度，以及揭露和公开谴责反动政府。

使革命民主主义的宣传活跃起来是同反革进行斗争的一种有效手段。事实证明，有必要一方面不折不扣地宣传革命目标，另一方面有说服力地阐明这样一个观点，即革命的问题最终是政权问题，要把革命继续下去就要继续加强使用暴力。《新莱茵报》为此付出了全部精力。

《新莱茵报》早在创刊号上就强调指出，德国人民"几乎已经在国内所有大小城市的街道上……夺得了自己的主权"①。由人民选举产生的制宪国民议会必须"采取必要的措施，以便粉碎反动派的偷袭……保护革命所夺得的人民主权不受任何侵犯"②。"人民主权"这个词使我们找到了一个概念，它不仅反映了革命的目标、方向、内容和范围的特点，它还以其简短和专有性被用来当作动员的口号。

《新莱茵报》通讯一开始就刊登了一篇有关议会代表活动的比较详细的报道，这些代表是从萨克森省选派到法兰克福和柏林国民议会的。报道一般性地批评了那里的多数代表没有能力宣布人民主权并根据宪法把它确定下来，同时，它着重指出，有些代表到目前为止一直和人民站在一起，如舒尔茨、克拉克吕格③、魏克塞尔④和莱茵施泰因⑤，而有些代表却或多或少地干了有利于反动派的事，例如克勒尔伯爵⑥和敦克尔⑦。但《新莱茵报》不仅仅在对议会制提出有益的批评时保持这样做，就它所使用的报道而言，它还以普鲁士的萨克森省所发生的事件为例阐明了行使革命政权和保卫政权的基本问题。

有一篇报道谈到了在马格德堡召开的科赫施泰特民众大会。⑧ 在会

---

① 《马克思恩格斯全集》第 1 版第 5 卷第 14 页。
② 《马克思恩格斯全集》第 1 版第 5 卷第 14 页。
③ 参看 1848 年 6 月 6 日《新莱茵报》第 6 号。
④ 参看 1848 年 6 月 3 日《新莱茵报》第 3 号。
⑤ 参看 1848 年 6 月 9 日《新莱茵报》第 9 号。
⑥ 参看 1848 年 6 月 9 日《新莱茵报》第 9 号。
⑦ 参看《马克思恩格斯全集》第 1 版第 5 卷第 56 页。
⑧ 参看《马克思恩格斯全集》第 1 版第 5 卷第 56 页。

上,为保障人民的主权对康普豪森的宪法草案提出了异议。① 此后,《新莱茵报》报道了爱尔福特的工人与士兵之间发生的多次武装冲突,这些冲突是反动势力不断攻击人民主权的原则,尤其是新闻自由和集会游行权利所引起的。②

从一篇关于6月18日在柏林开幕的手工业联合会代表大会的报道中人们可以得知,来自哈雷、托尔高和新哈尔登斯莱本的代表参加了这次大会。③ 接着,来自哈雷的第一篇报道披露,7月初,在一次民众大会上立宪派俱乐部的代表在试图败坏共和国政体的名声时遭到了坚决抵制。

《新莱茵报》在7、8月间连续刊登了来自萨克森省,尤其是爱尔福特的通讯,它们证实,反动势力,尤其是萨克森省南部的反动势力已转入进攻。④《新莱茵报》报道了爱尔福特行政专区对民众大会的阻挠,政府官员和军官阶层对人民武装的抵抗,对批评法兰克福议会的记者们的侵犯以及一系列针对教师和农村居民的震动措施,因为他们指出了自己在社会中的困境。⑤

来自梅泽堡行政专区的施克伦的报道也有类似的谴责,然而,报道的结尾是号召依靠人民通过武力解救被捕的民主主义者。⑥ 消息反复报道了爱尔福特的紧张关系加剧,那里的民主主义者在组织人民代表大会时积极性不断增强的情况,与萨克森省相邻的图林根小邦的居民有越来

---

① 参看1848年6月9日《新莱茵报》第9号。
② 参看1848年6月22日《新莱茵报》第22号。
③ 参看1848年7月10日《新莱茵报》第40号。
④ 参看1848年7月23日《新莱茵报》第53号。
⑤ 参看1848年8月1日《新莱茵报》第62号。
⑥ 参看1848年8月8日《新莱茵报》第69号。

越多的人参加人民代表大会①。除此之外，通讯员还报道了北豪森、马格德堡和梅泽堡专区埃卡茨贝加的消息。在北豪森，阶级对立和利益的矛盾不断加剧，8月2日居民和军队之间发生了冲突②，发自马格德堡的通讯给相信可与国王和解的市民带来了令人失望的消息，它告诉人们，在城里逗留的弗里德里希·威廉四世粗暴地斥责了由各联合会组成的特别代表团③。来自埃卡茨贝加的报道谈到了那里民主派领袖古斯塔夫·施特里格尼茨被捕的情况④，他很可能也是《新莱茵报》的通讯员⑤。

7月中旬，以马格德堡州高级法院院长路德维希·冯·格尔拉赫为首的反动派认为时机已到，对3月获得的人民主权的萌芽采取扼杀的方针。7月14日在马格德堡召开的"为了国王和祖国联合会"大会讨论了一个确定为不发表的纲领，该纲领的基本倾向中有反共产主义的进攻目的。反动派显然针对《共产党宣言》，特别针对那段突出强调无产阶级和资产阶级的阶级矛盾和工人阶级的革命作用的内容⑥，提出了"与人民主权、共和国和无政府状态……对着干的方针"⑦。在亨利希·雪

---

① 1848年9月8日《新莱茵报》第97号。
② 参看1848年8月11日《新莱茵报》第72号。
③ 参看1848年8月22日《新莱茵报》第82号。
④ 参看1848年9月3日《新莱茵报》第93号。
⑤ 参看《马克思恩格斯全集》原文版第3部分第3卷第148页。
⑥ 纲领阐述道：革命政党的领袖告诫无产阶级，"地主和资本家是无产者和工人的敌对阶级"。1848年7月25日《马格德堡报》在一篇与纲领有关的边境地区地主冯·韦尔德尔的自我辩护词中这样写道："红色共和国在德国扎了根……它的口号是'我们什么也不能失去，而是要赢得世界'。"（1848年7月27日《马格德堡报》）
⑦ 1848年7月19日《马格德堡报》。

恩霍夫拿到了这份纲领并立即在《马格德堡报》上发表之后，照他的话说，"愤怒的呼喊……响彻……全省"①。民主派报刊提醒人们防止反动派向人民主权发起进攻，这样的警告看来得到了正确的理解。

随着1848年9月危机的爆发，革命运动继三月革命之后又掀起了第二次高潮。由于法兰克福国民议会拒绝接受普鲁士反动派就石勒苏益格—荷尔斯泰因问题作出的基本为反革命的决定，以及此后不久受万茨莱本的代表舒尔茨决定性影响的柏林议会中的大多数人对普鲁士的反动势力宣战，从而使政治形势发生了重大变化。它导致了一场政府危机，最后，以奥尔斯瓦特和汉泽曼为首的内阁辞职。这为重新发动人民民主运动并将其引向反对一马当先的反革命的斗争提供了可能性。这里，中心的问题是怎样才能成功地把议会中的行动同议会外的斗争结合起来。这就再次要求革命运动要有更高的自觉性和组织性。为防止反革命势力的权力继续扩大，迫切需要明确强调人民革命运动的基本的政治立场，并在群众中传播这些立场，在争取建立共和国的斗争中使群众有组织地联系起来。萨克森省的民主主义报纸可以在阐述这些要求很高的任务时发挥较大的作用。

《电讯报》通过自己的编辑弗兰茨·洛埃斯来接近《新莱茵报》，它警告人们要防止专制制度通过暴力重新建立起来②；不过就连《马格德堡报》也认为现在的办法是宪法同国王或人民主权妥协③。所有民主派报纸，包括在这期间加入到民主派阵营里来的《瑙姆堡县报》都坚

---

① 1848年7月27日《马格德堡报》。
② 参看1848年9月13日《电讯报》（爱尔福特）。
③ 参看1848年9月10日《马格德堡报》。

决反对保守派报纸攻击那些造成政府危机的法兰克福和柏林的代表。①

与此同时,报纸所采取的立场同马克思在《新莱茵报》所持的立场相同,马克思在一组文章《危机和反革命》中同样表述了抉择的观点:"要么承认人民的主权","要么解散柏林议会,消灭革命成果"②。然而在另外一个问题上这些报纸却采取了不同的立场。9月13日,马克思指出"两个平等的权力单位之间"即人民的主权同妥协的思想之间,"发生了不可避免的冲突"③。同马克思的观点相反,《电讯报》和《图林根报》一致认为,反革命已被战胜,民主派力量已经取得了推翻普鲁士政府的胜利。④

民主派报纸在评价和支持对萨克森省极为重要的、发生在政党范围内的事件方面很在行。在8月28日召开的瑙姆堡市民大会上,古斯塔夫·施特里格尼茨的战友,店员奥托·马斯指出,鉴于反革命的阴谋,人民必须转而实行革命暴力并建立共和国。另外,在辩论中提到巴黎六月战士的例子并得出结论认为,一场"纯粹的民主运动"必须最终把矛头对准资产阶级。⑤ 这一篇报道是萨克森省民主派报刊的报纸第一次采取《新莱茵报》从一开始就采取的立场,即毫无保留地赞扬巴黎的六月革命。⑥ 而一条更重要的结论是彻底同大资产阶级和自由主义脱离关系,面对反革命的危险,把共和主义写在民主运动的大旗上。至此,报纸第一次使广大公众注意到掀起新的革命高潮的艰巨性。

---

① 参看1848年9月20日《瑙姆堡学报》。
② 《马克思恩格斯全集》第1版第5卷第471、477页。
③ 《马克思恩格斯全集》第1版第5卷第471、477页。
④ 参看1848年9月13日《电讯报》;1848年9月13日《图林根报》。
⑤ 1848年9月6日《瑙姆堡学报》。
⑥ 《马克思恩格斯全集》第1版第5卷第153—157页。

1848年9月3日召开的米谢尔恩人民代表大会一般性地讨论了从现在起就要采取的人民革命运动的方针。这次大型集会的经过和取得的成果成为萨克森省革命历史中的高潮之一。《新莱茵报》就共和国和君主制度展开广泛的辩论之后，着重指出，"大会……表示赞同'红色共和国'"①。大会负责人梅泽堡市民联合会主席，医生萨克泽博士解释说，红色共和国必须是一个保障工人阶级、农业工人、农民和小资产阶级阶层的物质生活利益的国家。② 一切劳动的团体和阶层中的"数千人"③都赞成建立一个红色的，也就是社会的共和国，这一事实意味着在同盟的政策上有了一个突破。萨克泽博士、比布拉的医生施托克曼博士和施特里尼茨是萨勒河与温斯特鲁特河地区革命人民的领袖，他们使城乡人民相互之间更加接近并且使他们明白，他们的共同利益是什么，以及大家为什么必须团结一致反抗共同敌人的道理。

此外，还有一个观点值得注意。萨克泽把社会的或者更确切地说是红色的共和国不仅仅描绘成保障广大人民福利的一个社会因素。无疑，对他来说，把红色共和国描述成革命民主发展的执行工具的想法也是有决定性意义的。因为否则就无法解释他为什么以这种共和国作为革命的选择来反对具有反革命征兆④的君主立宪制，为什么在这一对比中把自己有关国家的观点同行使革命民主政权的思想结合起来。

很有可能，马克思对9月4日米谢尔恩的通讯感兴趣，也是由于在这篇通讯中出现了由激进民主派创造的、他在6月份就已经使用过的

---

① 1848年9月8日《新莱茵报》第97号。
② 参看1848年9月8日《哈雷报》。
③ 1848年9月8日《新莱茵报》第97号。
④ 参看1848年9月8日《哈雷报》。

"红色共和国"的概念。通讯中这样写道:"最后按照萨克泽博士的询问,大会在全体与会者经久不息的热烈欢呼声中宣布,赞成'红色共和国'",在这上述句子中强调了最后这五个字。①

14天后按照《新莱茵报》的建议召开的莱茵河畔的沃林根民众大会同样宣布赞成"民主社会的共和国。赞成红色共和国"。②

莱茵省和萨克森省两省最重要的革命领导力量的观点相吻合这一点表明,《新莱茵报》和德国中部的民主运动之间的关系已达到了一个新的水平。这一点表现在当时还主要以报道革命的基本问题为方向的通讯活动中。在这里比较突出的是9月15日的两篇发自哈雷和瑙姆堡的报道。哈雷的通讯报道了那里的人民同盟,这个同盟表示要保护人民的主权,因此越来越明确地主张建立红色共和国。③ 瑙姆堡的通讯报道了9月10日至15日在萨勒城中发生的武装骚乱,在骚乱中清楚地表明,红色共和国的口号不仅产生了巨大的吸引力,事实上它还能够促使工人和农民采取联合行动。④ 在这里还是第一次通过通讯告诉人们,市民自卫团这个通常是反对人民运动的机构在瑙姆堡却支持人民武装的革命原则并因此而积极维护人民的主权。萨克森省的首席主席冯·博林也因此不得不承认,在萨勒河与温斯特鲁特河地区,"为了公开宣告的共和国得以建立"而作出的种种努力正一天天扩大着影响。⑤

《新莱茵报》和萨克森省人民运动之间的联系不断增加,这一现象表现为自九月危机之后,萨克森省的通讯不断增多,通讯在政治和时事

---

① 参看1848年9月8日《新莱茵报》第97号。
② 参看1848年9月18日《新莱茵报》第106号。
③ 参看1848年9月20日《新莱茵报》第107号。
④ 参看1848年9月21日《新莱茵报》第108号。
⑤ 梅泽堡中央档案馆。

评论水平上有所提高,除此之外还首先表现为,人们除了给科隆编辑部寄去报道之外,还越来越频繁地在地方上的共和派报纸上转载《新莱茵报》的社论。在这方面尤其突出的是爱尔福特民主派的《图林根报》和《电讯报》。

另一方面,马克思和恩格斯自8月份起开始转载,有些甚至是全文转载萨克森省民主派报纸上特别重要的和有信息价值的公告,以便使萨克森省以外的广大读者也能够看到。[①] 11月,在勃兰登堡伯爵政府的政变期间所发生的事件表明,马克思和恩格斯领导的《新莱茵报》与萨克森省的民主派报纸之间关系越来越密切,交往的形式也越来越多,这是由于双方从确定红色共和国的含义开始观点就一致,这就形成了一种多少有些直接的合作关系。这时,科隆、哈雷、梅泽堡以及爱尔福特的民主区域委员会的领导者越来越协调一致,互相帮助。

封建反革命势力在维也纳的胜利,使得普鲁士的反动派在1848年11月初决定,最终把力量对比向有利于他们的方向转化。他们利用把制宪议会从柏林迁往勃兰登堡一事示威性地践踏了人民主权的革命原则,从而挑起了革命和反革命之间的争论。但是人民并没有不加抵抗地容忍反动派对三月议会所取得的革命成果的粗暴侵犯。他们决心响应普鲁士国民议会的信号保卫受到威胁的人民主权。然而由于国民议会的代表们只准备消极地反抗反革命,因此人民群众的许多行动只停留在开始阶段。尽管如此,勃兰登堡政府的政变还是引起了群众斗争的高潮。类似这样的情况只是在三月议会时期发生过,普鲁士萨克森省的情况也是如此。这个地区经历了最艰苦的斗争,因此明显成为除柏林之外决定革

[①] 这句话是针对《新莱茵报》第96号,《图林根报》第109号,《新莱茵报》第62、77号,《德国城乡信使报》(爱尔福特)第134、149号的。

命命运的斗争的最重要的战场。

  在11月的各项斗争的过程中，革命民主运动达到了很高的成熟水平，尤其是爱尔福特、哈雷和萨勒河与温斯特鲁特河地区的民主运动。哈雷和爱尔福特民主区域委员会的代表和《新莱茵报》的通讯员所表现出来的政治、宣传鼓动和军事上的才能也说明了科隆民主派机关报和哈雷、爱尔福特及瑙姆堡的报刊之间的合作在此期间所达到的水平。特别是哈雷区域委员会在组织防御战方面作出了贡献。该委员会的活动与莱茵区域委员会和《新莱茵报》的宣传分析工作是联系在一起的。

  在此，引起人们注意的是，鉴于具体的历史情况，哈雷区域委员会比科隆更早地作出了一些与拒绝纳税和武装暴动问题有关的决定和策略方针，并且指出了具体的解决办法。这种在时间上走在前面的现象就提出一个问题，马克思是否能够及时得到有关上述内容的消息，他又对这些消息作过多少研究和概括。

  莱茵河地区和萨勒河地区遇到的问题和发生的事件相似，这一点是显而易见的。这主要反应在拒绝纳税和人民武装的问题上，它包括反对军事力量的斗争。历史事件表明，在主编赫尔曼·阿·伯勒普什的领导下，《图林根报》早在11月8日就号召进行第二次革命，看来这次革命的前提是拒绝纳税，由议会接管政权并由一个社会福利委员会实行专政。①

  11月11日，也就是三天之后，马克思在他的一组震撼人心的文章《柏林的反革命》中写下了"我们应当拒绝纳税"的句子。② 但《图林根报》的文章与马克思这组文章发表时间的距离无论如何也不能使人得

---

① 参看1848年11月8日《图林根报》。
② 《马克思恩格斯全集》第1版第6卷第20页。

出结论认为，马克思接受了爱尔福特的报纸中关于要同政变政权进行行之有效的斗争的观点。其实，实际情况必须反过来解释。早在1847年9月，马克思在《德意志—布鲁塞尔报》发表的文章《〈莱茵观察家〉的共产主义》一文中就把"否决税收"看作是"强迫政府向大多数人让步的手段"。① 一个月之后，恩格斯在他撰写的《共产主义原理》一文中也强调了拒绝纳税的权利。② 因此，只有这种观点才是符合逻辑的，即马克思又着手研究他在革命之前就已获得的有关在夺取革命政权的斗争中预算问题的政治地位的认识，也就是说，他在1848年10月20日的《新莱茵报》上就已经强调指出："因此**捐税问题**始终是推翻天赋的国王的第一个原因。"③ 由于爱尔福特民主联合会订阅了《新莱茵报》，而且联合会的主席、《图林根报》的发行人伯勒普什肯定也仔细地研读过《新莱茵报》，所以显而易见，爱尔福特的这位无产阶级领袖由于具有对革命的基本信念，而且思路敏捷，因而能够马上领会马克思在策略上的考虑并且宣传它们。

如果我们把哈雷和科隆作一比较性的研究就可以得到更多的启示。11月11日，拉瓦尔德和魏斯格尔伯领导的哈雷民主主义者区域委员会在《哈雷民主报》上向读者们呼吁，"用手中的武器保卫……自由"④。同一天，马克思主张拒绝纳税。11月13日拉瓦尔德和魏斯格尔伯在一篇题为《现在或是永不》的文章中不仅作出了相似的推论，他们还根据民主运动与反动的军事政权之间趋于顶峰的冲突普遍化的情况阐述了

---

① 《马克思恩格斯全集》第1版第4卷第212、362页。

② 《马克思恩格斯全集》第1版第4卷第212、362页。

③ 《马克思恩格斯全集》第1版第5卷第511页。

④ 1848年11月12日《哈雷民主报》。

一个革命行动纲领①，这篇文章确定了行之有效的战略和策略，具有指导意义。他们的观点比拒绝纳税的观点更进一步：哈雷、哈尔伯施塔特和其他一些地区已自发地建立了安全委员会，以它们为榜样，各地都必须建立这种人民革命运动的政权机关。它的任务是组织保卫行动，建立机动的纵队。②

11月16日，《哈雷民主报》转载了马克思于11月11日写的拒绝纳税的文章。当然，编辑部害怕采用批评"貌似机智实则优柔寡断的国民议会"③的句子，不过为什么还要转载，可能是因为编辑部把这句话看作是对萨克森省左派代表们毫无理由的攻击。与编辑部对抵抗反革命的斗争策略的考虑相联系，它详细阐明了人民运动对国家权力机关的态度。它写道："应当问问负责官员他们是否绝对服从国民议会，如果不是，那么必须停止使用它们，而由人民代表大会任命的安全委员会取而代之。"④两天以后，马克思写了《艾希曼的命令》一文，文章用几乎完全一致的语言再次提出了对国家行政官员进行选择性询问的基本思想。⑤我们从中可以看出，《哈雷民主报》周围的人所采取的行动得到了科隆共产主义者的同意。在这种情况下马克思可能接受了哈雷的构想，或者更确切地说拉瓦尔德、同盟成员德斯特尔与马克思之间自柏林第二次民主主义者代表大会以后就建立了联系。因此，他们早在政变之前就已经共同确定了直接抵抗反革命进攻的基本前提。

科隆和哈雷发表的呼吁书和社论体现了它们的现实性、党性和令人

---

① 1848年11月14日《哈雷民主报》。
② 1848年11月14日《哈雷民主报》。
③ 1848年11月12日《新莱茵报》第141号。
④ 1848年11月16日《哈雷民主报》。
⑤ 参看《马克思恩格斯全集》第1版第6卷第38页。

信服的语言,这首先是由于它们涉及的是具体的革命进程,因此,它们是对人民群众已经自发实施了的防御措施的创造性的概括。区域委员会和它们的机关报通过对不同形式的斗争方法进行对比和评价制定出一条具有指导性又广泛适用的路线。

在哈雷和科隆制定的斗争纲领的重点是拒绝纳税,以推翻政府为目标的拒绝纳税只有同争取人民主权和人民武装的斗争结合起来才有成功的希望。哈雷和科隆提出开展积极抵抗的要求,这显然是对萨克森省居民提出的要求。由于柏林实行了戒严,所以只能在个别地区组织积极抵抗。这样就可以解释为什么《新莱茵报》面对九月危机还增加同萨克森省的通信联系并报道每一条从那里发来的消息。它还是第一次较大规模地依靠其他报纸的报道,比如法兰克福地区报道爱尔福特要塞部队调动情况的报纸[1],或者《德意志总汇报》,这家报纸详细报道了哈雷不断加剧的紧张状态。[2]

《新莱茵报》除了报道爱尔福特、哈雷和萨勒河与温斯特鲁特河地区的消息外,还详尽地报道了省会马格德堡与哈尔伯施塔特的消息,后者现在因其安全委员会的大胆政策而引起了人们的注意。亨利希·雪恩霍夫自9月份起负责工人兄弟会马格德堡地区委员会同设在莱比锡的中央委员会的通信联系[3],他报道了一个马格德堡代表团根据人民主权原则对普鲁士国王采取的坚决态度[4],报道了富饶的平原地区举行的多次民众大会,因为这些大会按上述精神作出了一些决议[5],他还报道了马

---

[1] 参看1848年11月8日《新莱茵报》第137号。
[2] 参看1848年11月14日《新莱茵报》第142号。
[3] 梅泽堡中央档案馆。
[4] 参看1848年11月17日《新莱茵报》第145号。
[5] 1848年11月19日《新莱茵报》第147号。

格德堡的市民大会把驻守在那里的士兵拉到革命者一边的行动。①

《新莱茵报》对哈尔伯施塔特后备军发出的呼吁书给予特别的重视。呼吁书的中心内容是要求促使预备役军人抵制征兵②，否则就要注意，后备军人穿上军服后要为保卫人民的主权效劳，由于勃兰登堡政府对祖国犯下的国事罪，士兵们转到民主阵营就是合情合理的。③ 从这一点上说，他们所履行的入伍宣誓意味着他们要为武装保卫革命成果尽自己的义务。由于马克思在 11 月 12 日就把新上台的大臣们称为国事犯，而哈尔伯施塔特的呼吁书也明确地采取了这一立场。因此虽然这份呼吁书篇幅很长，《新莱茵报》还是全文转载了它，此外，它还被作为布告在科隆传播。④ 所有按照呼吁书行动的后备军人或是拒绝作为反革命的机动后备力量应征，例如在萨勒河与温斯特鲁特河地区、瑙姆堡、⑤ 桑格豪森和埃尔斯特河畔的黑尔茨贝格就是这种情况⑥，或是像在爱尔福特那样，站在革命的工人一边为保卫人民的主权而斗争。⑦《新莱茵报》把所有这些后备军人称作积极抵抗反革命的范例。

科隆和哈雷的区域委员会最后也形成了一致的意见，必要时用武力来实现拒绝纳税并且为此目的组织人民的武装来抗击反革命。⑧ 因此，

---

① 1848 年 11 月 17 日《新莱茵报》第 145 号。
② 1848 年 11 月 21 日《新莱茵报》第 148 号。
③ 参看 1848 年 11 月 11 日《哈雷民主报》。
④ 参看 1848 年 11 月 25 日《信使报》。
⑤ 参看 1848 年 11 月 25 日《新莱茵报》第 152 号。
⑥ 参见 1848 年 11 月 28 日《新莱茵报》第 154 号。
⑦ 参见 1848 年 11 月 28 日《新莱茵报》第 154 号。
⑧ 梅泽堡中央档案馆；1848 年 11 月 17 日《哈雷民主报》；1848 年 11 月 1 日《新莱茵报》第 147 号。

由马克思签署的科隆11月18日的呼吁书这样写道:"各地都必须组织民团抗击敌人。"① 在莱茵省没有能实现武装暴动。萨克森省的后备军起义表明,马克思和古斯塔夫·拉瓦尔德周围的人的观点原则上是正确的,不仅如此,《新莱茵报》的呼吁书在群众中也得到了积极的响应。② 哈雷、爱尔福特和萨勒河与温斯特鲁特河地区革命的民主主义者利用手中的武器保卫了受到威胁的人民主权,从而履行了共产主义者就保卫革命成果的义务提出的一切要求,他们都应受到这种赞誉。

哈雷和爱尔福特是仅有的两个将拒绝服兵役的斗争发展成武装斗争的城市,与这两个城市不同,卡尔·施托克曼领导的萨勒河与温斯特鲁特河地区建立了一个完全按照《新莱茵报》的战略前提行动的工农武装队伍。毫无疑问,在各种事件频繁发生的日子里施托克曼的志愿军武装保卫人民主权,抗击普鲁士军队则是普鲁士境内人民抵抗斗争的一次重要的事件。施托克曼领导的反抗者证明,采取在科隆和哈雷确定的相关政策拒绝纳税是完全可以实现的。③ 因此,在这时获得的有关革命中暴力问题的认识对于以后论述和撰写无产阶级革命军事战略的普遍经验具有不小的意义。《新莱茵报》所作的详尽报道(这是一个值得注意的事实)为马克思,尤其是恩格斯完全掌握这些重要经验创造了客观条件。

施托克曼的志愿军在将马克思的武装暴动的计划付诸实施时,成功地获得了解决的办法,这些办法超出了这些计划,深入到了认识领域,

---

① 《马克思恩格斯全集》第1版第6卷第39页。

② 参看赫伯特·彼得斯:《1848—1849年革命中的卡尔·马克思、〈新莱茵报〉和爱尔福特》,载于《图林根历史文献》1970年爱尔福特版第2卷第114—145页。

③ 参看1848年11月25日《新莱茵报》第152号。

恩格斯直到制订工人阶级的军事纲领时才全面地阐述了它们。这里涉及的问题是后备军的人民武装能够起什么作用，还涉及一种认识，即这样一个人民武装还包括掌握军事知识和技能。因此，古斯塔夫·施特里格尼茨在给《新莱茵报》寄发的一篇对萨勒河与温斯特普特河地区斗争所作的概括性论述时明确请求马克思刊登这篇报道，以便在公众舆论面前公正地对待在此期间被捕并备受诽谤的卡尔·施托克曼①，这也绝非偶然。

11月19日哈雷集市广场发生了武装冲突，之后拉瓦尔德和魏斯格尔伯被捕②，区域委员会的其他成员得以逃离。③尽管这样一来民主运动的领导中心被破坏，但是反动派却不能使激进的民主主义者沉默。从这时起，《哈雷民主报》在邻近的莱比锡出版，它的一位新编辑是时髦服饰用品商克利斯提安·毕尔格尔斯，他可能是10月从科隆来到这里的。④

《新莱茵报》在一篇发自瑙姆堡的通讯中着重指出，爱尔福特的情况极为恶劣。⑤由于实行了戒严，民主派报纸也被禁止了；但伯勒普什和洛埃斯在此之前逃到了瑞士，或者更确切地说是逃到了附近的萨克森王国。这样，在力量对比中出现了新的情况，由于爱尔福特英勇战斗的工人们在11月24日广场的血腥巷战中失败，反革命的政变政权在萨克森省也获得了成功。由于爱尔福特的进步报纸被禁止，就剩下《哈雷民主报》这个萨克森省革命民主力量的思想中心了。这就使《哈雷民主

---

① 《马克思恩格斯全集》原文版第3部分第3卷第148号。
② 参看1848年11月25日《新莱茵报》第152号。
③ 参看1848年11月24日《马格德堡报》。
④ 参看1848年11月29日《哈雷民主报》。
⑤ 参看1848年12月3日《新莱茵报》第159号。

报》负有更大的责任,迫使它去考虑,如何能使报纸报道工作在质量上得到改善,尽管因力量的对比发生了有利于反革命的变化而使局势普遍恶化。现在《哈雷民主报》面临的任务是,切合实际地评论因普鲁士国王钦定宪法而出现的新形势。

《哈雷民主报》在11月30日就发表文章反对由上面制定的宪法,把它称为"一张纸"①,从而为对此进行阶级性的评论提供了第一个指导性的帮助。没过几天,毕尔格尔斯转载了马克思11月23日的文章《法兰克福议会》,但将标题改为《普鲁士议会和法兰克福议会》,他还全文转载了马克思11月30日的文章《德国教授们的可耻行径》。② 在这两篇文章中马克思满怀激情地为拒绝纳税和红色共和国的构想辩护。至此,《哈雷民主报》又重新站在了《新莱茵报》周围的共产党人的立场上。在这两篇转载文章发表之后,《哈雷民主报》的工作在质量上进入了一个新的阶段,那位来自科隆的编辑因而也就成了科隆共产党人对萨克森省民主运动和工人运动施加日益加强的影响的决定性人物。

《马克思恩格斯全集》原文版第3部分第2卷中最新发表的书信在很大程度上弄清了克利斯提安·毕尔格尔斯这个人物的模糊之处。11月21日,他给科隆编辑部寄去他出版的报纸并请求,替他的兄弟,教师W.毕尔格尔斯出个主意,应如何对付哈雷警察的刁难。③ 接着提了一个问题:"亨·毕尔格尔斯又在他们中间了吗? 这个问题很有可能不仅仅表明哈雷的毕尔格尔斯认识《新莱茵报》的专职撰稿人亨·毕尔

---

① 1848年11月30日《哈雷民主报》。

② 1848年12月1日和3日《哈雷民主报》;《马克思恩格斯全集》第6卷第49—50、94—95页。

③ 《马克思恩格斯全集》原文版第3部分第2卷第541页。

格尔斯博士本人，而且肯定和他还有亲戚关系。因此人们也完全有理由进一步认为，克利斯提安·毕尔格尔斯可能接受了亨·毕尔格尔斯的委托迁居到萨克森省民主联合会区域委员会所在的城市。

当毕尔格尔斯在《哈雷民主报》的"时评"一栏中介绍自己是时髦服饰手工业者时①，明确地说明自己来自"莱茵河畔的科隆"。之后不久，他成为由德斯特尔、赖辛巴赫伯爵和赫克扎梅尔主办的《民主派初选人报》的报纸发送人。② 尽管克利斯提安·毕尔格尔斯居住在萨勒城的时间不长，但在拉瓦尔德被捕后不久他就被委托为《哈雷民主报》的临时编辑。之后他立即争取拉瓦尔德的获释或至少能减刑。毕尔格尔斯在陈述他申请的理由时，提到了在科隆发生的类似事件，在那里，亨·毕尔格尔斯在事发后不久便被检查官释放："《新莱茵报》的编辑们由于和拉瓦尔德具有同样的行为……而被起诉，但由于他们没干过任何应受惩罚的事而被检察院立即释放。"③

克利斯提安·毕尔格尔斯对政治斗争的特殊问题所表现出的积极性和熟练程度只能使人得出结论，他被告知到哈雷去的时候立即被吸收进哈雷编辑部和区域委员会的上层领导内。因此，人们完全有理由猜测，毕尔格尔斯不仅仅是德斯特尔的代言人，因此与拉瓦尔德同样重要，而且在一般情况下还充任科隆革命中心在哈雷的密使。

在此后的日子里，《哈雷民主报》越来越公开和持久地把《新莱茵报》尊为德国占领导地位的确定水平的机关报。④ 萨克森省的读者越来

---

① 参看1848年11月3日《哈雷民主报》。
② 1848年11月24日《哈雷民主报》。
③ 1848年11月30日和12月1日和3日《哈雷民主报》。
④ 参看1848年11月16日《哈雷民主报》。

越注意马克思和恩格斯以及他们为反抗莱茵省反动势力对《新莱茵报》的迫害所作的卓有成效辩护。① 从这时起,《哈雷民主报》认为自己是"萨克森省的民主派的机关报"。② 它不仅以直接拥有柏林,布雷斯劳、科隆、维也纳和巴黎的通讯员并因此而成为一家有名望的报纸而感到自豪,而且无疑它已得到了"新闻政治典范"——《新莱茵报》的承认,作为"民主派机关报",《新莱茵报》日益成为萨克森省报纸的典范。

哈雷编辑部除了转载《新莱茵报》上的文章和登载有关它的报道以外,开始更多地吸收起领导作用的革命报纸上的基本思想和语言,有时是吸收其中的精神,有时是直接采用。在1848年12月到1849年3月这段时期里,《哈雷民主报》除了有一些小小的异议以外试图尽可能按照共产主义者同盟的认识标准来论述和评论政治和社会的基本问题以及萨克森省的特殊问题,这种努力是成功的。

在钦定宪法后不久,马克思就揭露国王这一行动是反革命的暴行③,并且通过历史的回顾分析了国民议会的错误和失职行为,尤其是它与人民革命运动的关系不够牢固。④ 马克思的连载文章《资产阶级和反革命》获得了特殊的意义,因为文章广泛地分析了1848年发生的事件并为共产主义者下一步的战略和策略得出结论。⑤ 通过历史地评价妥协政策和政策拥护者的阶级动机,从而得出未来所应采取的措施,是正确解答基本的政治问题的关键。《哈雷民主报》也作过类似的尝试。

---

① 1848年12月24日《哈雷民主报》。
② 1848年12月28日《哈雷民主报》。
③ 《马克思恩格斯全集》第1版第6卷第97页。
④ 《马克思恩格斯全集》第1版第6卷第117页。
⑤ 《马克思恩格斯全集》第1版第6卷第118—122页。

《哈雷民主报》根据马克思对政权的权力和无能为力的法律条文的阐述评论说，国民议会由于害怕"将革命基础用于它的基础"①，从而为反革命夺取政权创造了机会。反革命的丑剧从巴黎六月起义开始，经过法兰克福的九月起义以及维也纳事件结果导致了宪法的钦定。② 9月7日虽然立法权宣布了它的自主性，但同时也挑起了一场争斗，"对此，立法权毫无准备"③，并在争斗的结果面前瑟瑟发抖。国民议会在政变期间犯下了大错，拒绝纳税搞得太晚了，它在将军队拉向自己一边以及宣布公开暴动以代替消极暴动方面错过了时机。

《哈雷民主报》对资产阶级也进行了同样尖锐的批评。它再一次根据马克思的论述④谴责巴黎六月事件是一起反动资产阶级夺取政权的事件。它批评普鲁士的资产阶级已投入到了专制制度的怀抱中⑤，从而"充分表明，它在政治上是完全无能的"⑥。毕尔格尔斯认为，唯独资产阶级的金钱利益才是造成这个阶级无能的原因。⑦ 大资产阶级以此证明了自己是劳动人民的敌人并为未来挑起了一场斗争，它在这场斗争中"注定要失败"⑧。

在宪法问题上，《哈雷民主报》拥护人民主权的原则，它批评协商

---

① 1848年12月7日《哈雷民主报》。
② 1848年12月2日《哈雷民主报》。
③ 1848年12月10日《哈雷民主报》。
④ 1848年11月7日《新莱茵报》第136号。
⑤ 1848年12月2日《哈雷民主报》。
⑥ 1848年12月7日《哈雷民主报》。
⑦ 1848年12月14日《哈雷民主报》。
⑧ 1848年12月2日《哈雷民主报》。

论是"一项无聊的发明"①。在人民主权问题上强者的权利起决定性的作用,因此这一原则是"不能分割的"②。这里人们必须明确地把未经议会积极参与而由封建反动派通过的宪法称作是一项反革命的措施。王权代表的是非正义,赞成人民主权的民主派代表着正义。③《哈雷民主报》坚决并以充满讽刺的笔调反对那些把第112条复审条款看成是恢复"协商的法律基础"的一个希望的观点。④ 编辑部绝不相信国王的许诺:"因此,在民主派看来钦定宪法的束缚力仅持续到宪法给予的政权能够维护它为止。"⑤

《哈雷民主报》企图在民主运动失败后积聚力量并帮助人们了解,未来的斗争既要反对政治上的专制制度,也要反对大资产阶级的"国民经济的自私性"⑥。人们必须抛弃立即会胜利的幻想。相反,人们需要总结"所犯下的错误以及犯错误的主要原因"⑦,而且还必须随之加强政治教育。

对迄今的革命进程进行总结在很大程度上符合以马克思为代表的科隆共产主义者的认识水平。哈雷的这家民主派机关报虽然还不能像马克思所得出的结论那样精确和鲜明(马克思认为,未来发生的不是"封建专制主义的反革命",就是"社会共和的革命")⑧,但是,这家报纸

---

① 1848年12月10日《哈雷民主报》。
② 1848年11月9日《新莱茵报》第138号。
③ 参看1848年12月9日《哈雷民主报》。
④ 1848年12月8日《哈雷民主报》。
⑤ 1848年12月8日《哈雷民主报》。
⑥ 1848年12月2日《哈雷民主报》。
⑦ 1848年12月2日《哈雷民主报》。
⑧ 《马克思恩格斯全集》第1版第6卷第146页。

对这类问题所写的大量文章中的所有观点在原则上都已达到或是接近了马克思主义的认识水平。

政府企图通过宣布表现其反革命真正目的的宪法来愚弄人民，但由于《哈雷民主报》的抵制使这一企图没能完全得逞。虽然许多地方都给国王写了感谢信，但是，部分人拒绝接受作为政变第二阶段的宪法也同样是显而易见的。瑙姆堡政治俱乐部使人们相信，它始终将继续对红色共和主义和工人阶级的事业承担义务。它在其抗议书中阐明，强权永远不会成为公理，因此，建立在专制基础上的宪法决不会在群众中扎下根。该抗议书中明白无误的语言表明，瑙姆堡民主派的观点同《哈雷民主报》制定的路线是一致的，而且把为重新掀起一场社会共和的革命创造条件看成是对付钦定宪法的唯一选择。

在萨克森省，革命最后一个阶段的标志是选举第二议院。这个议院最关心的恐怕是对接受或是修改宪法作出决定。如果接受了宪法，就意味着事后让已经发生的一切合法化并放弃人民主权的思想。因此，普鲁士的革命民主运动面临着比1848年五月选举更加复杂的竞选问题。

毕尔格尔斯对城乡劳动人民的联盟问题给予了特别的关注。他强调指出，当"后备军人几乎在各地拒绝入伍"① 时，国王那种由后备军人表现"国民忠诚"的论断就毁灭了。《哈雷民主报》与科隆的共产主义者相似，也把国王在除夕之夜发出的军事命令用于它同贵族统治的继续论战。② 在竞选的高潮中，《哈雷民主报》对革命民主主义的策略作了如下概括：当前运动的主要内容是"建立与现代社会和生产关系完全相适应的国体"，"推翻那些代表着已消亡了的中世纪的生活和劳动关系

---

① 1848年12月22日《哈雷民主报》。
② 1849年1月5日《哈雷民主报》。

的政治制度"。① 这段对运动发展的主要内容及主要方向的论述,即建立资产阶级共和国,消灭敌对的君主专制,在原则上与《共产党宣言》中的相应论述是一致的。②

总的来看,1849 年的竞选与 1848 年五月选举同样激烈。在马格德堡行政专区,保卫人民权利协会站在选举同盟的最前列。马格德堡机械制造协会的许多工人由于受到民主力量所采取的一致态度的鼓舞而加入到竞选中来。在《马格德堡报》上展开的历时几天的论战中,工人们批驳了工厂主们在选举政策上的讹诈手段。③ 他们还有力地驳斥了企图否认工厂主对工人的剥削而赞同某种社会合作关系的行为。④ 萨尔茨韦德尔经历了多次街头骚动,而在布尔格发生了一场"全民大罢工"。⑤ 在梅泽堡行政专区,也出现了"激烈的竞选"⑥,连政府也不得不承认,农村地区的情况仍然没有改变⑦。所有这一切都证明,《新莱茵报》和《哈雷民主报》越来越密切的合作产生了何等积极的作用。

从 1849 年 1 月 26 日起,毕尔格尔斯几乎只报道莱茵省和萨克森省的选举结果。这两个省在革命中所采取的某种特殊立场最终表现在了选举结果上。在莱茵省,总共 50 个代表中有 30 个反对派的政治家当选,萨克森省的比例为 36 比 22。竞选过程和选举结果表现为以下几点:《哈雷民主报》制定的纲领经受住了考验。它成功地使人民革命运动再

---

① 1849 年 1 月 26 日《哈雷民主报》。
② 《马克思恩格斯全集》第 1 版第 4 卷第 465—479 页。
③ 参看 1849 年 1 月 22 日《马格德堡报》。
④ 参看 1849 年 2 月 1 日《马格德堡报》。
⑤ 马格德堡国家档案馆。
⑥ 1849 年 1 月 27 日《新莱茵报》第 206 号。
⑦ 梅泽堡中央档案馆。

一次做好了战斗的准备①，并使城乡联盟免遭瓦解。劳动人民被发动起来反抗容克地主阶级、政府官员、反动僧侣和资产阶级。反动派企图利用钦定宪法和选举扼杀革命的做法被制止。

直到《哈雷民主报》遭查禁的前几天，毕尔格尔斯还把主要精力放在无产阶级及其使命的问题上。这时越来越有自信心的工人的另一个行动引发了这个问题。机械制造工人协会同社会合作关系这样的空话进行了论战，这使马克思和《新莱茵报》感到满意，如果说这场论战表现了马格德堡无产阶级自然而健康的阶级感情②，马格德堡制烟工人协会则在这家报纸的一份呼吁书中驳斥了反动派的一切企图③。这是赢得工人阶级独立的立场和体现提高了的政治觉悟的重要的一步。应当以此为起点。为此，毕尔格尔斯转载了英国工人领袖朱利安·哈尼的一篇呼吁书。这篇呼吁书从以往欧洲革命的进程中得出了普遍原理。首先，哈尼引导工人们揭露革命的教训。工人必须懂得："谁只干半截子革命，就等于是在为自己掘墓。"④ 这样，毕尔格尔斯就为论述和揭示革命与反革命的辩证法作出了有益的贡献。

克利斯提安·毕尔格尔斯利用上述观点在他编辑的最后几号报纸上结束了他对于社会共和革命的战略和策略的论述。《哈雷民主报》与《共产主义宣言》⑤ 都一致认为，在德国资产阶级统治的时期已渐渐开始。同样，毕尔格尔斯与马克思在《资产阶级和反革命》一组文章中所表述的基本前提一致，他向反对派的政治家和劳动人民中不属于资产

---

① 马格德堡国家档案馆。
② 参看1849年2月19日《新莱茵报》第226号。
③ 参看1849年2月19日《新莱茵报》第226号。
④ 1849年1月20日《哈雷民主报》。
⑤ 1849年2月22日《哈雷民主报》。

阶级的阶级和阶层提出任务："推翻专制主义王权及其两个支柱——封建贵族统治和官僚政治，以便使资产阶级代替它们作为现代生产方式的代表实行统治。"①

但是，《哈雷民主报》并没有停留在仅仅弄清楚选择封建的反革命还是选择社会共和的革命的问题上。这时它也开始注意起无产阶级政党观的问题。在当时，萨克森省的激进民主主义报纸还没有谈到过这类问题。毕尔格尔斯这时第一次提出"无产阶级政党……是未来的政党"。"为了较快实现这样的未来"，这个政党虽然不能放弃参加争取社会共和革命的斗争，但是它必须清楚，这个未来是什么样子。科隆编辑部要求，表达要始终明确，根据这个要求，《哈雷民主报》强调了获得资产阶级统治后应当做的事情。也就是必须开始同这个阶级进行斗争，"只要它刚刚经历这一历史的发展阶段，它就将为了自己的政权制造一个强大的无产阶级"②。《哈雷民主报》反复提到《共产党宣言》以及《宣言》中所包含的要培养工人认识"资产阶级和无产阶级间的敌对情形"③的意识。

在德国统一问题上，毕尔格尔斯站在承认统一与自由的辩证关系的立场上。他在要求建立一个统一的革命的德国时没有满足于仅仅同法兰克福保罗教堂的背叛者们进行论争，在这些人看来国家的这种前途掌握在不可靠的人手里。④ 在研究对外政策的原则时他更倾向于认为，只有

---

① 1849年2月22日《哈雷民主报》。

② 1872年出版了《共产党宣言》新的德文版。这一版本以及后来在1883年和1890年出版的各个版本，都是以《共产主义宣言》为题出版的。

③ 《马克思恩格斯全集》第1版第4卷第503页。

④ 1849年3月3日《哈雷民主报》。

欧洲被奴役的人民获得了自由，德国才能得到自由。① 在文章中，毕尔格尔斯特别指出了政府的反革命帮凶和"他们在彼得斯堡、奥里缪、巴黎和伦敦的同党"②。

现在，哈雷的反动派认为是到了让克利斯提安·毕尔格尔斯闭嘴的时候了。在最后这篇文章登出的第二天，《新莱茵报》的萨克森省通讯员爱德华·冯·弥勒—捷列林格告知科隆编辑部说，哈雷的刑事法庭以缺席审判判处毕尔格尔斯四年监禁。这一刑罚分为以下几部分：因他那篇社论被判两年，因参与《民主初选人》被判一年，最后又因原文转载了《新莱茵报》第147号和第198号③的文章被判一年。由于反动当局在莱比锡追捕毕尔格尔斯，他不得已匆忙离开了德国中部地区。④

《哈雷民主报》发行到1849年3月底，它还成功地为第二届民主主义者代表大会1849年3月4日在哈雷的召开作出了重要贡献。⑤ 在会上成立了一个新的区域委员会并作出了一系列与《哈雷民主报》发行人的认识水平相符的决议。在一个包括了27条的纲领中内政的要求是，更透彻地阐明人民主权的基础并使之简单易懂。这些要求包括：同意纳税和拒绝纳税的权利、民主主义的军事宪法，废除几乎完全重新实施的旧制度。对外交政策的六点要求包含了无产阶级国际主义的原则并重复了《新莱茵报》上已表述了的外交政策的基本主张。⑥

---

① 1849年3月3日《哈雷民主报》。
② 1849年3月3日《哈雷民主报》。
③ 1849年3月7日《新莱茵报》第239号。
④ 参看1849年3月4日《哈雷民主报》。
⑤ 参看1849年3月9日《哈雷民主报》。
⑥ 参看1849年3月9日《哈雷民主报》。

《哈雷民主报》与共产主义者同盟的领导者取得一致的观点，不仅突出地反映了《新莱茵报》通过它的通讯活动成功地对萨克森省的革命运动产生了影响，而且还概括地说明了坚定的马克思主义报刊工作对于革命过程的形成的重要意义。

[原载《马克思恩格斯年鉴》（柏林）第 7 卷]

（李壮志 译　佐海娴 校）

弗里德里希·恩格斯在瑞士
（1848年—1849年初的冬季）*

〔苏〕索·佐·列维奥娃

1848年9月26日，弗里德里希·恩格斯被迫离开科隆，因为他在人民集会上发表了革命演说而在当地有被捕的危险。他流亡到比利时，但被当局驱逐，于是前往法国。10月5日，恩格斯抵达巴黎。左右着法国首都的整个形势，使他感到沉闷压抑。这个国家正处于革命低潮。反动资产阶级已经抬头。六月起义失败之后，工人们对小资产阶级领袖们感到失望，一时普遍陷于消沉。恩格斯也就决定离开巴黎。他经法国东南部徒步旅行到瑞士。① 1848年10月底，他到了日内瓦，在洛桑住了一段时间以后，又前往纽沙特尔，最后到了伯尔尼。恩格斯在瑞士急切地等待着返回祖国的时机。他全身心关注着科隆，那里解除戒严以后，马克思主编的《新莱茵报》又重新出版了。这两个朋友之间一直保持着频繁的书信往来。缺少了恩格斯，对编辑部是一个沉重的打击，由于他富于天才和极强的工作能力，几乎经常为每号报纸既写社论又写外事述评。马克思写信到日内瓦对恩格斯说："你一有可能，就写些通

---

* 本文选自《马列著作编译资料》1981年第18辑。

① 《马克思恩格斯全集》第1版第5卷第552页。

讯和较长的文章来吧。"① 在一封信里，马克思举出了一堆问题，他认为这些问题应该首先加以阐述。恩格斯同意并开始了工作。在他逗留瑞士期间写的文章中，有关于法国政治斗争的（《法国工人阶级和总统选举》《蒲鲁东》），有关于匈牙利民族解放运动的（《匈牙利的斗争》），还有许多通讯。② 1848年11月11日，《新莱茵报》刊登了恩格斯一篇关于纽沙特尔事件的短评。③ 然后，在报上发表了以两个星花（＊＊）为通讯员代号的、标明"伯尔尼"的、发自瑞士首都的一组文章和短评。这些通讯中的第一篇注明日期是11月9日，最后一篇是1月13日，也就是说，文章在时间上同恩格斯逗留伯尔尼期间是吻合的。恩格斯按马克思的请求，经常把材料寄给报纸。在不到两个月的时间里，《新莱茵报》上登出了他的文章和短评30篇以上。④ 唯一中断发表这些材料的时间，是1848年12月10日到23日这一段。这个中断的时间同德国人联合会伯尔尼代表大会开会的时间相符（恩格斯参加了这次大会），同建立瑞士德国人联合会总会中央委员会的时间相符（恩格斯被选入中央委员会）。

在恩格斯发自伯尔尼的通讯中，占中心位置的是有关瑞士政治生活的问题。对这个国家政治制度的描述和分析是德国读者当时很关心的，

---

① 《马克思恩格斯全集》第1版第27卷第145页。

② 《马克思恩格斯全集》第1版第6卷第661—672、193—207页。

③ 这篇短评开始写有"纽沙特尔共和国"字样，标明日期为11月7日（《马克思恩格斯全集》第1版第6卷第7—8页）。

④ 其中最主要的已收入全集第6卷，其他将发表在第43卷中。有些关于恩格斯在瑞士的通讯活动的资料，包含在瑞士进步历史学家姆·比杨佐拉的文章里（姆·比杨佐拉：《恩格斯和现代瑞士的产生》，载于《国际手册》1956年第75期）。

因为这直接关系到德国的一个重大问题——实现国家的民族统一的道路问题。在德国小资产阶级中有很大影响的南德意志共和派的拥护者，设想未来的德国是一个联邦共和国。而且他们认为瑞士是一个"模范共和国"。马克思和他的战友们根本不认为瑞士的政治制度是这样一个模范。他们详细说明联邦制对当时的德国来说为什么是不足取的。国家几乎由40来个小邦组成，历来处于分裂状态，封建关系残余的存在，这都束缚了国家的经济生活和政治生活，并且成了它进一步发展道路上的严重障碍。马克思和他的战友们认为，这种状况的唯一出路就在于政治和经济制度的集中化。① 要求建立联邦制共和国，在德国的条件下就等于要求把国家的落后和隔绝状态永远保持下去，与此相反，马克思和恩格斯坚持统一的民主共和国的口号，这个口号是1848年革命开始时他们在共产主义者同盟纲领性文件《共产党在德国的要求》中提出来的。②

在《新莱茵报》的版面上对瑞士的政治制度进行批判，可以帮助广大的工人和小资产阶级群众摆脱有害的幻想。马克思写信请自己的朋友恩格斯"要写文章抨击联邦共和国，瑞士为此提供一个很好的机会"③。在一篇描述瑞士议会制度的文章中，恩格斯强调指出了这个题目对当时德国的现实意义："现在我已经知道，有不少一本正经的共和主义者总在幻想从莱茵河彼岸把具有大大小小的联邦委员会、国民院、联邦院等等的瑞士的政治制度通盘搬来，就是要把德国变成一个幅员广大的瑞士。"④ 恩格斯在考察瑞士代议机构活动的时候，首先注意的是

---

① 《马克思恩格斯全集》第1版第5卷第48页。
② 《马克思恩格斯全集》第1版第5卷第1页。
③ 《马克思恩格斯全集》第1版第27卷第148页。
④ 《马克思恩格斯全集》第1版第6卷第98页。

联邦政府旨在压制反动分子、实现一系列资产阶级民主改造的进步措施。他称许地报道了将寺院土地和财产世俗化、驱逐耶稣会教徒和镇压教会人员叛乱等的措施,称许地报道了政府将邮政机关集中化的意图。① 与此同时,恩格斯得出结论说,这些改造不可能消除瑞士社会生活中的根本特点,这就是各州的地方局限性、各省利益的狭隘性、国内操不同语言的居民的各地区(德语州、法语州和意大利语州)的互相隔绝状态。这个思想像一根红线一样贯穿在恩格斯的文章和通讯中。在报道联邦法院选举结果时,在为联邦委员会议员群像写照时,或者在描写国民院的辩论时,都不能不得出一个结论:瑞士政治生活中的突出的特点是"无穷的分散性……难以描述的利益的互相交错,以及……各种动机的不可思议的混乱。"②

恩格斯关于瑞士的最出色的文章之一,就是《国民院》。文章的材料比较少,只是瑞士立法会议的两天辩论,谈的是意大利流亡者在德森州的命运问题,恩格斯却能根据这些材料指明了这个代议机关的最突出的特点和这个国家政治斗争的特色。他描写了议会中半宗法式的环境,会议的构成反映出对瑞士而言是典型的各种社会结构并存的局面,"从最先进的机器工业直到地地道道的畜牧生活"③。在我们面前呈现出一个国民院发言人的典型人物的画廊。其中占压倒多数的是自由派,恩格斯说他们是带有"自古以来就存在的地方局限性"④痕迹的瑞士资产阶级的典型代表人物。同时,他赞许地写到了国民院进步议员的发言,例

---

① 《新莱茵报》1848年12月6日和14日,1849年1月14日,第160、168、195号。
② 《马克思恩格斯全集》第1版第6卷第42页。
③ 《马克思恩格斯全集》第1版第6卷第99页。
④ 《马克思恩格斯全集》第1版第6卷第104页。

如反宗得崩德战争的著名统帅杜福尔将军和窝州共和派爱特尔先生。国民院辩论的情景，恩格斯是用略带幽默的笔触来描写的。他以此向读者表明，在欧洲革命的背景下，会上的争论都是无足轻重的。瑞士似乎置身于历史发展的大道之外，欧洲的事件传到那里只是一些回声。

恩格斯寄予同情的瑞士的唯一政党，是激进派。这点在他逗留该国最后时间写的《瑞士报刊》一文中，感觉特别明显。他以瑞士总的情况为背景，描述了地方报刊的性质及其基本派别。恩格斯强调指出，各州的局限性不可避免地造成目光狭隘，而政治斗争规模极小又使报刊的论战具有琐碎的性质。然而，除了瑞士报刊的这些传统特点以外，恩格斯也指出了某些新的现象，这是不久前才发生的社会和政治改造的结果。首先就是报刊比较集中在该国首都伯尔尼。在简单介绍各种报纸——反动派机关报和自由派机关报——之后，恩格斯转而分析了激进报刊。他赞许激进派主要机关报《伯尔尼报》的立场："在尚须清除大堆垃圾的该州的立法和行政方面实现民主；在瑞士全境实现最大限度的集中；一有可能就放弃中立政策。"① 恩格斯也指出了激进派内部的各种派别。他把《瑞士报》称为资产阶级激进派的机关报，它的纲领只限于实现一些有利于有产阶级的经济改革。他很赞赏激进派讽刺性周刊《全景》，它使有产者的政权丢脸，而对1848年维也纳起义的英雄则表示同情。

在提到瑞士出版的为数不多的几种社会主义派别的报刊时，恩格斯指出，这个国家国内社会制度不成熟使得对社会主义思想的宣传也处于不利条件之下。与此同时，他很赞赏地写到约·菲·贝克尔的报纸《进化报》，认为这是所有支持欧洲革命的瑞士报纸中最坚决的报纸。恩格

---

① 《马克思恩格斯全集》第1版第6卷第210—211页。

斯逗留在瑞士时,利用自己同当地激进派的联系在那里推进《新莱茵报》的发行工作并且宣传该报的思想。在给马克思的信里,他满意地指出,瑞士许多资产阶级的和激进派的报纸都引用《新莱茵报》①。因此,恩格斯认为,使这份科隆报纸能按期到达伯尔尼,具有重要意义,并坚请马克思过问这件事。

瑞士的封建秩序残余中,恩格斯对雇佣兵制度最感愤慨,这种制度的根源来自所谓的募兵条约,这是瑞士各州同欧洲的君主国之间关于提供雇佣兵的一个中世纪的条约。雇佣军早就成了各反动君主制度的支柱,例如哈布斯堡王朝的奥地利和那不勒斯的波旁王朝等。至于瑞士,则提供雇佣兵对各旧州来说是一个很可观的收入来源和摆脱人口过剩的方法。恩格斯认为,这种贩卖人口的习惯是可耻的。他表示深信,瑞士政府正准备中的废除募兵条约一举,不仅会对欧洲的政治局势,而且也会对瑞士本身产生良好的后果。②

恩格斯写了一系列文章和通讯来论述瑞士的对外政策,特别是它同德国帝国政府的冲突。冲突的基本原因在于瑞士各州给予德国政治流亡者、主要是给予南德意志共和派起义者以避难权。恩格斯讥笑德国当局的无理要求,同时,对德国官员向瑞士表现出高傲态度表示愤慨。他证明瑞士的政策是完全符合国际法准则的,而德国当局只不过再一次表明自己是反革命势力的保卫者。③

瑞士对外政策的重要主题之一是中立问题。当时执政的奥克辛本自由派政府主张保持历来的中立政策。激进派对此表示反对。恩格斯在自

---

① 《马克思恩格斯全集》第 1 版第 27 卷第 151 页。
② 《新莱茵报》1849 年 1 月 3 日第 185 号附刊。
③ 《马克思恩格斯全集》第 1 版第 6 卷第 52—62 页。

己的文章中证明,在革命席卷欧洲的条件下,瑞士的中立正变成自己的对立面——变成"实际上不过是对反动派采取保守和纵容政策"①。恩格斯在瑞士写的文章证明,他多么注意这个国家工人运动最初的步伐,多么重视工人政治觉悟和阶级觉悟的提高,他们为保卫自己利益而采取的最初的行动。他满意地报道说,日内瓦工人准备拿起武器捍卫自己的民主权利,使反动党派在选举中不能取得胜利,与此同时,恩格斯对瑞士工人阶级中发生的变化,作了一系列总的评述。他指出,瑞士政治制度的民主化以及1848年欧洲无产阶级的行动——巴黎工人的六月起义和维也纳的十月起义——对瑞士工人的觉悟起了深刻的推进作用。他们"愈来愈多地参加了政治运动和社会主义运动"②。在另一篇文章中,恩格斯分析了伯尔尼选举的结果,他强调说:"这里也像在瑞士大部分区里一样,人民的真正革命力量,就是瑞士工人和德国工人。"③ 恩格斯认为工人们表现出的阶级团结是他们不断增长的阶级成熟程度的最重要的标志之一。他指出了他们对维也纳起义者的斗争表示的强烈同情,以及瑞士工人和德国工人很明显的接近。瑞士当时并不存在人数较多的产业无产阶级阶层,起重大作用的是住居在该国的德国工人和手工业者。瑞士的第一批工人联合会仅仅包括德国工人,而这时工人联合会已经常常有本地工人参加了,恩格斯强调指出,这无疑是向前迈出了重大的一步。

恩格斯在自己的文章中得出的结论,证明他非常了解瑞士工人运动

---

① 《马克思恩格斯全集》第 1 版第 6 卷第 73—74 页。
② 《马克思恩格斯全集》第 1 版第 6 卷第 12 页。
③ 《新莱茵报》1848 年 11 月 26 日第 153 号附刊。

状况。有一些书面的直接证据，证明恩格斯亲自参加了这个运动。① 恩格斯逗留瑞士的时间同德国民主联合会和工人联合会活动最活跃的时候是一致的。1848年夏季，苏黎世的德意志民族联合会——这是一个小资产阶级共和主义派的组织，参加该组织的有相当不少的流亡工人，——号召瑞士一切德国人联合会结合成一个共和主义的民主主义组织，并且要成为德国民主派的一部分。② 然而，瑞士当时最大工人组织伯尔尼工人联合会影响下的各个先进的联合会，正确地把这个方案看成是一种使各联合会处于小资产阶级民主派首领们影响下的意图。它们认为联合是必要的和适时的，而同时应努力使联合具有更符合工人利益的性质。恩格斯一到伯尔尼就同伯尔尼联合会建立了联系，很快就成了它的会员。③ 当伯尔尼召开瑞士德国人联合会第一次代表大会时，恩格斯以洛桑工人联合会代表的身份参加了大会的工作，他同该联合会是在逗留洛桑时建立联系的。联合会的领导人委托恩格斯作为他们的代表出席会议，他们表示相信他"作为一个为无产阶级利益而斗争的老战士"，能成功地完成这一任务。④

瑞士德国人联合会伯尔尼代表大会于1848年12月9日召开。出席

---

① 德国马克思主义历史学家拉·特鲁贝克在伯尔尼档案馆成功地发现了关于恩格斯参加瑞士工人运动的文件（拉·特鲁贝克：《关于1848年底—1849年初弗里德里希·恩格斯在瑞士的政治活动》，载于《德国工人运动史文集》1960年第4辑）。

② 拉·特鲁贝克：《关于1848年底—1849年初弗里德里希·恩格斯在瑞士的政治活动》，载于《德国工人运动史文集》1960年第4辑第753页。

③ 拉·特鲁贝克：《关于1848年底—1849年初弗里德里希·恩格斯在瑞士的政治活动》，载于《德国工人运动史文集》1960年第4辑第771页。

④ 《马克思恩格斯全集》第1版第6卷第681页。

大会的有来自各州的十个民主联合会和工人联合会的代表；此外，还有五个工人联合会致函代表大会，就需要讨论的问题发表了意见。大会将通过瑞士德国人联合会总会的章程，选举它的领导机关和确定它同瑞士和德国的民主组织和工人组织的关系。为避免警方的迫害，记录本中只记下了应该分发给一切联合会讨论的决议；代表们的发言未作记录。①恩格斯出席了12月10日和11日的代表大会会议。在12月14日选举联合总会的执行机关即中央委员会时，恩格斯开始时被推举担任副主席，然后被选举为书记。②

  大会议程的最重要的问题是，通过一个确定新联合总会的组织原则及其目的和任务的章程。章程中的一系列原理都是在共产主义者同盟章程的影响下制定的。这就证明，参加制定章程的有共产主义者同盟的成员，其中首先就是弗·恩格斯。对苏黎世民族联合会提出的章程最初方案，在讨论过程中作了一系列的改动。在最后审定的文本中章程第一条是："联合总会的目的是：以社会民主主义和共和主义精神教育联合总会会员，并采取任何合法手段，谋求社会民主主义和共和主义原则及制度得到德国人方面的承认并促其实现。因此，联合总会同德国民主联合会和工人联合会各中央委员会建立联系，以便在国外所处状况允许的限度内把自己的力量同他们的努力结合起来。"③ 在代表大会上对这一条的纠正，归结为极为重要的两点。首先，联合总会的目的和性质现确定为"社会民主主义的和共和主义的"，而苏黎世联合会的草案写的是民主主义的和共和主义的。其次，在已通过的章程中载明是同德国民主联

---

① 拉·格里姆：《伯尔尼工人运动史》1913年伯尔尼版第1卷第233页。
② 苏共中央马列主义研究院中央党务档案馆档案。
③ 苏共中央马列主义研究院中央党务档案馆档案。

合会和工人联合会的各联合总会建立联系,而苏黎世联合会的草案则规定新建立的联合总会要成为德国已经存在的民主派的一部分。

这些纠正从根本上改变了瑞士德国人联合会总会的性质,以及它为自己确定的目标。苏黎世联合会制定的章程就是要建立一个依附于小资产阶级民主派的组织,并把在德国确立民主共和国作为自己的目的。由于在代表大会上作了纠正,结果宣布联合总会的目的为建立社会民主共和国。大家知道,在1848—1849年革命时,"社会"共和国或"红色"共和国的口号不仅包含政治改造,而且还包括为人民群众的、首先是为无产阶级的利益而进行的激进的社会改造。这个口号在《新莱茵报》上曾经广为宣传。这种意味着资产阶级民主革命的完成并为过渡到无产阶级革命创造条件的纲领,是在马克思和恩格斯写的《共产党在德国的要求》中宣布的。

在伯尔尼代表大会上制定章程的过程中,取得优势的是伯尔尼联合会以及跟着它走的各工人联合会所代表的一派。这一派的支持者认为,建立一个把各民主联合会和工人联合会联合在一起的组织,是适当的,但同时又竭力使这一组织的领导权不属于小资产阶级民主派,而属于无产阶级利益的表达者。他们不仅在确定联合总会的宗旨时,而且也在制定它的组织原则时,都成功地坚持了自己的立场。在新联合总会的章程中完全贯彻了民主集中制的原则。根据第四点规定,这个组织的最高机关是代表大会,凡参加联合总会的一切联合会必须执行它的决议。在两次代表大会之间,组织由中央联合会领导,其执行机构是中央委员会,中央委员会由代表大会选出并对代表大会报告工作。[①] 此外,章程还规定按各联合会的人数确定其在代表大会上所占代表名额的比例。这就意

---

① 苏共中央马列主义研究院中央党务档案馆档案。

味着观点落后的小联合会不能把自己的意志强加给整个联合总会。

伯尔尼代表大会还通过了一个同样重要的决议,即不仅同德国民主派中央委员会建立联系,而且同工人兄弟会,即同在国内相当大部分地方具有影响的德国工人联合会总会建立联系。这证明在瑞士建立的这个组织的领导者有意加强其中的无产阶级成分。当时,在德国,工人联合会是民主派的一个组成部分,而无产阶级也还没有作为独立的力量登上政治舞台。因此,马克思和恩格斯以及他们的战友都力求为建立一个全德国范围的、独立的、群众性的无产阶级组织作准备。

伯尔尼代表大会有一项任务,就是确定如何对待瑞士最有影响的德国流亡者组织,即1848年秋在俾尔建立的军人联合会"自助者"。领导这个联合会的是小资产阶级民主派约·菲·贝克尔、奥·维利希和尤·施坦道。以欧洲秘密团体为楷模建立起来的军人联合会带有密谋性质。其组织者把自己的宗旨确定为建立一个自愿者的武装队伍,以此作为志愿军团的核心,设法攻入德国并在那里宣布成立共和国。马克思和恩格斯对这类措施持否定态度,他们一再指出,任何动乱,如果缺少同德国国内革命力量的比较巩固的联系,就注定要遭到失败,他们一旦被政府军粉碎,就只能对革命的发展造成反面的后果。恩格斯虽不赞许军人联合会的宗旨及其活动的性质,但很珍视贝克尔的革命信念、他本人的勇气和组织才能。恩格斯认为贝克尔是革命民主派中最杰出的代表人物之一,当他受瑞士当局迫害时曾为他辩护。① 伯尔尼代表大会在决议中表示反对瑞士德国人联合会同军人联合会合并;但使单个的联合会及其成员能以个别身份参加这一组织。②

---

① 《新莱茵报》1848年12月28日第180号附刊。
② 苏共中央马列主义研究院中央党务档案馆档案。

伯尔尼代表大会的工作产生了非常重大的结果。建立瑞士德国人联合会总会一事确定下来了。所通过的章程和代表大会的其他决议,特别是选出伯尔尼工人联合会为中央联合会,就在很大程度上决定了工人联合会在这个组织里的主要作用。代表大会结束后,瑞士许多工人联合会宣布自己参加联合总会。① 代表大会另一重要成果是德国和瑞士工人的进一步接近。1849年4月《新莱茵报》登载了日内瓦通讯,其中报道了德国工人联合会和有许多工人参加的瑞士民主联合会(《格留特利联盟》)合并,编辑部在按语中指出:"德国工人和瑞士工人之间取得一致意见的情况,在瑞士法语区其他地点也有发生,例如在洛克尔和拉邵德封,那里的德国人和瑞士人联合在一个工人联合会里。"②

关于恩格斯作为中央委员会书记进行的活动,可以从保存在伯尔尼的该组织档案中的两个文件来判明。大会委托中央委员会向参加联合总会的各联合会分发大会材料,并同时向开始就在基本的纲领和组织问题上持不同立场的联合会讲解这些决议的基本要点。恩格斯还受委托负责给美茵河畔法兰克福的三月同盟写信。恩格斯代表中央委员会给这个同盟写的信保存下来了,保存下来的还有给瑞士法语区工人联合会之——即斐维联合会的一封信。给斐维联合会的信是恩格斯在代表大会工作刚结束时立即写就的,是对该联合会1848年12月7日给代表大会函件的复件。斐维联合会在自己的函件中坚决主张,不仅派代表出席代表大会的联合会在大会上应该有表决权,而且不能派出代表但以书面表示自己意见的联合会也应有表决权。斐维联合会声称,它只同意承认贝克尔领

---

① 拉·特鲁贝克:《关于1848年底—1849年初弗里德里希·恩格斯在瑞士的政治活动》,载于《德国工人运动史文集》1960年第4辑第775页。

② 《新莱茵报》1849年4月19日第276号。

导的军人联合会为中央联合会。① 代表大会委托中央委员会说服斐维联合会，使它认识必须参加新建立的联合总会。② 恩格斯详细地谈到了该联合会关于代表大会表决程序的建议为什么是错误的。他强调指出，新建立的联合总会应该结束各联合会之间过去那种互相联系的方法（利用通信）。各个联合会的代表亲自参加讨论他们关心的问题是真正的民主原则。斐维的联合会提出的一个论据是，人数不多的联合会缺乏派代表参加代表大会的资金，对此，恩格斯指出，这并不是不可克服的障碍。例如，洛桑工人联合会"让一个在伯尔尼的公民作为代表，并且给他发出了指示"③。

恩格斯在自己的信里也谈到了同军人联合会的关系。他提出了两个论据：首先，参加军人联合会将使全组织整个地受到当局的迫害，因为该联合会实际上是一个被禁止的组织；另一方面，恩格斯要他们注意到，贝克尔领导的联合会主要是一个军事组织，它不能实现联合总会面临的进行"社会民主主义宣传"④ 的目的。因此，选举这个联合会作为领导的联合会是不妥的。恩格斯从策略着眼，考虑到斐维联合会对军人联合会的崇拜，把这个论据放在第二位。然而，在他和瑞士联合会总会其他领导人看来，有决定意义的正是军人联合会的密谋性质及其领导者对暴动措施的偏好。恩格斯说服斐维联合会放弃自己的错误观点并参加全瑞士的组织，他努力克服对瑞士说来很典型的已侵入德国工人流亡者队伍的地方分散精神。

---

① 拉·特鲁贝克：《关于1848年底—1849年初弗里德里希·恩格斯在瑞士的政治活动》，载于《德国工人运动史文集》1960年第4辑第783—784页。
② 苏共中央马列主义研究院中央党务档案馆档案。
③ 《马克思恩格斯全集》第1版第27卷第512页。
④ 《马克思恩格斯全集》第1版第27卷第513页。

伯尔尼代表大会还通过了一项同三月同盟通信的决议。法兰克福的三月同盟是1848年11月由国民议会左翼议员建立的。马克思和恩格斯在《新莱茵报》上由于这个小资产阶级组织在革命的根本问题上采取怯懦和不彻底的立场而对它的活动作了尖锐的批评。①（译者按：马克思和恩格斯的批评文章写于1849年3月，而不是在伯尔尼代表大会前后）在代表大会上，伯尔尼工人联合会坚决反对同三月同盟建立联系，因为后者"不是共和主义的"②。然而代表大会的大部分代表还处于错误观念控制之下，并对小资产阶级民主派首领表示信任。恩格斯执行代表大会决议在写信给三月同盟领导人时，表现出了无产阶级革命者的立场。他强调指出，瑞士德国人联合会总会从纲领考虑不能同三月同盟建立更密切的合作，因为"瑞士各联合会……明确表示赞成民主社会共和国"③。恩格斯受代表大会委托，请三月同盟领导成员，即法兰克福国民议会议员告知议会，瑞士的德国工人坚决谴责帝国政府对给德国流亡者避难权的瑞士所采取的敌对立场。从文件的整个调子来看，恩格斯对软弱无力的法兰克福议会是否会对帝国政府采取坚决立场这点，不抱任何幻想。他把议会称为"所谓国民议会"④ 是有道理的。恩格斯这封信还有一个值得注意的地方。信上的署名是："瑞士德国工人联合会中央委员会"。这就是说，恩格斯把建立起来的联合总会看成是各工人联合会的组织，我们知道，这是完全符合伯尔尼代表大会决议精神的。

恩格斯以中央委员会的名义写的文件证明，他完全赞同并捍卫代表

---

① 《马克思恩格斯全集》第1版第6卷第394—596、424—425页。
② 苏共中央马列主义研究院中央党务档案馆档案。
③ 《马克思恩格斯全集》第1版第27卷第516页。
④ 《马克思恩格斯全集》第1版第27卷第516页。

大会的基本决议。与此同时，恩格斯写的信表明，他作为工人运动的领导人，善于清醒地估计工人当时的觉悟水平：他耐心地向工人解释他们观点的错误并努力消除他们的幻想和谬误见解。

恩格斯在伯尔尼一直逗留到1849年1月中旬。① 当时，科隆形势已经正常，而且虽然当局准备了一连串的对《新莱茵报》编辑部的审判案，但恩格斯已经没有被捕的危险了。在瑞士，他逗留的时间并不长，只有将近三个月。而他以固有的谦逊称之为"无所事事地呆在国外"②的时间，事实上则非常丰富而且充满了各方面的活动。从伯尔尼发往科隆的30篇以上的文章和短评，本身就是对恩格斯作为《新莱茵报》通讯员这一工作的有力的总结。同时，政论活动同他作为无产阶级革命家的活动是不可分割地联系在一起的。他在报纸上所发挥的思想，所提出的任务，也正是在实践中为其实现而斗争的东西。他不是瑞士发生的事件的旁观者，而是其直接的参加者。恩格斯在这个国家里贯彻的路线，同马克思在1848—1849年在德国工人运动中所实现的是同一条路线。恩格斯用全部力量来联合各个地方工人联合会，来建立大规模的无产阶级组织，来克服分散性和工人运动初期阶段所固有的互不联系的特点。因此，恩格斯在瑞士的活动，应当看作是科学共产主义奠基人为建立独立的工人阶级政党而斗争中的一个环节。

（原载苏联《历史问题》1970年第12期）

（闻文　译）

---

① 据伯尔尼州登记本所载，恩格斯离境前往德国，证件已于1月18日交给了他（苏共中央马列主义研究院中央党务档案馆档案）。

② 《马克思恩格斯全集》第1版第27卷第151页。

恩格斯1849年夏在瑞士的政治流亡（史料综述）*

〔联邦德国〕米·克尼里姆

你从苏黎世的出版社那里可以知道，最近我扎扎实实地做了些工作，并且利用机会重温了1848—1849年美妙的青年时代所写的一些东西。这显得非常必要，因为年轻一代已经忘记了或者从来就不知道这一切，他们现在希望知道当时发生了什么事，鉴于存在着大量捏造的材料和报道，所以必须使他们尽可能有一个正确的认识。①

革命的失败使它的参加者被迫流亡，陷入孤立无援的境地。流亡状态造成大部分流亡者联系中断，与世隔绝。然而，由孤独产生的作用也是巨大的。恰恰是这种隔绝状态使恩格斯由对过去革命组织的军事方面的缺陷的思索转向对革命的士兵因素的研究。一系列事件改变了恩格斯的看法：民主派资产者和后备军成员并不是共产主义者恩格斯所说的工人营。他认为，在1849年，社会矛盾还没有成熟到进行一场社会革命的程度。

因此，瑞士仅为其中一站的流亡道路，也需要进行详尽的描述。这

---

* 本文选自《马列主义研究资料》1987年第2辑。
原题注：作者是联邦德国乌培塔尔"恩格斯故居"负责人。——译者注
① 《马克思恩格斯全集》第1版第36卷第391页。

里有意不去从思想史的角度作出说明，更何况史料考证是一切说明的前提。

对巴登革命的经过，特别是维利希志愿部队中各个成员的表现，在其他地方，甚至通过恩格斯自己，已经或多或少地作过准确、详细、充分的描述和评价。本文的目的和意图在于根据保存的文件按时间顺序对恩格斯所经历的事件加以描述。但是，我们不打算也不可能叙述得十分完整。

恩格斯在此之前曾经两次在瑞士的广大地区作过旅行。因此，他对一些州的状况是比较熟悉的。此外，他在这个国家还与熟人和朋友有着各种各样的联系。这些人中不仅有运动的参加者，也有资产阶级阵营的人。

恩格斯第一次到瑞士是在1841年5月和6月，那是和他的父亲一同去的。他在《漫游伦巴第》① 这篇文章中曾对这次旅行作过描述。此行的动机是纯商业性的，他的父亲要到莱科和米兰办事。对恩格斯这个刚刚在不来梅满师的年轻商人来说，这次旅行对开阔他的精神境界也许大有好处。

第二次在瑞士逗留出于政治方面的原因。1848年3月30日，法国政府为他签发了一张有效期为一年的旅行护照。他带着这张通行证，于10月20日从巴黎启程前往伯尔尼，途经日内瓦、洛桑和纽沙特尔。他从11月23日起便待在伯尔尼，并于1848年12月9日得到了在这个州逗留到1849年4月1日的准许。然而，1849年1月18日，在避难约九周之后，他就离开了这个城市，为的是重返科隆担任编辑职务。

第三次逗留从1849年7月12日开始，与维护帝国宪法运动的失败

---

① 《马克思恩格斯全集》第1版第41卷第184—196页。

有直接联系。这一天,恩格斯和巴登罗特什泰顿的维利希志愿部队的余部一起越过了埃格里绍的瑞士边界,他在致燕妮·马克思的信中说,他"发现,备受赞扬的冲锋陷阵的勇敢是人们能够具备的最平常的品质。子弹飞鸣简直是微不足道的小事情;在整个战役中,虽然发现不少胆怯的行为,但我并没有看到多少人在战斗中畏缩不前,而'蛮勇举动'却不知有多少!"①

根据现存资料,当时维利希的志愿部队约有280名军官、军士和士兵。瑞士当局竭力把这批逃亡者尽快地引向别处。恩格斯所在部队被安置在窝州。7月14日深夜,恩格斯住在苏黎世的"席夫"旅馆,维利希也下榻在同一所房子里,恩格斯很可能与"伯桑松"连的一个普通士兵克利斯蒂安·劳合住一个房间:

〔……〕在本城旅店中留宿的外国人:巴登上校维利希先生、巴登的流亡者劳先生和恩格斯先生。

威廉·沃尔弗在8月28日写给洛桑的恩格斯的信中也证实了恩格斯曾到过苏黎世。他写道:"你和维利希途经此地,并到过黑费莱。我第二天便听说了此事,仅仅晚了一小时。"

沃尔弗的信绝不是恩格斯7月或8月在苏黎世逗留的唯一证明。此外,沃尔弗大概听错了,不是"黑费莱"而是"黑尔费赖",这个苏黎世济贫机构在基尔希街十一号。

下一站为伯尔尼。维利希志愿部队的人于7月20日从那里出发,向穆尔顿行进。在伯尔尼流亡者档案中,此时仍列有208名志愿部队的成员:

---

① 《马克思恩格斯全集》第1版第27卷第525页。

编号	军衔	姓名	籍贯	职业
1	上校	维利希，奥古斯特	普鲁士	军官
2	副官	恩格斯，弗里德里希	普鲁士	作家

〔……〕

恩格斯于7月24日到达斐维，这说明了他每日行程约25公里。在上面引用的1849年7月25日给燕妮·马克思的信中，他写道："〔……〕于昨天到达了斐维这里。在战役中以及在进入瑞士的行军途中，我根本无法写信，即使只写一行也不行。"①

恩格斯和其他军官极可能是住在"勒茫湖旅馆"。他自己在1882年9月20日从伦敦写给劳拉·拉法格的信中提到了这一点："〔……〕我熟悉斐维吗？要知道，1849年9月我在那里驻扎过两星期左右，我熟悉从维耳纳夫到日内瓦的瑞士沿湖一带的地方，熟悉来迪峰和勃朗峰等地。如果我没搞错的话，我们军官们就驻扎在你们住的岸边的旅馆里。当时维利希常在湖边树荫下的空地上训练他的两匹马。"②

恩格斯在事隔30多年后除了弄错7月份，其基本陈述是不容置疑的，这一点还有少数保存下来的资料为证。我们从8月3日的一个名单中得知，恩格斯实际上在斐维驻扎了仅十天。罗尔夫·德鲁贝克第一个指出，恩格斯不久便去了莫尔日。7月18日，被称为"巴登人"的第一批德国政治流亡者曾在莫尔日被人提到过。7月21日已经有300名志愿部队的士兵聚集在那里的一个旧的制盐场。显然，恩格斯也免不了要住在这个存在至今的破旧的房屋里。

1849年8月3日送到莫尔日的一份维利希志愿部队"伯桑松"连

---

① 《马克思恩格斯全集》第1版第27卷第526页。
② 《马克思恩格斯全集》第1版第35卷第357—358页。

的名单中写着：

〔……〕维利希上校参谋部：

恩格斯，弗里德里希，28岁，巴门，

比利时人，文学家，副官。

出于某些至今尚不明了的原因，恩格斯在这里出示的是比利时护照。

在并非每日都保存下来的少量关于在莫尔日的流亡者分队的"兵员报告"里，虽然也一再提到恩格斯，但是，直接的关联却不甚明了：

〔……〕1849年8月10日

参谋部的恩格斯，8月10日休假〔……〕

1849年8月11日

参谋部的恩格斯，8月10日—11日归队。

恩格斯也许利用这一天乘便去了日内瓦。不管怎样，他在约14天后写给约瑟夫·魏德迈的信中说："最近我在日内瓦看到了你们的红色贝克尔，他非常愉快，在乡下同德孚众望的埃塞伦和其他和蔼可亲的 diis minorum gentium 一起喝酒。"①

恩格斯此时手头很拮据，他母亲在8月13日信中提到的、已由巴塞尔拉罗舍银行办理的那笔钱最早也要在8月10日左右才能收到。恩格斯有可能在日内瓦拿到了这笔钱。在母亲信上写着地址的那面，他记下了四个洛桑的住宅广告。从邮戳来看，这封信是8月19日发到莫尔

---

① 《马克思恩格斯全集》第1版第27卷第535页。diis minorum gentium，直译：小神；转义：二流人物。

日的，因此，他最早要在 19 日之后才可能考虑搬到洛桑的具体步骤。信封上除了其他地址，还记着他后来的地址：

  拉帕吕德广场 8 号带有漂亮家具的房间，三楼。

  这是一个咖啡馆，主人是某个叫让－鲁道夫·科埃陶克斯的人，这里二、三层的房间有时也出租。

  如莫尔日军队兵员报告记录所证实的那样，恩格斯从 8 月 22 日起便住在洛桑的上述地址：

  〔……〕1849 年 8 月 22 日

恩格斯，弗里德里希，副官，
8 月 22 日到洛桑休假。

  到达洛桑的第二天，他在上面提到的那封致美因河畔法兰克福约瑟夫·魏德迈的信中写道："〔……〕经过了同流亡者队伍一起在窝州度过的一个月枯燥的宿营生活，我终于来到洛桑这里，开始了独立生活。"

  恩格斯仍然正式住在莫尔日宿营地，他到洛桑被看作获准离队休假，甚至 1849 年 9 月 17 日莫尔日的一份记录中还这样写道："〔……〕参谋部，恩格斯，弗里德里希，副官，9 月 17 日休假。"

  除了作家的工作，恩格斯还必须设法搞到一张旅行护照。他也果真搞到了一张 9 月 11 日签发的护照：

  旅行护照〔……〕210，1849 年 9 月 11 日星期二

  在场人：国务参事布里阿特先生；洛桑市长受命将护照交付弗里德里希·恩格斯先生。〔……〕3. 恩格斯，萨克森地区巴门人〔!〕，政治流亡者在莫尔日宿营，欲经皮蒙特和西班牙前往英国。〔……〕

旅行护照内容如下：

编号　1279

姓：恩格斯

名：弗里德里希

籍贯：普鲁士，巴门

年龄：28岁

职业：作家

身高：5.98英尺或1.79米

头发：栗褐色

前额：高

眉毛：栗褐色

眼睛：棕色

鼻子：小

嘴：不大不小

胡须：栗褐色

下颚：圆

脸：椭圆

皮肤：浅色

特征：/

有效期从1849年9月11日开始，为期一年，以便经皮蒙特和西班牙去英国，并在那里停留。司法和警务部签发1849年9月11日

持有人签字
弗里德里希·恩格斯

在护照登记簿上写着：

〔……〕恩格斯，弗里德里希，28岁，洛桑，英国

> 1849年9月11日交付持有人
> 1849年9月11日〔……〕
> 〔……〕恩格斯，弗里德里希，流亡者，
> 护照210—3〔……〕

填发护照的当天，国务参事乔治·弗朗索瓦·布里阿特就为在联邦议院签证一事写信给在伯尔尼的副主席昂利·德律埃，恩格斯甚至曾称他为"路易·勃朗型的社会主义民主主义者"①。

> 〔……〕恩格斯先生，爱北斐特人，流亡者，欲经热那亚、西班牙去英国，本部已为他签发护照，您若认为给恩格斯先生办理护照合适的话，请接洽此事。我特意代恩格斯先生向您问候。〔……〕

昂利·德律埃一定立即办理了此事，因为撒丁王国驻伯尔尼公使9月14日作出了答复：

> 〔……〕按照您的愿望，我将抓紧为赫林格尔（海因岑？）先生和司徒卢威先生的护照办理去热那亚的签证手续。至于第三张护照（恩格斯先生的），我在信封里没有找到，我想也许是它漏装了；或许您改变了为他签证的主意。
>
> 〔……〕

在这期间，恩格斯曾亲自到过伯尔尼，以加速办理此事。日内瓦州、日内瓦市的护照登记簿表明，恩格斯在伯尔尼"正式"逗留到9月17日。实际上，9月15日他便已在那里和威廉·沃尔弗会晤过。

摘自日内瓦州护照登记簿：

---

① 《马克思恩格斯全集》第1版第6卷第73页。

文件：1849 年 9 月 11 日洛桑护照

姓名：恩格斯，弗里德里希

年龄：28 岁

职业：作家

籍贯：普鲁士

住址：——

护照上次签证记录：伯尔尼，1849 年 9 月 17 日

交还护照日期：1849 年 9 月 28 日

目的地：热那亚

依此推断，9 月 18 日到 9 月 28 日期间恩格斯在日内瓦。在那里，他碰到了波克罕、席利，并再次与李卜克内西相逢。他也许有时还郊游，去"皇家咖啡馆"。

随着去撒丁—皮蒙特的过境签证的发放，那里的各官署开始忙碌起来：

〔……〕当事人：弗里德里希·恩格斯

我紧急通知您，本部已批准穿过我们王国的过境签证，正在瑞士的上述普鲁士人恩格斯将从这里乘船前往热那亚。对他的限制和约束与对司徒卢威先生和海因岑先生所通告的相同，二者皆为巴登革命的领导人，恩格斯也是。

我必须告诉您，至于他们的护送问题，尽可能让那些军官去办理。何时何地调换哪个或哪些宪兵，由他们来决定；这些宪兵的酬金必须由被护送的人来支付。他们可以使用自己的车辆，也可以使用公共的交通工具，如：一节车厢或一辆轿车，但是，他们必须租下所有的座位，以便和那个或那些宪兵单独在一起。〔……〕

〔……〕编号 540

致 舍伐利埃 法里纳 1849年9月27日	遵照您本月18日（政务86号）函件的委托，我已就三个政治流亡者海因岑、司徒卢威和恩格斯向内务部作了报告。这几个人将穿过王国的籍公国前往美国或英国，鉴于这种情况，我们将对莎姆伯里和阿纳西的地方行政长官作出必要的指示。〔……〕

由此才得知，为什么恩格斯在10月5日，即乘船前往伦敦的前一天，写信给在热那亚的乔·朱·哈尼："能够这样快地找到好机会，摆脱这种可诅咒的警察气氛，我感到非常庆幸。我确实从来没有看到过象皮蒙特这里组织得这样好的警察。"① 恩格斯在从瑞士边境到热那亚途中不得不被皮蒙特的宪兵们跟在后面强行护送。

旅客登记簿和到达证明文件表明，恩格斯于11月12日到达伦敦港。

编号2557	伦敦港	到达证件	
到达日期	姓名和国籍	来自何港	备注
1549年11月12日	弗里德里克·恩格斯〔!〕职业，作家，生于普鲁士	康沃耳钻石号自热那亚	1847年离开（英国）持有政府的护照
持有人签字： 弗里德里希·恩格斯		军港监督签字： 法比安	

---

① 《马克思恩格斯全集》第1版第27卷第536—537页。

旅客登记簿摘录：

编号	姓名	职业	国籍
	〔……〕我,签名者"康沃耳钻石号"船长,于热那亚至伦敦港途中〔……〕 船长姓名:G.P.斯蒂文斯		
1	弗里德里克·恩格斯〔!〕	文学家	普鲁士
		G.P.斯蒂文斯填于 1849年11月12日〔……〕	

（原载《马克思主义研究。马克思研究院年鉴6》1983年美因河畔法兰克福版第367—375页）

（朱霞 译 籍维立 校）

马克思和恩格斯论安全委员会及其在1848—1849年资产阶级民主革命中的作用[*]

〔德〕埃迪塔·纳格尔

迄今为止,马克思主义历史学家围绕安全委员会的活动以及马克思和恩格斯同安全委员会的关系方面所进行的研究,主要反映在里贝克·阿韦尔布赫、索菲娅·列维奥娃和格尔哈德·贝克尔等人的著作中。[①] 人们在论述奥地利1848—1849年革命过程以及马克思和恩格斯在德国革命中的活动时,也提到维也纳和科隆的安全委员会的作用,指出了它们在当时斗争中的意义。近年来对地域史和地方史的研究,特别是从

---

[*] 本文选自《马克思恩格斯研究》1991年总第7辑。

原题注:本文是以1985年6月27日民主德国马克思恩格斯研究委员会召开的题为"在对1848—1849年资产阶级民主革命的总结中马克思和恩格斯革命观点的进一步发展"的学术讨论会上宣读的一篇论文为基础写成的。

[①] 参看 P. A. 阿韦尔布赫:《奥地利革命(1848—1849)》1970年莫斯科版第100—115页;С. Б. 列维奥娃:《1848—1849年德国革命中的马克思》1970年莫斯科版第201—215页;格尔哈德·贝克尔:《1848—1849年卡尔·马克思和弗里德里希·恩格斯在科隆。关于科隆工人协会的历史》1963年柏林版第118—127页;《马克思列宁主义哲学在德国的历史》1969年柏林版第1卷上册第336—352页;约阿希姆·施特赖和格尔哈德·温克勒:《1848—1849年的马克思和恩格斯。德国资产阶级民主主义革命期间〈新莱茵报〉的政策与策略》1972年柏林版第102—103、116页。

《新莱茵报》对民主运动的影响这个角度进行的研究，为此提供了进一步的事实资料。不仅在科隆①、维也纳②和爱北斐特③，而且在梅泽堡、哈耳伯施塔特、魏森费耳斯、哈雷④、德累斯顿⑤和许多其他地方都曾建有安全委员会。仅在普鲁士行省萨克森就有17个安全委员会。⑥ 因此，它们在德国革命中所起的作用比马克思主义文献中迄今所反映的要

---

① 参看格尔哈德·贝克尔：《1848——1849年卡尔·马克思和弗里德里希·恩格斯在科隆》第118—127页。

② 参看 P. A. 阿韦尔布赫：《奥地利革命（1848—1849）》第100—115页；赫伯特·施泰南：《卡尔·马克思在维也纳。1848年革命和复辟时期之间的工人运动》1978年维也纳—慕尼黑—苏黎世版第32—53、111—120页；沃尔夫冈·霍伊斯勒尔：《从赤贫到工人运动。1848年维也纳革命中的民主与社会问题》1979年维也纳—慕尼黑版第241—264页。

③ 参看《马克思恩格斯全集》第1版第6卷第596—599页；米夏埃尔·克尼里姆和布里吉特·特罗伊德：《弗里德里希·恩格斯——他在1848—1849年革命中的态度》，载于赫尔穆特·埃尔斯纳、米夏埃尔·克尼里姆和布里吉特·特罗伊德：《卡尔·马克思和弗里德里希·恩格斯——他们在1848—1849年革命中的态度》1979年施维尔特（鲁尔河）版第17—31页。

④ 关于梅泽堡、哈耳伯施塔特、魏森费耳斯和哈雷的安全委员会，参看赫伯特·彼得斯：《〈新莱茵报〉对1848—1849年普鲁士行省萨克森的民主主义报刊的影响》，载于《马克思恩格斯年鉴》1984年柏林版第7卷第125、126页；赫伯特·彼得斯：《普鲁士行省萨克森的人民革命运动的武装行动》，载于《军事史杂志》（柏林）1984年第4期第301、302页；格尔哈德·韦贝尔：《梅泽堡地区的革命的1848年》1958年梅泽堡版第35页。

⑤ 参看罗尔夫·韦贝尔：《1848—1849年萨克森的革命。对其动力的阐述和分析》1970年柏林版第333—339页。

⑥ 参看赫伯特·彼得斯：《普鲁士行省萨克森的人民革命运动的武装行动》，载于《军事史杂志》（柏林）1984年第4期第301页。

大得多。

本文讨论的问题涉及1848—1849年安全委员会的活动范围、安全委员会的性质和职能，以及马克思和恩格斯在其《新莱茵报》的文章中运用安全委员会活动的经验来精确地说明和进一步发挥他们的革命构想的情况。不过，不能要求本文中提出的看法面面俱到，也不应要求问题的提法能始终适应以后进行的必要的研究。

安全委员会产生于德国革命进程中的第一阶段（例如在维也纳），产生于9月危机中（在科隆就是这样），而大多数产生于1848年秋天的拒绝纳税运动期间或1849年的维护帝国宪法运动中（例如在德累斯顿）。

就安全委员会的形成来看，它们是革命民主主义的机构，是革命斗争的直接产物，其目的是保卫民主主义的成果免遭反革命的任何侵袭。只有这些委员会作为真正的领导机构建立起来，并组织群众去继续进行革命斗争，上述目标在客观上才有可能实现。

大多数安全委员会没有正确对待这个要求。多半倾向于温和民主主义的委员会领导人中的许多人坚持这样一种观点，即通过同官方势力的和平协议就能保证获得民主权利和自由，并把这种观点作为他们实际政策的基础。因此，他们使人民运动陷于瘫痪。他们把已经夺得的阵地又逐步放弃，最终向反革命拱手交出这些阵地。

绝大多数安全委员会是地方一级的。它们的作用一般不超过这个范围。在这方面，首先科隆安全委员会是一个例外，在莱茵地区的革命民主运动中，围绕在马克思、恩格斯和《新莱茵报》周围的共产主义者有强有力的阵地并进行了积极的活动，所以科隆安全委员会的政治影响超出了科隆，在政治的鲜明性和革命的冲击力方面均占有特殊的位置。

马克思和恩格斯以极大的兴趣密切关注安全委员会在德国革命各阶段的活动。这一点首先反映在《新莱茵报》本身中。编辑部在选用由革命运动中心的通讯员提供的报道时，特别重视有关安全委员会成立和活动情况的报道。报道图林根、萨克森地区和奥地利（特别是维也纳）的革命发展情况的通讯就清楚地表明了这一点。《新莱茵报》通过这样的报道为在整个民主运动中传播安全委员会活动的经验作出了很大贡献。同时，这些通讯也是马克思和恩格斯研究这些革命机构的产生和活动的重要材料来源。同样重要的是，在为《新莱茵报》提供消息的人当中就有像戈斯温·克拉克吕格[①]、埃米尔·奥托卡尔·韦勒[②]、古斯塔夫·施特里格尼茨、古斯塔夫·拉瓦尔德和海因里希·申霍夫[③]这样的革命民主主义者，他们积极战斗在民主运动的最前线，而且作为临时或固定通讯员与《新莱茵报》编辑部保持着密切联系。其次，马克思和恩格斯重视安全委员会的另一表现，就是他们本人在一些（尽管令人遗憾只有为数不多的几篇）文章中直接对安全委员会发表意见。最后，他们于1848年9月在科隆直接参与了一个安全委员会的建立，而恩格

[①] 参看赫伯特·彼得斯：《〈新莱茵报〉对1848—1849年普鲁士行省萨克森的民主主义报刊的影响》，载于《马克思恩格斯年鉴》（柏林）第7卷第115页；赫伯特·彼得斯：《戈斯温·克拉克吕格》，载于《1848年革命中的人物》1970年柏林版第277—296页。

[②] 参看《马克思恩格斯全集》原文版第3部分第2卷第469页；S. Z. 列维奥娃：《〈新莱茵报〉的编辑工作》，载于《历史年鉴》第8卷，《1848—1849年德国资产阶级民主革命，它的历史与影响的探讨》1973年柏林版第2卷第68页；罗尔夫·韦贝尔：《1848—1849年萨克森的革命》第98—100页；罗尔夫·韦贝尔：《埃来尔·奥托卡尔·韦勒》，载于《1948年革命中的人物》第149—189页。

[③] 参看《马克思恩格斯全集》原文版第3部分第3卷第148、217、200页。

斯于1849年5月在军事方面对爱北斐特委员会发挥了积极的作用。

马克思和恩格斯在制定和进一步发展他们的革命理论观点时借鉴了法国资产阶级革命的经验。① 在这里，他们特别想到了革命民主主义的雅各宾专政及其公安委员会，该委员会作为选举出来的国民公会的一个委员会起初受国民公会领导，它只是在革命过程中才在长裤汉民众的支持下为维护革命民主主义力量的利益而行使政权。马克思强调指出，只有雅各宾派的"恐怖统治"能够"通过自己的猛烈锤击，象施法术一样把全部封建遗迹从法国地面上一扫而光"②，只有通过这种方式，才能把资产阶级革命进行到底，直到建立民主共和国。

正如马克思和恩格斯在他们《新莱茵报》上的文章中所指出的，德国自由派资产阶级已经在3月胜利后立刻以其"妥协"政策表明，他们宁愿同旧的封建势力达成妥协，结束革命，也不愿同人民群众一起去争取资产阶级制度的彻底胜利。马克思和恩格斯从资产阶级的这种不断推行的叛卖政策中得出结论说："在德国不可能发生纯粹资产阶级的革命，也不可能建立君主立宪式的资产阶级政权，可能发生的不是封建专制的反革命，就是社会共和的革命。"③ 这种战略和策略上的转变开始于1848年5月，到普鲁士十二月政变后大致便告完成。因此，为了在一个更长期的进程中推进革命的发展（现在已经要击退部分资产阶级的反抗），直到夺取社会共和国的胜利，必须去探索相应的方法和途径，而这也就成了马克思和恩格斯思考的中心问题。

---

① 参看赫尔维希·弗尔德尔：《革命前夜的马克思和恩格斯，为德国共产党人制定政治路线（1846—1848）》1960年柏林版第229—231页；约阿希姆·施特赖和格尔哈德·温克勒尔：《1848—1849年的马克思和恩格斯》第55—66页。
② 《马克思恩格斯全集》第1版第4卷第332页。
③ 《马克思恩格斯全集》第1版第6卷第146页。

马克思和恩格斯在分析法国革命过程时认识到，只有当革命发展始终处于上升运动，人民群众越来越强有力地参与革命事件并最终对其产生决定性影响时，资产阶级变革才能彻底地不容改变地得以实现。因此在他们看来，"2月和3月只有在下述情况下才能具有真正革命的意义，那就是：它们不是长期革命运动的终点，相反地是长期革命运动的起点"①。他们"不认为革命已经结束，而想使革命被宣布为不断的革命"②。

随着安全委员会在德国革命中产生和开展活动，马克思和恩格斯看到，德国革命过程的出发点与1789年法国革命事件的出发点有相似之处。假如安全委员会能够牢固扎根于人民群众之中，超越地区范围而把自身的影响扩展到整个德国，成为真正的权力机构，那么它们在革命发展处于上升趋势的前提下就不至于"只能是资产阶级革命本身的辅助因素"③，而能够成为在争取社会共和国的斗争中的决定因素。1848—1849年在安全委员会建立过程中取得的经验，成了马克思和恩格斯关于不断革命的观点的一部分，他们后来在总结革命时概括了这些观点。④ 在马克思和恩格斯看来，安全委员会作为推动革命发展的一个因素，它们的重要性特别在于，它们是直接根据革命群众的意愿产生的机构。委员会成员一大部分是由民众大会任命的。科隆安全委员会也是在这样广泛的基础上产生的。它的30位委员是在1848年9月13日的一次有5000多人参加的集会上选举出来的，其中有《新莱茵报》的编辑

---

① 《马克思恩格斯全集》第1版第21卷第22、23—24页。
② 《马克思恩格斯全集》第1版第21卷第22、23—24页。
③ 《马克思恩格斯全集》第1版第4卷第332页。
④ 《马克思恩格斯全集》第1版第7卷第288—299页。

马克思、恩格斯、威廉·沃尔弗、德朗克和毕尔格尔斯以及工人联合会领导人卡尔·沙佩尔和约瑟夫·莫尔。委员会在向官方通报它的选举情况的文件中，特别强调它是"唯一的直接由群众选举产生并直接对人民负责的委员会"① 这一性质。几天后，委员会在沃林根的一次群众集会上也得到了承认。

和在科隆一样，萨克森的特劳恩人的创举②同样表明，建立革命的权力机构（安全委员会就体现为这样的机构）是与发动和动员人民群众分不开的，其结果使革命得到明显的蓬勃发展。在以埃米尔·奥托卡尔·韦勒为首的莱比锡革命民主主义者的倡议和领导下，在萨克森，人们曾尝试在1848年9月争取选举权的斗争中成立一个全萨克森的人民委员会，但是没有成功。委员会与官方机构毫无联系，它原本要制定一项临时选举法，以确保制宪议会的民主选举，它的成员也应该和在科隆一样由民众大会任命。

这种革命的委员会在建立时所面临的条件并不总是同例如科隆和萨克森建立委员会时所面临的条件是一样的，尽管如此，它们在每一处都直接体现了人民主权。马克思和恩格斯认为，保护它们免遭反革命的一切进攻，是将革命胜利进行到底的最重要的前提。在分析法兰克福议会的立场时，恩格斯认为："国民议会的第一个行动必须是，大声而公开地宣布德国人民的这个主权。它的第二个行动必须是，在人民主权的基础上制定德国的宪法，消除德国现存制度中一切和人民主权的原则相抵

---

① 引自格尔哈德·贝克尔：《1848—1849年卡尔·马克思和弗里德里希·恩格斯在科隆》第123页。

② 参看罗尔夫·韦贝尔：《1848—1849年萨克森的革命》第181—187页。

触的东西。"① 从这个角度来看，安全委员会不仅可以保障人民主权，而且可以通过在人民群众中扩大影响和巩固阵地来充分实现自己的目的。

对马克思和恩格斯来说，安全委员会的经验不仅仅在推进革命这方面具有重要意义。这些经验也为他们思考下述问题提供了依据，这些问题就是：人民群众行使政权可采取哪些具体形式，对这种革命的民主机构应提出什么要求。

对此，马克思和恩格斯根据从德国革命过去的进程中获得的并在《新莱茵报》上发表的认识指出：只有当革命力量在"还没有摧毁和消灭旧社会赖以强行保全自己的那种正式的遗留下来的权力以前，当它还没有摧毁和消灭这个社会的国家权力以前"决不"高枕无忧"②，这样，实现社会进步的斗争才可能胜利。在他们看来，这里包括必须摧毁旧的行政机构。一场革命之后"撤换全部文武官员和一部分法官，特别是检察官，这是一件首要的事情。否则，中央政权的最好的创议都会因为下级官员的抗拒而破产"③。恩格斯概括了这一基本思想："彻底摧毁旧的建筑。"④ 只有这样才有建立真正的人民代议制的先决条件。

关于广大人民群众民主地行使权力的形式，包括德国革命也造就成的这种形式，马克思和恩格斯把安全委员会看作是这种革命的权力机构的萌芽形式。它们可以取代依然存在的旧的机构。经典作家们同样是通过亲身实践经验认识到这一点的。因此，在拒绝纳税运动期间，他们在

---

① 《马克思恩格斯全集》第 1 版第 5 卷第 14 页。
② 《马克思恩格斯全集》第 1 版第 6 卷第 302 页。
③ 《马克思恩格斯全集》第 1 版第 5 卷第 222、179 页。
④ 《马克思恩格斯全集》第 1 版第 5 卷第 222、179 页。

《新莱茵报》上再次号召建立这种革命组织。如果当局敢于拒绝承认普鲁士国民议会关于拒绝纳税的决议,那么"首先就应当把这些官员革职,然后宣布他们是国事犯;应当任命各种临时安全委员会来代行他们的职务"。马克思以下面的决定性论断补充了这一战略方针:"凡是反革命当局用暴力手段阻挠这些安全委员会成立和活动的地方,都应当用一切暴力手段来还击暴力。消极反抗应当以积极反抗为后盾。"①

马克思和恩格斯通过批判性地研究资产阶级议会的政策,首先是柏林的和法兰克福的资产阶级议会的政策,通过考察安全委员会的活动以及总结他们自己在安全委员会建立过程中从它们的实践活动中积累的经验,揭示出革命民主主义代议机关的一系列本质特征。

这些权力机构必须用专政来反对旧的社会势力,这一认识具有根本意义。马克思在《新莱茵报》上写道:"在革命之后,任何临时性的国家机构都需要专政,并且需要强有力的专政。我们一开始就指责康普豪森没有实行专政,指责他没有马上粉碎和清除旧制度的残余。"②

专政措施不仅是粉碎被推翻阶级的反抗所必需的,而且也是将革命民主主义的权力机构建立在更为广泛的群众基础之上的一个重要前提。在对法兰克福国民议会进行分析时,马克思和恩格斯强调指出:"国民议会本来应该处处以专政的办法反对腐朽政府的反动企图,这样它就能在人民中间取得强大的力量,在这种力量面前任何反动势力都会碰得头破血流。"③ 这种政策才能为民主主义的人民代议机关,首先是为"具

---

① 《马克思恩格斯全集》第 1 版第 6 卷第 38 页。
② 《马克思恩格斯全集》第 1 版第 5 卷 475、46、45 页。
③ 《马克思恩格斯全集》第 1 版第 5 卷 475、46、45 页。

有革命积极性的积极的议会"① 创造前提，使这个议会确实能行使它所掌握的权力，从而促使社会进步获得突破性的进展。

鉴于大多数安全委员会在活动中表现软弱，同时也考虑到大资产阶级的"协商"政策，马克思和恩格斯把做到下面这一点看成是革命民主主义的权力机构的重要任务，这就是：这些委员会的命令"应当看成是唯一合法的命令"②，它们本来有权"亲自提出社会安全的指令"③，这种权力来源于它们赖以产生的那块革命的土壤。这些民主的组织只受革命权力的约束并且能够"在必要的时候变为审判庭，不经任何法律就可以做出判决"④。

维也纳安全委员会的活动作为反面例证表明，能否捍卫因安全委员会的建立而获得的权力阵地，这些委员会对革命发展能产生多大影响，这归根到底取决于它们是否符合马克思和恩格斯对这些机构提出的要求。在这里对维也纳安全委员会作一些较详细的分析也许是合适的，因为它是少数几个存在了三个月的委员会中的一个（如果不是唯一的一个），因而能让人们对它作出某些较具体的评论。它的存在和活动，尽管受到许多限制，仍然是奥地利的革命发展（与普鲁士不同）直到1848年夏初还能处于上升趋势的一个重要因素。

维也纳安全委员会的产生是五月起义的成果。作为对皮勒斯多夫政府1848年5月25日宣布解散大学生军团、解散奥地利革命武装先头部队的回敬，工人和大学生与资产阶级国民自卫军的左翼代表联合举行起

---

① 《马克思恩格斯全集》第1版第5卷475、46、45页。
② 《马克思恩格斯全集》第1版第6卷第38页。
③ 《马克思恩格斯全集》第1版第5卷第476、226页。
④ 《马克思恩格斯全集》第1版第5卷第476、226页。

义，并在1848年5月26日至28日的街垒战中击退了对革命成果的再次进攻。回顾欧洲的革命发展，马克思肯定指出："革命运动还保存着相当的力量，使得人民能够在维也纳取得两次胜利：第一次……是在5月15日，第二次是在5月26日。"①

撤销解散大学生军团的决定，保证当时取得的一切革命成果不受损害，承认1848年5月26日建立的临时的"市民、国民自卫军和大学生维护安全、秩序与安定，保护民众权力委员会"（安全委员会），这一切都表明民主主义力量取得了胜利。

马克思和恩格斯在《新莱茵报》上把这个委员会即"对谁都不负责的革命政府"②的建立，说成是五月革命的重要成果之一。在德国革命中，人民群众第一次争得了能够参与行使政权的机会。报纸全文发表了1848年5月27日的政府公告，以此强调指出了这一事实的意义。在公告中，不得不承认安全委员会是"不依赖于任何当局"③的人民群众的革命机构，并授予它一部分行政权。国家的全部财产和皇室的财产以及所有公共设施和机构都置于它的保护之下，并且它被投以全权负责社会的安定和公共秩序以及人身和财产的安全。内阁宣称，"它临时受托负责的那些"政府事务"只能在发生下述情况之前执行之，这种情况就是：或许陛下收回这些事务，或许内阁不能有充分的保证来作出自己的决定并负责贯彻下去"④。

维也纳安全委员会主要代表民主小资产阶级和资产阶级的进步派

---

① 《马克思恩格斯全集》第1版第6卷第90页。
② 《马克思恩格斯全集》第1版第8卷第38页。
③ 1848年6月2日《新莱茵报》第2号。
④ 1848年6月2日《新莱茵报》第2号。

别。它有234名成员。① 他们都是从大学生军团、国民自卫军、市民民兵和市民骑兵队直接选出的代表以及维也纳市议会的20名代表。② 1848年6月1日建立的安全委员会由温和的小资产阶级民主主义者、后来的国会会员阿道夫·菲施霍夫③领导。5月26日,安全委员会还任命了一个10人委员会,这个委员会每天都有人轮流开会,以保证安全委员会能迅速采取行动。④ 这种常设性质后来被取消了,但是,通过一个只由少数人组成并由其成员轮流执行任务的委员会来领导整个安全委员会活动的方式被保留下来了。

由此可见,工人、大学生,以及大部分国民自卫军(至少在开始阶段)都支持维也纳安全委员会。所以,它不仅拥有内阁给予它的一部分行政权,而且,依靠民主派知识分子和温和的民主主义资产阶级的武装力量,还拥有实现自己权力要求的手段,必要时可以使用武力。

鉴于形势变得对革命力量有利,《新莱茵报》期望安全委员会果断地使用给予它的权力来促进革命的继续发展,特别是坚决地反对本国组织起来的反革命势力,就是说要实行专政。

然而,报纸也没有忽视安全委员会的政策从一开始就表现出来的动摇和不坚定。安全委员会中汇集了截然不同的政治力量。一部分成员只

---

① 参看亨利希·堡绍埃尔和莫里茨·斯梅茨:《1848年。维也纳革命的历史》1872年维也纳版第1卷第324—326页。

② 参看鲁道夫·基斯林:《1848—1849年奥地利帝国的革命》1948年维也纳版第1卷第140—141页。

③ 参看理查·沙尔马待和阿道夫·菲施霍夫:《一位奥地利政治家的传略》1910年斯图加特—柏林版第54—65页。

④ 参看马克西米利安·巴赫:《1848年维也纳革命史》1898年维也纳版第455页。

把恢复和维持安定与秩序看作安全委员会的任务,而另一部分则认为,只要安全委员会存在,迄今为止的民主主义成果就有了保障。只有为数不多的一批激进民主主义者(首先是恩斯特·冯·维奥兰德)认为,安全委员会是一种临时政府。① 这些不同的观点使安全委员会形不成一条明确的路线,无法采取适应需要的统一行动。

正如《新莱茵报》在它的头几篇报道中所评论的那样,上述特点尤其表现在安全委员会对待内阁的态度上。随着安全委员会的建立,出现了两个政权并存的某些局面。政府为一方,在这里自由派资产阶级的代表仍占据席位和拥有表决权,安全委员会为另一方,它是革命机构,是人民代议机关。后者的首要任务本来应该在当时建立良好的秩序,正式废除在5月15日以后早已辞职的政府并把已经部分得到的政权真正集中在自己手中,扩大并巩固这一权力,从而不让反动势力有重新组织起来的可能。《新莱茵报》特别批评安全委员会在政权问题上没有采取明确的立场,而是容忍内阁于卧榻之侧,甚至在原则上听任它继续行使行政权。② 安全委员会的活动在很大程度上仅限于解决日常问题。③ 它由于害怕实行专政会带来某些后果,又失去了人民起义赋予它的权力。这是从多数安全委员会的政策中都可以看到的一个基本特征。因此,安全委员会给了反革命巩固其阵地的机会。

此外,安全委员会的动摇和迟疑使拥护它的各政治力量之间的矛盾越来越强烈地显露出来。5月,为了恢复"安定和秩序",它使用欺骗

---

① 参看恩斯特·冯·维奥兰德:《来自最近奥地利的揭露。已解散的奥地利国会的一位左派议员提供的材料》1849年汉堡版第32页。

② 参看1848年6月4日《新莱茵报》第4号。

③ 参看赫伯特·施泰纳:《卡尔·马克思在维也纳》1978年维也纳—慕尼黑—苏黎世版第32—53页。

手段促使维也纳工人放弃了街垒。① 8月，在资产阶级国民自卫军和维也纳挖土工人之间进行流血的阶级战斗时，它保持了"中立"。② 资产阶级和无产阶级之间的阶级冲突在奥地利革命事件的进程中日益尖锐并在夏季爆发，它终于使维也纳安全委员会分裂，并于1848年8月底解体。继续发展革命民主主义意义上的力量对比的机会没有得到利用。

随着安全委员会的建立，德国革命中产生了一种由人民群众行使政权的可行形式。即使这些委员会就其意义来说不能和它们的法国样板公安委员会相提并论，然而也不能不看到它们和法国的发展情况是类似的，因此马克思和恩格斯把它评价为革命的权力机构的萌芽形式。

在1848—1849年的斗争过程中清楚地表明，安全委员会必然遭到失败是由于小资产阶级民主主义者没有能力承担革命力量的领导职责。但是，这些委员会的活动在动员人民群众方面还是作出了决定性的贡献。在奥地利就是这样。科隆安全委员会的存在，以及萨克森邦和省的这类委员会的活动也都证明了这一点。虽然它们对革命进展的影响不同，而这又要取决于它们利用和扩大它们赖以产生的革命基础的情况，但是，马克思和恩格斯还是把这些安全委员会看作一种新的组织形式，因为它能够对革命进程起决定性的影响。

马克思和恩格斯强调指出，由于安全委员会的建立，出现了这样一些权力机构，它们由人民群众建立并受他们监督，它们不依赖于官方权力而存在，它们能够作为人民利益的代表者领导争取建立社会共和国的

---

① 参看P. A. 阿韦尔布赫：《奥地利革命〈1848—1849〉》第107页；恩斯特·费舍：《1848年的奥地利。奥地利民主主义革命的问题》1946年维也纳版第74页；法伊特·瓦伦丁：《1848—1849年德国革命的历史》1931年柏林版第2卷第77页。

② 赫伯特·施泰纳：《卡尔·马克思在维也纳》1978年维也纳—慕尼黑—苏黎世版第115—120页。

斗争，并能够在胜利后取代各种旧的国家机构。安全委员会的活动虽然存在着不容忽视的局限性，但是马克思和恩格斯在1848—1849年通过对这些委员会活动的积极的和消极的倾向的分析，仍能进一步阐述和精确说明他们关于资产阶级民主革命中的革命民主主义权力机构的性质和职能的观点。

诚然，1848—1849年革命斗争的经验主要是在50年代初得到全面的分析和概括的，但是毫无疑问，马克思和恩格斯从欧洲革命爆发时起就不仅着手对革命的发展进行描述，而且立即得出第一批结论，从而进一步完善他们的革命构想。他们在《新莱茵报》上的文章中对安全委员会的论述就证明了这一点。资产阶级的马克思评论家试图把《新莱茵报》解释为仅仅是一家政治性的报刊（最近奥托·勒格勒在1984年出版的一本关于卡尔·马克思的文集①中就是这样做的），怀疑共产党人的这家机关报在1848—1849年的革命中所起的作用以及马克思和恩格斯的功绩，然而上述事实再一次表明，他们的这类企图是站不住脚的。

[原载《马克思恩格斯年鉴》（柏林）第10卷]

（张红 译　籍维立 校）

---

① 贝奥托·B.勒格勒：《政论家卡尔·马克思》，载于《卡尔·马克思(1818—1883)》。

对马克思捐款购买武器一事的不同看法*

白玉琴

许多马克思传记的作者几乎都说：1848年2月，法国革命爆发的消息传到布鲁塞尔后，留居布鲁塞尔的马克思拿出一大笔钱购买了武器，武装布鲁塞尔的工人和德国工人，马克思因此遭到比利时当局的逮捕，并被驱逐出境。可是马克思当时究竟拿出了多少钱，给了什么人，武装了什么人，说法都不大一致。更令人费解的是，马克思和恩格斯当时所写的文章和通信，从未涉及布鲁塞尔举行武装起义的意图及准备，更没有谈过出钱购买武器一事。1878年《马克思故居》杂志第22期中对此事提出质疑，现将其所提供的线索和论据材料整理出来，供研究参考。

马克思传记作者提到这件事，恐怕主要依据的是燕妮·马克思1865年或更晚些写的《动荡生活简记》中的一段话："当时，革命的乌云愈来愈浓密。比利时的地平线也是一片昏暗。当局首先害怕工人以及人民群众的社会性的自发行动。警察、军队、自卫军全部动员起来了，各方面都处于战斗准备状态。当时德国工人决定，他们必须武装起来。

---

* 本文选自《马列主义研究资料》1983年第4辑。

他们得到了短剑、手枪等。卡尔愿意出钱，因为当时他刚得到一份遗产。政府认为这一切都是阴谋、犯罪的打算，因为马克思有钱买武器，所以必须把他弄走。"① 马克思是否看过这篇东西，是否认可了这样的事实，很难确定。因为燕妮·马克思写的东西并不是都经马克思过目的，她也曾独自给报纸写过戏剧评论和剧情介绍等文章。②

燕妮在写这篇东西时很可能利用了阿道夫·克路斯1853年11月25日发表的一个《声明》。这篇《声明》是克路斯为了反击哥·金克尔、奥·维利希和卡·海因岑对马克思的攻击而写的。《声明》说："二月革命爆发时，马克思从他自己的财产中拿出了几千塔勒，其中一部分用来武装了布鲁塞尔的工人，因为布鲁塞尔正面临着一场革命。马克思和他的夫人因此被比利时政府逮捕。" 这是第一次提到马克思出钱购买武器的文字记载。《声明》的署名是：克路斯、约·魏德迈和阿·雅科比。1848年2月这三个人都不在布鲁塞尔。克路斯最迟是在同年1月离开这里的，魏德迈只是1846年2—4月在布鲁塞尔，雅科比是在1852年底或1853年初才结识马克思的。这三人都不是马克思在布鲁塞尔最后几天活动的目击者。他们所列举的事实是不能令人信服的。克路斯在选择材料时并不十分严格。他至少还在另一篇反对维利希的文章中把自己履历中的时间向后推了，并把事实作了加工。克路斯认为，《声明》主要是为了宣传马克思的自我牺牲精神，其他则无关紧要。③ 他在《声明》中还说："1848—1849年马克思拿出了近七千塔勒，一部分现金是他和他夫人的财产。"可是1848年2月马克思留居布鲁塞尔时，他总共

---

① 《摩尔和将军》，人民出版社1982年版，第40页。
② 参看德意志联邦共和国《马克思故居》杂志第22期第91页注33。
③ 参看德意志联邦共和国《马克思故居》杂志第22期期第13页。

只有2000塔勒，还是1848年2月9日他收到的父亲的遗产。他的岳父路·冯·威斯特华伦年俸很高，生前家庭生活比较富裕，但没有任何财产。他1842年去世，没给子女留下遗产。① 后来，燕妮的母亲也不可能给他们提供大笔款项。1856年她去世后，燕妮和她的弟弟埃德加尔分掉了她为数有限的500塔勒。所以，1848年燕妮·马克思没有得到任何遗产。关于"七千塔勒"的说法可能是来源于马克思1849年7月13日致魏德迈的信："我曾经给《新莱茵报》（这毕竟是党的企业）投资七千塔勒以上。"② 显然，马克思所讲的7000塔勒，看来与武装布鲁塞尔工人一事毫无关系。

关于马克思拿出"一大笔钱"武装工人的传说，最先由尼古拉也夫斯库写进了传记。他不加分析地利用了克路斯的《声明》，并且声称"马克思武装布鲁塞尔工人一事，在布鲁塞尔档案馆中找到了证据。马克思在2月底交给比利时民主派5000塔勒，这笔钱是他从他的德国亲属（马克思的母亲或燕妮的母亲）那里得到的。"他如此准确地说马克思拿出了5000塔勒交给民主派，是没有什么根据的，这笔钱的来源也谈得不很准确。

巴黎工人起义的消息是2月26日星期六凌晨传到布鲁塞尔的。许多群众立即自发地举行了集会。为了稳定局势，国王佯称退位。群众平静下来，不打算举行起义了。27日许多群众再次聚集在市政厅前面的广场，想探知民主协会和同盟③将采取什么措施，但被当局调来的骑兵所驱散。一切又恢复了平静，全然没有发展成武装起义的迹象。当时在

---

① 参看海因茨·蒙茨：《卡尔·马克思》1973年特利尔版第330—333页。
② 《马克思恩格斯全集》第1版第27卷第524页。
③ 资产阶级激进派的团体。

布鲁塞尔也没有一个决心发起武装起义的组织和领导人。最有可能组织武装起义的只有民主协会。它开始时"通过了一系列非常重要的决议,……并向市政委员会递送了请愿书,要求不仅把武器发给资产阶级市民自卫军,而且发给每个地区所有的公民"①。但在决议中也夹杂着进行"和平的有力骚动"的思想。国王退位的消息传开后,2月28日和29日民主协会主席、著名的共和派领导人若特兰曾同国王的心腹进行过谈判。他希望列奥波特一世自动退位,比利时能从君主立宪制和平过渡到共和制。民主协会的另一位领导人斯皮特霍恩也在劝说会员不要举行起义。② 两人全然没有发动武装起义的意图。后来,"罗日埃的暴力"促使若特兰"承认了阶级对立"③,当他醒悟后,起义的最好时机已经错过。

巴黎起义的消息传到布鲁塞尔的当天,治安警察局长奥迪奉命取走了军火商店里所有的步枪枪栓及手枪,并查封了全部弹药。④ 即使马克思再想购买武器,恐怕为时已晚。2月28日下午,已受到监视的马克思曾去一家银行,兑现了一些法郎,并携带这笔钱来到若特兰的家。据若特兰讲,传说比利时银行翌日起不再付款,于是马克思急忙去兑现支票⑤,以备他去巴黎之需⑥。而实际上在这个民主协会领导人经常聚会

---

① 《马克思恩格斯全集》第1版第4卷第549页。

② 参看德意志联邦共和国《马克思故居》杂志第22期第92页注41,第125页注299。

③ 《马克思恩格斯全集》第1版第27卷第133页。

④ 参看德意志联邦共和国《马克思故居》杂志第22期第14页、第102页注121。

⑤ 警察局长奥迪向普鲁士使节泽肯多夫尔说的数字是5000法郎,同马克思一起兑现支票的斯皮特霍恩证实,马克思只换了1000多法郎。

⑥ 参看德意志联邦共和国《马克思故居》杂志第22期第124页注280。

的地方,马克思只签署了两封信:一封是致《北极星报》和"民主派兄弟协会"的信,一封是致法兰西共和国临时政府的贺信。警察看到马克思去过若特兰家,推测必是捐款买武器,因而手忙脚乱,惊恐万状。

28日全城警察戒备森严,也根本不可能购得武器弹药。在马克思被捕以前,军火商曾被传讯。布鲁塞尔总检察长巴魏在盘问中一再把话题引向马克思,企图攫取可以对马克思提出诉讼的材料。但他们的答话却丝毫没有涉及这位黑头发、黑胡须、黑脸庞的人。除了出售过几把匕首和短剑外,他们没有卖过任何枪支。警察局仍不死心,在马克思被捕的当夜,至少有六名警察把马克思的住房及邻近的房间搜查了两小时之久,也没有找到任何武器,最后只得借口马克思没有身份证而将他逮捕,并驱逐出境。此事后来引起新闻界和法律界的强烈不满。

1848年1月中旬以来,马克思同民主协会几位领导人的关系非常紧张,在许多问题上分歧很大。2月中旬,他公开批驳若特兰的错误。2月22日在民主协会举办的克拉科夫起义两周年纪念会上,马克思和若特兰之间又发生了分歧,马克思声明退出协会。① 后来马克思虽应若特兰的请求收回声明,但他和若特兰的关系却貌合神离。再加上目睹了若特兰近几天的所作所为,马克思是不会贸然捐款给民主协会的。如果民主协会此时准备举行武装起义,那么身为民主协会副主席的马克思便不会在最紧张的时刻,与恩格斯、波尔恩一起应邀到布鲁塞尔郊区一位比利时人家里去作客。② 3月5日马克思由比利时来到巴黎。3月6日参

---

① 《马克思恩格斯全集》第1版第30卷第506页。
② 斯蒂凡·波尔恩:《一个一八四八年革命老战的回忆》第46页。

加了海尔维格和伯恩施太德召开的德国流亡者集会。在8日和9日的会议上，马克思坚决反对组成武装军团攻入德国的冒险计划，主张德国工人单个返回祖国参加革命。根据上述这些人所共知的事实，我们很难相信，几天前马克思在布鲁塞尔拟定起义计划，并捐款购买武器武装德国工人的传说。

欧洲1848—1849年革命：一次历史的类型比较的尝试*

〔德〕瓦尔特·施密特

19世纪中叶在欧洲许多国家同时爆发了革命，这种现象引起了历史学界的长期关注。革命浪潮一下子席卷这个大陆的大部分地区，这毕竟是鲜见的。这次浪潮迅猛发展，并出人意料地取得了首批成果，但随后逐步平息，15个月后完全被保守的反动势力所遏止。这场革命尽管没有导致各国社会关系和政权关系的彻底变革，但也没有导致原状的复归。

到1948年的百年纪念日为止，这一历史现象只是历史学研究和讨论的次等课题——不同于政论课题，尽管1917—1923年在欧洲大陆上又爆发了一场不同于社会革命的革命。1948年在举办纪念欧洲革命100周年的活动时，才使对这场不寻常的欧洲革命事件的历史研究首次达到了高潮。特别是1948年后发表的著作可以证明这一点。①

---

* 本文选自《马克思恩格斯列宁斯大林研究》2000年第1辑。

① 参看《纪念1848年革命一百周年大会文件》巴黎1948年版；F.费焦：《1848年全世界人民的春天》（两卷集）巴黎1948年版；F. W. 波将金、A. I. 莫洛克：《1848—1849年革命》莫斯科1952年版；普·罗伯逊：《1848年革命。社会史》普林斯顿1952年版。

但是这些著作更多的是着眼于单个国家的革命及其特点，而不是历史地分析和综合单个"民族的"革命及整个欧洲的革命事件，相对地强调"民族"差异和欧洲的共性，各个国家的革命史仍然是自成一体，因此，只有"综合分析"这些著作才能看到欧洲革命的全貌。在这段时间里，对革命史的比较研究都是零散的，如查理·H.普塔斯的《1848年革命的总体研究》或苏联的波将金和莫洛克的两卷集《1848—1849年革命》的最后一章。

70年代，国际史学界在全面加强革命史研究的背景下，又一次引人注目地转向了对欧洲1848—1849年革命的研究。在这方面，1973年纪念1848年革命125周年的活动和1980年纪念1830年革命150周年的活动无疑起了促进作用。

对1848年革命进行比较研究的趋势一直延续到今天，而且有所加强。朗格维舍发表在奥尔登堡丛书《历史大纲》中的分析和综合迄今为止的研究的著作《复辟时期到革命时期的欧洲。1815—1849年》，曼费雷德·科索克的《世界历史上的革命》，英国人罗杰·普赖斯的《欧洲1848年革命简史》，乔纳森·斯佩珀的《1848—1851年欧洲革命》，最近（1995年）出版的《1848年革命中的巴黎和柏林》以及为纪念1848年革命150周年而已经预告的、可能不久就将出版的、历史地比较欧洲各国革命发展过程的许多方面（如原因和过程，革命过程中的政治制度，街垒革命，民族性和国际性，城市和乡村，变革中的社会以及"革命的失败"所造成的结果等）的研究文集《1848年革命中的欧洲》都说明了这一点。像这个论文集一样，1996年夏天召开的题为"1848—1849年的图林根革命。阶段和区域比较"耶拿代表会议表明，将于1998年举行的纪念1848年革命150周年活动的重大科学成就可能就是专门的革命史比较研究。

由于种种原因，1848年革命是进行历史的类型比较的特殊内容。发生在19世纪中叶的这次欧洲革命总体上讲是继1789年法国大革命之后在欧洲实现资本主义社会关系的最有力和最有影响的社会政治动力，是推动上个世纪社会政治现代化的最强大的动力。这次革命像一面透镜一样首次折射出了产业资本主义发展的一个新阶段的条件，而这些条件作为所谓的双重革命的结果，是在已经开始的、正在进行的资产阶级改造和同时发生的产业革命中形成的。1848年革命尽管继承了1789年革命的传统，但同时体现了新时期资产阶级革命的新的质量。1848年革命除其他因素外，首先还具备一个特点，它首次吸纳了无产阶级这个新的社会成分的大规模参与，而无产阶级有自己的要求，其中一些是明确的反对资本主义的要求。1848—1849年革命之所以对历史的类型比较具有挑战性，其主要原因在于——如上所述——在欧洲多数国家同时爆发革命，这是史无前例的。这场革命不仅波及经济、社会福利（资本主义）和政权建设（市民阶层占统治地位的资产阶级立宪）方面发达的国家如法国，以及已被资产阶级改良纳入社会政治变革过程的国家如德国，而且波及仍旧带有强烈封建色彩的地区如哈布斯堡王朝和罗马尼亚。下面的历史类型的比较不是将1848年欧洲革命同资本主义以前或以后的发展阶段上的其他资产阶级革命作比较，也不是将它同19世纪的其他革命作比较。更确切地说，比较的对象仅仅是在1848年2月至1849年夏天这段不足一年半的时间内在各个国家同时发生的"民族"革命。

我们要研究的问题是，在欧洲范围内发生的革命事件有什么共性，有什么欧洲性质，在单个国家发生的革命除了某些共性外，还有什么特殊性。1848年革命有利于进行革命类型的比较，因此我认为，对这场革命进行历史的比较分析可以使我们了解各个不同的层面和方面。

我们首先应当了解，这两年的革命在资产阶级改造社会和现代化的过程中所扮演的角色和所起的作用。这场革命作为随着资本主义在欧洲的发展而产生的社会和政治冲突的结果本身，特别是作为正在发展的工业革命的结果，对消除国家和社会的落后的封建状态、确立或继续建设资产阶级社会和与之相适应的议会民主制起到了推动作用。因此，不管各种不同的，甚至相互对立的社会力量在革命的不同层面所起的作用如何，这次革命始终是资产阶级革命。虽然重点不同，但当时需要解决的仍然是三个相互制约的问题：建立和发展以议会立宪作保障的资产阶级民主主义的统治关系；在城乡确立资产阶级（资本主义）的社会关系；建设或发展资产阶级的民族国家。

不同地区的资产阶级化的不同程度表明，所涉及的社会政治重点仍然有明显的区别。我认为，1848 年革命可分为三种类型的资产阶级革命。

第一种类型：在法国，从 1830 年起，以路易—菲力蒲为首的资产阶级保守派，特别是金融资产阶级，掌握了政权，建立了资产阶级社会。这一点作为产业革命的结果虽然加强了工业资产阶级的实力，并把它们推到了前台，但是仍有必要对这个社会进行政权方面的、在某种意义上还有社会方面的改组和改造。由于占统治地位的资产阶级保守派缺乏甚至没有调整能力，使得革命的斗争变得死气沉沉，而这种情况也许只有第三次法国革命才能解决，因为法国与英国不同，英国随着 1830 年改革法案的颁布和 1846 年谷物法的废除，成功地走上了改革的道路。可见，这就像 1830 年巴黎七月革命所表现的一样，关键是以政治权力由资产阶级的落后一翼向进步一翼的转移为动力，结合进一步的民主化，对资产阶级社会制度实行进一步改造。而民主化的程度取决于非资产阶级，即所谓非特权阶级在革命过程中（虽然只是暂时的）的影响。

巴黎二月革命结束时建立的以社会福利为目标的共和国也是小资产阶级和无产阶级激进行为的结果。当然他们未能守住这一成果。1848年的法国革命是在资本主义条件下旨在进一步发展和巩固已建立的资产阶级社会制度的资产阶级革命。

第二种类型：在哈布斯堡君主制国家（奥地利、匈牙利、波希米亚、斯洛伐克、南斯拉夫诸国）和罗马尼亚的多瑙河两公国，占统治地位的基本上还是封建关系，尚未开始资产阶级变革。在这种条件之下——就像1789年的法国——革命的任务就是为建立资产阶级社会开辟道路，强迫进行革命或改革，消灭落后的封建制度。从类型上看这里的1848年革命最像法国大革命。这些国家的革命基本上还属于封建条件下进行的推翻落后的封建制度的革命。

第三种类型：在一些国家中，作为1789年法国革命的结果，多数已沿着改革的道路开始了资产阶级改造，有的已在摆脱封建专制方面取得了显著进步（如德国、意大利及波兰的部分地区）。在这些国家中，革命有着双重职能：一是将先进的、不可逆转的但尚未完成的资产阶级现代化进行到底；二是革命至少提供了这样的契机：即离开迄今为止的对社会进行资产阶级化的改革道路，沿着革命民主主义的道路迅速完成社会改造。革命的成败不再决定资产阶级改革的命运，而只能决定完成业已开始的资产阶级改造的速度和方式。这是加速业已开始的、不可逆转的资本主义现代化进程和资产阶级化进程的一种新型的资产阶级革命，是通向资本主义社会的革命。

各国承担、推动和领导革命的社会力量的状况和各种关系也取决于资本主义的发展水平和历史传统。正在形成的社会整体上虽然在争取摆脱封建的桎梏、障碍和约束，但构成正在形成中的资产阶级社会的各个社会阶级和集团的影响、斗争能力和决心因各国的社会利益状况和目标的不同而各异。

各国资产阶级是最关心实现新的社会和政治关系的阶级。由于它们的经济地位和由此产生的社会实力，使它们同自由派一起一般成为整个改革进程的政治领导力量，特别是资产阶级革命的政治领导力量。当然，它们在革命中的态度和资产阶级各派参加革命的比例是有很大差别的。

在资产阶级的法国，经济上强大的但没有掌握政权的工业资产阶级公开反对占统治地位的金融贵族。它在1848年二月革命中实现了有利于自己的权力更替，但出于对第一次独立提出社会权利的无产阶级客观上毫无理由的恐惧，放弃了整个资产阶级在第二共和国时期取得的直接的议会民主政权，虽然它的经济需要和社会需要在波拿巴主义下得到了满足。

在那些资产阶级还完全被排除在政权之外的国家（德国、奥地利和意大利），资产阶级作为整个阶级强烈要求承担政治责任，在1848年三月革命中也成了反对派的领导力量，但多数满足于三月革命强加给反动派的政权参与，不再坚持完全排斥旧式的贵族精英。这时他们孜孜以求的是，通过由议会支持的改革，建立议会立宪制，对社会进行资产阶级的改造。1848年底，贵族君主派反革命要求资产阶级放弃已取得的政权地位，同时，试图通过比较深入的资产阶级改革来满足资产阶级的社会经济利益——还有农民的社会经济利益（改革保守主义），在这两种情况下资产阶级充当了革命的盟主，但没有充分利用革命提供的机遇来保障和巩固自己的政治地位。

在那些资本主义发展比较薄弱的国家（匈牙利、波兰），资产阶级还没有成长为具有行动能力的阶级，于是贵族中的自由派掌握了革命的领导权。在这些国家，贵族已不再是纯粹的封建阶级，而是由于资产阶级的改革正在实行资产阶级化（波兰）或至少倾向于将自己的财产用于资本主义大生产（匈牙利）。贵族自由派在资产阶级革命中因实际参与资本主义的发展过程而形成的称霸能力，由于反对外来压迫的独立斗争这种民族形式而得到了加强。在这些国家，贵族作为一个整体多多少少已被置于政治反对派的甚至革命的地位。

由于各地区资本主义的发展水准不同，推动革命事件的社会力量的影响和作用也有明确的差异。在资本主义较为先进的法国，工人问题已取代了早期资产阶级革命中的农业问题或农民问题。在法国革命的中心巴黎，无产阶级已对政治局势产生举足轻重的影响，并已证明一开始就是推动革命取得尽可能的、至今未达到的民主和社会结果的最激进的因素。这在客观上虽然没有对资产阶级社会的存在造成丝毫威胁，但在主观上不仅仅大大增加了法国的，而且增加了欧洲其他国家有产阶级的恐惧。在已经建立和正在建立的资产阶级社会，对任何政治上激进的，特别是具有社会影响的民主化进程的无情遏制，继续决定着法国乃至整个欧洲资产阶级的政治计划。

法国的农民阶级态度非常保守。如果说法国农民的革命潜力再次发生作用——如在1849年春，那么，发挥这种潜力不是由于反封建，而是由于资产阶级社会的社会矛盾，他们至少已有明显的资本主义倾向。在德国，首要的问题也是无产阶级问题，而不是农业问题。1848年德国最后一次爆发农民革命运动的浪潮，这次运动的目标主要还是反对封建依附关系，但同时也反对在取消封建义务过程中的不利于农民的改革实践。1848年农民运动的社会影响是显著的。它虽然没有一下子强行无偿废除封建负担，但如果再实行一次深入的土地改革，相信可以最终废除这些封建负担。在奥地利和哈布斯堡君主政体的其他国家，1848年革命甚至在解放农民之初就实行了改革，而且给了比普鲁士农民更为优惠的条件。

在德国的革命中虽然没有发生像巴黎六月暴动那样的无产阶级起义,但工人们已表现出异乎寻常的要求经济、社会和政治解放的愿望(罢工,地方性工人暴动,区域性无产阶级组织以及全国范围内的有组织的工人兄弟会),并且多数工人不仅参加了革命斗争,而且参加了有组织的民主运动。1848年,德国的工人运动已不再是个别现象,确切地说,在革命中已发展为群众运动。当然它像在法国一样,经历过失败,出现过低潮,直到70年代才又重新高涨。在发生革命的其他国家,工人运动这一革命的重要因素还没有出现或刚刚出现。

在进行历史比较考察时,必须考虑到各个国家进行资产阶级革命的特殊形式。除法国外,1848年欧洲各国的革命都同当时的民族运动紧密相关。资本主义越是进入中欧、南欧和东南欧这些封建国家土崩瓦解和(或)民族压迫深重的地区,民族国家要求集中和解放的倾向就越明显,同时,民族愿望就越具有群众性。根据国家政策目标进行类型分析,可以以民族形成和民族国家的建设过程中的对内(集中)和对外(争取民族独立)两个方面的关系为出发点。

1. 在德国占主导地位的无疑是对内方面,即实现所属对外部分的民族国家的统一。

2. 在意大利,可以认为是对内集中和摆脱外来压迫并重。

3. 对外方面:波兰和匈牙利以及捷克、斯洛伐克、南斯拉夫和罗马尼亚等民族主要以自己的民族国家的形式,或者以民族平等权利的形式争取民族独立。

在欧洲的大部分地区同时爆发民族革命这一点留给我们的问题是:民族愿望给欧洲革命过程的发展和结局产生了什么影响。在革命的最初阶段,人们都满怀希望,各民族的愿望会迅速地、简单地、顺利地得到满足，但由于各种要求相互交织在一起，这种希望很快就化成了泡影。在所有国家，"民族中心论"在自由派，甚至民主派中间都有市场。首先，反抗外来统治的民族独立斗争在各种场合——比如，在德国的石勒苏益格—荷尔斯泰因问题上，在波森大公国的革命中，在1848年春天的波希米亚，尤其是在意大利和匈牙利的革命中——都发挥了强大的革命潜力，但民族利益的分歧造成的压力更为强大，而更有甚者，这种压力被贵族—君主派的反革命尤其是哈布斯堡君主政体的反革命任意当作政治的工具。

最后，我们可根据各国不同的运动进程对欧洲1848年革命进行类型上的区分。马克思曾将1789年的法国革命与1848年的法国革命区分为"上升路线"革命和"下降路线"革命。这种区分可作为我们进行类型区分的标准。

关于这个问题，《路易·波拿巴的雾月十八日》中写道：

  在第一次法国革命中，立宪派统治以后是吉伦特派的统治；吉伦特派统治以后是雅各宾派的统治。这些党派中的每一个党派，都是以更先进的党派为依靠。每当某一个党派把革命推进得很远，以致它既不能跟上，更不能领导的时候，这个党派就要被站在它后面的更勇敢的同盟者推开并且送上断头台。革命就这样沿着上升的路线行进。

  1848年革命的情形却相反。当时无产阶级的政党是小资产阶级民主派的附属物。后者背叛了它，并使它在4月16日、5月15日和6月的日子里遭受了失败。民主派又全靠资产阶级共和派双肩的支持。资产阶级共和派刚刚感到自己站稳脚跟，就把这个麻烦的伙伴抛弃，自己又去依秩序党双肩的支持。但秩序党耸了耸肩膀，抛开资产阶级共和派，自己赶忙站到武装力量的双肩上去；它还一直以为是坐在武装力量的肩膀上，却忽然有一天发现肩膀已经变成了刺刀。每个党派都向后踢那挤着它向前的党派，并向前伏在挤着它向后退的党派身上。无怪乎它们在这种可笑的姿势中失去平衡,并且装出一副无可奈何的鬼脸,奇怪地跳几下,就倒下去了,革命就这样沿着下降的路线行进。二月革命的最后街垒还没有拆除,第一个革命的最后街垒还没有拆除,第一个革命还没有建立,革命就这样开起倒车来了。①

只要我们将1848年欧洲各国的革命视为一个统一的进程,即"欧洲革命"(一些重要论据说明,这样做肯定不会一帆风顺),那么,我们可以看到,除了1848年春天比较短暂的革命高潮外,对这些失败的革命具有典型意义的进程明显呈"下降路线"。然而,这种受欧洲革命运动的两个中心——法国和德国——影响的革命节律与其他"民族"的革命节律完全不一致。

因此我认为,按上述观点,可以把欧洲革命的进程分为以下四种类型:

第一,法国和德国的革命是较早出现停滞并开始倒退的——法国明显是从1848年6月开始,德国最迟是从初秋开始。在法国,保守派资产阶级反革命镇压了巴黎六月起义;德国和奥地利的贵族君主派反革命趁革命力量在德国九月危机中失败的机会,最终夺回奥地利的维也纳和1848年秋末普鲁士发生政变后在普鲁士确立了优势。经过这两次事件,二月革命和三月革命(以及奥地利1848年5月的起义)开创的新的政治局面——民主力量在巴黎政府中的影响,普鲁士和奥地利资产阶级自由派的参政——便已经倒退。除去维也纳1848年10月以及1849年初普法尔茨和巴登反对德国帝国宪法运动期间民主派取得短时政权外,革命再没有出现高潮,相应的政权没有向有利于左翼自由派、温和民主派或共和派及革命民主派的方向,即向左派转移。相反,到1848年底,

---

① 《马克思恩格斯全集》第2版第11卷第155—156页。

权力落到了贵族或资产阶级裔的保守派领导精英手中。

第二，波兰和捷克的民族革命起义在1848年初尽管经历了像其他国家那样的高潮，但随后在5月和6月遭到了普鲁士和奥地利军队的血腥镇压，从此一蹶不振。

第三，意大利的革命在1848年夏天经历了严重的失败（库斯托扎战役、拉德茨基重新占领米兰），人们试图在秋天掀起第二次革命高潮，以挽回败局。这次高潮是与左派的发展壮大、激进派和民主派在罗马、托斯卡纳和威尼斯取得政权密切相关的。这样一来，革命的进程又一次处于上升路线，直到1849年夏天，由于外来干预，意大利的革命中心遭到镇压，这个革命进程才发生逆转，最终被遏止。

第四，匈牙利革命从1848年3月至1849年8月一直呈上升趋势（就像奥地利的革命，确切地说是维也纳直到1848年10月的革命一样）。匈牙利在这一方面具有特殊意义。在同外来的（哈布斯堡的）反革命争取民族独立的斗争的激励下，匈牙利实行的是明显的左倾方针——类似于法国大革命，只是方式不同而已。随后开始了整个自由派贵族激进化过程，自1848年9月以拉约什·科苏特为首的国防委员会成立后，他们为在反哈布斯堡的战争中采取革命措施留下了余地。而不是像1793—1794年的法国革命那样，不允许实现内部关系的革命化。直到1849年夏天，维也纳的反革命才依靠沙皇军队的干涉，得以给匈牙利的民族革命战争以致命的打击。

如果我们将欧洲革命的进程理解为许多民族起义自身存在一个矛盾的整体，那么就会看到，在法国和德国这两个革命中心从1848年夏天或秋天起运动一直呈退势，与此同时，在南欧和东南欧地区（意大利和匈牙利），革命则呈上升的发展趋势。形成南欧和东南欧地区这种有利的趋势显然是外部的防卫因素所致；另一方面，像1789年法国大革命一样"经典"型的资产阶级革命的内部条件,即尚未与封建体制实行彻底决裂,当然也起了作用。这种类型的革命同功能上已更先进的革命类型相比,对这一趋势的影响更强烈。但与民主派的愿望相比,这种趋势太微弱了,以致无法再次改变局势,使之有利于欧洲标准的革命。决定"欧洲革命"命运的不可能是周边地区,而应是它的中心法国和德国。就像后来欧洲或世界范围内的革命进程普遍表明的那样,如果将革命始终局限于周边地区,不能成功确立中心,那么革命注定是要失败的。

欧洲19世纪中叶爆发的资产阶级革命已表现出新的特色,作为资本主义,即工业资本主义发展的新阶段的条件成熟的结果,作为已经开始的沿着改革道路进行的资产阶级改造的结果,它具有了新的特征。我们要进行历史比较的讨论仍一如既往地面临一系列困难。

将这些革命浪潮归入封建社会向资产阶级社会的具有时代意义的转型过程,依然是我们今后需要讨论的问题,因为转型的实现程度在各个国家是不同的。特别是怎么看待革命和改革的关系问题,1789年革命爆发和工业革命开始("双重革命")以后,怎么看待资产阶级改造的两种方案的影响问题与相互交叉和渗透问题。目前由于改革已选择了通向资本主义现代化或者说继续建设已经建立的资产阶级制度的道路,在这种情况下,还有一个怎么看待革命的作用和可能性的问题。

刚刚开始形成阶级的无产阶级对资产阶级革命的第一次参与、对其他阶级的地位和态度以及对革命进程的影响,都有待进一步研究和解释。

对在1848年革命中被公认为发挥领导作用的资产阶级的态度一直是人们争论的焦点:用什么标准衡量自由派代言人的政策?为什么说资

产阶级夺取政权和实现社会民主化的斗争是失败的？自由派提出与国王和贵族实行政治妥协有什么社会背景？

自由派贵族在19世纪资本主义欠发达国家的资产阶级民族起义中的领导能力、领导职权和领导实践等问题还有待深入研究。

进行历史类型比较——与1793—1794年的雅各宾主义作比较——还应当研究小资产阶级民生派在1848年革命中的作用，探索他们发挥临时政治领导作用的机会和界限的问题。

最后还有农民问题，这个问题较之工人问题虽已退居次要地位，但与各阶层的农业居民在1848年各国革命中进行的不同活动一样，仍然还是历史比较讨论的课题。

（原载德国《工人运动史论丛》1998年第2期）

（朱毅 译）

革命之后、国际之前《新莱茵报。政治经济评论》出版史*

〔德〕马丁·洪德

从1842年到1850年,马克思在八年之内曾三次出任报刊主编。1842—1843年间,他主编了《莱茵报》。1848—1849年革命时期,他主编了《新莱茵报》。他沿用原有的报纸名称,只在前面冠上一个"新"字,以显示无产阶级的战斗机关报与旧《莱茵报》在阶级属性上的本质区别。1850年3月,他又创办了《新莱茵报。政治经济评论》杂志。这一次,他仍沿用原有的名称,只是加了一条副题,以表明这个评价历史事件的月刊与干预当前时事的日报之间的显著区别。马克思自己曾说过,创办报刊"只能以原来的名称进行活动。这是常规"①。这是他从事新闻事业奉行的一条恪守不渝的基本原则。

马克思和恩格斯在《新莱茵报。政治经济评论》上发表了一系列重要著作。这些著作同1850年3月《中央委员会告共产主义者同盟书》以及《路易·波拿巴的雾月十八日》一起,构成马克思主义发展史中的一个完整阶段,即对1848—1849年欧洲革命的政治经验进行理论总结的阶段。这些著作,如恩格斯的《德国农民战争》和《德国维护帝

---

* 本文选自《马列主义研究资料》1982年第3辑。

① 《马克思恩格斯全集》第1版第27卷第619页。

国宪法的运动》，马克思和恩格斯合写的许多书评、国际述评和声明，特别是马克思的光辉论著《1848年至1850年的法兰西阶级斗争》，是对历史唯物主义和革命的工人政党的战略和策略的重大发展。在这些著作中，马克思和恩格斯阐述了关于无产阶级革命和无产阶级专政、工人阶级的同盟军以及意识形态斗争方面的不可磨灭的学说。

从表面上看，这个杂志平平常常，没有什么引人注目之处；可是，鉴于上述无可争辩的重要意义，就很有必要弄清它是怎样问世的，它的每一期是在什么具体历史条件下出版的。

可是迄今为止，人们对马克思编辑出版《莱茵报》和《新莱茵报》的活动虽然已经作了比较充分的研究，而对1850年出版《新莱茵报。政治经济评论》的历史情况，却很少涉及。只有弗兰茨·梅林曾有所论述，自他以后，补充的新材料寥寥无几。

《新莱茵报。政治经济评论》之所以"湮没无闻"，主要是由下述情况造成的。在1848—1849年革命中，民主力量遭到失败，接着便开始了延续多年的反动时期；在此期间，这个杂志显然被它的收藏者们出于安全的考虑而大批销毁了。早在19世纪末，《新莱茵报。政治经济评论》就已经被视为珍贵文物。1864年，原共产主义者同盟盟员弗·格吕贝尔在汉堡出售过几本，此事竟成了一条珍闻。这本杂志仅仅出了六期，可是在很多年内，甚至连马克思和恩格斯本人都没有能完整无缺地如数收藏。

马克思和恩格斯很少谈到他们在1850年出版的这本杂志。马克思始终反对不加修改地重印《1848年至1850年的法兰西阶级斗争》一文（参看马克思1869年3月20日和1870年5月10日致恩格斯的信）；《德国维护帝国宪法的运动》在19世纪一直没有重新发表；而发表在《新莱茵报。政治经济评论》上的唯一一部经恩格斯批准而两次重版的长篇著作——《德国农民战争》，在1870年和1875年出版时，对于最初在该杂志发表的情况只是一笔带过。可是，有意思的是，大致在1892年底，恩格斯酝酿了一项计划，打算在狄茨那里把《新莱茵报。政治经济评论》全部重印出版。他曾同列斯纳谈到这项计划，列斯纳便把自己保存的那一套杂志提供出来，并把计划通知了卡尔·考茨基。可是，恩格斯不久便觉察到，要重印出版，就免不了要写一篇详尽的导言来叙述这个杂志的历史，于是他很快就放弃了这个打算，以便集中精力整理《资本论》第三卷。直到恩格斯逝世那年，《1848年至1850年的法兰西阶级斗争》一文才重新印行。可是就在1895年，恩格斯也没有找到时间和机会，联系《新莱茵报。政治经济评论》上刊载的这篇最重要的著作来追述一下杂志的历史。

杂志的政治地位

出版一本党的理论刊物，总结刚刚结束的革命斗争的教训，这对于共产主义者同盟当时正在进行的改组工作具有重要的意义。这个杂志上发表的文章具体地说明和解释了同盟中央委员会在三月"告同盟书"中所阐述的政策。从共产主义者在1850年所处的政治地位来说，拥有一个机关刊物也很重要，共产主义者可以比较及时地在刊物上对资产阶级和小资产阶级的攻击和诽谤公开予以回击，这一点，尤其在德国是如此，在伦敦也同样是如此。此外，还可以推断，1850年秋天同盟在德国的各支部之所以能够坚定不移地拥护马克思和恩格斯所代表的中央委员会的政策，反对维利希—沙佩尔宗派集团，其中一个原因就在于这份杂志发挥了作用。

由于共产主义者同盟必须保持秘密性质，《新莱茵报。政治经济评论》当然不可能明显地对外进行组织联系。但尽管如此,这种联系却毫无疑问是存在的。杂志的出版者、几乎所有的撰稿人以及许多从事出版和经销工作的人都是同盟的领导成员,两位主要撰稿人——马克思和恩格斯以及出版负责人——施拉姆都是中央委员会委员,而马克思既是《新莱茵报。政治经济评论》的出版者,又是中央委员会主席。1850年1月28日,施拉姆以同盟领导机关的名义写信给瑞士拉绍德封地区共产主义者同盟的领导成员,信中写道:"我们希望你们尽最大的努力支持《评论》。"2月1日,奥古斯特·维利希又补充说:"《新莱茵报。政治经济评论》是我们的机关刊物。"魏勒尔曾写信给马克思谈到与莱比锡支部联系十分密切的社会主义俱乐部,他说,该俱乐部将"专门负责散发莱比锡支部收到的《评论》。"

杂志在预告出版时,就已引起普鲁士统治集团的注意。至迟在1850年2月初,普鲁士政治警察当局已经通过他们在汉堡的一个密探获悉杂志的出版计划。2月17日,这个密探写的情报由柏林警察局长冯·欣克尔达伊转呈内务大臣冯·曼陀菲尔,其中写道:"人所共知的马克思"将在伦敦出版《新莱茵报。政治经济评论》,"臭名昭著的卡尔·施拉姆"任出版负责人,汉堡舒贝特书局已承担在德国经销的业务。"因此,此事对警方关系重大,因为在普鲁士,那些无疑是同马克思互通声气的革命宣传活动,将利用这种文字往来以及有关汉堡情况的文字通讯,力图进行颠覆活动,或者说得更明白一点,正如我所确切了解的:这种与伦敦往来的有关汉堡情况的文字通讯,乃是用来掩饰颠覆活动的幌子。所以,关键在于必须在汉堡书商舒贝特的寓所建立起秘密联系,以便弄清马克思在普鲁士的通讯者〔……〕所施行的种种计划。"

当局为对付这个刊物究竟采取了什么措施,其详细情节目前还不清楚。但燕妮·马克思曾提到过一个线索,她在《动荡生活简记》(载于

《摩尔与将军》，1965年柏林版）一文中写道："这个《评论》所取得的成就是巨大的。但是，书商被德国政府所收买，把业务方面的事情搞得十分糟糕，十分草率，以致过了不久，这项事业就显然无法继续下去了。"

马克思本人则认为，《新莱茵报。政治经济评论》是在普鲁士政府的干预之下"被停止"付印的。①

有关杂志的筹备情况

自从1849年5月《新莱茵报》在科隆被迫停刊以后，马克思一直怀着一个心愿，希望把这个报纸继续办下去。1849年6月中旬巴黎的革命势力遭到失败以后，马克思在恩斯特·德朗克的支持下，开始从巴黎向各方商谈"在柏林出版一种定期的政治经济杂志（月刊）"的问题。② 可是，在被逐出巴黎之前，马克思已经看到，这项计划在柏林是不可能实现的，而在伦敦却很有希望。③

马克思从1849年7月开始同约瑟夫·魏德迈商谈，最初是磋商把《新莱茵报》上的各种文章集印成册的问题。现在还不能确定，他们从八月份起是否还商讨了《新莱茵报。政治经济评论》或许可能在美因河畔法兰克福印刷的问题。1849年8月28日：魏德迈写信给马克思说："我已经找到了一位兼办必要的广告设计事务的印刷厂主。[……] 因此，你无论如何必须当机立断，即使冒着风险也得把第一期的稿件编审

---

① 《马克思恩格斯全集》第1版第27卷第276页。
② 《马克思恩格斯全集》第1版第27卷第157页。
③ 《马克思恩格斯全集》第1版第27卷第160页。

完毕，并预先给我寄来。"

从 1849 年 8 月起，马克思和德朗克同科隆、汉堡、杜塞尔多夫、法兰克福（美因）、瑞士和巴黎的共产主义者同盟盟员以及一些坚定的民主主义者进行了广泛的通信，商谈这个拟定出版的杂志的组稿、资金、印刷和销售的问题。1849 年 9 月 5 日，马克思一到伦敦就写信给斐迪南·弗莱里格拉特谈杂志的筹备工作，他说："我有一切希望在这里创办一个月刊，但是时间紧迫，而且头几个星期困难特别大。"①

1849 年 10 月 17 日，《西德意志报》在头版头条报道："据伦敦消息，卡尔·马克思博士在近期内将出版一种政治经济评论。我们满怀信心地期望，所有主张社会民主主义派的全体成员都来支持自己的开天辟地的天才领袖所创办的这个事业。"

恩格斯于 1849 年 11 月 10 日左右到达伦敦以后，就投入了筹办杂志的工作，他不仅参与了内容方面的筹备，也参与了组织方面的筹备。1849 年 9 月施拉姆到伦敦后，把大部分筹备工作都承担起来了。他同马克思和恩格斯保持着极为密切的联系，那些商讨杂志在印刷和销售方面的各种细节问题的广泛的通信，主要是由他负责进行的。马克思和恩格斯起草的《新莱茵报。政治经济评论》的出版启事，也是由他签署的。②

大约在 1849 年 11 月初，同盟盟员泰奥多尔·哈根受马克思的委托，开始在汉堡同书商格奥尔格·斐迪南·尤利乌斯·舒贝特就杂志的印刷和销售问题进行谈判，结果取得成功。

---

① 《马克思恩格斯全集》第 1 版第 27 卷第 536 页。
② 《马克思恩格斯全集》第 1 版第 7 卷第 3—4 页。

1849年11月中旬，哈根已经在汉堡分别同约·艾·姆·克勒尔就印刷问题、同舒贝特就发行和销售问题进行了一切必要的磋商，并在原则上征得了他们的同意。经过几个星期关于合同细节问题的谈判以后，施拉姆于1849年12月14日致函舒贝特，表明了编辑部的态度；舒贝特于12月19日写了复信，并以这封复信作为正式合同。

马克思和舒贝特签订的所有协议，只涉及杂志印刷出版的某些方面以及为销售杂志而订立的各种经济条件；至于整个经营的领导权则掌握在马克思和施拉姆手中，并由他们负全部责任。马克思在写给魏德迈的信中说，他"在汉堡找到了印刷厂主和发行人。一般说来，整个事情都要用私人经费进行。"① 这就是说，马克思和恩格斯必须千方百计地扩大各期杂志的销售量，以便用收入的资金把杂志继续出版下去。

把杂志改办成报纸的尝试

1849年12月和1850年1月，在筹办月刊的同时，马克思曾打算把《新莱茵报。政治经济评论》逐渐改变为"双周刊和月刊，然后根据情况重新把它变为日报"②。当然，要出版一份日报，只有在德国掀起一次革命高潮之后才有可能；而要出版一份周报，也必须将编辑部设在伦敦。《新莱茵报。政治经济评论》编辑部打算"在经济条件一旦允许的时候，就使《新莱茵报》每两周出版一次，每次五印张，或者，有可能的时候就出版象英美周刊那样的大型周报，而只要情况允许回到德

---

① 《马克思恩格斯全集》第1版第27卷第538页。
② 《马克思恩格斯全集》第1版第27卷第545页。

国,就立刻再把周报改为日报"①。

为此,就必须大大增加杂志的基金,而在当时要做到这一点,就只有采取招募股票的办法。1849年12月20日左右,马克思写信给居住在布鲁塞尔的卡尔·布林德,委托他全权负责招股事宜。布林德疑虑重重地回答说:"在这些事情上,倘若没有作出使所有股东都感到满意而又普遍有效的法律规定,我们就只能在自己的政治友人的狭小范围内募集了;而这些人恰恰是最为贫穷拮据的。"尽管如此,他还是向巴登的熟人以及居住在巴黎的阿曼特·戈克进行了联系。

由施拉姆起草的《"新莱茵报。政治经济评论"召股启事》日期署为1850年1月1日。这个启事没有发表。为了筹集必需的资金,共产主义者同盟中央委员会至迟在1850年1月11日作出决定,委派施拉姆作为特使前往美国。与同盟保持合作的伦敦宪章派和布朗基派同意出具介绍信;马克思还要求弗莱里格拉特也写一封介绍信。② 为了筹集这次旅行所需要的150塔勒资金,马克思曾写信给弗莱里格拉特和科隆的格奥尔格·荣克,以及杜塞尔多夫的斐迪南·拉萨尔和法兰克福(美因)的魏德迈。由于魏德迈从中做了工作,鲁道夫·雷姆佩尔于1850年2月3日从比雷菲尔德给施拉姆寄了十塔勒。1月26日,弗莱里格拉特寄出了在科隆筹集到的40塔勒。拉萨尔未能"为这次前往纽约的远征"筹集到分文。由于必需的资金只筹备了三分之一,所以施拉姆未能成行。

招募股票的努力也很不成功。现在知道的只有戈克曾寄来100法郎。

---

① 《卡尔·马克思主编的"新莱茵报。政治经济评论"召股启事》,见《马克思恩格斯全集》第1版第7卷第600页。

② 见马克思1850年1月10日致弗莱里格拉特的信。

杂志的撰稿人

《新莱茵报。政治经济评论》上发表的绝大多数文章都是马克思和恩格斯写的。马克思一开始就料到势必如此。马克思写了总题目为《从1848到1849年》的连载文章①和《路易—拿破仑和富尔德》一文,恩格斯写了《德国维护帝国宪法的运动》《英国的十小时工作制法案》和《德国农民战争》。他们还合写了两组著作评述(每组各包括三篇书评)、三篇国际述评、一篇批判哥德弗利德·金克尔的文章以及一些短评和声明。

因为马克思和恩格斯打算把《新莱茵报。政治经济评论》办成直接承继原《新莱茵报》的续刊,所以他们可能曾约请当初在科隆出版的《新莱茵报》的所有编辑人员为该刊撰稿。可是,恩斯特·德朗克、斐迪南·弗莱里格拉特、格奥尔格·维尔特和斐迪南·沃尔弗等人有的流亡国外,有的正在作各种长途旅行,有的由于其他原因,都未能为杂志撰稿。

在《新莱茵报》的编辑人员中,除了马克思和恩格斯以外,只有威廉·沃尔弗为《新莱茵报。政治经济评论》写了一篇文章。早在1849年9月15日,沃尔弗在伯尔尼同恩格斯会晤时就已经了解到杂志的出版计划。他接受马克思的委托,根据自己经历的事实,着手写文章评介"法兰克福议会和斯图加特议会的近况"②。由于生病和其他一些

---

① 从1895年起,这篇文章以《1848年至1850年的法兰西阶级斗争》为题闻名于世。

② 参看《马克思恩格斯全集》第1版第27卷第542页。

原因，他未能在第一期出版前完稿。杂志预告将在第三期发表威廉·沃尔弗的文章《德国议会的最后几天》。沃尔弗于1850年2月初从苏黎世将文稿寄给恩格斯，这些文稿虽然没有详尽地描述国民议会最后阶段的历史情况，但其中一篇评述所谓帝国摄政的所作所为的文章却颇为发人深省，文中着重对卡尔·福格特进行了批驳。这篇文章以《"全国各地"特写补充》为题在《新莱茵报。政治经济评论》第四期发表。这个题目表明，这是原《新莱茵报》"全国各地"专栏的直接继续。

1849年10月从伦敦移居布鲁塞尔的卡尔·布林德（当时是共产主义者同盟盟员），按照马克思在12月中旬提出的要求，于1849年12月29日寄去一篇论述巴登政治形势的文章，发表在第一期。编辑部还收到流亡伦敦的法国共和主义者路易·曼拿尔写的一首献给六月战斗的诗歌《腿》；这首诗用法文刊登在第四期首要位置。马克思和恩格斯还约请了约翰·格奥尔格·埃卡留斯为第五、六期合刊撰稿。埃卡留斯是裁缝出身，很有理论素养，1850年9月底被选为共产主义者同盟伦敦地区负责人。他为第五、六期合刊写了《伦敦的缝纫业，或大小资本的斗争》一文。除此之外，马克思和恩格斯还曾试图让宪章派的革命领袖乔治·朱利安·哈尼为杂志撰稿，但没有成功。

因为杂志出版的时间很短，同时，由于革命遭到镇压，许多联系都已中断，所以马克思和恩格斯未能实现向其他作者约稿的计划。例如，他们本来考虑让魏德迈从法兰克福（美因）定期撰写有关南德意志情况的通讯。[①] 大约在1月中旬，魏德迈写了第一篇文章，该文曾在第一期目录里作为"南德意志通讯"预告发表，但事后又为篇幅所限没有刊登，后来，由于这篇文章已失去现实意义，便根据恩格斯的指示将它

---

① 参看《马克思恩格斯全集》第1版第27卷第538页。

拆了版。①

预告在第三期发表的《普鲁士的财政状况》一文，是由同马克思和恩格斯相识多年的普鲁士历史学家古斯塔夫·阿道夫·贝尔根罗特主动提议撰写的，他答应一定准时交稿。这篇文章原定在可能的情况下分几期连载，可是，最后由于贝尔根罗特被逐出柏林，文章没有写成。

第一期

马克思在1850年1月起草了《1848年至1850年的法兰西阶级斗争》一文的第一章。由于生病，马克思中断了写作，1月16日，他让施拉姆向出版商提出建议，将杂志的第一、二两期以合刊形式在2月份一并出版。舒贝特当即以出版方面的理由拒绝了这个建议。这就迫使编辑部不得不改变本期原定的编排计划。第一期最后只刊登了《法兰西阶级斗争》的第一章、《德国维护帝国宪法的运动》的第一、二章和布林德的文章《巴登的奥地利普鲁士党》。

大约在1850年2月1日或2日，马克思将第一期的最后定稿寄往汉堡；2月6日开始付排，可是，由于克勒尔的印刷厂条件缺乏，由于马克思的手迹难以辨认，加上舒贝特胆小怕事，试图拖延，因而排版拖了三个星期之久，结果到2月28日才付印，直至3月7日才装订，从3月8日开始，才从汉堡发运。本期印数为2500份。

临到付印之前，哈根抽掉了马克思和恩格斯合写的《国际述评（一）》和魏德迈写的通讯。关于这样做的理由，在本期结尾处刊登的一篇写于汉堡的"说明"里作了解释："由于稿件太多，《国际述评与

---

① 参看《马克思恩格斯全集》第1版第27卷第549页。

通讯》（见目录）要到第二期才能刊出。"

马克思在伦敦工人教育协会所作的经济学讲演的第一部分讲稿，本来预定在第一期发表。这个讲稿是寄到了汉堡，还是因为出版第一、二期合刊的建议遭到拒绝而保存在伦敦，或者根本就没有写完，——由于缺少原始资料，已经无从考证了。但不管怎样，在第一期发表的编辑部"通知"中已经发出预告：要在第三期刊登马克思这些讲演的第二部分。

第二期

马克思大约在1850年3月1日写完了《法兰西阶级斗争》的第二章。手稿的最后一部分于3月4日寄到了汉堡。恩格斯《德国维护帝国宪法的运动》一文的前四章手稿早就已经寄到，至迟从1850年3月4日起已在汉堡。本期的印刷一直拖到3月20日，接着装订又花了几天时间。第二期在1850年3月25日左右出版，印数为2000份。其中载有《法兰西阶级斗争》第二章，《德国维护帝国宪法的运动》第三章，以及马克思和恩格斯针对道梅尔、西蒙和基佐的著作合写的几篇书评和《国际述评（一）》（1850年1—2月）。

第三期

1850年3月22日，汉堡方面尚未收到马克思寄出的稿件，不过，估计就在第二天稿件已经寄到了。第三期在1850年4月11日左右出版，印数为2000份。

第三期刊载了《法兰西阶级斗争》第三章和《德国维护帝国宪法

的运动》第四章。本来预告要在第三期发表马克思写的《什么是资产阶级所有制？（二）土地所有制》和贝尔根罗特的文章《普鲁士的财政状况》，但没有实现。威廉·沃尔弗的文章到第四期才发表。第四期刊登的《国际述评（二）》起初是为第三期写的。这篇述评共印八页，其中论述了英国形势。但在第四期中只刊登了这八页中的三页，文章的其余部分没有保存下来。

第四期

1850年4月5日，汉堡方面尚未收到稿件。最后定稿大约是4月18日〔这是《国际述评（二）》（1850年3—4月）结尾注明的日期〕寄往汉堡的。第四期于1850年5月20日左右出版。因为2000份的印数只是为第一季度确定的，所以第四期印数不详。按照舒贝特所提的建议，从第二季度起，每期只比当时已有的订户数目多印100份。

本期刊载的内容有：布朗基主义者曼拿尔写的法文诗《腿》，诗的前面有马克思和恩格斯加的简短按语；恩格斯的文章《英国的十小时工作制法案》；马克思和恩格斯针对托马斯·卡莱尔、阿道夫·谢努、律西安·德拉奥德和艾米尔·德·日拉丹的著作合写的一组书评《国际述评（二）》（1850年3—4月）；以及在"集锦"栏里发表的马克思的文章《路易—拿破仑和富尔德》、马克思和恩格斯合写的表态文章《哥特弗利德·金克尔》、威廉·沃尔弗的《"全国各地"特写补充》。本期结尾处载有一则简短的"声明"。鉴于出生于普法尔茨的邮官、维护帝国宪法运动的参加者亨利希·狄德埃在纽约宣称自己曾担任过《新莱茵报》的撰稿人，"声明"澄清了事实，指出并无其事。

由此看来，第四期内容是丰富多彩的。而且，在恩格斯的《德国维护帝国宪法的运动》全文连载结束以后,本期也是比较尖锐地触及当前时事问题的一期(例如涉及财务法庭在十小时工作制问题上作出的判决,并涉及金克尔、狄德埃)。但是应当看到,本期之所以能有这些优点,是付出了代价的,那就是暂停刊登马克思论法兰西阶级斗争的连载文章。单是这一点就已清楚地从一个侧面表明,这本杂志为什么在第四期以后不能再以月刊形式比较定期地出版。

关于杂志休刊的情况

马克思和恩格斯决定,1850年4月底或5月初不再向汉堡寄发拟定于5月份出版的第五期稿件。作出这一决定的原因之一,可能是由于资金发生了困难;那时,当局明令禁止工人的结社活动,日益加紧镇压民主运动和工人运动,在这种情况下,要想迅速提高杂志的发行量,真是前景渺茫,毫无指望。但是,这些外部原因并不是主要的。起决定作用的是马克思对问题有了新的考虑。早在四个月以前,马克思曾写信给魏德迈说:"我几乎不怀疑,还没有来得及出三期或许两期月刊,世界大火就燃烧起来。"[①] 现在杂志已经出了四期,可是就连法国3月10日的补选看来也没有什么结果,尽管这次补选几乎就要导致形成一场革命的形势,而且已经促使马克思在《新莱茵报。政治经济评论》上就继续推进革命进程的问题发表了一系列意义深远的论断。

在这种情况下,确有必要为党制定新的斗争策略,可是,这种策略只有在重新进行深谋远虑的基础上,在科学地分析形势的基础上才能制定出来。马克思开始着手对1847年以来的经济周期问题进行广泛的研

---

① 《马克思恩格斯全集》第1版第27卷第538页。

究。大约从1850年6—7月开始，共产主义者同盟和伦敦共产主义工人教育协会内部就采取新政策的必要性问题展开了一场大辩论。这场辩论以1850年9月15日与维利希—沙佩尔集团彻底决裂而告结束。显然，马克思只有在澄清这些问题并在政治上采取必要的步骤之后，才有可能继续出版党的理论刊物。

汉堡和伦敦之间往返的信件，截至1850年4月5日舒贝特致施拉姆的信为止，还保存得比较齐全；此后的通信都未能保存下来。因此，目前无法了解哈根和舒贝特是如何力图说服出版者重新复刊的。马克思和恩格斯起初也只是打算让杂志短期休刊。例如，1850年6月27日马克思曾写信给魏德迈，说他也许将针对吕宁写的批评《新莱茵报。政治经济评论》的文章，在该杂志著文予以驳斥。① 再如，恩格斯的《废除国家的口号和"无政府之友"》一文的部分手稿，显然也是准备在拟定于5月份出版的《新莱茵报。政治经济评论》第五期上刊用的。当时，就连马克思在德国的最亲密的友人也弄不清杂志何以停刊、何时复刊。1850年7月19日，罗兰特·丹尼尔斯从科隆写信给马克思说："一个半月以来，我们一直等待杂志重新出版，可是空等了一场。"甚至到了10月13日，魏德迈还在致马克思的信中表示，他不知道杂志还能否继续办下去。

舒贝特显然曾经提议：鉴于出版者方面的种种原因，尤其是考虑到订户们已经缴付了第二季度的订费，应当使他们能拿到杂志，因此，至少必须把上半年的六期杂志出齐。舒贝特提出这一建议的书信未能保存下来。1850年7月14日，施拉姆给舒贝特复信说，他已劝说马克思将杂志复刊，第五、六期的稿件不久即可寄出。于是，舒贝特书局发出了

---

① 参看《马克思恩格斯全集》第1版第27卷第560页。

《新莱茵报。政治经济评论》复刊通知。1850年8月2日,舒贝特致函施拉姆,告诉他复刊通知已经发出,并询问稿件到底什么时候才能寄来。

1850年8月21日,马克思、恩格斯和施拉姆在伦敦同瑞士流亡者组织"革命集中"的代表古斯达夫·阿道夫·泰霍夫进行了谈话。这次谈话也多次提到《新莱茵报。政治经济评论》。据泰霍夫说,马克思和恩格斯当时曾声明,如果《德国维护帝国宪法的运动》一文真有背离事实之处,弗兰茨·济格尔和其他一些所谓蒙受不正当的攻击的人随时都可以在《新莱茵报。政治经济评论》上公开发表声明。

第五—六期合刊

恩格斯的著作《德国农民战争》写于1850年夏季。《国际述评(三)》(1850年5—10月)于1850年11月1日完稿。大概就在这时候,第五—六期的最后定稿寄到了汉堡。这期合刊于1850年11月29日出版,印数不详。

本期内容除恩格斯的《德国农民战争》以外,还包括:《共产党宣言》第三章①;埃卡留斯的文章《伦敦的缝纫业,或大小资本的斗争》(马克思和恩格斯为这篇文章加了"按语");最后,还有《国际述评(三)》(1850年5—10月)。

在销售第五—六期合刊时出现的某些问题,使马克思和舒贝特在财

---

① 在这里,马克思和恩格斯第一次公开表明自己的作者身份;与此同时,哈尼编辑的《红色共和党人》杂志在刊载《宣言》的英译本时,也指出了作者的名字。

务问题上发生了分歧；于是，他们之间就销售《新莱茵报。政治经济评论》而订立的合同关系也就随着这场争端而告结束。这时，施拉姆因为在共产主义者同盟的一些问题上同马克思一时闹得关系恶化，所以不再担任杂志的出版负责人。哈根在此期间已移居伦敦，马克思把汉堡方面的事务交由威廉·豪普特代管。1851年1月底，豪普特聘请了律师冯·伯宁豪森参与解决同舒贝特的争端，不过，看来并未提起诉讼。

杂志推销和传播的情况

《新莱茵报。政治经济评论》的"出版启事"写于1849年12月中旬。从1849年12月底至1850年2月初，德国、瑞士和伦敦的许多报纸刊登了这则"启事"，有的全文照登，有的作了删节。这第一个征订启事的问世就遇到了重重困难，例如1850年2月6日哈根在致施拉姆的信中这样写道："……在柏林，一家书店企图阻止当地的一家报纸刊登《新莱茵报。政治经济评论》的出版启事，他们害怕一登这则启事，就会被抓进监牢！"

早在1849年11月，马克思就写信给哈根说，这个杂志除了通过书店正常销售之外，还必须通过共产主义者同盟、各地工人协会以及私人交往的朋友开辟一条特殊的销售渠道。1850年12月19日，马克思在致约·魏德迈的信中表示："我们除了希望通过书商推销外，还希望通过另外一种方式推销，就是我们党内的同志组织订阅，并把订户名单寄给我们"[①]，在"出版启事"中也表达了这个意思。1850年1月28日—2月1日，施拉姆和维利希本着这个精神，以共产主义者同盟中央委员会

---

① 参看《马克思恩格斯全集》第1版第27卷第539页。

名义向瑞士拉绍德封地区支部负责人发了书面通知。

在美因河畔法兰克福地区,杂志通过各个工人协会获得了极广的销路,1850年上半年,魏德迈甚至在那里印出了订户名册。威廉·李卜克内西当时任日内瓦工人协会主席,该协会是瑞士境内所有德意志工人协会的中心。他在自己的职权范围内作了努力,争取使各个协会都订阅《新莱茵报。政治经济评论》。

关于这第二条征订渠道,除了上述情况之外,科隆(丹尼尔斯,瑙特)、杜塞尔多夫(拉萨尔)、比雷菲尔德(雷姆佩尔)、巴门(许纳拜恩)、苏黎世(威·沃尔弗)和日内瓦(麦·约·贝克尔)等地的进展情况也都有原始资料可查。戈克保证要在巴登广泛宣传这个杂志。可以设想,汉堡方面也作了类似的积极努力。这"第二条推销渠道"总共争取了大约400—500个订户。

早在1850年2月初,即第一期出版之前,《新莱茵报。政治经济评论》就已征求到100个长期订户,400—500个临时订户。舒贝特根据这个数字将印数定为2000份。根据目前所掌握的资料来看,在一般情况下,每期有300份寄给瑙特,另有150份寄给艾森书店,这就是说,每期总共有450份发往莱茵兰地区;不过,魏德迈每次平均要从中取出100份,以便在南德地区发行。科隆的订户有120—210个,杜塞尔多夫约有50个。杂志在寄往美因河畔法兰克福时往往拖延得很久。在维斯巴登,推销工作由卡尔·沙佩尔负责。一部分杂志从汉堡发出后,再经书商转寄莱比锡;寄往威斯特伐利亚的杂志每期有50份;当时曾考虑每期留300份在汉堡本地零售,但可能并不是每次都留足这个数字。据一篇柏林通讯报道,《新莱茵报。政治经济评论》在柏林"传播范围极其广泛"。寄往伦敦的杂志每期至少有50份。全部订户大概不超过1000个。

有人说，《新莱茵报。政治经济评论》因为刊登了《哥特弗利德·金克尔》一文，从而失去了大批订户。针对这种到处传播的滥调，马克思明确指出："当时'评论'还没有停刊，三个月以后还出了一期新的合刊，也没有失去一个莱茵省的订户，这一点，我的老朋友约·魏德迈……能给以证明，因为他当时费心地替我们收报费。"①

毫无疑问，《新莱茵报。政治经济评论》在推销过程中存在许多缺陷，同时，各地政府肯定也曾多方刁难，竭力阻挠这个杂志的传播。

杂志在当时产生的直接影响

《新莱茵报。政治经济评论》对当时那个时代产生的直接影响，一是反映在共产主义者同盟的活动中，一是表现在其他各种报纸和刊物上。这是两个最主要的方面。今天要掌握这两方面的情况是相当困难的，这是因为，同盟当时处于严格的秘密状态；再说，要言之有据地指出其他报刊如何间接引用《新莱茵报。政治经济评论》上的文章，就只有将两者的文字——对照，而这是相当繁复的工作。

关于上面所说的第一方面的情况，目前仅存唯一的一份资料，谈到1851年春季波恩体操协会在库格曼主特下讨论《新莱茵报。政治经济评论》上的一篇文章的情况。根据这份资料可以推断，在同盟的许多地方支部，在一些进步的工人协会以及其他类似的组织内部，也举行过这类讨论。

关于第二个方面，目前还缺少必要的研究。不过，有一些明显的事实足以说明《新莱茵报。政治经济评论》对其他报刊的影响。比如，

---

① 参看《马克思恩格斯全集》第1版第14卷第483页。

美因河畔法兰克福的《新德意志报》当时曾刊登德朗克写的一篇巴黎通讯，这篇通讯的内容同马克思的《1848年至1850年的法兰西阶级斗争》一文处处吻合。另外，在科隆的《西德意志报》以及其他一些报纸上，这种影响的痕迹也历历可见。美国50年代初出版的报纸也是如此。比如，纽约的《体操报》从1852年1月1日到1853年2月1日分18次连载了《德国农民战争》一文；1852年1月，魏德迈在纽约出版的《革命》杂志以《卡尔·马克思论1845—1847年商业危机的历史》为题，摘登了《国际述评（三）》（1850年5—10月）的部分内容。1851年1月31日至2月14日，《德意志伦敦报》也连载了这篇《国际述评》的一部分。

在德国国内，看来只有《特利尔人民之声》敢于公开转载《新莱茵报。政治经济评论》的文章。1850年5月29日至6月30日，该报连续转载了《德国维护帝国宪法的运动》第三、四章的大部分内容。

马克思的《1848年至1850年的法兰西阶级斗争》一文引起的反响最为强烈。1850年4月5日至19日，《德意志伦敦报》分三次连载了这篇著作的第一章。哈尼主编的《民主评论》在1850年4—5月发表了恩格斯的英译文，同时还发表了恩格斯为该著作第一章写的简介，标题是：《革命的两年。1848和1849》。普鲁东在《十九世纪革命的总观念》（1851年巴黎版）一书中采用了马克思这篇论著中的某些观点，但没有标明出处。

由于反革命势力在得势以后着手对民主报刊施加压力；而左右舆论的小资产阶级势力又对马克思和恩格斯的观点横加抵制，甚至对"新莱茵报"这个名称都耿耿于怀，加上《新莱茵报。政治经济评论》的出版发行时常拖延，所以，舆论对这个杂志的公开反应比较冷淡。马克思对此十分不满。1850年6月8日，他在致魏德迈的信中对这种"合谋对我们的《评论》采取沉默抵制态度"的现象表示愤慨。①

但在这一期间,从德国革命队伍里却向编辑部寄来一封封热情洋溢的书信。1850年5月2日格奥尔格·维尔特给马克思写信说:"到目前为止,我已收到三期《评论》,我对这三期杂志非常满意。真的,我向你们表示祝贺;尤其是你关于酒税和地租的第三篇文章,写得实在精彩。……"1850年5月5日弗莱里格拉特在给马克思和恩格斯的信中也表达了相同的意思:"据我所知,《评论》的前三期深受欢迎,其中有些文章非常精彩,特别是像第三期刊登的论述'1849年6月13日事件的后果'的文章,第二期刊登的恩格斯批判维护帝国宪法运动的清新活泼、挥洒自如的论著,对道梅尔著作的鞭辟入里、切中要害的评论,以及论述加利福尼亚情况的有关章节,等等。"1850年5月14日威廉·沃尔弗在致恩格斯的信中谈到了杂志在瑞士的影响,他写道:"我直接或间接地听到了对《新莱茵报。政治经济评论》的评价,感到十分痛快。尽管柏林的刀笔吏施泰因、布拉斯之流对马克思的文章百般挑剔,这些文章仍然被公认为杰出的作品,有的人是由衷地赞许,有的人是不得不承认……"维尔特在1850年6月2日致马克思的信中这样写道:"此外,那帮蠢驴还气急败坏地谩骂《哥特弗利德·金克尔》一文。看来,只有丹尼尔斯、弗莱里格特和我为这篇文章的发表感到高兴。"

直到1850年中期,小资产阶级民主派才著文批评《新莱茵报。政治经济评论》,他们的矛头首先对准阶级斗争和无产阶级专政的思想。6月底,奥托·吕宁在《新德意志报》发表长篇文章,对《新莱茵报。政治经济评论》的前四期进行批评,其锋芒主要集中针对马克思的

---

① 参看《马克思恩格斯全集》第1版第27卷第559页。

《1848年至1850年的法兰西阶级斗争》和恩格斯的《德国维护帝国宪法的运动》这两篇文章,并对马克思主义的阶级观点和国家观点进行歪曲篡改。对此,马克思和恩格斯各自写了一篇《致〈新德意志报〉编辑的声明》予以回击。①

为继续出版《评论》所作的努力

至迟在1850年11月,马克思已经采取措施,准备把《新莱茵报。政治经济评论》作为季刊继续办下去。11月底和12月初,他为拟订出版的第一期汇集编排稿件。12月2日,他写信给刚刚迁居曼彻斯特的恩格斯说:"你必须认真考虑一下你愿意写什么。英国问题不合适,因为关于这个问题已经有两篇文章,连埃卡留斯的文章在内已经有三篇了。关于法国也没有多少可说。你是否可以联系马志尼的最近著作抓住可怜的意大利人及其革命写一下?(他的《共和国和君主国》等,和他的《宗教、教皇》等)"②

12月17日,恩格斯复信表示同意"写关于马志尼先生和意大利历史的文章",并建议在他回伦敦居留期间(大约从12月24日至31日)再进一步磋商。③

马克思虽然同舒贝特发生过争执,但最初还是考虑把杂志的经销业务委托给这位书商。可是,舒贝特迟迟没有答应。1850年12月,马克思同共产主义者同盟盟员、巴塞尔的雅科布·沙贝利茨取得联系,希望

---

① 《马克思恩格斯全集》第1版第7卷第378—380页。
② 《马克思恩格斯全集》第1版第27卷第170页。
③ 《马克思恩格斯全集》第1版第27卷第173页。

在他父亲经营的书局继续出版《新莱茵报。政治经济评论》。沙贝利茨表示同意，可是大约到了1851年1月底，这个计划也失败了。与此同时，马克思又同科隆的朋友们商谈出版问题，他这时可能又重新考虑了1850年春天提出的在科隆印刷《评论》的建议。1850年12月2日，马克思写信给海尔曼·贝克尔说："你知道，舒贝特先生把我们的《评论》办得多么糟糕。……我希望这个刊物（从二月份起）作为季刊继续办下去，每个季度20印张。更大的篇幅就有可能容纳更加丰富多彩的材料。你能否承担出版的责任？需要什么条件？"①

1851年2月初，恩格斯酝酿给《评论》写一篇评述法国七月革命及其后果的文章，他打算依据贝尔纳·萨朗的著作《拉斐德和1830年革命。七月的历史事件和历史人物》以及其他文献，在文章中对路易·勃朗著的名噪一时、广为流传的《1830—1840年的十年历史》一书"予以友好的批判"②。可是在1850年春天，马克思和恩格斯因为考虑到亨利希·毕尔格尔、丹尼尔斯和魏德迈正筹备在科隆出版《新杂志》，便取消了自己的计划。

在以后的岁月里，由于种种原因，马克思和恩格斯再也没有可能亲自出版一种理论刊物。

（原载1978年柏林狄茨出版社出版《马克思恩格斯年鉴》第1卷）

（韦建桦　编译）

---

① 《马克思恩格斯全集》第1版第27卷第564页。
② 《马克思恩格斯全集》第1版第27卷第199页。

1852年科隆共产党人案件中马克思和恩格斯所参与的辩护活动[*]

〔德〕英格里特·多纳尔

在编辑出版收入马克思和恩格斯于1851年7月至1852年底之间所写的文章的原文版第1部分第11卷时,内容上的重点之一就是共产主义者同盟反对普鲁士国家的镇压浪潮的斗争。由于马克思在科隆案件结束不久就把这段同盟史写进了《科隆共产党人案件真相》[①]这一著作里,这篇著作也就成了研究的中心点。这篇著作是第一个革命的工人政党产生五年之后的正式文献,它所具有的意义已在各种论述共产主义者同盟史的著作中得到了相应的阐述。[②] 在科隆案件的准备和审理期间,马克思在恩格斯和其他同盟成员的支持下对普鲁士司法当局的恐怖统治和普鲁士警察的阴谋诡计的有力抨击,马克思在这方面所作的努力首先

---

[*] 本文选自《马克思恩格斯研究》1992年总第9辑。

[①] 《马克思恩格斯全集》第1版第8卷第457—536页。

[②] 卡尔·奥伯曼:《论1840—1852年间共产主义者同盟的历史》1955年柏林版第128—130页。Л. И. 米哈伊洛夫:《共产主义者同盟史》1968年莫斯科版第447—448页。Л. И. 戈尔曼:《从共产主义者同盟到第一国际,卡尔·马克思在1852—1864年间的活动》1970年莫斯科版第15—19页。《序言》,载于《共产主义者同盟文件和资料》第1卷第51页。

在他的传记里受到了称赞。①

  论述科隆案件的出版物主要有两本。卡尔·毕特尔于1955年以《当时的报刊所反映的1852年科隆共产党人案件》为题发表了引自《科隆日报》的审判记录。众所周知，这些报道是马克思对审判进程进行批判的基础。这本书的序言提供了一些引自柏林市警察总局保存下来的案卷和普鲁士警察当局的每周报告中的一些有价值的材料。1985年，鲁道夫·海昂施塔特发表了他的著作《反对国际无产阶级的第一个阴谋》，对科隆共产党人案件的广义上的前史，也就是说，首先是对1850年11月至1851年5月这段历史作了论述。这部著作的学术成就首先在于，它在大量档案材料的基础上，对普鲁士在1850年和1851年间的具体的发展状况作了确切的社会经济的分析。它对普鲁士政府针对有组织的工人运动所采取的方针的阐述揭示了那些必然导致科隆共产党人案件的相互关系。对于研究科隆案件的直接准备和审理过程中的种种事件以及马克思的作用来说，它提供的材料除了已经包含在《真相》以及包含在1914年以前的所有著作中之外，新的并不多。除了这两本出版物，还出版过一些文章和公布过一些文献。它们对在《真相》里被提到的各种事实进行了研究，或者，从现实的观点出发对科隆共产党人案件问

---

① 弗兰茨·梅林：《卡尔·马克思生平》1960年柏林版第214—231页。《卡尔·马克思传》1975年柏林版第205—212页。《卡尔·马克思传》1977年柏林版第320—326页。另见威廉·李卜克内西：《回忆卡尔·马克思》，载于《摩尔和将军，回忆马克思恩格斯》1970年柏林版第28—29页。燕妮·马克思：《动荡生活简记》，载于《摩尔和将军》第216—218页。

题进行了探讨。①

为了在原文版中整理出版《真相》，就必须对在现有的书刊中很少涉及的某些特别方面加以研究，其中包括专题研究这部著作写作之前的情况和分析它能在多大程度上使我们了解马克思在科隆案件期间为支持辩护人而寄往科隆的材料内容和数量。

为了出版第11卷，首先必须探讨紧密相关的两个问题：对普鲁士国家针对共产主义者同盟所采取的特别迫害方法的防御和《真相》这一著作的具体的资料基础。这两个问题又分为好几个方面。对它们的研究，目前已有下面一些成果。

科隆中央委员会的特使彼得·诺特荣克于1851年5月10日在莱比锡被捕后，马克思就密切注视着普鲁士政府在审理的准备阶段针对他在德国被捕的朋友们所采取的所有措施。继诺特荣克被捕之后，共产主义者同盟科隆支部的大部分成员，包括中央委员会成员，也都遭了殃。②

----

① 弗兰茨·梅林：《卡尔·马克思〈科隆共产党人案件真相〉序言》1914年柏林版第5—26页。库尔特·哈格：《1852年科隆共产党人案件》，载于1952年《统一》（柏林）第10期第974—982页。卡尔·奥伯曼：《1852年至1853年反对反共产主义的斗争和对卡尔·马克思的攻击》，载于1963年《德国工人运动史论丛》第3期第500—512页。赫尔维希·斐尔德和盖尔哈特·齐泽：《论〈1850年6月中央委员会告同盟书〉的历史和共产主义者同盟成员在莱比锡的活动（1850—1851）》，载于《德国工人运动前史》1964年柏林版第234—285页。

② 1851年5月18日，彼得·格尔哈德·勒泽尔和赫尔曼·贝克尔在科隆被捕，亨利希·毕尔格尔斯1851年5月23日到德累斯顿时被捕。阿伯拉罕·雅科比1851年5月25日在柏林逗留时被捕。1851年6月12日，罗兰·丹尼尔斯在科隆被捕。弗里德里希·列斯纳1851年6月18日在美因兹被捕，卡尔·奥托和威廉·雅科布·克莱因一开始由于害怕被捕离开了科隆，1851年9月26日返回后被捕。斐迪南·弗莱里格拉特由于在1851年5月13日移居伦敦而没有被逮捕；他是科隆共产党人案件中被告之一。

马克思希望能够在最短的期限内在科隆进行审判，但这一希望落空了。普鲁士的司法机关总是把政治案件的准备工作尽可能地拖得很长，这样，即使陪审法庭把被告宣布释放（这是常有的事），至少也可以以待审拘留的方式惩罚被告。①

刑事陪审法庭的审判每次必须是在当季度进行，不然，就得说明把审判延期到下一季度的理由。萨克森和普鲁士的逮捕发生在1851年第2季度，第3季度普鲁士司法当局设法引渡被萨克森警察逮捕的彼得·诺特荣克和亨利希·毕尔格尔斯。引渡工作拖拖拉拉，因为他们还必须首先找到危害国家的密谋的真实证据。② 其后在1851年第4季度作出了令人惊愕的决定：由于没有查到客观的犯罪事实，调查必须重新开始。③

马克思在1851年12月初试图针对拖延调查一事在报刊上发表声明。1851年12月1日，他写信给恩格斯说："我今天已经把反对普鲁士司法的信寄往巴黎，以便把这个问题在那里的报纸上披露出来。普鲁士已经答应给美国和瑞士写文章。现在你必须给我写出一篇给英国的文

---

① 例如，对1849年3月底在柏林被捕的共产主义者同盟成员奥古斯特·黑策尔和其他被告的审判到1850年8月才得以进行。柏林刑事陪审法庭宣布他们无罪；黑策尔接着被驱逐到布雷斯劳。

② 参看《马克思恩格斯全集》原文版第3部分第4卷第436—438页。贝尔姆巴赫写道："调查的结束还遥遥无期，案卷越积越多。毕尔格尔斯在这里大约已经3周了；诺特荣克还一直在萨克森，人们好像根本不希望引渡他，因为把他留下，调整的无限拖延就有了很得体的辩解理由。"

③ 1852年1月10日，奥格斯堡《总汇报》刊载了下面一篇发自科隆的通讯："民主主义者贝克尔博士、丹尼尔斯博士及其同志们的大案已经延期审理。检查机关已要求重新发布指令，人们担心，这将需要很长时间。据说，小事情将变得极其复杂，而且办案的官员们决不会受到谴责。"另参看《马克思恩格斯全集》第1版第8卷第462页。

章，还要写一封给《泰晤士报》编辑的私人信，必须想办法把这个东西寄给这家报纸。……主要应当揭露普鲁士的司法状况。"① 由于1851年12月2日路易·波拿巴发动政变后发生的事情，这一计划不得不首先加以推迟。②

1852年1月24日，马克思得到证实，检察院决定重新开始调查。他又动了针对这一可耻行径在报刊上发表声明的念头。计划首先在英国报纸上发表，因为普鲁士的报纸过于懦弱，不敢刊登此类抗议。③ 在马克思的请求下，恩格斯给《泰晤士报》写了一份声明，④ 由马克思寄给该报编辑。⑤ 这次尝试没有成功；《泰晤士报》编辑不收这份声明。⑥

马克思和恩格斯这时设法在美国发表反对普鲁士司法所采取的方式的声明。他们把一些必要的事实告知他们的朋友约瑟夫·魏德迈和阿道夫·克路斯。⑦ 他们俩接受了这个任务，但在1852年2月6日共同写给马克思的信中要求他再补充一些信息。⑧ 在收到这个请求之前，马克思就主动寄去了关于科隆调查情况的进一步的材料。⑨

克路斯第一个把材料整理成一篇文章，他通过辛辛那提自由公社的

---

① 《马克思恩格斯全集》第1版第27卷第399、401页。
② 《马克思恩格斯全集》第1版第27卷第399、401页。
③ 《马克思恩格斯全集》第1版第28卷第11、483页。
④ 《马克思恩格斯全集》第1版第28卷第13、18页。
⑤ 《马克思恩格斯全集》第1版第28卷第13、18页。
⑥ 《马克思恩格斯全集》第1版第8卷第241—242页。保存下来的这篇给《泰晤士报》的声明是恩格斯的草稿。
⑦ 《马克思恩格斯全集》第1版第28卷第640、485页。
⑧ 参看《马克思恩格斯全集》原文版第3部分第5卷第237—241页。
⑨ 《马克思恩格斯全集》第1版第28卷第488—489页。

周刊《高地哨兵》的一位通讯员把这篇文章发表在该杂志上。该文作为一篇华盛顿 4 月 7 日通讯刊登在 1852 年 4 月 14 日的《高地哨兵》上，署名 C. St。在该文里，克路斯把一年以来早就不得不等待审判的科隆被捕者称为普鲁士司法制度的牺牲品。他谴责哥特弗里德·金克尔还没有向贝克尔和毕尔格尔斯说过一句慰问的话，虽然他们当时已在《西德意志报》上向金克尔表示了同情。他还强调了罗兰特·丹尼尔斯作为医生和自然科学家的功绩。在陈述了以前延期判决的情况之后，他又叙述了被监禁者受到无耻对待的详情。此外，他还告诉人们厄内斯特·德朗克被一位名叫罗德的间谍告发而在巴黎被捕。①

马克思还请《纽约论坛报》的编辑查理·德纳就科隆案件被拖延一事写篇文章。马克思多次委托魏德迈为德纳提供必要的信息。② 接着，德纳在 1852 年 5 月 4 日的《纽约每日论坛报》上发表了《普鲁士的司法》一文，但没署自己的名字。德纳批评了普鲁士政府的行为，对科隆被捕者的处境表示同情。魏德迈在 1852 年 6 月 8 日写给马克思的信里指责德纳对普鲁士报刊的懦弱行为只字未提。③

魏德迈可能受此触动，也写了一篇关于科隆被捕者的状况的文章，发表在 1852 年 7 月 2 日的《纽约刑法报》上，题为《普鲁士的司法和"普鲁士报刊"》，署名 J. W。他在该文里把 1852 年 3 月 12 日《普鲁士日报》的一篇报道称作是普鲁士政府的谎言。这篇报道声称，巴黎对 1852 年 2 月的所谓德法密谋的审理为证明共产党人在德国搞密谋提供

---

① 德朗克在巴黎被捕一事是威廉·沃尔夫于 1852 年 2 月 23 日告诉阿道夫·克路斯的。

② 参看《马克思恩格斯全集》第 1 版第 28 卷第 522、526 页。

③ 参看《马克思恩格斯全集》原文版第 3 部分第 5 卷第 392—393 页。

了真正的钥匙。巴黎案件需要科隆方面的原本文件，由于这些文件现在又派上了用场，对贝克尔、诺特荣克和其他被捕者的审判可能不久就要开始了。魏德迈用真正的实情来批驳这些说法。然后他就普鲁士报刊的态度阐述道："然而，资产阶级报刊，如《科隆日报》及诸如此类的文痞出于胆怯而保持沉默，那些所谓的民主报刊出于对共产主义者的仇恨，对丧失自己的重要性的恐惧，对殉道者的嫉妒而保持沉默。"魏德迈然后论证了他的观点，说拖延对普鲁士政府来说都是有正当理由的，并对不久即将开始审判的说法表示强烈的怀疑。最后，他对普鲁士司法当局对待科隆被捕者的令人愤慨的态度加以严厉谴责。魏德迈的文章是这三篇文章中谴责普鲁士反动派的最强烈的一篇。

尽管马克思和恩格斯为科隆朋友们写的声明没能在欧洲报刊上发表，但此类的文章在他们的努力下和通过关系在美国发表了。① 从这三家报纸的不同性质可以得出结论：各个阶层的居民都已知道了情况。这些报纸的读者对普鲁士政府的无耻行径比任何一名普鲁士公民都清楚。

此外，这三篇文章都还完成了一个特别的目的。马克思想把德纳的文章寄给丹尼尔斯的妻子，作为对她的处境艰难的安慰。② 克路斯和魏德迈的文章由于直接攻击金克尔而成为反对所谓德国革命公债活动（以此在美国继续集资）的斗争的一部分。

魏德迈预料普鲁士政府会继续拖延审理的准备工作，从而正确地估计了普鲁士政府所采用的手法。1852年中，开始给人的感觉好像案件要在1852年夏天开始审理。开庭日期宣布为7月28日，起诉书已经写

---

① 参看《马克思恩格斯全集》原文版第1部分第11卷第480、483、488页。
② 参看《马克思恩格斯全集》第1版第28卷第526页。我们不能确定马克思是否实现了这一计划。

好,并送到了辩护人手中。科隆的刑事陪审法庭已在两天前开庭审理;但对勒泽尔、贝克尔和其他人的审判却又被再次推迟了。提出的原因是警察局长舒尔兹在柏林病了。事实上,在宣布开庭日期时,调查活动仍在进行。大约在1852年6月底至7月初,受普鲁士国王亲自委托在政治警察局供职的威廉·施梯伯接手独自领导审判的准备工作。他不择手段地搜取进一步的起诉材料。

于是,铁路职员施米特于7月初在科隆再次被捕,他曾于1851年把马克思的信带往科隆。① 几天后,对斐迪南·弗莱里格拉特发出通缉令,因为在这期间已经查明,他亲自抄写过同盟文件。阿尔伯特·艾尔哈德因同样的原因于7月17日在科隆被捕。《爱尔福特总汇报》编辑格什温·克拉克吕格的家再次遭到了搜查,他的侄子、被告赫尔曼·贝克尔写给他的信都被没收。同时,弗里德里希·列斯纳从美因兹被转押到科隆。汉堡的豪普特和马尔腾斯受邀到科隆作证。马尔腾斯拒绝到科隆出庭作证②,豪普特则在家庭的帮助下前往南美③。马尔腾斯和豪普特不愿出庭作证的消息肯定在科隆和柏林引起极大的气愤,结果他们作出再次推迟审判的决定。这次推迟的实际原因没能掩盖住;马克思也得知了此事④。他把这事告诉克路斯⑤,克路斯接着把它告诉了魏德迈⑥。魏

---

① 《马克思恩格斯全集》第1版第27卷第384页。

② 马尔腾斯可能在1852年7月12日经汉堡警察局的传讯而出面申明:"我不认为有义务接受外邦当局的传讯,因而,我28日不会到科隆去。"

③ 1852年7月12日,豪普特的父亲报告说,他的儿子已在1852年7月8日前往巴西。

④ 《马克思恩格斯全集》第1版第28卷第91、545页。

⑤ 《马克思恩格斯全集》第1版第28卷第91、545页。

⑥ 参看《马克思恩格斯全集》原文版第3部分第5卷第566页。

德迈再把这个消息写成两篇通讯，作为科隆通讯刊登在1852年10月22日的《纽约刑法报》上。① 魏德迈和克路斯就是这样利用机会来不断传播普鲁士政府在准备科隆案件时所采用的卑鄙手法的。

普鲁士政府在准备审判时所采取的特别手段还有，它竭力收买人对马克思及其在伦敦的朋友们进行侦探活动。同时，普鲁士的警官试图同奥地利和法国的侦探们进行合作，因为他们早就掌握了更多的经验。在科隆案件的准备阶段，各种委托人手下的许许多多侦探都试图打入马克思的熟人圈子里。他们假装能够在实施各种计划方面帮助他，然后把消息告诉给他们的委托人。我们把几个此类侦探的活动和所起的作用罗列一下便会发现，对马克思进行的大量侦探活动正是在1851年至1852年。

1. 1851年4月初，马克思认识了一位妇女，她自称是倍克男爵夫人。马克思在给恩格斯的信中谈到过她："她是科苏特的密探也是一部匈牙利的龌龊勾当的真正的编年史。应当利用她一下。她很愚蠢，不会隐瞒真情。我在这方面已经做过试验。"② 马克思想帮助恩格斯实现他撰写1848—1849年的匈牙利革命战争的计划，并搜集有关的事实材料文献。③

这位妇女1851年8月在伯明翰被英国警察逮捕，并在审判之前死去。人们发现了她在1851年5月伦敦世界博览会期间为英国政府进行

---

① 这篇通讯署名为A.H，注明日期为9月底，它是按马克思提供的消息写成的，已收入《马克思恩格斯全集》原文版第1部分第11卷附录。
② 《马克思恩格斯全集》第1版第27卷第246、247页。
③ 《马克思恩格斯全集》第1版第27卷第246、247页。

255

侦探活动的证据。在她死后,英国报刊怀疑她是奥地利的侦探。①受命调查这一案件的英国律师 J. 托尔明·施密斯在询问拉约什·科苏特关于他与该妇女的关系时所得到的答复是:"作为对尊函的答复,我敢向您保证,我完全不知道'倍克男爵夫人'这个名字。但我的政府雇用过一个名叫'莱西杜娜'的人从事侦探活动。我一生中见过这人两次,并给过这位女侦探一些特别的指示。这就是我知道的关于她的一切。"②科苏特虽然承认与她有关系,却不愿说出她的真正使命。

关于这位妇女的侦探活动及其与马克思关系的消息不胫而走。《总汇报》的科隆通讯员把德国的被捕事件,归因于马克思同这位女侦探的关系。③马克思不愿对此类怀疑保持沉默,因此在报刊上发表了一篇声明:"我同倍克男爵夫人只见过两次面,两次见面都有第三者在场。在两次会面时,都只谈到了向我约稿的事,而对于约稿我不得不加以拒绝,因为它是以我同德国报纸保持着某种联系这一完全错误的假定为根据的。"他强调,他以前并没有花工夫去驳斥德国报纸上形形色色的流言蜚语。但这次他要破例了,"因为奥格斯堡《总汇报》的通讯员竟企图把虚构的所谓我同倍克男爵夫人谈话时的不慎当做科隆、德累斯顿等地进行逮捕的根据"④。

可见,这位妇女并没有从马克思那里得到秘密的消息。她的使命和身份好像从未被人们弄清楚。1853 年,一家美国德语报纸上发表过各

---

① 1851 年 9 月 1 日《每日新闻》(伦敦),另参看《马克思恩格斯全集》第 1 版第 27 卷第 352 页。

② 1850 年 10 月 28 日《科隆日报》。

③ 1851 年 9 月 30 日《总汇报》。

④ 《马克思恩格斯全集》第 1 版第 8 卷第 116 页。

种通讯,有对她表示怀疑的,也有为她辩护的。① 关于她为奥地利政府做事的证据到目前为止还不为人们所知。

2. 有关马克思同另外一位侦探有关系的又一次诽谤是1852年2月28日《科隆日报》上的巴黎通讯。马克思在论共产党人案件的文章中就这篇通讯的目的说道:"普鲁士警察当局老早就企图在公众面前把马克思并通过马克思把科隆被告们说成是参与德法密谋的一伙。在审讯舍尔瓦尔的案件时,警探贝克曼给《科隆日报》寄去下面这样一个标有'1852年2月25日于巴黎'字样的简讯:

有些被告已经潜逃,其中一个叫阿·迈尔的人,据说是**马克思及其同伙**的代理人。

在这以后,《科隆日报》刊登了马克思的一个声明②,声明说:'阿·迈尔是沙佩尔先生和前普鲁士陆军中尉维利希的一个密友,他同马克思毫不相干。'"③

马克思在1852年3月3日的声明是重要的,因为,在巴黎案件期间以及巴黎案件结束后,一开始是发自巴黎的各种通讯、其后是发自柏林的各种通讯都谈到,巴黎案件是证明共产党人在德国的阴谋的真正线索。

阿道夫·迈尔在1850年9月共产主义者同盟伦敦中央委员会分裂后被维利希—沙佩尔宗派集团的领导作为特使派往巴黎和瑞士。迈尔从巴黎把报告寄往伦敦,这些报告被收入奥斯瓦尔德·迪茨掌管的宗派集团档案里,为的是然后让施梯伯的奸细偷走。迈尔1850年12月16、

---

① 1853年9月16日《美文学杂志和纽约刑法报》。
② 《马克思恩格斯全集》第1版第8卷第257、481页。
③ 《马克思恩格斯全集》第1版第8卷第257、481页。

19、22和24日以及1851年1月6、25日从巴黎寄的，1851年2月12、22和24日从日内瓦寄的这些报告，由迈尔书写的1850年10月1日宗派集团领导的通知信，此外还有他和迪茨共同签名的1850年11月10日给汉诺威的施泰翰的收据都被当作科隆被告们的罪证。迈尔的侦探活动早在1851年初在瑞士就已经引人注目了①，于是，他被开除出宗派集团。②

迈尔可能是巴登警察局的奸细，也有可能是法国警察局和普鲁士警察局的奸细。他决不可能提供关于马克思的真实的报告，因为这期间他们俩没有任何直接的联系。马克思1852年3月3日发表的有关迈尔的声明在科隆案件中被用作反驳起诉书中的施梯伯的材料的证据。

3. 1851年初，当马克思正在加紧为他的经济学著作找出版商时，他同美因河畔法兰克福的海尔曼·艾布纳尔（他是许多出版商的中介人）建立了联系。③ 这次联系是弗莱里格拉特促成的④，他同艾布纳尔

---

① 穆泽斯·赫斯和"日内瓦支部"给伦敦中央委员会的三封信，载于《社会史档案》1965年汉诺威版第5卷第275—282页。第3个以片断形式印刷的文件是彼得·伊曼特写的；彼得·伊曼特签名的信的结尾和穆泽特·赫斯的附言的复写件存放于莫斯科原苏共中央马列主义研究院中央党务档案馆。

② 《马克思恩格斯全集》第1版第28卷第148页。在科隆案件期间，1852年11月8日的《法兰克福报》（附刊第4页）发表了下面一篇11月6日发自伯尔尼的通讯："科隆的法律顾问弥勒声明，他认为普鲁士警官施梯伯的陈述是故弄玄虚。日内瓦的一家报纸的以下报道也可以证实上述声明是有道理的：在上述案件的证据里出现了三封信，据说它们是由某个叫迈耶尔的人在日内瓦写的，在伦敦共产主义者同盟那里截获，但现在，上述的那个迈耶尔已被证实是警察局在日内瓦的一个秘密警探、他受巴登政府的委派跟踪德国流亡者。"

③ 《马克思恩格斯全集》第1版第27卷第309页。

④ 《马克思恩格斯全集》原文版第3部分第4卷第355—357页。

已相交数年了。艾布纳尔至迟从1840年起已经成为在梅特涅统治下建立的奥地利秘密警察局的侦探。马克思一开始通过弗莱里格拉特与艾布纳尔通信，弗莱里格拉特可能在8月中旬还把马克思论伦敦的德国流亡者们中间的一定发展趋势的文章交给了艾布纳尔。艾布纳尔又把马克思的这篇文章送给了他的维也纳的委托人。① 马克思1851年12月2日的另一篇文章也同样被艾布纳尔寄到了维也纳。②

马克思的这两篇文章显然是准备发表的。它们之中不包含有会伤害任何一个人的机密情报。了解了这个实情，对于马克思是否"由于他对待其他资产阶级流亡者的态度而自觉地为反动派效力"③ 的问题就可以完全明确地给予否定回答了。

艾布纳尔为马克思所作的努力毫无结果。马克思的文章没有发表，而是被放进了奥地利警察局的秘密档案里。他也未能为马克思的经济著作找到出版商。马克思按照恩格斯的建议，询问艾布纳尔能否帮忙找一位出版商出版关于共产党人的小册子④，看来，艾布纳尔根本没有给予答复。

----

① 以前，马克思的这篇文章是以书信发表的（载于《马克思恩格斯全集》第1版第27卷第594页）。从奥地利当局在卷宗上的批语中可以清楚地看出，马克思打算直接发表这篇文章。所以，它被作为一篇文章收入原文版第1部分第11卷。

② 《马克思恩格斯全集》第1版第27卷第610—615页。这篇文章未收入原文版第1部分第11卷。

③ 厄内斯特·哈尼施《卡尔·马克思和奥地利秘密警察局的报告》，作者虽然完全了解情况，但他得出结论说，这个问题"还没得到解答"，他虽然不得不用"不"字回答由他提出的"卡尔·马克思是不是奥地利侦探"的问题，但他的文章是以倾向于扭曲的结论结束的。

④ 《马克思恩格斯全集》第1版第28卷第186、193页。

艾布纳尔在1852年的许多封信里，总是试图从马克思和恩格斯那里得到消息①，而且在同弗莱里格拉特和皮佩尔的通信里也努力加强与马克思和恩格斯的联系②。他尽力替恩格斯购置委托他买的书籍。马克思和恩格斯同艾布纳尔通信的主要内容只是委托购书和为同德国出版商建立关系而奔波的事。奥地利警察局从这个奸细那里只获得了生意方面的情况，也就是说，根本没有涉及任何秘密情况。

4. 不久，普鲁士警察局一个侦探，来自汉堡的威廉·希尔施打入了共产主义者同盟的伦敦支部里。希尔施早在汉堡就被怀疑为间谍；他起初于1857年在伦敦加入了维利希和沙佩尔领导的宗派集团，同年底在那儿同维利希发生了矛盾，然后便来找共产主义者同盟的伦敦支部。他就自己与维利希的矛盾写了一篇声明，马克思在1852年1月16日把这篇声明寄给魏德迈以供发表③，但后来并未得到发表。④ 事实上，希尔施在1852年1月16日至3月5日之间已被揭露为侦探。⑤ 他不再在同盟的支部里露面了。但他不断地同警官格莱夫和侦探弗略里一起写关于马克思的报告，其情节大多是他自己的杜撰。在科隆法庭上所谓的原本记录被证明为伪造便是希尔施没有完成使命的最好的证明。

---

① 《马克思恩格斯全集》原文版第3部分第5卷第286、296、306、332、440页和第6卷224、245、263、305、341页。

② 参看《马克思恩格斯全集》第1版第28卷第483页，《马克思恩格斯全集》原文版第3部分第5卷第223、409页。

③ 《马克思恩格斯全集》第1版第28卷第473页。

④ 《马克思恩格斯全集》第1版第28卷第492、503页。魏德迈把希尔施1852年1月12日的声明保存起来，为了说明维利希同希尔施之间的关系，他把它发表在1853年4月29日的《美文学杂志和纽约刑法报》上。

⑤ 《马克思恩格斯全集》第1版第8卷第495页。

5. 由于希尔施被揭露为"记录"的作者，伦敦的查理斯·弗略里也在科隆法庭上被施梯伯本人说成是普鲁士的侦探。在科隆案件结束前不久，马克思已经发现弗略里在1851年夏天参加了德法密谋。① 他当时同舍尔瓦尔一起受施梯伯的委派故意挑起事端。马克思在《科隆共产党人案件真相》中揭露了这个问题。② 根据这一点，他还必定把维利希自1852年初以来同弗略里的关系作为抨击宗派集团的证据。他可能证明，弗略里从维利希那里获悉了许多事实，并把它们出卖给了普鲁士警察当局。③ 弗略里本人根本不认识马克思。④ 关于马克思他只能向柏林和伦敦的格莱夫警官继续提供谎言。

6. 关于同匈牙利人亚诺什·班迪亚的关系，马克思多次亲自公开地作过说明。⑤ 曾有人利用奥地利国家档案馆里的档案对班迪亚在马克思身上起的作用作过调查。结果表明，班迪亚同图尔⑥一起早在1850年5月至6月或7月就在伦敦结识了马克思，并向维也纳寄送报告。班迪

---

① 《马克思恩格斯全集》第1版第28卷第202页。
② 《马克思恩格斯全集》第1版第8卷第476—480、528页。
③ 《马克思恩格斯全集》第1版第8卷第476—480、528页。
④ 《马克思恩格斯全集》第1版第28卷第192页。
⑤ 《马克思恩格斯全集》第1版第9卷第44—48页；第14卷第628—629页的脚注。
⑥ 斯蒂凡·图尔作为奥地利的陆军少尉1849年转到皮埃蒙特人方面，后来为英国人做事。当他1855年作为英国的上尉前往布加勒斯特时被认了出来，遭到逮捕。他被送上军事法庭，并被判处死刑。奥地利国王弗兰茨·约瑟夫以他永不再进入奥地利为条件于1856年2月12日赦免了他。这次赦免很不正常，因而结论只可能是，图尔是奥地利秘密警察局的侦探（参看《警察局长凯普恩1848年至1859年的日记。约瑟夫·卡尔·迈耶尔作序并出版》1913年维也纳—莱比锡版第377、385页）。

亚还在1850年的一段时期迁居到巴黎。在巴黎他才首次被怀疑为侦探。班迪亚成功地打消了人们对他的怀疑，并钻进了筹备德国国民公债的巴黎委员会。这个巴黎委员会的成员，除了卡尔·舒尔兹和亚历山大·席梅尔普芬尼希之外，其余的都是被收买的侦探。1851年底，班迪亚离开巴黎，重新在伦敦居住。人们再次对他产生了怀疑，席梅尔普芬尼希要求同他决斗，但班迪亚通过他与法国警察当局的关系阻止了这场决斗。1852年12月，拉约什·科苏特在班迪亚的请求下驳回了宗派集团就他在1851年9月巴黎德法密谋中的背叛所作的所有指责。

马克思同班迪亚的密切关系基本上是从1852年初才开始的。从马克思同恩格斯的通信中可以看出，《流亡中的大人物》是班迪亚促使他们写的，然后班迪亚扣压了出版的手稿。① 此外，班迪亚尽力利用各种机会从马克思那里得到好感。例如，用写文章和出钱的办法支持魏德迈在纽约办杂志《革命》②，请马克思修改贝尔塔兰·瑟美列的关于鲍蒂扬尼、戈尔盖和科苏特的政治概述的德译文③，积极为《人民报》筹款④和安排马克思同科苏特秘密会晤⑤。

班迪亚1852年在结识马克思期间可能继续向奥地利警察当局、普鲁士警察当局、大概也有法国警察当局的头目们提供过一些情况。1851

---

① 《马克思恩格斯全集》第1版第28卷第58、8、561页。

② 《马克思恩格斯全集》第1版第28卷第16、115页。

③ 《马克思恩格斯全集》第1版第28卷第64、522页。巴托洛缪斯·瑟美列，路德维希·鲍蒂扬尼伯爵，阿尔都尔·戈尔盖，路德维希·科苏特：《匈牙利解放战争中的政治家的政治概述》1853年汉堡版。

④ 《马克思恩格斯全集》原文版第3部分第5卷第466页。

⑤ 参看《马克思恩格斯全集》原文版第3部分第5卷第466页，另参看《马克思恩格斯全集》第1版第28卷第571页。

年2月22日关于勒泽尔的报告和1851年3月12日关于诺特荣克的报告是他从席梅尔普芬尼希关于他为革命公债而出差德国的信中得来的,这是有据可查的。马克思根本没有参与此事。

班迪亚为普鲁士警察当局做事是从1852年1月开始的,当时警察当局官员格莱夫受命与他建立了联系,并直接招收了他。班迪亚马上着手工作,经常口头或书面地向格莱夫报告情况,格莱夫有时把书面报告寄到柏林,这样,班迪亚的原始报告才在一些档案中保存了下来。他的许多报告标有"∴"记号,归入前警察总局关于德国革命公债活动的卷宗里。这些报告的日期是1852年3月12日和23日、4月20日以及5月1日。班迪亚还有一封4月19日的书信原件放在关于科苏特的普鲁士案卷里。班迪亚报告了他访问马克思的情况和他可能同马克思订立的协议的情况,他还报告了阿道夫·克路斯从美国寄出的关于金克尔大搞革命公债活动的信中的消息。但最后这几个内容广泛的报告对普鲁士警察当局来说毕竟没有什么用处。普鲁士警察局在伦敦还有一个直接的报告员,他已经为它搜集了关于金克尔公债活动的所有材料。[①]

因为最近人们强烈怀疑,是不是班迪亚泄露了马克思致阿道夫·贝尔姆巴赫的信的接收人科特斯在科隆的住址,所以在这里谈几个重要的

---

① 《K. A. 万哈根·冯·恩斯日记》1868年汉堡版第10卷第107页。《民主报》的前撰稿人,一个叫F的流亡者作为通讯员从伦敦向《十字报》写报道。按万哈根提供的特征来看,他可能是万里乌斯·福适。这位通讯员提供了所有关于金克尔活动的报告(参看《马克思恩格斯全集》第1版第27卷第329页)。施梯伯让人把所有公债运动的文件以《德国的革命公债》为标题几乎不加注解地收入他的1852年6月5日至19日和7月28日至31日《皇家柏林警察局关于促进维护治安的通报》里。

事实。恩格斯在 1853 年 4 月 10 日致马克思的信中坚信是班迪亚泄的密。① 马克思对此的回答没有保存下来。恩格斯掌握的情况肯定要比我们今天从保存下来的书信中所能知道得多。因此,重要的是,普鲁士警察局曾经竭力搜捕在科隆同马克思有联系的人。贝尔姆巴赫早在致马克思的第二封信中就把科特斯的地址告诉了他。② 但马克思一开始还是建议使用路易斯·舒尔兹的地址③,这封信是恩格斯从曼彻斯特发出的④。1851 年 8 月 18 日,贝尔姆巴赫提供了一个新地址。信应当由韦尔维耶的铁路列车员施米特去取。⑤ 施米特在 1851 年 10 月被逮捕。⑥ 1852 年 10 月 22 日,贝尔姆巴赫通知马克思,施米特由于种种原因已经被捕,马克思应重新使用一个老地址。⑦ 至于他从此以后使用哪个地址,无法确定。

当希尔施在 1852 年 1 月中旬成为共产主义者同盟伦敦支部的成员时,他的主要任务好像就是查明科隆地址。他从种种说法中推测,这可能是丹尼尔斯夫人的地址,就把它报告给了格莱夫,并从马克思的朋友圈里消失了。⑧ 由于他的告密,丹尼尔斯夫人的家于 1852 年 2 月 5 日和 3 月遭到了搜查,但毫无结果。施梯伯和辛凯尔迪对这次一无所获并不甘心,所以又敦促格莱夫查明地址。格莱夫 1852 年 4 月 18 日报告说:他的中间人虽然经常拜访马克思,但还不能弄到地址。"随便地问问是

---

① 《马克思恩格斯全集》第 1 版第 28 卷第 235 页。
② 《马克思恩格斯全集》原文版第 3 部分第 4 卷第 421 页。
③ 《马克思恩格斯全集》第 1 版第 27 卷第 300、305 页。
④ 《马克思恩格斯全集》第 1 版第 27 卷第 300、305 页。
⑤ 《马克思恩格斯全集》原文版第 3 部分第 4 卷第 440 页。
⑥ 《马克思恩格斯全集》第 1 版第 27 卷第 384 页。
⑦ 《马克思恩格斯全集》原文版第 3 部分第 4 卷第 483 页。
⑧ 《马克思恩格斯全集》第 1 版第 8 卷第 495 页。

问不出来的，我们只能等待什么时候来了好运气。"

当1852年7月31日格莱夫收到柏林方面的更加急迫的任务后，他于8月7日答复说，为他提供消息的人已弄到了科特斯的地址，但还不能有把握地说出这个地址。格莱夫没有说出这个提供消息的人的名字，但从他同班迪亚的亲密关系来看，这个人肯定不是班迪亚。格莱夫急切地请求，在事实能够被某封信证实以前，不要对科特斯采取任何行动。厄内斯特·德朗克1852年10月27日给恩格斯写信可能与此有关。在此之后，班迪亚大约在1852年9月向格莱夫汇报说，从伦敦寄出了一封给科特斯的信。① 接着，施梯伯1852年10月17日插手进来，逮捕了科特斯。但值得注意的是：班迪亚和希尔施一样没能查明贝尔姆巴赫的名字。科特斯在10月17日被捕后才把这个名字说了出来。②

马克思和恩格斯的手稿《流亡中的大人物》被卖给普鲁士警察当局影响了它的出版③，因为在科隆案件之后，不准德国的出版商出版此

---

① 参看《马克思恩格斯全集》原文版第3部分第5卷第286页。
② 1852年10月24日《科隆日报》。
③ 班迪亚在1852年11月23日从伦敦写给柏林的格莱夫的信（写有收信人地址的信封还保存着）中说："我特别要请求您按照您的友好的允诺立即把那讨厌的手稿寄还给我，因为11月份就要结束了。您知道，我们必须在这个月里把手稿交上去。"（柏林原德国统一社会党中央马列主义研究院中央党务档案）。马克思1852年12月3日致班迪亚的信证明，这里谈的是《流亡中的大人物》，因为他就交出手稿一事补充说明："又及：恩格斯最后还要我注意：即使所说的手稿几天之内又在伦敦出现，也绝对证明不了什么，也丝毫无补于事。手稿原封未动，这一点准也不怀疑，除此之外，这又能证明什么呢？"（《马克思恩格斯全集》第1版第28卷第562页）班迪亚在同一天的回信中再次许诺，手稿不久就可以拿出来。没有迹象表明，在这段时间手稿事实上已从柏林寄到了伦敦。班迪亚1852年11月23日致格莱夫的信清楚地表明，就像可以猜测到的那样，这个手稿出卖给了普鲁士警察当局，而不是奥地利警察当局。

类书籍；但警察当局并没有从这份手稿里找到秘密材料。

富有启发性的是，像班迪亚这样一个侦探的身份被证实之后马克思所采取的态度。他绝对不让此事立刻引起轰动。他努力设法再得到一些材料，尤其设法从班迪亚那里得到材料，尽管他早已确信班迪亚是侦探。① 这一方面是因为他然后可以更好地控制住这样的侦探，如果有必要，还可以把他揭穿；另一方面是由于他实际上从班迪亚那里得到了有用的情报。

例如，班迪亚在开始亲近马克思时就把科苏特的种种秘密关系，尤其是同路易·波拿巴的秘密关系告诉了他。② 马克思把班迪亚不断补充的这些情报写成一篇文章，寄给《纽约每日论坛报》③，这篇文章引起了很大轰动并招来抗议，马克思为此发表了一篇声明④。但他在声明里一点也没有提到他叙述科苏特和马志尼的阴谋活动的消息来源。马克思的这篇声明是在1852年11月16日写的，也就是说，是在班迪亚的背叛差不多已经败露的时候写的。⑤ 由此，马克思在声明中所提的下面一种指导原则是富有启发性的："在政治上为了一定的目的，甚至可以同魔鬼结成联盟，只是必须肯定，是你领着魔鬼走而不是魔鬼领着你走。"⑥

---

① 《马克思恩格斯全集》第1版第28卷第581、591页。
② 《马克思恩格斯全集》第1版第28卷第16页。
③ 《马克思恩格斯全集》第1版第8卷第412—415页，另参看第28卷第185页。
④ 《马克思恩格斯全集》第1版第8卷第443—444页。
⑤ 《马克思恩格斯全集》第1版第28卷第178页。
⑥ 《马克思恩格斯全集》第1版第8卷第443页。

马克思还从班迪亚那里了解到了关于维利希同布吕宁克男爵夫人的关系的一段趣闻。① 克路斯把维利希的这一经历写成一篇文章,发表在美国《巴尔的摩警钟报》上,该文在美国和伦敦遭到了尖锐的批评。在马克思的帮助下,克路斯把这些批评平息下来,同时没有透露他的材料来源②,马克思从班迪亚那里得到的第三个情报是舍尔瓦尔在所谓的德法密谋中的背叛活动。通过班迪亚,马克思结识了法国流亡者查理斯·德·雷缪扎,后者由于同巴黎警察当局有着非同寻常的关系,可以弄到舍尔瓦尔的详细材料。③ 这些材料在科隆共产党人案件期间有极大的用处④,马克思还把它们写进了《真相》这一著作里⑤。

另一个重要的情报是班迪亚在1852年8月30日告诉马克思的。⑥ 它涉及的是宗派集团的一次假革命行动,格贝尔特这次还把它们运用到马格德堡,而且是在普鲁士警察当局完全知情的情况下进行的。⑦ 马克思猜测,一旦格贝尔特被捕,有人会试图把这一行动归罪于科隆被捕者。所以,他立即把这个有计划的离间活动报告了科隆。⑧ 在科隆案件期间,普鲁士警察当局没有提出这个事情。马克思从班迪亚那里所得到的情报还包括维利希和金克尔从征收所谓国民公债到准备一场新的德国

---

① 《马克思恩格斯全集》第 1 版第 28 卷第 71、526 页。
② 参看《马克思恩格斯全集》第 1 版第 28 卷第 551、644、556 页。
③ 《马克思恩格斯全集》第 1 版第 28 卷第 82 页。
④ 《马克思恩格斯全集》第 1 版第 28 卷第 161、167 页;第 14 卷第 438 页。
⑤ 《马克思恩格斯全集》第 1 版第 8 卷第 472—487 页。
⑥ 参看《马克思恩格斯全集》原文版第 3 部分第 5 卷第 474 页。
⑦ 《马克思恩格斯全集》第 1 版第 28 卷第 548—551、117 页。
⑧ 《马克思恩格斯全集》第 1 版第 28 卷第 548—551、117 页。

革命期间所支出的种种花销。① 金克尔多次企图把国民公债所得的钱挪为私用。

  此类各种情报对马克思是非常有用的。班迪亚无论如何也没有想过用假消息来欺骗马克思。这些材料本身基本上可以在已经发表的马克思和恩格斯通信里看到。在一封新近发现的马克思1853年3月10日致贝尔特兰·瑟美列的信中,马克思已经明确地说出他的怀疑:班迪亚参与了在巴登没收近2000册《科隆共产党人案件真相》的行动。也就是说,马克思的著作将要在巴塞尔出版的消息可能是班迪亚走漏的,关于这个消息维也纳在1852年12月20日可能有记录。其后,由于奥地利和普鲁士政治警察当局的合作,普鲁士内政大臣威斯特华伦得到了这一消息,他又把这一消息写进了1853年1月19日致王国所有的行政首脑的公函:注意一部在巴塞尔印刷的"著名共产党领袖马克思的新的革命著作",它有可能被偷运进普鲁士境内。马克思对班迪亚的怀疑肯定是有根据的。普鲁士的柏林警察局也及时地得到了关于他的《真相》的消息,而且所知甚详。警察局长辛凯尔迪在1852年11月30日给他在布鲁塞尔的同事的信中说,马克思计划从伦敦那里发表一本小册子,"它从法律和政治的角度对科隆共产党人案件进行了批判性的揭露","这本小册子可能会激起公众对普鲁士司法的审判程序、对政府和警察局的仇恨和蔑视"。他估计印数最多为几千册,还猜测这些小册子可能将同邮件一起寄出。甚至早在马克思完稿准备付印以前,普鲁士政府就得到了关于小册子内容的十分详细的情报。奥地利当局几周之后也得知了印刷地点。这些情况只有接近马克思的人才能提供。从时间上来说,班迪

---

  ① 《马克思恩格斯全集》第1版第28卷第552页。另参看《马克思恩格斯全集》第1版第8卷第526—527页。

亚可能是打报告的人，因为到1852年12月3日，他同马克思的关系才彻底破裂。① 但是，由于他同马克思的关系日趋恶化，他试图让另外的人去同马克思和恩格斯接触。

例如，在科隆案件期间班迪亚于1852年10月20日请求马克思把他的一位前往曼彻斯特的朋友奥伯斯特·普莱耶尔介绍给恩格斯。据说；这位奥伯斯特想在那儿找一个落脚点。② 恩格斯在同他的谈话中非常有兴趣地谈了匈牙利的革命战争。③ 这位奥伯斯特并没在曼彻斯特待多久，因为11月23日他已经到了纽约。④ 至于普莱耶尔是不是班迪亚的同伙，现在还不得而知。

7. 在班迪亚1853年初离开伦敦前往巴黎之后，其同伙和竞争对手古兹塔夫·泽尔菲（他也自称皮阿利或萨瓦迪，但真名叫希尔施）结识的。泽尔菲为了取得马克思的信任，自1852年8月底起给他寄各种报告和材料。⑤ 同时，他特别强调他与贝尔特兰·瑟美列有关系。当马克思1852年12月确信班迪亚是侦探后，他也把此事告诉了泽尔菲。⑥ 泽尔菲支持他的怀疑，并试图通过一封所附上的瑟美列的信来保住和加强自己在马克思身边的地位。⑦ 而泽尔菲自身在这段时期已经被怀疑为

---

① 《马克思恩格斯全集》第1版第28卷第561页。
② 参看《马克思恩格斯全集》原文版第3部分第6卷第483页。
③ 《马克思恩格斯全集》第1版第28卷第160、581页。
④ 参看《马克思恩格斯全集》原文版第3部分第6卷第316页。
⑤ 泽尔菲把侦探列奥波特关于德国流亡者间各种关系的所谓备忘录和关于在巴黎的一些侦探的情况寄给了马克思，如巴诺宁·布吕宁克的姑母的消息（《马克思恩格斯全集》原文版第3部分第6卷第281页）。
⑥ 《马克思恩格斯全集》第1版第28卷第571页。
⑦ 《马克思恩格斯全集》原文版第3部分第6卷第351页。

警探。①

马克思收到贝尔特兰·瑟美列1852年12月30日写的一封信,其中有如下几行字:"促使我现在给您写信的原因,简单地说就是,根据我几周来所了解的情况,您不仅应提防班迪亚,而且应提防您直到最近还就班迪亚的事情常常与之通信的那个人。这两个人是你从敌人阵营获得一些情况的最好渠道,而您得到的重要的情况也许是凤毛麟角的,尊敬的先生,我把您看成是一个正直可靠的人,政治既不是您的玩具,也不是您取得显赫地位的手段。这是我认为有必要把这区区几行字作为告诫寄给您而且只寄给您的唯一原因。我的严格的原则是:不通信,不接触。"② 因此,泽尔菲自1853年3月起在伦敦针对马克思的使命一开始便没有成功。

8. 对马克思直接或间接进行间谍活动的形形色色的侦探中,还有一个最卑鄙无耻的普鲁士侦探尤利乌斯·亨策。1849年5月马克思认识了亨策,当时鲁道夫·雷姆佩尔让马克思去找亨策,马克思从他那里得到了对《新莱茵报》的紧急经济援助。③ 亨策曾是一名普鲁士军官,1845年以前同维利希共事。退役后他一直到1848年底都是科隆铁路的施工负责人。从此他便有了相当多的钱,他自称这些钱是继承来的或者有些是从一次或多次赌博中赢来的。1849年5月,他离开普鲁士先前往布鲁塞尔,然后又前往巴黎。1850年5月,他回到普鲁士,迁居柏林。在汉姆他受到一次刑事陪审法庭的起诉。被指控参与了1848年的明斯特民主派案件,1850年12月被释放。在柏林,由于在诺特荣克那

---

① 泽尔菲自愿充当法国警察局的报告人。
② 参看《马克思恩格斯全集》原文版第3部分第6卷第350页。
③ 《马克思恩格斯全集》第1版第9卷第562页。

里发现了一封信,1851年5月21日,他的家遭到搜查。辛凯尔迪在1853年8月5日以来一直向警察局长舒尔兹打报告。亨策在这段时期在柏林凭着维利希从伦敦写的一封信混入以拉登道夫和法尔肯塔尔为首的小资产阶级民主派小组。在这里,他积极地进行挑拨活动,直到1852年6月22日几乎每天都向舒尔兹打详细的报告。① 舒尔兹可能在此时得了病,他的后继人施梯伯于1852年7月底把亨策由科隆送到伦敦。② 在伦敦他主要是同维利希交往,试图从他那里了解一些马克思的情况。

马克思后来在1852年8月就他们的关系评论道;"《真相》丝毫也不认为维利希先生是亨策的朋友以及从亨策那里得到资助是不可解的。它认为不可解的是(第65页③),在科隆案件接近尾声时,在普鲁士警察当局的警惕性达到顶点并对德国和英国每个稍有可疑的德国人严密注视时,亨策竟得到当局的许可,前往伦敦,并在那里毫无阻碍地同维利希会晤,然后又回到科隆来提供反对贝克尔的'假证词',要知道,亨策家里曾被搜查并有文件被查获;他曾被查出在柏林窝藏正在执行一项秘密任务的席梅尔普芬尼希,并且'自认'曾参与同盟的活动。一定的时期使亨策先生和维利希先生的相互关系具有一定的性质;上述的情况理应使维利希先生本人也感到奇怪,尽管他不知道亨策从伦敦用电报和普鲁士警察当局联络。"④

---

① 人们早已对亨策1851年5月起就已经为警察局做事这一点表示了怀疑,因为在科隆共产党人案件中出了名的警官戈尔德海姆就这一事实还专门发过誓。

② 从亨策后来的一份账单可以看出,他1852年7月27日至20日逗留在科隆,7月30日离开科隆。既然他1852年8月1日至15日在伦敦,那他一定是直接从科隆到伦敦的。

③ 《马克思恩格斯全集》第1版第8卷第526页。

④ 《马克思恩格斯全集》第1版第9卷第563—564页。

亨策在科隆提供不出一点马克思的情况。他在柏林的侦探活动实际上由于他在科隆案件中露了面已经从1852年11月起结束了，人们已不再信任他。但维利希仍然相信他，并在1853年4月初对阿道夫·克路斯说，亨策在科隆只是出于胆怯才在法庭上说出了贝克尔的名字，他为他的生命担心。① 半年后，当拉登道夫和其他一些人于1853年3月底在伦敦被捕一事——亨策当然没事——连在美国都已人人皆知时，他仍坚持这种看法。②

9. 在马克思周围进行间谍活动的人当中一定还要把亨利·德·拉斯佩算上。拉斯佩同奥斯瓦尔德·迪茨一样出生于威斯巴登，30年代初他流亡于伦敦，1852年在英国警察局当翻译。1851年10月，他向普鲁士公使馆表示愿意为它效劳，几个月后便被它雇用。他扮演了一个极其可疑的角色。辛凯尔迪在1852年6月18日给威斯特华伦的信中便拒绝了拉斯佩的效劳，因为他的报告被证明是假的。1852年底，拉斯佩来到马克思身边，向他详细报告了施梯伯在1851年7月20日离开伦敦时亲自带走迪茨档案的情况。拉斯佩说，这一点揭穿了施梯伯的一个伪证，因为他在科隆法庭上发誓作证说，他是1851年8月5日在柏林得到这包档案的。马克思想把拉斯佩的陈述以致编辑部的信的形式发表在《泰晤士报》上。《泰晤士报》在科隆审判期间很明显地站在普鲁士政府一边。③ 因而，它没有刊登这封来信。④ 马克思亲自把拉斯佩的信的

---

① 《马克思恩格斯全集》原文版第3部分第6卷第430页。
② 奥古斯特·维利希：《卡尔·马克思博士与他的〈真相〉（结尾）》，载于1853年11月4日《美文学杂志和纽约刑法报》。维利希在这里还补充说，这本书是人们从科隆那里告诉他的。
③ 《马克思恩格斯全集》第1版第8卷第429—430页；第28卷第156页。
④ 《马克思恩格斯全集》第1版第30卷第538页。

草稿誊写了一遍保存起来。

10. 1852年在伦敦还居住着一个侦探,他报告马克思的消息,而且是向哥本哈根警察局局长布鲁斯特鲁普打报告。在他的案卷中保存着1852年11月7日的一份内容广泛的报告(附有4页1852年12月14日的附录)的一部分。这位报告人对马克思很熟悉,而且已有好几年了。他不同意马克思的观点,觉得自己在哲学方面远远胜过马克思。他对马克思同维利希的不和、科隆案件和记录本的伪造都知之甚详。他在科隆案件的宣判后写成的补遗里承认,马克思的朋友们可能只有用伪造的证据判罪。然后他就极其详细地阐述了在科隆法庭上早就发现的原本记录的产生情况,还报告了伦敦工人联合会的一次集会的情况,说维利希在这次集会上由于同希尔施和弗略里同流合污而受到强烈的攻击和批判。①

埃德加·鲍威尔可能是这份报告的作者。作者在这里所阐述的对这一事件的认识说明了这一点。埃德加尔·鲍威尔在以后几年里长期研究丹麦问题并出版了几本这方面的著作。

在这方面,值得一提的是,1852年他哥哥布鲁诺·鲍威尔受俄国驻普鲁士公使布德贝尔格的委托在《纽约每日论坛报》上发表了几篇对俄国极其有利的文章。马克思就此写道,他没有看到比这更愚蠢的事情了。② 当鲍威尔1853年把这些文章编成小册子在柏林发行时,人们公开地称他为俄国侦探。他自己当然是表示抗议。但是马克思后来得知,布鲁诺·鲍威尔实际上为此从俄国那里得到过钱。马克思可以设想,布鲁诺·鲍威尔根据俄国政府和丹麦政府在这期间的亲密关系介绍他在伦

---

① 《马克思恩格斯全集》第1版第28卷第527—528页。
② 《马克思恩格斯全集》第1版第8卷第522页。

敦的弟弟埃德加尔做了侦探。埃德加尔至少到1860年12月4日为止一直在向哥本哈根打报告。直接审阅这些案卷，就一定能更加准确地断定作者是谁。这份报告虽然总的说来对个别事实作了一些有趣的叙述，但在警察当局看来，这并不是什么重要的成就。

在科隆共产党人案件的准备和审理期间，马克思同这些人保持着直接或间接的联系。普鲁士政府、奥地利政府、法国政府还有英国政府都千方百计、不择手段地要弄到马克思和他的战友们以及他们同德国的联系的详细情报。在上述的侦探中，只有班迪亚在报告中报告了一些真实的情况。奥地利政府为1853年9月底在斯图加特召开的警察局会议起草的题为《共产党人》的草案好像主要是根据班迪亚的报告拼凑而成的。① 这份材料里有三处首先证明他是原始资料的提供者。第一，在总的描绘马克思的相貌时，断定马克思同瑟美列有相似之处。能够看出这种相似之处的人只能是匈牙利人。第二，如下的一段评论值得注意："此外，在这一案件（科隆共产党人案件）期间，马克思提供了证明他有特殊才能的根本无法反驳的证据，因为他领导着全部的辩护活动，他为被告及其辩护人提供了一切手段和指示，他是唯一的一个有办法把叛国案件变成有倾向性的案件的人。"可以证明班迪亚是作者的第三个证据是如下一段话："……他一旦信任了那个人，他便处处为那个人担保，他冒死为那个人辩护；他不愿承认，他会受一个他考验过的人的骗。"班迪亚在1852年12月3日致马克思的信中写了与这段评论相似的话：

---

① 德累斯顿国家档案馆。在这份报告里报告员有时以第一人称来叙述。报告是由古斯达夫·迈耶尔发表的《关于卡尔·马克思生平的新文献》（《社会主义和工人运动史档案》第10卷第54—66页）。迈耶尔在柏林警察总署档案里发现了这份石印通报。他推测报告员是一位出生于莱茵省的普鲁士间谍。

"……因为我知道,您就是这种人,一旦得出了一种看法,便坚持这种看法,即使后来它被证明是站不住脚的或者完全错误的。"① 马克思早先曾经写信给班迪亚说,他不应当把他看成是过于轻信的人。他对他的态度作了以下的评述:"决不能用任何'信任'来消除事实,凡是自重的人决不应盲目地相互信任。"②

根据这一材料来看,班迪亚提供给他的委托人的情报中根本不会有关于马克思的朋友或其他人的机密细节。此类消息警察当局也可以从报刊中得到。正像恩格斯所说的那样③,马克思在对待像班迪亚这类人时的警惕,他的"坚强"和他的"机敏"保护了他和共产主义者同盟免遭出卖、羞辱和吃官司。几年后,马克思十分恰当地评论道:"1852年11月中以前我所在的那个共产主义协会的活动中没有可据以控诉的任何犯罪构成。而从另一方面来看,尽管我和我的伦敦朋友们所能采取的办法非常有限,但是我们还是很有效地粉碎了警察设下的种种阴谋罗网,以至于最后——正如曾当过施梯伯的密探、现在被监禁在汉堡的那个叫希尔施的人在1853年4月22日《纽约刑法报》上发表的自供中所表明的——为了保证给被监禁的人判罪,希尔施不得不冒充豪普特到科隆去,扮演豪普特的角色向法庭提供假宣誓词。但是,据希尔施说,冯·辛凯尔迪先生在执行这一计划的前夜写信说:'国家检查官指望,在陪审团组成良好的情况下,即使不采取非常措施,也将作出认为有罪的判决,因此,他(辛凯尔迪)要求暂时不要采取任何措施。'"④

---

① 《马克思恩格斯全集》原文版第3部分第6卷第324页。
② 《马克思恩格斯全集》第1版第28卷第562、581页。
③ 《马克思恩格斯全集》第1版第28卷第562、581页。
④ 《马克思恩格斯全集》第1版第30卷第471—472页。

马克思在这次回顾中谈到,他和伦敦的朋友们不得不用"极其有限的手段"同普鲁士警察当局、同它的其他国家帮手与同行、同整个普鲁士政府和普鲁士国王本人作斗争。在准备科隆案件的另外半年里,马克思和他的家庭成员不得不承受着极大的苦难。燕妮·马克思在几年后谈到这段时间时写道:"1851年和1852年对我们说来是各种大小困难最多和最艰苦的两年。"① 马克思努力在德国为他的著作找一位出版商,他首先考虑的是他的《政治经济学》②,例如,他还要写一篇题为《各党派的现状》的著作③。马克思试图促使魏德迈在纽约出版小册子。④他尽力让《路易·波拿巴的雾月十八日》在德国出版。⑤ 所有这些努力都付之东流。这段时间里,最后能解救马克思的总是恩格斯从曼彻斯特寄给他的汇款。

恩格斯在这段时期不断给予的实际支持和道义支持对马克思来说是不可缺少的。他把关于科隆审判准备情况的每一条新消息立即通知到曼彻斯特。如果时间允许的话,他也把各种声明寄给恩格斯审核。马克思还在通信中同恩格斯商量他在写《真相》一文时的一些想法。

马克思不仅是通过以前的法学研究,而且还通过自己的经验对此类案件的性质有透彻的了解,要知道,他在1849年2月7日和8日曾两次亲自在科隆出庭:第一次他作为《新莱茵报》主编出庭,第二次他

---

① 燕妮·马克思:《动荡生活简记》,载于《摩尔和将军》,人民出版社1982年版,第48页。
② 《马克思恩格斯全集》第1版第28卷496、546页。
③ 《马克思恩格斯全集》第1版第28卷496、546页。
④ 《马克思恩格斯全集》第1版第27卷第608页。
⑤ 《马克思恩格斯全集》第1版第28卷第110—111页。

作为莱茵民主主义者区域委员会成员出庭。两次他都被陪审法庭释放。① 1852年科隆共产党人案件中的检察官泽特当时早就在科隆供职,《新莱茵报》坚决按它的方式去表扬他。② 当恩格斯在给马克思写信时,他想起了这个老相识:"此外,诉讼是针对科隆人的,同样也是针对我们的,我们也要遭殃,特别是因为年轻的泽特以为现在可以不受惩罚地进行报复。"③

为马克思经常报告科隆案件准备情况的人主要是阿道夫·贝尔姆巴赫。他可能受丹尼尔斯的委托于1851年7月24日第一次转向了马克思。④ 贝尔姆巴赫称弗莱里格拉特是他加入同盟的担保人,因为他自己同马克思并不相识。在科隆案件期间贝尔姆巴赫31岁,作为候选公证人在科隆的一家律师事务所工作,因而能够查阅可靠的材料。他对同盟的发展有全面的了解,就立刻自告奋勇,接过被逮捕打断的工作,把它继续进行下去。马克思在1851年7月7日前给他作了答复,并通过布拉德福德的施特龙把信寄到了科隆。⑤ 马克思和贝尔姆巴赫在1852年10月初科隆案件开始以前一直断断续续通信。马克思在这段时间里至

---

① 《马克思恩格斯全集》第1版第6卷第262—306、359—361页。
② 《马克思恩格斯全集》第1版第6卷第262—306、359—361页。
③ 《马克思恩格斯全集》第1版第28卷第90页。
④ 《马克思恩格斯全集》原文版第3部分第4卷第403页。
⑤ 参看《马克思恩格斯全集》原文版第3部分第4卷第418页。马克思1851年7月至1852年9月致贝尔姆巴赫的信没有一封保存下来,也没有一封信被警察没收。在科隆案件期间,马克思1852年3月初写的关于希尔施的背叛的信曾提交法庭;其下落不明。

少收到了贝尔姆巴赫的12封信。其中有些信保存了下来①,另外一些信的内容可以从马克思在书信中转告他人的情况里看出来②。关于科隆警察当局采取的种种措施、关于被捕的同盟成员在狱中的待遇、关于被查抄的同盟文件以及关于案件被拖延的新借口和相应的日期等重要的消息,马克思都是从贝尔姆巴赫那里得到的。马克思还从这些通信中得知希尔施在同盟伦敦支部里搞间谍活动,由于他的出卖,丹尼尔斯夫人的家在1852年2月5日遭到了搜查。1852年夏,贝尔姆巴赫把起诉书中的种种说法通报了马克思,这使得马克思能够有针对性地准备材料和证据。警察当局在科隆案件期间才查到这些通信的线索。贝尔姆巴赫因此于1852年10月19日被捕,但10月21日又被预审法官释放。10月23日再次被捕,被待审拘留了好几周,但不久就不经审判地被释放。这次被捕使马克思在案件期间不得不找一条新的途径为辩护人弄取必要的材料。

---

① 参看《马克思恩格斯全集》原文版第3部分第4卷第403、421、436页和第6卷第246、259页。

② 这些信是:(1)阿道夫·贝尔姆巴赫1852年1月24日前致马克思的信,这封信的内容可以从下面几封信中看出:马克思1852年1月24日致恩格斯的信(《马克思恩格斯全集》第28卷第11页);恩格斯1852年1月28日致马克思的信(同上,第18页);马克思1852年1月26日致斐迪南·弗莱里格拉特的信(同上,第483页)。(2)阿道夫·贝尔姆巴赫1852年3月初致马克思的信。马克思在科隆案件期间把这封信连同另外两封贝尔姆巴赫的信(其中一封可能是1852年1月写的)寄给了法庭(同上,第167页)。(3)阿道夫·贝尔姆巴赫在1852年7月17日至24日致马克思的信。这封信的内容可以从下面一封信中看出:马克思1852年7月30日致阿道夫·克路斯的信(同上,第530—545页)。这封信可能是马克思在科隆案件期间寄到科隆的第3封贝尔姆巴赫的信。

马克思寄给贝尔姆巴赫的支持辩护人的第一封信按约定是寄给了商人多梅尼古斯·科特斯。马克思写这封信是在1852年10月8日至14日之间①，它密密麻麻地写了七页，其中有对原告的批驳。它是给辩护人之一卡尔·施奈德尔第二用的②，但在施梯伯指示下被警察当局截取了，科特斯和贝尔姆巴赫遭到逮捕。施梯伯在这封信转寄之前让人抄写了一份，而贝尔姆巴赫也有足够的时间在把它转交给施奈德尔第二之前为自己抄写一份。他在法庭上出示了信的原件。对此，马克思向恩格斯评论说："政府以为得到了一个绝好的猎物。但是，经过进一步的审查，年轻的泽特一定会想尽办法把这件事压下，因为这件东西对于他的天才等等有预料不到的困难，如果被陪审员知道了，它就只能促进被告的释放。"③ 马克思写的这封信可能是研究在科隆共产党人案件的准备工作中普鲁士警察当局的活动，把该案件说成是倾向性案件，并批评了泽特对《共产主义宣言》所作的错误解释。④

在写了这封内容广泛的信之后，马克思在正常的案件审理过程中就无需给辩护人寄许多材料了。但案件的审理取决于施梯伯的出庭作证，他多次提供新的谎言和伪造新材料。针对这一阴谋诡计，只有通过最快捷的和最保险的途径把证明材料和声明寄到科隆。

马克思在科隆共产党人案件期间寄到科隆的材料没有保存下来。根据《真相》里的种种提示和这些提示的内容的复述列出所寄去的东西，可以看出马克思寄往科隆的信件有多少，内容是什么。

---

① 泽特10月6日的发言，马克思可能是在10月8日从前一天的《科隆日报》上读到的。另参看《马克思恩格斯全集》第8卷第491—492页。
② 《马克思恩格斯全集》第1版第8卷第492页。
③ 《马克思恩格斯全集》第1版第28卷第162页。
④ 《马克思恩格斯全集》第1版第8卷第461—465、534—535页。

施梯伯在1852年10月18日第一次出庭时解释了他关于所谓迪茨档案的来源的说法。他说，这个档案同"德法密谋"（发现于1851年9月）的联系以及舍尔瓦尔（密谋的领导人之一，但被警察局收买了）同马克思的所谓关系算是证明被告有罪的证据。施梯伯否认共产主义者同盟与宗派集团有任何区别，断言马克思和恩格斯在1850年9月只是同维利希和沙佩尔发生过私人的争吵。

针对施梯伯的这一说法，厄内斯特·德朗克受马克思的委托可能在1852年10月20日给施奈德尔第二写了一封信①，信中阐明舍尔瓦尔是一个极其普通的侦探。马克思从法国前大臣德雷缪扎伯爵（他流亡在伦敦）那里查阅巴黎警察局的档案，得到了关于舍尔瓦尔的详细材料②。他提请施奈德尔第二注意，舍尔瓦尔从巴黎监狱里逃出来时有些蹊跷，他现在住在伦敦，同普鲁士公使馆有着密切的交往。③ 同时还指出亨策在1852年8月逗留伦敦期间同维利希的关系。④ 在10月22日的法庭上，辩护人已经可以运用这些材料批驳亨策了。⑤

施梯伯的第二次出庭作证是在10月23日。由于他在此之前所持的证据没有说服力，他试图拿出一些新的证明材料。马克思在形容案件审

---

① 这封信由卡尔·施奈德尔第二签名于1852年10月24日寄给厄内斯特·德朗克。

② 《马克思恩格斯全集》第1版第28卷第82页。

③ 《马克思恩格斯全集》第1版第14卷第438—439页；另参看《马克思恩格斯全集》第1版第8卷第472—481页。

④ 《马克思恩格斯全集》第1版第9卷第564页。另参看《马克思恩格斯全集》第1版第8卷第526页。

⑤ 《马克思恩格斯全集》第1版第28卷第177页。

理的这一时刻时说:"需要新的警察奇迹。"① 施梯伯出示了一份"马克思党的新伦敦中央委员会的原本记录"。针对这一具有施梯伯特征的奇迹,从伦敦起开始了一场由马克思组织的运动。

马克思对此作了充分的准备。几天前,他在《新莱茵报》的编辑部材料里发现了施梯伯1848年12月26日给该报写的一封信。在这封信里,施梯伯对关于他持民主主义立场不过是一种姿态和他是一个警探等责难作了辩护。② 马克思想针对施梯伯10月18日作的第一个伪证写一篇声明发表在德国报刊上。他10月21日把声明寄了出去,在声明中他用这封信对施梯伯加以威吓。③《科隆日报》编辑部在1852年10月23日的复信(这封信保存了下来)中解释说,这篇声明使用这样的措辞按照现行法律不能予以发表,"因为它毫无疑问是在指控证人施梯伯违法"。编辑部估计到将来会有很大的麻烦,所以表示不能承担发表的责任。④《科隆日报》的懦弱反映了普鲁士所有自由派报刊的态度。⑤

在施梯伯10月23日出庭作证后,必须把声明中所表露出的对他的威吓付诸实施。10月25日,马克思经过美茵河畔法兰克福的艾布纳尔把附有施梯伯书信原件的信函寄给科隆的辩护人洪特海姆。同时,他还给辩护人寄去了以下一些材料:海尔曼·贝克尔从科隆寄给在伦敦的马克思的一封信,它证明,贝克尔主要是作为出版商同马克思通信;丹尼尔斯给马克思的关于其手稿《微生物世界。生理学人类学论稿》的两

---

① 《马克思恩格斯全集》第1版第8卷第487页。
② 《马克思恩格斯全集》第1版第8卷第507—508页,另见第28卷第176—180页。
③ 《马克思恩格斯全集》第1版第8卷第508页。这篇声明至今尚未发现。
④ 《马克思恩格斯全集》原文版第3部分第6卷第284页。
⑤ 《马克思恩格斯全集》第1版第14卷第450—451页。

封信，他在这两封信里请马克思对其手稿作出评价；1852年初由希尔施执笔的伦敦新工人联合会的两个记录片段和1852年10月23日《人民报》的一份剪报，从这份剪报可以看出，舍尔瓦尔住在伦敦。①

马克思还设法防止施梯伯的这封信和希尔施笔记被人截取。10月26日，他写信给恩格斯说，他同时给维尔特寄去一封信，让他务必立即完成一项任务。② 给维尔特的信中有供给施奈德尔第二使用的材料，还附有证明材料的复制件。

恩格斯和维尔特于10月27日收到了来信。恩格斯把材料复写了一份，并亲自签名证明它的真实性，然后通过种种自己熟悉的途径寄给了科隆的施奈德尔第二。③ 从恩格斯登记的所有寄往科隆的材料的目录④中可以看出，他是把这两封信作为商务信函通过商界朋友经过各家公司寄出的⑤。

马克思还在10月27日又寄出一批重要材料，而且是通过美茵河畔法兰克福的格奥尔格·荣克寄给施奈德尔第二的。荣克在这前几天给马克思写信，表示愿意为他提供帮助。⑥

这次寄出的材料包括：

1. 李卜克内西和林格斯的被认证的笔迹，他们俩据说是施梯伯所

---

① 《马克思恩格斯全集》第1版第28卷第167页，另参看第8卷第497—498、506—508页。
② 《马克思恩格斯全集》第1版第28卷第163、164、178页。
③ 《马克思恩格斯全集》第1版第28卷第163、164、178页。
④ 《马克思恩格斯全集》第1版第28卷第163、164、178页。
⑤ 这1份目录共有不同寄件人的13个假地址，其中的8个是恩格斯亲自编排的，另参看《马克思恩格斯全集》第1版第44卷第652—653页。
⑥ 《马克思恩格斯全集》第1版第28卷第169页。

谓"原本记录"的记录人。

2. 希尔施被开除后马克思及其朋友们自1852年3月以来每个星期三碰头的那个地方的老板所作的被认证声明。它表明,当时,并没有记录。

3. 1852年10月25日寄给施奈德尔第二的那封信的复写件。

4. 希尔施的另外两份笔迹试样。

5. 海尔曼·贝克尔1851年1月27日写给马克思的一封谈维利希假革命狂的信(盖有科隆和伦敦邮戳)的片段。[①]

6. 贝尔姆巴赫致马克思的三封信。其中一封是1852年3月对马克思1852年3月3日的通报希尔施进行间谍活动的信的答复。贝尔姆巴赫的这封信证明,丹尼尔斯夫人并没有给马克思写过信。

7. 施梯伯1848年12月26日的信的另一份抄写件。

8. 给施奈德尔第二的通知。这个通知告诉他,头两份材料的副本将在第二天直接以挂号的方式寄给他,挂号凭证将在同一天寄给弗莱里格拉特的一位熟人、杜塞尔多夫的商人韦特尔。如果施奈德尔第二没有收到该信,他必须拿挂号凭证到邮局把它追回。[②]

可见,这封信是马克思在10月28日以挂号方式直接寄给科隆的施奈德尔第二的。除了上述文件的副本外,他还转交去了另一些关于警探舍尔瓦尔的材料。另外,马克思还作了一些理论上的阐述。这有助于施奈德尔第二把维利希—沙佩尔宗派集团的文件同马克思支持者的文件区

[①] 《马克思恩格斯全集》第1版第8卷第528页。《马克思恩格斯全集》原文版第3部分第4卷第300页。

[②] 《马克思恩格斯全集》第1版第28卷第168—170页,另参看第8卷第500页。

别开来,此外,马克思还试图替辩护人证明它们之间的区别。①

这一天,马克思同伦敦的几位朋友一起起草了一篇致英国报纸编辑部的声明。这篇声明10月30日刊登在伦敦的五家报刊上。它主要是告诫人们不要匆忙作出结论,并提醒人们,辩护人在审判之前还要发一次言。同时声明,辩护人将把普鲁士警察当局的伪证、盗窃和伪造证件等行为揭露出来。②

10月28日,马克思把在伦敦已经采取的所有措施都详细地告知给恩格斯。他希望,这些材料能足以把"普鲁士先生们的政府的整个骗局"炸得粉碎。③

同一天,马克思的夫人受马克思委托写信给阿道夫·克路斯,把科隆的情况和在伦敦和曼彻斯特为科隆同盟成员作辩护的努力告诉给在美国的朋友们。④ 这封信不仅对到这时为止的案件进程作了一次极好的评述,它还介绍了马克思在那些天里与战友们一起同普鲁士国家作斗争的种种条件。

10月29日,马克思又给辩护人施奈德尔第二提供了一些消息。它们涉及宗派集团秘书迪茨的档案的被盗情况。马克思把某个叫罗伊特的人称作盗窃犯和小偷,并同时指出,警察当局在1851年3月24日的施泰翰的信——这封信连同钱款一起从汉诺威被寄给了伦敦的迪茨——上

---

① 《马克思恩格斯全集》第1版第28卷第167—168页,另参看第8卷第480、483—485、521—525页。

② 《马克思恩格斯全集》第1版第8卷第429—430页。

③ 《马克思恩格斯全集》第1版第28卷第168、645—651页。

④ 《马克思恩格斯全集》第1版第28卷第168、645—651页。

面作了手脚。① 这些消息是马克思按照恩格斯寄给他的假地址寄给施奈德尔第二的。②

1852年10月30日，马克思前往位于马尔波罗大街的市政府，在那里把在10月27日或28日科隆法庭上硬说是他写的《红色问答书》附函（它发表在1852年10月29日的《科隆日报》上）抄写一遍，让人们认证他的手迹。同时，他作了总结声明，他没有写过那个附函，他看了《科隆日报》才知道有这么篇东西，他从未见过《红色问答书》，也从未参与过它的写作。③ 这篇总结声明马克思必须通过最短的途径直接寄给科隆的施奈德尔第二。为了不让普鲁士警察局截留这篇声明，他同一天请求《晨报》编辑把他给科隆法庭写的声明的内容刊登出来。马克思给编辑的信刊登在1852年11月2日的《晨报》上。④

通过种种途径为科隆被告的辩护人寄送证明无罪的材料的巨大努力很有成效。辩护人施奈德尔第二在11月1日致马克思的信中签收了六份寄送的材料。由马克思和恩格斯寄去的信有一些此时可能还正在途中。但是寄到科隆的材料却早就包含了所有重要的文件。施奈德尔第二本人也在科隆查到了反驳施梯伯《原本记录》的证据。⑤ 他在信中表示，如果有必要，希望马克思再往科隆寄一些说明材料。⑥

11月2日，马克思把他同一天发表在《晨报》上的致编辑的信也

---

① 《马克思恩格斯全集》第1版第28卷第173—174页，另参看第8卷第470页。
② 《马克思恩格斯全集》第1版第28卷第174页。
③ 《马克思恩格斯全集》第1版第8卷第518—519、431—432、498页。
④ 《马克思恩格斯全集》第1版第8卷第518—519、431—432、498页。
⑤ 《马克思恩格斯全集》第1版第8卷第518—519、431—432、498页。
⑥ 参看《马克思恩格斯全集》原文版第3部分第6卷第299页。

寄往科隆。这次是直接寄给施奈德尔第二的，但用的是挂号方式。①

马克思在这一天向恩格斯报告说："律师们及时地，即恰恰是在公诉结束以前，收到了一切必要的东西。现在我认为，只要审判不致由于某种新的事件而拖延下来，不需要我们进行新的干预，那就不再需要寄任何东西到科隆了。"②

但这一愿望落空了。11月3日，在检察官泽肯多尔夫宣读了起诉书后，本来应是辩护人发言，可是这时竟允许施梯伯再次出庭。他伙同其下属、警官戈德海姆一起作最后一次绝望的努力，来拯救其最重要的伪证，所谓的原本记录。他在这次陈述中把警察当局进行欺骗的责任推到密探弗略里的身上（弗略里在伦敦，无法捉拿归案）。但同时马克思的两个朋友厄内斯特·德朗克和彼得·伊曼特却被怀疑是弗略里的报告人。

当这些新的谎言两天之后传到伦敦时，弗略里自然要设法逃避同德朗克和伊曼特的对立。这样，他俩在11月6日只能暂时向科隆发出几条关于弗略里及其同普鲁士警察当局的关系③的靠不住的消息。

11月7日，德朗克和伊曼特终于从弗略里那里得到一篇声明。他在这篇声明中不得不证实，他认识伊曼特才一个月，认识德朗克才一周。所以，他们不可能提供关于作为自1852年1月中旬起写所谓的伦敦中央记录的报告的消息。他们在1852年夏初才到达伦敦。据说是写

---

① 《马克思恩格斯全集》第1版第28卷第183页，另参看第8卷第515页。
② 《马克思恩格斯全集》第1版第28卷第184页。
③ 参看《马克思恩格斯全集》第1版第28卷第191页，另参看第8卷第511页。

给《科隆日报》的弗略里声明被直接寄给了施奈德尔第二。①

11月8日,除了弗略里声明的抄本,马克思还把一些关于戈德海姆10月30日逗留伦敦时如何弄到规定的材料的(戈德海姆11月3日的陈述就是用这些材料拼凑成的)②若干说明通过各种途径寄往科隆。关于弗略里是侦探的声明很晚才到达科隆,结果它对辩护人已没有任何用处。③这些情况表明给科隆辩护人寄材料的事情已经结束。

可见,马克思在10月14日寄出那封长信之后,在三周之内至少九次往科隆寄内容广泛的文件,其中有一些还是抄本。恩格斯在当时协助马克思,他至少把四份完整的和摘录的施梯伯书信的抄本转道送到科隆。④ 同时,马克思还起草了三篇报刊声明:第1篇是10月21日给德国各家报纸的,第二篇是10月28日给好几家英国报纸的,第三篇是10月30日给《晨报》的。

他们利用种种机会,如发表报刊声明、使用假地址、当作商业信函寄发和挂号等,躲过了普鲁士警察在从伦敦到科隆的邮路上设下的陷阱。马克思得到了恩格斯、伦敦的战友们,如威廉·沃尔夫、弗莱里拉特、李卜克内西、林格斯、施泰翰、伊曼特、德朗克等的帮助,但也得到了一些其他的同情者(如荣格)或其他的帮助者(如埃布纳尔和韦特)的帮助。

上面早已提到的施奈德尔第二1852年11月1日致马克思的信清楚地说明,辩护人急切等待马克思的材料,并立刻就用上了。因此,施梯

---

① 《马克思恩格斯全集》第1版第28卷第8卷第515—516页,第14卷第419页。
② 《马克思恩格斯全集》第1版第28卷第192页,第8卷第502—508页。
③ 《马克思恩格斯全集》第1版第8卷第516页。
④ 这些信至今尚未发现。

伯在案件审理期间出示全新的证明被告有罪的材料的活动没能削弱辩护人发挥作用的可能性。

在10月22日的法庭上,辩护人许尔曼和施奈德尔第二第一次用马克思的材料反驳了亨策的陈述。在1852年10月27日的法庭上,他们两人对记录本提出质询,施奈德尔第二使用了马克思寄给他的关于舍尔瓦尔是个侦探和现在住在伦敦的消息。11月3日起开始了辩护人的正式陈述。施奈德尔第二在他的发言中使用了下面一些马克思寄去的事实和证据:施梯伯给《新莱茵报》的信;施梯伯关于得到"原本记录"的时间的自相矛盾的陈述;李卜克内西、乌尔麦尔和林格斯的被认证的手迹;施梯伯对"原本记录"的所谓验证;舍尔瓦尔在法国警察帮助下在巴黎的逃跑。此外,施奈德尔第二还对马克思和他的朋友们与维利希—沙佩尔派作了原则的区分,论证了他们在不同的文件中的基本区别。然后,施奈德尔第二还想用马克思的总结声明来反驳对他的手迹的伪造;但它既不被法庭承认为证据,又不被承认为可用作对比的东西。

施奈德尔第二使用了很多马克思寄给他的材料。此外,他的陈述还从法律的角度谈到了密谋的形成时间问题。他的发言很有效,以至于施梯伯感到自己受到了攻击,并立即再次要求发言。法庭给予了他这种特权,他粗暴地向施奈德尔第二大发雷霆。他明白,这些针对他的材料来自伦敦。其他辩护人的发言和毕尔格尔斯与贝克尔的自我辩护发言都一致地使用马克思的材料;施奈德尔第二早已指出了施梯伯的伪证与伪造的要害。

科隆案件了结之后,马克思在最短的时间内写成了他的著作《科隆共产党人案件真相》。它不是对原则进行辩护,"而是根据事实和案件进程的叙述来抨击普鲁士政府"①。他的著作的基本内容是对案件作尽可能详尽的报道。《科隆日报》曾详细报道过案件审理过程。马克思就利用了这些材料。②

《科隆日报》是一家日报,以代表普鲁士自由资产阶级的利益作为幌子。在反动势力强大的时候,它总是试图适应新的环境。③ 对于科隆共产党人案件,它报道得比较详细。它有个优点,就是在法庭会议召开一天后它就对此作出报道;一天后它就到了伦敦。它关于共产党人案件的报道受到了不同方面的批评,因而该报编辑部在1852年10月10日的一篇声明里强调说,它的报道"是从纯粹客观和中立的立场出发写的,因而很容易一会儿这一方觉得不满意,一会儿另一方觉得不满意"④。

马克思从《科隆日报》报道里主要是摘录了施梯伯的陈述。后者可能每次都亲自把自己的陈述写给《科隆日报》编辑。施梯伯从来没有对这些报道的真实性表示过异议;但他在1860年却只承认《柏林政治和学术问题王国特权报》(又叫《福斯报》)上的报道是真实的。⑤

到现在为止,除了《科隆日报》和《福斯报》上的这些有关案件的报道之外,已经查明,《总汇报》(奥格斯堡)——根据《科隆日报》的报道——《科隆通报》《法兰克福报》《新普鲁士报》(柏林)和《布雷斯劳日报》上都刊有详细的报道。如果说《科隆日报》还试图表

---

① 《马克思恩格斯全集》第1版第28卷第167页。
② 《马克思恩格斯全集》第1版第30卷第538页。
③ 例如,1851年12月20日《总汇报》报道说,《科隆日报》被普鲁士列入了"友好报刊名单"里。
④ 毕特尔:《科隆共产党人案件》第66页。
⑤ 参看《马克思恩格斯全集》第1版第30卷第533页。

现出客观的姿态的话，那么《福斯报》和《新普鲁士报》则毫不掩饰它们敌视被告和共产主义的态度。《法兰克福报》的报道有时流露出报道人对被告们的同情。这些文章还报道过审判期间的一些使人觉得会对被告们作出有利判决的花絮。可以推测，马克思和在伦敦的同盟成员看过这些报道。德朗克在1852年11月尝试在《法兰克福报》上发表一篇关于科隆共产党人案件的文章。编辑部可能拒绝了这篇文章；德朗克的名字最终在审判中被提到过。

马克思在《真相》中的批判只涉及施梯伯和戈尔德海姆的陈述以及公诉人的解释。《科隆日报》提供的这些报道文章是比较可信的。它的有关报道非常详细，施梯伯的陈述几乎一字不漏。把《科隆日报》上的施梯伯的阐述与施梯伯亲自认可的《福斯报》上的阐述作一比较就可发现，它们内容完全一致，有许多陈述甚至几乎是一字不差。

《科隆日报》是马克思写《真相》时最重要的、自然也是最经常引用的消息来源。①但他也对其他各种材料加以节选加工。它们是：（1）1850年9月15日中央委员会会议的一份记录；（2）施梯伯1848年12月26日致《新莱茵报》编辑部的信；（3）海尔曼·贝克尔1851年1月27日致马克思的信；（4）康拉德·施拉姆关于他1851年9月至10月在巴黎的被捕和被审询一事的声明；（5）雷缪扎伯爵查阅过的巴黎警察局关于舍尔瓦尔的部分档案；（6）阿道夫·贝尔姆巴赫的信里关于科隆案件准备情况和陪审人选的消息，主要是起诉书里的所有事实；（7）在案件审理期间寄到科隆的马克思和其他在伦敦的同盟成员的许多声明和总结证词；（8）班迪亚的关于普鲁士驻伦敦公使馆的一些阴

---

① 马克思的《真相》里大约有75处是直接或间接从《科隆日报》的案件报道中节录下来的。

谋诡计的消息,例如,关于亨策同维利希狼狈为奸和格贝尔特1852年8月在普鲁士的使命的消息。

这些文件和口头消息一部分是马克思在审理之前,一部分在审理期间得到的,或者自己提供的。在已经被详细证明了的寄给科隆辩护人的信件中包含有一部分材料的内容;有许多文件马克思寄的都是原件。

从前面的叙述里可以归纳出以下几点:

1. 1852年,马克思和恩格斯在克路斯、魏德迈和德纳的支持下在美国组织了一次针对普鲁士国家在科隆共产党人案件中采用拖延手段的评论运动。

2. 在案件审理的准备阶段,马克思和他的朋友们基本上防住了各警察局的侦探,并利用他们、揭露他们、使他们不能造成危害。

3. 防止各种追捕措施对马克思来说同时又是为支持科隆案件的辩护人作的一次有益的准备。

4. 马克思不仅是施梯伯在科隆案件中的主要攻击对象;他还是证明施梯伯作伪证、伪造文件的材料的主要提供人。

5. 辩护人施奈德尔第二1852年11月3日和4日在科隆法庭上的发言几乎都是依据马克思寄去的消息和证据。

6. 马克思的《真相》以它的叙述、材料和理论阐述使人充分了解了在科隆案件中从伦敦寄往科隆的材料的内容和数目。

7. 在这部著作完稿之前和它的巴塞尔版印刷完毕之前,就有人向普鲁士秘密警察和奥地利秘密警察告了密。

这几点结论是在内容上全面弄清马克思和恩格斯在科隆共产党人案件的准备和进行期间所撰写的文件的重要基础。这些文件将是原文版第1部分第11卷的全部组成部分。同时,它们也为系统地整理马克思的小册子《科隆共产党人案件真相》提供了重要的前提。对于相应的书信卷（第 3 部分第 4—6 卷）的编辑工作来说，一些材料可以得到更好的整理，或者全新的阐释。这又一次表明，对原文版某一卷的重点内容作具体的准备可以促进对材料的彻底研究，有助于新发现马克思和恩格斯文献，特别是早在整理阶段就有可能把原文版各部分的各卷更紧密地联系起来。

[原载《马克思恩格斯年鉴》（柏林）第 4 卷第 306—344 页]

（蒋传中 译　孙魁 校）

从新材料来判断1852年科隆共产党人案件*

〔苏〕Г.Д.戈洛维娜

作者利用了以前未用过的文件和史料,让我们有可能对案件的某些方面作出新的解释,其中包括成立了所谓宗得崩德这种独立组织的维利希—沙佩尔集团的否定作用问题。

今天确凿地证实了马克思当时只是由于具有远见才作出的结论。这里特别要提到共产主义者同盟新的科隆中央委员会特派员彼得·诺特荣克被捕的原因,以及政府策划案件时一开始就对"马克思派"和维利希—沙佩尔集团之间的原则分歧有明确概念这个事实。

在苏共中央马列主义研究院档案中,发现了警察局关于"诺特荣克"的案卷里复制的马克思致海尔曼·贝克尔的书信片断。其中有马克思对维利希及其拥护者的几乎是格言式的愤怒回答,它反映的"不单是对派别分子盲动冒险计划的如此愤懑,而首先是对假革命喧嚣可能带来的极有害后果的严重担心"。(第38页)

1848—1849年革命以后,维利希以宗得崩德的名义从事准备军事政变的宣传,按照他的看法,这有可能使科隆变成中心,然后革命从那

---

* 本文选自《马列主义研究资料》1985年第3辑。

原题注:此文原载《苏共历史问题》1983年第5期第36—48页。——译者注

里再蔓延到欧洲其他国家。马克思了解这种假革命使真正的运动将面临什么样的危险，为此打算采取措施消除可能的后果。

共产主义者同盟中许多后来曾热衷于国家政变的活动家的被捕，证明马克思是正确的。他们很大程度上接受了派别分子及其拥护者小资产阶级民主派的冒险密谋活动的诱惑。

该组织的特派员诺特荣克也被捕了，他被捕前至少普鲁士警察局并不知道这个组织的存在，因为警察局把民主派的活动，而不是把独立的无产阶级的共产主义组织看作主要危险。（第40—41页）

奥地利和普鲁士警方档案证实，维利希—沙佩尔宗派集团从1850年10月起就进行实际活动，力争使德国共产主义者同盟盟员站到自己方面来。为此目的派出特派员并发出谴责马克思及其拥护者的书信。维利希在酝酿军事叛乱计划时倡议成立新的联合组织即所谓的欧洲社会民主主义者中央委员会，该委员会同在巴黎成立的"革命委员会"（几乎清一色是由奥地利和法国的密探组成的）保持密切的接触。维利希的一个特派员掌握许多住址，其中也有诺特荣克的住址。同维利希的特派员接触对诺特荣克来说是非常不幸的。

科隆案件的筹划者利用维利希密谋组织的文件来加害"马克思派"，企图把被追究的共产党人说成是维利希密谋活动的同谋者，虽然侦讯一开始普鲁士警方就明明知道，从诺特荣克处抄获的文件带有纯粹理论的性质。维利希—沙佩尔集团的目标和策略的社会宗旨被说成同"马克思派"的目标和策略是一致的，而分歧只不过是两者中个人之间的无谓纠纷的结果。

在警方档案材料中，作者成功地发现下达给伦敦警官的一项命令，责成各警官不惜任何代价从宗得崩德档案中搜罗文件。从"迪茨档案"中盗窃49件原本文件，就是这次"行动"的结果。（第45页）警方企图利用这些文件捏造出一个所谓的德法密谋案,并把它和科隆案件拉在一起,使后一案件成为国际性案件。

结果,在科隆案件的起诉书和主要起诉人的发言中,共产主义者同盟的情况及其分裂经过被描绘得同事实正好相反。共产主义者同盟被说成是这样一个组织:它虽然已经分裂了,可是依旧完全按照维利希及其朋友们的冒险主义精神行事。

资产阶级的和改良主义的"马克思学"至今还散布着种种偏见,歪曲共产主义者同盟的意见分歧以及当时马克思和恩格斯同小资产阶级流亡者保持的相互联系。例如,联邦德国历史学家施勒普列尔断言,似乎马克思总是企图使民主派成为社会舆论的取笑对象。(第47页)以色列历史学家纳曼断言,似乎共产主义者同盟停止活动无论如何应归罪于马克思的科隆拥护者。这种说法是站不住脚的。

共产主义者同盟是政治迫害和内部派性的牺牲品,它的历史为年轻的共产主义政党上了很好的一堂课。"在小资产阶级民主派所玩弄的并得到维利希及其拥护者支持的革命游戏中,不可能造就出多少干练的、独立的工人政党。"(第48页)

(译自《苏联社会科学文摘(科学共产主义问题类)》
1984年第1期第21—13页)

(章沛 译)

科隆共产党人案件和《共产党宣言》*

梁 明

1852年10—11月轰动一时的科隆共产党人审判是普鲁士政府一手制造的第一次大规模迫害共产党人的事件。自从共产党人出现以来,反动势力对于他们的迫害就没有停止过。"为了对这个幽灵进行神圣的围剿,旧欧洲的一切势力,教皇和沙皇、梅特涅和基佐、法国的激进党派和德国的警察,都联合起来了。"① 1847年建立的以马克思恩格斯起草的《共产党宣言》为纲领的共产主义者同盟成了在德国的唯一的革命组织,也就成了德国警察追捕镇压的主要目标。

1851年5月10日以后,同盟成员诺特荣克等十几人陆续被捕。经过长达18个月的非法监禁折磨,1852年10月4日在科隆开庭审讯。警察所查获的《共产党宣言》《共产主义者同盟章程》和两个《共产主义者同盟中央委员会告同盟书》等文件都成了被告的"罪证"。起诉书中包括这些文件的摘要或全文。在法庭上被告的辩护人根据马克思恩格斯寄来的丰富材料揭露普鲁士警察当局伪造证据等卑鄙勾当。警察无耻捏造的种种"罪名",所谓"德法阴谋"、"原本记录"、"红色问答书"

---

* 本文选自《马克思恩格斯列宁斯大林研究》1997年第3辑。
① 《马克思恩格斯选集》第2版第1卷第271页。

等——被揭穿，遭到破产。被告在法庭辩护中多次宣读《宣言》和《告同盟书》，表明共产党人光明磊落的立场和主张。共产党人的纲领和策略与密谋完全无关。勒泽尔在法庭上发表声明，宣读《宣言》全文，阐明同盟中多数派和少数派的原则分歧，有力驳斥了起诉书对马克思和多数派的共产主义思想主张的歪曲。毕尔格尔斯在法庭上详尽阐述《宣言》的思想，驳斥关于同盟进行密谋活动推翻现行国家制度的无端指控。他说，起诉书中所说的共产主义是要实现什么"统一的、不可分割的、社会的或社会民主的、或民主的和社会的共和国"。但是，在《宣言》和1850年3月的《告同盟书》中根本找不到这类内容，恰恰相反，这类"共和国"却是共产主义和工人政党的努力的直接对立物。起诉书全然不顾事实，不顾同盟的《宣言》等权威文件，硬把"社会共和国"说成全部努力的最终目的，就是蓄意把从事直接颠覆的罪名强加给同盟和被告。毕尔格尔斯说："《共产党宣言》在谈到运动的最终目的时说：'代替那存在着阶级和阶级对立的资产阶级旧社会的，将是这样一个联合体。在那里，每个人的自由发展是一切人的自由发展的条件。'1847年12月的旧的同盟章程在这个问题上的提法，与《宣言》完全一致。章程的第1条写道：'同盟的目的；推翻资产阶级政权，建立无产阶级统治，消灭旧的以阶级对立为基础的资产阶级社会和建立没有阶级、没有私有制的新社会。'根本没有社会共和国这一说。"[①] 毕尔格尔斯把法庭变成了宣传共产主义的讲坛。

马克思在《揭露科隆共产党人案件》一文中指出："在被告那里查获的《共产党宣言》是二月革命前出版的。几年来一直公开出售，无

[①] 《共产主义者同盟文件和资料》第3辑，中国人民大学出版社1989年版，第179—180页。

论从它的形式或者从它的使命来说，都不可能是'密谋'的纲领。被查获的中央委员会的两个告同盟书只谈到共产党人对未来的民主派政府的态度，因而根本没有涉及弗里德里希—威廉四世的政府……"①

伪造证据、蓄意歪曲同盟纲领等一系列阴谋破产之后，检察官在法庭上理屈词穷。"被告无罪就等于判决政府有罪。"② 然而，对于被告欲加诸罪，何患无辞。检察官认为，"惩治密谋的法律根本不要求犯罪构成，而是纯粹倾向性的法律……"③ 被告们的倾向性的罪状就是宣传共产主义。检察官泽特在法庭上讲到共产主义和《共产党宣言》时作了一番拙劣的表演。他说，他要熟悉一下社会主义和共产主义，于是买了施泰因的著名指南。④ 结果，他从那里找到的却是科隆法庭被告们所反对的那种"共产主义"。《宣言》中专门有一章批判施泰因所说的那些社会主义和共产主义。这与被告们主张的共产主义是有原则区别的。共产党人具有不同于过去所有共产主义派别的"独特倾向"。泽特不顾事实，明目张胆硬说《宣言》只分三章，而不是四章。正好，批判施泰因所说的共产主义那一章不存在了。马克思在《揭露科隆共产党人案件》一文中嘲讽地写道："《宣言》其实共分四章，而不是三章，但是，眼不见，心不烦。因此，泽特硬说，《宣言》共分三章，而不是四章。对他来说不存在的那一章正好是'不吉利的'一章，它批判了施泰因记录下的共产主义，也就是说，论述了被控告的那种共产主义的独特倾向。可怜的泽特！最初他缺乏犯罪构成，现在他又缺乏倾向。"⑤

---

① 《马克思恩格斯全集》第2版第11卷第481页。
② 《马克思恩格斯全集》第2版第11卷第541页。
③ 《马克思恩格斯全集》第2版第11卷第542页。
④ 指施泰因的《现代法国的社会主义和共产主义》。
⑤ 《马克思恩格斯全集》第2版第11卷第544页。

然而，为了镇压统治者所惧怕的共产主义这个"罪恶的怪物"，"无论他们的党怎样弱小，必定是非常危险的，他们的学说无论如何是一股力量"。① 为了掩饰普鲁士政府的阴谋和腐败，终究是要把被告判罪的，不顾及什么刑法典和法律，更不讲什么"资产阶级良心"了。11月12日穷凶极恶的反动当局把科隆共产党人案件被告七人判处了三年到六年的徒刑。

科隆审判结束以后，1853年《共产党宣言》全文在一本警察指南书中重印出版。著者维尔穆特是汉诺威警察厅长，施梯伯是普鲁士政治警察局长。这两人合著了当时人称为"黑书"的《19世纪共产主义者的阴谋》② 上册的附录8即《共产党宣言》。从版本的特点比较看，这本警察指南书中的《宣言》文本是根据一本30页的重印本翻印的。原书大约是从维利希—沙佩尔集团的威廉·提茨处搜查到的。警察指南专供警察机构内部使用，印数很少。但还是有一些落入未经许可的人手中，特别是马克思和恩格斯手中。关于这本"黑书"，1885年恩格斯写道："本世纪两个最卑鄙的警棍制造的这本充满敌意捏造的拙劣作品，至今还是一切论述那一时期的非共产主义著作的重要的史料来源。"③

《共产党宣言》1848年在伦敦问世，革命时期从伦敦运到巴黎，传到德国广为散发。1848—1852年《宣言》在伦敦和纽约的报刊上多次

---

① 《马克思恩格斯全集》第2版第11卷第545页。

② 维尔穆特和施梯伯合著《19世纪共产主义者的阴谋》1853—1854年在柏林出版，上下两册。上册歪曲叙述工人运动和共产主义者同盟的历史，附录25篇，包括《共产党宣言》《告共产主义者同盟书》等查获的共产主义者同盟文件。下册是镇压工人运动的其他材料和同工人运动、民主运动有关的人物（包括马克思、恩格斯、沃尔弗等760人）的黑名单以及他们的简历。

③ 《马克思恩格斯选集》第2版第4卷第190页。

刊载，并有了最早的英文和瑞典文全译本以及法文、丹麦文和意大利文的译本。① 但是1853年以前在德国国内只在《大胡蜂》（1849）和《新莱茵报，政治经济评论》（1850）等少数报刊上摘登过，或作过介绍评述。警察在对共产主义者同盟成员逮捕搜查中多次发现的绿色封面《宣言》小册子都是从国外传入的23页的第1版或另一种30页的版本。具有历史讽刺意味的是，上述这部由警察头子编写的"黑书"附录中发表的文本，却成了《共产党宣言》在德国第一个合法的全文重印本。在科隆案件15年以后，维也纳的《工人报》上刊载的《宣言》就是以它为蓝本重印的。

1875年马克思在《〈揭露科隆共产党人案件〉一书第二版跋》中写道："科隆共产党人案件本身揭示出，国家权力在其反对社会发展的斗争中是软弱无力的。普鲁士王国国家检察官用来证明被告有罪的证据归根到底不过是，他们秘密地传播了危害国家的《共产主义宣言》的原则。尽管如此，难道这些原则不是过了20年以后又在德国的大街上被公开地宣布吗？难道这些原则不是甚至被从帝国国会的讲台上向外传播吗？难道这些原则不是违背一切国家的政府的禁令而以国际工人协会纲领的形式传遍全世界吗？只要社会还没有围绕着劳动这个太阳旋转，它就绝不可能达到均衡。"②

恩格斯说，《宣言》的历史在很大程度上反映着现代工人阶级运动的历史。"当欧洲工人阶级重新聚集了足以对统治阶级发动另一次进攻

---

① 1860年马克思在《福格特先生》一书中写道："代表大会……通过了由恩格斯和我起草的《共产党宣言》，该宣言于1848年初问世，后来又出了英文、法文、丹麦文和意大利文的译本。"实际上在上世纪60年代以前的法文、丹麦文和意大利文译本至今没有找到，研究者怀疑其存在。

② 《马克思恩格斯全集》第2版第18卷第627页。

的力量的时候,产生了国际工人协会……""这样,《宣言》本身又重新走上了前台。从1850年起,德文本在瑞士、英国和美国重版过数次。"从19世纪60年代到90年代出现了更多的德文本和欧洲各国文字译本。"它无疑是全部社会主义文献中传播最广和最具有国际性的著作,是从西伯利亚到加利福尼亚的千百万工人公认的共同纲领。"①

  共产主义是不可抗御的。星星之火,可以燎原!

---

  ① 《马克思恩格斯选集》第2版第1卷第254—255页。

马克思恩格斯和 1853 年纽约的《改革报》*

〔德〕乌特·埃姆里希

迄今为止,在编辑出版《马克思恩格斯全集》历史考证版第 1 部分的工作中,已有许多情况表明,由于马克思和恩格斯以特殊的方式与人合作参与撰写政论文章,所以要实现完整性原则非常困难。这里指的是匿名发表的或者甚至是由其他人署名的报刊文章,因为马克思和恩格斯曾以不同方式参与了它们的写作并在其中起了重要作用,所以有必要将这些文章收入有关卷次的附录中。

整理《马克思恩格斯全集》历史考证版第 1 部分第 12 卷的工作表明,除了《德法年鉴》、巴黎《前进报》《民主新闻》和《红色共和党人》《寄语人民》及《人民报》等报刊发表过这样的文章之外,1853—1854 年在纽约出版的美国工人同盟的机关报——用德文出版的《改革报》也刊载了一系列这类文章。

较长时期以来,《改革报》已成研究的对象,它发表过的文章有两篇是在马克思和恩格斯的直接帮助下写成的,这个情况自从 1977 年以

---

* 本文选自《马克思恩格斯研究》1993 年总第 12 辑。

来就已为人所知。① 在为编辑全集历史考证版第 1 部分第 12 卷（1853年 1 月至 12 月）而展开的研究工作中，人们还另外发现了五篇这样的文章。它们的作者是阿道夫·克路斯和约瑟夫·魏德迈，这两个人都是马克思和恩格斯的亲密朋友和战友，他们是在北美合众国传播马克思主义的先驱。

1853 年《改革报》的历史清楚地表明，马克思、恩格斯、克路斯和魏德迈为把这份起初只是小资产阶级民主主义的报纸进一步发展成为在美国宣传马克思主义的喉舌共同做出了重大的贡献。虽然如此，要说马克思和恩格斯只是间接地参与了《改革报》的工作也可以，因为他们本人并没有为这家报纸撰写过任何文章。这正是他们对《改革报》的态度大大不同于他们在那个时期对诸如《人民报》的态度的地方。

下面的考察打算首先阐述马克思和恩格斯同《改革报》合作的特殊形式以及《改革报》对 19 世纪 50 年代初美国刚刚起步的工人运动的直接的实际政治斗争的意义。

本文的研究依据的是业已发表的苏联及民主德国历史学家列夫·戈尔曼和卡尔·奥伯曼的有关美籍德国人及美籍英国人中工人运动的历史的著作。在这些著作中也谈到了《改革报》。本文还依据了维尔塔·波斯别洛娃关于阿道夫·克路斯的传记研究和卡尔·奥伯曼关于约瑟夫·

---

① 参看马克思：《关于凯里》，载于《马克思恩格斯全集》第 1 版第 44 卷第 200—203 页；马克思：《戴维·乌尔卡尔特》，载于《马克思恩格斯全集》第 1 版第 44 卷第 204—205 页。

魏德迈的传记研究。① 此外，还利用了赫尔曼·施留特尔和弗里德里希·阿道夫·左尔格论旅美德国工人运动的开创时期的著作②以及美国共产党关于自己的历史的著作③中有关《改革报》的论述。本篇研究所

---

① 参看列夫·戈尔曼：《马克思和恩格斯反对19世纪50年代初工人运动中的宗派主义和冒险主义的斗争的历史》，载于《新时代的工人运动》1964年莫斯科版（以下简称《马克思和恩格斯的斗争史》）第134—199页；列夫·戈尔曼：《从共产主义者同盟到第一国际——卡尔·马克思在1850—1864年的活动》1970年莫斯科版；卡尔·奥尔帕曼：《对反共产主义所作的斗争以及在1852—1853年对卡尔·马克思的攻击》，载于《德国工人运动史论丛》1963年第3期第500—512页；卡尔·奥伯曼：《约瑟夫·魏德迈生平事迹，1818—1866年》1968年柏林版第229—332页；卡尔·奥伯曼：《约瑟夫·魏德迈——美国社会主义的先驱》1947年纽约版第31—78页；维尔塔·波斯别洛娃：《阿道夫·克路斯——共产主义者同盟成员和马克思恩格斯的战友》，载于《马克思恩格斯年鉴》第3卷1980年柏林版第85—120页；B. H. 波斯别洛娃：《阿道夫·克路斯——马克思和恩格斯的战友》，载于《马克思主义和国际工人运动的历史》1977年莫斯科版第285—307页；维尔塔·波斯别洛娃：《约瑟夫·魏德迈》，载于《马克思、恩格斯和早期无产阶级革命家》1965年柏林版第261—297页；《马克思和恩格斯的同时代人，1844—1852年的书信选集》，由库尔特·科斯茨克和卡尔·奥伯曼编辑出版并作注，1975年阿森—阿姆斯特丹版。

② 参看弗里德希·阿道夫·左尔格：《1850—1860年间合众国的工人运动》，载于《新时代》（斯图加特）1890—1891年第2卷第33期第193—202页、第34期第232—240页；《弗里德里希·阿·左尔格论美国工人运动，从殖民时期到1890年美国工人阶级的历史》（由菲力浦·S. 福纳和布鲁斯特·张伯伦出版）1977年伦敦版；海尔曼·施留特尔：《旅美德国工人运动的开创时期》1907年斯图加特版。

③ 参看菲力浦·S. 福纳：《美国工人运动史。从殖民时期到美国劳工联合会的成立》1947年纽约版；威廉·Z. 福斯特：《美国共产党的历史》1956年柏林版；丹尼尔梅森：《马克思主义在美国的起源》，载于《政治事件。马克思主义的思想和分析杂志》（纽约）第54卷1975年第8期第42—53页、第9期第47—58页。

依据的最重要的材料来源是1852—1853年马克思、恩格斯、克路斯和魏德迈之间的往来信件,首先是迄今尚未公开发表的大量信件。

50年代初在美国创办一份马克思主义工人报纸的必要性

1848—1849年德国革命的失败及反动势力的迫害使许多最积极地参加过革命斗争的人不得不离开自己的故乡,流亡大潮首先涌向瑞士、英国和法国。但在1850年底已经有越来越多的侨民乘船前往美国。一方面他们期望能在这里获得建立新生活的良好条件;另一方面他们也希望在大西洋彼岸民主和工人运动的政党及政治组织有合法存在的可能性。这样美国就成了流亡者能够立足的主要国家。1847年有74281名德国人来到北美合众国,1850年为78896人,两年后是145918人,而1854年人数增加到215009人。①

特别是共产主义者同盟的许多最优秀和最积极的成员被迫流亡。在那些被迫在美国寻求避难所的人当中,除了卡尔·威廉·克莱因、康拉德·施拉姆和其他人之外,还有一位马克思和恩格斯最要好的朋友约瑟夫·魏德迈②以及被马克想和恩格斯称为他们的一位"最优秀和最富有才能的人"的阿道夫·克路斯③。

克路斯在1848年夏末流亡美国,魏德迈在1851年11月到达纽约。住在华盛顿的克路斯和住在纽约的魏德迈都力图在美国继续进行他们在

---

① 参看卡尔·奥伯曼:《约瑟夫·魏德迈》第231页;另参看尤尔根·库钦斯基:《资本主义的历史和理论研究文集》1979年柏林版第132—133页。
② 参看《马克思恩格斯全集》第1版第27卷第609、617页。
③ 参看《马克思恩格斯全集》第1版第27卷第609、617页。

德国已经开始的政治活动。为此,他们期望得到在这里成立的共产主义者同盟小团体的支持。① 首先,他们打算在工人中宣传马克思主义学说,以使为将来在美国建立一个无产阶级革命政党创造重要的前提条件。其次,克路斯和魏德迈认为,必须创办一份马克思主义报刊,然而当时在美国,从事这种活动的条件尚不具备。真正的工人运动还不发达,美国的工人组织主要是以地方工会联盟的形式存在,它们在50年代初领导了一系列旨在增加工资和缩短劳动时间的斗争。

工人阶级组成状况的一再变动也妨碍了把他们组织起来的工作,各种职业的工人经常涌向美国西部新开发的地区,在那里他们会成为农民或手工业者。② "1848年以前,固定的、本地工人阶级还只能说是一种稀罕现象:当时,这个阶级为数不多的人最初在东部城市里还有可能指望变成农民或者是资产者。"③ 恩格斯在后来所做的这个特征描述完全符合50年代的美国状况。

随着不同国家的工人大量移居美国,一个在相当大的程度上脱离美国本国的工人运动而存在的工人运动产生了。这些工人中很多人只说他们自己的母语,很少关心他们的美国阶级兄弟的利益。美国资产阶级巧妙地加剧了因此而形成的外来工人阶级和美国本土的工人阶级之间的分离,办法是经常招募外来的工人当工贼,付给他们微薄的工资等。

在美国的德国工人的政治运动和工会运动主要受威廉—魏特林的宣传和他的空想学说的影响。如果说到1853年他的影响力已经大大丧失,

---

① 参看维尔塔·波斯别洛娃:《阿道夫·克路斯——共产主义者同盟成员和马克思恩格斯的战友》,载于《马克思恩格斯年鉴》第3卷第102—106页。

② 参看列夫·戈尔曼:《从共产主义者同盟到第一国际》第114—115页。

③ 参看《马克思恩格斯全集》第1版第38卷316页;《马克思恩格斯全集》第1版第21卷第295—297页。

除了他的工人总同盟之外,已经有各种不同的其他独立组织存在了,但是他的思想还在继续起作用。"①

所有这些情况必然使克路斯和魏德迈难于在政治上发挥他们的作用。若干年之后,恩格斯在给海尔曼·施留特尔的一封信中对这种状况作了如下的描述:"在这样的国家里,往往在出现涨潮之后出现退潮,这是必然的。"②

此外,克路斯和魏德迈开展卓有成效的工作的另一个障碍恰恰来自德国移民。50年代初期,五花八门的德国小资产阶级团体的大批有影响的代表人物也纷纷移居美国,到1852年为止他们已在美国建立了上千个所谓的革命协会,它们大肆宣扬颠覆世界的伟大计划。③ 同时,他们还利用有利条件在美国新创办报纸,于是便出现了大量小资产阶级民主主义刊物。1856年在北美有200多种德文报刊和杂志,其中有20种日报。④

流亡者群众在革命后对于革命失败的原因、对革命斗争中的教训,以及下一步该如何行动的问题并不清楚。他们非常乐于跟随自己熟悉的

---

① 参看海尔曼·施留特尔:《旅美德国工人运动的开创时期》第49—120、119—214页;参看1850年3月31日阿道夫·克路斯写给威廉·沃尔弗的信。莫斯科,藏于原苏共中央马列主义研究院中央党务档案馆。
② 《马克思恩格斯全集》第1版第35卷315—317页。
③ 参看卡尔·奥伯曼:《约瑟夫·魏德迈》第232、336页。
④ 参看《旅美的德国人》,载于《凉亭》(莱比锡)1856年第8期第110页;卡尔·维特克:《美国的德文报刊》1957年肯塔基版;卡尔·J.R.阿伦特和梅·E.奥尔森:《美国的德文报刊(1732—1955年)。历史和文献》1961年海得尔堡版;卡尔·J.R.阿伦特和梅·E.奥尔森:《美国的德文报刊(1732—1968年)历史和文献》1973年普尔拉赫-慕尼黑版第2卷。

小资产阶级民主派领导人,以及那些站到小资产阶级民主派立场上去的人——其中也有前共产主义者同盟成员——去进行革命冒险。这些人无视在 50 年代初客观条件越来越不允许掀起革命新高潮的现实,制订了各式各样可能的冒险计划,企图借助主要在美国筹集的资金,通过在国外策划的密谋在欧洲各国掀起革命运动。这方面的代表人物有哥特弗里德·金克尔、奥古斯特·维利希、卡尔·海因岑和阿尔诺德·卢格,他们间或在美国从事活动,或者通过小资产阶级民主派的报刊把影响渗透到美国。他们对旅美德国工人的运动产生了不无重要的影响。[①] 鉴于马克思主义只有在同一切敌对观点的坚决斗争中才能与初起的工人运动相结合这一事实,克路斯和魏德迈坚决反对小资产阶级流亡者团体的所作所为。

如果说马克思和恩格斯在 1852 年前不得不既在欧洲也在美洲进行反对冒险主义分子和分裂分子的斗争的话,那么 1853 年这场斗争就几乎完全是在美洲的土地上进行的了。[②] 但是由于他们居住在英国,而论战过程又要求对人们日常关心的问题不断做出反应,所以,克路斯和魏德迈便成为他们忠实的战友和在美国的代言人。

当魏德迈 1851 年 11 月 7 日到达纽约的时候,马克思在 1851 年 10 月 16 日写给他的一封信已经先到了。[③] 马克思在 10 月 31 日又写了第二

[①] 参看卡尔·奥伯曼:《对反共产主义所作的斗争,以及在 1852—1853 年对卡尔·马克思的攻击》,载于《德国工人运动史论丛》1963 年第 3 期,第 500—512 页;戈尔曼:《马克思和恩格斯的斗争史》第 134—199 页;英格里德·东纳:《卡尔·马克思和 1852 年科隆共产党人案件》1980 年柏林版。

[②] 参看戈尔曼:《马克思恩格斯的斗争史》第 187—190 页。

[③] 参看《马克思恩格斯全集》第 1 版第 27 卷第 605—607 页。

封信①,这封信在11月14日送到了魏德迈手里。魏德迈从这两封信中得到了大量建议,告诉他在美国如何继续开展工作,这些建议首先提到出版如《共产党宣言》之类的马克思的著作以编一套收入马克思、恩格斯、威廉·沃尔弗、格奥尔格·维尔特的著作的袖珍小丛书和"目前所写的抨击性文章"②。同时,马克思在建议中还谈到了翻印《德意志—布鲁塞尔报》上登载的马克思和恩格斯反对卡尔·海因岑的文章的计划。

1851年12月初,马克思又给住华盛顿的克路斯写了一封信,要他同魏德迈取得联系。③ 他们两人只是在1848年的法兰克福民主派代表大会上匆匆见过一面。于是克路斯立即在1851年12月20日致信魏德迈,向他作了自我介绍。④ 从这封信和1852年2月他们在纽约的初次会晤起,他们之间开始了至少持续到1853年底的堪称典范的合作。他们很快就活动的目标达成了一致的意见:首先他们必须努力创建一个工人组织。"在这里发挥我们的影响和领导协会的唯一途径,就是在美国的土地上创建同盟组织"⑤,魏德迈对恩格斯这样解释说⑥。

然而,由于各种原因,首先是由于缺少经费,上面提到的马克思和

---

① 《马克思恩格斯全集》第1版第27卷第605—607页。
② 《马克思恩格斯全集》第1版第27卷第605—607页。
③ 参看《马克思恩格斯全集》第1版第27卷609页。
④ 参看《马克思恩格斯全集》原文版第3部分第4卷第557页。
⑤ 参看《马克思恩格斯全集》原文版第3部分第5卷第245—246页。
⑥ 有关克路斯和魏德迈从早先流亡到美国的共产主义者同盟成员那里得到的支持,《马克思恩格斯年鉴》第3卷已经载文论述过(参看维尔塔·波斯别洛娃:《阿道夫·克路斯——共产主义者同盟成员和马克思恩格斯的战友》,载于《马克思恩格斯年鉴》第3卷第105—115页)。

恩格斯的建议难以实现。确切地说，克路斯和魏德迈不得不利用现有的手段，首先是利用旅美德国人办的小资产阶级报刊为自己的目的服务。① 但同时他们也认识到这样做的局限性。② 因此创办一份旨在不断地对工人进行教育和为建立无产阶级政党做准备的自己的马克思主义的机关刊物的问题就一再被提出来了。

在马克思、恩格斯和斐迪南·弗莱里格拉特的协助下，魏德迈在美国创办第一份马克思主义杂志《革命》周刊本来应该成为这样的刊物，但这一希望很快就破灭了。这个计划之所以破产，是因为它遇到了在出版袖珍丛书时所遇到的同样的困难，但首先大概是它在工人运动中缺乏基础。③

克路斯和魏德边加入《改革报》

克路斯和魏德迈从他们开始在美国从事政治活动时起就致力于创建一个旅美德国工人的组织，而这个组织能够成为在合众国建立无产阶级

---

① 卡加·奥伯曼已经介绍克路斯和魏德迈在这个斗争时期所进行的各个方面的工作。由于克路斯和魏德运的政论活动范围非常广泛，并且由于原始资料没有得到很好的整理，奥伯曼的描述自然不全面，然而，他还是勾画出了他们两人截至1853年为止的最重要的活动的轮廓（参看卡尔·奥伯曼：《对反共产主义所作的斗争，以及在1852年—1853年对卡尔·马克思的攻击》，载于《德国工人运动史论丛》1963年第3期第500—512页；卡尔·奥伯曼：《约瑟夫·魏德迈》第231—294页）。

② 参看卡尔·奥伯曼：《约瑟夫·魏德迈》第269—294页；参看《马克思恩格斯全集》第1版第28卷第597—598页。

③ 参看《马克思恩格斯全集》原文版第3部分第5卷第237页。

政党的起点。于是，1852年5月，一个有六名成员的共产主义者同盟的团体便在美国成立，这个团体是几乎同时成立的无产者同盟的发起人、可是这两种组织形式都没有生命力。因此，魏德迈和克路斯决定进行新的尝试来实现自己的计划，他们在1853年3月积极参与了美国工人同盟的创建工作。①

美国工人同盟主要由1848—1849年革命后来到美国的德国无产者组成。由于不管是纽约的共产主义者同盟团体还是无产者同盟在工人中都没有发挥多大作用②，因此美国工人同盟应该成为旅美德国工人运动未来更有希望的组织。克路斯和魏德迈努力在这个组织中发挥最大可能的影响，同样，他们也设法同美国工人运动保持密切的联系。③ "如果工人运动不能在美国的工人大众中获得成功，那么它是不会持久的。这虽然是一件令人不快的事情，但是我认为，我们有必要像琼斯那样干各

---

① 美国工人同盟建立时称为美国工人总同盟。我们发现，在文献和原始资料中，这个组织有不同的名称，魏特林的《工人共和国》在1853年4月23日已报道说工人总同盟可能改名为美国工人同盟，但他在有关这个组织的报告中继续使用两个名称。1853年6月，海尔曼·施留特尔在谈到新的组织措施时才提到总同盟改名为美国工人同盟（参看海尔曼·施留特尔：《旅美德国工人运动的开创时期》第136、140页）。——因此，在下文中将使用美国工人同盟这个名称，以便同魏德林的工人总同盟划清界限。例如，左尔格曾错误地把这两个组织混为一谈了〔参看弗里德里希·阿道夫·左尔格：《1850—1860年合众国的工人运动》，载于《新时代》（斯图加特）1890—1891年第2卷第33期第237页〕。

② 参看《马克思恩格斯全集》原文版第3部分第6卷第457页。

③ 美国工人同盟同赛缪尔·布里格斯和阿道夫·克路斯在华盛顿建立的美国工人组织"工人全国协会"及其报纸《工人的全国辩护士》（1853年4月23日至6月11日在华盛顿出版的英文周刊）保持着最紧密的联系。这份报纸完整地保存下来了，现在存放在华盛顿国会图书馆。

种各样讨厌的事，以充分体现我们同工人的需求、愿望的一致和对他们的同情；我们正是从这里汲取力量来克服这些毫无意义的举动，并且不和民主派一起沉湎于学者们对外来干涉工人利益的指责"①，克路斯在1853年3月给魏德迈的一封信中作了这样的表白。因而，他们两人开始研究恩斯特·琼斯在参加宪章运动的活动中所积累的经验。琼斯曾遇到如何对待一个尚未带有革命性质的群众运动的问题。②正如恩格斯强调指出的那样，他在当时找到了正确的答案，即"一方面不仅保持工人对工业资产者的本能的阶级仇恨，而且还加强、发展这种仇恨，并把它当作进行教育宣传的基础"，——这种仇恨是创建工人政党的唯一可能的基础——"另一方面，站在进步的立场上来反对工人的反动欲望及其偏见"③。

即使是考虑到美国无产阶级的民族特殊性，这些经验对于克路斯和魏德迈在美国工人运动中的活动，特别是对于参与美国工人同盟机关报《改革报》的工作也是很有价值的。而他们也恰恰非常重视《改革报》的工作。④

1853年3月21日，在美国工人同盟的成立大会上，《改革报》被宣布为该组织的机关报。在1853年3月26日《改革报》的号召中这样写道："继在这里宣布的纲领和决定之后，我们要求所有的工人加入工

---

① 参看《马克思恩格斯全集》原文版第3部分第6卷第580页。

② 参看汉斯—于尔根·博辛斯基：《1853年马克思为宪章派报纸〈人民报〉撰稿的活动》，载于《马克思恩格斯年鉴》第3卷第165—195页。

③ 参看《马克思恩格斯全集》第1版第28卷第37—38页。

④ 马克思、恩格斯、魏德迈和克路斯之间许多通信都谈到了这一点。魏德迈在他的《工人的全国辩护士》一文（载于1853年4月30日《改革报》）中也坚决指出了这一点。

人总同盟〔美国工人同盟〕。根据我们最近作出的一项决定,我们提请你们,《改革报》是纽约及其周围地区的同盟的机关报和通讯报。该报将发表所有委员会作出的决定和涉及组织的一切措施。因此我们迫切希望每一个工人都拥有这张报纸,这样,他就不仅能准确了解有关工人同盟的一切问题,而且还能准确了解一切涉及工人的单个问题;这样,每个工人就能经常同工人总同盟保持联系。"

  这份德文报纸可能是从1853年3月5日起在纽约出版的。保存下来的《改革报》是从第2号开始的。① 由于第2号是在1853年3月12日出版的,而《改革报》起初又是周刊,所以第1号的出版日期只能认为是1853年3月5日。《改革报》的创办人和编辑哥特弗里德·泰奥

---

① 根据威斯康星州历史协会提供的情况,在美国既没有《改革报》的原版报纸,也没有一份完整的复制品。原德国统一社会党马列主义研究院中央党务档案馆只存有一份《改革报》的不完整的胶卷,它和原莫斯科马列主义研究院的胶卷完全一样,两者都是根据当时保存在威斯康星州的唯一的一份《改革报》拍摄的。1853年的《改革报》一共缺10号,有30号是不完整的,这就是说,在这一年度的123号报纸中,只有83号完整地保存下来了。如果说,我们在这里只能探讨马克思和恩格斯在1853年对《改革报》的出版所作的贡献的话,那么,原因当然是1854年的资料来源更是少得可怜。如果说1853年该报的合订本已有很多缺页的话,那么,1854年该报就一份也没有了。现在知道的情况是,《改革报》在1854年2月3日和4日,以及1854年4月20日至22日转载了马克思和恩格斯发表在《纽约每日论坛报》上的两篇文章,即《欧洲战争》和《议会的战争辩论》。前一篇是恩格斯写的,载于1854年2月2日《纽约每日论坛报》(参看《马克思恩格斯全集》第1版第10卷第3—8页);后一篇是马克思写的,载于1854年4月17日《纽约每日论坛报》(参看《马克思恩格斯全集》第1版第10卷第188—199页)。恩格斯和亨利希·海泽一起为《改革报》撰写的一篇文章由于该报停刊而没有发表。从马克思和恩格斯之间在1854年的往来书信中可以看出,约翰·格奥尔格·埃卡留斯及恩格斯·德朗克都在1854年为《改革报》撰写过文章。

多尔·克耳纳①作为政治流亡者侨居美国。1848—1849年革命期间,他同亨利希·海泽一起在加塞尔社会民主联合会的领导机构中工作。他还同海泽一起出版了一份民主主义报刊《大胡蜂》②。克耳纳在《大胡蜂》报上除了代表德国民主派的共同利益和讥讽德国的社会状况之外,还登载过马克思和恩格斯的著作,尽管篇幅很小,如《共产党宣言》中的"资产者和无产者"一段。③ 克耳纳还担任过《新莱茵报》的通讯员。④ 由于他在革命期间从事了政治活动,1852年他因叛逆罪和侮辱陛下罪被判处35年监禁。但他于1852年2月流亡国外,因而逃脱了惩罚。他途经英国来到美国。当海因岑不得不停办《雅努斯》报⑤的时候,克路斯和马克思在他们的信中谈到该报编辑部的情况时提到了他。据克路斯

---

① 关于哥特弗里德·泰奥多尔·克耳纳其人,参看菲力浦·洛施:《1803年至1866年黑森选帝侯国的历史》1922年玛尔堡版第284—285页;玛格丽特·哈特曼:《社会民主党》1925年吉森版;《观察家报。士瓦本(斯图加特)的一份人民报纸》1851年8月14日;《黑森兰(加塞尔)》1887年6月15日。

② 《大胡蜂。黑森老实人杂志》1848年至1850年在加塞尔出版,民主社会协会的机关报;起初是纯讽刺刊物。在亨利希·海泽于1848年2月接任责任编辑及哥特弗里德·泰奥多乐·克耳纳在1849年初参加杂志工作之后,他们将该刊改变为具有民主色彩的政治刊物,但没有完全放弃讽刺特征。该刊在全黑森选帝侯国传播。

③ 参看1849年4月28日、5月3日和5日的《大胡蜂》报。

④ 参看《马克思恩格斯全集》第1版第28卷第576页;另参看《马克思恩格斯全集》历史考证版第3部分第6卷第492页。

⑤ 《雅努斯》周报,1852年1月3日至12月31日在纽约出版,这年4月每周出版了3期。出版人是卡尔·海因岑和约瑟夫·菲克勒尔,克耳纳大概在1852年12月曾为这家报纸撰稿(参看卡尔·J. R. 阿伦特和梅·E. 奥尔森:《美国的德文报刊》第374页)。

说，1853年2月初克耳纳在《纽约总汇报》① 编辑部供职②。担负着这类繁重的工作，再在较长的时期内出版一份自己的像《改革报》那样的报纸，这在美国肯定非常困难。因此，和某些另外的说法相反，克耳纳是在1853年3月才和卡尔·弗里德里希一起开始出版《改革报》的。③。关于卡尔·弗里德里希，迄今为止除了名字之外我们一无所知。和克耳纳相反，他在涉及该报的一切其他问题上也不起任何作用。最后克耳纳还从来自多特蒙德的一个叫爱德华·伊格纳兹·科赫的牧师手里接过了一家报纸，这家报纸先前为了同《刑法报》④ 竞争取名为《法庭报》⑤。这里要特别说明的是，那个科赫在1850年同马克思建立了联系，就在美国以小册子的形式出版《共产党宣言》一事同马克思进行

---

① 《纽约总汇报》，由A.艾克霍夫出版。目前仅知，该报第1号在1851年出版。

② 参看《马克思恩格斯全集》历史考证版第3部分第6卷第375、389页。

③ 左尔格在1890年写道，《改革报》在1852年底就创刊了，由克耳纳任主编，不过他很快就被排挤了，于是就在1853年着手准备出版一份自己的报纸。左尔格的这个说法肯定是错误的（参看弗里德里希·阿道夫·左尔格：《1850—1830年合众美国的工人运动》，载于《新时代》（斯图加特）1890—1891年第2卷第33期第237页；参看《弗里德里希·阿·左尔格论美国劳工运动》第94页）

④ 周报《纽约刑法报》1852年3月至1911年12月出版。1852—1853年鲁道夫·勒克索夫是该报所有者和编辑。1852年3月20日至1853年3月11日，该报的名称是《纽约刑法报》，1853年3月18日至1854年3月10日以《美文学杂志和纽约刑法报》为名出版。其他情况参看卡尔·J.R.阿伦待和梅·E.奥尔森：《美国的德文报刊》第348页。

⑤ 参看《马克思恩格斯全集》历史考证版第3部分第6卷第457页。

磋商。①

马克思,以及克路斯和魏德迈都对克耳纳持非常严厉的批评态度。②"尽管如此,克耳纳和他的报纸对他们来说还是重要的,这不仅是因为克耳纳的报纸在工人运动中有现实的基础,而且还因为克耳纳曾公开宣称:"即使他不是马克思俱乐部的成员〔……〕,他现在和将来都要努力宣传马克思的观点,现在的问题只是,这件事他干得很好还是干得很糟糕?"③

因此,克耳纳是那些当时没有参与在美国出现的大规模诋毁、诽谤马克思和恩格斯以及所有共产主义者的宣传的少数德国小资产阶级民主主义报刊的编辑之一。克耳纳的上述仿佛是要求早就在寻找从事政论工作同时也是党的政治工作的适当机会的克路斯和魏德迈一同合作。他们当然不会让这个有利的机会白白溜掉。关于这一点,魏德迈在1853年5月2日给恩格斯的一封信中作了详细说明:"《改革报》已被本地的'工人同盟'——不久前进行的宣传鼓动的产物,第三个政治党派的雏形——宣布为自己的机关报,它的意义也正在于此。该报之所以能得到迅速传播完全是这个宣传鼓动的结果〔……〕。从第5号起我和克路斯参加了该报的工作,如果你们愿意支持我们,你们肯定能在这件事上帮很大的忙。迄今为止,我还没有就此提出要求,……因为严格说来,《改革报》还不是我们党的机关报,在我和克耳纳发生了一次倾向性冲突之后我对该报的立场起初比现在更没有把握。另一方面,在本地工人

---

① 参看《马克思恩格斯全集》第1版第27卷第605—607页;另参看《马克思恩格斯全集》历史考证版第3部分第4卷第317页。

② 参看《马克思恩格斯全集》第1版第28卷第591、597页。

③ 参看《马克思恩格斯全集》历史考证版第3部分第6卷第439、467页。

的发展过程中,一个带有较多的温和色彩的机关报,无疑要比一个带有比较确定的倾向和发表比较强硬的言辞的机关报更受欢迎。不管怎样,除了《改革报》之外,我们无法再创办一份别的报刊,且不说我们目前根本没有经费。因此我们只能利用这份报纸。我们越多地占领该报的阵地就能越多地排挤其他废话。"①

1853年4月2日《改革报》第5号出版。这个日期对于马克思恩格斯研究来说,当然要比该报第1号的出版日期具有更大的意义,因为随着魏德迈和克路斯参加了《改革报》的工作,马克思和恩格斯就能有效地对这份美国工人同盟的机关报发挥影响。

马克思和恩格斯对《改革报》的影响(1853年)

1853年12月28日,燕妮·马克思写信给克路斯说:"卡尔为《改革报》做了他所能做的一切。"② 1853年,克路斯和魏德迈在努力把《改革报》变成无产阶级的革命报纸时期望从马克思和恩格斯那里得到什么样的可能的帮助和支持呢?

1. 马克思和恩格斯帮助他们在美国的战友找到了参与资产阶级民主主义的,尤其是具有进步倾向的报刊的工作的正确态度。

2. 他们给克路斯或魏德迈写信,为《改革报》提供文章的素材并鼓励克路斯或魏德迈亲自撰写文章,他们通过这种办法,对该报的内容

---

① 参看《马克思恩格斯全集》历史考证版第3部分第6卷第439、467页。
② 参看1853年11月28日燕妮·马克思给阿道夫·克路斯的信,1853年12月12日阿道夫·克路斯在给约瑟夫·魏德迈的信中引用了这封信(《马克思恩格斯全集》第1版第28卷第661页)。

产生影响。

3. 他们争取到一些战友和朋友为《改革报》撰写通讯，促使《改革报》转载他们以前发表在报纸上的文章，并根据他们自己当记者和报刊出版人的丰富经验，在编辑方面指导他们如何使《改革报》发挥更大的作用。

下面我们将较详细地谈一谈马克思和恩格斯在这几个方面对《改革报》产生的影响。

一

克耳纳在克路斯和魏德迈参加合作之前，就已经遵照他自己确定的宣传马克思主义思想财富的原则，在自己的每周概要栏目中发表了马克思为《纽约每日论坛》撰写的部分通讯。"你看，克耳纳使用了你的英文信件，他是这样做的唯一的人，而且还是唯一能胜任的人"[①]，1853年3月24日克路斯向马克思报告了这一情况。1853年3月12日在《改革报》第2号上发表的《一周览要——欧洲》就是以3月8日《论坛报》上刊登马克思的通讯[②]为基础的。在3月19日《改革报》第3号上发表的《一周览要——欧洲》则与《论坛报》3月15日刊登的马克思的通讯大同小异[③]。在第3号报纸上，克耳纳本人指出，他的文章是依据马克思在《纽约每日论坛报》上的论证写成的。

但另一方面，这也不妨碍克耳纳无批判地刊登某些含有与马克思的

---

① 参看《马克思恩格斯全集》历史考证版第3部分第6卷第417页。
② 参看《马克思恩格斯全集》第1版第8卷第599—608、609—615页。
③ 参看《马克思恩格斯全集》第1版第8卷第599—608、609—615页。

观点截然不同的观点的通讯。这方面典型的例子是克耳纳以前在《大胡峰报》的同事亨利希·海泽所写的几篇东西。但克路斯和魏德迈并不认为克耳纳的这种行为有什么恶意,他认为克耳纳之所以这样做,是因为他不理解这些文章中所谈论的问题。但他们显然怀疑,由于克耳纳的这种做法他们能否有力地控制报纸。"《改革报》也许能促成这样的结果(组织工人及其他),但我个人不愿意为此承担风险,尤其是在我们和克耳纳之间还没有建立起充分的信任的时候"①,克路斯在1853年3月的一封信中这样写道,即使在克路斯和魏德迈已经决定经常为《改革报》工作,以便利用它为他们在美国的政治活动服务,在这之后的一段时间里,他们和克耳纳还是有摩擦。克耳纳总是在克路斯和魏德迈的思想观点与主要以奥古斯特·维利希为首的一部分流亡者的思想观点之间动摇不定。"只要抓住这个无赖,人们就会看到他处于相当狼狈的境地。他总是像小装饰画中的海格立斯那样站在十字路口"②,克路斯对克耳纳的这种态度作了确切的描绘。当克耳纳给在《改革报》上发表的克路斯和魏德迈的文章加上自己的按语时,他的按语削弱了对维利希在宗德崩得及后来在美国的冒险活动的批判。克耳纳的这种态度再次表现出来了。③

维利希于1853年2月来到美国,起初在德国流亡者中颇有名气。参加过1849年5月巴登—普法耳茨起义的人不断前往美国,他们因为参加过起义而认识维利希,有的甚至是他的部下。在他的追随者中,还

---

① 参看《马克思恩格斯全集》历史考证版第3部分第6卷第580、604页。
② 参看《马克思恩格斯全集》历史考证版第3部分第6卷第580、604页。
③ 参看约瑟夫·魏德迈:《英国流亡者中的党派》,载于1853年5月14日《改革报》。

有1850年9月从共产主义者同盟中分裂出来的、并对"马克思党"持敌视态度的宗德崩得的以前的成员。1853年，维利希按照宗德崩得的思想纲领在美国继续开展活动，并继续担任该组织的头目。① 在他的计划中，主要的思想是向德国输出革命。维利希的这种冒险行为首先表现在成立军事委员会的活动上，他想利用该委员会来招募志愿者"打回德国去"②。

当然，克耳纳的立场不能仅仅从他的人品，或他本人作为小资产阶级民主主义者的政治观点来解释。他的立场的形成也是由于受到奥古斯特·维利希对工人同盟，以及从而对开创阶段的《改革报》的影响的结果。克耳纳认为，必须对维利希作出让步。这首先表现在对美国工人同盟内无产阶级派和小资产阶级派之间的斗争的评价上。维利希想通过他在这个组织中居领导地位的拥护者，特别是P. C. 勃鲁姆和卡尔·M. 赛德勒（执行委员会主席）利用这个组织。因此，他千方百计地阻碍魏德迈在美国建立一个革命的无产阶级政党的努力。在同盟的领导层中，围绕《改革报》的政治方针问题也展开了一场激烈的斗争。特别是赛德勒，他主张，如果《改革报》继续发表所谓马克思派方面的任

---

① 参看戈尔曼：《马克思恩格斯的斗争史》第187—190页。

② 参看1853年11月19日《改革报》，还可参看1853年11月21日、12月3日《改革报》。——维利希的冒险活动始终没有得到什么反响，这首先要归功于马克思的著作《揭露科隆共产党人案件》在波士顿的《新英格兰报》上的发表。这组文章从1853年3月5日起开始连载，差不多正是这个时候维利希来到了美国。在维利希鼓动美国为革命提供贷款的旅行中，这组文章像影子一样紧紧地跟踪着他。《揭露》也叙述了维利希对他的许多拥护者的态度的积极的一面；参看英格里德·东勒尔：《卡尔·马克思和1852年科隆共产党人案件》第117—139页。

何通讯,则拒绝把它当作同盟的机关报。①

1853年6月5日克路斯在给马克思的一封信中告知:"魏德迈向我证实了维利希方面的人对《改革报》采取的卑鄙手段。三个星期以来,工人同盟中央委员会就是否应继续把《改革报》视为机关报或者是否应拥护'安内克的家庭政策'的问题展开了激烈的辩论。多数人宣布同意我们的文章,少数人则诋毁我们的文章,说从中嗅到了过于强烈的马克思派的气味,少数人在中央委员会中遭到失败后,现在继续在各协会中施展阴谋诡计,克耳纳就是由于这方面的原因而被迫采取模棱两可的态度的。"② 魏德迈因此经常同克耳纳发生争执并一度完全中断了和他的联系,最后还是在马克思的劝解下,两人才恢复了联系。③ 魏德迈甚至打算完全放弃这家报纸,尽管他认识到,《改革报》对于在美国实现他们的意图是必不可少的④,但直到1853年9月,他自己还是找不到同克耳纳进行建设性合作的办法。

在魏德迈和克耳纳的争执中,克路斯充当了调解人。他在给克耳纳的一封信中批评了克耳纳的立场且敦促他明确表态。克耳纳迟迟没有回信,最后才宣称,他一如既往,对于跟克路斯和魏德迈进行合作很感兴趣。但他对待维利希及其拥护者的态度丝毫没有改变。相反,他企图在这个问题上求得克路斯的谅解。⑤ 从《改革报》1853年5月18日发表

---

① 参看《"美国工人同盟"执行委员会反对维利希的诽谤的声明》,载于1853年10月28日《美文学杂志和纽约刑法报》。

② 参看《马克思恩格斯全集》历史考证版第3部分第6卷第492页。

③ 参看《马克思恩格斯全集》第1版第28卷第576页。

④ 参看《马克思恩格斯全集》历史考证版第3部分第6卷第430、500、524;第480、595页。

⑤ 参看《马克思恩格斯全集》历史考证版第3部分第6卷第482页。

的一篇评论中人们可以清楚地看到克耳纳对这件事的看法。这篇评论写道:"我们认为,我们有义务尽量帮助避免把各派流亡者之间的怨恨带进本地的关系中来。各派流亡者之间的怨恨由于过于密切的接触和在不断缩小的范围内的倾轧经常或多或少地超过了原则的对立。我们确信,人们在美国对所有这些细节完全不像在欧洲,或者,毋宁说在伦敦所推测的那样感兴趣。我们确信,所有这些揭露除了让世人更加相信流亡者的生活是悲惨的,这种生活很容易导致争执、怨恨、误解别人和导致欺骗,除此之外别无其他任何好处。"

单是这段话就证明,克耳纳不理解两派流亡者之间的争论的实质。只有这样看才可以解释,他为什么一方面欢迎《新英格兰报》转载马克思的《揭露科隆共产党人案件》一文,认为它无情地揭露了"普鲁士密探和普鲁士政府的流氓行径,另一方面又对在所有这些揭露和声明中维利希都或多或少被说成卷入了这些阴谋活动的人"[①] 表示惊奇。这样的表述自然会使维利希更有理由说,他可以信赖克耳纳。[②]

这些现在根本无法改变的状况迫使克路斯和魏德迈原则上明白,应对《改革报》及其编辑采取正确的坚定的态度。只有这样,他们才能对该报产生使它改变自己的政治方针所必要的影响,我们知道,马克思和恩格斯在他们自己从事政论活动的过程中确定了无产阶级革命者参与资产阶级民主主义报刊,尤其是进步报刊工作的明确态度。他们认为,首先在最黑暗的反动势力猖獗,不可能创办无产阶级自己的报刊的时候,利用这类宣传工具是必要的。克路斯和魏德迈参与美国一般小资产阶级民主主义报刊,特别是参与《改革报》工作的秘诀也就在这里。

---

① 参看1853年4月30日《改革报》。
② 参看《马克思恩格斯全集》历史考证版第3部分第6卷第430页。

马克思在关于《改革报》的出版所写的最早的几篇评论中有一篇这样写道:"这至少是一家正派的报纸,在美国很少有,况且还是工人的报纸。但是另一方面,主编装模作样地强调他不愿降格谈'个人问题'(同时也是党的问题)……不能说都很合我的口味。不过必须实事求是地看待这家报纸。"① 后来当克路斯和魏德迈向马克思征求意见时,他又做了补充:"对于《改革报》,我劝你们,除了理智,还要特别克制。……但是你们帮助创办了报纸。报纸在纽约出版。半个德国到纽约看博览会。你们在纽约并没有别的报纸。因此,抛开克耳纳和他的报纸岂不失策?这样做你们就反而给这些家伙帮了忙。你们要装成天真的样子,继续给他写东西。对他说来,不能有比这更坏的了。不要让他摆脱你们的影响,就一切情形来看,这已经使他非常难以忍受了。你们要像普鲁士的资产者那样干……资产者却装作似乎相信自己的政府是真正立宪的,于是政府也只好成为立宪的了。这就是处世哲学。"②

马克思的这个劝告对他在纽约和华盛顿的两位朋友有很大的影响。③ 于是,克路斯在8月初前往魏德迈那里,同他商量进一步在《改革报》和美国工人运动中开展工作的事宜。在这个时期,魏德迈虽然经常同克耳纳发生争论,但他在《改革报》编辑部的工作还是有了相当大的发展。同美国工人同盟中维利希的拥护者进行的卓有成效的论战,也在这方面起了促进作用,这场论战在7月甚至导致了维利希的拥护者们被开除出工人同盟的领导层。此外,赛德勒贪污了同盟决定用于《改革报》的公款,此事也尽人皆知。然而,同盟的许多领导成员却无视这

---

① 《马克思恩格斯全集》第1版第28卷第591—593、597页。
② 《马克思恩格斯全集》第1版第28卷第591—593、597页。
③ 参看《马克思恩格斯全集》历史考证版第3部分第6卷第612页。

个情况，打算在马克思同维利希的争论中保持中立。这样他们也抵制在马克思主义的基础上建立同盟的做法。① 因此，消除维利希的影响，以及驳斥对工人阶级科学世界观的任何攻击仍是当务之急。

由于魏德迈从1853年7月起开始在美国工人同盟中担任领导工作，所以为了维护该同盟的利益，他也准备把他同克耳纳的分歧完全搁置一边。同样，克耳纳至少也明显改变了维利希及其在美国的冒险活动的看法。于是在9月克耳纳和魏德迈之间便出现了较好的关系。9月底，《改革报》聘请魏德迈为该报工作人员，从而保证了他的起码的生活。② 他主要负责该报的欧洲栏目和经济栏目。《改革报》从1853年10月15日起改为日报③，此后魏德迈就成了固定的编辑。当克耳纳10月底完全接过该报的业务领导权后，魏德迈甚至晋升为《改革报》的第一编辑。④ 由于克路斯能够经常捐款向该报提供经费，他和魏德迈甚至能做

---

① 参看戈尔曼：《马克思恩格斯的斗争史》第191—192页。

② 1853年1月至7月魏德迈是《美文学杂志和纽约刑法报》的业务主管。

③ 1853年3月5日起，《改革报》在每个星期六出版，是周刊。从1853年5月4日第10期起，《改革报》每周在星期三和星期六出版两期。每周出版两期使《改革报》的编辑人员能够像日报那样迅速报道欧洲的消息，因为邮船每周在欧洲和纽约或波士顿之间往返两次，并带来有关的材料。这对绝大部分来自欧洲的读者来说《改革报》具有重要的意义，《改革报》在这个时期拥有2000个订户，并传播到美国最遥远的西部。《改革报》除了纽约之外，在布鲁克林、威廉斯堡、波基普西、纽瓦克、辛辛那提（俄亥俄）、费拉德尔菲亚、巴尔的摩、特雷斯科夫、帕特森、波士顿、匹兹堡、华盛顿、圣路易斯、莱诺尔及新奥尔良等地都有代理人在活动。从1853年10月15日起，《改革报》开始每日出版，一份纯文学内容的星期日刊和一份周刊被归并给《改革报》。但这后两种刊物没有保存下来。

④ 参看《马克思恩格斯全集》历史考证版第3部分第7卷第274、277、289、292页。

到让克耳纳在一定程度上依赖他们。① 因此，由于马克思的帮助和建议（马克思促进了魏德迈、克路斯和克耳纳之间在美国的最早的接触——魏德迈认识克耳纳显然要早一些——②，这两位朋友才在《改革报》中有了牢固的地位。

二

马克思和恩格斯还找到了能够对《改革报》的内容施加影响的办法：首先他们允许克路斯和魏德迈直接利用马克思和恩格斯写给他们的信件来撰写文章。

当克路斯有一次因这一做法，即有时简单地抄袭马克思的信件，然后署上自己的名字怀有疑虑的时候，马克思向他解释道：他的信件正是为了给克路斯和魏德迈使用才写的，他们不应该把他看作贩卖思想的小商人，同时，这也是和他们自己有最切身的关系的事情。③

通过这种方法，马克思主义的创始人与克路斯和魏德迈之间的相当广泛的合作发展起来了。由于所有以马克思或恩格斯的信件为基础撰写的文章都是署名克路斯或魏德迈，或者用笔名（有些文章甚至匿名）发表的，因此基本上只有1852—1853年马克思、恩格斯、克路斯和魏德迈之间的往来信件才能使我们窥见这些文章中哪些部分是马克思和恩格斯参与写的。遗憾的是，迄今为止我们都没有见到魏德迈致克路斯的

---

① 参看1853年10月28日阿道夫·克路斯给哥特弗里德·泰奥多尔·克耳纳的信。
② 参看《马克思恩格斯全集》历史考证版第3部分第6卷第457页。
③ 参看《马克思恩格斯全集》第1版第28卷第656页。

信,这些信对于再现克路斯和魏德迈在《改革报》中的工作,以及马克思和恩格斯为这家报纸撰稿的情形肯定具有非常宝贵的意义。当然在克路斯或魏德迈的那些根据马克思和恩格斯的信件(这些书信迄今还保存着)写成的文章中要证明马克思和恩格斯的影响是很容易的事。使我们感到困难的是一些篇幅较长的文章,它们有时利用了马克思和恩格斯的好几封信,而这些信又没有保存下来。这时我们就必须依靠那些能够使我们确定哪些段落出自马克思和恩格斯的手笔的线索了。

例如,克路斯在给马克思的一封信中写道:"你的信连同皮佩尔的附件我今天早上收到了。我已经把涉及海因岑的那部分删节成一篇短小的抨击文章〔……〕以便在《改革报》上发表。"① 又如,10月,马克思告诉恩格斯说:"附上克路斯的一封信。我觉得,他在反对《新英格兰报》的文章中,从我论及凯里等的信中非常成功地采纳了有关的部分。"② 由于有这些相当确凿的证据,再加上深入细致的研究,现在我们已经能够断定,克路斯和魏德迈在《改革报》上发表的文章中共有7篇是在马克思和恩格斯的直接参与下写成的:

1. 约瑟夫·魏德迈:《欧洲的繁荣——工人为增加工资而斗争——波拿巴主义》,载于1853年5月4日《改革报》。

2. 约瑟夫·魏德迈:《英国流亡者中的党派》,载于1853年5月14日《改革报》。

3. 阿道夫·克路斯:《"国家民主主义者"和卡尔·海因岑》,载

---

① 参看《马克思恩格斯全集》历史考证版第3部分第6卷第524页。——关于马克思和恩格斯参与了《改革报》上发表的哪些文章的写作的详情问题,在此不能作更深入的论述。

② 参看《马克思恩格斯全集》第1版第28卷第299页。

于1853年7月13日《改革报》。

4. 阿道夫·克路斯：《"同盟最优秀的报纸"及其"最优秀人物"和政治经济学家》，载于1853年9月14、17、21、24日《改革报》。

5. 匈牙利人 阿道夫·克路斯：《致〈改革报〉编辑部》，载于1853年10月29日《改革报》。

6. 阿道夫·克路斯：《革命的俄国人和英国报刊》，载于1853年10月29日《改革报》。

7. 阿道夫·克路斯：《戴维·乌尔卡尔特》，载于1853年12月19日《改革报》。

按照《马克思恩格斯全集》历史考证版的编辑方针，第1、2、4、5及第7篇文章将被收入第1部分第12卷的附录。

迄今我们已经知道，第4篇及第7篇文章是在马克思提供的材料的基础上写成的。① 至于其余的文章，是在编辑《马克思恩格斯全集》历史考证版第1部分第12卷的过程中经过深入研究和详细论证才得出马克思和恩格斯参与了它们的写作的结论的。

第一篇文章是在1853年4月12日恩格斯致约瑟夫·魏德迈的一封信和1853年3月25日马克思致阿道夫·克路斯的一封信的基础上写成的。②

《改革报》编辑部在1853年3月19日已经披露将刊登来自英国的特约通讯，尽管这时在英国为报纸物色到合适的撰稿还比较困难。魏德

---

① 参看《马克思恩格斯全集》第1版第44卷第200—203、204—205页；第4篇文章的一部分可能出自马克思的手笔。该文其余部分的内容，参看《马克思恩格斯全集》第1版第44卷第761—763页注释。

② 参看《马克思恩格斯全集》第1版第28卷第581—591、577—580页。克路斯在给魏德迈的信中，附上了许多他从马克思那里收到的信。

迈将两封信,但主要是恩格斯的信,改写成一篇来自曼彻斯特的通讯。这篇通讯谈到了 19 世纪 50 年代初几个欧洲国家在经济发展和政治发展中的问题。魏德迈加进自己的话说,在 1853 年中,尽管经济持续繁荣,各工业部门出现的危机症状日益明显,经济的高涨未必能持续到 1853 年秋末以后。他还证实,在英、法和普鲁士等国的政治制度中也出现了危机。魏德迈作为马克思和恩格斯在这个时期的诠释者,还过于直接简单地把经济危机和革命发展联系起来,以至于他在这篇文章中得出了新的革命高潮即将来临的结论。在 60 年代,马克思和恩格斯纠正了他们对于经济危机在资本主义发展中的作用的看法。① 但是,这篇通讯毕竟反映出它的作者首先从对经济关系的研究出发转向有科学根据地估计即将来临的革命的性质、前景及日期的努力。② 《改革报》上登的这篇通讯中得出的结论对于这个时期美国工人运动的任务来说是正确的和重要的。结论要求工人们"意识到自己不能胜任更严重的斗争"③ 而组织起来。这里同时也表现出和小资产阶级势力以及那些站在小资产阶级立场上的人(如奥古斯特·维利希)的直接对立。这些人认为革命不取决于任何客观和主观的条件,他们制定了必定会导致工人运动采取暴动策略和导致宗派主义倾向的冒险的、貌似革命的计划。开始时还对革命抱有的希望变得越遥遥无期,这种小资产阶级的努力就变得越加危险。

---

① 参看《马克思恩格斯全集》第 1 版第 21 卷第 297—298 页;还可参看 W. S. 维戈德斯基:《马克思经济理论的形成与科学共产主义》1978 年柏林版第 27—31 页,以及他的《〈资本论〉的成书史》1976 年柏林版第 50—56 页。

② 参看海尔维希·费尔德尔《1848 年—1849 年革命后共产主义者同盟改组的几个问题》,载于《马克思恩格斯研究论丛》第 4 辑第 23—67 页。

③ 参看 1853 年 5 月 4 日《改革报》。

马克思、恩格斯和他们的战友们非常认真地看待这场同那些小资产阶级势力的论战。在《改革报》上发表的第 2 至第 6 篇文章证明了这一点，这些文章必然是马克思和恩格斯特别是自从共产主义者同盟在 50 年代初分裂以来对形形色色的反共产主义所进行斗争的组成部分。对于美国工人运动来说，这个论战是必不可少的，因为"某一个国家中的社会主义运动愈年轻，也就应当愈积极地同一切巩固非社会主义思想体系的企图作斗争，也就应当愈坚决地告诉工人提防那些叫嚷不要'夸大自觉因素'等等的蹩脚的谋士"①。克路斯和魏德迈在马克思和恩格斯的帮助下，在《改革报》上发表的文章中正是这样做的。他们同那些认为革命纯粹是金钱的问题并企图寻找机会向任意一个国家输出革命的人展开了论战。此外，他们还驳斥了庸俗经济学的观点。所有这些文章同马克思和恩格斯在宪章派报纸《人民报》或《纽约每日论坛报》上发表的类似题材的通讯在内容上有密切的联系。不仅如此，第 2 至第 6 篇文章彼此之间不仅应当被看成是一个整体，而且还应当被看成是同马克思 1853 年在美国发表的《揭露科隆共产党人案件》一文和马克思、克路斯还有魏德迈在《美文学杂志和纽约刑法报》上发表的同类文章和声明，以及 1854 年在纽约发表的马克思的小册子《高尚意识的骑士》等相互关联的。

在第二篇文章中，魏德迈依据马克思在 1852 年 7 月 20 日写的一封信②，以及在 1853 年写的许多我们不知道的信，努力对普遍使用的"流亡者"这个概念作进一步的剖析，他分析的中心问题是形形色色的流亡者团体的阶级立场，在这里，他只限于分析法国、德国和匈牙利的

---

① 参看《列宁全集》第 2 版第 6 卷第 40 页。
② 参看《马克思恩格斯全集》第 1 版第 28 卷第 536—538 页。

流亡者中那些企图从欧洲或者直接在美国向美国工人运动施加影响的势力。他首先论述了在亚历山大·奥古斯特·赖德律—洛兰（阿尔诺德·卢格和阿曼特·戈克曾与他结盟）领导下的法国流亡者的右翼的特征。赖德律—洛兰在1848—1849年革命中已扮演了不光彩的角色，现在又在美国为他推翻拿破仑并在法国建立一个共和国的暴动计划寻求支持。此外，魏德迈还使人们注意为了推进匈牙利革命，抱着借款的目的周游北美的匈牙利流亡者科苏特·拉约什与另一位匈牙利流亡者贝尔塔兰·瑟美列之间的差别。

魏德迈详细地论述了团结在马克思和恩格斯周围的前共产主义者同盟中央委员会中的多数人对拥集在奥古斯特—维利希周围的从同盟中分裂出来的少数人的立场。魏德迈明确拥护马克思和恩格斯的政策并因而在美国继续发扬同盟的传统，此外，他还揭露了按照宗德崩德的意图在美国继续进行的维利希的貌似革命的活动，并坚决同他划清界限。魏德迈明确指出，维利希的方法和政治目标同小资产阶级民主派的方法和政治目标毫无区别。

把在美国的各派流亡者的活动归因于它们各自的阶级立场，对于美国工人同盟中马克思主义力量所展开的斗争具有非常重要的意义。只有这样才能把各小资产阶级派别之间的长期争执同马克思主义者反对冒险主义和宗派主义的斗争区别开来。所以魏德迈的文章有助于表明，冲突的根本原因远远不是各个活动家之间的个人差异。无论对工人同盟，还是《改革报》来说，魏德迈的文章可以作为评价美国工人运动中未来出现的争论的主导思想。

第三篇文章是与魏德迈的关于流亡者的文章有直接联系的。① 克路斯在这篇文章中同在美国的小资产阶级民主派流亡者的一位代表人物卡尔·海因岑展开了论战。马克思把海因岑归入"革命的炼金术士",他们要做的事情就是"超越革命发展的进程,人为地制造革命危机,使革命成为毫不具备革命条件的即兴诗。在他们看来,革命的唯一条件就是他们很好地组织密谋活动。〔……〕他们醉心于发明能创造革命奇迹的东西:如燃烧弹、具有魔力的破坏性器械,以及越缺乏合理根据就越神奇惊人的骚乱等,他们搞这些计划,只有一个最近的目标,这就是推翻现政府;他们极端轻视对工人进行关于阶级利益的教育,进行理论性质更多的教育"②。从1847年起,海因岑就开始疯狂地攻击马克思和恩格斯以及共产主义同盟,成为在美国对马克思进行造谣诽谤的最无耻的人之一。他在形形色色的报刊③上直接诋毁克路斯和魏德迈在美国工人同盟中进行的宣传教育活动。

1853年初,海因岑在纽约出版了一本名叫《谋杀与自由》的小册子。他在这本书中详细地阐述了自己的观点并把它们吹嘘为灵丹妙药,马克思收到了克路斯寄来的海因岑的这本小册子,以及各种登有美国国

---

① 这篇文章是克路斯从1853年5月起以C.华盛顿为笔名连续在《改革报》上发表的文章之一。

② 《马克思恩格斯全集》第1版第7卷第321—322页。

③ 海因岑在短时间内曾为美国形形色色的报纸撰写稿件,他自己还出版过下列报刊:《德意志快邮报》(纽约)、《雅努斯》《新英格兰报》《西方先驱报》(路易斯维尔)。关于这些报刊的介绍参看卡尔·J.R.阿伦特和梅·E.奥尔森:《美国的德文报刊》第354、374、205、171页。

内对这本小册子的反应的报纸。① 马克思大概在一封信中向克路斯谈到了他对此事的看法，克路斯则根据马克思的看法撰写了发表在《改革报》上的这第三篇文章。这一点我们可以从1853年7月10日，即反对海因岑的这篇文章在《改革报》上发表的前三天，克路斯给马克思的一封信中看出来。克路斯在信中告诉马克思，他已经在《改革报》上利用了"有关海因岑的部分"②。这样《改革报》上的文章对海因岑的特征的描述和《流亡中的大人物》③ 这部手稿中的描述完全一致的原因也就可以得到解释了，这部手稿在马克思和恩格斯生前没有发表。虽然克路斯曾寻找一切机会试图在美国发表这部手稿，而马克思也曾经答应他，将论述维利希的部分复制一份④，但是，克路斯或魏德迈是否收到了这部分稿件，或者甚至整部手稿，则难以确定。

第四篇文章是以连载的形式发表的。为了撰写这篇文章，克路斯、马克思和魏德迈之间相互交换了近20封信。这些信的大部分内容都被写进了文章。再者，还有一些没有保存下来的信也在文章中利用了，从

---

① 参看《马克思恩格斯全集》历史考证版第3部分第6卷第500页；还可参看《马克思恩格斯全集》第1版第28卷第273页。——弗里德里希·施米特从1853年7月9日起在华盛顿出版的《国家民主主义者报》摘要发表了海因岑的这篇文章。早在1853年7月3日，克路斯就在《改革报》上抨击了《国家民主主义者报》及其编辑。

② 参看《马克思恩格斯全集》历史考证版第3部分第6卷第524页。

③ 参看《马克思恩格斯全集》第1版第8卷第317—323页。在《流亡中的大人物》的手稿中有马克思、恩格斯和恩斯特·德朗克的笔迹。德朗克对这一著作究竟有哪些贡献，将在编辑出版《马克思恩格斯全集》历史考证版第1部分第11卷的时候予以研究。

④ 参看《马克思恩格斯全集》历史考证版第3部分第6卷第453页；还可参看《马克思恩格斯全集》第1版第28卷第654页。

他们的往来信件中可以看到有关的提示。此外,这篇文章还利用了马克思1852年专门论述经济问题的信件。

克路斯在这篇文章中以犀利的讽刺手法严厉地批判了小资产阶级民主派的《新英格兰报》。过去克路斯和魏德迈都曾亲自为该报撰写文章,并设法让该报登刊马克思的《揭露科隆共产党人案件》一文。自从1853年年中卡尔·海因岑担任该报编辑后,它就加紧了对共产主义的抨击,散布非马克思主义的观点,主要是庸俗经济学的观点。于是,克路斯和魏德迈便和该报断绝来往。海因岑吹嘘《新英格兰报》是美国"最优秀的报纸"①,这促使克路斯专门要同该报及其"最优秀的人物"和政治经济学家进行论战,他们是阿曼特·戈克、泰奥多尔·佩舍、卡尔·布林德②和阿尔诺德·卢格。

文章中有关卢格的部分再次表明了和《流亡中的大人物》的手稿的一致性。克路斯在1853年9月8日给魏德迈的一封信中证实,他在写这个题目时使用了"马克思的草稿"③。克路斯在这篇文章中批判了卢格的哲学观点。因为这些观点是费希特、费尔巴哈和康德的形形色色的哲学观点的混合物,是极不科学的。但这篇文章的绝大部分还是同资产阶级庸俗经济学观点进行论战。克路斯首先批驳了美国政治经济学家亨利·查理·凯里,以及在《新英格兰报》上宣扬凯里理论的泰奥多

---

① 参看卡尔·海因岑:《关于报刊点滴。致〈新英格兰报〉编辑部》,载于1853年9月3日的《新英格兰报》;还可参看约瑟夫·魏德迈:《一家"最优秀的"报纸的哀鸣》,载于1853年9月10日《改革报》。

② 有关卡尔·布林德的部分是根据威廉·皮佩尔为《新英格兰报》撰写的一篇文章写成的,遗憾的是,这部分没有刊登(参看《马克思恩格斯全集》历史考证版第3部分第7卷第267页)。

③ 参看1853年9月8日阿道夫·克路斯给约瑟夫·魏德迈的信。

尔·佩舍。克路斯特别分析了佩舍的《阶级斗士》一文。佩舍在这篇文章中否定阶级斗争的必要性，企图证明资产阶级社会的稳定性和在这个社会中无产阶级的命运会不断得到改善。① 克路斯的批判特别重要，可是克耳纳却用他惯用的方法，——"在他的敌人一脚将他踢开之前，他总是不断地赞扬他们"② ——在《改革报》上称赞佩舍和戈克的《新罗马》这部著作。③

马克思从50年代初起就开始研究凯里的观点，这一点可以从他的1850—1853年的《伦敦笔记》中看出来。作为经济学家，凯里代表的是美国处在上升时期的资产阶级的利益。他的理论从其思想萌芽来看特别适合把资产阶级的思想财富带到工人运动中来。正是由于这个原因，凯里对美国工人运动的危害性越来越大。④ 关于同资产阶级经济学，特别是同凯里的理论的论战，马克思和克路斯通过书信进行了一次活跃的思想交流。这次思想交流构成了这篇连载文章中特殊一段的基础。1853年5月22日，克路斯告诉马克思说，在美国出版了一本名叫《国内外的奴隶贸易。它存在的原因和消灭的办法》的书。凯里在这部书中引证

---

① 参看泰奥多尔·佩舍：《阶级斗士》，载于1853年9月3日《新英格兰报》。——马克思在9月15日收到了这篇从美国寄来的文章（参看《马克思恩格斯全集》历史考证版第3部分第7卷568页）。

② 参看泰奥多尔·佩舍：《阶级斗士》，载于1853年9月3日《新英格兰报》。克路斯在这封信中向魏德迈转述了马克思在1853年9月15日的信中对佩舍尔的看法（参看《马克思恩格斯全集》第1版第28卷第508—599页）。

③ 参看《新世界》，载于1853年9月31日《改革报》。

④ 参看埃伦弗里德·加兰德尔：《手稿（巴师夏和凯里）在马克思同亨利·查理·凯里的论战中的地位》，载于《马克思恩格斯研究文集》（哈雷）第9辑第80—89页。

了马克思发表于《纽约每日论坛报》上的《选举—财政困难—萨特伦德公爵夫人和奴隶制》一文①，他亲自把这本书寄给了马克思②。《纽约论坛报》和《新英格兰报》不加批判地发表了凯里的观点，马克思在给恩格斯的一封信中强调说，"《论坛报》当然竭力替凯里的这本书吹嘘"。马克思又进一步说明道："它们二者确实有共同点，它们在西斯蒙第的博爱主义社会主义的反工业化的形式下，替美国的主张实行保护关税的资产阶级即工业资产阶级说话。"③由于这个原因，马克思不可能在《论坛报》上同凯里进行论战，他只能在《论坛报》上进行"隐蔽的战争"④，克路斯在给魏德迈的一封信中指出，他"主要是为了伦敦人反对他们的敌人而撰写"这篇文章的。⑤

因此，马克思和恩格斯也把《改革报》当作一份他们可以公开发表各种最尖锐的观点的报纸。否则他们几乎没有这种可能性。各报纸以前或后来都不再采用这类文章，这些报纸例如《论坛报》出于某些顾虑不能总公开发表他们的见解。

第五篇文章是克路斯撰写的，它的内容基本上是以我们知道的马克思1852年给他的一封信为依据⑥的。必须把这篇文章看作是自从共产主义者同盟分裂以来和《揭露》一文发表以来马克思和他的朋友们同奥古斯特·维利希所进行的论战的组成部分。这篇文章其实是由于匈牙利

---

① 参看《马克思恩格斯全集》第1版第8卷第572—574、269—271、270页。
② 参看《马克思恩格斯全集》第1版第8卷第572—574、269—271、270页。
③ 参看《马克思恩格斯全集》第1版第8卷第572—574、269—271、270页。
④ 参看汉斯-于尔根·博辛斯基和曼弗雷德·诺伊豪斯：《马克思、恩格斯和〈纽约论坛报〉》，载于《马克思恩格斯年鉴》（柏林）第5卷第215—256页。
⑤ 参看1853年9月9日阿道夫·克路斯给约瑟夫·魏德迈的信。
⑥ 参看《马克思恩格斯全集》第1版第28卷第522—524页。

流亡者当中的问题而写的。

贝尔塔兰·瑟美列是匈牙利流亡者中科苏特·拉约什的反对者。在奥地利警察于1853年9月发现匈牙利王权的象征物之后,他被指责泄露了这些东西的隐藏处。① 这样一来,1852年就流传的一则说瑟美列是奥地利侦探的谣言又甚嚣尘上。② 维利希利用马克思和瑟美列的友好关系③,企图把对瑟美列的攻击变成对马克思的攻击:"马克思先生所持的党派立场〔……〕必然导致同一切反对现政权的人作斗争。如果马克思的朋友瑟美列向奥地利政府泄露匈牙利王冠一事属实,那么,这就是这种行为的有力证明。为了阻止科苏特利用王冠来使匈牙利革命化,故意使王冠落入现政权手中。为什么?就是为了给未来的反对党创造发

---

① 人们普遍认为,科苏特在革命年代占有了匈牙利王权的象征物,并在逃往土耳其去的时候,把它们藏起来了。关于匈牙利王权的象征物的发现情况,奥地利警察局长克姆彭在自己的日记中有记载(参看《1848年至1859年警察局长克姆彭的日记》,由约瑟夫·卡尔·迈尔整理出版,1931年维也纳-莱比锡版第272—305页)。根据克姆彭的记述,一个名叫瓦尔加的人报告了匈牙利王冠的隐藏处,为此他得到了6万古尔登赏金。

② 在美国报刊上也出现了攻击瑟美列的文章,其中有《论坛报》通讯员奥·普·茨(奥略里·费伦茨·普尔斯基)的攻击文章。

③ 瑟美列在1852—1853年同马克思有书信往来。马克思在1852年编辑了瑟美列的著作《路德维希·鲍蒂扬尼伯爵、阿尔图尔·戈尔盖、路德维希·科苏特。——匈牙利解放战争政治人物素描》的德文译本,魏德迈试图在美国出版这部著作,但没有成功。1853年此书在汉堡出版。不过魏德迈在《改革报》的文艺栏目中以《阿尔图尔·戈尔盖—匈牙利解放战争政治人物素描》为标题发表了该书的一部分(参看1853年6月1日至7月26日《改革报》)。

展条件"①，维利希在《纽约刑法报》上这样声称。

在《改革报》上捍卫瑟美列同时也是对马克思和"马克思党"的捍卫，在美国克路斯和魏德迈感到有责任这样做。马克思本人对维利希的无耻诽谤的答复于1854年以小册子的形式发表，题为《高尚意识的骑士》。至此共同反对在美国工人的革命运动中的宗派主义和冒险主义的斗争的一个重要阶段便结束了。②

第六篇文章是在马克思提供的信息的基础上写成的，显然同威廉·皮佩尔寄自伦敦的一篇通讯有直接联系。③皮佩尔的这篇通讯可能同样是同马克思合作，并征得马克思的同意写成的。写这篇文章的动机也是为了捍卫马克思，反对各流亡者团体对马克思的攻击。

整个事件本来发生在英国。1853年8—9月间，俄国流亡者——主要是伊万·戈洛文和亚历山大·赫尔岑——同戴维·乌尔卡尔特的拥护者之间在伦敦的一家报纸——《晨报》（克路斯在《革命的俄国人》一文中曾对该报作了描述，分析了它的性质和特征）上展开了一场论战。④论战的起因是，乌尔卡尔特的一个拥护者称巴枯宁是沙皇的间谍，这引起了所有俄国流亡者的谴责。马克思也被卷入这场纠纷，因为《晨报》上刊登了一篇署名"F. M."的反对巴枯宁的短文。其实，这

---

① 参看奥古斯特·维利希:《卡尔·马克思博士和他的揭露》，载于1853年11月4日《美文学杂志和纽约刑法报》。

② 《改革报》在发表这篇文章之前，于10月24日、25日以《瑟美列和匈牙利王权象征物被发现》为题发表了一系列文章，作者是克路斯或魏德迈。

③ 参看1853年9月21日《改革报》。

④ 参看戈洛文:《俄国党和德国党》《一个孤单的人》《俄国沙皇的举动》《俄国一脉相承的事物》，分别载于《晨报》（伦敦）1853年8月11日、19日、24日和9月7日。

篇短文是保守的政论作家弗兰西斯·约瑟夫·彼得·马克斯写的①，却被说成是出自"卡尔·马克思"之手。马克思曾两次在这家英文报纸上对此事做过回答。类似的指控在1848年就发生过，当时有谣言，说乔治·桑得掌握了揭露俄国流亡者巴枯宁是沙皇尼古拉的间谍的材料。《新莱茵报》推波助澜，把对巴枯宁的指控搞到了荒谬透顶的地步②，现在又有人违心地指责马克思，说他那时就已把巴枯宁说成是间谍。

马克思显然把这些情形告诉了他在美国的朋友们。阿尔诺德·卢格认为有必要在英文报刊就这件事同马克思进行论战。③ 可能就是由此开始，论战由海因岑作传媒渗进了美国小资产阶级民主派的报刊，众所周知，在那里，一切只要能用来攻击马克思的东西都被贪婪地抓住不放，目的是要把马克思对美国有组织的工人运动刚刚产生的影响消灭在萌芽状态中。

皮佩尔在他于1853年9月1日为《改革报》写的一篇伦敦通讯中对卢格的诽谤提出坚决抗议，同时提醒人们注意卢格早在1851年就在《不莱梅每日纪事报》上散布的谎言。④ 克路斯1853年11月的文章再次简略地澄清和概述了整个事件的经过情形。后来，在第一国际中与巴枯宁进行论战时，这个问题再次起了作用。

---

① 参看弗·马：《俄国间谍巴枯宁》；戈洛文、赫尔岑和沃尔策耳：《俄国间谍巴枯宁》；戈洛文：《"F.M."是俄国的间谍吗？》；戈洛文：《巴枯宁——沙俄的殉道者》；F.M.：《俄国间谍巴枯宁》；戈洛文和赫尔岑：《"F.M."是谁？》，分别载于《晨报》，1853年8月23日、24日、25日、27日、27日和29日。

② 参看《马克思恩格斯全集》第1版第9卷第321—323、327—329页。

③ 参看阿尔诺德·卢格：《米哈伊尔·巴枯宁》，载于《晨报》1853年8月31日。

④ 参看《马克思恩格斯全集》第1版第7卷第541—542页。

第七篇文章主要是根据一封没有保存下来的马克思给克路斯的信①写成的。像第一篇通讯一样，这篇文章也具有特殊的地位。文章的标题是《戴维·乌尔卡尔特》。促使作者写作本文的直接原因显然是厄内斯特·琼斯在《人民报》上表示的怀疑：乌尔卡尔特是俄国沙皇的间谍。②正如克路斯在1853年12月7日写信告诉魏德迈的那样，马克思为此"写信痛斥"琼斯一顿。③几乎在《改革报》发表这篇文章的同时，马克思在宪章派报纸《人民报》上发表的关于帕麦斯顿勋爵的系列文章的第六篇文章中也澄清了乌尔卡尔特的作用④，这两篇文章精确地说明了马克思对乌尔卡尔特的态度。它们清楚地表明，马克思只在一个问题上同乌尔卡尔特的见解是一致的，即对帕麦斯顿的批判，也就是对英国政府对外政策方针的批判。乌尔卡尔特生来就是一个保守分子，持唯心主义的和主观主义的观点，例如，他认为在社会发展中外交手段有决定性作用并把俄国间谍称为"革命的主要秘密领导人"。马克思坚决不同意这类观点。《改革报》上发表的阿道夫·克路斯的文章也表明了这个立场。

综上所述，所以说，以马克思和恩格斯提供的材料为基础写成的、并在《改革报》上发表的文章首先有利于向旅美的德国工人运动说明形形色色的流亡者派别，主要是小资产阶级的流亡者派别，以及它们的冒险主义的和宗派主义的观点。马克思和恩格斯在克路斯和魏德迈的密切合作下，捍卫了自己的革命战略和策略。毫无疑问，这样一来他们就

---

① 参看《马克思恩格斯全集》历史考证版第3部分第7卷第576页。
② 参看《沙俄在英国的活动》，载于1853年11月12日《人民报》（伦敦）。
③ 参看《马克思恩格斯全集》历史考证版第3部分第7卷第576页。
④ 参看《马克思恩格斯全集》第1版第9卷第436—442页。

能对美国的，首先是操德语的工人运动产生了一定的影响，哪怕是微小的影响。同时，克路斯和魏德迈又能够反驳对马克思本人所进行的攻击，这攻击的目的只是为了遏制刚刚开始产生的马克思主义者对美洲大陆的工人的影响。

然而，在这里《改革报》只能被看作是这场斗争的一部分，因为这场斗争还必须同时在各条战线上进行。鉴于马克思和恩格斯对《改革报》的利用是多方面的，这就产生了一个问题，即他们为什么要走弯路，要通过克路斯和魏德迈来对这份工人报纸施加影响，而不是亲自写文章呢？对此，马克思在1853年11月给恩格斯的一封信中这样说道："我不知道，我们两人直接亲自动笔是否妥当。"① 这句不甚明确的话使人产生了许多推测。事实是，马克思和恩格斯在1848—1849年革命后，致力于从理论上概括、总结这次革命所取得的经验，以便用来指导新的阶级会战。马克思首先要撰写他的经济学著作，即后来的《资本论》。此外，马克思迫于生计，还要经常撰写时事评论文章。再者，马克思和恩格斯感到有义务通过向尽可能多的公众阐述自己支持的国际无产阶级观点，1853年，他们两人通过发表在《纽约论坛报》和《人民报》上的文章履行了这个义务。②

---

① 《马克思恩格斯全集》第1版第28卷第307页。
② 有关这些问题，马克思于1853年9月15日写信给克路斯说："无论如何，运动比我期待和希望的来得早。〔……〕我总是希望，在这个时间到来以前我能隐居几个月，搞我的《政治经济学》。但是看来办不到了。"（《马克思恩格斯全集》第1版第28卷第599页）马克思在同年4月17日给克路斯的信中直接谈到了为报刊撰稿一事："但是总的说来，约人撰稿不那么简单。我自己工作太忙。〔……〕恩格斯把他不在办事处的全部时间完全用于搞研究，看来他由于在美国报刊上所发现的对他的挑剔还在生气。"

由于马克思和恩格斯把克路斯和魏德迈看作是最为理想的"代表",因此他们不必一定要亲自为《改革报》撰写文章。从根本上来说,允许克路斯和魏德迈利用他们不断寄往美国的信件来开展他们的政论活动,是一个如何有效地进行工作的问题。前面已经说得很清楚,在《改革报》上开展工作也是一场艰辛的日常战斗,它要求经常而迅速地作出反应。

早先,当魏德迈开始出版《革命》周刊的时候,马克思就曾写信对他说:"我的亲爱的,你知道,在不了解读者的情况下,给在大洋彼岸出版的报纸撰稿,是多么困难〔……〕糟糕的只是,谁也不愿意 pour le roi de Prusse 工作,时事性的文章,如果收到以后不马上发表,就会失去任何价值。① 马克思和恩格斯虽然经常得到关于最重要事件的消息,然而他们的答复总是要在大约 20 天之后才能到达美国,这样倒不如让克路斯或魏德迈利用马克思在他的信中阐明的原则观点因时制宜地来论述当前的问题为好。

尽管如此,在报刊上还是可以看到马克思或恩格斯的名字。在转载他们发表在《论坛报》上的文章时,以及在引证他们的著作的地方都出现了他们的名字。例如,爱德华·P. 米德的一首诗《蒸汽王》就加上这样的注释:"恩格斯 译"②。

但是马克思和恩格斯对《改革报》文章内容的影响并不仅仅限于他们为文章提供的材料上。在克路斯或魏德迈独自撰写的文章中,有几篇是马克思建议他写的。1853 年 6 月 12 日,克路斯写信告诉马克思说:

---

① 《马克思恩格斯全集》第 1 版第 28 卷第 591、492—493 页。
② 参看 1853 年 4 月 30 日《改革报》;还可参看《马克思恩格斯全集》第 1 版第 2 卷第 471—472 页。

"我已为《改革报》完成了你交给我的经济学'任务'。"① 一个月以后,他写信给魏德迈说:"本周初,我给克耳纳寄去了一篇通讯,以后(昨天)又寄去一篇文章。〔……〕马克思要我论述一下'纸币对价格的影响'。"② 由于克路斯和魏德迈所开展的各种工作,他们在当时可算得上是在美国的最积极地宣传马克思主义的人了。他们善于把马克思主义的根本观点同论述美国的现实结合起来,他们运用马克思主义的方法来阐明美国的经济和社会状况并得出结论,以指导美国工人运动的斗争。特别值得注意的是魏德迈论述经济问题的文章以及克路斯对美国及其政党的历史的研究。③ 马克思在许多场合肯定了克路斯和魏德迈的文章。有一次他写道:"我最喜欢的是魏德迈给他的《经济学概论》写的引言。这很好。"④

阿道夫·克路斯还充任了《改革报》的翻译。马克思给他寄过琼斯在伦敦出版的宪章派报纸《人民报》,克路斯从该报上翻译了一些文章,如埃卡留斯的连载文章《法兰西状况》和琼斯的文章《俄国——历史和政治》。此外,他还通过把马克思和恩格斯在1853年为《纽约每日论坛报》撰写的文章译成德文而使之更加广为流传;例如,他把恩格斯以马克思的名义写的文章《瑞士共和国的政治地位》⑤ 和马克思的《选举—财政困难——萨特伦德公爵夫人和奴隶制》⑥ 译成了德文。不

---

① 参看《马克思恩格斯全集》历史考证版第3部分第6卷第500页。
② 参看1853年7月10日阿道夫·克路斯给约瑟夫·魏德迈的信。
③ 在这方面不打算更详细地研究阿道夫·克路斯和约瑟夫·魏德迈在《改革报》上发表的文章。
④ 参看《马克思恩格斯全集》第1版第28卷第591页。
⑤ 参看《马克思恩格斯全集》第1版第9卷第101—108页。
⑥ 参看《马克思恩格斯全集》第1版第8卷第569—576页。

过,《改革报》上发表的这两篇著作并不是克路斯的译文,因为克耳纳自己已经先在《改革报》上刊用了这两篇文章。①

在1853年这一年中,《改革报》以这种方式发表了约14篇马克思为《论坛报》写的通讯,其中大部分是摘要刊登或内容转述,只有七次提到作者是马克思。克路斯在1853年7月20日给马克思的信中谈到这种情况时说:"你这样心平气和地对待《改革报》,我很高兴。克耳纳完全抄袭你为《论坛报》写的通讯,而且他的缩写往往损害一半原意,我想,这不会使你感到恼怒。你为《论坛报》写的通讯非常有名,以至于每一个比较重要的人都会首先在《论坛报》上读到它们,克耳纳顶多被看成是你的一名学生而已。"②尽管如此,马克思和克路斯仍然把克耳纳的这种行为看作是对马克思采取肯定态度的表现。克耳纳本人大概也指望通过这种办法来提高他的报纸的知名度,因为马克思的《论坛报》文章在美国引起了广泛的重视。③

克路斯还负责翻译了《改革报》上转载的马克思的小册子《帕麦斯顿勋爵》中的一部分。④《论坛报》以社论的形式刊登了这组文章而没有署作者的名字。因此,在《改革报》发表这本小册子时,魏德迈在为此而写的编者按中说了这样一段话:"此刻这个名字再次引起的巨

---

① 参看《马克思恩格斯全集》历史考证版第3部分第6卷第477、389、421、500页;参看《马克思恩格斯全集》第1版第28卷第655—656页。
② 参看《马克思恩格斯全集》历史考证版第3部分第6卷第531页。
③ 参看汉斯-于尔根·博辛斯基和曼弗雷德·诺伊豪斯:《马克思、恩格斯和〈纽约论坛报〉》,载于《马克思恩格斯年鉴》(柏林)第5卷第229—231、233—235和238页。
④ 参看1853年11月2、3、4、8和9日《改革报》;还可参看《马克思恩格斯全集》历史考证版第3部分第7卷第283页。

大兴趣,这促使我们在下面摘要转载《论坛报》上的这篇文章。这篇文章表明作者非常熟悉英国状况,尽管它没有署名,但不难猜出它的作者是谁。"① 这样,作为《改革报》编辑,魏德迈不仅维护了马克思的权利,而且同时也表明,他和克路斯在《改革报》的地位多么稳固。一般说来,马克思根本不同意《论坛报》的"并吞政策"②,因而他对《改革报》以上述方式发表他的《帕麦斯顿勋爵》这组文章也就不持异议。但是,《论坛报》除了对于马克思的政论写作来说具有重要的意义之外,首先它还是马克思的一个重要的生活来源,因此马克思不得不经常注意不要损坏自己和《论坛报》的关系。可见,对于马克思来说重要的是不让自己和《论坛报》上发表的文章联系起来。"对于《论坛报》,也许最好的办法是假装你们似乎认出了我的文风"③,马克思事后向克路斯这样建议道。"这样,如果你们对任何一篇'被并吞'的文章都要证实其作者,那是太可笑了,或者作为一个正直的人,是根本想不到会发生这种事的"④,克路斯从马克思的这个提示中得出了结论。

克路斯除了翻译《帕麦斯顿勋爵》这组文章中的第一篇之外还翻译了其他若干篇。不过,它们或者根本没有在《改革报》上发表,或者只是在1854年度才发表,而1854年度的《改革报》没有保存下来。

---

① 参看1853年10月2日《改革报》。
② 参看《马克思恩格斯全集》第1版第28卷第306页,还可参看汉斯-于尔根·博辛斯基和曼弗雷德·诺伊豪斯:《马克思、恩格斯和〈纽约论坛报〉》,载于《马克思恩格斯年鉴》(柏林)第5卷第234—235页。
③ 参看《马克思恩格斯全集》第1版第28卷第606页。
④ 参看《马克思恩格斯全集》历史考证版第3部分第7卷第576页。

三

在研究马克思和恩格斯为这家美国工人报纸所做的工作的时候,首先不能忘记马克思和恩格斯为了从他们的朋友和战友中物色合适的通讯员而做的努力。邀约撰稿人不是简单的事情,由于魏德迈创办《革命》报计划的失败,许多人都被吓跑了,而《改革报》在开始阶段也不能支付稿费。但是,在魏德迈于5月初在给恩格斯的一封信中直接请求对宣传马克思主义思想的活动给予支持之后,直到这年年底,在马克思或恩格斯致克路斯或魏德迈的信中,几乎没有一封不谈到物色合适的撰稿人的事。① 《改革报》也因此能在1853年刊登马克思所物色的通讯员撰写的一些有价值的文章。

受马克思的鼓舞,威廉·皮佩尔从1853年5月起定期往纽约寄稿。由于他在这一段时间给马克思当秘书,因此他也能利用许多马克思所利用的材料来撰写文章。从皮佩尔的文章《议会党派和英国联合内阁》②《英国的工人协会》③ 中可以明显地看出这种情况。皮佩尔的文章《英国预算》和《人民报》上发表的《人民得肥皂,〈泰晤士报〉得贿赂——联合内阁的预算》④ 一文基本一致。迄今为止,马克思都被认为是这后一篇文章的作者。然而,在编辑原文版第1部分第12卷时人们

---

① 参看《马克思恩格斯全集》第1版第28卷第591、603—604、605—606页。
② 参看1853年5月11日、18日和21日《改革报》。
③ 参看1853年8月20日、24日和31日《改革报》。
④ 参看1853年5月23日《改革报》;参看1853年4月30日《人民报》。

断定：这篇文章不是马克思写的。① 皮佩尔从 6 月到 12 月在《改革报》上发表的文章和马克思为《纽约每日论坛报》撰写的文章尤其相似。例如皮佩尔在 1853 年 5 月 31 日写的通讯和马克思的《论坛报》文章《中国革命和欧洲革命》②；他在 1853 年 8 月 9 日写的通讯和马克思的《英国的繁荣。——罢工。——土耳其问题。——印度》③ 一文；1853 年 9 月 21 日《改革报》发表的皮佩尔来自伦敦的通讯同马克思的文章《米哈伊尔·巴枯宁》④ 以及皮佩尔在 1853 年 9 月写的伦敦通讯同马克思 1853 年 9 月 15 日在《论坛报》上发表的文章《粮价上涨。——霍乱。——罢工。——海员中的运动》⑤ 等大同小异。马克思和皮佩尔文章的这种相似性，无疑是由于他们曾共同在一起工作这个情况造成的。燕妮·马克思曾告诉克路斯，马克思向皮佩尔口述自己的文章，皮佩尔整天在他们那里工作，身边始终摆着马克思为自己制作的剪报等。⑥ 但克路斯却称赞皮佩尔的文章，他说："皮佩尔的文章给我最深的感受是概括力强、新颖、生动、坚决有力、能展示出写作的初衷，这一切也必

---

① 参看英戈尔夫·诺伊纽贝尔：《马克思参与 1853（人民报）的两篇社论的写作情况》，载于《马克思恩格斯研究论丛》（柏林）第 10 期第 43—62 页。

② 参看《马克思恩格斯全集》第 1 版第 9 卷第 129—131、151—159、321—323 页。

③ 参看《马克思恩格斯全集》第 1 版第 9 卷第 129—131、151—159、321—323 页。

④ 参看《马克思恩格斯全集》第 1 版第 9 卷第 129—131、151—159、321—323 页。

⑤ 参看《马克思恩格斯全集》第 1 版第 9 卷第 324—326 页。

⑥ 《马克思恩格斯全集》历史考证版第 3 部分第 6 卷第 604 页。

须被看作是他自己的财富。"① 然而，必须指出，皮佩尔的文章在内容上往往与马克思的《论坛报》文章完全一致，或者说至少含有这些文章的思路。有时，皮佩尔只加上寥寥几句自己的话。

在马克思为《改革报》物色到的撰稿人中，还有约翰·格奥尔格·埃卡留斯——"一位德国无产阶级的大思想家"②。"你从字里行间可以清楚地看到，埃卡留斯经常寄来的通讯写得非常好，像马克思本人写的一样"③，克路斯在12月写给魏德迈的一封信中这样说道。这样，克路斯就明言指出了，埃卡留斯的文章是经过马克思修改的。④ 埃卡留斯的《英国工人的状况》⑤以及他的论述俄土战争和英国工人阶级状况的通讯⑥都是如此。《英国工人的状况》一文向读者报道了1852年英国机械工人大罢工的经过。这篇文章本来是为魏德迈的《革命》报写的，但没有发表，因为这份周刊在1852年1月只出了两期。

可能从1853年10月起，埃卡留斯就成了《改革报》最早的撰稿人之一。然而，仅仅四篇文章，对于《改革报》的一位早期撰稿人来说未免太少，但该报上又没有刊登埃卡留斯署名的任何别的通讯。这种情况可能是由于保存下来的《改革报》不完整所致。由于埃卡留斯还为《寄语人民》和《人民报》撰写法国通讯，所以也可以设想，寄自巴黎

---

① 《马克思恩格斯全集》历史考证版第3部分第6卷第604页。
② 参看《马克思恩格斯全集》第1版第9卷第562—563页。
③ 参看《马克思恩格斯全集》历史考证版第3部分第7卷第576页。
④ 参看汉斯－于尔根·博辛斯基:《1853年马克思为宪章派报纸〈人民报〉撰写的文章》，载于《马克思恩格斯年鉴》(柏林)第3卷第183页；参看《马克思恩格斯全集》第1版第28卷第485—486页。
⑤ 参看1853年12月29、30、31日《改革报》。
⑥ 参看1853年12月8日《改革报》。

的大量带有 BB 通讯标志的文章是出自埃卡留斯之手。就连克路斯本人也没有掌握可靠的信息，因为他在 1853 年 10 月告诉马克思说："巴黎通讯可能是魏德迈自己写的。"① 但这可能是错误的。

在科隆共产党人案件中曾坐在被告席上的医生阿伯拉罕·雅科比博士为《改革报》写过小品文章。他在 1853 年底带着马克思的推荐信来到纽约找魏德迈。雅科比在他的《论地球的毁灭》（马克思称此文是"忧伤的"②）一文中捍卫唯物主义，反对唯心主义，并论证了革命的阶级斗争的必要性，认为这是社会发展的动力。雅科比的另一篇文章《普鲁士监狱的回忆》没有刊登在保存下来的《改革报》上。我们只是在 11 月 15 日的《改革报》上看到一则关于这篇文章开始连载的预告。根据下文来判断，雅科比的这组文章连载到 1853 年 11 月。这组文章之所以仍能保存下来，要归功于 1893 年在纽约出版的《阿·雅科比博士的文章、报告和演说》一书。③ 雅科比的这组文章生动地描绘了普鲁士警察和司法机关对科隆共产党人案件中的被告人的虐待。同时还要指出一点，《改革报》有时也被用来刊登救济 1852 年在科隆被判人的呼吁。④

除了上述撰稿人之外，在马克思、恩格斯同克路斯和魏德迈的往来信件中还不断出现厄内斯特·德朗克、威廉·施特芬和威廉·沃尔弗的

---

① 参看《马克思恩格斯全集》历史考证版第 3 部分第 7 卷第 289 页。
② 参看《马克思恩格斯全集》第 1 版第 28 卷第 297 页。
③ 参看卡尔-乌尔里希·泰茨拉夫：《阿伯拉罕·雅科比——1851-1852 年科隆共产党人案件中的被告者——的回忆录》，载于《马克思恩格斯年鉴》（柏林）第 5 卷第 350—382 页。
④ 参看《救济科隆被判决者的事宜》，载于 1853 年 7 月 30 日《改革报》；参看《为了科隆的被判决者和他们的家庭》，载于 1853 年 9 月 7 日《改革报》。

名字，他们都是在马克思的敦促下为《改革报》撰稿的人。在《改革报》上还有大量没有署名的通讯，它们的作者无法查考。以德朗克的名义发表的文章只有一篇——《从手稿〈巴黎革命回忆录〉看布朗基》①，而且我们看到的还是从1849年《新德意志报》上翻印的内容，那时，魏德迈正是这家报纸的编辑。威廉·沃尔弗也收到过克路斯应马克思的要求寄给他的汇款②，这可能是克路斯为《改革报》上的文章支付的稿费。

以上列举的这几个例子生动地表明，马克思为给《改革报》找到合适的撰稿人作了多大的努力。这些努力使克路斯和魏德迈在编辑出版这家美国工人报纸的活动中得到了极大的支持。

在1853年期间，《改革报》在美国越来越有力地传播马克思主义观点，这要归功马克思和恩格斯对该报的影响，以及克路斯和魏德迈所进行的广泛的工作。

但是，尽管阿道夫·克路斯和约瑟夫·魏德迈作出了种种努力，尽管马克思和恩格斯提供了慷慨的和广泛的帮助，《改革报》存在的时间也未能超过13个月。除了经费困难之外，在克路斯和魏德迈之间，以及他们两人同该报编辑之间产生了意见分歧。③ 经费短缺首先限制了《改革报》作为日报的竞争力。因此克耳纳在1854年初宣布要改变《改革报》的办报方针，企图以此赢得更多的旅美小资产阶级德国读

---

① 参看1853年5月4、14、18日《改革报》——这篇文章由于被制成剪报没有完整的保存下来。

② 参看《马克思恩格斯全集》第1版第28卷第308—310页。

③ 参看1853年10月30日阿道夫·克路斯给哥特弗里德·泰奥多尔·克耳纳的信。参看1853年11月16日、25日阿道夫·克路斯给约瑟夫·魏德迈的信。

者。《改革报》的发展也反映了旅美德国工人运动的发展趋势。美国工人同盟没有表现出什么积极性。该组织在1853年一年中只是局限于制订一个适当的政治意识形态纲领。许多工人脱离了这个组织。魏德迈在1854年5月给埃卡留斯的信中这样写道:"目前在这里是一个过于平静的时期,以至于工人们感觉不到需要有一个特殊的代表机构来代表自己的利益;在报酬较高的情况下,每个人考虑的只是应怎样利用重新出现的大好时机。"①

除了《改革报》经营不善和许多其他因素之外,这个在本文开始时已经作了简略阐述的美国工人运动的情况,大概是《改革报》不得不停刊的主要原因。② 当马克思从克路斯的一封大概写于1854年4月30日的信中获悉《改革报》已不复存在时,感到很失望。他写信给恩格斯说,"《改革报》停刊了,叫人可惜。"③

然而,魏德迈和克路斯在马克思和恩格斯的多方面帮助下为美国马克思主义工人运动的形成所奠定的基石依然存在。和克路斯相反,——他在1858年背弃了革命的工人运动④——魏德迈继续不懈地为在美国创建一个马克思主义的工人组织而努力,并同他人一起于1857年创办了共产主义者俱乐部。

如果美国共产党今天要在它的历史记载叙述它的传统的话,那么它还要感激地提到克路斯和魏德迈在美国开展的活动和《改革报》。⑤ 在

---

① 参看1854年5月16日约瑟夫·魏德迈给约翰·格奥尔格·埃卡留斯的信。
② 参看1854年5月16日约瑟夫·魏德迈给约翰·格奥尔格·埃卡留斯的信。
③ 参看《马克思恩格斯全集》第1版第28卷第361—302页。
④ 参看戈尔曼:《从共产主义者同盟到第一国际》第116页。
⑤ 参看威廉·Z.福斯特:《美国共产党的历史》第27—30页。

1975年共产党成立56周年的庆祝大会之际,共产党的理论机关刊物《政治事件》①对魏德迈在旅美德国工人运动及美国工人运动中的活动进行了广泛的评价。

(原载《马克思恩格斯年鉴》(柏林)第5卷)
(汪继兵 译　李俊聪 校)

---

① 参看丹尼尔·梅森:《马克思主义在美国的起源》,载于《政治事件》1975年第8期第42—53页、第9期第47—58页。

1859—1860年马克思和恩格斯为建立工人阶级政党所作的斗争*

〔德〕卡尔-海因茨·莱迪希凯特

马克思和恩格斯早在着手建立无产阶级政党的初期就制定了一个既符合工人阶级的政治利益，又符合人民的民族利益的纲领。19世纪50年代末，当德国决定走资产阶级民族国家的道路时，他们就对这一纲领作了补充，它是建立一个工人政党的重要前提。① 本文试分几个方面来说明马克思和恩格斯在1859—1860年这一对民族运动极为重要的时期为党的政治及"历史上的声誉"② 所作的斗争。

"欧洲的历史只是从1857—1858年的危机以后才又带有一种尖锐

---

* 本文选自《马克思恩格斯列宁斯大林研究》1998年第1辑。

① 见罗·德鲁贝克和君·维索茨基：《工人阶级，民主和国家。马克思和恩格斯在19世纪60年代争取建立德国资产阶级民族国家的斗争中的设想》，载于《1871年大普鲁士军事帝国的建立。前提和结果》1971年柏林版第1卷第24—72页。Л.И.戈利曼：《从共产主义者同盟到第一国际》1970年莫斯科版。君·亥姆霍兹：《"奥格斯堡运动"——〈福格特先生〉诞生的史前史》，载于《马克思恩格斯研究文集》1976年2月（哈雷版）第4—25页。卡·莱蒂锡凯特：《马克思恩格斯为工人阶级政党进行的不懈斗争（1852—1860）》，载于1977年《德国工人运动史论丛》第6期第966—979页。

② 《马克思恩格斯全集》第1版第30卷第449页。

的、也可以说是革命的性质"①，恩格斯注意到了这次危机对曼彻斯特工业区的种种影响。他写道："无产阶级也开始遭遇不幸。暂时还觉察不到许多革命的现象，长期的繁荣起了极大的败坏作用。"②

在德国各邦中，这项危机的影响，特别是罢工斗争使封建反动派和资产阶级非常不安。因此《北德意志警察公告》1857年5月就提醒人们记住那位"从地平线上最小的一片云彩中看到暴风雨即将来临的预兆的聪明航长"。"没有忘记1848年巨大事件发生前那段时间的人们肯定还记得：事件发生前在许多地方都有爆发一场大运动的明显征兆"。③

无产阶级的数量由于工业革命有了显著增加，它同资产阶级之间的矛盾更明显地暴露出来。资产阶级虽然在经济上是最强大的阶级，但是德国的封建割据妨碍了它的进一步发展。要想全面发展资本主义的生产关系，就必须建立资产阶级的民族国家。然而，由于资产阶级已经不再愿意，也不再能够以人民群众为支柱，它便极力同封建地主实行妥协。他们中最有影响的一部分人准备为此放弃自由派的要求。另一方面，封建地主面对当时的经济形势和由此产生的政治发展也不能再用原来的形式和方法维持他们的统治。

1858年底，普鲁士的政治方针发生了一场符合剥削阶级的力量对比和利益的改变。任命了一个由温和的保守派和自由派右翼组成的内阁。普鲁士资产阶级，或者说主要倾向普鲁士的资产阶级都赞扬这次方针的改变是"新纪元"的开始。然而，在1859年初人民中间就酝酿着不满情绪。究竟是在普鲁士封建势力的领导下，用反革命的方法建立一

---

① 《马克思恩格斯全集》第1版第14卷第480页。
② 《马克思恩格斯全集》第1版第29卷第225页。
③ 1857年5月29日《守卫者。北德意志警察公告》第159页。

个资产阶级的民族国家,还是开展反对一切王朝的人民革命,用革命民主主义的方法建立一个民主主义共和国①,人们已经就这一问题作出了决定。

围绕消灭小邦割据的斗争不仅仅是德国的问题;在国际上,民主运动也十分活跃。在德国,未解决的民族问题导致爆发了1859年的革命危机。马克思和恩格斯从工人阶级的利益出发,在德国资产阶级发展这一主要问题上采取了独立的立场。这一立场既不同于资产阶级和小资产阶级观点中有关民族统一的设想,也不同于国际上对这一问题的看法。

1858年,马克思和恩格斯就世界范围内的政治发展交换了意见。马克思认为,资产阶级社会的任务是"建立世界市场(至少是一个轮廓)和以这种市场为基础的生产"②。从这一点出发,他提出了欧洲大陆上一场可能发生的革命的性质问题。就这个问题恩格斯强调说:"我觉得,资产阶级还没有完全消除1848年和1849年的印象,没有足够的勇气同时在两条战线上进行斗争——一方面反对贵族政治和官僚制度,另一方面反对无产阶级运动。"③

在估计各阶级的政治潜力,尤其是资产阶级和逐步放弃实行独立政策的小资产阶级的政治潜力的同时,还必须制定受国际实际情况影响的工人阶级的计划。马克思强调,"维护波兰、匈牙利和意大利的独立不仅是维护这些国家的权利,而且也是维护德国和欧洲的利益"④。这就是1857—1858年危机后"欧洲的历史"又带有"革命性质"时无产阶

---

① 《阶级斗争,传统,社会主义(概论)》1974年柏林版第264页。
② 《马克思恩格斯全集》第1版第29卷第348页。
③ 《马克思恩格斯全集》第1版第29卷第350页。
④ 《马克思恩格斯全集》第1版第14卷第403页。

级解决德国民族问题的基本立场。

正如马克思所说,这时"欧洲大陆上刮起的革命之风……把所有的'大人物'从冬眠中"① 唤醒了。马克思提到这些"大人物"使人们想起在争取建立无产阶级政党的斗争中,尤其是在1850—1852年期间同资产阶级和小资产阶级观点进行争论的过程中所获得的经验和得出的结论。马克思和恩格斯早在1852年就已经在当时未能发表的抨击性小册子《流亡中的大人物》中讽刺了这些观点。②

而此时,1859年,资产阶级和小资产阶级的政治代表们再次要求发言。他们有着各种不同的立场,而大多是反革命的立场。他们试图再次建立一个混淆和超越阶级界线的政党来解决民族问题。小资产阶级流亡者代表哥特弗里德·舍克尔从1859年1月开始在伦敦出版德语周报。为了模仿凯鲁斯奇人海尔曼,他给周报取名《海尔曼》。马克思在给恩格斯的信中讽刺说:金克尔的《海尔曼》恐怕不是凯鲁斯奇人,而是歌德笔下《海尔曼与窦绿苔》里的蠢家伙。③

这可能在德国流亡者中引起混乱。马克思和恩格斯意外地得知,斐迪南·弗莱里格拉特同金克尔有私人联系。就党的利益而言(从党创立的历史和必须争取建立的新组织角度来看),马克思认为,弗莱里格拉特同金克尔的决裂"目前对我们"是"重要"的。④ 因此,恩格斯试图以极为嘲讽的方式使人们注意金克尔和他的《海尔曼》,如他在给弗莱里格拉特的信中写道:"我好久没有看到伪装高尚的升天的《小金虫》

---

① 《马克思恩格斯全集》第1版第29卷第552页。
② 参看《马克思恩格斯全集》第1版第8卷第261页。
③ 参看《马克思恩格斯全集》第1版第29卷第367页。
④ 《马克思恩格斯全集》第1版第29卷第368页。

的这类最新产品了,它庸俗肉麻,对各方面都阿谀奉承,渴求和解和宽恕,文笔非常糟糕,在风格和内容上只以坎柏威尔的小市民和西蒂区的德国庸人为对象,完全迎合他们口味。这个人甚至把他在1848年所得到的一点点东西也忘掉了,如今成了地道的资产阶级的可恶的叫化子。"①

这类"一味奉承的废话"得到了普鲁士政府的许可;人们可以通过邮局订阅《海尔曼》了。② 金克尔在普鲁士和德意志其他各邦都不再是陌生人。他在小资产阶级中拥有较多的追随者。普鲁士政府以为采取这种态度便可在这些阶层中为自己赢得威望。金克尔和资产阶级及小资产阶级的其他代言人否定在解决民族问题方面存在阶级分歧,制造了混乱。虽然普鲁士政府对这项政策不无疑问,但最终它还是能从中得到好处。

1859年3月,金克尔在《海尔曼》中动情地写道:"我的纲领即是我的生命。"接着他还表达了自己的"坚定信念":"从1848年至今出生的一代人没有长出胡子之前,德国就将成为一个共和国。"③

然而金克尔的"纲领"及其"坚定的信念"在他身上并没有起什么作用。直至1859年秋天,他同许多以前的民主主义者一样最终投入普鲁士资产阶级的营垒。他同伦敦的卡尔·布林德一起,成为民族联盟的创始人之一。这时金克尔还在《海尔曼》中谈到,普鲁士可以给予德意志人民的"最美好的礼物"是"德意志民族的统一"。④

---

① 《马克思恩格斯全集》第1版第29卷第548—549页。
② 《马克思恩格斯全集》第1版第29卷第377页。
③ 《发行人致一美国朋友的信》,载于1859年3月5日《海尔曼》(伦敦)。
④ 《德国流亡者和统一运动》,载于1859年12月8日《海尔曼》(伦敦)。

在柏林由弗兰茨·敦克尔出版的《人民报》也具有与金克尔相同的倾向。1859年5月发表了一篇题为《致人民党人》的文章,其中讲道:"如果德国人民信任普鲁士现政府的态度——这是十分必要的,如果祖国不应成为阴谋家的玩物的话——那么,这种信任不会产生于我们反动政党的令人尴尬的爱国主义之中,不会产生于我们教权派的含糊的德意志民族特性之中,但也不会产生于今天在议会中占绝对多数的老哥达党人自以为正确的态度之中。"要想赢得这种信任,就请求否定阶级斗争的普鲁士人民党:"只有普鲁士人民党才能够,而且必定使德意志人民再次由衷地信任普鲁士。"①

他们不仅在普鲁士向"人民"发出了呼吁。另外还出现了大量宣传民族思想的传单、文章和小册子。这些出版物中的不同观点较之众多的这类文章更加混乱。卡尔·福格特从瑞士发表了《欧洲现状研究》一文。他是法兰克福国民议会的左翼议员,1849年成为帝国五摄政之一,流亡瑞士,1859年成为拿破仑第三雇用的密探。早在1855年5月的一篇普鲁士警方报告中就有这样的记载:"卡尔·福格特——众所周知的法兰克福国民议会议员——正要陪同拿破仑王子前往斯匹次卑尔根群岛。"②

福格特的《研究》一出版就引起了许多争论。他要求"德国在即将爆发的意大利战争中保持中立,而普鲁士应成为这一中立政策的领袖"③。他企图唤起反对奥地利的情绪。他认为,由于奥地利的缘故,

---

① 《致人民党人》,载于1859年5月4日《人民报》(柏林)。

② 《帝国摄政福格特。1854—1861》,载于1855年5月14日《警察周报》(柏林)第63期,波茨坦国家档案馆藏。

③ 卡·福格特:《欧洲现状研究——前言》1859年日内瓦-伯尔尼版第4页。

"德国人的姓名比从前汪达尔人和东哥特族人的姓名更令人憎恶"①。

这位"背叛帝国的'帝国摄政'",因写了这篇《研究》,除了应得的稿酬外还从"巴黎领取现金"。② 人们可以听到倾向普鲁士或奥地利的各种意见。而危险在于:一切民族运动都被以拿破仑第三为代表的波拿巴主义所扼杀。"在我们自己的党内朋友和其他正直的革命者中间",马克思和恩格斯注意到了那种认为"必须从爱国主义出发像杨—阿伦特那样表明态度"的想法。③ 老阿伦特本人还主动要求发言并满意地宣布:"1813年和1814年的老精神已在欧洲复苏。"④

在这种形势下马克思和恩格斯认为迫切需要阐述自己的革命立场。1859年春天,恩格斯首先在《波河与莱茵河》一文中表明了他们的立场。⑤ 马克思和恩格斯在1859年2月和3月的往来书信中曾讨论过这篇文章的主要观点。波拿巴主义是争取民族统一的革命斗争的一大障碍,因此,在这篇文章中必须采取反对波拿巴主义的立场。

马克思早在其《路易·波拿巴的雾月十八日》⑥ 一文中就指出,波拿巴主义作为阶级斗争的产物是一帮政治家和高级军官实行的一种专政,它代表资产阶级利益,而资产阶级并没有直接参政。波拿巴主义在军队和官僚机构的支持下,企图以民主的口号为幌子,在各阶级中间随机应变。看来,在德国的,尤其是在普鲁士的阶级斗争中不能排除波拿

---

① 卡·福格特:《欧洲现状研究——前言》1859年日内瓦-伯尔尼版第159页。

② 《马克思恩格斯全集》第1版第29卷第414页。

③ 《马克思恩格斯全集》第1版第29卷第414—415页。

④ 《德国中部来信。3月28日》,载于1859年3月5日《海尔曼》(伦敦)。

⑤ 《马克思恩格斯全集》第1版第13卷第247—299页。

⑥ 《马克思恩格斯全集》第1版第8卷第117—227页。

巴主义发展的可能性。

1859年春天，马克思和恩格斯已经开始关心为建立符合德国人民利益的资产阶级民族国家所需要的最有利条件的问题。这在政治上和思想上是一个阶级斗争的问题，是无产阶级及其政党的立场问题。因此，制定革命民主主义的策略十分重要，以便在阶级斗争中为资产阶级变革的继续进行和民主共和国的建立指明方向。马克思和恩格斯1859年的政论活动主要是围绕这项任务进行的。

要在1859年就弄清楚共产主义者在解决民族问题的斗争中应持的政治立场不是简单的事情。因此马克思在收到恩格斯的小册子初稿时曾表示：阐明政治问题是非常不容易的。[①] 在1859年民族—革命的危机的复杂条件下，恩格斯认为，关键在于为工人阶级利益，从而为人民群众的利益阐述解决民族问题的前提。

各国政府的立场既不符合意大利人民的利益，也不符合德国人民的利益。只有推翻本国的封建王朝才能实现民主团结和民族独立。从国际的角度来看，每一次革命的民族运动，都不可避免地要同波拿巴主义和沙皇主义进行斗争。

马克思和恩格斯有意识地强调了国际方面，因为它在1859年民族—革命危机中共同决定着革命力量的立场。他们在同诽谤和歪曲他们立场的人进行争论时，直截了当地提出了这一观点。在"路易—拿破仑·波拿巴还没有把'自由主义的'恩惠赐予各民族"之前，马克思和恩格斯就于1848年和1849年在《新莱茵报》上"出面来维护匈牙利、意大利和波兰民族"。而《新莱茵报》当时的编辑们也用《波河与莱茵

---

① 参看《马克思恩格斯全集》第1版第29卷第391页。

河》证明了他们"始终未改变自己的观点"①。

经斐迪南·拉萨尔的介绍,《波河和茵莱河》由柏林的出版商敦克尔承印。这一小册子出版几周后,他写信给马克思说:他"日日夜夜地工作,试图用逻辑和火编制一件东西,使它对人民的影响……无论如何不会付诸流水"②。他给如此产生的小册子冠以《意大利战争和普鲁士的任务。民主派的主张》的标题。③

拉萨尔在这个小册子中代表一种与马克思和恩格斯的立场相反的意见。他认为,奥地利在意大利战争中失败是对德国有利的。对普鲁士最有利的政策就是像弗里德里希二世时代那样,直接进攻奥地利。而由此形成的普鲁士的军事霸权被看作为德国统一的前提。拉萨尔表示赞同弗里德里希的政策。他希望他的小册子被理解为党的宣言,并告诉马克思说,"其中已公开打出了革命政党的旗帜"④。

马克思认为拉萨尔的小册子是莫大的错误;拉萨尔即使是根据他"火和逻辑交织的灵感",也不能随便"以党的名义说话"。马克思和恩格斯认为,尤其在这个时期"我们[……]必须绝对保持党的纪律,否则将一事无成"⑤。

在这种形势下,马克思和恩格斯考虑起草"一个党的宣言"⑥。他们开始首先在伦敦的德国工人流亡者中间为即将成立的新政党挑选干部。卡尔·沙佩尔受委托,重新加入伦敦德意志工人教育协会"(所谓

---

① 《马克思恩格斯全集》第 1 版第 14 卷第 757—758 页。
② 《斐迪南·拉萨尔遗作》1922 年柏林版第 3 卷第 177 页。
③ 该小册子于 1859 年 5 月由柏林敦克尔出版社出版。
④ 《斐迪南·拉萨尔遗作》1922 年版第 3 卷第 177 页。
⑤ 《马克思恩格斯全集》第 1 版第 29 卷第 413 页。
⑥ 《马克思恩格斯全集》第 1 版第 29 卷第 415 页。

共产主义协会)"并负起"领导它的责任"。① 威廉·李卜克内西在1858年底就已是该协会一个支部的主席了。

在马克思和恩格斯考虑起草一个"党的宣言"的同时,马克思在伦敦同德国工人流亡者的核心人物讨论了有关工人阶级政党和政党的机构等问题。参加这次会晤的有以前的共产主义者同盟盟员弗里德里希·列斯纳,威廉·李卜克内西,卡尔·普芬德,另外还有几个新人。

在这次会晤时裁缝安德烈斯·谢尔策尔也短时在座。共产主义者同盟分裂后他属于维利希—沙佩尔宗派集团,1855年他加入了由几内斯特·琼斯组建的国际委员会,1856年该组织改名为国际协会。协会具有小资产阶级的性质。该协会的成员是在伦敦的德国、法国、波兰的流亡者和英国的宪章派。谢尔策尔是同情协会的报纸《新时代》的发行人。他试图以自己的方式解决无产阶级政党的问题。他认为,伦敦的每个工人协会应派一名代表参加《新时代》的编辑部。这些代表便可代表党。在就这一观点进行争论时,谢尔策尔给马克思提出了这样一个问题,马克思从哪里得到无产阶级政党的代表的合法证明?对此马克思声明:"我们作为无产阶级政党的代表是由我们自己而不是由别的什么人任命的。而这种任命已由旧世界的一切派别和政党对我们所怀的那种特有的和普遍的仇恨而得到确认。"②

在这段时间里,马克思增加了政治实践活动,这时必须同小资产阶级及其他幻想的力量划清界限,同时建立党的组织。这种有利于工人阶级的必要立场在1859年也引起了目光短浅和业已失败的"民主派"对马克思和恩格斯的极度仇视。

---

① 《马克思恩格斯全集》第1版第29卷第424页。
② 《马克思恩格斯全集》第1版第29卷第419页。

从国际协会或《新时代》中是不可能产生出政党的。顺便提一下，国际协会和其他小资产阶级的组织和幻想一样，它仅存在至1859年。在社会民主党的历史编纂学中，有人曾试图把它说成是第一国际的前身。① 这里基本上是接受和解释了伯恩哈德·贝克尔在《斐迪南·拉萨尔的工人鼓动运动的历史》一书中就已提出的论点。② 这种意图很明显：即试图把国际工人协会贬低为与小资产阶级的和主张阶级调和的组织相似的组织。然而国际工人协会是在有意识地同小资产阶级的组织划清界限后成立的。当然，马克思和恩格斯在1859年也必须同已有的工人组织建立联系。他们认为，李卜克内西和沙佩尔是他们在伦敦工人协会中值得信赖的人。1859年5月，马克思亲自参加了工人集会。然而马克思和恩格斯同工人组织建立联系旨在使工人们摆脱小资产阶级观点的影响并把他们引导到无产阶级的立场上来。

马克思还在《新时代》上竭力提醒人们警惕小资产阶级的幻想。1858年7月他通过李卜克内西在一篇简讯中揭露了金克尔的政治投机。③ 当谢尔策尔出席马克思与工人流亡者的核心人物的讨论会时，《新时代》由于经济原因已不能维持。后来于1859年5月1日在伦敦的"日尔曼尼亚"旅馆，成立了一个创办《人民报》的委员会，与会的有

---

① 1838年的一篇文章就作过这种尝试（参看 A. 弥勒－莱宁：《国际协会》，载于1938年《国际社会史评论》阿姆斯特丹版第3期）。

② 伯·贝克尔写道："在所有流亡者团体中，凡是与工人运动有关的团体唯有主要为法国人、德国人、波兰人和英国人参加的'国际协会'最值得重视，因为该协会倾向于欧洲社会［……］。10年前（1864年），在它的废墟上产生了一个新的'国际协会'。"（伯·贝克尔《斐迪南·拉萨尔工人的鼓动运动史》1875年不伦瑞克版第11—12页）

③ 《马克思恩格斯全集》第1版第29卷第340页。

德国工人协会的代表。该委员会决定以周报形式出版代表在英国的德国工人之利益的《人民报》。该报创办后不久马克思便与之建立了联系。马克思和恩格斯在1859年认为："这样的时刻"可能到来，"那时十分重要的是，不仅我们的敌人，而且我们自己也有机会在一家伦敦报纸上发表自己的观点"。① 基于这种考虑，他们认为有必要建立这种联系并看到了出版一家自己的报纸的可能性。1859年夏天，马克思和恩格斯为了这一目的而为伦敦的流亡者报《人民报》撰稿。② 1859年夏天的事件并没有引发一场革命。然而在1859年11月纪念席勒诞生100周年的活动中，在德国而且在德国流亡者中间的民族运动达到了一个新的高潮。

纪念活动主要是由资产阶级策划和组织。"大人物们"也支持并亲自参加了这些庆祝活动。金克尔在伦敦的席勒纪念会上讲话，并且在《海尔曼》周报上可以看到有关报道："'你赐予我们的这一天，11月10日，对我们来说是神圣的'。殉难者，诗人和教师哥特弗里德·金克尔这样大声告诉他的同胞们，于是所有仔细听过他演讲的人都有这样的感想。"③ 但正如恩格斯所说，对于这种全民狂热，"共产党人……感到一种几乎是犯罪似的厌恶"④。而席勒纪念活动对举办者来说"比世界上所有一切事件都更重要"⑤。无需特别强调，马克思和恩格斯同负责

---

① 《马克思恩格斯全集》第1版第29卷第418页。
② 参看 I. A. 巴赫：《马克思和伦敦的〈人民报〉》(1859年)，载于《马克思和恩格斯为无产阶级政党的斗争史》1961年柏林版第175—234页。
③ 《伦敦的席勒纪念活动》，载于1859年11月12日《海尔曼》(伦敦)。
④ 《马克思恩格斯全集》第1版第29卷第621页。
⑤ 《马克思恩格斯全集》第1版第29卷第622页。

这次庆祝活动的协会是有距离的。①

这几天，马克思给二三十位工人，"其中也包括以前的同盟盟员讲授政治经济学"②。他给工人们阐明无产阶级的阶级立场，从而阐明党在1859年的斗争中的阶级立场。对所有与会者来说这是对席勒诞生100周年的最好纪念。在德意志各邦和国外，伴随着民族运动的席勒纪念活动陷入了危险之中，它们可能演变成民族主义的，甚至普鲁士——波拿巴主义的或者是幻想主义的活动。工人阶级不能用资产阶级的方式纪念席勒，但他们还没有能力以自己的立场来纪念席勒。

1859年，马克思和恩格斯从政治上把正在诞生的无产阶级政党同一切幻想的和混淆阶级立场的行动相区别，并着手政党的筹建工作。因此，这时"资产阶级庸俗民主派"准备给"全党"一个极重大的打击绝不是偶然的。③

1859年12月，卡尔·福格特在日内瓦发表了马克思所说的，他"对我和我党同志的奇谈怪论"④。

福格特在意大利战争爆发以前就企图通过作出经济上的承诺为倾向波拿巴主义的一家报纸争取作者。另外他还写信给布林德和金克尔说："在即将发生的战斗中站在法国一边是德意志爱国主义的一项迫切的义务"。《人民报》的编辑埃拉尔德·比斯康普得知了这两封信的内容。他就这两封信和福格特的小册子《欧洲现状研究》在《人民报》上发

---

① 《马克思恩格斯全集》第1版第29卷第602页。
② 《马克思恩格斯全集》第1版第30卷第480页。
③ 《马克思恩格斯全集》第1版第29卷第23页。
④ 《马克思恩格斯全集》第1版第14卷第402页。

表了《帝国摄政》一文，讽刺福格特是"帝国叛徒"①。福格特在《瑞士商业信使报》上发表了一封"书信"予以回击，题为《警告》。②

福格特没有同比斯康普的指责进行争论，而是忙于诋毁"马克思派"。他写道：革命后在伦敦组成了一个"流亡者集团"，"首领"是马克思。他们计划"结社和密谋"。"他们从英国的避难所向德国、瑞士和法国派遣密使。但他们的每次密谋从一开始就被当地的秘密警察掌握，而那些受骗的不幸者就成了法律的牺牲品。"福格特要"公开地"告诉工人们有人企图引导他们走"非法的道路"。他早就把《人民报》视为由"某些居心不良的人"编辑出版的"工人报纸"。③

福格特诋毁马克思的最终目的是阻碍工人阶级走独立的道路和建立自己的政党。他的这一意图同其他小资产阶级民主主义和自由派资产阶级的代表们一脉相承，虽然他们之间存在明显的不同之处。恰恰就在1859年的危机中，这股政治势力以极其怀疑的态度看待工人阶级的发展，并试图将它置于自己的控制之下。

福格特诋毁马克思的意图清楚地反映在其文章中。因此马克思让

---

① 埃·比斯康普：《帝国摄政》，载于1859年5月14日《人民报》（伦敦）。比斯康普在文中发表了福格特致知名流亡者公开信的几段摘录，并特别强调了两个观点："其中的一个观点是：在当前的战争中站在法国一边是德国爱国主义的一项紧迫的任务，因为路易—拿破仑的专政是暂时的，而奥地利的专政才是永久的。然后我们又发现了一个不太明确的论断：意大利人和由福格特先生所代表的德国民主派同样有权利呼吁法国人支持意大利，正如德国人曾邀请俄国人到德国参加他们的解放战争那样。"

② 卡·福格特：《警告》，载于1859年6月2日《瑞士商业信使报》（比尔）。

③ 卡·福格特：《警告》，载于1859年6月2日《瑞士商业信使报》（比尔）。

《人民报》转载了这篇"混账文章"①，同时加了按语。按语指出，在刊登《警告》一文的同一期《瑞士商业信使报》上还说，金克尔的《海尔曼》是"独立创办的机关报"，并对金克尔表示了敬意。福格特巴结金克尔的言辞以及表现出的赤裸裸的亲近在按语中被讥讽为"福格特—金克尔的帝国民主"②。1859年6月洛塔尔·布赫尔和卡尔·布林德退出了报纸编辑部，以反对金克尔报纸的波拿巴主义和小德意志倾向。就在马克思6月下旬到曼彻斯特探望恩格斯时，《人民报》编辑部的李卜克内西发现该报印刷厂正在印刷一份传单，这份传单未署名，后来在伦敦的德国流亡者中流传开来。这份传单使用了和福格特在《瑞士商业信使报》上的文章相同的标题《警告》，这并非巧合。李卜克内西向印刷厂主打听传单的作者，得知笔迹是布林德的。而且文章的措辞也表明作者是布林德。

威廉·李卜克内西把这份传单附上一篇简短的附言后寄给了奥格斯堡的《总汇报》，他从1855年起就是该报的通讯员。1859年6月22日《总汇报》发表了这两篇东西。发表时虽没有直接提到布林德的名字，但也已经暗示了是他所作。③ 在此之前该传单以《卖国行径》为题发表在《人民报》上。④

这份传单最重要的内容是什么呢？据称：福格特"多年来一直同日罗姆·拿破仑王子保持着非常亲密的关系"，而在1858年就已从他那儿

---

① 《马克思恩格斯全集》第1版第29卷第429页。——福格特的文章连同编辑部的按语发表在1859年7月11日的《人民报》上。

② 卡·福格特：《警告》，载于1859年6月11日《人民报》（伦敦）。

③ 卡·福格特：《伦敦的德国流亡者》，载于1859年7月22日《总汇报》（奥格斯堡）。

④ 《卖国行径》，载于1859年6月18日《人民报》（伦敦）。

得知"对奥地利战争的波拿巴主义计划"。后者向福格特提供"大笔资金",用以按照法国和俄国的意图来影响德国的民主党,他这样做当然必须要考虑使民主党充分相信,拿破仑发动这次战争是有利于他们的原则的。传单声称,"福格特自己的书信就可证明,他极其无耻地玩弄了两面派手法。""自己被收买后",福格特还企图"收买别人"。他曾把详细的报价单交给一位"斯图加特的民主党人"。"有确凿证据证明他给德国各地、法国、瑞士、英国和美国的自由派和革命派人士寄过类似的报价单。"①

福格特被收买以及他为波拿巴主义政策的需要而收买他人的企图是毫无疑问的。据1870—1871年普法战争结束后法国政府公布的《皇室文件和通信》记载,福格特是接受波拿巴钱款的人之一。②

福格特通过一位纽伦堡的律师控告《总汇报》编辑部"伤害其名誉"。福格特的这一诉讼于1859年10月提交奥格斯堡的一个皇家地方法院。原告被驳回并自己承担诉讼费。法院宣布不受理此案。③

1859年12月,福格特以《我对〈总汇报〉的诉讼》为题发表了一个所谓真实的法院审理的速记报告,并附有文件和说明。④

这个小册子是针对马克思和共产主义者的。其诽谤的腔调是福格特早在其《警告》一文中就已经使用过的。他用反共产主义的言语攻击正在诞生的工人政党,说它对小资产阶级来说将是可怕的幽灵。

---

① 《卖国行径》,载于1859年6月18日《人民报》(伦敦)。
② 《马克思恩格斯全集》第1版第33卷第205页。——《人民国家报》编辑部1871年4月15日在发表《福格特先生》的节选时发表了马克思的按语。
③ 《马克思恩格斯全集》第1版第14卷第517页。
④ 卡·福格特:《我对〈总汇报〉的诉讼。速记报告。文件和说明》1859年日内瓦版。

福格特这样做的意图同至今共产主义者的敌人的意图如出一辙。在小册子的序言中他就宣称，"共产党要以'无产阶级专政'消灭任何反对他们的人"，并"用'毒药和匕首、抢劫和掠夺'达到其目的"。① 他想让读者赞成他那些冗长的论述，他在这个论述中把马克思形容为勒索者及伪币制造者匪帮的头目，说他们绞尽脑汁剥削他人，尤其是靠流亡者的钱袋和工人来养活自己。②

福格特的小册子发表后几周，柏林《国民报》在连续发表的两篇文章中引用了福格特对马克思和共产主义者的诽谤言辞。③ 这里不值得我们去详细讨论这两篇文章所复述的内容及附文。但是值得注意的是，第一篇文章附带地提到，在伦敦成立了一个祖国之友协会。说该协会曾于1859年11月向德国民族联盟发出一封公开信。文章就此写道："我们的读者都知道，这封信向民族联盟和普鲁士国家说了一些激进的人所编织的恭维话。"④ 而对普鲁士政府说的由"激进的人所编织的一些恭维话"在极反动的普鲁士《十字报》上得到了友好的反应。⑤

布林德和金克尔、布林德和福格特之间的政治分歧在1859年夏天时并不是原则性的。1859年深秋，布林德和金克尔又一次在伦敦的祖国之友协会见面。因此，他们两人在政治上最终还是与福格特和其他"民主派"在同一个阵营。

---

① 卡·福格特：《序言》。参看卡·福格特：《我对〈总汇报〉的诉讼》第7页。

② 卡·福格特：《我对〈总汇报〉的诉讼》第138页。

③ 《卡尔·福格特与〈总汇报〉》，载于1860年1月22日《国民报》（柏林）；《如何伪造激进传单》，载于1860年1月25日《国民报》（柏林）。

④ 《卡尔·福格特与〈总汇报〉》，载于1860年1月22日《国民报》（柏林）。

⑤ 《马克思恩格斯全集》第1版第14卷第692页。

福格特起诉《总汇报》的主要目的并不是想证明布林德是使他在政治上出丑的元凶。福格特把"揭露他的来源从所谓民主营垒转嫁到社会主义营垒"①。而马克思则要揭露"庸俗民主派"。他竭力迫使布林德承认自己是揭露福格特的传单的作者,这样又同时促使福格特"同布林德斗起来"②。

虽然布林德不能否认,福格特于1859年初夏向他提供过资金用于在新闻方面推动"拿破仑的行动"③,但他否认是传单的作者。在政治上无足轻重,1849年流亡英国的医生卡尔·亨利布·沙伊伯勒晚些时候(1860年2月)帮了他一个大忙,承认自己是传单的作者,并感到遗憾,因为一些不以自己的意志为转移的情况使他未能"及早发表这一声明"④。

福格特和布林德都十分小心地努力避免在法庭上对质。而他们政治上的卑鄙行径暴露出来的危险是存在的。福格特想通过对共产主义者,尤其是对马克思的诬蔑,转移人们对他的波拿巴主义间谍身份的注意力。这种策略的本质被掩盖了,而关于共产主义者的种种荒诞故事又掩盖了像布林德、金克尔这样的"民主派"转向普鲁士—波拿巴主义营垒这样的事实。

而人们时常低估了这一斗争对党的发展的意义。马克思不能把福格

---

① 《马克思恩格斯全集》第1版第14卷第76页。
② 《马克思恩格斯全集》第1版第29卷第610页。
③ 卡·布林德:《声明》,载于1859年12月11日《总汇报》。
④ 卡·莎伊伯勒:《反对福格特的论战性小册子。致〈每日电讯〉的出版者》。摘自马克思:《福格特先生》,见《马克思恩格斯全集》第1版第14卷第523页。

特的攻击看作是"无聊的蠢话"①。就连拉萨尔也因为不理解而反对这场争论,而弗莱里格拉特此时背弃了马克思。马克思由此认为:"漠不关心,这在个人和党的事业中只有在一定限度内才是许可的。"他认为"实质"在于,"帝国流氓匪帮,其次是一个叫作德国民族联盟的匪帮,最后是自由派匪帮,都在使出全部力量要在德国庸人面前从道义上毁灭我们"。②

马克思告诉恩格斯:没有一本抨击性小册子,"我们就不能摆脱这件事"③。马克思和恩格斯在信中还互相交换意见,商讨如何把福格特狠狠地"痛骂一顿"④。恩格斯向马克思建议采用马克思在《政治经济学批判》第一分册⑤和他在《波河和莱茵河》中已经开始运用的方法予以回击。恩格斯认为立即出版《政治经济学批判》第二分册是对"福格特的事"的最好回击。⑥但是,马克思很快便说服恩格斯,必须坚决回击"资产阶级庸俗民主派……对全党的坚决打击"⑦。

马克思认为同福格特的诽谤进行斗争是捍卫"党在历史上的声誉和它在德国的未来地位"⑧。为了达到这一目标,马克思在恩格斯的支持下做了大量工作,而1860年他的经济学研究工作放到了次要地位。在马克思和恩格斯看来,1850年之后几年的政治斗争的经验是论证政党

---

① 弗兰茨·梅林:《马克思传》,樊集译,人民出版社1965年版,第372页。
② 《马克思恩格斯全集》第1版第30卷第12页。
③ 《马克思恩格斯全集》第1版第30卷第17页。
④ 《马克思恩格斯全集》第1版第30卷第14页。
⑤ 《马克思恩格斯全集》第1版第13卷第3—177页。
⑥ 《马克思恩格斯全集》第1版第30卷第15页。
⑦ 《马克思恩格斯全集》第1版第30卷第23页。
⑧ 《马克思恩格斯全集》第1版第30卷第449、476页。

的历史必要性的一个新的出发点。所以恩格斯"把1850—1852年的文件整理好"并写信告诉马克思:"你必须找出我们关于流亡者的旧手稿。"①

这是指论战性小册子《流亡中的大人物》。其中已有的论述对描述庸俗民主派的特点十分重要。

马克思仔细翻看了他在伦敦现有的1848—1859年期间的书信和报刊,并在一周内"给各方面"寄出"五十封信"。②"福格特的无耻攻击",使马克思在1860年从德国、比利时、英国、法国、瑞士和美国获得了部分"意外的同盟者"。③ 约翰·菲力浦·贝克尔是1848—1849年革命的指挥官,后来的国际工人协会杰出的领袖,他于1860年4月从巴黎写信给马克思说,他要感谢福格特"使我们终于走到了一起"④。

1860年春天,柏林开始审理一桩对《海尔曼》的柏林通讯员威廉·艾希霍夫的诉讼案。他从1859年8—10月在《海尔曼》上发表了有关柏林警察局可疑行为的文章。他自己这样写道:"我在《海尔曼》第38期中曾谈到,柏林警察局擅长欺骗他们的上级机关,无视国家。"⑤ 在这一专题的连载中艾希霍夫发表了三篇文章论及自科隆共产

---

① 《马克思恩格斯全集》第1版第30卷第20页。
② 《马克思恩格斯全集》第1版第30卷第32页。
③ 《马克思恩格斯全集》第1版第30卷第451页。
④ 约·贝克尔致马克思(1860年2月23日)(照相复制品),藏于原苏共中央马列主义研究院档案馆。参看罗·德鲁贝克:《约翰·菲力浦·贝克尔;从激进民主派到第一国际中马克思和恩格斯的战友》1963年柏林版。
⑤ 《卡尔·威·艾希霍夫致首席检查官施瓦乐克(1860年8月1日)》,藏于梅泽堡中央档案馆。亨·盖姆科:《威·艾希霍夫:第一国际德国的先锋》,载于1964年《德国工人运动史论丛》纪念第一国际成立一百周年特刊第142—159页。

党人案件后提升为警察局长的威廉·施梯伯。马克思曾为这些文章提供了有关共产党人案件的资料。《海尔曼》的编辑把文章中"一切有关……诉讼案的地方都删掉了，只是顺便提到'无足轻重的小党'"。①

艾希霍夫报道了普鲁士警察贿赂、贪污和作伪证等行为。因而《海尔曼》在普鲁士被查封。《海尔曼》周围的一些流亡者想回到德国，但是尽管实行了大赦，他们还是害怕政治警察的迫害。另外，就连资产阶级也无法容忍普鲁士的警察制度。人们注意的焦点不是共产党人案件，而是这个案例引起了人们对警察制度的注意。资产阶级并不打算消灭普鲁士政府或普鲁士警察，他们想为自己的政治野心争取更大的活动余地。

人们对艾希霍夫提起诉讼。在1860年3月柏林市法院开始审理的过程中艾希霍夫力图证明，"政治普察本身就把作伪证看作是一种善意的手段"②。同时，艾希霍夫提出了从科隆共产党人案件得到的证据。法庭竭力把这些证据说成是"不重要的"，但却无法阻止人们在审理过程中了解警察在科隆案件中提交假证据和利用伪证的事实。③ 虽然希望没有实现，但是指出马克思关注艾希霍夫案件的角度便显得十分重要。为了工人阶级及其政党的发展，马克思希望在这个案件中"整个科隆共产党人案件将会重新出现"④。马克思结合他正在进行的对福格特的揭露，认为这时是重新"向工人群众"表明坚决态度的一个有利时机。⑤

---

① 《马克思恩格斯全集》第1版第29卷第504页。
② 卡·威·艾希霍夫：《柏林警察阴影》1860年柏林版第31页。
③ 卡·威·艾希霍夫在这一案件中被判监禁。他与马克思取得联系后于1861年流亡伦敦，并于1868年同马克思一起撰写了第一部国际工人协会史。
④ 《马克思恩格斯全集》第1版第30卷第23页。
⑤ 《马克思恩格斯全集》第1版第30卷第23页。

莱茵河畔的工人们尤其希望给福格特的回击能"带来普遍的关注"①。1860年12月《福格特先生》②发表了。恩格斯认为这是马克思所写的"最好的论战性著作"③。

在马克思的朋友中恩格斯和威廉·沃尔弗是最先得到《福格特先生》一书的。1860年12月27日沃尔弗就已写信给马克思说:"忠心地感谢你寄给我一本《福格特先生》。对福格特及其同伙来说它将是一份绝妙的圣诞礼物。它是一棵经过完全艺术性的布置和装饰、并挂有极可爱的小礼品的圣诞树,以致受赠者中至少会有一部分人有理由去公开承认那份惊喜[……]德国新闻界自然会对这本书保持缄默;然而不管怎样,当事人的胆子要受苦了。[……]我相信,德国真有许多人读了小册子后会永远地看清福格特及其同伙的真相。"④

德国的"自由派"报刊曾对福格特捏造的揭露发出欢呼。⑤ 这是针对共产党人的。从革命政党的利益出发,这时的时机已经成熟,并且有必要"更详尽地揭露福格特[……]的奇谈怪论"⑥。马克思清楚地说明,应如何与有关无产阶级政党的种种谎言和诽谤作斗争。他首先把党

---

① 费迪南·基希尼亚维1860年8月20日从杜塞尔多夫写信给拉萨尔说:"很希望他们能促使马克思把他对福格特的答复发表出来,它可能会带来普遍的关注。"(古斯塔夫·迈尔编:《费迪南·拉萨尔遗作》1922年柏林版第2卷第225页)

② 君·亥姆霍兹曾写过有关《福格特先生》一文产生经过的文章(《卡尔·马克思的文章〈福格特先生〉产生的历史。马丁-路德大学(哈雷-维滕贝格)哲学博士论文》1975年哈雷版)。

③ 《马克思恩格斯全集》第1版第30卷第129页。

④ 《威·沃尔弗致马克思(1860年12月27日)》藏于原苏共中央马列主义研究院档案馆。

⑤ 《马克思恩格斯全集》第1版第14卷第402页。

⑥ 《马克思恩格斯全集》第1版第14卷第402页。

的历史和小资产阶级的幻想及所做的事情区分开来。

福格特的出现表明,1848—1849年革命后在小资产阶级民主派范围内开始了政治上的衰变过程。他们中的不少代表转入了自由派资产阶级的营垒,或者甚至成为像福格特一样的波拿巴主义的捍卫者。所以,对这本内容拙劣的书的分析使得有机会对福格特这位代表了整个流派的人物作一论定。马克思揭露福格特是拿破仑第三的密探,明确指出了波拿巴主义政策的特征。因此,马克思的论战性小册子包含的观点不仅对无产阶级政党的历史,而且对它的未来都十分重要。

随着小册子《福格特先生》的出版,党在1860年获得了在历史上的声誉,由此而必然赢得"在德国的未来地位"。同时,必须看到,马克思为了确保党的未来准备重新回到德国。尽管可能还有其他一些考虑,但是可以断定:马克思给自己提出了这项任务。1861年春天,马克思请求恢复他的普鲁士国籍。普鲁士政府由于他"政治上不可靠"①而拒绝了他的要求。在争取恢复国籍的过程中,马克思一直与之保持着联系的拉萨尔给予了很大帮助。1861年4月马克思在柏林时住在他那里。但在1859年和1860年的争论中却日益明显地表明,马克思和恩格斯在理论和政治上都同拉萨尔有了距离。不论在经济学的观点上,还是在革命民主主义的策略以及对福格特的态度方面,拉萨尔同马克思和恩格斯的意见都不一致。

恩格斯1860年2月不无尖刻地讽刺拉萨尔说:"这个家伙甚至在一些最无聊的琐事上也表现得像是老黑格尔的绝对精神,正如在政治经济学方面他想成为最终的对立面的最高统一,即你和经济学家们的最高统

---

① 《马克思恩格斯全集》第1版第30卷第604页。

一,现在他已经以为自己是你和福格特的最高统一。"① 为了明确阵线,马克思在1860年9月就要求拉萨尔起草一个纲领的草稿。马克思、恩格斯和威·沃尔弗想同拉萨尔就可能进行的修改"取得一致的意见"②,拉萨尔拒绝了。

在1859—1860年的政治斗争中,除封建反动派外,资产阶级和小资产阶级的代表都认为——虽然立场各异——,无产阶级在政治上继续发展成为一个政党是一个值得注意的危险。为了阻止这一发展过程,他们拼命诋毁马克思、恩格斯和共产党人,要求他们不要对居民,尤其是工人阶级阐明自己在阶级斗争中的立场。

前面提到过,柏林的《国民报》在文章中曾摘引了福格特"拙劣作品"的部分内容。而与马克思在柏林为准备撰写福格特的文章有关对《国民报》的诽谤而提起的诉讼则由于缺乏"社会利益"③ 而被撤销。对于柏林法院的这一判决恩格斯讥讽道:"可见这就是桑苏西的磨坊主遇到过的那个著名的上诉法院。我倒想知道,如果受到这种待遇的不是你而是某一个普鲁士官吏,那它会作出什么样的决定,提出什么样的理由。"④

在这个时候打破"沉默的阴谋"对马克思和恩格斯来说并不容易。恩格斯在谈到党受到的其他诽谤时,把1859年的情况同反社会党人法时期的情景作了比较并写道:"1859年资产阶级报刊对我们进行的阴谋

---

① 《马克思恩格斯全集》第1版第30卷第20页。
② 《马克思恩格斯全集》第1版第30卷第563页。
③ 王国柏林市法院的决定。引自卡尔·马克思:《福格特先生》,见《马克思恩格斯全集》第1版第14卷第685页。
④ 《马克思恩格斯全集》第1版第30卷第82页。

活动比俾斯麦的卑鄙的反社会党人法要有效一千倍。"①

《福格特先生》根据阶级斗争的经验和党的历史为党的未来阐明了政治上的指导思想,从而于1860年为后来建立工人阶级政党确立了标志。

(原载《马克思恩格斯年鉴》1979年柏林狄茨出版社版第2卷)

(王勺煦 译)

---

① 《马克思恩格斯全集》第1版第36卷第560页。

马克思恩格斯揭露巴枯宁秘密同盟的经过[*]

〔苏〕尼·尤·科尔平斯基

反对无政府主义思想的斗争,是马克思恩格斯在第一国际中为争取科学共产主义原则的胜利而进行的思想斗争的重要方面之一。这一斗争中包含着反对法国、比利时和瑞士的蒲鲁东主义者的斗争以及1868年起反对巴枯宁主义者的斗争。这是一个非常广泛的题目,它具有许多各不相同的方面,既可以对它进行许多一般性的研究,也可以对它进行专题研究。我们提出的课题是阐明一个我们认为十分重要,但在史学著作中还完全没有弄清楚的具体问题:马克思和恩格斯是什么时候和怎样得知巴枯宁秘密同盟的存在,他们在什么时候和怎样获得证实这一点的文件,这对国际内整个思想斗争具有什么样的意义?我们认为,阐明这个问题可以更准确地确定1871年伦敦代表会议和国际海牙代表大会(1872年)的意义。问题在于许多历史学家认为,伦敦代表会议和海牙代表大会不仅意味着科学共产主义的思想和组织原则对无政府主义思想

---

[*] 本文选自《马列主义研究资料》1984年第5辑。

原题注:作者是苏共马列研究院研究人员,专攻罗曼语国家工人运动史,著有许多关于恩格斯在第一国际中的活动以及意大利和西班牙工人运动史方面的文章。——译者注

的胜利,而且意味着同盟的崩溃。海牙代表大会被看作反对巴枯宁主义者斗争的结束,也有人认为,在代表大会前很久,同盟就已经被揭露了。另一些历史学家则相反,他们认为,斗争还不够尖锐,马克思和恩格斯对同盟带来的危险性估计不足。

为了弄清楚这个问题的意义,有必要谈一谈巴枯宁主义的某些特点,其中包括巴枯宁主义组织的建立和巴枯宁主义者同国际的相互关系的历史。

巴枯宁和自己的一小批追随者退出和平和自由同盟时决定要参加国际,夺取国际的领导机构,并通过这一机构把自己的学说强加给工人运动。为了达到这个目的,他成立了国际社会主义民主同盟。巴枯宁建立这个组织,是以他过去在意大利建立的现成组织为基础的,这是一个小资产阶级密谋组织,其成员、组织和纲领原则都是秘密的,它在许多方面同烧炭党人、马志尼主义者以及共济会员组织的传统做法接近。按照巴枯宁的设想,同盟应该成为具有两副面孔的雅努斯①。一个有自己的纲领和章程的公开的国际社会主义民主同盟建立起来了。按照章程,同盟被设想为一个独立的国际组织,它有自己的领导中心,可以召开自己的地方代表大会,在国际召开代表大会时它将召开自己单独的会议(即事实上的自己的代表大会),它有自己的特殊目标。同时,同盟还妄图以集体会员身份加入国际。按照巴枯宁的打算,依仗自己的国际组织以及他起草的纲领中响亮的假革命辞藻,他将能在国际的代表大会上在自己的周围纠集一个多数派,从而夺取国际的领导机构——总委员会。

巴枯宁在建立公开的国际同盟的同时,还建立了一个名为社会主义民主同盟的秘密组织。

---

① 罗马神话中守护门户的两面神。——译者注

秘密同盟是一个按教阶制建立起来的、分为两级的组织，马克思和恩格斯把它比作耶稣会是十分有道理的。秘密同盟的第一级由在每个国家建立的秘密组织"民族兄弟"组成。"民族兄弟"必须盲目地服从它的领导，在国际的组织里执行秘密规定的路线。对于处在上一级的"国际兄弟"和秘密同盟的国际中心的存在本身，它是不应该知道的。"国际兄弟"是为数很少的特别亲信者，他们的使命是对同盟实行领导，并通过同盟在国际范围内领导工人运动。他们也应当绝对服从日内瓦的中心，实际上就是服从巴枯宁。由此可见，建立同盟的实践和组织原则从一开始就同巴枯宁主义者所鼓吹的无政府主义处于惊人的矛盾之中。

巴枯宁打算依靠这个组织把国际工人运动的领导完全集中在自己的手里，既通过公开方式，也通过秘密方式来实现这种领导。

巴枯宁的计划遭到总委员会的抵制。在收到同盟关于接纳的请求以及它的纲领和章程时，马克思立即识破了巴枯宁的心思。1868年12月22日，马克思起草了通告信《国际工人协会和社会主义民主同盟》，并于当天为总委员会通过。这个文件令人信服地揭露了在国际内部建立独立的国际组织的企图，这个组织的存在"必将使协会陷于瓦解"。同盟没有被接纳。1869年2月27日，同盟再次致函总委员会，信中询问，在解散同盟的国际组织的情况下，是否将接纳同盟的各个小组作为国际的支部参加国际。1869年3月9日，总委员会对这封信作了肯定的答复。对国际的立场可作这样的解释：国际作为无产阶级的广泛的群众性组织，不能对处于不同的理论发展阶段的组织关闭自己的大门。总委员会对于同盟纲领的空洞辞藻和小资产阶级实质有清楚的了解，但是，根据国际的章程，它不能拒绝接纳同盟的小组。

收到总委员会的决定后，公开同盟宣布解散。它的一个支部——名为"社会主义民主同盟"的日内瓦支部参加了国际，这个国际性的支部（参加这个支部的有瑞士人、意大利人、西班牙人、俄国人、法国人和比利时人）同时也是秘密同盟的中央局。

这样，巴枯宁依靠公开的国际同盟夺取国际工人协会领导权的最初计划便遭到了破产。它的进一步的计划既涉及作为支部参加国际的公开的同盟小组（日内瓦支部、那不勒斯支部、西班牙的各支部以及汝拉山区的许多小支部）的活动，同时更主要的是涉及存在于瑞士、意大利、西班牙、比利时的秘密同盟小组的活动。这些小组的人数很少，但是他们攫取了国际的一系列地方组织和机关报编辑部的领导职位。

如果说，巴枯宁主义者的公开组织的活动是当着国际的面进行的，受到马克思和恩格斯的密切注视，那么秘密同盟的活动则在很长时期内对他们还是一个秘密。1870年以前，巴枯宁的计划仍同过去一样，还是夺取协会现成的机构。大家清楚地知道，由于总委员会的抵制，这些企图在国际巴塞尔代表大会（1869年）和罗曼语区联合会绍德封代表大会上遭到失败。这些企图的失败迫使巴枯宁从1870年起把主要的希望寄托在秘密同盟身上。

在巴塞尔代表大会通过关于集体的土地所有制形式的决议之后，国际进入了一个新的发展阶段，即为确立政治纲领而斗争的时期，这就注定了无政府主义思想在它盛行的国家里成为科学共产主义的主要敌人。巴黎公社则加强和加快了这个历史地成熟了的冲突。马克思对作为世界上第一个无产阶级国家的公社的经验的总结，为使公社的教训（首先是关于建立独立的无产阶级政党的必要性问题）成为工人阶级的财富而进行的斗争——所有这一切都注定了要同无政府主义公开决裂，注定了要加剧同国际内的各种无政府主义思想，首先是同反对已经争取到的无产阶级组织的原则的巴枯宁主义者的斗争。在这方面，1871年伦敦代表会议是一个具有决定意义的分界线。1871年伦敦代表会议《关于工人阶级的政治行动》《关于农民》《关于工会的国际联系》等决议标志着科学共产主义理论在同工人运动相结合方面又前进了一步。这些决议发展了马克思主义关于无产阶级政党和无产阶级夺取政权的原理。决议使无政府主义思想在整体上遭到了摧毁性的打击。

  代表会议也研究了公开同盟的各个支部的活动。巴枯宁主义者——日内瓦"同盟"支部和汝拉山区的一些小支部——引起的瑞士罗曼语区联合会的分裂被提交代表会议讨论。但是，在代表会议前夕，巴枯宁主义者的主要中心，他们的日内瓦支部宣布自动解散。这个措施事实上意味着巴枯宁主义者放弃了依靠公开同盟进行活动的企图，按照他们的设想，这个措施会使总委员会和代表会议的代表迷失方向。代表会议《关于各国委员会的名称》《关于社会主义民主同盟》《关于瑞士罗曼语区的分裂》等决议制止了巴枯宁主义者依靠作为国际支部存在的自己的公开组织夺取工人运动领导权的企图。鉴于日内瓦"同盟"支部已宣布自动解散，《关于各国委员会的名称》的决议禁止建立以执行特殊任务为己任的分立主义组织，总委员会有可能拒绝接纳新成立的支部，代表会议便在《关于社会主义民主同盟》的决议中宣布，"关于社会主义民主同盟的问题已获解决"。这项决议只能说明，无论是马克思和恩格斯，还是总委员会都不知道秘密同盟的存在。

  巴枯宁主义者对伦敦代表会议的决议十分痛恨。他们清楚地懂得，这些决议使国际内马克思主义的敌人遭到了什么样的打击。代表会议后，巴枯宁主义者立即改变了斗争策略。他们选择协会的组织原则作为自己攻击的主要对象。他们坚决反对伦敦代表会议的决议，在支部自治口号的掩盖下要求完全瓦解协会，取消总委员会。巴枯宁的计划是，依靠存在于国际内部的集中化的同盟秘密组织，利用他所提出的建立完全"自治"的计划，在国际内确立自己秘密实行的统治。为了实现自己的计划,巴枯宁主义者吸收了国际内所有敌视马克思主义的力量——比利时和荷兰的蒲鲁东主义者,稍晚一些吸收了美国的机会主义者和西班牙的无政府主义者等。所谓的桑维耳耶通告就反映了他们的行动纲领。

在这种情况下,马克思和恩格斯围绕建立独立的无产阶级政党和建立无产阶级专政作为实现社会主义的手段的必要性的问题而进行的争取国际采纳真正无产阶级的革命政治纲领的思想斗争,他们同无政府主义和改良主义的斗争,便同坚持建立协会的组织原则的斗争紧密地交织在一起了。主要的敌人是巴枯宁主义者。同他们的破坏活动,同其本身就是对国际存在本身的威胁的秘密组织的斗争,具有头等重要的意义。

当然,巴枯宁主义者的地下破坏活动就是在伦敦代表会议之前也不可能不引起注意。在瑞士发生的罗曼语区联合会会员和同盟的公开支部之间的冲突,巴枯宁主义者关于他们在西班牙和意大利建立了支部的声明,许多国家反对总委员会的行动的整齐划一,都使马克思和恩格斯认识到,巴枯宁主义者正在国际内部进行秘密的破坏活动,他们打算把协会的领导权夺到自己手中。恩格斯的一些书信,尤其是他在其中描绘了协会总的状况的那些书信,就证明了这一点。马克思和恩格斯的联系的扩大,特别是通过库诺和卡菲埃罗同意大利建立的联系,通过弗·莫拉和霍·梅萨,稍后是通过拉法格同西班牙建立的联系,为他们的推测提供了根据。桑维耳耶通告的发表和其后巴枯宁主义者在各国掀起的步调一致的运动,都使马克思和恩格斯最终确信,巴枯宁主义者的破坏活动具有国际性质。

马克思和恩格斯在总委员会为答复桑维耳耶通告而发表的内部通告《所谓国际内部的分裂》中汇集了他们到1872年初所掌握的材料。这一著作的意义是人所共知的,它论证了伦敦代表会议的决议,揭露了一般的宗派主义,特别是巴枯宁主义者的宗派主义,指出宗派主义是工人运动初期的特点，它在国际中已成为历史的过去。我们要着重指出的是这一著作的某些次要方面。第一，在这部著作中，马克思和恩格斯提出的是"对所有这些（同盟的——作者）阴谋作一个历史的概述"。由此可见，《所谓分裂》相当准确地说明了到这时（1872年3月）马克思和恩格斯所知道的情况，这基本上是说明公开的国际同盟和总委员会的相互关系以及瑞士冲突的材料。马克思和恩格斯这时虽然已经知道了涅恰也夫的冒险活动和涅恰也夫同巴枯宁的联系（根据审判材料以及洛帕廷和吴亭的报告），但是没有使用这个材料。显然，他们当时还没有可能探索涅恰也夫案件和整个同盟活动之间的联系。

第二，小册子的标题《**所谓**国际内部的分裂》（着重号是作者加的）本身也值得注意。小册子是在1872年5月末用这个标题出版的，也就是说，正如下面将要表明的，这时马克思和恩格斯已经知道了秘密同盟的存在，国际的分裂已经是不可避免的了。但是，在1872年3月，马克思和恩格斯还不知道，巴枯宁主义者的分裂破坏活动已走得多么远，主要的是，他们还不知道这种活动是由秘密同盟主使的。马克思和恩格斯所掌握的关于巴枯宁主义者的活动的分散的材料还没有形成一幅统一的、完整的画面。这个标题本身是作为对宣告国际发生"分裂"和"危机"的反动资产阶级报刊文章的答复而拟定的。马克思和恩格斯清楚地知道巴枯宁主义者的宣传和活动给工人运动和国际带来的危害，他们继续为协会的团结而斗争。在这方面非常能说明问题的是，所有总委员会反对同盟的文件都是以内部文件的形式出现，也就是说，马克思和恩格斯力图把这场斗争限制在国际内部思想论战的范围内。但是，他们这时并不知道，巴枯宁主义者事实上已经分裂了国际，已经在国际内建立了相当广泛的秘密组织网，这个秘密组织有自己的章程和纲领，有自己的组织和思想原则，而这些都是直接反对和敌视国际的。

1872年4月中，马克思和恩格斯第一次收到拉法格从西班牙寄来的关于那里存在着秘密同盟的材料。我们认为，从这时起，马克思和恩格斯在国际内反对巴枯宁主义的斗争就进入了一个新阶段，这一阶段直到1873年总委员会通过关于把无政府主义组织开除出国际的5月30日决议以及马克思和恩格斯的著作《社会主义民主同盟和国际工人协会》出版（1873年8月）才告结束。

同盟的被揭露同拉法格在西班牙的活动和西班牙联合会内部的斗争有关——对于这些问题，我们在本文中不可能进行较为详细的论述。在恩格斯和拉法格的影响下，最先进的西班牙工人运动活动家、既是联合会委员会成员又是秘密同盟成员的霍·梅萨、弗·莫拉、安·罗伦佐认识到这个秘密组织只会给工人运动带来危害。1872年4月，西班牙联合会召开了萨拉哥沙代表大会，按照同盟的章程，在这期间也召开了同盟成员的秘密会议，梅萨在代表大会上建议解散同盟。这项建议遭到了拒绝。这时，梅萨和莫拉等人还没有下决心公开揭露同盟，他们的出发点是，同盟在群众中有影响，并且也害怕引起分裂。根据拉法格的信，恩格斯在1872年5月7—8日写信告诉库诺，他们继续留在同盟里，是为了"监视它，使它的活动瘫痪"。出席了代表大会的拉法格看来是从梅萨处得知秘密同盟的存在的，但是，他与梅萨、莫拉等人不同，他决定立即公开揭露在国际内部存在着秘密组织的事实。

1872年4月12日，拉法格写信告诉恩格斯，在"西班牙同盟一直作为秘密组织存在"，他还报告了他所掌握的关于同盟的机构的情况，并列举了它的一些首领的名字。4月27日，他根据莫拉的口述向恩格斯叙述了巴枯宁给莫拉哥的信的内容，这封信十分清楚地揭示了秘密同盟作为一个其使命是"领导"国际的组织的目的，他在信中还说，莫拉、梅萨等同盟马德里小组的成员打算争取解散这个组织。5月5日，布鲁塞尔的《自由报》发表了拉法格关于萨拉哥沙代表大会的第二篇通讯，其中第一次公开揭露了秘密同盟的存在。拉法格在通讯中写道："同盟在这里是作为秘密团体建立起来的，它从运动的最优秀和最坚毅的人们中吸收自己的成员，它认为自己的使命是领导国际和关心它的原则的纯洁性；总之，同盟是国际中的贵族。"拉法格的文章发表后，恩格斯立即把其中所包含的事实告诉了自己的战友们，并坚决要求在国际的各个机关刊物上转载这篇文章。他在5月7—8日给库诺的信和5月7日给李卜克内西的信中都谈到了这篇文章。恩格斯协助拉法格同罗曼语区联合会的机关报《平等报》建立了直接联系。

为了揭露同盟，马克思和恩格斯所面临的主要任务是获得证实这一点的文件，以及揭露其他国家的秘密同盟的文件。问题在于拉法格仅仅了解和写了西班牙存在秘密同盟的情况，而且是通过同他有联系的《解放报》编辑的谈话。正如前面所指出的，他们这时的立场还是要在同盟内部进行活动，争取解散同盟，从而避免公开揭露。由于他们本身是同盟的成员，是按照自己的理解解释同盟的，而拉法格又没有掌握真正的文件。另一方面，马克思和恩格斯清楚地知道，为了有可能正式反对巴枯宁主义者的秘密组织和要求开除破坏了协会一切组织准则的巴枯宁主义者，必须掌握充分的文件。他们了解巴枯宁主义者进行破坏活动的历史，当然懂得秘密同盟是作为国际组织存在的，但是，为了证明这一点，必须掌握和对比来自各个国家的文件。而这时马克思和恩格斯并没有掌握这些文件。他们只掌握了与建立公开的国际同盟和它同国际的相互关系的历史有关的文件、同瑞士的分裂有关的文件、巴枯宁主义者反对伦敦代表会议决议的公开言论。此外，他们还从洛帕廷处和俄国支部（吴亭）获悉所谓涅恰也夫案件和巴枯宁在其中扮演的角色。根据伦敦代表会议的决定，吴亭应该起草一份关于涅恰也夫审判案的报告。但是，报告还没写好。在起草报告的过程中，吴亭收集了大量说明秘密同盟在俄国以及瑞士的活动的文件，但是，他在工作结束之前不能把自己的材料交给马克思和恩格斯（可能这时他自己还没有完成材料收集工作，至少还没有对材料进行分析）。

1872年5—8月，马克思和恩格斯同吴亭、库诺、丹尼尔逊、贝克尔、波克罕、拉法格、梅萨等进行了大量通信，力图在应届代表大会前收集尽可能多的材料。1892年恩格斯在写给《柏林人民论坛报》的一封信中说："总委员会最先是从西班牙获得这件事（指秘密同盟的存在——作者）的证据，后来又从日内瓦得到了……章程和大批其他文件。"这些文件是什么时候得到的呢？

根据拉法格的回信判断，在1872年5月2—5日和5月23日这两封我们没有掌握的信里，恩格斯曾要求把文件交给他支配。5月29日，拉法格把西班牙秘密同盟的章程和巴枯宁1872年4月5日给莫拉的信的抄件寄给了恩格斯。但是信中规定，文件只供少数亲密战友使用，不得公开引用。同时，拉法格仍在争取《解放报》编辑部成员早日采取坚决行动，公开反对同盟。5月17日，拉法格写信告诉恩格斯："我将承当他们不敢在代表大会上干的事情，我要揭露同盟分子。"看来，根据恩格斯的建议，拉法格正在开始编写揭露同盟阴谋的小册子的工作。他在给恩格斯的信中继续报告了他了解到的情况。

由于西班牙联合会内斗争的发展，进一步获得了一些文件。1872年6月2日，身为同盟马德里小组成员的《解放报》编辑们向西班牙秘密同盟的各小组发出了一份内部呼吁书，宣布马德里小组已自动解散，并建议各个小组仿效他们的榜样；这个决定在说明解散理由时指出，秘密同盟"已不再是必要的了"，它的活动将给国际带来危害。通告信立即转寄给了恩格斯，但是仍然不允许公开使用。

7月18日，恩格斯向总委员会执行委员会（自1872年夏起也称总委员会小委员会）报告了他所了解到的情况。但是，由于他掌握的文件不多，并且不允许公开使用，这就使他不能把问题提交总委员会会议。

西班牙国际内部的斗争仍在继续进行。马德里地方联合会的同盟领导通过了把《解放报》编辑开除出联合会的决定。他们成立了自己的联合会，取名为新马德里联合会。6月末，拉法格发表小册子《致西班牙国际会员》，根据他所掌握的情况揭露了秘密同盟的活动，并且证明它的存在和活动违背国际章程的文字和精神，其目的是制造分裂，正在给工人运动带来危害。这本小册子由《解放报》印刷所印行后引起了巴枯宁主义者对《解放报》编辑部成员的更加激烈的攻击。在这种情况下，同时也是由于恩格斯和拉法格的影响，《解放报》的编辑采取了更加坚决的行动。7月4日，梅萨代表新马德里联合会给恩格斯写信，信中说，西班牙联合会委员会的成员是巴枯宁主义者，并请求总委员会发表内部通告支持新马德里联合会的行动，同时强调说，他仍然认为不能公开反对同盟。几乎紧接着这封信，拉法格就寄给恩格斯一份巴枯宁主义的西班牙联合会委员会7月7日的秘密通告，通告中规定了选举出席即将举行的国际全协会代表大会代表的办法，这种办法将保证由巴枯宁主义者组成参加代表大会的西班牙代表团。这份通告的出现说明必须采取果断措施。7月24日，恩格斯代表总委员会执行委员会给西班牙联合会委员会发出一封信（这个文件的原件我们没有掌握，从后来发表的总委员会告西班牙各支部书中可以了解它的内容，那里全文引用了它）。这个文件应使西班牙的巴枯宁主义者看到，总委员会知道他们的阴谋。同时，向西班牙联合会委员会提出了关于报告西班牙同盟全部成员名单、对同盟的性质和活动进行调查、提交7月7日秘密通告的坚决要求，这将最终弄清楚西班牙联合会委员会的态度。果不出所料，西班牙联合会委员会拒不执行总委员会的要求，这就最终揭露了它是巴枯宁主义者的机构。

7月下半月，新马德里联合会的成员不再动摇了。在1872年7月中（或下半月）的一封信里，拉法格告诉恩格斯，梅萨认为采取坚决行动的时刻已经到来。1872年7月27日，《解放报》根据新马德里联合会的决定发表了一篇长文，揭露了秘密同盟在西班牙的活动，更重要的是，全文公布了同盟马德里小组1872年6月2日关于自动解散的通告。这样，就第一次在报刊上公布了证明秘密同盟存在的文件。1872年7月28日，梅萨代表新马德里联合会把这一号报纸寄给恩格斯，他写道："……在涉及同盟的问题上，您可以自由行动……以维护国际的利益。"恩格斯有可能公开使用他掌握的文件和材料来公开对同盟采取行动了。在同一封信里，梅萨还答应要收集他能得到的一切同盟文件并寄给总委员会。这封信看来是8月4日收到的，于是马克思和恩格斯便开始准备对巴枯宁采取坚决行动。8月4日恩格斯写信告诉库诺："寄给您一号《解放报》和拉法格（马克思的女婿）用西班牙文写的通告信，请您把此信仔细研究一下。您从中可以看出，巴枯宁想干什么——他想在国际内部建立秘密团体，以便用这种办法把国际抓到自己手里。幸而这个计划被揭露了，而且很及时。"8月4—6日，恩格斯以执行委员会的名义起草了总委员会告全体国际会员书的草案。8月5日，他写信告诉贝克尔："……明天晚上我们将要投出一枚炸弹，它在巴枯宁主义者中定会引起相当大的惊慌，这就是针对作为秘密团体而继续存在的社会主义民主同盟发表一个公开声明。我们终于从西班牙获得了所需要的材料和揭发性文件……"1782年8月6日，恩格斯在总委员会会议上宣读了总委员会告国际工人协会全体会员书草案。在这个文件中，恩格斯宣布："……我们掌握的一些文件无可辩驳地证明，这个社会主义民主同盟违反自己正式许下的诺言,过去和现在始终都作为一个国际联合组织,而且是以秘密团体的形式存在于国际内部……"恩格斯指出,这是明显违反共同章程的行为,"在工人阶级斗争的历史中,我们第一次在工人阶级内部遇到了一个目的不是要摧毁现存的剥削制度,而是要摧毁为反对这种制度进行最坚毅斗争的协会的秘密阴谋",他认为巴枯宁主义者的活动是"旨在反对无产阶级运动本身的阴谋"。根据这个理由,恩格斯建议总委员会要求即将召开的海牙代表大会把同盟的全部成员开除出国际。草案引起了激烈争论;这时已开始同巴枯宁主义者结成联盟的英国机会主义者(黑尔斯等)坚决反对草案。多数票决定不公布草案。耐人寻味的是,这个时期通常支持马克思和恩格斯的许多布朗基主义者也反对公布呼吁书。对于黑尔斯的尖锐指责和许多总委员会委员关于提供详尽的证明文件的要求,恩格斯没有给予任何答复。可以解释这种情况的原因是,这时,除了5月从拉法格处得到的文件外,马克思和恩格斯只掌握了同盟马德里支部6月2日的呼吁书、《解放报》7月27日的文章、西班牙联合会委员会7月7日的秘密通告、拉法格和梅萨的信(实质上这不是正式文件)。瑞士的文件还没拿到手。

由于必须获得可以提交代表大会的尽可能多的文件,1872年8月8日,马克思和恩格斯以执行委员会的名义向国际工人协会西班牙各支部发出一封公开信,建议所有支部对秘密同盟的活动进行调查并向总委员会提供材料。收到这封信后,新马德里联合会在8月22日会议上决定向总委员会提供它所掌握的一切有关秘密同盟的材料和文件。8月23日,帕赫斯代表新马德里联合会给总委员会写了关于同盟在西班牙的建立和活动的正式信件。8月25日和26日以及9月2日,梅萨给恩格斯寄去他所掌握的全部同盟正式文件,以及他致海牙代表大会的关于西班牙同盟的正式声明。

由此可见，文件是在海牙代表大会前夕才真正得到的。关于恩格斯从梅萨处获得的和提交海牙代表大会的文件是哪些文件，这可以从保存下来的恩格斯拟定的两份文件清单中看出。一份清单是纯粹西班牙文件的清单，恩格斯把它分为两组："我们的文件"和"来自梅萨的文件"。第二份清单包括所有的文件，并且作了细致得多的分类（"我们的文件"、"梅萨的文件"、"吴亭的文件"，并按国别对这些文件进行了分类——"瑞士"、"俄国"、"综合"）。两份清单在西班牙文件方面是一致的。在"我们的文件"中，也就是马克思和恩格斯在9月份收到梅萨寄来的一批文件之前所掌握的文件中，恩格斯开列的是：《解放报》的文章（7月27日）、新马德里联合会的通告（6月2日）、《联盟》报155号上刊登的同盟西班牙组织的规章、"各行业"支部章程（印刷的小册子）、载有萨拉哥沙代表大会决议的小册子、西班牙联合会委员会7月7日的通告、恩格斯7月24日给西班牙联合会委员会的信、巴枯宁1872年4月5日给莫拉的信（看来，马克思和恩格斯得到了信的原件）。在第二份清单中增加了一份《联盟》报，上面刊登着西班牙联合会委员会对7月24日信的答复。

梅萨的文件的清单中包含着11个文件："寄自里斯本谈莫拉哥的阴谋的信"（看来是指葡萄牙联合会委员会致海牙代表大会的信）、瓦伦西亚同盟支部的通告（1872年1月30日发表，蒙托罗签名）、阿勒里尼1871年11月14日致巴斯特利卡的信（关于对桑维耶通告的态度，信的副本由西班牙同盟领导人分寄给同盟的所有小组）、同盟帕尔马支部的通告（1872年2月，托马斯签名）、同盟巴塞罗那支部的通告（1871年10月25日，法尔加·佩利塞尔签名）、同盟塞维尔支部的三份通告（1871年10月25日，1872年2月23日，一份没有标明日期，马尔塞劳签名）、"国际捍卫者小组"的手写的规章（成立这种小组的建议是梅萨和莫拉由于政府迫害国际于1871年末提出的；按照梅萨等西班牙联合会委员会成员的设想，这种小组应吸收同盟的秘密支部参加）。

我们从这里可以看出，最重要的、真正西班牙秘密同盟的文件是从梅萨处得到的，不过是在代表大会就要召开前收到的。

大概在同一时期，马克思和恩格斯收到来自瑞士（吴亭）的揭露同盟的材料和文件。这里必须指出我国历史著作中一个不准确的地方。根据《马克思恩格斯全集》第一版对恩格斯1872年2月16日给贝克尔的信中一个地方的错误解释，一些历史学家认为马克思和恩格斯早在1872年2月就收到了一系列关于同盟的文件。实际上，关于秘密同盟在瑞士的活动的文件、巴枯宁的俄文著作、与涅恰也夫审判案有关的一系列文件是在1872年8月下半月和1872年9月才从吴亭处收到的。

在收到这些文件之前，马克思和恩格斯掌握的文件是公开同盟的章程和纲领（来自贝克尔）、与同盟参加国际有关的全部来往书信、关于日内瓦"同盟"支部自动解散的声明、巴枯宁主义者对《所谓分裂》的答复和其他印刷材料。马克思和恩格斯从洛帕廷和吴亭处以及俄国报纸的报道中知道了涅恰也夫案件和巴枯宁在其中扮演的角色。8月末，马克思通过丹尼尔逊掌握了涅恰也夫就巴枯宁翻译《资本论》第一卷的事写给柳巴文的信。在巴枯宁知道的情况下写的这封信，是涅恰也夫和巴枯宁滥用革命组织名义的一个明显例证。海牙代表大会作出把巴枯宁开除出国际的决议时说他"品行不良"的依据就是这件事。吴亭利用自己所收集的主要文件起草了提交海牙代表大会的关于同盟在瑞士和俄国的活动的长篇（七个多印张）秘密报告。早在1871年他就开始起草这个报告，当时伦敦代表会议委托他起草关于涅恰也夫案件的报告。报告利用了巴枯宁的大量俄文传单和号召书、《革命者问答》和有关涅恰也夫案件的其他文件、许多说明巴枯宁在瑞士的活动的文件，而最主要的是秘密同盟的规章，即国际兄弟会（秘密同盟的最高等级）的纲领和章程以及民族兄弟会的纲领和章程。报告附有这些文件的全文。正如前面所指出的，马克思和恩格斯是在1872年8月末收到这个报告的。1872年10月和11月，吴亭把俄文文件的原件寄给了马克思（报告中大段引用这些文件时把它译成了法文）。

由此可见，直到海牙代表大会前夕，马克思和恩格斯才掌握了揭露秘密同盟的存在和它在国际内部的破坏活动的足够文件。但是，为了完全揭露巴枯宁主义者的活动的实质，从总体上指出存在着以破坏国际和夺取工人运动领导权为目的的破坏活动，就必须对这些文件（既有公开同盟的，也有秘密同盟的）进行相互比较，把它们串在一起，以便从这些零散的文件中看到比较完整的、概括的情景。恩格斯受托起草总委员会关于同盟的报告，他没能在代表大会前所剩无几的日子里全部完成这项任务。提交代表大会的报告中使用的材料基本上是来自西班牙的文件（而且不是全部文件）和秘密同盟的规章，把秘密同盟的规章和同盟西班牙组织的章程进行了对比。

在我们看来，这一情况不能不影响到海牙代表大会就同盟问题所通过的决议。

代表大会于1872年9月2—7日召开。

海牙代表大会的决议意味着科学共产主义原则对无政府主义和改良主义思想的胜利，为建立独立政党奠定了牢固的基础。无论是在国际的纲领原理方面还是在组织问题方面，反对无政府主义思想的斗争都取得了合乎逻辑的结果。但是，同巴枯宁主义者的斗争还有一个同其他方面有密切联系的方面，这就是揭露在工人运动中进行地下破坏活动的国际内部的秘密组织。

在1872年9月3日的代表大会会议上讨论拉法格的委托书时,马克思提出了"把同盟开除出国际工人协会"和成立审查有关这个问题的文件的委员会的建议。

9月5日,选举了同盟问题调查委员会。委员会的成员是库诺、斯普林加尔(巴枯宁主义者)、赫德盖姆、吕肯和维沙尔。委员会在9月5日(晚)和6日进行了工作。它听取了马克思、恩格斯、拉法格、符卢布列夫斯基、杜邦、赛拉叶、吉约姆、施维茨格贝耳、茹柯夫斯基、莫拉哥、马尔塞劳、阿勒里尼和法尔加·佩利塞尔(后面七人是巴枯宁主义者)的证词。9月6日,恩格斯向委员会宣读了他受总委员会委托起草的《关于社会主义民主同盟的报告》,并向委员会提交了他和马克思所收集的全部文件。正如马克思和恩格斯后来指出的:"同盟事件牵涉的范围非常广,在代表大会期间工作的调查委员会只来得及审阅……最重要的文件。"马克思和恩格斯清楚地懂得,委员会来不及分析全部文件,巴枯宁主义者会千方百计地把调查委员会引入迷途(实际上,委员会听取过其证词的所有巴枯宁主义者都提供了虚假的证词,否认在国际范围内存在秘密同盟这个事实本身,宣布它在西班牙已经解散)。此外,马克思和恩格斯自己也没有完全来得及分析很晚才收到的文件。我们认为,这就是恩格斯在报告中提出的建议同马克思的建议(开除整个同盟)略有不同的原因。恩格斯的建议是:

鉴于:

(1)由米·巴枯宁建立和领导的同盟(其主要的机关是汝拉联合会中央委员会)不是竭力使国际服从它的统治,就是竭力破坏国际,因此它是一个敌视国际的团体。

(2)因此国际和同盟是不相容的。

代表大会决定:

(1) 把米·巴枯宁和社会主义民主同盟现有的全体盟员一律开除出国际工人协会。他们只有公开同这个秘密团体断绝任何联系，才可以重新加入国际工人协会。

(2) 把汝拉联合会这个组织开除出国际。

这个建议把问题做了分解，这就可以更灵活地相机行事。如果开除整个同盟的建议通不过，则可以把它的首领开除出去。

实际上，正如同盟问题委员会在代表大会9月7日会议上作的报告所表明的，委员会作的结论相当含糊。报告中说："1. 以违背国际工人协会章程的规章为依据而建立的秘密同盟曾经存在，但没有足够证据说明它现在仍然存在；2. 巴枯宁写的规章草案和书信证明，这位公民曾经企图并可能已经在欧洲建立名为同盟的团体，它的规章在社会和政治方面同国际工人协会是完全对立的。"

根据委员会的建议，海牙代表大会把巴枯宁和吉约姆开除出国际。此外，还通过了关于公布有关同盟活动的文件的决议。

由此可见，代表大会没有最终解决同盟问题。存在秘密同盟一事没有得到彻底揭露，同盟的破坏活动没有公之于众。马克思关于开除整个同盟的建议没有通过。因此，我们认为，虽然海牙代表大会使巴枯宁主义者遭到了毁灭性的打击，标志着科学共产主义原则的胜利，然而，它并不是马克思和恩格斯在国际内反对巴枯宁主义者的斗争的完成。直到1873年5月30日，纽约总委员会才在马克思和恩格斯的影响下通过了一项与他们的信中的建议几乎完全吻合的决议，宣布拒绝承认海牙代表大会决议的无政府主义组织"已经把自己置于国际工人协会的队伍之外，并且不再是协会的会员"。虽然这项决议是在海牙代表大会后形成的新条件下通过的，是一个新的斗争阶段的结束，然而它意味着实现了马克思在海牙提出的把同盟作为一个组织开除出去的建议。

另一方面，直到 1873 年 8 月，马克思和恩格斯于 1873 年 4—7 月在保·拉法格参与下写成的小册子《社会主义民主同盟和国际工人协会》问世，对巴枯宁主义同盟的破坏活动的公开揭露才告完成。在这部著作中，根据对海牙代表大会前夕和以后（从吴亭处）收到的文件的详尽分析和对比，马克思和恩格斯彻底揭露了同盟在国际范围内的破坏活动，通过这个具体例子表明了宗派主义的阶级根源和它对工人运动的危害。

由此可见，马克思和恩格斯反对巴枯宁主义同盟的斗争历史在 1873 年 5—8 月才告结束。

（原载《马克思主义史和国际工人运动史论丛》苏联政治书籍出版社 1964 年莫斯科版第 208—232 页）

（顾家庆 译）

马克思在曼彻斯特[*]

〔英〕W.O.亨德森

从1850年11月至1870年9月这20年中,恩格斯一直住在曼彻斯特,马克思住在伦敦。他们经常通信,并时常在伦敦或曼彻斯特会面。马克思到曼彻斯特去的次数尚无法估计。① 他几乎每年都要到那里去,有六年他曾每年去两次。有几次访问是在圣灵降临节假日期间成行的。马克思的费用通常是由恩格斯支付的。他去曼彻斯特的主要目的是看望恩格斯和其他朋友,如威廉·沃尔弗、卡尔·肖莱马、爱德华·龚佩尔特和赛米尔·穆尔等。

不言而喻,像马克思、恩格斯和沃尔弗这样一些亲密的朋友当然希望尽可能地经常会面,以便讨论他们共同的写作计划和他们在德国以及其他地方的共产主义朋友们的命运。马克思的访问有时也有其他原因。有一次他到曼彻斯特去是为了病后在那里稍事休息。他总是利用这样的机会请龚佩尔特医生诊治他的许多疾病。有时候,马克思到曼彻斯特去

---

* 本文选自《马克思恩格斯研究》1992年总第9辑。

① 马克思对曼彻斯特的访问,《卡尔·马克思:生平大事记》上有记载。燕妮·马克思在回忆录中提到了她丈夫对曼彻斯特的"每年定期"的访问(参看《回忆马克思恩格斯》:见《动荡生活简记》,人民出版社1962年版,第249页.)。

是为了摆脱伦敦的那些吵吵嚷嚷地要他还清债务的债权人。1864年5月,他到曼彻斯特是为了去看望已在病榻上奄奄一息的沃尔弗。马克思通常是一人独往,但在1855年和1880年是由妻子陪同,1867年5月由海尔曼·迈耶尔陪同,1867年9月拉法格陪同,1868—1870年的三次旅行则是由女儿爱琳娜陪伴的。他或是住在恩格斯的"公寓"里,或是住在为玛丽·白恩士和莉希·白恩士租赁的住宅里。① 恩格斯住过的那些"公寓"坐落在大杜西街,特隆克利夫小林坊和多维尔街,那时(1864年以后)莉希·白恩士住在摩宁顿街。但是,1869年4月恩格斯在退出商界前夕放弃了多维尔街的公寓,搬到了摩宁顿街86号。②

马克思的首次英国之行是在1845年夏天。③ 他于7月中旬到达英国,大约在8月24日返回比利时。陪同他的是当时刚到布鲁塞尔与他会合不久的恩格斯。恩格斯告诉他的家人说,他到曼彻斯特去收拾他的书籍,那是他在"欧门—恩格斯"公司工作了20个月后返回巴门时留下的。大概他也希望再次见到玛丽·白恩士。这两位朋友的大部分时间是在曼彻斯特度过的。关于他们这次旅行的情况,人们是从多年以后恩格斯写给马克思的一封信中获悉的。1870年5月15日,当时已经退出商务活动的恩格斯回想起了1845年他们在切特姆图书馆一起工作的情景:"最近几天我又坐在小楼凸窗处的方形斜面桌前勤奋地工作,这是

---

① 罗伊·怀特菲尔德先生热心地提供了信息,恩格斯在为白恩士姐妹租赁住宅时,有时化名"博特曼"(参看《马克思恩格斯全集》第1版第30卷第246页:"请代我问候博特曼夫人和他的妹妹")。

② 参看《马克思恩格斯全集》第1版第32卷第272—273页。

③ 参看格奥尔格·维尔特1845年8月23日致母亲的信(《格·维尔特全集》1857年版第5卷第175—177页)和格奥尔格·维尔特1845年8月19日致马克思的信。

我们24年前曾坐过的地方;我很喜欢这个位置,因为那里有彩色玻璃,阳光始终充足。图书馆馆员老琼斯还健在,但是很老了,已经不再做什么事了,我在那里还没有见到他。"① 在此以前,马克思研究的是哲学和法律,现在,受恩格斯不久前出版的关于英国工人的书的激励,他把注意力转向了经济学。在切特姆图书馆,他继续从事上一年开始的工作,对英国古典经济学家和统计学家的著作进行研究。② 马克思和恩格斯从曼彻斯特回到伦敦后,会晤了共产主义者同盟的前身正义者同盟的领袖。

1848—1849年革命失败后,马克思不得不作为流亡者于8月来到伦敦。11月,恩格斯也随后而至。一年以后,恩格斯移居曼彻斯特,在南门街7号(第恩门旁边)"欧门—恩格斯"公司当职员。他在斯特兰奇韦的大杜西街70号找到了一所公寓。③ 1851年2月,马克思写信给恩格斯:"……你可以想到,我在这里特别想念你,需要和你商量。"④ 1851年4月,马克思到恩格斯那里访问了一个星期,11月份又去了10天。⑤ 马克思第二次访问的目的可能是同恩格斯讨论他们合作为《纽约

---

① 《马克思恩格斯全集》第1版第32卷第407页。托马斯·琼斯(1809—1875)在1845—1875年是切特姆图书馆的馆员。创建于1658年的切特姆图书馆是欧洲第一个对所有读者开放的公共图书馆。

② 参看《马克思恩格斯全集》第1版第42卷第43—181页。

③ 关于杜西街70号,参看《马克思恩格斯全集》第1版第27卷第636、173页,恩格斯的房东是伊莎贝拉·泰瑟姆夫人。1852年4月1日房子的门牌号码由70号改为44号。

④ 《马克思恩格斯全集》第1版第27卷第206页。

⑤ 1851年11月5日至15日。参看《马克思恩格斯全集》第1版第27卷第393页,另参看《格·维尔特全集》第5卷第423—424页。

每日论坛报》这家自由共和派报纸撰稿的问题。① 他们于当年8月开始为它撰稿，这项工作持续了10年以上的时间。为了筹集去曼彻斯特的旅费，马克思向人借了2英镑，答应在12月前归还。回到伦敦后他请恩格斯替他偿还这笔债务。然而，恩格斯自己也很拮据。这笔债款是由格奥尔格·维尔特偿还的。②

1852年5月26日至6月26日，马克思在曼彻斯特。由于恩格斯的父亲在曼彻斯特与其合股人讨论公司的未来，所以马克思的访问被推迟了。③ 5月19日，恩格斯告诉马克思说，在与他的父亲商量后，他的薪水在7月份要增加。两天后他写信给马克思说："我的老头已经走了。一切都很好。附上10英镑银行券的前半截。希望下星期末能在这里看到你。"④ 银行券的后半截寄给了威廉·沃尔弗，由他转交给马克思。

5月22日，马克思告诉恩格斯他已收到银行券的前半截，并通知恩格斯说他将乘船去利物浦，然后乘火车去曼彻斯特。恩格斯回信说，如果他想乘船的话，取道赫尔会更快些。马克思选择了哪条路线不得而知。在他访问时，当地报纸正用大量篇幅报道普选的情况，当时布赖特和米尔纳·吉布森正在为保住他们在曼彻斯特的席位而奔波。但是马克思可能感兴趣的是他在恩格斯的协助下正在写作的抨击那些与他的观念大相径庭的德国流亡者的小册子。马克思和恩格斯可能访问了第恩门的"金狮"，因为几个月后，恩格斯请马克思把给他的信装在写着客栈老

---

① 《马克思恩格斯全集》第1版第27卷第315—322页。
② 格·维尔特1851年11月26日致恩格斯，见《格·维尔特全集》第5卷第433页。
③ 参看马克思与恩格斯之间1852年5月4日至6月30日的来往信件。
④ 《马克思恩格斯全集》第1版第28卷第71页。

板"我们的老詹姆斯·贝耳菲德"的地址的信封里寄给他。① 6月30日前,马克思又来到了伦敦,因为在那天恩格斯写道,他发现了马克思丢在他的寓所里的一个皮夹子。

1853年4月,恩格斯写信说"我家里的卧室已准备好了"并邀请马克思来他那里作客。当时恩格斯刚刚和女房东一起搬到了大杜西街48号,那儿离以前的公寓有两个门的距离。由于恩格斯提到,他父亲的合股人之一彼得·欧门的图书馆可以由他们随意使用,所以可以设想,马克思此行的目的是为了实现他们共同的写作计划。像往常一样,马克思经济拮据,需要钱来支付旅费。他告诉恩格斯,他无法贴现一张32英镑的英国期票——那无疑是《纽约每日论坛报》支付的稿酬。恩格斯建议在曼彻斯特的一家美国公司兑现这张期票。当时,马克思从班贝尔格尔那儿借了两英镑②,并写信告诉恩格斯,他将于4月30日星期六动身去曼彻斯特③。他和恩格斯一起在那里待到了5月16日。

1854年,马克思没有到曼彻斯特去。他本来是有机会去的,当时他接到了参加3月6日至3月10日在曼彻斯特举行的"工人议会"的邀请。这次工会代表会议是由厄内斯特·琼斯组织的,目的是支持普累斯顿的动力纺织工人已历时29周的罢工。《曼彻斯特卫报》3月8日报道说,马克思"可望于今天出席会议",但是他没有出席。他写信给议会的组织者说:"非常遗憾,我不能,至少目前不能离开伦敦,因此不可能亲自来表达我在接到要我作为名誉代表参加工人议会的邀请时所感

---

① 参看《马克思恩格斯全集》第1版第28卷第165页。
② 西蒙·班贝尔格尔和路易·班贝尔格尔父子是伦敦的金融家,马克思多次和他们打过交道。
③ 参看《马克思恩格斯全集》第1版第28卷第245页。

到的骄傲和感激的心情。召开这个议会的事实本身，证明世界历史上的新时代已经到来。这个不平常的事件的消息将会唤起欧美各地工人的希望。"① 4月，恩格斯告诉马克思说，在他找到新的寓所后，他就邀请马克思来曼彻斯特。② 9月，马克思祝贺恩格斯成为伦敦交易所的一员，"而且是完全受尊敬的"。③ 10月，他写信给恩格斯说，"情况如果允许"，他将会很高兴到曼彻斯特去访问恩格斯。④

1855年，马克思两次去曼彻斯特访问。4月6日，他告诉恩格斯关于他8岁的儿子埃德加尔的死讯。他认为换换环境会对他的妻子有好处，他打算和妻子一起到恩格斯那里作一次短暂的访问，住在旅馆或私人寓所都行。恩格斯给马克思寄去5英镑，并告诉他有关开往曼彻斯特的火车的情况。4月16日，马克思回信说，他和妻子将乘坐"议会火车"去曼彻斯特。⑤ 这是一趟慢车，上午7点离开伦敦，下午6点30分到达曼彻斯特，票价每英里一便士。这次旅行并没有帮助燕妮·马克思减轻丧子之痛，在她返回伦敦后的5月16日，马克思写信给恩格斯说，

---

① 1854年3月18日《人民报》（《马克思恩格斯全集》第1版第10卷第133页）；《马克思恩格斯全集》第1版第28卷第327页。"工人议会"的会议于1854年3月6日至3月10日举行（1854年3月8日和11日《曼彻斯特卫报》）。

② 《马克思恩格斯全集》第1版第28卷第343、387、400、441—442、443、458、633、459页。

③ 《马克思恩格斯全集》第1版第28卷第343、387、400、441—442、443、458、633、459页。

④ 《马克思恩格斯全集》第1版第28卷第343、387、400、441—442、443、458、633、459页。

⑤ 《马克思恩格斯全集》第1版第28卷第343、387、400、441—442、443、458、633、459页。

她仍然"十分痛苦"①。

1855年秋,马克思又来到了曼彻斯特。9月11日,他写信给恩格斯说,"优势力量"迫使他尽快离开伦敦"一个来星期"以躲避来自债权人特别是他的家庭医生的困扰。他要求除了让威廉·沃尔弗知道以外,他的这次访问应该保密。②马克思的这次访问远远超过了一周后返回伦敦的计划。11月8日他还在曼彻斯特。这一天,他在格林码头巴特勒街(他在那里租了一间寓所)给拉萨尔写了一封信,他在信中提到,他会晤了格奥尔格·维尔特并且说,他不知道他会在曼彻斯特逗留多久。③马克思于12月初返回了伦敦。④

关于马克思在1856年夏天的一次曼彻斯特之行我们知道的东西很少。朋友们间的通信仅仅谈到了马克思的行程安排和恩格斯为此行所贮备的啤酒和葡萄酒的情况。起初,马克思按照医生的建议,计划乘船到丹第,在那里他将和他的朋友彼得·伊曼特待在一起,一周后再到曼彻斯特去会见恩格斯。但是到了6月6日,马克思改变了主意,决定由他的秘书威廉·皮佩尔陪同坐海船到赫尔,当皮佩尔从赫尔返回伦敦时,马克思将乘火车去曼彻斯特。⑤马克思在那里和恩格斯一直住到7月

---

① 《马克思恩格斯全集》第1版第28卷第343、387、400、441—442、443、458、633、459页。

② 《马克思恩格斯全集》第1版第28卷第343、387、400、441—442、443、458、633、459页。

③ 《马克思恩格斯全集》第1版第28卷第343、387、400、441—442、443、458、633、459页。

④ 《马克思恩格斯全集》第1版第28卷第343、387、400、441—442、443、458、633、459页。

⑤ 《马克思恩格斯全集》第1版第29卷第57—60、199页。

中旬。

1857年,马克思没有去曼彻斯特,因为这一年的下半年恩格斯得了重病。他患了传染性单核白血球增多症。他离开了曼彻斯特,整个夏天都在滑铁卢(在新布莱顿附近)、威特岛和圣黑利厄尔。10月初,马克思和恩格斯在圣黑利厄尔会面。直到11月中旬恩格斯回到曼彻斯特,即便那时,他也只能每天在办公室工作几个小时。①

1858年,马克思于5月份访问了恩格斯。4月初,燕妮·马克思写信告诉恩格斯,她丈夫已经病了一个多星期了。② 4月29日,马克思告诉恩格斯说他的肝痛得很厉害,由于缺钱,他无法遵照医嘱离开伦敦去外地休息。③ 恩格斯当时住在特隆克利夫小林坊6号(牛津路附近),他回信说,你如果需要旅行,那么至少可以来曼彻斯特,这非常容易办到。他表示由他支付马克思的路费。④ 5月1日,马克思写信给恩格斯说,他将乘下午2点半的火车离开伦敦,7点钟到达曼彻斯特。⑤ 这次在曼彻斯特度假期间,马克思成了一名兴致勃勃的骑手。在他离开伦敦四周后返回那里时,他声称,他非常留恋骑马。他的身体状况大大改善了,他现在"已能工作"了。在同一封信中,他询问龚佩尔特医生在"高尚的骑术"方面的进展。这是在马克思与恩格斯的通信中首次谈到龚佩尔特这名在曼彻斯特行医的德国医生,马克思很信任他。⑥

1859年夏天,马克思离开伦敦三周,到曼彻斯特去访问恩格斯和

---

① 《马克思恩格斯全集》第1版第29卷第57—60、199页。
② 《马克思恩格斯全集》第1版第29卷634、310、314、315页。
③ 《马克思恩格斯全集》第1版第29卷第634、310、314、315页。
④ 《马克思恩格斯全集》第1版第29卷第634、310、314、315页。
⑤ 《马克思恩格斯全集》第1版第29卷第634、310、314、315页。
⑥ 《马克思恩格斯全集》第1版第29卷第315—317、537—539页。

沃尔弗，还到丹第去看望了伊曼特和海泽。6月7日，他写信给恩格斯说，只要他筹足路费，他就马上去看望恩格斯几天。① 在曼彻斯特，马克思募集到了大约25英镑，以资助《人民报》，这是一份当时刚刚在伦敦创办的德文激进周刊。② 马克思在一封7月初写给拉萨尔的信中说，他最近已经返回伦敦。③

1860年2月16日至3月23日之间马克思在曼彻斯特。他在2月15日收到恩格斯寄来的5英镑后，写信告诉后者说他将在第二天在尤斯顿车站乘坐上午7点半的火车。④ 他与恩格斯住在特隆克利夫小林坊6号。⑤ 这次访问的目的是与恩格斯和沃尔弗商讨他正在写作的抨击卡尔·福格特的小册子。马克思于5月23日⑥返回伦敦，也就是在恩格斯获悉父亲去世的噩耗离开曼彻斯特去巴门的第二天。

1861年初，马克思到德国和荷兰去了一趟。在荷兰他从舅父莱昂·菲力浦那里得到了一笔资金。访问结束时，他本来打算在返回伦敦之前，于5月初乘船从鹿特丹去赫尔，然后再去曼彻斯特看望恩格斯。但是，由于他的一位表兄弟希望陪他一起去英国，到伦敦观光，所以他

---

① 《马克思恩格斯全集》第1版第29卷第431页。

② 捐助者包括恩格斯、沃尔弗、龚佩尔特医生、博尔夏特医生和黑克舍尔医生。

③ 马克思1859年7月14日写给恩格斯的信中提到了他最近暂离伦敦的情况（《马克思恩格斯全集》第1版第20卷第433—435页）。

④ 《马克思恩格斯全集》第1版第30卷第43页。

⑤ 《马克思恩格斯全集》第1版第30卷第452、475、489页。

⑥ 原文如此。根据上面的叙述和附录《马克思访问曼彻斯特的时间表》，此处应为3月25日。——译者注

只得改变自己的计划。① 他回来后不久，恩格斯就到伦敦去看望他，并在那里待了几天。② 下半年，马克思到过曼彻斯特——从8月底至9月中旬。他访问时恰逢不列颠协会在曼彻斯特召开会议。马克思从曼彻斯特给《新闻报》的编辑写了一封信，表示同意为这家维也纳报纸撰稿。③

1862年，马克思在曼彻斯特度过了4月份的大部分时间。恩格斯送给他一张可以兑现50英镑的期票，由波克罕贴现。当马克思在曼彻斯特的时候，社会主义者威廉·艾希霍夫访问了他。马克思返回伦敦后写信告诉恩格斯，在他不在的那段时间里，他又债台高筑了，令人望而生畏。④

1863年，马克思没有到曼彻斯特去。他在8月15日给恩格斯的一封信中写道，他们已经好久没有见面了。他希望他们能够在伦敦共同度过几天，一起"聊聊天，喝喝酒"⑤。

1864年，马克思两次去曼彻斯特。2月25日，他给恩格斯去信，说他刚从荷兰的亲戚那里回来，并希望不久去访问恩格斯。但由于疾病缠身，直到3月12日他才得以成行。他告诉恩格斯说，他将于那天上午10点离开尤斯顿车站，下午5点到达曼彻斯特。⑥ 他在曼彻斯特一直住到3月25日。

1864年5月1日，恩格斯催促马克思赶快到曼彻斯特去，因为他们

---

① 《马克思恩格斯全集》第1版第30卷第160—161、597—598页。
② 《马克思恩格斯全集》第1版第30卷第601、196—199、230、366页。
③ 《马克思恩格斯全集》第1版第30卷第601、196—199、230、366页。
④ 《马克思恩格斯全集》第1版第30卷第601、196—199、230、366页。
⑤ 《马克思恩格斯全集》第1版第30卷第601、196—199、230、366页。
⑥ 《马克思恩格斯全集》第1版第30卷第382—383—389、656—657页。

的朋友威廉·沃尔弗病染沉疴。① 马克思于 5 月 3 日到达，逗留到 5 月 19 日，然后与恩格斯一起去伦敦旅行。沃尔弗于 5 月 9 日去世。马克思和恩格斯参加了在阿德镇公墓举行的葬礼。马克思在给妻子的信中说："我认为在曼彻斯特没有一个人像我们可怜的鲁普斯这样受到普遍的爱戴。"② 沃尔弗的大部分遗产（818 英镑）留给了马克思③，——就像燕妮回忆的那样——这笔钱"给了我们帮助，减轻了我们的负担，使我们有一年摆脱了烦恼"④。马克思还继承了沃尔弗的图书馆。⑤

马克思在 1865 年去过曼彻斯特两次。第一次在 1 月。他在梅德洛克乔尔顿的多维尔街 58 号住了一个星期，恩格斯当时就住在那里。关于这次访问，人们知道的是，当马克思回到伦敦后，他发现，他忘掉了一双鞋、一双袜子和两块手帕。⑥ 1865 年秋天，马克思得了流感，接着（就像他告诉李卜克内西的那样）"为家务事离开了伦敦"⑦。这一次，他在曼彻斯特从 10 月 20 日逗留到 11 月 3 日。他回到伦敦后写信告诉恩格斯说，他的行李在火车上丢了。⑧

1866 年，马克思上半年得了病。在他恢复的过程中，恩格斯写信告诉他，龚佩尔特医生劝他进行至少四周康复活动。恩格斯建议马克思

---

① 《马克思恩格斯全集》第 1 版第 30 卷第 382—383—389、656—657 页。
② 《马克思恩格斯全集》第 1 版第 30 卷第 382—383—389、656—657 页。
③ 《马克思恩格斯全集》第 1 版第 31 卷第 91—93、97—99 页。
④ 参看燕妮·马克思：《回忆马克思恩格斯》，见《动荡生活简记》，人民出版社 1962 年版，第 249—267 页）。
⑤ 《马格思恩格斯全集》第 1 版第 30 卷第 397 页。
⑥ 《马克思恩格斯全集》第 1 版第 31 卷第 46、489—490、155—157 页。
⑦ 《马克思恩格斯全集》第 1 版第 31 卷第 46、489—490、155—157 页。
⑧ 《马克思恩格斯全集》第 1 版第 31 卷第 46、489—490、155—157 页。

到曼彻斯特来，然后再去布拉克普耳或新布莱顿的海滨。① 但马克思决定去马尔吉特。② 6月，恩格斯劝说马克思到曼彻斯特来住一个星期，请龚佩尔特医生给他看病。③ 但看来马克思1866年没有去恩格斯那里访问。

1867年，马克思到曼彻斯特去过两次。第一次访问是在5月22日至6月2日，他由海·迈耶尔陪同。迈耶尔是从圣路易斯来英国看望马克思和恩格斯的。马克思刚从德国归来，在那里他把《资本论》第1卷的手稿交给了出版商。5月22日，马克思从摩宁顿街86号给恩格斯写了一封信，让他知道他刚到曼彻斯特。④ 摩宁顿街86号是当时恩格斯和莉希·白恩士居住的地方。没有人知道写这封信时恩格斯在哪里。他可能在多维尔街的公寓里，但又不像，因为那样的话，马克思完全可以去访问他而不必写信。这次访问的目的是为了让恩格斯看一些他的书的校样。⑤

1867年的第二次访问是从9月15日至9月23日。9月12日，马克思收到了恩格斯寄来的5英镑，这样他就得以在第2天与他未来的女婿保尔·拉法格一起去曼彻斯特旅行。⑥ 在这次访问中，马克思和恩格斯讨论了如何在德国和其他地方大力进行宣传使《资本论》广为人知的问题。⑦

---

① 《马克思恩格斯全集》第1版第31卷第189、192、227、305、551—553页。
② 《马克思恩格斯全集》第1版第31卷第189、192、227、305、551—553页。
③ 《马克思恩格斯全集》第1版第31卷第189、192、227、305、551—553页。
④ 《马克思恩格斯全集》第1版第31卷第189、192、227、305、551—553页。
⑤ 《马克思恩格斯全集》第1版第31卷第189、192、227、305、551—553页。
⑥ 《马克思恩格斯全集》第1版第31卷第348、354页。
⑦ 《马克思恩格斯全集》第1版第31卷第356—357页。

1868年夏天，马克思与他13岁的小女儿爱琳娜（杜西）在曼彻斯特度过了两星期。5月23日，他写信告诉恩格斯，他们下周要到曼彻斯特去旅行，"但是你要寄旅费给我，还要寄些先令来，我好留给我的妻子用"①。恩格斯寄给他25英镑，并建议他从金兹——克罗斯车站搭新（中枢）线车，那是一条经过得比郡最美的地方的路线。② 马克思回信说，他与爱琳娜将于5月30日到达，以便及时赶上圣灵降临周。③ 他们两人受到了恩格斯的热情款待，并于6月20日返回伦敦。马克思在他的感谢信中像往常一样还加了一句，说当他回到伦敦时，他的债权人正在等他。④ 恩格斯立即给他寄去20英镑。⑤

　　1869年5月，恩格斯（在放弃了他在多维尔街的公寓后不久）给马克思寄去了15英镑，以便他与爱琳娜能来曼彻斯特。⑥ 他们在摩宁顿街86号与恩格斯和莉希·白恩士住在一起。马克思于6月14日离开，但爱琳娜留下了，直到10月14日她才返回伦敦。6月2日，马克思写信告诉妻子说，他要带爱琳娜到贝尔维尤去看焰火，并计划在约克郡与几个朋友——恩格斯、肖莱马和赛米尔·穆尔共度周末。7月21日，恩格斯给马克思写了一封信，说他们全家，包括爱琳娜，都看见了威尔士亲王和王妃，他们正在曼彻斯特访问，出席在老特拉福德举行的皇家

---

① 《马克思恩格斯全集》第1版第32卷第92、93页。
② 《马克思恩格斯全集》第1版第32卷第92、93页。
③ 《马克思恩格斯全集》第1版第32卷第93—94页。马克思在1868年6月27日给恩格斯的一封信中暗示，他最近到曼彻斯特访问的一个原因是，他想逃避就任圣潘克拉斯教区仲裁法官的宣誓（本卷第104页）。
④ 《马克思恩格斯全集》第1版第32卷第94、96—101、303页。
⑤ 《马克思恩格斯全集》第1版第32卷第94、96—101、303页。
⑥ 《马克思恩格斯全集》第1版第32卷第94、96—101、303页。

农业展览会。① 爱琳娜在曼彻斯特期间，恩格斯于6月30日退出商务活动。②9月，他带着莉希·白恩士和爱琳娜到爱尔兰去了一个星期，访问了都柏林、基拉尼和科克。③1870年夏天，马克思和他的女儿爱琳娜又到曼彻斯特恩格斯处住了一个星期。④

1870年9月恩格斯移居伦敦，此后马克思去曼彻斯特访问的次数就很少了。1873年他到曼彻斯特去过两次。这两次的费用都是由恩格斯支付的。第一次访问的目的是请龚佩尔特医生给他看病。但是当他于5月22日到达曼彻斯特后——他住在赛米尔·穆尔的寓所（多维尔街25号）——他发现龚佩尔特医生不在家，预计月底才能回来。因而，马克思在曼彻斯特逗留的时间比原来打算的长。他会晤了几个朋友，包括肖莱马、德朗克和博尔夏特。他和德朗克一起从曼彻斯特去南港作了一次旅行，和赛米尔·穆尔一起去了一趟巴克斯顿。6月2日他见到了龚佩尔医生，后者劝他把工作日缩减到4小时。⑤

快到1873年11月底，马克思和爱琳娜一起到哈罗特作矿泉浴治疗。他两次从哈罗格特去曼彻斯特看望龚佩尔特医生。医生建议他继续坚持在卡尔斯巴德的治疗。⑥ 马克思最后一次去曼彻斯特是在1880年7

---

① 《马克思恩格斯全集》第1版第32卷第321页。关于威尔士亲王及王妃1869年7月20日访问曼彻斯特的情况，参看1869年7月20日和21日《曼彻斯特卫报》。
② 《马克思恩格斯全集》第1版第32卷第309—310、353、501页。
③ 《马克思恩格斯全集》第1版第32卷第309—310、353、501页。
④ 《马克思恩格斯全集》第1版第32卷第309—310、353、501页。
⑤ 《马克思恩格斯全集》第1版第33卷第78—89页。
⑥ 《马克思恩格斯全集》第1版第33卷第98—109、630—631页。

月底，这一次他是带妻子去请龚佩尔特医生看病的。①

在马克思经常访问曼彻斯特的那些年代，曼彻斯特发生了很多变化。② 在马克思第一次访问曼彻斯特时，恩格斯可能带他参观了他在其最近出版的关于英国工人阶级的书中作了非常生动的描述的贫民区，在19世纪50年代和60年代，马克思可能目睹了曼彻斯特从所谓的"简陋工棚"发展成为值得市民骄傲的商业、金融、交通和文化中心的变化。城市有了很大改进，兴建了许多文化设施，有些是市政当局兴建的，有些是私人企业兴建的。街道打扫得干干净净，令人讨厌的东西被清除了，铺设了下水管道，公共厕所和垃圾也被打扫干净了，这个城市越发显得生机勃勃——尽管事实证明，要防止艾尔克、厄韦尔、梅德洛克及布里奇沃特运河的污染是困难的。朗登戴尔水库虽然在工程初期遇到了挫折，但它在1848年的建成，大大地改善了曼彻斯特的供水状况。城市煤气事业的发展使越来越多的街道在夜晚大放光明。铁路的畅通不仅使曼彻斯特成为英格兰西北部地区的一个主要交通中心，而且在修建车站的时候一些有碍观瞻的建筑物被拆除了。在马克思首次访问曼彻斯特时，铁路已经把这个城市与利物浦、利兹、谢菲尔德和克鲁连接起来了。到了1852年，它几乎同全国所有地区都有直达铁路相通。

同时，城市的文化设施也得到了发展。曼彻斯特是一个重要的教育

---

① 1880年8月10日朱利安·哈尼致马克思的信，载于《哈尼文集》（F.G和R.M.布莱克主编）1969年版第292—293页。早在1851年初，哈尼就把马克思和恩格斯看作是"长期的朋友"（1851年3月15日《人民之友》）。

② 马克思所了解的曼彻斯特比这座现代化的城市规模要小得多。当1838年曼彻斯特成为自治城市时，它仅仅包括曼彻斯特市区、休姆、梅德洛克河畔乔尔顿、阿德镇、贝斯镇和切特姆（阿瑟·雷德福《曼彻斯特市政史》1940年版第2卷第26页地图）。

中心。它有两所古老的语法学校——曼彻斯特语法学校和切特姆公立学校（兰衣学校）。前者在19世纪60年代开办了现代的课程，所以学生可以选学现代语言、科学和数学或者是古典科目。欧文斯学院创建于1851年，并于1872年与皇家医学院合并。曼彻斯特还有一所机械学院、一个博物馆、一个美术馆以及几个图书馆，包括切特姆图书馆、波蒂科图书馆、阿忒那奥姆图书馆以及公共图书馆。它的学术团体有文学社、哲学学会和统计学学会。1846年，三个由民众捐款修建的公园开放了，其中有两个由曼彻斯特协会维持，第三个公园（皮尔公园）由索尔福德协会管理。曼彻斯特的文化生活的其他方面包括阿莱音乐会的开幕典礼及1857年联合王国艺术珍品展览会的举行。[①]

由于马克思多次访问曼彻斯特，他对这个城市一定有很深的了解，而且在去利物浦、南港和巴克斯顿的旅途中，他也目睹了周围地区的一些事物。关于马克思和恩格斯一起在曼彻斯特的活动情况消息不多。我们只能推测他们如何度过他们的时光。他们一定看到了德国侨民聚居区（它的成员在这个城市的外国商人社会中是最多的）在19世纪中叶的若干情况。除了会见沃尔弗、肖莱马和龚佩尔特医生这些亲密朋友以外，马克思可能还会晤过恩格斯在席勒协会和阿尔伯特俱乐部的其他朋友，恩格斯是这两个社团的领导人。阿尔伯特俱乐部坐落在牛津街，距离恩格斯在1865年和1869年之间居住的公寓所在的多维尔街很近。当马克思在曼彻斯特时，他的一些英国熟人，如瓦茨医生、詹姆斯·利奇和厄内斯特·琼斯等有时也到那里去。马克思可能在"金狮"喝过酒（"老詹姆斯·贝耳菲德"是那家酒馆的老板），抑或在查特斯沃斯酒馆

[①] 关于1844—1860年间的曼彻斯特，参看阿瑟·雷德福：《曼彻斯特市政史》1940年版第2卷第205—241页。

（沃尔弗在那里主持过德国职员的社会集会）和"茅屋酒店"（德国科学家周末聚会之所）小酌。1848年，他肯定去过切特姆图书馆，也可能参观了1852年当他在曼彻斯特时开放的公共图书馆。① 他甚至可能参观了在韦斯特的"欧门—恩格斯"公司的维多利亚工场。马克思几乎没有错过机会来了解这个城市在19世纪50年代初期出现的"空前繁荣"景象。② 了解在1857年商业危机期间所出现的对其命运来说是暂时的倒退，以及在19世纪60年代初所出现的棉花匮乏。在马克思的访问所包括的时期内，郎卡郡的棉花产量几乎增加了两倍——尽管由于生产率的提高——其总价值只增长了127%。布匹的出口量增加了4倍。棉织业工人的实际工资可能至少增长了60%。由于曼彻斯特是19世纪棉织业的中心，所以了解这个城市的情况对《资本论》的作者来说不可能没有益处。

马克思访问曼彻斯特的时间表

1845年7月12日—8月21日	马克思和恩格斯在英国，大部分时间在曼彻斯特度过。
1851年4月20日—26日	马克思在曼彻斯特。
1851年11月5日—15日	马克思在曼彻斯特。
1852年5月26日—6月26日	马克思在曼彻斯特，与恩格斯合著《流亡中的大人物》。

---

① 1852年5月26日《曼彻斯特卫报》；阿瑟·雷德福：《曼彻斯特市政史》1940年版第2卷第224、207页。

② 1852年5月26日《曼彻斯特卫报》；阿瑟·雷德福：《曼彻斯特市政史》1940年版第2卷第224、207页。

1845年7月12日—8月21日	马克思和恩格斯在英国,大部分时间在曼彻斯特度过。
1853年4月30日—5月16日	马克思在曼彻斯特。
1855年4月18日—5月初	马克思与燕妮·马克思在曼彻斯特。
9月12日—12月4日	马克思为躲避伦敦的债权人(特别是弗罗恩德医生)来到曼彻斯特。
1856年6月7日—7月中旬	马克思在曼彻斯特(与皮佩尔一起乘船至赫尔)。
1858年5月6日—24日	马克思在曼彻斯特养病。
1859年6月12日—7月2日	马克思在曼彻斯特(到丹第作短暂旅行)。
1860年2月16日—3月25日	马克思在曼彻斯特,与恩格斯和沃尔弗讨论抨击福格特的小册子。
1861年8月底—9月中旬	马克思在曼彻斯特。
1862年4月1日—25日	马克思在曼彻斯特,威廉·艾希霍夫访问了他。
1864年3月12日—25日	马克思在曼彻斯特。
5月3日—19日	马克思因威廉·沃尔弗病危前往曼彻斯特;威廉·沃尔弗于5月9日去世。
1865年1月7日—15日	马克思在曼彻斯与恩格斯讨论第一国际问题。
10月20日—11月3日	马克思在曼彻斯特,他"为家务事离开了伦敦"。
1867年5月22日—6月2日	马克思(与圣路易斯的海·迈耶尔一起)在曼彻斯特访问恩格斯。
9月13日—23日	马克思和拉法格在曼彻斯特访问恩格斯。
1868年5月30日—6月15日	马克思和爱琳娜·马克思在曼彻斯特。
1869年5月25日—6月14日	马克思和爱琳娜·马克思在曼彻斯特。马克思会见地质学家约翰·R.达金斯。爱琳娜在曼彻斯特住到10月14日。

1845年7月12日—8月21日	马克思和恩格斯在英国,大部分时间在曼彻斯特度过。
1870年5月22日—6月22日	马克思和爱琳娜·马克思在曼彻斯特。
1873年5月22日—6月3日	马克思在曼彻斯特请龚佩尔特医生看病。
11月24日—12月15日	马克思在哈罗格特。11月28日赴曼彻斯特请龚佩尔特医生看病。
1880年7月底	马克思和燕妮·马克思一起赴曼彻斯特请龚佩尔特医生看病。

(原载《马克思恩格斯和英国工人阶级及其他文章》)

(郗卫东 译　李俊聪 校)

恩格斯在曼彻斯特[*]

〔英〕W.O.亨德森

1. 英国工人阶级的状况,1845

弗里德里希·恩格斯在曼彻斯特居住的时间是1842年12月至1844年8月和1850年11月至1870年9月。在这两个时期,他都是在父亲入股的棉纺厂工作。欧门和恩格斯在盆德尔顿附近的韦斯特经营维多利亚棉纺厂,并在曼彻斯特设立了一家办事处。[①] 1845年地方指南介绍说该厂从事"棉纺织业和针织品制造业"[②]。恩格斯在22岁那一年第一次来到曼彻斯特,以便完成他在爱北斐特和不来梅开始的经商实习。

---

[*] 本文选自《马克思恩格斯研究》1992年总第10辑。
原题注:本文是一篇提交给1970年5月在乌培河谷举行的一个讨论会的论文。汉斯·佩尔格主编:《弗里德里希·恩格斯,1820—1870》(1971年《艾伯特基金会研究所论丛》第85卷)第27—38页。

[①] 该办事处于19世纪30年代初设在新市场大厦里面,1845年在第恩门外圣玛丽街南门。

[②] 斯莱特:《曼彻斯特和索尔福德地方指南》(1845)第112页。

恩格斯在第一次旅居期间有时利用业余时间从事报刊文章的写作①，他的最重要的论文《政治经济学批判大纲》② 于1844年在《德法年鉴》上发表。这篇受马克思高度评价的文章被认为是以"社会主义观点批判资产阶级经济学的第一个卓越的、天才的大纲"③。在英国，恩格斯结识了一些宪章派的领导人（朱利安·哈尼④和詹姆斯·李奇⑤），欧文派社会主义者（约翰·瓦茨博士⑥）以及一群旅居伦敦的德国革命鼓动家。恩格斯称这些工人——卡尔·沙佩尔、亨利希·鲍威尔和约瑟夫·莫尔——是"我遇到的第一批革命无产者"⑦，但是他并不准备加入他们的秘密团体⑧。恩格斯到英国的主要目的是亲自考察产业工人的家庭和工厂。1845年出版的《英国工人阶级状况》即是他的

---

① 恩格斯在这一时期为《莱茵报》《瑞士共和主义者》《前进报》《新道德世界》和《北极星报》等报刊撰稿。

② 最初于1844年发表在《德法年鉴》上，英译文参看 W.O.亨德森主编的《恩格斯选集》（1967）第148—177页。

③ 伊林·费切尔为《马克思和恩格斯，政治经济学第2卷（1960）》写的导言第9页。《德法年鉴》由马克思和阿·卢格编辑。

④ 关于乔·朱·哈尼（《北极星报》编辑），参看 A.R.斯科因的《宪章派的挑战》（1958）；约翰·萨维尔为《红色共和党人》和《人民之友》的重印（1966年第2卷）所写的导言：F.G.布莱克和 R.M.布莱克主编的《哈尼文集》（亚琛，1969）；彼得·卡多根的《哈尼与恩格斯》一文，载于《国际社会历史评论》1965年第 X 卷第 1 部分。

⑤ 关于詹姆斯·李奇——《一位曼彻斯特工人所揭露的关于工厂的无可否认的事实》的作者，参看恩格斯在《英国工人阶级状况》中的几处引文，以及《马克思恩格斯全集》第 1 版第 27 卷第 181—183 页和 189—191 页。

⑥ 关于约翰·瓦茨，参看《全国传记词典》第 IX 卷第 71 页。

⑦ 《马克思恩格斯全集》第 1 版第 21 卷 243 页。

⑧ 指正义者同盟。——译者注

劳动成果。

年仅24岁的恩格斯写的这部著作，可以说是他的大量作品中最具生命力的一部。① 它分别在德国、法国、英国和美国出版发行，并在此后的一个多世纪内广为流传。卡尔·马克思对它评价甚高。例如，1863年，他写信告诉自己的这位朋友：

"重读了你的这一著作，我惋惜地感到，我们渐渐老了。这本书写得多么清新、热情和富于大胆的预料，丝毫没有学术上和科学上的疑虑！连认为明天或后天就会亲眼看到历史结果的那种幻想，也给了整个作品以热情和乐观的色彩，与此相比，后来的'灰色而又灰色'就显得令人极不愉快。"②

恩格斯的这本书由于其宗旨被人误解，在不该受到赞扬的地方受到了赞扬，所以他的遭遇是很奇特的。社会主义者认为，恩格斯的历史研究证明了19世纪40年代英国工人阶级的状况是资产阶级和工业无产阶级之间阶级斗争的必然结果。他们还认为，恩格斯的社会学研究表明，工业资本主义已经在自身内部埋下了破坏的种子并注定要自取灭亡。事

---

① 关于恩格斯著作的更为详细的评价，参看亨德森和W.H.查洛纳为他们翻译的《英国工人阶级状况》英文版所写的导言（1958和1970），以及W.O.亨德森的《弗里德里希·恩格斯的生平》（1976）第1卷第43—78页。

② 《马克思恩格斯全集》第1版第30卷第339页。1867年，马克思在《资本论》第1卷中写道："英国从大工业产生到1845年这段时期，我只在某些地方提到，详细情况，请阅读弗理德里希·恩格斯的《英国工人阶级状况》。1845年以后发表的工厂视察员报告、矿山视察员报告等，都说明了恩格斯对资本主义生产方式的精神了解得多么深刻，把他的著作和过了18—20年以后才发表的童工调查委员会（1863—1867年）的官方报告稍加比较就可以看出，他对工人阶级状况的详细入微的描写是多么令人惊叹。"（《马克思恩格斯全集》第1版第23卷第268页）

实上，恩格斯无论是作为一名历史学家还是作为一名预言家，在1845年都没有获得特别成功。他的历史论述差不多是对彼得·盖斯克尔著作①的概括，很少有新颖独到之处，而盖斯克尔关于19世纪英国的自由民、农民和手工艺人过着田园诗般的生活的看法不会被任何一位当代历史学家所接受。恩格斯显然也不是一位关于英国发展前景的非常成功的预言家。他确实预见到了1847年的商业危机，但是，他关于英国的无产阶级革命很快就会推翻资本主义制度这一自负的预言是十分错误的。晚年的恩格斯要求读者原谅他的错误，说这些错误是由于他的"青年人的热情"②造成的。

另外，也有人认为，恩格斯对19世纪40年代英国的社会状况作了公正而又准确的论述。毫无疑问，该书中有大量相当有价值的材料，例如，他对曼彻斯特和郎卡郡其他棉纺城市的贫民窟的生动描述，但是恩格斯本人明确地表示，他不是英国状况的不偏不倚的旁观者。他的目标不仅是揭露工业社会的社会罪恶，而且要鞭笞那些他认为应对这些罪恶负责的人。恩格斯在写这本书的时候，写信告诉马克思说："我将给英国人编制一张绝妙的罪状表。我要向全世界控诉英国资产阶级所犯下的大量杀人、抢劫以及其他种种罪行。我要写一篇英文序言，打算单独印行，并分别寄给英国各政党的领袖、著作家和议员们。让这些家伙记住

---

① 彼得·盖斯克尔：《英国的生产人口》1833年初版，1836年以《手工艺人与机器》为题再版，弗兰克·卡斯出版社于1968年重印。

② 《马克思恩格斯全集》第1版第22卷第317页。恩格斯写道："我有意地不删去本书中的许多预言，其中包括青年人的热情使我做出的英国即将发生社会革命的预言。值得惊奇的并不是这些预言中有那么多没有言中，倒是竟然有这样多已经实现了，而且当时我就已经预见到的（的确，我把时间估计得过分早了一些）。大陆、特别是美国的竞争将引起的英国工业的危急状态，现在已经真正到来了。"

我吧。"

他进一步指出,他既抨击英国的资产阶级,也抨击德国的资产阶级。他要告诉德国的资产阶级:"他们和英国的资产阶级一样坏,只是在榨取方面不那么勇气十足、不那么彻底、不那么巧妙罢了。"①

只要恩格斯处于这种心态,就很难指望他会以不偏不倚的态度进行写作。有许多例子可以表明恩格斯对事实没有弄清楚和有失公允。这都是因为他竭力想要证明,英国的资本家在与他们的工人打交道时犯下了累累罪行。有时,他未利用某些证据就作判断。消息灵通的观察家的审慎的说法,如艾利生对伦敦的妓女人数的估计,被他当作已被证明的事实。恩格斯对工厂主的解释也不能令人满意。譬如,恩格斯宣称,英国北部发生的普拉格—普洛特起义(1844)② 是由某些工厂主蓄意挑起的,他们降低工人的工资,是希望他们的工人进行罢工。他们指望随之而来的危机会迫使政府取消谷物法。对1842年郎卡郡和柴郡发生的事件的这种看法很快就被反谷物法同盟的领导人所否认,但恩格斯只是对此作了片面的描述,甚至丝毫没有暗示还有其他的解释的可能。③

恩格斯的这部著作的成就并非如人们有时所宣扬的那样,与其说它是一次严肃的社会学考察,不如说它是一本冷酷无情的政治性抨击小册子,或许它是在西里西亚纺织工人起义到1848年《共产党宣言》发表

---

① 《马克思恩格斯全集》第1版第27卷第11页。

② 关于"普拉格—普洛特起义",我们查遍了《英国工人阶级状况》都没有找到这次事件。唯一与作者所描述的起义情形相似的一次工人因厂主削减工资而举行罢工后转为起义的事件发生在1842年8月(参看《马克思恩格斯全集》第1版第2卷第519—522页)。——译者注

③ 关于普拉格-普洛特起义,参看A.G.罗斯:《1842年郎卡郡和柴郡文物研究协会学报》1957年第67卷第75—112页。

之前这段时间里在德国出现的对资本主义制度的最出色的批判。恩格斯深入到了当时仍然被他的同时代人所轻视的各种经济和社会问题的核心。当时的正统经济学家正在讨论租金、价格和有限资源的合理利用问题的时候,恩格斯则注意到了经济增长的根本问题。他第一个探讨了商业周期问题,并对这种现象作出了解释。他看到了大企业以牺牲小企业为代价不断增长的意义。对这些问题后来卡尔·马克思作了更充分的论述,但是,在1845年就着手探讨这些问题,毕竟是一个不小的成就,而恩格斯描述大城市的那一章则以远远超过他所处的时代的方式论述了城市规划问题。

2. 商人与革命者

1850年底,恩格斯回到了他在曼彻斯特的办公室。一年前,他曾拿起武器抵抗普鲁士人,先是在爱北斐特,后来又在巴登。如果他要回家,等于是往枪口上撞。① 马克思和恩格斯现在都身无分文。马克思及其一家被迫迁出坎柏威尔的住宅,搬到素荷街的一处有两个小房间的住房里,马克思的小儿子格维多1850年11月就死在那里。尽管如此,马克思仍然决定全力以赴地投入经济学研究和政治活动中去,并拒绝——如他后来所说——让资产阶级心满意足地把他变成"制造金钱的机器"②。恩格斯对按部就班的工作也不感兴趣,尽管他同家庭的关系很紧张,他还是试图劝说父亲再给他一笔钱。毫不奇怪,老恩格斯认为一个年届30的人应该能够养活自己,而不再依靠父母为生。恩格斯的母

---

① 《马克思恩格斯全集》第1版第27卷第160页。
② 《马克思恩格斯全集》第1版第29卷第550—551页。

亲在给他的信中把这种立场说得很清楚："我不得不同意你父亲的看法，他说，只要你在追求一种（轻一点说）我们不同意的生活方式，就不要指望从我们这里得到支持。"① 她在另一封信中写道，"给你钱维持生活，这容易办到……但是，我觉得，你要我从经济上支持一个试图传播那些我认为有罪的思想和原则的儿子，这太过分了"②。

于是，恩格斯尽管非常不情愿，但还是决定要找一份工作来养活自己，并从经济上支援马克思，以便马克思能够全力以赴地投入他关于资本主义的主要著作中去。人们或许曾希望恩格斯在伦敦找到一个职位，这样可以离马克思近一些。其他一些德国流亡者，如诗人弗莱里格拉特③，都能够在伦敦找到一份工作。在那里恩格斯可以在商界或新闻界创出一条路子，使他的特有的语言知识和先前在棉纺织业方面获得的经验得以充分利用。但是，恩格斯没有去伦敦谋事，而是来到了曼彻斯特，而且在"欧门—恩格斯"公司中接受了一个较低的职位。由于当时恩格斯与其父亲的关系几乎已经糟到极点，所以这一决定令人感到惊讶。老恩格斯认为弗里德里希是本家的不肖之子，这个活跃的革命分子的行为败坏了家庭的声誉。从恩格斯方面来说，他也打心眼里厌恶他的父亲，认为他是一个不折不扣的资产阶级资本家，一个靠牺牲工人发财致富的飞扬跋扈的棉纺织业主。但不管怎样，两人肯定达成了某种和解。恩格斯急需用钱，他准备含诟忍辱，在"欧门—恩格斯"公司找个差事。对老恩格斯来说，让他的一个儿子在曼彻斯特照看他在公司的

---

① 《马克思恩格斯全集》原文版第3部分第3卷第417—418、513—514页。
② 《马克思恩格斯全集》原文版第3部分第3卷第417—418、513—514页。
③ 弗莱里格拉特1852年在一个丝织品仓库工作，每年挣200英镑。后来，他担任瑞士银行在伦敦的代理人，年薪是300英镑（增至350英镑）。

利益，也是一件好事。另外，恩格斯的父亲也急于使他的儿子摆脱卡尔·马克思和在伦敦的其他共产主义流亡者的影响。

恩格斯在五年以前就对马克思说过："身为共产主义者如果不从事写作，或许还可以在外表地位上作一个资产者和一个做生意的牲口，但是，如果既要广泛地从事共产主义宣传，同时又要从事买卖和工业，那就不行了。"① 现在，他不得不作为一名"称职的职员和襄理"，拿出固定的时间来处理日常事务，不得不整天与他所厌恶的商人打交道。为了保住职位，他只好避免公开拥护共产主义，只能通过匿名文章发表自己的看法。一开始，他就与宪章派的两名对立的领导人朱利安·哈尼和厄内斯特·琼斯保持联系，为琼斯主编的《寄语人民》撰稿。② 当宪章派的一个新的地方委员会在曼彻斯特选举成立时，恩格斯也在场，不过，他明确地谢绝成为其中的一员。③ 他还想在曼彻斯特组织一群宪章派研究《共产党宣言》（结果如何不得而知），该书的英译文刚刚在哈尼主编的《红色共和党人》杂志上发表。④

但是，当共产主义者同盟最终解体后，马克思和恩格斯有一段时间退出了各种积极的政治宣传活动。恩格斯在给自己的这位朋友的信中写道：

"我们现在终于再次——长时期以来第一次——有机会表明，我们不需要任何名誉，不需要任何国家的任何政党的任何支持，我们的立场

---

① 《马克思恩格斯全集》第1版第27卷第21页。

② 例如，参看恩格斯的《去年十二月法国无产者相对消极的真正原因》，载于《马克思恩格斯全集》第1版第8卷第244—256页。

③ 《马克思恩格斯全集》第1版第27卷第208页。

④ 《马克思恩格斯全集》第1版第27卷第182页。《共产党宣言》英文版的译者是艾琳·麦克法林。

不取决于这类小事情。从现在起，我们只对我们自己负责，而当这些先生用得着我们的时候来临时，我们就可以迫使他们接受我们的条件……难道像我们这种逃避官职像逃避鼠疫一样的人，适合于有一个'党'吗？"①

20年来，恩格斯一直过着一种双重的生活。在白天，他是曼彻斯特棉纺织厂办事处的一位受人尊敬的职员。他有时不得不在这里长时间地工作，例如，1852年2月，他告诉马克思说，"现在晚上七、八点以前休想有什么空闲时间，而最令人讨厌的是，我现在必须把自己的全部注意力放在这该死的生意上，否则这里一切都会弄糟，我的老头会停止给我薪水。"②

只有在深夜和周末，恩格斯才能以革命密谋者的面目出现。他给马克思的信，以及他与共产主义者朋友，如威廉·沃尔夫、格奥尔格·维尔特和后来的卡尔·肖莱马③、赛米尔·穆尔等人的会晤，都不得不避

---

① 《马克思恩格斯全集》第1版第27卷第209页。
② 《马克思恩格斯全集》第1版第28卷第22页。有时，办公室的生活稍微清闲一点。恩格斯在1868年4月17日写信告诉马克思："但愿下星期我会有更多的时间，因为营业有间歇，如果傍晚四五点钟就能脱身，那么，这样干一个晚上情况就大不相同了。"（《马克思恩格斯全集》第1版第32卷第61页）
③ 恩格斯是在一个德国青年科学家——包括海因里希·卡罗和路德维希·蒙德在内——的例行聚会上遇到肖莱马的，他们于星期六的晚上在曼彻斯特市场街新市场的"茅屋酒店"聚会。

开他在棉纺业的同行，以及他在阿尔伯特①俱乐部、席勒协会②或猎场③上结识的资产阶级伙伴。恩格斯还不想让人知道他与玛丽·白恩士的关系，为此他租了两处住宅。他在1862年给马克思的一封信中写到："我现在几乎全部时间都住在玛丽那里，想尽可能少花些钱。可惜我不能没有住所，否则我就完全搬到她那里住了。"④ 不过，恩格斯的一些有产者朋友知道玛丽·白恩士，当她在1863年去世时，他们曾写信表示慰问。⑤

恩格斯在曼彻斯特居住的主要目的达到了，因为他能够寄给马克思足够的钱，使马克思免于穷困潦倒并得以从事《政治经济学批判》(1859)和《资本论》第1卷（1867）的写作。他还可以通过另一种方

---

① J. A. 佩奇：《多维尔故居（牛津路315号）。与弗里德里希·恩格斯的关系》，载于《郎卡郡和柴郡文物研究协会学报》1962年第72卷第167页。

② 恩格斯于1864—1868年担任席勒协会主席。1859年是席勒诞辰100周年。这年的11月10日，由卡尔·济贝耳（恩格斯的一位远亲）在自由贸易礼堂组织的一次公众集会，决定在曼彻斯特成立席勒协会。L.博尔夏特医生是1860年执行委员会的主席，查尔斯·哈雷是副主席之一。曼彻斯特公共图书馆保存着一份席勒协会章程的副本。

③ 恩格斯在1857年12月31日给马克思的信（《马克思恩格斯全集》第1版第29卷第237—238页）中提到了他与柴郡猎手打猎时的收获。

④ 《马克思恩格斯全集》第1版第30卷第218页。1850—1852年，恩格斯在曼彻斯特的第一个住所是斯特兰奇韦斯路大杜西街70号（1852年改为44号）。1852—1858年他住在牛津路特隆克利夫小林坊6号，1864—1870年曾有一段时期与赛·穆尔住在一起。多维尔街25号的老房子靠近现在的曼彻斯特大学经济系。玛丽（和她的妹妹莉希）从1856年至1864年住在戈顿区海德路252号。玛丽于1863年去世后，莉希迁往阿德威克区，先是住在坦南特街，后来搬到库宁顿街（斯托克波特路）。

⑤ 《马克思恩格斯全集》第1版第30卷第310页。

式帮助马克思,即把他在棉纺织业耳闻目睹的各种信息告诉马克思供他使用,恩格斯的实际知识为马克思的理论研究提供了依据。

虽然恩格斯在 20 年里的收入一直取决于"欧门—恩格斯"公司的兴旺发达和郎卡郡棉纺织业的繁荣,但是,当公司陷入困难或工业呈现萧条时,恩格斯总是欢欣鼓舞。他对一般资产阶级,特别是曼彻斯特的商界如此深恶痛绝,以致他对降临到他头上的灾难拍手称快。例如,1851 年夏,他兴奋地写信告诉马克思,有可能出现"市场的崩溃","彼得·欧门现在一想到这里,就吓得屁滚尿流,而这只小青蛙确实是一个很好的晴雨表*"。①

在曼彻斯特的最初几年,恩格斯只能给马克思很小一笔钱,有时甚至是邮票,② 因为他还没有固定工资,只能从公司里领取生活费。他希望成为他父亲在公司中的代表,同时又不担任任何需要他经常待在办事处的职务。③ 当然,老恩格斯自然不会同意这种独出心裁的安排。当恩格斯的父亲在 1851 年夏天访问曼彻斯特时,他允许他的儿子每年从公司领取 200 英镑生活费④,但是在第二年 9 月,他就要求恩格斯将每年的支出减为 150 英镑。由于恩格斯在曼彻斯特前 10 个月中已经从公司支取了 230 英镑,所以他必须精打细算节省开支,才能满足父亲的愿

---

* 在英译文中"晴雨表"前面还有"商业状况"几个字。——译者注

① 《马克思恩格斯全集》第 1 版第 27 卷第 309 页。

② 例如,1851 年 1 月 8 日寄出 1 英镑(《马克思恩格斯全集》第 1 版第 27 卷第 181 页),1851 年 2 月 5 日寄出 1 英镑(《马克思恩格斯全集》第 1 版第 27 卷第 168 页),1851 年 5 月 8 日寄出 5 英镑(《马克思恩格斯全集》第 1 版第 27 卷第 268 页),1852 年 4 月 25 日附上几张邮票(《马克思恩格斯全集》第 1 版第 28 卷第 52 页)。

③ 《马克思恩格斯全集》第 1 版第 27 卷第 224、294 页。

④ 《马克思恩格斯全集》第 1 版第 27 卷第 224、294 页。

望。恩格斯的答复是，如果他的津贴每年只有150英镑，他将离开公司去伦敦。不过，争吵还是平息了，当1852年夏天老恩格斯再次访问曼彻斯特时，恩格斯设法使他的收入得到了令人满意的增加。

恩格斯现在的薪水是每年100英镑，再加公司利润的5%（这项收入数量更大）。1859年增到7%。到1859年，他的年收入已超过1,000英镑，这在当时是一个巨大的数目。① 当他的父亲1860年去世时，恩格斯同意，只要将10,000英镑存入他在曼彻斯特公司里的户头，他就放弃对德国公司的资产要求。但是，恩格斯直到1864年才终于成为"欧门—恩格斯"公司（曼彻斯特）的合股人，拥有公司资产的五分之一。现在，他负责管理办事处，年收入是1,000英镑，当然，还享有公司的利润分成。燕妮·马克思在1859年的预言实现了，恩格斯成了一名"棉纺大王"。不过，是一位谦逊的"棉纺大王"②！

随着恩格斯收入的增加，他给马克思的钱也增加了，从1866年的每年240英镑增加到了1867年的350英镑。③ 古斯塔夫·迈尔写到："两个朋友在1868—1870年间的通信表明，恩格斯给马克思的钱超过了马克思自己估计所需要的数量。"④ 恩格斯还通过其他方式帮助马克思。

---

① 关于1850—1870年间恩格斯的资财，参看M.克尼里姆的《天赐之财》(1978)、古斯塔夫·迈耶尔的《弗里德里希·恩格斯》（第2卷第12、29、61、107、172—175页），以及马克思和恩格斯的通信提供的许多资料。恩格斯与哥特弗利德·欧门签订的四份合同保存在普雷斯顿的郎卡郡档案室里。

② 《马克思恩格斯全集》第1版第27卷第170页。

③ 她说："我已经暗自把您看作弗里德里希·恩格斯，看作老弗里德里希·恩格斯的同事了。"《马克思恩格斯全集》第1版第32卷第268页："附上一张伦敦联合银行的87英镑10先令的支票，作为3月至6月的费用"。

④ 古斯塔夫·迈耶尔：《弗里德里希·恩格斯》第2卷第61页。

他在马克思借债时——例如从弗莱里格拉特那里借了30英镑①，从德朗克那里借了250英镑②——充当马克思的担保人。他为《纽约每日论坛报》写文章，而这些文章由马克思作为自己的文章寄给编辑，因而稿费也归马克思。恩格斯在曼彻斯特时肩负的重担，包括事务所的日常工作和晚间的写作，终于击垮了他，1857年和1858年，恩格斯由于劳累过度而得了重病。1858年初马克思在一封信中写道："我怀疑你身体还没有完全好。望多保重。在曼彻斯特的'狂飙时期'你奔走得太多了。"③

恩格斯作为合股人只在"欧门—恩格斯"公司工作了5年。他一直不喜欢欧门家的人，还抱怨工作太多。恩格斯于1869年离开了商界，并退出了"欧门—恩格斯"公司，当时他还不到50岁。1869年7月1日，他写信告诉马克思："好啊！从今天起不搞可爱的商业了，我是一个自由的人了。"④ 在他的后半生，恩格斯作为一个富裕的退休绅士在伦敦过着舒适的生活，他成了一个靠他父亲和他本人在棉纺织业积累的资本的利息为生的人。

如果考虑到恩格斯在曼彻斯特承担着许多其他工作，那么可以说他在曼彻斯特的创作成果是相当可观的。尽管他没有写出可以与《英国工人阶级状况》或《反杜林论》相媲美的大部头著作，但他仍然写下了大量有关各种问题的优秀文章。19世纪50年代，他没有机会在德国报刊上发表文章，但是，当拉萨尔于1863年成立全德工人联合会时，他还是在应该怎样对待俾斯麦和普鲁士议会的宪制冲突问题上向它的成员

---

① 《马克思恩格斯全集》第1版第30卷第154、335页。
② 《马克思恩格斯全集》第1版第30卷第154、335页。
③ 《马克思恩格斯全集》第1版第29卷第266页。
④ 《马克思恩格斯全集》第1版第32卷第309页。

发出了忠告。①

恩格斯在曼彻斯特写的文章中，较重要的是1851—1852年就1848年德国革命问题为《纽约每日论坛报》写的那些。该报编辑查理·安德森·德纳1848年在科隆见过马克思，他以为这些文章是马克思写的。编辑决不会想到，他从他的伦敦通讯员那里收到的大量文章，竟然出自曼彻斯特的一名商人之手。② 恩格斯的这些文章表明，可以相当成功地把辩证唯物主义的原则运用到当代历史的研究之中。③ 其中一篇文章中有一个精彩的段落探讨了革命的策略问题。多年以后，它对列宁在这个问题上的思考产生了重要影响。

更为重要的是恩格斯在军事评论领域所取得的成绩，他因此而赢得了"将军"这一绰号。④ 1850年以前，他对1848年的匈牙利战役⑤和1849年的巴登起义作了精彩的论述。⑥ 现在，他开始认真地研究军事史和战争艺术。1851年6月，他给一位朋友，前普鲁士军队中尉魏德迈

---

① 《马克思恩格斯全集》第1版第16卷。

② 古斯塔夫·迈耶尔：《弗里德里希·恩格斯》第2卷第30页。

③ 这些文章由马克思的女儿爱琳娜汇集成书，于1891年以马克思名义出版。德文译本于1896年出版，由考茨基编辑，署名也是马克思。

④ 弗·恩格斯：《军事论文集》英文第3卷（1958—1964），G.齐克：《将军》（1975），J. L. 瓦拉赫：《弗里德里希·恩格斯的战争学说》（1968）。

⑤ 弗·恩格斯：《匈牙利的斗争》，参看《马克思恩格斯全集》第1版第6卷第193—206页。恩格斯于1852年7月6日写信告诉马克思："当时我们根据奥地利的公报在《新莱茵报》上非常准确地叙述匈牙利战争的进程，并且出色地、尽管是谨慎地作了预言。"（《马克思恩格斯全集》第1版第28卷第80—81页）另参看威廉·李卜克内西在《回忆马克思和恩格斯》中对恩格斯文章的评价。

⑥ 《马克思恩格斯全集》第1版第7卷第127—235页。另参看克劳斯·施赖纳的《1849年巴登—普法尔茨的革命军队》（1956）。

写信，征求他对军事文献的意见。

"我自从迁来曼彻斯特以后，就开始啃军事，我在这里弄到的材料，至少对开端来说是足够了。军队在最近的运动中将具有的重大意义，我往日的爱好，我在报纸上发表的匈牙利军事通讯，以及我在巴登的光荣经历——所有这些都促使我在这方面下功夫，我想在这方面要做到能够发表一定的理论见解而又不致太丢脸。"①

奇怪的是，恩格斯直到七年以后才阅读了克劳塞维茨论战争艺术的著作。② 恩格斯研究战争艺术出于两个原因。首先，在他看来，既然工人总有一天要起来推翻他们的资产阶级压迫者，那么探讨民众起义如何战胜训练有素的军队就成为一个重要的课题。③ 因此，他对英国的志愿兵运动④、在美国内战中作战的国民军⑤以及普法战争中自由射手的活动⑥特别感兴趣。

其次，恩格斯从事军事研究得到了卡尔·马克思的鼓励，马克思比他的许多同代人都更清楚地认识到了武装力量在国家经济发展中的重要性。马克思在1859年写信告诉恩格斯：

"军队的历史比任何东西都更加清楚地表明，我们对生产力和社会关系之间的联系的看法是正确的。一般说来，军队在经济的发展中起着

---

① 《马克思恩格斯全集》第1版第27卷第576页。
② 《马克思恩格斯全集》第1版第29卷第244页。
③ W. O. 亨德森和 W. H. 查洛纳：《作为军事评论家的恩格斯》（1959）。
④ 《马克思恩格斯全集》第1版第15卷。
⑤ 卡·马克思和弗·恩格斯：《战争短评》，参看《马克思恩格斯全集》第1版第15卷。
⑥ 弗·恩格斯：《战争短评》，载于《马克思恩格斯全集》第1版第15卷第214—218页。

重要的作用。例如，薪金最初就完全是在古代的军队中发展起来的。同样，罗马人的 Peculium Castrense 是承认非家长的动产的第一种法律形式。fabri 公会是行会制度的开端。大规模运用机器也是在军队里首先开始的。甚至金属的特殊价值和它作为货币的用途，看来最初（格林石器时代以后）也是以它在军事上的作用为基础的。部门内部的分工也是在军队里首先实行的。此外，军队的历史非常明显地概括了市民社会的全部历史。"①

恩格斯在报刊上撰文论述过 1850—1870 年间发生的大多数战役。他还是《美国新百科全书》军事条目的撰稿人。他的文章表明他有深厚的地理、军事史、装备及军队给养问题等方面的知识。他的小册子《波河与莱茵河》②对把奥地利与意大利隔开的阿尔卑斯山口有精湛的分析。在考察德国军队可能通过什么路线入侵法国时，他正确地预言了施利芬计划，并认识到对比利时中立的保证只是"一纸空文"③。恩格斯在《郎卡郡和柴郡志愿兵杂志》上发表的有关英国志愿兵的文章④，

---

① 《马克思恩格斯全集》第 1 版第 29 卷第 183 页。这种观点后来 W. 松巴特在《战争与资本主义》（1913）中也曾作过论述。

② 《马克思恩格斯全集》第 1 版第 29 卷第 391 页。在这封信中，马克思称赞《波河与莱茵河》"好极了"。1861 年 5 月他在柏林时写信告诉恩格斯，哈茨费尔特伯爵夫人告诉他，"军界的高级和最高级人士"都把《波河与莱茵河》看成是一名普鲁士高级军官的著作（《马克思恩格斯全集》第 1 版第 30 卷第 162 页）。

③ 1914 年 8 月，贝思曼·霍尔韦格告诉英国驻柏林大使，保证比利时中立的条约只是"一纸空文"。

④ 1860 年 10 月 2 日，马克思写信告诉恩格斯："所有伦敦的报刊都特别注意你的那篇关于猎兵的文章，内阁的《观察家报》也议论了它。轰动一时。"（《马克思恩格斯全集》第 1 版第 30 卷第 102 页）。

曾就如何提高这种新型民兵组织的战斗力提出实际的建议。他在《曼彻斯特卫报》上发表的有关七星期战争的文章在他的军事评论中要略逊一筹。1866年7月3日，恩格斯充满自信地对读者说，入侵波希米亚的两支普鲁士军队"注定要被敌军优势兵力各个粉碎"①。三天以后，当普鲁士军队在凯尼格列茨以压倒优势击败敌军时，他不得不自食其言。②不过，1870年，幸运的是，恩格斯在《派尔—麦尔新闻》上提前一个星期正确地预见到了导致色当战役的事件。③

1867年，《资本论》第1卷大功告成，恩格斯在棉纺织业多年的辛劳终于得到了回报。马克思在5月份写信告诉他，该书已开始印刷。"没有你，我永远不能完成这部著作。坦白地向你说，我的良心经常像被梦魇压着一样感到沉重，因为你的卓越才能主要是为了我才浪费在经商上面，才让它们荒废，而且还要分担我的一切琐碎的忧患。"④ 8月份，校样改完。马克思在信中对恩格斯说："这样，这一卷就完成了。其所以能够如此，我只有感谢你！没有你为我作的牺牲，我是决不可能完成这三卷书的巨大工作的。我满怀感激的心情拥抱你！"⑤

---

① W.O.亨德森和W.H.查洛纳的《作为军事评论家的恩格斯》（1959）第134、136—140页。

② W.O.亨德森和W.H.查洛纳的《作为军事评论家的恩格斯》（1959）第134、136—140页。

③ 《马克思恩格斯全集》第1版第17卷第73—76页。

④ 《马克思恩格斯全集》第1版第31卷第31页。马克思在同一封信中写道，他希望在第2年春天完成《资本论》第2、3卷。但是，这些卷次在马克思生前没有出版。

⑤ 《马克思恩格斯全集》第1版第31卷第328—329页。

恩格斯决心不让马克思的著作被"庸人"们忽视。他亲自写了几篇关于《资本论》的书评，每篇书评都有不同的侧重点，从而可以适合各类期刊读者的兴趣。从这些书评的写作方式看，没有人会怀疑它们实际上出自作者最亲密的朋友之手。这个巧妙的计划没有完全奏效。约翰·摩里拒绝刊登一篇署名赛米尔·穆尔的书评，库格曼医生觉得在德国杂志上发表恩格斯的文章很困难。恩格斯希望把《资本论》第1卷翻译成英文，他安排他的朋友赛米尔·穆尔（恩格斯与他，在多维尔街共用一套住房）承担这项工作。但是，译本完成，是20年以后的事情了。

恩格斯在曼彻斯特的长期定居对他的事业有相当大的影响。他的商业经验使他得以为马克思写作《资本论》提供许多宝贵的帮助，他在英国北部工业城镇的见闻使他对工厂工人的生活有了深入的了解。在曼彻斯特，他结识了宪章主义者，如詹姆斯·李奇和厄内斯特·琼斯，以及罗伯特·欧文的第一个追随者而后来却成为正统的自由主义分子的约翰·瓦茨。在曼彻斯特，恩格斯发现了像切特姆和雅典神殿这样的图书馆和丛书，使他得以从事经济学研究和军事研究，而他写的一些文章也在当地发表。在曼彻斯特，他结识了两位知心朋友：一位是在欧文斯学院教授化学并帮助恩格斯进行科学研究的卡尔·肖莱马；另一位是把《资本论》第1卷译成英文的赛米尔·穆尔。

对于恩格斯在曼彻斯特的私生活，我们知之甚少。不过，很显然，正是由于认识了玛丽·白恩士和利希·白恩士，他才开始对爱尔兰问题发生兴趣。他于1856年访问了爱尔兰，后来，他看来是与芬尼亚社的密谋分子建立了某种联系——可能是一种很危险的联系。从他的早期革命活动来看，恩格斯觉得有必要在曼彻斯特过一种默默无闻的生活，只是在成了"欧门—恩格斯"公司的合伙人之后,他才作为席勒协会主席在该市的公共生活中担当一个体面的角色。

恩格斯所熟悉的曼彻斯特在他离开后的一个世纪内已面目全非。他工作过的办事处已被拆除。近年来,在牛津路两旁大学周围进行的拆除贫民窟的工作已经使他经常驻足的许多街道不见了。"欧门—恩格斯"公司(后来是欧门—罗比公司)成了英国缝纫用线公司的分部①,曾经是欧洲之最的曼彻斯特皇家交易所已经永远关闭了。"阿尔伯特俱乐部"和席勒协会已不复存在。只有牛津路的一个邮筒上的"阿尔伯特俱乐部"几个字还在提醒人们,该俱乐部曾经设在街对面。值得庆幸的是,到曼彻斯特来的游客还可以在切特姆图书馆的一间优雅的凹室内看到当年马克思和恩格斯在一起研究经济学时使用过的书桌。

结束语

迈克尔·克尼里姆在1987年出版的一本小册子中,对弗里德里希·恩格斯的资产状况提出了新的看法。② 显然,"欧门—恩格斯公司"设在曼彻斯特的办事处生意兴隆。恩格斯的父亲在19世纪40年代和50年代赚了35,518英镑。克里尼姆还逐一列出了1850年后付给弗里德里希·恩格斯的薪水。现在可以肯定,恩格斯从他的德国兄弟那里收到的并使他成为英国公司的股东的10,000英镑,实际上是由他母亲支付的。恩格斯把这当作一笔贷款来看待,并在退休的时候还清了它。克里

---

① H. E. 布莱恩:《管窥。英国缝纫用线公司的历史》(1947)。
② 迈克尔·克尼里姆:《天赐之财。有关弗里德里希·恩格斯的公司的历史和社会背景述评》(《马克思恩格斯故居简报》1987年第5卷)。

尼姆指出，恩格斯在曼彻斯特时，另外还从英国公司和巴门的"弗里德里希·恩格斯"公司——它与欧门和恩格斯家族在恩格尔斯基兴和曼彻斯特合伙经营的企业无关——的买卖中提取佣金。参看托马斯·施莱珀《恩格尔斯基兴的欧门和恩格斯家族》(1987)。

(原载《马克思恩格斯和英国工人阶级及其他文章》)

(李全鑫 译　李俊聪 校)

恩格斯和曼彻斯特的席勒协会

〔德〕F.P.席勒

原题注：1859年11月10日席勒诞辰一百周年纪念远远超出了德国的疆界。从旧金山到莫斯科，旧大陆和新大陆（那里居住着一批德国侨民）的每一个大城市，都举行了纪念席勒的活动。德国的资产者，尤其是小资产者经过十年极端黑暗的反动时期以后，渴望着民族的"精神统一"，或者从政治上说，他们渴望德国的诸小邦联合成一个强大的帝国。几乎没有比纪念席勒诞辰再好的时机来表达这些思想了。

英国是当时大多数德国革命的政治流亡者聚居的国家，这里人们也在筹备纪念席勒。马克思和恩格斯把这一时期那些民族的、主要是旨在反对波拿巴主义法国的流派看作一支民族革命的队伍①，所以尽管他们对诗人本人并不喜欢②，但对纪念活动是不会有抵触的。马克思和恩格斯（一个在伦敦，一个在曼彻斯特）对纪念活动的态度再好不过地证

---

* 本文选自《马列主义研究资料》1984年第4辑。

① 有关情况，参看《马克思恩格斯全集》第1版第13卷第247—299、633—680页。——译者注

② 有关情况参看梅林：《马克思与弗莱里格拉特的书信往来》一书。

明了这一点。①

马克思恩格斯当时曾坚决表示不参加伦敦的纪念活动。原因是,活动的组织工作完全落到了金克尔和那个在福格特事件中扮演过十分可鄙的角色的卡尔·布林德的手中。金克尔同伦敦操德语的资产阶级有着很多联系,他巴望着,如果把"嫌疑分子"拒之于门外,便能从整个这次活动中捞取一笔数目可观的钱财。他们打算利用这次活动赚得的钱能够建立起一个拥有图书馆的席勒协会。据亨利希·贝塔在《凉亭》上的一篇文章说,纪念活动应该成为"在伦敦的德意志统一的节日"。当然看不出有这方面的迹象。因为说服伦敦工人教育协会去参加一项普鲁士公使馆的人也被邀请出席的纪念活动尚且特别困难②,在这种情况下自然就根本谈不到马克思或恩格斯对这一活动能有任何好感了。

然而从一开始有一点是清楚的,即如果人们期望哪怕只有些许成就,那就必须争取弗莱里格拉特来支持这项事业。卡·布林德在撰写一篇有关席勒的传记性的散文,而金克尔正为纪念演说作准备,既然如此,金克尔为什么要反对弗莱里格拉特呢?恩格斯在1859年1月2日致弗莱里格拉特的信中十分恰当地说:"金克尔只有当他能够提起与你的来往的时候才会被大家看成是诗人。"众所周知,弗莱里格拉特怀着矛盾的心情,不顾马克思的劝告参加了庆祝活动,并写下了《在伦敦的德国人纪念席勒的节日之歌》。③ 1859年11月10日,大约两万人云集

---

① 在巴黎,马克思和恩格斯最忠实的朋友之一、律师维克多·席利也发表了一篇演说(《马克思与弗莱里格拉特的书信往来》)。

② 颇费了一番努力才把该协会的主席(好像是魏特林分子安·谢尔策尔)拉入这项纪念活动(参看梅林:《马克思与弗莱里格拉特的书信往来》)。

③ 后来金克尔指责他,说他的那首诗是迫于无奈而写出来的(参看博勒特:《弗莱里格拉特与金克尔》1915年布罗姆贝格版第40页)。

水晶宫举行庆祝；尽管花费了 200 英镑，与会者成立席勒协会的主要目的（这也是弗莱里格拉特决定参加的原因）仍然未能达到；整个事情以争吵和相互猜疑告终。

在恩格斯当时居住的曼彻斯特，情况则截然相反。这里侨民很少①，并且政治流亡者所占比例甚微，因此几乎没有发生过派别之争。曼彻斯特的德国人绝大多数是德国（主要是莱茵地区）企业公司和商号的代理人，当然还有不少出身于这些门第的子弟。这些人之中很有几个才华横溢的头脑，例如曼彻斯特整个席勒纪念活动的灵魂、恩格斯的表兄弟卡尔·济贝耳，他当时年方 23 岁，是来自莱茵地区的一位热情的诗人。济贝耳于 1856 年就已经以他父亲的商行代理人身份来到了曼彻斯特，离别故乡前不久他刚刚发表一部《诗集》（献给阿尔弗勒德·迈斯纳）。在曼彻斯特，这位年轻诗人在思想上完全为恩格斯所影响，他当时写的作品充分证明了这一点。②

马克思在曼彻斯特的两位最亲密的朋友恩格斯和威廉·沃尔弗对筹备席勒纪念活动的正式态度自然是不参与其事。关于此事，恩格斯在 11 月 4 日给马克思的信中说："这里也有席勒纪念活动（附上程序表）。我自然同这一切毫无关系。阿尔弗勒德·迈斯纳③先生将寄来开场白，

---

① 德国侨民的人数 1906 年才将近 2000 人。
② 例如 A.赫尔佐格在一篇文章中说起济贝耳时，十分不以为然地论及他的长篇小说《宗教与爱情》（1860 年汉堡版），这部小说是在英国写成的，受了"同恩格斯和英国民主派的交往所给予这位青年诗人的影响"（赫尔佐格：《乌培河谷的新文学》1888 年巴门版第 41 页）。济贝耳在乌培河谷的一个友人 Fr.罗贝尔在上述长篇小说出版后不久给他写信道："其实在许多页我都可以读出恩格斯浓烈的影响，有好有坏。"（未署明日期，似乎是 1860 年 3 月）
③ 1859 年迈斯纳曾在曼彻斯特待过一段时间。

济贝耳写闭幕词——自然是一首平淡无味的朗诵诗,但具有适当的形式。此外,这个闲人还领导《华伦斯坦的阵营》的演出;我看了两次彩排;如果这些家伙鼓起勇气干,可能还过得去。委员会全由一些蠢驴组成,无一例外⋯⋯"而第二天即11月5日在给马克思夫人的信中,恩格斯描述了席勒分子的宣传活动。"这里的庸人们对我和鲁普斯不参与整个这一次席勒纪念活动大为不满。昨天晚上我还同三个热忱的席勒分子进行了一番战斗。这些先生们根本不能理解,有这种给自己做宣传的绝好机会,怎么能不拼命挤进去。他们打算在这里成立'席勒协会',即德国俱乐部,在那里将可以看书、吃饭、饮酒、演讲、做操、演戏、弹琴,也不知道还有什么。⋯⋯尽是宣传和诽谤,谁还能参加!"纪念活动于11月10日在自由贸易大礼堂举行。根据11月17日恩格斯致马克思的信中对纪念活动的详细描述看,晚会的第一部分十分无聊:马尔库斯博士哭丧着脸宣读委员会的报告,济贝耳朗诵迈斯纳的开场白虽然还不错,但不清楚,还有泰奥多雷斯和莫雷耳的报告、合唱等。恩格斯写道:"第二部分挽救了整个演出。"因为这时有"年轻人"登台朗诵和演出《华伦斯坦的阵营》,恩格斯本人亲自参加了话剧的排练。"舞台很壮观,⋯⋯总的来说,小伙子们演得不坏⋯⋯济贝耳的闭幕词由林克宣读,清晰而又有节奏,效果很好。简单说来,第二部分挽救了整个演出。在第二部分里和第一部分被删去的一个节目里,年轻人占主导地位(我的'潜在的影响'间接地起了不小的作用,例如,《华伦斯坦的阵营》序曲是依照我的意思写的,而且写得很好),在第一部分里自作聪明的无耻之徒以及善于钻营的庸人和教师占主导地位。他们现在还打算用余款成立席勒协会,但是这笔余款是150英镑的亏空!⋯⋯星期五晚上还有歌唱家和演员狂饮到四点钟——很是快活。"

纪念活动结束以后,马上就成立了席勒协会。济贝耳这回又是协会积极的参加者。① 11月12日公布了协会纲领并开始工作。领导机构是一个理事会。②

协会的使命是为旅居曼彻斯特的德国侨民提供一个进行社交、文学和学术活动的联合中心。它包括有：图书馆、阅览室、休息室、餐厅和游艺室。协会的资金由会员缴纳的年度会费和自愿捐献筹集。会址位于市中心的库柏街卡尔顿大厦（前机械学校所在地）；同房主签订了为期八年（至1867年6月止）的契约，年租金225英镑。

看来恩格斯最初同协会的工作没有什么接触，否则11月12日公布的纲领和后来制定的章程的写法就无法加以解释。1861年5月3日左右恩格斯致席勒协会的信③，我们认为就是最初这些章程的官僚主义精神所引起的。下面这封当时协会图书馆员V.施特塞尔致恩格斯的信是促使恩格斯写那封信的起因：

席 勒 协 会

1861年5月2日

于曼彻斯特

弗·恩格斯先生：

---

① 济贝耳于1860年秋离开英国，他是协会第一任主席。但是，即使远在莱茵地区，他仍继续参与协会的文学团体的工作。这位诗人直到逝世（1868年）同马克思和恩格斯都保持着友好的关系，并为《资本论》在德国的传播作出了许多努力。有关情况参看济贝耳和马克思恩格斯的通信，阿尔特施泰特致济贝耳的信。

② 除曼彻斯特的席勒协会以外，当时布朗纳博士在布莱得弗德也成立了一个类似的协会。例如斐迪南·阿尔特豪斯写道："布朗纳博士在布莱得弗德成立了一个席勒协会，卡·布林德经常在协会作报告。"（斐·阿尔特豪斯：《旅英德国侨民史》，载于《我们的时代》）

③ 《马克思恩格斯全集》第1版第30卷第592—594页。——译者注

兹依照补充规定第34条,请务必于24小时之内将福格特的《旧事物与新事物》第2卷(书号No.14)送还图书馆。

罚款1(1/7)令便士,逾24小时不送还,再增罚2(1/6)便士。

尊敬您并忠实于您的

图书馆员V.施特塞尔谨启

恩格斯的信是对上述信件的答复,无需任何说明便一目了然。

理事会当时对此信的反应如何,我们不得而知。但是他们力求吸引恩格斯积极参与特别是文学部的工作,这一点确是事实。在1861年9月28日的一封信中,文学部秘书阿·戴维逊通知他说,遵照理事会的建议,"文学团体最近一次会议决定特邀您为席勒协会会员作一次报告"。然而,这一次看来也没有建立起更密切的关系。在1862年6月4日致卡尔·济贝耳的信①中恩格斯写道:"不客气地说,所谓的席勒协会(也叫耶路撒冷俱乐部)已经变成纯粹犹太人的机构,那里从一点半一直吵到三点钟,简直会把人弄得发狂。这个高贵的机构我几乎不再去了。犹太人往往是这样,起初他们因有了席勒俱乐部而感谢上帝,但是一旦进去了,就说什么他们觉得还不够完美,于是想要建造一座大房子,一座真正的摩西庙宇,一切都应该搬进去。这自然是一条破产的捷径。而你还得为此写篇开场白,并且担任导演!这就是所谓德意志民族机构!等着瞧吧,过上两年你就会接到通告:'**鉴于**寿终正寝的席勒**协会的破产**'云云。"

从恩格斯的材料中我们发现,他同协会的关系的完全改变是在1864年。在1864年执行威廉·沃尔弗的遗嘱时,席勒协会曾受赠100

---

① 《马克思恩格斯全集》第1版第30卷第620页。——译者注

英镑。同年，根据理事会 7 月 7 日的决议恩格斯被选为协会"理事"①，直到迁居伦敦以前一直担任此职。还有，就在 1864 年理事会进而选他为全协会的主席；这一职务他担任到 1868 年。上述会址按照契约租赁到 1867 年 7 月；然而房主不愿延长契约；因此需要另租一处或者新建自己的楼房。早在 1865 年协会就设立了会址部，以研究如何解决这一问题。

过去几年席勒协会发展十分良好；1866 年拥有 300 多名会员（其中不少是非德国人），有一个藏书 4000 多卷（大部分是德文书籍）的图书馆，阅览室订阅了 55 种杂志（绝大多数是德文的），各专门团体经常举办学术报告，特别是文学报告。

按章程规定，协会应设在市中心；但是租不到合适的地方，所以 1866 年理事会作出决议，兴建新楼。3 月 19 日发布一份铅印的致曼彻斯特全体德国侨胞的通告（由主席弗·恩格斯、财务委员伊·格·韦纳和秘书阿·布尔克哈德签署）。内中陈述了，协会准备兴建新楼，以便为曼彻斯特的各种名目的团体②提供一个公共场所。建筑费用总数为 11500 英镑，计有购买地皮、建筑和添置家具费用。协会希望从抵押债务获得其中 6000 英镑，而其余 5500 英镑则需通过捐赠的途径来筹措。但是钱的筹集进展颇为缓慢：最初那些天收到 1200 英镑，后来得到的

---

① 1864 年 7 月 8 日协会秘书阿·布尔克哈德致恩格斯的信。
② 除席勒协会外，在曼彻斯特还有一个体操协会和德国歌咏团（该团 1870 年的秘书为 J.W. 埃伯林），这两个团体经常举办赴曼彻斯特附近地区和其他城市远足游览，恩格斯也曾参加过。

钱款都少得十分可怜。尽管受恩格斯影响较大的其他几个协会①加倍资助，所希望达到的数额也未能筹到；由于这期间发生的战事加上营业危机的影响，直到协会原会址租约解除时，大体上才收入2875英镑，而不是所希望的5500英镑。

理事会同房产主进行了谈判，终于说动他延长租约一年，到1868年6月止，延长期间租金加倍。显然，对于会址问题上的这种处境，协会是一筹莫展——收入的绝大部分将消耗在房租上。例如1866年全年收入500英镑，其中80英镑用于订阅杂志，只有20英镑用于购买图书，而其余全部都交付房租了。理事会决定采取两项新的方案，按照这一方案新建筑将不在市中心，而在其他市区；这样费用就可以减少一半。1867年6月28日，理事会再次发出一份通告《致认捐席勒协会兴建新楼基金的先生们》②（由主席弗·恩格斯、财务委员伊·格·韦纳、书记阿·戴维逊签署）。通告建议，新楼不建在市中心而在诸圣教堂附近，那里可以购得便宜的地皮，这样全部建筑费用只有5700英镑。新的会址仍有可能安置所有德国人团体。——6月6日的全体会员紧急大会大体上通过了这一方案，仅一票反对。但是根据基本原则第7条和章程第20条，这种变动需要全体会员和捐赠者的同意；这次表决预订在8月份举行。

---

① 1867年2月6日，"曼彻斯特赞助图书馆"向其全体成员（其中也有不少德国侨民）发布一份号召书（英文），要求大家为席勒协会兴建新楼解囊相助。恩格斯（多次为该图书馆委员会委员）可能是这一号召书的发起人。此外，恩格斯也是一个"急需救济的外国受难者救济协会"（位于亲王街35号）委员会委员（参看1868年11月16日该协会书记Wm.贝拉赫致恩格斯的信）

② 《马克思恩格斯全集》第1版第31卷第604页。——译者注

那次大会上，兴建新楼一事看来引起一场轩然大波，最后未能决定下来。恩格斯在这个时期给马克思的信中一再诉说，兴建新楼的争吵耗费他非常多的时间。例如1868年2月2日他写道："除了忙于编制年度收支平衡表，忙于重新活跃起来的业务之外，我现在作为席勒协会的主席，还有很多很多事情要张罗，因为建设基金的问题要在两周以内解决，而目前全部工作都得自己动手。"① 但是，两周以后事情仍然没得到解决，而且弄得越来越棘手。3月19日恩格斯向马克思解释了自己恐怕无法完成一篇英文文章的缘由："这儿倒霉的席勒协会的讨厌的事（当时是龚佩尔特把我拖进去的，而他本人就再也未做什么事了）现在终于到了紧急关头；事情星期三以前要解决。我既然已经答应办理，这几天就得花费很多精力。"② "至于这儿的事，有充分理由指望我（一切由我作主）去顺利办完，而不管博尔夏特和其他各种德国人的集团怎样。因为我参与其事已达四年之久，要对成败负责，所以**我应该把这件事办到底**。"③ 3月28日关键性的大会召开了，这次会上恩格斯终于使自己关于兴建新楼的计划获得通过。第二天他写信告诉马克思："席勒协会的讨厌的事足足一个星期使我一分钟也安定不下来，直到昨天，我才终于把它顺利地办完了。如果这也办不到——而我的主要助手干的一些蠢事，差一点使这一切前功尽弃——我就会遭到臭骂，成为全曼彻斯特的笑料。在营业上'上当'，'受骗'，不用说，在这里是一个人所能碰到的最坏的事情。现在大功告成，我也如愿以偿，可以体面地不再正

---

① 《马克思恩格斯全集》第1版第32卷第28页。——译者注
② 《马克思恩格斯全集》第1版第32卷第49页。——译者注
③ 《马克思恩格斯全集》第1版第32卷第49页。——译者注

式参与这件事了；何况现在跃跃欲试者大有人在。"① 不过这件事后来还讨论过，因为在恩格斯1868年6月24日的一封信中又一次谈到了："昨天我由于席勒协会的建筑事宜忙乱不堪……"②

恩格斯的建议获得通过以后，看来他实际上辞去了主席的正式职务。不过他在协会内的影响无疑仍旧是有决定性的。这从对马克思和恩格斯怀有敌意的卢格—布林德的德国流亡者小组企图赢得对席勒协会的影响这件事便可看出。恩格斯在1868年7月10日给马克思的信中对此作了如下的叙述："我好像已经对你说过，布莱得弗德的席勒协会（即布朗纳博士）曾建议③这里的席勒协会在那里、这里和利物浦举办'旅英德国名人讲演会'。我马上对这里的人说，这一切都是为卡尔·布林德盘算出来的，不过，如果他们愿意，他们可以有保留地同意这个计划，让他们自己来证实我的怀疑。于是，上星期收到从布莱得弗德的来信进一步提供了情况。据说，他们已找过戈德施提克尔教授、麦克斯·弥勒、**卡·布林德**和**阿·卢格**！前两人提出在他们的时间和健康状况许可的条件下接受邀请。后俩人则立即无条件接受邀请，而且卢格当时就问，讲题是哲学的合适还是历史的合适。总之，事情不出所料，先生们

---

① 《马克思恩格斯全集》第1版第32卷第54—55页。——译者注

② 新楼是否建成，何时建成，我们无法确定。1870年间的信件和请柬证明，一些德国人的团体（歌咏团、体操协会）安置在席勒协会里了。还有一些指出改建大厅必要性的地方也可以使人猜想到，这期间的会址就是这座新楼，它曾经有建不成的危险。

③ 布莱得弗德的席勒协会早就试图同曼彻斯特的席勒协会建立关系。例如1861年11月11日，G.阿尔特施泰特致函济贝耳："有一位温斯先生今天给我寄来你的一纸短笺，并希望把狂人协会（即席勒协会）的章程给他寄送12份。可以帮这位先生一下忙！"

得到的答复是，戈德施提克尔和麦克斯·弥勒，这里倒是很欢迎的，而布林德和卢格，那就根本谈不上了。这个企图也就这样完蛋了。"

恩格斯在迁往伦敦之前一直是理事会理事。① 从恩格斯遗物中保留的 1867—1870 年间的书信和请柬可以看出，他不只一次地参加过各种团体的活动。1870 年 7 月在离开曼彻斯特前不久，他还参加过理事会的会议，选举援助战争受难者委员会；恩格斯是第一批捐助者之一，捐款 50 英镑。

恩格斯迁居伦敦后，席勒协会看来逐渐为一批无能之辈和沙文主义分子所把持。他的几个关系最密切的朋友如伊·格·韦纳、阿·戴维逊、赫尔姆·阿尔特盖尔特等人渐渐都不参与其事了。协会考虑过改建大厅、拆除附属建筑等各式各样的新计划。1871 年 10 月间制定了新章程。韦纳认为这些章程中"有些改得不错，但是也有些改动徒然会引起无谓的纷争"②。新章程规定，领导机构将大为扩大，其组成是：一名主席、两名副主席、一名财务委员、两名法官、一名书记和 12 名理事；会费为每年 2.2 英镑。恩格斯的朋友中间，好像只有阿尔特盖尔特由于醉心于德国统一而在席勒协会待得时间最长。③ 然而就连他对那里的事也厌倦了。1872 年 6 月 27 日他在给恩格斯的信中说："席勒协会里的

---

① 1870 年 4 月 28 日阿·戴维逊致函恩格斯："我谨荣幸地通知您，在今天举行的 1870—1871 年业务年度理事会选举中您被选为本协会理事。"

② 1871 年 10 月 27 日伊·格·韦纳致恩格斯的信。该信附有新章程的一份抄件。

③ 在 1871 年 10 月 28 日的一封信中，阿尔特盖尔特热情洋溢地谈论为庆祝德国的胜利在伦敦即将举行的"庆祝胜利活动"，并坚决主张恩格斯一定要参加庆祝活动。

情况平淡无奇。戴维逊已不在理事会，相反却是一批不知名的大人物现在正着手更改议事规程。现在规定每月的第二个星期一是开会的日子，这是为了讨好那个无赖，他在第一个星期一要参加共济会的活动。真拿这帮人没办法，对他们那些事我很快就会腻烦的。"一年以后，即1873年4月25日，阿尔特盖尔特又写道："其实我已退出委员会；里边尽是一些靠不住的家伙，同那些狂乱的观点争斗让人烦透了。"

席勒协会以后的结局如何？这个由革命作家创立并且无疑受到恩格斯的思想影响长达十年之久的协会，是忘掉自己的传统，还是仅仅追求为旅居曼彻斯特的德国侨民而去维持那个"亲爱的、爱国主义的警察国家"即那个"没有被异化的祖国"呢？我们不得而知。

第一次世界大战前几年的德文工具书中，在描述曼彻斯特市时，我们还经常找出提到兴盛的席勒协会的地方。随着世界大战的爆发，它可能落得和所有在英国的德意志教育协会相同的命运。①

[原载梁赞诺夫主编的莫斯科马克思恩格斯研究院刊物《马克思恩格斯文库》第2卷（1927年美因河畔法兰克福版）第483—493页，略有删改）]

---

① 恩格斯参与其事的程度如何，尚有待于根据曼彻斯特席勒协会的档案（如果还保存的话）来进一步研究确定。按照1926年8月18日（柏林的）"旅居国外的德国人协会"所热心提供的详细情况来看，曼彻斯特席勒协会实际上在第一次世界大战一开始就停办了，部分藏书移交给利物浦的海员使团。听说有人还要为重建协会而奔走。

附：1868年10月2日席勒协会秘书阿·戴维逊受理事会委托对9月16日恩格斯致理事会信件（《马克思恩格斯全集》第1版第16卷第366—367页）的复信。

1868年10月2日
于曼彻斯特

尊敬的先生：

值此回复上月16日尊函之际，对于您出于所陈述的理由不得不提出辞呈一事，谨受托向您表示理事会最真诚的惋惜。但是，在理事会尚未能够接受这一辞呈之前，迫切请求您再次考虑您的决定，因为理事会认为，暂时辞去职务已经完全满足了您的政治立场。理事会希望，您能同意它的上述看法，并尽快担负起您原先的职务。

受理事会委托。

尊敬您的阿·戴维逊（秘书）

（原载《阿姆斯特丹国际社会史研究所通报》
1950年第5卷第107页）

（宏道 译）

恩格斯和巴黎公社[*]

辛叔安

1871年3月18日,巴黎工人奋起推翻资产阶级的统治,建立了无产阶级专政的政权。这是一次具有划时代意义的伟大革命。在这次革命事件中,马克思作出了人所共知的杰出贡献。他不仅竭尽全力,热忱地支持公社的伟大事业,而且还通过对公社经验教训的总结,给后人留下了十分珍贵的理论财富。然而在马克思的不朽贡献中,无疑也浸透了他亲密战友恩格斯的一份心血;除此以外,恩格斯还有他自己独到的特殊贡献。本文拟在这方面作些扼要介绍。

一

巴黎革命爆发之前,欧洲的政治局势动荡不定,各类社会矛盾日益激化。1870年7月,爆发了普法战争。国际工人阶级特别是德、法两国工人阶级应该怎样认识这场战争的根源、性质和发展趋向,并采取符合工人阶级根本利益的斗争策略,就成为一个迫切需要解决的问题。为此,马克思先后起草了国际工人协会总委员会关于普法战争的两篇宣

---

[*] 本文选自《马列主义研究资料》1985年第3辑。

言，而恩格斯则以他在军事科学方面渊博的知识和才能，撰写了一系列有关的军事论文。这组以《战争短评》为总标题发表于《派尔—麦尔新闻》上的论文，阐述了国际在这场战争不同阶段上的策略，预测了战争的发展趋向及其后果，实际上是把总委员会两篇宣言的精神从军事问题的角度加以具体化。由于这些文章对军事行动的精辟分析和对战争进程及其发展趋势的正确的科学预测，引起了舆论界的轰动和重视，当时许多报刊都在自己的评论中转述了其中的内容。马克思曾称赞说："如果战争再延续一些时候，那你很快会被公认为**伦敦的头号军事权威**。"①而恩格斯从此也就在他的亲友中间获得了"将军"这个称号。

这场战争从普、法两国统治阶级来说都是为了王朝的利益，但在战争的第一阶段由于法军主动出击，德国在客观上处于防御地位。当时一些观察家曾为法皇路易·波拿巴发动军事冒险的汹汹气势所迷惑，以为法军将稳操胜券。可是恩格斯根据阶级政治内容的深刻分析，作出了完全相反的判断。他从第二帝国腐朽透顶的制度预见到法国在军事上失败的必然命运。他指出，法国的军事组织曾经取得一定的成就，现在不起作用了，"形形色色的营私舞弊的行为败坏了这个组织的机能"，这正是"第二帝国的最大弱点"。②

恩格斯考察双方军事行动时，绝不是单纯就军事论军事，而总是把军事行动同国内政局和民心联系起来。路易·波拿巴向德国大举进攻时，他就指出，路易·波拿巴所对抗的"不是普王威廉·'亚涅山大'，而是德意志民族。"③ 在头几次军事接触后，即在8月初，恩格斯

---

① 《马克思恩格斯全集》第1版第17卷第170页。
② 《马克思恩格斯全集》第1版第17卷第170页。
③ 《马克思恩格斯全集》第1版第17卷第14页。

就已看出，法军丧失了一切主动权，失败已是不可避免。令人惊佩的是，法军在色当投降的前一周，恩格斯就相当准确地判断出法军惨败和投降的地点。他在8月26日发表的《战争短评》中写道："麦克马洪的军队可能被迫在梅济埃尔和沙尔蒙—纪韦之间法国那片向比利时领土突出的狭窄地带投降。"①

战争一开始，马克思和恩格斯也曾告诫德国工人阶级，要注意普鲁士的侵略意图，防止俾斯麦政府把这场战争转变为反对法国人民的战争。对于普鲁士可能为它的侵略意图制造的借口，恩格斯从军事分析上作了揭露，他指出：德国人民并不需要占领斯特拉斯堡和麦茨来维护自己的边境安全，因为一个统一的德国，随时都有能力击退从莱茵河进犯的法军。当德国社会民主工党不伦瑞克委员会致函马克思，请求对战争性质和党应采取的立场发表看法时，马克思征询了恩格斯的意见。8月15日，恩格斯回信全面概述了自己的观点：

（1）参加民族运动……只要这一运动是保卫德国的（但这并不排斥在缔结和约以前在某种情况下的进攻）；

（2）同时强调德国民族利益与普鲁士王朝利益之间的区别；

（3）反对并吞亚尔萨斯和洛林的一切企图……

（4）一等到巴黎由一个共和主义的、非沙文主义的政府掌握政权，就力争同它光荣媾和；

（5）不断强调德国工人利益和法国工人利益的一致性，他们过去不赞成战争，现在也不互相交战……②

---

① 《马克思恩格斯全集》第1版第17卷第75页。
② 《马克思恩格斯全集》第1版第33卷第42—43页。

恩格斯的这些观点受到马克思的热烈赞扬，他指出这些观点同他自己的看法"完全一致"，并表示在这种关系到对德国工人的行动进行指导的问题上，没有事先和恩格斯商量，是"不愿采取行动的"。8月22日至30日，马克思亲自去曼彻斯特同恩格斯就这个问题具体交换意见，共同拟定了答复，寄往德国。

色当战役后，腐朽透顶的第二帝国土崩瓦解。9月4日，巴黎宣布成立法兰西共和国。局势发生了重大变化，战争"正逐渐地但是确实地变为一种为了新的德国沙文主义的利益而进行的战争"①。当时法国工人阶级处于极为困难的境地，普鲁士的兼并企图和侵略政策使民族矛盾上升，占据主要地位，可是法国的新政府却掌握在反革命的资产阶级手中。

马克思和恩格斯密切注视巴黎局势的发展，提醒法国人民要注意资产阶级国防政府的叛变活动。但是他们认为，在敌人长驱直入、直叩巴黎城门的时候，一切推翻新政府的企图都将是绝望的蠢举。恩格斯在给马克思的信中十分明确地指出："假如人们在巴黎能做点什么的话，那就应当阻止工人在缔结和约之前采取行动。"他担心巴黎工人受革命空谈的影响而"陷入迷津"，以致"在攻打巴黎前夕宣布成立社会共和国"②。他强调巴黎工人刻不容缓的任务是聚集力量，加强自己的组织。为此，他曾同国际的法国书记杜邦商谈，并充分肯定这种看法："利用共和国必然给予的自由在法国组织政党；在建立组织之后，有可能即采取行动。"③他还指出，在德、法缔结和约后这种局势必然会发生变化，

---

① 《马克思恩格斯全集》第1版第17卷第112页。
② 《马克思恩格斯全集》第1版第33卷第65页。
③ 《马克思恩格斯全集》第1版第33卷第60页。

"对工人来说,在缔结和约以后,一切条件都将比任何时候更有利"①。这实际上已预计到阶级矛盾和民族矛盾地位的变化和后来事件的发展。

然而,当巴黎人民在梯也尔政府的挑衅下,被迫奋起反击,举行震撼世界的3月18日起义时,马克思和恩格斯还是毫不犹豫地立即以参加者的实际顾问的姿态,站在革命的巴黎人民一边。

二

1871年3月18日,巴黎的无产阶级以冲天的革命干劲,击退了资产阶级的挑衅性进攻,保卫住了200余门大炮,进而控制了整个巴黎,建立了人民自己的政权。消息传出,欧洲各国无产阶级无不欢欣鼓舞,奔走相告;但是资产阶级报刊却肆意歪曲事实真相,说什么大炮是被叛乱分子非法"扣留""夺走"的,污蔑巴黎人民的革命行动是"贱民""恶棍"的"敲诈和掠夺",要求梯也尔政府"采取更严厉的强制手段","用积极的行动进行反击"。②

面对资产阶级舆论这种颠倒是非混淆黑白的恶劣行径,马克思和恩格斯认为有必要根据事实予以澄清,向世界人民说明巴黎事件的真相。3月21日,即巴黎人民起义胜利的第三天,恩格斯在国际总委员会会议上首先详细介绍了巴黎起义的经过,指出巴黎的革命并不是像资产阶级报刊和记者所写的那样,是少数人闹事,而是"政府对这些大炮抱有贪心,企图把它们从国民自卫军手中夺走"。恩格斯举了两个例子来说

---

① 《马克思恩格斯全集》第1版第33卷第65页。
② 3月20日《每日新闻》(马克思《关于巴黎公社报刊消息摘录》1975年商务印书馆版第18—19页)。

明政府的这种贪心,一是梯也尔任命奥雷耳·德·帕拉丹为国民自卫军总司令,二是打算让维努瓦率领军队进入巴黎执行夺炮任务。恩格斯指出,帕拉丹曾经当过宪兵队长,并且是个教徒,当他的军队在同德国军队打仗节节败退时,他却不顾部队将士的死活,遵照奥尔良主教杜邦鲁的指示在教堂里举行历时五小时之久的赎罪礼。任命这样一个人为国民自卫军总司令,就"使人们对政府的意图一目了然"。而维努瓦在1851年政变时就是指挥士兵枪杀街头革命群众的刽子手,让这样一个早就与人民为敌的反革命家伙率领队伍来抢夺大炮,就不难看出凡尔赛政府的狼子野心。巴黎革命人民正是在梯也尔政府这种步步进逼的情况下,被迫进行反抗的。人民的起义,部分士兵的倒戈,使起义取得了胜利。

对于领导这次起义的国民自卫军中央委员会,资产阶级报刊也肆意诬蔑和贬低,宣扬他们是"最下等的流氓"[①],是无名之辈。针对这一点,恩格斯说:"中央委员会的委员没有一个是名人,其中没有费里克斯·皮阿和类似他那样的人,但是他们在工人阶级中间却是很出名的。"这里,恩格斯不仅明确指出国民自卫军中央委员会与工人阶级的血肉联系,而且指出了巴黎革命政权的无产阶级性质。

3月28日公社宣告成立后,国民自卫军中央委员会将权力移交公社委员会。中央委员会过早地忙于选举,移交权力,没有及时追击反动派,致使梯也尔一伙逃到凡尔赛,获得喘息机会,积蓄了力量,并于四月初对巴黎进行反扑。这是国民自卫军中央委员会坐失良机,造成革命最终失败的一个重要原因。马克思和恩格斯看到了这一点,预见到革命将因失去有利时机而增添困难。4月11日,恩格斯在总委员会会议上

[①] 3月21日《旗帜报》(马克思《关于巴黎公社报刊消息摘录》,商务印书馆1975年版,第22页)。

谈到巴黎形势时指出："在国民自卫军中央委员会领导的时候,事情进行得很好,而在选举以后却是只讲不做了。向凡尔赛进军,应当是在凡尔赛力量还薄弱的时候,可是这个有利的时机被错过了。"马克思在4月6日给李卜克内西和4月12日给库格曼的信中也指出了中央委员会没有立即向凡尔赛进军和过早放弃自己权力的两种错误。

尽管如此,马克思和恩格斯对巴黎公社这个新生的人民政权还是十分关心,极力给予支持。他们同国际总委员会一起,做了不少实际工作,首先是推动英国舆论界和公众声援巴黎新政权的运动,同时他们又与公社新当选的领导人如赛拉叶、弗兰克尔、瓦尔兰等人保持密切联系,了解巴黎形势的发展。恩格斯在军事方面的特殊才能和渊博知识是人所共知的,1871年4月初,正值梯也尔反动政府大举向巴黎进攻之际,公社领导人之一瓦扬向国际波尔多支部负责人拉法格谈到,公社在抗击反动派方面缺少有军事领导才能的人。拉法格听后马上写信问马克思,能否请恩格斯到巴黎来参加领导工作,"为革命贡献自己的才能"?当然,由于当时的具体条件和种种原因,恩格斯未能去巴黎直接参加战斗。但是马克思和恩格斯不论在斗争策略、军事战术,还是社会经济措施等方面,都对公社领导人提过不少宝贵的建议和意见。

从四月初开始,巴黎进入了保卫战争时期。由于公社领导一开始就贻误战机,对敌人的反革命阴谋又估计不足,因此在开始的几次战斗中处于被动地位,形势对公社十分不利。对此恩格斯深为忧虑,他在4月11日总委员会会议上提出,现在"不能不谈谈巴黎的形势"。在分析了公社领导错过胜利时机的错误后,他指出了情况的严重性:"现在凡尔赛占了优势并在逼迫巴黎人"。但是对于巴黎无产阶级的英勇抵抗,恩格斯还是充满着希望,认为战斗将延续一个时期,不会很快结束;因为巴黎的无产阶级已经不是1848年6月起义时的无产阶级了,他们有20

万人,"比在过去所有一切起义中都组织得好得多"。在武器方面,恩格斯认为,公社已经拥有大炮,可以架设在宽阔的街道上打击敌人。当然,"情况是困难的,时机已不象两星期以前那样有利了"。

5月9日,当恩格斯得知公社的英勇抗击取得了一些成效,打退了敌人的几次大的进攻时,他兴高采烈地向总委员会报告了这个消息,并且很有信心地说:"进攻被击退了……防御正在加强……即使凡尔赛军队占领了要塞的围墙,在围墙后面还有街垒,在这些街垒中将出现前所未见的战斗。"

恩格斯对于巴黎人民的革命行动和英雄业绩十分称颂,而对于那些背叛公社事业,在战斗中贪生怕死的人却深恶痛绝。

担任过国际巴黎支部领导人之一的托伦,曾于1871年2月作为巴黎工人的代表被选进国民议会。巴黎公社成立后,他拒不执行公社关于工人议员应同反动议会决裂的要求,仍然留在镇压巴黎革命的凡尔赛议会中。他的背叛行为引起了人们的愤慨。4月18日,恩格斯在总委员会会议上要求大家重视这个问题;4月25日,总委员会批准国际巴黎支部联合会委员会的要求,由恩格斯亲自起草决议,将托伦开除出国际工人协会。

四月下旬,凡尔赛军队在猛烈炮火支援下攻占了南线伊西炮台附近的几个据点。伊西炮台司令贪生怕死,擅自弃炮逃跑,几乎造成严重后果,公社为此发布命令,撤换了克吕泽烈的军事代表职务。消息传到伦敦,恩格斯极为气愤,十分鄙视这些贪生怕死的胆小鬼。他说,那些"没有受到攻击就从伊西炮台逃跑的人们,真该枪毙!"

五月初,正当巴黎革命人民和梯也尔反动军队之间展开激烈争夺战,形势对公社十分不利的时候,侨居在伦敦的小资产阶级民主主义者欧·奥斯渥特和凯伦,出于对公社的同情,想挽救公社的不利处境,他们写信给英国及其他一些国家的知名人士,呼吁调解公社和凡尔赛之间的冲突。5月1日,他们又各自给恩格斯写信,并请恩格斯转告马克思,希望召开一个民众大会来促进调停工作。恩格斯觉得他们的愿望虽然善良,但并不了解这场斗争的意义和实质,因此没有同意这个建议,因为恩格斯清楚地知道,公社与凡尔赛之间的这场斗争,是革命与反革命间的生死搏斗,是根本无法也完全不可能调停的。

在巴黎公社失败后的第二天,马克思发表了受总委员会委托起草的著名宣言《法兰西内战》,宣言揭露了梯也尔政权的反革命实质,高度赞扬了巴黎无产阶级的革命精神,系统总结了公社的历史经验教训。在公社失败、公社战士和国际工人协会遭到各国反动政府打击迫害的情况下,宣言的发表,无疑大长了革命人民的志气,大灭了反革命势力的威风,恩格斯称赞宣言"维护共产主义的主张",是伦敦有史以来影响最强烈的一个文献。在5月30日总委员会会议上,马克思宣读的《法兰西内战》被通过,恩格斯当即建议印1000册。作为马克思的亲密战友,恩格斯积极参与了宣言的宣传和传播工作。宣言出版前,他与马克思自己出钱在报刊上刊登广告,预告《宣言》即将出版。宣言发表后,他又到处宣传,扩大影响,并亲自把它译成德文,寄往莱比锡《人民国家报》发表,并与友人联系,积极促进宣言的意大利文、俄文和其他文本的翻译出版。恩格斯还在一系列声明和信件中驳斥资产阶级人士、报刊以及工人阶级内部一些不坚定分子对《宣言》的诽谤造谣和污蔑,维护了《宣言》的正义立场。

公社失败后,梯也尔政府对革命的巴黎进行了血腥的屠杀和镇压,三万多人被枪杀,五万人被捕,成千上万的人被迫远离家乡,逃往国外。1871年5月26日,梯也尔政府向欧洲各国政府提出要求引渡公社流亡者;6月6日,它又向各国发出通告,要求同国际工人协会作斗争,"直到把国际消灭"。

于是,反对引渡、营救公社战士、救济公社流亡者的任务就紧迫地摆在马克思恩格斯和国际总委员会的面前。

恩格斯同马克思一道积极投入反对引渡和救济流亡者的工作。他们非常注意发动群众,特别是发动总委员会中的英国委员来做这一工作。由于马克思和总委员会的及时揭露,英国政府不得不打消把公社流亡者作为刑事犯引渡给法国的企图。

马克思和恩格斯还四处奔波,为流亡者筹措和发放救济基金。他们都参加了总委员会成立的公社流亡者救济委员会。恩格斯对公社流亡者的关怀和帮助,是感人至深的。直到24年后的1895年,恩格斯还为公社流亡者的生活操心。当他得知当年公社的将军符卢勃列夫斯基不幸摔断了手骨需要治疗而生活有困难时,写信给拉法格,筹划每月按时给符卢勃列夫斯基寄一点钱作为医疗费和养老金。恩格斯说:"这事有关法国社会主义的荣誉,如果让公社的最后一位将军饿死,法国社会主义今后再不能把1871年的公社算在自己的名下了。"①

恩格斯对公社事业的信念和支持是坚定不移的。1871年10月,恩格斯的母亲听信了一些攻击诽谤公社的流言蜚语,写信给恩格斯,对他支持公社的行为表示不满。恩格斯婉言拒绝了她的指责,并且用历史上被诽谤者事后常常被证明是好人的具体事例说服母亲,为公社事业辩护。恩格斯明确地说:"我丝毫没有改变将近三十年来所持的观点,这你是知道的。假如事变需要我这样做,我就不仅会保卫它,而且在其他方面也会履行自己的义务,对此你也不应该觉得突然。我要是不这样

---

① 《马克思恩格斯全集》第1版第39卷第364页。

做，你倒应该为我感到羞愧。"①

三

巴黎公社是震撼世界的伟大创举。它虽然失败了，但"公社的原则是永存的，是消灭不了的"②。总结公社的历史经验，维护公社的原则，并在实际斗争中运用这些原则，就成为马克思和恩格斯在巴黎公社之后一段时期中的一项重要任务。

1871年9月17日，国际总委员会根据恩格斯的提议召开了伦敦代表会议。会上，恩格斯作了"关于工人阶级的政治行动"的发言，他用巴黎公社的经验教训驳斥了巴枯宁之流放弃政治的谬论，明确指出无产阶级要达到自己的目的——消灭阶级，唯一的手段是无产阶级的政治统治。他说："向工人鼓吹放弃政治，就等于把他们推入资产阶级的怀抱。特别是在巴黎公社已经把无产阶级的政治行动提到日程上来以后，放弃政治是根本不可能的。"③

恩格斯在对无政府主义、法国旧的社会主义以及其他形形色色的流派作斗争中，经常回顾巴黎公社的历史经验。1872年，针对无政府主义者散布的反对"权威原则"的糊涂观念，他在《论权威》一文中指出："革命无疑是天下最权威的东西。革命就是一部分人用枪杆、刺刀、大炮，即用非常权威的手段强迫另一部分人接受自己的意志。获得胜利的政党如果不愿意失去自己努力争得的成果，就必须凭借它的武器对反

---

① 《马克思恩格斯全集》第1版第33卷第308页。
② 《马克思恩格斯全集》第1版第17卷第677页。
③ 《马克思恩格斯选集》第1版第2卷第440页。

动派造成的恐惧,来维持自己的统治。要是巴黎公社不依靠对付资产阶级的武装人民这个权威,它能支持一天以上吗?反过来说,难道我们没有理由责备公社把这个权威用得太少了吗?"① 1883 年,在纪念马克思逝世的活动中,莫斯特及其拥护者捏造事实,说什么马克思曾肯定他所作的宣传,妄图混淆科学共产主义和无政府主义的界限。恩格斯为了说明二者的根本区别,在驳斥无政府主义关于无产阶级革命应当从废除国家开始的谬论时,又引证了巴黎公社的经验。他说:"无产阶级在取得胜利以后遇到的唯一现存的组织正是国家。这个国家可能需要作很大的改变,才能完成自己的新职能。但是在这种时刻破坏它,就是破坏胜利了的无产阶级能用来行使自己刚刚获得的政权、镇压自己的资本家敌人和实行社会经济革命的唯一机构,而不进行这种革命,整个胜利最后就一定会重归于失败,工人就会大批遭到屠杀,巴黎公社以后的情况就是这样。"②

应该指出,恩格斯坚持巴黎公社的基本经验时,十分重视结合各国的具体实际,把这些经验加以充实和发展。例如,他在 1887 年为《论住宅问题》所写的序言中,就强调指出,由于德、法两国经济政治发展状况不同,学习巴黎公社的经验时,不能生搬硬套。他认为,在德国,由于家庭工业造成的农业地区革命化,工业革命散布的地区要比英国和法国广阔得多,这就造成一种局势,革命的工人运动在全国广大地区传播,而不只是局限于中心城市。因此,不能墨守巴黎公社首先在中心城市起义的成规,而应该看到首先在小城市和大部分农村地区实行变革,然后攻克中心城市的可能。他说:"在多少正常的发展条件下,我们决

---

① 《马克思恩格斯选集》第 1 版第 2 卷第 554 页。
② 《马克思恩格斯选集》第 1 版第 4 卷第 438—439 页。

不可能象巴黎人在 1848 年和 1871 年那样去取得工人的胜利,然而正因为如此,我们这里革命的首都也就不会象巴黎在上述两个场合那样败于反动的外省。在法国,运动一向都是发源于首都,而在德国则是发源于大工业、工场手工业和家庭工业地区,首都只是后来才被攻克。"① 这个光辉思想具有重要的意义。

恩格斯坚持巴黎公社的基本经验时,还反对把公社"神圣化"这一倾向。1874 年,一群法国的布朗基派流亡者在伦敦发表《致公社社员》的宣言,要求把公社看作是完全神圣的,绝对没有错误的。恩格斯就毫不容情地对他们进行批评。他指出,以为公社什么都是毫无差错,即使细枝末节也做得完全恰当,"那是多么缺乏批判精神"②!因为在任何一次革命中,就像其他任何时候一样,难免会做出许多蠢事。不搞绝对化,而是实事求是地加以分析,这种对待重大历史事件的科学态度是值得人们很好学习的。

1891 年,恩格斯为《法兰西内战》德文第三版写了导言。这篇导言是"马克思主义在国家问题上的最高成就"③,是对《法兰西内战》的最有权威的论述和补充。它不仅对巴黎公社的经验作出简洁明了的总结,而且还用公社以后 20 年来无产阶级斗争的新鲜经验加以补充和发展。这里仅简要谈谈两点。

第一,《导言》分析了公社委员在政治和社会经济措施上所犯的错误,指出无论布朗基主义者也好,蒲鲁东主义者也好,在许多场合下都不得不按照历史发展的要求,作出与他们学派信条恰恰相反的事情,这

---

① 《马克思恩格斯全集》第 1 版第 2 卷第 468 页。
② 《马克思恩格斯全集》第 1 版第 2 卷第 594 页。
③ 《列宁选集》第 1 版第 3 卷第 235 页。

是他们的措施所以往往正确的原因;而凡是墨守其学派信条的地方,则是导致其犯错误的根源。这就阐发了公社是旧的法国特有的社会主义的坟墓,而同时对法国来说又是新的国际共产主义的摇篮的思想,从而说明掌握国家政权的无产阶级必须由一个理论上成熟的无产阶级革命政党来领导。这个极为重要的思想,马克思在写《法兰西内战》时由于斗争形势的限制未能充分论述。

第二,《导言》在谈论建设新的真正民主的国家政权时,着重分析了防止社会公仆变为社会主人的措施。它指出,由社会公仆变为社会主人的这种现象,在以往所有国家中,从世袭的君主国到民主共和国,都是不可避免的。"工人阶级为了不致失去刚刚争得的统治,一方面应当铲除全部旧的、一直被利用来反对它的压迫机器,另一方面应当宣布它自己所有的代表和官吏毫无例外地可以随时撤换,来保证自己有可能防范他们。"① 这就是说,如果不打碎官僚军事机器,工人阶级就不能维护自己争得的统治;如果不采取有力措施来防止无产阶级的国家机器发生演变,工人阶级的统治也可能得而复失。这个重要的思想对于无产阶级专政条件下的政权建设是非常宝贵的。

四

从《<法兰西内战>导言》一文可以看出,恩格斯直至晚年仍然满腔热情地颂扬巴黎公社,仍然捍卫着公社的原则。他在文章结尾十分自豪地对社会民主党的庸人们说:"先生们,你们想知道无产阶级专政

---

① 《马克思恩格斯选集》第1版第2卷第336页。

是什么样子吗？请看看巴黎公社吧。这就是无产阶级专政。"① 可是近年来，西方流行着一种说法，似乎自1871年巴黎公社以后，恩格斯放弃了无产阶级革命的思想，成为"社会和平的社会主义政策的主要发言人之一"。美国资产阶级学者罗曼·莱文在一篇文章中说："和平是恩格斯在1871年以后所倡导的政策"，"实际上，恩格斯放弃了作为一种革命手段的暴力手段；他实际上放弃了不可调和的阶级斗争是一种革命手段的思想。"② 其实莱文的这套说法并不新鲜，早在1899年，伯恩施坦就在《社会主义的前提和社会民主党的任务》一书中说过："马克思和恩格斯自己随着时间的推移已经显著地改变了自己的见解"，"恩格斯在《阶级斗争》的序言中以空前的坚决态度赞扬普选权和议会活动是工人阶级解放的手段，并且同通过革命的突袭夺取政权的思想分手……"③

　　恩格斯在巴黎公社之后是否改变了自己原来的观点，完全放弃了暴力革命的思想？这需要专文加以讨论，这里我们只想简单地谈一点看法。

　　1871年公社失败后，欧洲革命和风暴的年代暂告结束，随之而来的是资本主义相对和平发展时期。客观形势的变化，要求无产阶级政党根据新的情况相应采取与过去不同的斗争策略。这时马克思和恩格斯主张，无产阶级应该进行长期而坚忍的工作，耐心地聚集力量，为未来的决定性战斗做好准备。恩格斯谈到法国的情况时说："经过了战争的浩劫和巴黎的饥馑，特别是经过了1871年5月的那些可怕的流血日子之

---

① 《马克思恩格斯选集》第1版第2卷第336页。
② 莱文：《可悲的骗局——马克思和恩格斯的比较》1975年版第206—209页。
③ 伯恩施坦：《社会主义的前提和社会民主党的任务》，殷叙彝译，三联书店1965年版，第7、85页。

后，巴黎无产阶级需要一个长久的宁静，以便养精蓄锐，任何过早的起义企图只会导致一次新的、可能是更惨重的失败。"① 他还充分肯定了当时德国社会民主党在改变旧策略上所取得的成就，指出："德国所作出的利用选举权夺取我们所能夺得的一切阵地的榜样，到处都有人模仿；无准备的攻击，到处都退到次要地位上去了。"② 这种策略上的调整和斗争手段的改变，是否能得出"恩格斯放弃了作为一种革命手段的暴力手段"，"放弃了不可调和的阶级斗争是一种革命手段"呢？恐怕不能。我们知道，恩格斯在1894年1月写的一篇文章中曾谈到《共产党宣言》的策略，说它的策略是一种"永远不忽视伟大目标的策略"③，而这个目标就是：由无产阶级夺取政权作为改造社会的手段。他阐发这个策略原则时曾指出，在坚定不移地实现这个伟大目标的前提下，无产阶级应该根据斗争条件的变化随时调整自己的策略，他说："遗憾的是，许多人为了图省事，为了不费脑筋，想永久地采用一种只适宜于某一个时期的策略。其实，我们的策略不是凭空臆造的，而是根据经常变化的条件制定的。"④ 他还指出，斗争手段和斗争方法也要根据条件的改变而变化。武装起义和革命战争这样的暴力手段，普选权和议会活动这样的和平方式，无产阶级都可以采用，但在不同的时期应该有所侧重。总之，"一切可以达到目的的手段都是有用的，不论是最强制的，或者是看起来最温和的"⑤。如果脱离这个总的策略思想，断章取义地摘引恩格斯的某几篇著作，就必然要歪曲这位革命导师的思想。

---

① 《马克思恩格斯选集》第1版第2卷第59页。
② 《马克思恩格斯全集》第1版第22卷第607页。
③ 《马克思恩格斯选集》第1版第4卷第290页。
④ 《马克思恩格斯全集》第1版第38卷第439页。
⑤ 《马克思恩格斯选集》第1版第4卷第470页。

例如，1871年巴黎公社以后，恩格斯曾结合当时斗争的形势，强调采用普选权和议会活动等和平方式的必要性，坚决反对任何过早的起义企图，但着眼点是把不断增长的社会主义战斗力量好好地保存到决战的那一天，而不让这个突击队在前哨战中被消灭掉；否则，"临到危急关头时，也许就会没有突击队，决定性的搏战就会延迟、拖远并且要求付出更大的牺牲"①。他也曾提出，随着斗争条件的变化，过去到处都起过决定作用的筑垒的巷战，现在大都陈旧了，但又十分明确地表示："这是不是说，巷战在将来就不会再起什么作用了呢？决不是。这只是说，自从1848年起，各种条件对于民间战士已变得不利得多，而对于军队则已变得有利得多了。这样，将来的巷战，只有当这种不利的对比关系有其他的因素来抵销的时候，才能达到胜利。"② 可见，恩格斯始终坚持革命的两手准备。那种把在一定条件下策略的调整和斗争手段的变化说成是放弃了暴力革命的思想，是不符合事实的。

除了1891年3月恩格斯为《法兰西内战》一书写的导言可资证明外，1895年3月恩格斯写给理查·费舍的一封信就把问题回答得更清楚了。他批评德国社会民主党的一些领导人说："我认为，如果你们宣扬绝对放弃暴力行为，是决捞不到一点好处的。没有人会相信，也没有一个国家的**任何一个政党**会走得这么远，竟然放弃拿起武器对抗不法行为这一权利。"③ 当《前进报》从《〈法兰西阶级斗争〉导言》中断章取义地摘引一些段落为和平的、反暴力的策略辩护时，恩格斯十分气愤。4月初，他写信给考茨基说："《前进报》**事先不通知我就发表了我**

---

① 《马克思恩格斯全集》第1版第22卷第609页。
② 《马克思恩格斯全集》第1版第22卷第606页。
③ 《马克思恩格斯全集》第1版第39卷第401页。

的《导言》摘录,在这篇经过修饰整理的摘录中,我是以一个**爱好和平的**、无论如何要守法的崇拜者出现的。我特别希望《导言》现在能全文发表在《新时代》上,以消除这个可耻印象。"① 恩格斯当时写的这一段话,不正好驳斥了今天某些人对他的形象的歪曲吗!

---

① 《马克思恩格斯全集》第1版第39卷第432页。

恩格斯和国际米兰支部[*]（1871—1872年）

〔苏〕И.В.格里戈丽耶娃

意大利工人运动和社会主义运动的历史早在意大利社会党建立以前就已引起历史学家们的注意。现代进步的意大利历史编纂学家在这方面做了很多工作。只要指出像阿·罗曼诺的多卷本著作[①]和加·马纳科尔及列·瓦里安的作品[②]这样一些严谨的佳作，以及进步的意大利《工人运动》杂志在这方面各种繁多的活动等，就足够说明问题了。

在研究意大利工人运动早期发展阶段的历史学家们的课题里，与第一国际有密切关系的问题是最有意思的问题。众所周知，意大利曾是一个经过了漫长、曲折和痛苦的道路才使工人运动和社会主义结合起来的国家之一。从70年代初开始，巴枯宁主义思想在意大利广泛流传。由于意大利工人运动总的来说是不成熟的，它差不多在整整十年里都受着巴枯宁主义的影响。意大利各种流派的历史学家，从无政府主义者麦·讷特劳以及右翼社会民主党人罗·米舍尔到现代的进步作家，曾广泛地

---

[*]《马列主义研究资料》1985年第2辑。

[①] 阿·罗曼诺：《意大利社会主义运动史》1954—1956年米兰—罗马版第Ⅰ—Ⅲ卷。

[②] 加·马纳科尔：《意大利工人运动及其代表大会》1953年罗马版。列·瓦里安：《意大利运动史》1951年佛罗伦萨版。

论述了巴枯宁分子的活动。然而,直到现在也不能认为已经对马克思和恩格斯反对巴枯宁主义在意大利的影响这个最重要的问题进行了研究。不研究这个问题,论述第一国际时期意大利工人运动思想领域的斗争,就必然会带有片面性。

米舍尔在一篇专著中论述了马克思主义在意大利的传播,第一次在历史文献中提出了有关马克思主义和巴枯宁主义在意大利进行斗争的问题。① 从实际材料来看,这篇著作具有一定价值。然而,它力图抹杀马克思主义和巴枯宁主义之间的深刻原则分歧,并且把马克思描绘成加剧(在米舍尔看来是不需要的)这些分歧的唯一罪人。讷特劳广泛地使用意大利社会党人与恩格斯的通信材料②,但他谈到第一国际总委员会意大利书记恩格斯的活动时,却对马克思主义带有极端的偏见和敌对情绪。实际上马克思主义和巴枯宁主义之间的分歧是不能抹杀的。一些著名的学者对我们感兴趣的问题进行了研究。例如,意大利进步的反法西斯历史学家涅洛·罗塞利在自己的著作中,汇集了有关马克思和恩格斯与意大利社会主义者关系的丰富文献资料,但有时却把工人运动中两个派别的斗争描绘成马克思与巴枯宁个人之间的冲突。③ 上面谈的阿·罗曼诺的著作极大地促进了恢复马克思主义和巴枯宁主义在意大利斗争的真实状况,以及对这场斗争所作的公正的历史评价。他的巨大功绩是发表了过去未发现的恩格斯在1871年夏季给那不勒斯社会主义者卡洛·卡菲埃罗的四封信。他用新的方式(虽然从我们的观点看来不一定正确)重新分析了他的前辈讷特劳和罗塞利所收集的材料。姜尼·博西奥

---

① 罗·米舍尔:《意大利马克思主义史》1909年罗马版。
② 讷特劳:《巴枯宁和第一国际在意大利》1928年日内瓦版。
③ 涅·罗塞利:《马志尼和巴枯宁》1927年都灵版。

的文章和发表的文献是对研究马克思主义在意大利传播的历史的宝贵贡献。然而,马克思恩格斯与意大利社会主义运动的联系和相互关系的问题仍然远远不能认为已经研究清楚,实际上给科学研究工作还留有非常广阔的余地。

首先,总委员会(恩格斯是总委员会的意大利书记)和国际意大利北方支部(米兰的、都灵的、洛迪的)之间的关系研究得还很不够。① 然而,正是在北方工业区,工厂无产阶级的干部比意大利其他地区发展得迅速,巴枯宁派不可能获得哪怕一点点可靠的阵地,而马克思和恩格斯为克服巴枯宁主义对意大利工人阶级的影响的斗争却取得了最显著的成果。因为北方的无产阶级是意大利工人阶级中最先进、接受社会主义思想能力最强的一部分。争取他们摆脱巴枯宁派将意味着为整个意大利工人运动摆脱巴枯宁主义影响创立了最重要的先决条件。

1877年恩格斯写道:"上意大利不仅在战略方面,而且在整个农业半岛的工人运动中,都起着决定性的作用。"②

因此,在总委员会意大利书记恩格斯的活动中可以看到一个明显的特点:自从同国际的意大利北方各支部建立联系以来,他对它们特别注意,把它们看作是争取意大利工人运动正确思想方针的斗争中的一个**主**

---

① 总委员会与单个的意大利工人组织的关系开始于1866—1867年,但这些组织(热那亚、那不勒斯、米兰、波伦亚、巴扎诺市的工人协会)还不是本来意义上的国际支部。第一批意大利国际支部的产生不早于1868年。其中,最强有力的、最有影响的支部是那不勒斯支部,它是其他支部的领导核心,并始终保持着与总委员会的通信联系。不过,只是在公社之后国际的影响在意大利才开始迅速增大,在这种条件下,1871年8月1日当选为意大利书记的恩格斯的积极活动,使总委员会大大地扩大了自己同意大利各支部,特别是北方支部的联系。

② 《马克思恩格斯全集》第1版第34卷第34页。

要方面。恩格斯使米兰支部在这里起到了非常重要的作用。

70年代初，意大利工人运动处于严峻的历史转折点。国家的统一使意大利的资本主义迅速发展，进而导致社会矛盾激化、阶级斗争尖锐。仅仅在1871年至1873年间，意大利罢工的次数就几乎是过去十年的一倍半。还在60年代末，罢工运动已经高涨，促进了意大利工人阶级从妄图使工人习惯于阶级合作的小资产阶级思想体系和相信通过和平道路取得社会进步的马志尼的追随者们的影响下解放出来。60年代末，马志尼主义在工人运动中的影响已开始动摇，而巴黎公社给予它彻底的打击。

在米兰，也像在整个意大利一样，工人和知识分子中的先进青年受到了法国革命事件的强烈的思想影响。公社在米兰无产者的心中引起了热烈的赞同。1871年6月初，当茹尔·法夫尔要求欧洲各国政府不要给予流亡的巴黎公社社员以避难权时，米兰工人的回答是召开了一个人数众多的集会（参加人数超过了2500人），声明他们完全赞成公社的原则，并请受迫害的公社社员们相信他们已经准备好给予受迫害者以兄弟般的援助。在公社的影响下，米兰小资产阶级民主主义者马志尼和加里波第的拥护者内部也发生了深刻的变化，而在意大利的其他城市，这些民主主义者的左翼（主要是年轻人）不顾马志尼为首的正统思潮，转而保卫公社，后来则越来越公开地赞同国际。过去的加里波第战士阿·比佐尼所主编的发行量不大的日报《玫瑰小报》已经成为米兰民主主义者左翼的喉舌。

直到1871年底米兰国际支部成立以前，《玫瑰小报》是一个中心，在它的周围聚集了米兰拥护国际的全部力量。该报从1871年9月开始同总委员会建立了联系，当然不是直接联系，而是通过那不勒斯的卡菲埃罗。卡菲埃罗被派到《玫瑰小报》，是为了发表从恩格斯那里得到的有关总委员会会议的报告和其他文件。马克思的名字在该报出现的次数日益增多,年轻的米兰社会主义者们十分赞同和尊敬他。不过,在这些革命青年中有相当一部分只是刚刚开始接近工人运动,还没有足够的政治经验和理论准备。由于出身小资产阶级,他们自然在政治上和思想上具有动摇性,因而非常容易接受巴枯宁的无政府主义思想。《玫瑰小报》的一名积极的拥护者文·佩察从1871年9月底开始与巴枯宁通信,很快就成为他的亲密的代理人,成了米兰的巴枯宁派公认的领袖。

1871年秋,佩察和另外一个巴枯宁分子大学生泰斯蒂尼加入了马志尼派的一个米兰工人协会——"工人道义互助和教育协会",并鼓动协会加入国际(自然是按巴枯宁主义的精神来阐述他们的想法)。但是,在组织米兰国际支部以及向米兰无产阶级优秀代表介绍国际工人联合会思想的活动中,主要的功绩并不属于他们。按照显然是无政府主义历史学家们所作出的传统说法,马克思和恩格斯的忠实拥护者——德国社会民主主义者泰奥多尔·库诺在这方面所起的作用直到现在仍遭到不公正的轻视。

库诺还在巴黎公社之前就成为社会主义者,那时他在开姆尼茨工作,结识了李卜克内西和倍倍尔。警察当局的通缉迫使他不得不离开故乡去奥匈帝国,然后到了意大利。他从1871年3月就在那里,并在米兰定居,成为米兰一家大企业"埃利韦季卡机器制造厂"的工程师。库诺从米兰写信给日内瓦的约·菲·贝克尔,并在他的帮助下经倍倍尔介绍加入了国际,成为被称为德语小组中心支部的成员。① 除了他,当

---

① 库诺在回忆片断中说他1869年已是国际的成员(参看《人间的普罗米修斯》,中央编译局译,人民出版社1983年版,第83页),显然有误。根据1871年11月1日他致恩格斯的信可以断定,库诺在米兰加入国际是在1871年。——译者注

时在米兰还有两个国际成员（后来加入了这个支部）：约翰·施托克和莫尔夫。但国际的地方米兰支部还没有建立，于是库诺决定着手建立它。他结识了《玫瑰小报》的比佐尼，希望通过他在米兰革命青年中找到国际的拥护者。然而，比佐尼未能向他提供任何具体的情报，没有给他任何人名和地址。贝克尔对米兰的情况也知道得不多，不能给库诺什么帮助，但把恩格斯的地址告诉了他。于是在1871年11月1日，库诺给恩格斯写了一封信，这样就开始了他们之间的通信，并且相互认识了（先是通信，然后是亲自会面）。在信中库诺请求恩格斯告诉他一些米兰同志们的姓名和地址，寄给他一份国际的章程，并给他出主意帮助他成立支部。①

恩格斯在11月13日立即给库诺写了回信。他告诉库诺，国际在米兰除了《玫瑰小报》暂时还没有其他的关系，但他相信能找到建立米兰支部的合适人选。他劝告库诺亲自努力寻找他们，答应把米兰第一个去找他的人的地址寄给他，并且强调在米兰建立支部具有特殊的意义：

"迄今一直是马志尼主义的主要中心和工业城市的米兰，对于我们来说之所以特别重要，还由于伦巴第的丝织工业区将会和米兰一起自行转到我们这边来。因此，您和您的朋友能够在米兰为共同事业而工作，将具有十分重大的意义。"②

恩格斯随信给库诺寄去了1871年9月国际伦敦代表会议通过的决议、总委员会的宣言、《法兰西内战》以及新发表的国际章程的英译本。

---

① 库诺致恩格斯的信（1871年11月1日），见苏共中央马克思列宁主义研究院档案。

② 《马克思恩格斯全集》第1版第33卷第325页。

同时，库诺结识了佩察，在后者的帮助下加入了"工人道义互助和教育协会"，并积极参加了关于这个协会是否加入国际的辩论。他还开始在米兰的企业里，特别是在埃利韦季卡工厂的部分工人中宣传国际的思想，力求吸引他们加入协会，并且争取依靠他们把协会变为国际的一个支部。库诺在协会里最初进行的一些活动，很有希望收到成效，而且11月30日他告诉恩格斯说，在最近几星期内可以考虑协会合并到国际里的问题。他请恩格斯为佩察、泰斯蒂尼、丹尼埃利、波焦、施托克、拉伊纳尔迪、奥里齐奥·桑托、波佐利、切里莫多以及其他五六十位有可能成为未来支部成员的人寄来国际会员卡。①

库诺为建立支部而奋斗，暂时还必须同佩察、泰斯蒂尼以及其他一些巴枯宁分子结成统一战线，但和他们的相互关系问题已经使他感到不安。他在11月30日的信中告诉恩格斯，米兰的国际拥护者中间有反对派，这些反对派的代表人物断言国际不是一个政治组织，并且妄想不先改革国家就能解决社会问题。库诺向恩格斯求教，如果他在支部里的朋友成为大多数，应当怎样对待这些反对派。他认为，在自己周围不能留有公开的敌人，但他又认为开除他们可能带来害处。

恩格斯于12月16日给库诺回了一封信，详述了巴枯宁和他的伙伴们反对总委员会的阴谋。但库诺没有收到这封信，因为被警察扣下了。同时，库诺确信，他和他的同志们在协会里不能争取到多数，也不能把协会变成国际的一个支部。然而他能够使人对协会的领导投不信任票，并在12月24日当选为新的领导人。在协会成员聚集的会议上，库诺建议国际的成员退出这个会议单独开会，并建立一个国际的支部。和库诺

---

① 按照伦敦代表会议的决议，会员卡被取消了，并代之以会费券，但当时这件事库诺还不知道。

一起有32人退出了协会。他们新成立的组织没有立即确认为国际的一个支部，最初取名为"无产阶级解放工人小组"。但库诺坚持小组的每一个参加者要得到国际的会员证，并要在小组章程的第一款中写明小组完全接受国际的章程。库诺、佩察、朱·贝拉齐奥、阿·博内蒂、埃·波齐和马·甘多利菲是小组委员会的成员。

1872年1月7日"工人小组"在自己的非常代表大会上一致通过决议，同意国际的基本原则，并承认它的共同章程的要求，即宣布自己是国际的一个支部。1月11日库诺把这件事告诉了恩格斯。同一天，以支部委员会的名义给恩格斯寄去了关于此事的正式通告，同时寄去了支部100个成员的会费。

在支部的纲领中我们看到了有这样一条重要的原则：

"政治自由是经济解放的自然结果和必然结果，也就是说社会问题不能脱离政治问题，并且解决前者是解决后者的条件；所以我们除了社会民主工党不承认任何其他的党。"①

分析这一段论述，可以清晰地看到其中马克思主义观点和巴枯宁主义观点的斗争痕迹。从一方面看，表面上它酷似1869年德国社会民主党爱森纳赫代表大会通过的纲领中的论述。② 这就使人产生一种看法，即德国社会民主党纲领的论述是以库诺的建议为基础的。不过两种论述之间的差异明显地指明，巴枯宁派企图把纲领变成适合于自己的思想。虽然关于无产阶级政治解放和社会解放是紧密联系的思想被保存下来，

---

① 《玫瑰小报》1872年1月13日。

② "政治自由是工人阶级经济解放的最必要的先决条件，所以社会问题不能脱离政治问题。社会问题的解决取决于政治问题的解决，并且只有在民主制国家里才有可能。"（W. 希雷德尔编：《1863年至1909年社会民主党年表手册》1910年慕尼黑版第464页）

但政治问题的解决已经不是作为解决社会问题的**条件**,而是作为它的**结果**。不过,后面一句关于工人阶级政党的原理,无疑是按库诺的坚决要求写上的,并受到伦敦代表会议决议的影响,它改变了论述的总的含意,尽管本身存在着这样或那样的不足,但实际上已摒弃了巴枯宁派那种不要政治的思想。这一点对于说明米兰支部的思想面貌是十分重要的。①

1月30日恩格斯在总委员会会议上报告了国际米兰支部成立的消息,并且认为它的章程符合国际的共同章程。根据恩格斯的提议,总委员会一致同意米兰支部的章程。②

米兰支部成立之际,正是国际里马克思主义和巴枯宁主义之间的斗争由于巴枯宁派纲领性文件——人所共知的汝拉联合会桑维耳耶通告的出现而异常尖锐化的时候,巴枯宁派用通告来回答伦敦代表会议的决议。这个通告充满了恶毒的诽谤性攻击,反对马克思和他的拥护者,要求召开国际大会来审判总委员会。凡是指望能得到支持的地方,巴枯宁都散发了通告。佩察就是从巴枯宁那里得到桑维耳耶通告的人们中的一个。1871年12月27日,库诺把这件事告诉了恩格斯,征询他对这件事

---

① 奇怪的是它没有引起阿·罗里诺的注意,他看到米兰"工人小组"的纲领反映了巴枯宁派的强烈影响,其中提到农业无产阶级(阿·罗曼诺:《意大利社会主义运动史》1954-1956年米兰-罗马版第2卷第212页)。不过,提出在农村进行宣传绝非巴枯宁派一家,例如伦敦代表会议决议第八款就谈到这一问题。当时,对无产阶级的政治作用的态度,肯定或否定独立的无产阶级政党的必要性,是马克思主义和巴枯宁主义的重要分界线。

② 国际工人协会总委员会会议记录,见苏共中央马克思列宁主义研究院档案。

的指示。①

众所周知，恩格斯发表了专门的文章《桑维耳耶代表大会和国标》来回答桑维耳耶通告。文章是为德国社会民主党机关报《人民国家报》写的，并于1872年1月3日寄给了李卜克内西。同时，恩格斯设法在国际罗曼语区联合会的《平等报》上发表这篇文章的法译文，以便让比利时、意大利、西班牙这些罗曼语国家的国际成员能够看到这篇文章。② 当文章在《人民国家报》上发表之后，恩格斯请李卜克内西把这期报纸寄若干份给他，以便他寄给该报在意大利的那些懂德语的通讯员。③ 他所指的当然首先是库诺。

然而，库诺从恩格斯那里还得到了专门为他感兴趣的问题作出的更加详细的说明。1872年1月24日，恩格斯给库诺寄来一封长信，信中对巴枯宁主义的理论、策略和组织原则作了内容非常深刻、形式十分简明的扼要评述。恩格斯强调指出，巴枯宁派的主要支柱不是工人，而是首先像意大利和西班牙这样落后的国家里的小资产阶级知识分子。巴枯宁派正是在敌人残酷破坏的时候瓦解国际的队伍，他们鼓吹摒弃政治，妄图把工人推向神甫和资产阶级共和派的怀抱。恩格斯痛斥这一阴谋，揭露它完全符合国际警察的利益。恩格斯冷静地估计了意大利的形势，坦率地承认，当时巴枯宁派在意大利的国际支部里占上风，多数支部声明赞成桑维耳耶通告。正因为如此，恩格斯认为米兰支部的所作所为具有巨大的意义，它由于库诺的活动，在企业中与工厂工人有紧密的联

---

① 库诺致恩格斯的信（1871年12月27日），见苏共中来马克思列宁主义研究院档案。
② 参看《马克思恩格斯全集》第1版第33卷第372页。
③ 参看《马克思恩格斯全集》第1版第33卷第379页。

系，而且直到现在基本上坚持了正确的立场。① 恩格斯写信告诉库诺，总委员会准备了专门的通告反击巴枯宁派（指通告《所谓国际内部的分裂》——作者注）：

"如果您**在通告发出之前**能够阻止米兰人发表类似的声明（支持桑维耳耶通告——作者注），那么您就实现了我们的一切希望。"②

其次，他又进一步指出其意义说：

"如果我们能够使米兰支部不参加意大利其他各支部的大合唱，那就好了。"③

收到恩格斯的信之后，库诺坚定了自己的意见：巴枯宁派是我们的敌人，必须对这些敌人进行坚决的斗争。由于他的坚决要求，1871年12月底发表了桑维耳耶通告的《玫瑰小报》在2月2日刊载了（虽然作了删节，并且声明自己不愿参加到这一论战中）《平等报》上发表的国际罗曼语区联合会委员会对巴枯宁派的回答。库诺不再为支部的立场担忧了。他在1872年2月1日给约·菲·贝克尔的信（他请求把这封信转寄给恩格斯）中表达了自己的信心，他说支部不支持汝拉人，因为工人赞成他的观点，而巴枯宁派在支部中只有两三个，并且不是工人，工人不了解他们，并且工人里也没有他们的志同道合者。

然而，巴枯宁派的《汝拉联合会通告》却说，似乎米兰支部同意桑维耳耶通告。看来这一消息的来源是，1871年11月29日《玫瑰小报》由于巴枯宁（他曾向米兰派去专门特使）的直接要求，刊登了桑

---

① 1872年1月13日，恩格斯写信给李卜克内西说，库诺在米兰"至今一直在那里阻止通过巴枯宁主义的决议"（参看《马克思恩格斯全集》第1版第33卷第382页）。

② 《马克思恩格斯全集》第1版第33卷第394页。

③ 《马克思恩格斯全集》第1版第33卷第397页。

维耳耶通告，同时，还刊载了署名"国际主义者小组"寄给编辑部的信，该信的起草人是支持通告的。但是，巴枯宁主义报纸的断言并不合乎事实。

直到1872年2月底，米兰支部也没有讨论对桑维耳耶通告的态度问题，只是在2月27日通告才被提交支部审议。这次会议本来打算讨论警察当局对2月10日开始发行并且一再受到查禁的支部机关报——《铁锤报》所进行的迫害的问题。库诺建议为《铁锤报》建立监察委员会，这似乎是为了防止经常被查封，实际上是为了不使报纸变为巴枯宁派的机关报（《铁锤报》的主编是佩察）。① 这个建议没有被通过。但是，库诺争取通过了一项决议，驳斥《汝拉联合会简报》关于米兰支部赞同桑维耳耶通告的报道。这项决议打算在许多社会主义的报纸上发表。但这项决议没有发表，而且不被人们所知，因为2月28日早晨库诺被米兰警察逮捕，并且在逮捕过程中从他那里搜走了全部与国际有关

---

① 人们照例根据《铁锤报》是佩察主编出版的而认为它是巴枯宁派公开的机关报、佩察和他的同伙的产儿。遗憾的是，连阿·罗曼诺也没有摆脱这种传统看法的影响。然而，我们掌握的三期《铁锤报》的内容（该报一共出版了四期）驳斥了对报纸的这种评价。它刊登了有关国际在意大利和国外的活动，当然也报道了有关无政府主义者的活动（例如罗曼尼亚国际主义者大会，它通过了带有无政府主义色彩的宣言），但同时也发表了有关总委员会会议的报告和马克思恩格斯的演说，并且丝毫没有巴枯宁派所特有的那种偏激腔调。显然，作为《铁锤报》编辑的佩察对巴枯宁主义有好感，对总委员会又不得不遵守整个支部所持有的那种忠实立场。

的材料。①

米兰支部对库诺的被捕在《玫瑰小报》上发表声明，强烈抗议警察的迫害。声明的作者指出，虽然现代社会施行的是完全为资产阶级利益建立的法制，但即使这一法制也给予工人某些权利，他们能够利用这些权利来维护自己的利益；他们能够也应当联合起来，结成联盟，共同商讨经济、政治问题及其他事务。

声明说："迄今为止，政府没有被迫废除宪法，也没有用暴力迫使意大利无产阶级屈从于非常法、我们不要怕任何胡作非为和威胁，我们要对他们提出抗议。"

这篇声明号召工人讨论政治问题，而且甚至要运用资产阶级的法律为自己的利益服务，这就再次证明了米兰支部并不赞同放弃政治，它在这一问题上同巴枯宁派持完全不同的观点。

总之，库诺在米兰支部的短期活动中，至少获得了两项重要成果：使米兰的工人国际主义者相信，工人阶级不能对政治抱冷淡的态度；使支部没有迎合桑维耳耶通告。不过，他的功绩并非只限于此：正是他而

---

① 库诺致恩格斯的信（1872年4月17日），见苏共中央马克思列宁主义研究院档案，全宗1。《汝拉联合会简报》关于米兰支部的"错误"消息未必是偶然的，因为巴枯宁派非常感兴趣的是把这个支部拉到自己一边。但十分遗憾，像格·马纳科尔达那样严肃的研究者也犯了这样的错误。然而，即使没有我们所提到的情况，事情也很清楚，给《玫瑰小报》的信一点没有谈到有关米兰支部的立场问题。首先，该信的署名是"国际主义者小组"，而不是前几天成立的米兰"工人小组"。其次，这个小组宣称自己是国际的一个支部，并且只是在1872年1月初才把这件事通知了总委员会。这样，当通告在《玫瑰小报》上出现的时候，米兰实际上还没有国际的支部。在我们看来，比较正确的看法是：这封信证明了"工人小组"中存在着分歧，其中某些成员（佩察和他的朋友们）个别地赞成通告。

不是巴枯宁派，倡议必须断绝国际主义者同马志尼主义工人联盟的关系，正是他坚持按照共同章程的要求接纳"工人小组"为国际的支部，正是他把米兰各企业的工人吸引到支部周围。恩格斯对库诺关于米兰局势的准确报道，对他在反对巴枯宁主义斗争中的毅力和不妥协性，给予了很高的评价。恩格斯在海牙代表大会上同库诺认识，并把他同国际的优秀战士之一——保尔·拉法格相提并论并不是偶然的。数十年后，库诺还常常自豪地回忆起这件事。

在反对巴枯宁主义的斗争中，库诺在米兰结识了许多同志和志同道合者，他们都曾帮助过他。人们从库诺给恩格斯的信里已经知道其中几位的名字，他们是库诺介绍给恩格斯的总委员会的忠实支持者和巴枯宁的反对者、大学生农技师弗·达尼埃利，米兰农业科学院的学生拉·贝拉，以及"埃利韦季卡"工厂的工人弗·尼埃尔。

库诺被捕并被驱逐出意大利之后，使总委员会在米兰的拥护者失去了一位深谋远虑、精明能干的领导人。他们还缺少年轻的德国马克思主义者所拥有的理论修养和经验。因此，失去库诺，就使巴枯宁派可以相当自由地进行活动。现在，巴枯宁分子马·冈得里夫接替了支部通讯书记的职位。不过他在一段时间内仍继续同恩格斯保持着联系，但现在恩格斯要影响米兰支部的立场已经困难得多了。巴枯宁派的积极活动，可能还有警察的不断迫害而造成的变化，使巴枯宁主义对米兰支部的影响从1872年开始有所增强。

但是，米兰最终也没有成为巴枯宁派的坚固堡垒。米兰支部没有出席意大利巴枯宁分子在里米尼举行的全国代表会议，这次会议于1872年8月6日通过了令人十分担忧的关于同总委员会断绝任何联系和抵制国际即将召开的海牙代表大会的决议。诚然，代表会议之后，米兰支部1872年9月声明同意这一决议，1873年3月出席了意大利巴枯宁派组织的第二次全国代表大会。但在 1873 年以后，我们没有发现有关巴枯宁派在米兰积极活动的任何消息。而在 1875 年，米兰出现了一个工人组织"劳动之子"，它在自己的纲领中公开宣布反对巴枯宁派阴谋组织和秘密协会的策略。① 社会主义报纸《人民报》从 1876 年起由洛迪转到米兰出版，该报编辑埃·波尼米亚从 1871 年就开始同马克思和恩格斯有了联系，并把忠于总委员会路线和对巴枯宁主义进行斗争的社会主义者小组团结在自己的周围，最后恰恰是在米兰 1877 年举行的国际意大利联合会的第二次代表大会上，发生了意大利工人运动史上社会主义者同无政府主义者的第一次公开分裂，它标志着巴枯宁主义的势力在意大利已开始崩溃。

  从上面所介绍的情况可以看出，直到目前，对于巴枯宁派在米兰的影响，尤其是 1872 年秋天以前从成立国际支部时起的那一段时期，人们一直都估计得过高了。这种过高的估计是由于对库诺在米兰开展的活动明显地评价过低的结果。他曾经为反对巴枯宁主义，为总委员会的路线，为马克思恩格斯的路线积极地并卓有成效地进行过斗争。更深入地研究国际米兰支部的历史，也许还能提出不少有意义的资料，并有助于充分阐明马克思和恩格斯在争取意大利工人运动摆脱与无产阶级利益相对立的巴枯宁主义意识形态的斗争中所发挥的历史作用。

（原载苏联《近代现代史》杂志 1957 年第 2 期第 112—120 页）
（门三姗、岑川 译）

---

① 《自由报》(Verviers) 1875 年 8 月 22 日。

马克思恩格斯在建立和巩固不列颠联合会委员会中的作用(1871—1873年)*

〔苏〕B.Э.库尼娜①

卡·马克思和弗·恩格斯在几十年内都同英国工人运动有紧密的联系。从40年代起,到19世纪末,在英国工人运动的各个发展时期,这两个科学共产主义的创始人(在马克思逝世后,恩格斯一个人),一直坚持不懈地进行斗争,反对向英国工人阶级散布资产阶级影响,反对机会主义和改良主义,加强英国工人运动的革命方向。同时,马克思和恩格斯还致力于使英国无产阶级的先进部分建立能够率领他们向资产阶级制度进行斗争的独立政党。因此,马克思恩格斯在建立和加强国际工人协会不列颠联合会委员会中所进行的活动,是国际存在的最后时期即70年代国际工人运动与英国工人运动史上的光辉一页,也是马克思主义同改良主义与工联主义斗争史上的光辉一页。

在国际伦敦代表会议前(即1871年9月),设在伦敦的总委员会代行了英国联合会委员会的职能。从国际成立之日起,许多大的工联组织的领导人就参加了国际,马克思认为根据国际工人协会章程的序言部分

---

* 本文选自《马列主义研究资料》1985年第2辑。
① 苏联历史学者。——译者注

所阐述的原则同他们临时合作既是可行的也是必要的。① 马克思极力设法使已经加入工联的广大英国工人群众参加国际，并认为主要任务是使这些群众摆脱他们领导人的影响。当然，对马克思恩格斯来说，同乔·奥哲尔、本·鲁克拉夫特、威·克里默、罗·阿普耳加思及其他工联领袖合作只不过是暂时的。随着国际的发展，以工联主义者为代表的右翼同马克思恩格斯领导的革命左翼之间的斗争必然要加深。初期的严重阶级斗争就会把工联主义的领袖们抛到与国际敌对的立场上去。

马克思恩格斯非常清楚英国工人运动的总的情况。恩格斯还在1858年就写道："英国无产阶级实际上日益资产阶级化了。"② 在70年代前，工联曾是英国工人的唯一的群众性组织，其领袖人物越来越公开地走上同资产阶级直接合作的道路。马克思恩格斯在深刻揭露改良主义的社会经济根源时就曾看到自由工联主义对英国工人阶级的影响加深的倾向，并且认为这将不可避免地使工人运动受自由资产阶级的支配。正因为如此，所以马克思恩格斯才怀着满腔热情始终如一地进行反对机会主义的斗争，支持在当时还很弱小的革命派。

巴黎公社是国际工人运动中新的历史阶级的分界线，国际工人运动在其发展过程中着手解决建立各国社会主义工人政党的问题。巴黎公社也是国际的历史的一个转折点，它不可避免地使革命派同小资产阶级改良主义分子划清界限。对公社的态度，是衡量任何一个活动家是否具有真正革命性的基本标准。奥哲尔和鲁克拉夫特就像其他许多工联主义活

---

① 1871年9月，恩格斯在向李卜克内西解释同著名工联主义者领袖乔·奥哲尔合作的原因时写道："奥哲尔作为工联伦敦理事会的书记曾经代表数十万工人，现在仍然代表着整整一个工种的工人。"（《马克思恩格斯全集》第1版第33卷第292页）

② 《马克思恩格斯全集》第1版第29卷第344页。

动家一样，很快停止了对巴黎公社社员及公开承认巴黎公社是国际无产阶级事业的总委员会的任何支持。1871年夏天，许多根据支部权利参加了国际并受改良主义的首领指挥的工联退出了国际。总委员会面临的任务是，加强国际在英国的思想阵地和组织阵地，并且扩大其影响。

在这新的历史形势下，马克思恩格斯认为建立独立的不列颠联合会委员会是适宜的，而不列颠联合会委员会可以成为不受资产阶级自由主义左右的英国工人政党的基础。1871年5月恩格斯谈到，这个委员会应该完成这样的任务：扩大国际在工人群众中的影响，使协会的组织不为工人贵族及其公认的首领所左右。①

根据马克思的建议，伦敦代表会议提议总委员会"号召伦敦的英国支部成立伦敦联合会委员会，这个委员会在得到外地支部和参加国际的团体公认后，即由总委员会承认为伦敦联合会委员会"②。马克思恩格斯建议成立不列颠联合会委员会时就十分明白，要实现该委员会的真正无产阶级构成及其活动的革命方向，需要进行顽强的斗争。恩格斯曾写道，必须孤立那些工联主义首领，因为他们"现在已为资产阶级所收买，或者是企求人家来收买"③。工联主义活动家（总委员会书记约·黑尔斯、托·莫特斯赫德、约·罗奇和其他人）从不列颠联合会委员会成立时起就想把它变成可以用来作为加强自己地位的机关。他们竭力把同国际没有关系的各种资产阶级激进组织的代表拉进不列颠联合会委员会，并使其把持委员会的所有正式职务，企图不让马克思恩格斯对委员会施加影响。

---

① 《马克思恩格斯全集》第1版第33卷第224—225页。
② 《马克思恩格斯全集》第1版第17卷第457页。
③ 《马克思恩格斯全集》第1版第33卷第476页。

复杂的形势需要马克思恩格斯在团结革命力量方面十分坚定、沉着和谨慎的工作。东头的大多数工人支持约·黑尔斯的情况,需要加以考虑。在这种情况下,马克思和恩格斯不得不依靠包括英国社会主义者——宪章运动领袖詹·奥勃莱恩的追随者〔如:总委员会委员马·布恩和约·哈里斯等人〕在内的不坚定的同盟者。尽管奥勃莱恩分子是一些不懂得建立群众性工人阶级政党的必要性的宗派主义者,但按照马克思的说法,他们仍然是"十分必要的与工联主义者相对抗的力量",因为他们"比较革命,在土地问题上比较坚定,较少民族主义,不易为资产阶级用各种方式所收买"①。

1871年10月25日,在伦敦各支部代表会议上成立了英国临时联合会委员会。马·巴里被选为该委员会临时主席,约·黑尔斯被选为临时书记(当时他任总委员会书记)。恩格斯积极地参加了最初的一些组织工作。1871年11月4日,他告诉威·李卜克内西:"我们在这里成立了英国联合会委员会,这样就使总委员会摆脱那些纯属英国的琐事,这是非常必要的。"②

尽管马克思恩格斯同他们的拥护者对许多工联主义活动家(譬如莫特斯赫德)向英国联合会委员会的渗透进行了抵制,但仍然有相当数量的改良主义分子钻进了英国联合会委员会。这些改良主义分子从英国联合会委员会成立的第一天起就企图把它同总委员会对立起来,企图使它的活动带有改良主义性质,并使它又变成一个妥协性组织。

为了削弱改良主义者的地位,马克思恩格斯立即采取了许多措施。1871年12月5日,在总委员会会议上,马克思提出了一种看法,即一

---

① 《马克思恩格斯全集》第1版第33卷第332页。
② 《马克思恩格斯全集》第1版第33卷第318页。

个人不能同时兼任两个委员会的书记职务。马·巴里和弗·列斯纳也反对英国联合会委员会中的改良派。国际的其他活动家也警告说，机会主义者们正企图把联合会委员会变成自己的据点。驻曼彻斯特支部（当时国际的最大一个英国支部）的总委员会代表欧·杜邦把这种情况告诉了恩格斯，并指出黑尔斯及曼彻斯特其他活动家在搞阴谋诡计。

1871年12月9日，巴里在写给恩格斯的信中谈道："亲爱的恩格斯先生，我想请求您和马克思博士对我准备向总委员会提的一个建议出出主意……总委员会书记同时又是联合会委员会书记，已经暴露出唆使一个委员会去反对另一个委员会的企图……我认为，让书记放弃不列颠联合会委员会的书记职位是制止这种状况的最好办法，如果您同意的话，我将在星期二提出这个建议。"①

马克思力求使当时制定的不列颠联合会委员会的章程建立在国际总章程的原则上，并且使其不包含工联主义的一些提法。不列颠联合会委员会章程事先由总委员会的专门委员会进行了审查，马克思曾是总委员会的专门委员会成员。在1872年1月9日和16日总委员会会议上，马克思作了关于联合会委员会章程要符合国际总章程以及成立联合会委员会的原则问题的报告。根据马克思的建议，不列颠联合会委员会的章程被批准，该委员会成员中的反对国际的异己分子（其中包括敌对的小资产阶级共和主义全国联盟的成员，已被总委员会开除的工联主义分子奥哲尔曾在这个联盟中活动），大多数被清除出去。黑尔斯被迫放弃了不列颠联合会委员会书记的职位。但是，站在黑尔斯背后的改良主义分子竟然撤销了巴里的主席的职务，并以"破坏纪律"为借口把他开除出

---

① 马·巴里致恩格斯的信（1871年12月9日）（苏共中央马列主义研究院档案）。

联合会委员会。就是那个黑尔斯被选为35人组成的不列颠联合会委员会的主席,而同他一样的改良主义分子罗奇当选为书记。为孤立改良主义分子和发展不列颠联合会的革命方向的顽强斗争,摆在了不列颠联合会委员(马克思和恩格斯的拥护者)爱·琼斯(曼彻斯特中心支部)、弗·列斯纳、约·米契尔、帕·麦克唐奈等人的面前。

1872年3月公布了不列颠联合会委员会章程,后面附有联合会致不列颠岛全体男女工人的呼吁书,该呼吁书对国际的原则作了解释并号召加入国际。章程的序言部分写道:"工人阶级的经济解放是一切政治运动都应该服从于它的伟大目标。"①

1872年春天,英国各城市里的国际支部的数目迅速增加。同不列颠联合会委员会有密切联系的《东方邮报》和《国际先驱报》报道了有关新支部成立的消息,刊登了它们的会议通告。

马克思恩格斯把不列颠联合会委员会内外的拥护者团结起来,他们认为加强同地方支部的联系、在地方支部中宣传科学共产主义和无产阶级国际主义具有重要的意义。他们特别注意曼彻斯特各工人支部;马克思恩格斯的朋友欧·杜邦曾在这些工人支部中做过大量工作。

1872年初,在曼彻斯特中心支部内围绕马克思主义关于土地问题的一个最重要的文件展开了热烈讨论。应当指出,土地所有制问题从来就是英国工人运动中划分机会主义者与革命者的一个分水岭。这个问题在曼彻斯特工人中间引起了激烈争论。3月初,杜邦给恩格斯写信说:"我们支部在讨论土地国有化问题。人们暴露出许多糊涂思想,我把它们归纳了一下。一部分人主张政府把土地租给农民;另一部分人主张像法国与其他国家一样把土地分成小块,等等。可惜的是,我没有充足的

---

① 《国际工人协会英国支部章程》1872年伦敦版。

时间研究那些我认为是最有益的问题……寄上我写的一些短评，请您斧正。"接着，杜邦叙述了他准备发言的五个要求，并请马克思恩格斯对这些要点提出必要的意见——补充他们所认为应该补充的东西，"删去不恰当的东西"。同时，杜邦指出，他在这个问题上的一切知识都归功于马克思。

恩格斯把杜邦的请求转达给马克思，马克思针对提纲涉及的问题写了详细的意见，作为对杜邦的回答。马克思论证了像具有大土地所有制的英国这样的国家实行土地国有化的必要性，并且证明，在资产阶级国家范围内实行土地国有化不可能完全彻底地解决土地问题。只有在无产阶级掌握政权的国家才能解决这一问题。马克思不仅向曼彻斯特工人讲述了自己对于土地问题的观点，而且天才地向他们展示了未来社会主义社会的图景。马克思的这些观点成了全英国工人的一笔财富。1872年5月，杜邦在曼彻斯特支部会议上作了关于土地国有化问题的报告。后来，这个报告刊登在《国际先驱报》上。

爱尔兰问题是马克思恩格斯反对向英国工人运动灌输资产阶级思想所进行斗争的最重要问题之一。马克思恩格斯认为国际在这个问题上所采取的立场具有巨大的意义，他们为消除英国工人和爱尔兰工人之间的对立进行了斗争，并严厉谴责和揭露了英国工联主义活动家与改良主义活动家的一切沙文主义表现。马克思恩格斯同爱尔兰无产阶级的先进部队经常保持着直接联系，并努力吸收爱尔兰工人参加国际。从这一目的出发，他们主张先建立爱尔兰联合会委员会，这个委员会可以作为将来建立能够领导民族解放运动的独立的爱尔兰工人政党的基础。

在爱尔兰各个城市以及在居住英国的爱尔兰人中间，开始建立国际支部。总委员会为爱尔兰选出了专职通讯书记——爱尔兰工人帕·麦克唐奈。麦克唐奈写给恩格斯的大量信件保存下来了，从这些信件可以看出,他们之间的联系非常密切,恩格斯经常给爱尔兰革命者以巨大帮助。麦克唐奈经常向恩格斯汇报关于支部发展及其活动以及爱尔兰各城市罢工的情况,还同恩格斯讨论过组织援助罢工者以及宣传国际的思想等问题。恩格斯还经常拿出自己的资金帮助受迫害的国际爱尔兰成员。

不列颠联合会委员会的改良主义首领们反对发展独立的爱尔兰工人运动,客观上他们是力求保留自己存在的物质基础——英国殖民帝国,因此,他们千方百计地企图阻挠爱尔兰工人同英国工人为争取爱尔兰民族解放而进行共同的斗争。他们断然反对把必须进行民族解放斗争这一条款写进国际爱尔兰支部章程,并且断言:"国际与爱尔兰解放毫不相干。"① 1872年春天,不列颠委员会的改良主义领导人声明必须使爱尔兰支部服从这个委员会管辖,并且禁止建立独立的爱尔兰支部。从这一目的出发,他们要求麦克唐奈把各爱尔兰支部的名单及其章程交给他们,而这些章程则应该由不列颠联合会委员会批准。麦克唐奈把这一情况告诉了恩格斯,并按他的提议把这个问题提交总委员会进行讨论。

1872年5月14日,受到其他机会主义者支持的黑尔斯在总委员会会议上建议禁止成立独立的爱尔兰支部。恩格斯反对这种要求(马克思因病未出席会议)。恩格斯的发言不仅是对组织问题上的无产阶级国际主义原则的光辉论证,而且是严格地考虑到爱尔兰工人运动和民族解放运动发展的具体历史条件的典范。恩格斯指出:像不列颠委员会的改良主义者首领那样,号召被征服的和继续受压迫的民族忘掉自己受压迫的处境和自己的民族性,抛开民族分歧,等等,这无非是替英国征服者对爱尔兰人民进行殖民压迫进行辩护。恩格斯强调指出,国际爱尔兰会员

---

① 《总委员会记录》,1872年4月2日、5月14日,见苏共中央马列主义研究院档案。

的首要任务是为自己祖国的民族解放而斗争。恩格斯证明说，改良主义者对爱尔兰问题的观点，是赤裸裸的沙文主义。总委员会的大多数会员都拥护恩格斯，并在他的帮助下击退了民族主义分子的进攻。各爱尔兰支部也都拥护总委员会的决定。

*　　*　　*

定于1872年7月底在诺丁汉召开的各英国支部的第一次代表大会应当是不列颠联合会形成的最重要阶段。这次代表大会应当完成联合会的建立工作并确定它的进一步发展。代表大会的筹备工作是在马克思恩格斯同当时工人运动的主要敌人——同其他各种小资产阶级流派结成同盟的巴枯宁主义进行激烈斗争的时候进行的。未能夺取国际领导权的无政府主义者，这时企图分裂国际工人协会。他们反对伦敦代表会议关于必须在每个国家建立独立的工人政党，以便为推翻资产阶级制度和建立工人阶级的政治统治而斗争的决议，反对伦敦代表会议的决议是巴枯宁分子同其他反马克思主义的流派与团体的基础。巴枯宁分子主要打击的就是捍卫国际思想与组织统一的总委员会。

1872年夏天，马克思恩格斯为筹备国际工人协会应届代表大会做了大量工作，按照马克思的说法，在这届代表大会上将要决定国际的存亡问题。代表大会要批准伦敦代表会议的各个决议，确定总委员会的权限。马克思同自己的战友们一起准备给无政府主义者们以决定性打击。

在许多国家举行的国际的联合会代表大会的决议具有巨大意义：它们在很大程度上决定着力量的配置，使一切革命分子团结在马克思恩格斯及他们在总委员会里的拥护者周围。马克思恩格斯也清楚地知道，诺丁汉代表大会的决议对国际在英国的命运将具有决定的意义。

各英国支部为代表大会所作的筹备工作是在革命和改良这两种方针的激烈冲突中进行的,这种冲突反映了海牙代表大会前夕几乎在国际的所有组织内进行的那种斗争。关于不列颠委员会同总委会的相互关系问题,赞同总委员会过去所进行的活动以及承认伦敦代表会议的各个决议问题,是注意的中心。机会主义者们要求给予联合委员会完全"自治的"权利,并且谴责总委员会的"独裁"行为;所谓"独裁"行为,这首先指的是总委员会在有权暂时开除违背章程的个别国际支部直到应届代表大会为止。英国改良主义者攻击国际工人协会的组织原则,他们已在1872年夏天同无政府主义者采取了完全一致的行动。

恩格斯被德意志工人教育协会伦敦支部选为代表大会的代表,他把不列颠联合会中的革命者团结在自己周围。尽管恩格斯的工作已经异常繁重(1872年6月和7月,他领导揭露西班牙秘密的巴枯宁同盟,并准备就这个问题向代表大会作专题报告),但他还是为筹备代表大会做了大量工作。在这些日子里,恩格斯不可能离开伦敦,事实上他通过根据他的建议派出的总委员会全权代表欧·杜邦对代表大会的工作发挥了巨大影响。

杜邦、列斯纳和琼斯把大部分代表团结在自己周围(《国际先驱报》编辑威·赖利曾积极支持他们),在代表大会的所有会议上对机会主义者们展开了顽强斗争。杜邦在致恩格斯的信中写道:"我不必把我为击溃他们所做的一切都告诉您。"① 在下一封信中,他告诉恩格斯说:"我们要求就信任总委员会和赞成代表会议的问题进行表决。斗争将是激烈的。如果我们取得胜利,我将向您拍发电报。应这样理解电报:第

---

① 欧·杜邦致恩格斯的信(1872年7月22日),见苏共中央马列主义研究院档案。

一,同意信任;第二,赞成代表会议;第三,否决决议(指黑尔斯向总委员会提的自治问题——作者)。"① 就在这一天,恩格斯收到了杜邦发来的电报:"第一和第二胜利了;第三被否决了(通过了黑尔斯的决议——作者),这是一个胜利。"②

诺丁汉代表大会批准了基本上符合国际章程的不列颠联合会的章程。通过了关于政治行动的决议,实际上重复了符合伦敦代表会议决议的主要原则。决议写道:"代表大会认为,工人阶级的社会解放应该成为我们一切努力所要达到的伟大目标;我们还承认,为了取得社会解放,必须进行政治活动。因此,我们有责任建立以国际的原则为基础的独立工人政党。"

代表大会正式赞成伦敦代表会议的决议,是马克思恩格斯的拥护者们的一个重大胜利。根据赖利的建议所通过的决议谈道:"鉴于英国报纸和大陆报纸经常登载各种各样的错误说法,代表大会声明,关于协会内部分裂的一切说法和有关企图使英国会员退出协会的传闻,完全是那些害怕协会原则的发展的人们制造的谎言;因此,我们声明我们同意1871年伦敦代表会议通过的决议。"③

同时,代表大会表示了对总委员会的完全信任,并且通过了包括要求普选权、土地国有化和八小时工作制等内容的政治纲领。但是,杜邦提出的把所有生产资料国有化的要求列入纲领的建议被否决了,理由是它"不合时宜"。总的来看,代表大会的决议打击了企图夺取不列颠联

---

① 欧·杜邦致恩格斯的信(1872年7月22日),见苏共中央马列主义研究院档案。
② 欧·杜邦致恩格斯的信(1872年7月22日),见苏共中央马列主义研究院档案。
③ 《经过修订规则和条例······》,见苏共中央马列主义研究院档案。

合会领导权的工联主义分子和机会主义分子。

但是，在新的联合会委员会中机会主义分子仍然占据了六分之四的名额。他们同美国的巴枯宁分子和小资产阶级改良主义分子结成同盟，继续反对伦敦代表会议的各项决议和总委员会的路线。

诺丁汉代表大会的决议大大加强了国际在英国的地位和影响。1872年7月至8月，建立了许多新支部；现在以曼彻斯特州委员会为首的曼彻斯特联合会所领导的曼彻斯特支部的数目增长得特别迅速。1872年8月，在曼彻斯特建立了一个"外国人支部"（加入该支部的主要成员是国际成员中的法国人和德国人），它成为进一步反对机会主义方向的最重要堡垒。马克思和恩格斯通过曼彻斯特州委员会书记爱·琼斯（他取代了迁居伦敦的杜邦）、外国人支部成员阿·韦格曼、库佩尔和其他一些人，在那里宣传科学共产主义思想和阐明国际的基本原则。

*　　　*　　　*

1872年9月2日，国际第5次代表大会在海牙开幕。在审查代表资格的过程中，马克思和恩格斯及他们的拥护者同把所有敌视马克思主义的分子聚集在自己周围的无政府主义者进行了顽强的斗争。英国的机会主义分子（代表大会代表）公开追随巴枯宁分子，伙同巴枯宁的助手吉约姆和施维茨格贝尔炮制了一条反对总委员会及其领导人的共同路线。这伙人为了同马克思和恩格斯等人相抗衡，在9月2日和3日的会议上以"巴里不是公认的领导人"为理由反对承认他的委托书。马克思驳斥了他们。他说："巴里不是英国工人公认的领导人这一点，是他的光荣，因为英国工人的几乎每一个公认的领导人都被格莱斯顿、莫尔里、吉尔克和其他人所收买。"[①] 工联主义者不敢回答马克思以他个人名义就这个问题对他们的公开谴责。巴里的委托书几乎是被一致确认了。

巴枯宁分子及其同盟者在海牙遇到了团结在马克思恩格斯周围的强有力的多数派。无论哪一个英国机会主义分子也不敢公开反对把伦敦代表会议关于工人阶级政治行动的决议列入国际章程，谁也不敢反对扩大总委员会的权限（授予它暂时开除那些违反章程的支部或联合会的权力），谁也不敢反对把无政府主义头子巴枯宁和吉约姆开除出国际。

海牙代表大会决议是马克思主义对于妄想得到工人运动领导权的形形色色小资产阶级流派的思想胜利。载入国际章程的关于政治行动的决议，确定了国际工人运动的进一步发展。这一决议提出把争取无产阶级专政的斗争作为社会主义政党的纲领，给无产阶级指明了在每个国家建立独立的社会主义政党的方向。因此，代表大会的各项决定都遭到敌视马克思主义的一切流派的最猛烈攻击；而不列颠联合会中的斗争则更加尖锐。英国机会主义者公开支持无政府主义者圣伊米耶代表大会决议时，也拒绝承认海牙决议和拒绝同海牙选出的新的总委员会建立联系；这些行动是公开号召分裂国际。

1872年秋天，产生了工联主义分子完全控制不列颠联合会领导权的现实危险。改良主义分子建立了许多只有五六个人组成的小支部，这些小支部都向不列颠联合会委员会派出自己的"代表"，并以这样的方式造成在委员会内的虚假多数。当时，有80人组成的西头支部在委员会中只派有一个代表，而黑尔斯、罗奇和其他人所在的东头支部以同样数量的成员却向委员会派出了六个代表。

---

① 《国际工人协会第五次代表大会报告》1873年伦敦版第9页。

在海牙曾被马克思痛斥过的工联主义者决定首先对马克思进行打击。1872年9月12日,在不列颠委员会会议上(马克思这时还在海牙),罗奇、黑尔斯、克拉克和其他人要求谴责马克思,并根据马克思在海牙为巴里的委托书辩护的发言把他开除出国际。决议的第一部分以机会主义者的多数票通过;只有两个总委员会委员列斯纳和谢克斯顿投了反对票。但是,机会主义者们不敢通过决议的第二部分——把马克思开除出国际。一些资产阶级报刊非常兴奋地抓住了不列颠委员会旨在反对国际和马克思个人的决议;英国改良主义者们反对海牙代表大会决议的这些代表,得到了英国所有敌视工人阶级的势力的支持。

马克思恩格斯明白形势的全部复杂性,便继续为不列颠联合会委员会进行顽强的斗争。恩格斯依靠曼彻斯特联合会领导了反对钻进委员会中的改良主义分子的斗争。爱·琼斯、库佩尔、韦格曼和国际的其他成员给恩格斯写的许多信件,证明他在这方面所进行的活动。1872年11月,恩格斯在给新任纽约总委员会书记弗·左尔格的信中写道:"由于一部分优秀的英国人劲头不足,黑尔斯和莫特斯赫德完全控制了联合会委员会。来自伪支部的大量代表保证了黑尔斯的多数……我们现在唯一能够做的事情,就是在这些混蛋们很快就会发生厮打以前,把优秀分子团结起来。"① 在恩格斯的领导下,不列颠委员会委员弗·列斯纳完成了这个任务,他经常同恩格斯会面,并通过口头和书面的形式同他讨论斗争的整个进程。在恩格斯的帮助下,列斯纳及其同事揭穿了不列颠委员会中机会主义分子阻挠召开保卫被囚禁的芬尼社社员的英国—爱尔兰群众大会的沙文主义企图。尽管委员会的大多数委员拒绝参加群众大会,但列斯纳同不列颠联合会委员会委员、前宪章运动者查·默里和麦

---

① 《马克思恩格斯全集》第1版第33卷第538—539页。

克唐奈一起仍按恩格斯的主张加入了群众大会筹备委员会。1872年11月3日,要求释放爱尔兰政治犯的国际英国会员和爱尔兰会员,不顾政府的禁止,在海德公园召开了群众大会。恩格斯认为,这一联合行动是总委员会始终以无产阶级国际主义精神教育国际成员的无产阶级国际主义政策的体现。

马克思恩格斯的拥护者,依靠支持总委员会的各支部代表,逐渐加强了不列颠联合会委员会的革命核心。曼彻斯特州委员会要求黑尔斯在报纸上公布不列颠联合会委员会各次会议的工作报告全文。1872年10月16日,曼彻斯特委员会通过决议,指示联合会委员会必须在《国际先驱报》上公布"1872年诺丁汉代表大会赞同的社会和政治纲领",机会主义分子力图对国际的普通英国成员隐瞒这一纲领。曼彻斯特组织公开支持海牙代表大会的决定,并谴责了那些企图散发对旧总委员会委员和马克思本人进行诬蔑的信件的人。

1872年11月底,不列颠联合会委员会中拥护马克思恩格斯的人要求改良主义领导同设在纽约的新的总委员会建立联系,并停止"向分裂分子献媚"。这个建议遭到拒绝;并且黑尔斯和其他人发表声明:"他们不承认总委员会,也不承认海牙决定,因为关于政治斗争的决议摒弃了工联主义者。"① 自由主义工联首领们(资产阶级思想的传播者)的这些言行暴露了他们猛烈攻击海牙决议的真实用意。

结束不列颠联合会委员会机会主义政策的要求越来越坚决。1872年11月28日,在不列颠联合会委员会的一次会议上宣读了曼彻斯特州委员会抗议黑尔斯把所有正式职务都揽在自己手里的信,在此之前,黑尔斯又当了不列颠联合会委员会书记,尽管改良主义者曾伪善地谴责过

---

① 《国际先驱报》1872年11月30日。

总委员会"独裁"等,而实际上在不列颠联合会总委员会里还是黑尔斯一个人在发号施令。赖利就这个问题提出了一个决议草案,他建议由委员会的一些委员分担书记的职能。他的建议被拒绝了;于是他在报纸上发表了自己的决议草案,同时,向各支部直接发出了呼吁;不列颠联合会委员会的其他委员按照马克思恩格斯的意见,也向这些支部发出了呼吁。

1872年12月初,恩格斯曾通知左尔格:"黑尔斯的反对派正在扩大。默里、米尔纳、杜邦参加了联合会委员会,其他人接着也参加了。赖利声明说,他不再打算把《国际先驱报》作为联合会委员会的正式机关报。"① 报纸的出版者和所有者赖利是根据马克思的建议这样做的。

改良主义者企图让不列颠联合会委员会通过一项拒绝承认海牙代表大会决议的正式决定,但是他们的这一企图遇到了强有力的抵制,于是在12月初他们就走上了分裂道路,企图以这种方式把大多数支部吸引到自己一边来。12月10日,他们秘密地把不列颠联合会委员会的改良主义分子邀集在一起,宣布自己是"合法的"不列颠联合委员会,然后向各英国支部发出通告,号召推翻海牙代表大会决议,并对海牙代表大会本身的合法性提出异议。通告要求召开紧急代表大会,以便选举新的联合会委员会和作出不承认海牙代表大会的正式决议。这样,不列颠联合会便宣告分裂。显然,英国的改良主义分子们是按照圣伊米耶无政府主义代表大会制定的统一计划同巴枯宁一起行动的。正是在这一时期,巴枯宁分子及其同盟者在西班牙和比利时召开的代表大会也通过了类似的决议。巴枯宁分子分裂了国际的这些组织,并拉走了一部分支部。英国的机会主义分子也想这样干。

---

① 《马克思恩格斯全集》第1版第33卷第545页。

不列颠联合会委员会的其他成员迅速采取必要措施，回击这些分裂行为。他们把业已发生的分裂通告各支部，并请求马克思和恩格斯给予帮助。1872年12月18日，列斯纳把分裂者的通告寄给了马克思，让他了解情况。同一天，赖利写信告诉马克思："火急。今天晚上我收到一个便条，其中谈到黑尔斯、莫特斯赫德、福斯特和其他一些人发出了一个通告，号召……召开代表大会，以便研究分裂的合理性问题……我将采取一些行动。我想听听您的意见。"① 第二天，赖利再次给马克思写信："亲爱的公民，如果可以的话，我将在星期六晚上到您那儿……委员会在今天开了会，并撤销了黑尔斯的职务。明天，我们将向每个支部发出呼吁书，向他们打招呼。"

12月19日，不列颠联合会委员会举行例会，黑尔斯的同伙没有出席。在这次会议上，通过了关于撤销黑尔斯委员会书记职务的决定，并且决定不列颠联合会作为符合国际章程和条例原则的唯一合法机构，遵循海牙代表大会的决议，继续进行工作。维克里被选为不列颠联合会委员会的书记。

1872年12月20日，马克思同不列颠联合会委员会的一些委员一起向各支部发出了回击分裂者通告的呼吁书；12月23日委员会会议一致批准，这个呼吁书由不列颠联合会委员会十名委员签署，作为传单散发给联合会的所有支部和全体成员。呼吁书揭露了以黑尔斯、莫特斯赫德、埃卡留斯、荣克和其他人为首的英国分裂者行动的破坏性（这些分裂者拒绝承认海牙代表大会决议，从而在实际上把自己置于国际之外），建议各支部召回所有签署分裂通告的代表。同时，恩格斯根据曼彻斯特

---

① 赖利致马克思的信（1872年12月18日），见苏共中央马列主义研究院档案。

外国人支部的请求,并以这一支部的名义写了一个呼吁书。12月21日支部会通过了这个呼吁书,并于不久后印成了传单。在这一文件中,恩格斯揭露了分裂者行为的内幕,同时阐明了伦敦代表会议和海牙代表大会关于政治行动的决议对英国工人的意义。恩格斯写道,这个决议"号召这里的即英国的工人阶级不要再扮演'伟大的自由政党'的尾巴,并建立自己的独立政党"①。

马克思和恩格斯起草的许多文件,对于在国际的英国成员面前揭露机会主义分子起了巨大作用。马克思恩格斯在报刊上"同机会主义者展开的论战",对于向国际会员说明目前进行的立场斗争和改良主义者的破坏活动的意义,也起了不少作用。1872年12月21日,《国际先驱报》发表了以马克思和恩格斯署名的给该报编辑的信,信中揭露了机会主义者对海牙代表大会决议以及首先是对总委员会的诬蔑性言论,揭示出促使改良主义者庇护巴枯宁分子的原因。这一期报纸还发表了不列颠联合会委员会委员乔·密契尔致整个联合会的一封信,他在信中揭露了改良主义分子在不列颠联合会委员会内制造虚伪多数的鬼蜮伎俩。按照马克思恩格斯的主张,不列颠联合会委员会其他成员同黑尔斯和其他人继续进行了"论战"。列斯纳发表了题为《诚实的约·黑尔斯》的长篇文章。后来,刊登在《国际先驱报》(1873年1月25日版)上的联合会委员会第二个呼吁书接着回答了分裂主义分子的新论调。在恩格斯的协助下,不列颠联合会委员会书记维克里宣读了一封长信,揭露机会主义者把他们提出召开的"代表大会"当作合法的不列颠联合会代表大会的企图。

1873年1月底,形势已经明朗了,十分明显的是:分裂主义者领

---

① 《马克思恩格斯全集》第1版第18卷第222页。

导联合会的企图已经破产。在1月26日,出席他们的代表大会的人只有12名。曼彻斯特的一些支部,如西头、诺丁汉、米德尔兹布勒及其他支部都坚决支持不列颠联合会委员会反对分裂主义者。一些新的工人组织也来加入不列颠联合会,其中有以马克思恩格斯的战友前巴黎公社社员奥·赛拉叶为首的国际劳动保护联盟(在诺丁汉)。1873年2月,提出加入不列颠联合会委员会的支部已经有23个,而跟着机会主义者走的联合会成员却为数不多。现在,可以结束"论战"了;这就是马克思给赖利出的主意。

为不列颠联合会委员会而进行的持续近一年半时间的斗争,以革命力量的胜利、机会主义分子被孤立而结束了。领导联合会的机关,在行动中同马克思恩格斯保持着充分的联系。

*　　*　　*

不列颠联合会委员会的任务现在是:进行顽强的经常有条不紊的工作,使英国工人摆脱工联主义的思想影响,把更加广泛的工人群众吸引到国际方面来。但是,不论马克思还是恩格斯都没有对现阶段整个英国工人运动的普遍发展抱任何幻想。1872年12月30日,恩格斯给《人民国家报》的一个编辑写信说:在英国,工人运动的"情况比任何时候都坏,由于工业的繁荣,也只能指望这样",在工人团体中,照例是一些曾"被马克思在海牙痛斥为卖身投靠者的工人首领"在起作用。①

恩格斯并不是不列颠联合会委员会的正式成员,但事实上他在以后却继续领导着它的全部工作,并且为它花了很多精力和时间。1873年春天,在恩格斯与不列颠联合会委员会之间曾有过一种最紧密的联系。

---

① 《马克思恩格斯全集》第1版第33卷第554、553页。

3月20日,恩格斯给左尔格写信说:"给不列颠联合会委员会的东西,你可以全部寄给我,或者寄给书记赛·维克里……也可以寄给弗·列斯纳。"① 在恩格斯的帮助下,不列颠联合会委员会与国际总委员会之间建立起了牢固的联系。

恩格斯对不列颠联合会委员会同国际工人协会的其他组织建立国际主义联系起了促进作用。根据他的建议并且由他参加,委员会对罢工的日内瓦钟表匠提供了帮助。这种帮助是很有成效的:罢工委员会书记在宣布罢工者实行九小时工作日这一胜利时,对不列颠联合会委员会给予的物质援助表示了感谢。委员会向西班牙工人伸出了兄弟般互相支持之手,并祝贺他们于1873年春天建立了共和国。西头支部向西班牙工人写的呼吁书是由恩格斯翻译并由他寄给西班牙的社会主义报纸《解放报》的。3月13日,恩格斯在致不列颠联合会委员会的信中谈道,英国工人的这个呼吁书在西班牙产生了很大的影响。

不列颠联合会委员会是英国唯一纪念巴黎公社并继续公开宣传公社事业的组织。不列颠联合会委员会召开隆重大会庆祝公社两周年,按照专门作出的决定,邀请马克思和恩格斯参加大会。1873年3月24日,当着国际伦敦成员和部分巴黎公社流亡委员的面,维克里宣读了不列颠联合会委员会关于巴黎公社向国际工人协会全体会员和英国工人的正式号召书;这个号召书是根据马克思的著作《法兰西内战》的一些章节起草的。在群众大会上,委员会委员巴里、米尔纳、梅莱、列斯纳和其他人也发了言。

恩格斯让不列颠联合会委员会特别注意同工联中的工人建立密切联系的必要性。不列颠联合会委员会特别委员会进行了一系列尝试与工联

---

① 《马克思恩格斯全集》第1版第33卷第574页。

伦敦委员会建立直接联系，但是工人贵族的代表拒绝了这些建议，并且扬言：不列颠联合会委员会不是真正的工人组织。于是，通过了越过他们的首领直接向普通工联成员发号召书的决定。杜邦和巴里受委托起草号召书，后来，号召书用《国际和工联》的标题发表在《国际先驱报》副刊上。不列颠联合会委员会的这个号召书，是最完全地阐述国际对待工会的政策的最重要文件。

分析这个文件可以得出这样一个结论，即马克思恩格斯对写成这个文件无疑具有直接关系。这一文件简要阐述了纽约总委员会制定的与海牙代表大会决议相联系的工会国际联合会章程草案，并且对国际各次代表大会和代表会议关于工联问题和对各国罢工者组织援助等问题所作的全部决议作了简要评介。号召书阐明了伦敦代表会议和海牙代表大会关于工人阶级政治行动的决议的意义，揭穿了改良主义者认为这些决议敌视工联的种种臆测。号召书说："国际工人协会宣布工人阶级必须进行政治活动，认为这种活动仅仅是达到目的的一种手段而已，而工人阶级的社会经济解放才是它的目的，简言之，就是消灭阶级。"

从1873年4月份起，不列颠联合会委员会开始筹备联合会第二次代表大会。这次代表大会应该解决加强联合会的组织、同工联的关系以及实施海牙代表大会关于工人阶级进行政治活动的决议的最好方法等一系列问题。

马克思恩格斯认为举行这次代表大会具有重要意义。这次代表大会的任务是：巩固在联合会中取得的对于机会主义方向的胜利，确定把英国群众争取到国际方面来的方法。马克思恩格斯同筹备委员会委员一起制定了议事日程，讨论了这次代表大会的决议草案和大会工作的组织问题。

代表着几乎英国所有工业中心的26名代表出席的不列颠联合会第

二次代表大会，于1873年6月1日至2日在曼彻斯特举行。所有重要问题的决议都一致通过。曼彻斯特代表大会的一个决议曾确认工人阶级用武装方式来捍卫自己要求的权利。在关于"红旗"的决议中曾这样写道："鉴于国际是一个战斗的联合组织，它的成员是为着取得普遍和平和兄弟团结而用团结的纽带联合在一起的，如果义务和需要召唤他们拿起武器捍卫自己的权利，他们将不会动摇……另一方面，鉴于红旗是象征国际的原则和目的的唯一旗帜……代表大会声明，红旗被宣布为不列颠联合会的旗帜。"① 这次代表大会在英国工人阶级历史上第一次通过了不仅是土地国有化，而且是一切生产资料国有化的决议，在关于政治活动的决议中宣布要建立一个不依赖现有任何政党并与之对立的新政党。

代表大会通过了联合会章程并选举出新的联合会委员会，同英国社会主义者巴里、德松、维克里及其他人一起，德国人弗·列斯纳和韦纳与法国人勒、·穆修和奥·赛拉叶也被选入委员会。

以英国先进工人的名义公开宣布马克思主义原则的代表大会决议，彻底清除了国际不列颠联合会中的机会主义分子。

恩格斯在对代表大会作总结时写道："任何一个了解英国工人运动史的人都承认，从来还没有一个英国工人代表大会提出过这样深远的要求。"恩格斯高度评价代表大会的结果，用他的话来说，代表大会"无疑将为英国工人运动开辟一个时代"②。

---

① 《曼彻斯特代表大会决议》，见《不列颠联合会第二次代表大会报告》1873年伦敦版第20—21页。

② 《马克思恩格斯全集》第1版第18卷第517页。

* * *

1873—1874年期间，不列颠联合会委员会继续进行活动。但是，英国总的社会经济条件，日益加紧的对工人阶级上层人物的收买和自由工联主义的统治，暂时把英国无产阶级变成了自由资产阶级的附庸。国际在英国的组织，如同在其他国家的组织一样，已经完结，而要建立真正的群众性的工人政党还缺乏必要的条件。1874年5月，马克思在给库格曼的信中指出："在英国，现在只有农业工人的运动有所前进；产业工人应当首先摆脱他们现时的领袖。"①

恩格斯于1874年2月在为《人民国家报》撰写的《英国的选举》一文中，对于受国家的社会经济状况制约的英国工人运动的状况作了深刻的分析。恩格斯写道："英国再也没有工人自己的政党。这种情况在这个国家里是可以理解的，因为这里的工人阶级从大工业的巨大高涨中得到的利益，比任何地方的工人阶级所得的要多，在英国称霸世界市场的情况下也不能不是这样……工人参加一般的政治活动，所以近来他们几乎是专门作为'伟大的'自由党的极左翼在活动。"② 因此，恩格斯对英国无产阶级坚定地提出了组织新的强有力的工人政党的任务。

科学共产主义的创始人深刻而全面地分析了19世纪下半叶英国工人运动的特点，揭示出机会主义和资产阶级思想影响的根源，坚信英国无产阶级在将来一定能够建立起自己独立自主的政党。

不列颠联合会委员会的建立和巩固，在马克思主义在英国的传播史上、在争取英国工人运动同科学社会主义的结合史上、在这个国家的革

---

① 《马克思恩格斯全集》第1版第33卷第631页。
② 《马克思恩格斯全集》第1版第18卷第543—544页。

命马克思主义组织与团体的历史上，占有重要地位。不列颠联合会中机会主义方向的被击溃和曼彻斯特代表大会的各项决议，只是表明为英国工人运动中革命趋势的进一步发展夺得了出发阵地。

从宪章运动开始，经过国际的英国组织、19世纪末至20世纪初的马克思主义组织到大不列颠共产党，这就是英国工人运动中革命方向发生和发展的历史道路，卡尔·马克思和弗里德里希·恩格斯的全部活动促进了这条道路的成功。

（原载苏联《近代现代史》杂志1961年第1期第35—51页）

（亓成章 译　张文焕 校）

恩格斯在普鲁士秘密警察监视中[*]

〔苏〕波·格·塔尔塔科夫斯基

苏共中央马列主义研究院中央党史档案馆保存有普鲁士秘密警察设置的关于"商人弗里德里希·恩格斯"的卷宗。它至今还没有引起人们的注意,但它作为一种根据,对确定恩格斯生平、他的革命活动以及他同个别组织的关系和联系中的某些事实,无疑是有意义的。我们在这里不打算详细分析卷宗里的全部材料(奸细的报告、官方警察机关的通报、剪报和其他,等等),何况这些材料涉及的历史时期很长。卷宗是普鲁士警察总局1853年设立的,不过其中包括的最后一些剪报是1895年的,而且有关于恩格斯逝世的消息。我们的任务十分简单:打算根据卷宗的某些文件弄清楚19世纪80年代上半期恩格斯生平中的一个小插曲——关于警察机关企图通过自己的密探渗透到恩格斯的周围,以及关于成立某个"国际中心"的挑衅性企图。

1878年反社会党人非常法实施和社会主义工党转入非法状态之后,德意志帝国的警察机构,而且首先是普鲁士的警察机构开始随时从不坚

---

[*] 本文选自《马列主义研究资料》1986年第3—4辑合刊。

原题注:本文是根据苏共中央马列主义研究院中央党史档案馆尚未发表的材料写成的。作者是苏联马列主义研究院高级研究员,历史学博士。——译者注

定的党员和党的同情分子中收罗奸细和密探，并同时广泛地把他们派到党组织里去。大家也知道，德国社会民主党的领导曾经接二连三地发现并揭露出警察当局的代理人；虽然这使他们造成的损害缩小到最低限度，然而完全避免奸细在当时显然是不可能的。

警察当局对德国革命流亡者的组织：伦教德意志工人共产主义教育协会、巴黎的流亡者工人协会等，特别注意。伦敦教育协会的会员同恩格斯有经常联系，这一点普鲁士警察机构是不会不加以利用的。

在研究恩格斯的卷宗时特别注意到了这样一些文件，它们同其他那些显然出自第二手、有时则出自第三手的，照例是关于恩格斯的行踪和通信人等无关紧要的消息很不一样。它们涉及1882年9—12月这几个月的情况，它们具有完全不同的性质。从一切迹象来看，这些报告的作者曾经亲自会见过恩格斯（他亲自写到这一点，而且对报告的分析也使人相信这一点），还详细叙述了恩格斯对各种问题的看法。

卷宗里第一份这样的报告所标的日期是1882年9月28日。不过我们还掌握了另一份报告，它上面标的日期是9月17日，不知什么原因没有被列进卷宗，但在苏共中央马列主义研究院中央党史档案馆所保存的警察当局的其他文件中有它的复制品。它同后来的一些报告有直接的联系，而且无疑出自同一个人之手。报告原文如下：

托登楠街的俱乐部（报告人这样称呼德意志工人共产主义教育协会，说得更确切些，是指协会分裂时不赞成莫斯特及其无政府主义追随者而仍然信仰社会民主主义旗帜的那一部分。——作者注）关于如何加强对它的成员的影响还没有作出决定。看来力量很微弱。

昨天我有机会拜访了恩格斯，他不打算同这里的某一个俱乐部发生联系，据说他的精力要用到总的事业上。此外，没有马克思的同意，他不可能以任何形式去参与任何新的活动，例如托登楠街俱乐部拟定创办的周报。他只是前不久才同意为《社会民主党人报》撰稿,因为以前他不赞成该报的立场。恩格斯认为,《社会民主党人报》关于废除非常法的文章(显然是指该报1882年8月17和24日发表的文章《废除非常法吗?》,文章的作者是福尔马尔。——作者注)是倍倍尔写的,他认为党内其他任何人都没有能力写出这样的文章。

马克思看来今年冬季回不来(从2月至10月初他在大陆养病。——作者注)。《资本论》第三版很快就要出版了,今后的工作近期还没有打算。

关于拟定中的代表大会(显然是指即将在1883年春天召开的德国社会民主党的代表大会。——作者注)的日期,恩格斯没有任何消息。

有人通知他,布朗博士和某一个瓦尔特将很快由维也纳来这里。

恩格斯建议在伦敦东区成立一个新的联合会。他同莫斯特的追随者们不再保持友好的关系。

上面所提到的恩格斯的一些意见是与其他方面提供的事实一致的。例如,恩格斯确实是在《社会民主党人报》成立两年多以后才开始为它撰稿的,而在此之前他对该报的批评十分尖锐。卡尔·考茨基9月6日曾写信给恩格斯谈到布朗和瓦尔特即将到达。恩格斯对伦敦的德国无政府主义者,正如他在许多书信中所表示的那样,非常反感。因此,这份报告的执笔者看来实际上是在恩格斯身边,而且显然同共产主义教育协会有联系,这一点以后的一些报告也可以证实。最后,恩格斯曾写信告诉劳拉·拉法格,9月15日晚上协会的两个成员去找过他①,其中之一完全可能就是报告的执笔人、普鲁士警察当局的密探。

我们现在来看下一份报告(1882年9月28日)。其中写道:

---

① 《马克思恩格斯全集》第1版第35卷第359页。

恩格斯得到加尔西亚的建议，让他到美里利邦民主协会去作报告。恩格斯象往常一样拒绝了，他认为对英国人直接给予影响是白费力气。据说他们还不够成熟，并过多注意地方性利益。工联的兴盛和对埃及战争的反抗十分软弱就证明了这一点。

恩格斯表示，无论如何也不同意威·李卜克内西的政策。因为李卜克内西在国会断言，俾斯麦公爵确实打算制定社会主义的法典，似乎他自己已掌握社会民主党的原则。这将对社会民主党不利。

英国新闻记者查理·加尔西亚是工人俱乐部之一美里利邦民主协会（美里利邦是伦敦的一个区）的书记。恩格斯不认识他。就在这之前几天，恩格斯还在给伯恩施坦的信中说："关于加尔西亚，我毫无所知。"① 10月27日他在写给伯恩施坦的信中又说："您的那位加尔西亚先生是许多渺小的民主主义者之中的一个，他们在伦敦这里到处闲逛，参加一切团体。"恩格斯在信中还谈到不久前他拒绝了加尔西亚请他到一个"小团体"去作报告的建议。② 这也证实了报告中谈到的消息是正确的。

下一份报告是1882年10月1日写的，内容如下：

托登楠街俱乐部的成员魏勒尔早已居住在英国。大约15个月前他鼓动恩格斯在《劳动旗帜报》上写几篇文章。当时恩格斯写了几篇社论。出版人的朋友立即向他指出了社论中阐述的学说的危险性，工联对此也提出抗议。于是恩格斯不再为忘恩负义和愚蠢的英国人工作。

这份报告使我们有根据设想，报告人同与马克思和恩格斯有友好关

---

① 《马克思恩格斯全集》第1版第35卷第363页。
② 《马克思恩格斯全集》第1版第35卷第376、377页。

系的德国流亡工人亚当·魏勒尔认识。魏勒尔同时也是美里利邦民主协会成员,特别是他曾在该协会纪念马克思的会上发表过演讲;他还是工联伦敦理事会的成员。同魏勒尔认识这一事实(对这一点未必会引起怀疑,何况下一份报告还提到他的名字,此外,一般很难设想德国的社会主义流亡者在伦敦互不认识)本身还可以证明,我们感兴趣的这个人同教育协会和民主协会是有联系的。而报告人谈到的恩格斯对英国工人运动的评价完全符合他就这个问题所发表的许多谈话。

下一份报告(10月26日)很特别。看来报告人按自己特别关注无政府主义者活动的上司的指令,试图在同恩格斯的谈话中弄清某些问题。报告里写道:

恩格斯对克鲁泡特金的消失(克鲁泡特金在伦敦住了近一年,1882年秋天他迁居到法国。普鲁士警察当局显然还不知道这一点。——作者注)没有任何消息,不过他推测他到瑞士去了。恩格斯认为,所有的虚无主义者,特别是柴可夫斯基,都是错误的,他们在俄国散布关于巴枯宁的神话,把巴枯宁的无政府主义看作福音书,不去深入理解关于社会主义的科学。

总的说来,恩格斯完全不赞同无政府主义。法国无政府主义者在孟索—累明的荒谬"英雄行为"(1882年10月孟索—累明发生煤矿工人大罢工。无政府主义者在罢工中干了一系列恐怖活动),使组织得很好的罢工不能顺利继续进行下去。早先,在小册子《巴枯宁分子争取工作》出版后,无政府主义者的威胁就够可以了。对这种威胁恩格斯没有多大印象。恩格斯认为制造革命不言而喻是不可能的,同时也认为,通过学习革命原则、传播社会主义思想等来为加速革命的到来作准备,也是不够的……

在他看来,1848年革命的失败只是由于俄国有力量入侵匈牙利。一旦俄国不再是专制主义的国家,欧洲国际革命实现的前景就十分临近了。

恩格斯认为,德国新纪元的开端取决于在俄国实施宪政。恩格斯完全不知道第一支部（对教育协会中离开他并转而支持莫斯特追随者的那一部分人的称呼。——作者注）的情况。

魏勒尔打算出版1881年恩格斯在《劳动旗帜报》上发表的12篇文章。恩格斯虽然不认为这样做会带来什么好处，但他没有任何反对的意思。

这份报告对恩格斯的某些思想的转述尽管有明显的歪曲，但总的说来，它对说明恩格斯关于俄国状况及其发展前途的观点，仍然是有意义的。令人感兴趣的还有关于打算出版恩格斯文集的消息，看来这一打算没有实现。

下一份报告是卷宗里最详细的一份，它记载了恩格斯关于德、法、英三国工人运动的各种问题的看法，还有其他一些消息。

当谈到《社会民主党人报》要采取另外的方针时，恩格斯说倍倍尔和伯恩施坦已经来到伦敦，而且说倍倍尔指的是马克思要改变方针（原文如此，可能转抄时抄错了，因为报告人不可能不知道指的是卡尔·希尔施。——作者注）。如果马克思和恩格斯劝说希尔施，他就打算承担起编辑的任务。不过他们并没有这样做，而且伯恩施坦成了主编，开始是暂时的。福尔马尔按照给他下达的指示，始终象一名战士一样地工作。伯恩施坦要强得多，他不怕丢掉抚恤金。文章（标题是《法国工人党的分裂》，载1882年11月9、16和30日《社会民主党人报》。——作者注）是福尔马尔写的，恩格斯根本不同意……

恩格斯认为炸药事件主要是巴黎警察机构挑起的。巴黎主要由马隆所掌握。

工联书记们的巴黎之行是西南铁路公司进行的投机买卖，它给这些先生们提供了路上必需的各种费用（以希普顿为首的英国工联代表团1882年12月访问巴黎，在那里为建造拉芒什海峡隧道进行宣传。——作者注）。

民主联盟书记海德门前不久证实，原则对于他来说是附带的东西；他是以自己反对保守协会的经过来证实这一点的：保守协会自从他为激进分子工作后，就拒绝再付给他固定的工资。

在这种情况下，恩格斯认为同英国激进派合作是不可能的。① 而且如果说在巴黎的代表大会上法国人丹尼奥谈到同德国人进行联系的必要性时，那么这些人自己的过错则正是没有建立联系。英国人希普顿是他认为还不能被收买的唯一的工联分子。

恩格斯同曼彻斯特的律师赛米尔·穆尔友好交往已经七年了。穆尔是共产主义者，乐于帮助党内的同志。他在专利权问题上给了加特曼帮助，没有为此获取报酬；人们还想把托登楠街俱乐部的章程交给他，听取他的意见：为了注册登记是否需要作某些修改。恩格斯认为注册不会遇到什么困难。

关于莫斯特的离开（莫斯特于1882年12月初去美国了。——作者注），恩格斯一无所知。他认为莫斯特近期不会回来，而是要着手经营自己的事。恩格斯感到遗憾的是，派到美国去的是弗里茨舍和菲勒克而不是倍倍尔和李卜克内西，后两位可能取得更多的成绩，因为李卜克内西的英语比弗里茨舍要好一些。

恩格斯还经常从物质上援助《社会民主党人报》。帝国预算中指出反社会党人法的期限已到，他认为这是企图叫社会民主党人上当，而且今后可以不用任何借口就能要求延长这项法令。此外，使他不安的还有社会民主党人对俾斯麦公爵是否会作任何让步。如果这样，如果改变纲领或去关心次要的事情，党就丧失了自己的立场，如果它的信徒不再知道他们应当坚持什么样的路线，那它就只好不再说话了。因此，他认为会议在目前没有必要，而且是有害的（这里可能是指国际工人代表大会。——作者注）。

恩格斯支持托登楠街俱乐部的圣诞节抽彩活动，买了票价为六便士的十张票，并赠送四册他的《德国农民战争》。

---

① 《马克思恩格斯全集》第1版第35卷第376—377页。

对最近将在托登楠街俱乐部作《关于现代社会制度》报告的安得列阿斯·肖伊,恩格斯认为他是一个动摇分子,而且没有什么特别的影响,过去是一个无政府主义者。

如果去掉报告人明显不理解的情况和个别话犹未尽的地方,那么恩格斯的观点在这里总的阐述得还是正确的。显然,只有亲自同恩格斯交谈过,或者至少是参加过恩格斯同别人谈话的人才能写出这样的报告。

最后一份报告是12月21日写的,形式上同以前的报告有某些不同。它是三个独立的报告,但属于同一个编号,情况很难解释。也可能是报告编制人认为有什么需要把一个报告分成三个,但这种设想没有任何证据。报告原文(按卷宗编排次序)如下:

恩格斯收到一本关于施米特事件的小册子,他由此确信,施米特根本不构成危险,在伦敦也不可能谈到国际警察局,不如说它是由过去的德国警察当局所掌握的侦察局。恩格斯认为现在很难把密探派进党里,因为党员团结一致,而且不允许他们周围有任何信仰不坚定的人存在。

这份报告谈到社会民主党人出版社出版的一本小册子,其中揭露了在苏黎世的德国秘密警察弗·施米特。恩格斯11月28日写给伯恩施坦的信中提到他收到了这本小册子。①

最后一份报告写道:

恩格斯已着手准备把他过去的著作摘选编成新的小册子,日内将在苏黎世出版。这些摘选出的段落的波兰译文已送给他校审,他认为译文不错,我想这事是这里的波兰人干的。(显然是指《社会主义从空想到科学的发展》

---

① 《马克思恩格斯全集》第1版第35卷第404页。

的德文版和波兰文版。——作者注)

1882年12月21日以后,卷宗里不再有类似的报告。显然,钻到恩格斯身边的密探或者是断了线,或者是离开了伦敦,或者是被发现了。不过最后一种设想可以立即抛开,因为所有被揭露的人和事当时都要定期在《社会民主党人报》上通报。

但是,我们不妨作这样的解释:1882年最后数月曾在恩格斯身边的那些人中间有一个人可能是普鲁士警察的密探和这些报告的执笔人。显然应当从德国流亡的社会主义者、德国工人共产主义教育协会成员或者是接近恩格斯的人中去找这个人。同样明显的是,我们感兴趣的这个人同美里利邦民主协会有某种关系,或者是同它的领导特别是同加尔西亚认识。此外,他的过去,无论在伦敦的社会主义流亡者的领导还是在恩格斯本人看来,都应当是不至于引起任何的怀疑。

根据现有的材料很难断定流亡者中是谁在这几个月里正好在恩格斯的身边,不过教育协会的一些成员屡次去拜访他是毫无疑问的。他9月22日给伯恩施坦的信曾写道:"俱乐部有人偶尔来看我。"① 现在注意这样一件事:在12月6日的报告(其中谈到在协会章程注册之前打算送给穆尔听取意见)之后三天,恩格斯从过去同他没有通讯来往的一个人,伦敦的某某亨利希·农涅那里收到一封信。农涅写道:"按您的要求,我把这里德国工人共产主义教育协会的章程的译文送给您。"无疑报告的有关部分同这封信是有联系的。当然这还不能证明农涅就是写报告的人,但如此巧合却十分引人注目。

农涅是什么人呢?他什么时候在伦敦的呢?还在1880年,由于某

---

① 《马克思恩格斯全集》第1版第35卷第363页。

个马尔克的告密,柏林有 13 名社会民主党人因非法保管和散发《社会民主党人报》而被捕。其中就有一名大学生亨利希·农涅。被捕者曾全部交法庭审判。审讯中检查官本人要求宣告包括农涅在内的部分被告无罪。看来此后不久他就流亡到了伦敦。

农涅写给恩格斯的信并非上面谈到的那一封。1 月 29 日他又给恩格斯寄去一信,从信中语气看,写信人本人同恩格斯是认识的。特别是信中告诉恩格斯:"我们",即教育协会,允许美里利邦民主协会在其会址每周开会两次,组织报告和演讲等。因此,农涅曾是教育协会的积极活动分子,并支持同民主协会的关系。而这一点,正如我们所看到的,也正好是警察报告执笔人的特点。他在 2 月 3 日的另一封信里要求恩格斯借给俄国流亡者李特维诺夫·芬肯斯泰因几英镑,这说明他在领导层中交往相当广泛。

可能会提出这样的问题:如果说报告的执笔者是农涅,那如何解释 12 月 21 日以后就不再有报告了呢?回答很自然。农涅同恩格斯的交往并不深,不能经常去见他;显然他不是单独一人而是同更接近恩格斯的某人一起去恩格斯那里的。在圣诞节和新年等节日里,总是只有亲友们到恩格斯那里聚会。由于 1 月初马克思的健康急剧恶化,恩格斯在 1883 年的前几个月不可能同他伦敦的熟人广泛交往。因此农涅未能再见到恩格斯是完全可能的。

1883 年春天农涅好像在巴黎,他去巴黎的原因我们不得而知;当时革命者圈子里对他未曾有任何怀疑。此后他很快又写信给恩格斯。可能这封信(1883 年 7 月 22 日)不是第一封,因为他在信中谈到自己逗留法国时,好像恩格斯是知道的。这封信的内容很有意思,农涅请恩格斯为巴黎的德国流亡者协会提供材料,以便能够作一个"关于过早离开我们的社会民主党人之父卡尔·马克思的生平和活动"的报告。看来农涅不仅在协会中已经起着积极的作用，而且也善于装扮成恩格斯的老相识，揽下了向他提出要求的任务。

几个月后农涅又向恩格斯提出要求，这一次是以所谓的"国际小组"（与可能派有联系）的名义，请他帮忙搞一份英国民主联盟的纲领。他还告诉恩格斯关于可能派的一些情况，并请为他订购在伦敦刚出版的社会主义月刊《今日》。

在整个这一段时间里，恩格斯对农涅的政治忠诚显然没有产生任何怀疑。农涅的信甚至使恩格斯想到利用同他的相识来为法国工人党服务。因为在德国社会民主党人中不少人对法国社会主义运动分裂的真正原因有不正确的看法，恩格斯曾竭力向他们解释真相。他写信给劳拉，建议她和保尔·拉法格同"巴黎的德国工人的领导人之一"农涅联系，以便还有一种可能"在巴黎的事情方面"对德国社会民主党人的立场产生影响。① 恩格斯当然没有对农涅提供任何鉴定，而且强调他完全不知道这样做是否能得到什么结果。而农涅却先得到威·李卜克内西的介绍信，已经亲自见到保尔·拉法格，并且给保尔留下相当良好的初步印象。

农涅的积极性完全不是偶然的。他是要为实现一桩挑衅性阴谋准备基础。2月7日农涅在给恩格斯的信里谈到打算在巴黎成立某个国际中心的计划，这个中心的目的是要使各国的社会主义者靠拢。这个计划使恩格斯警觉起来。他指出，"关于您拟定的计划，我不能作出确定的答复，因为我不知道指的是什么人和什么事。"② 2月23日农涅在回信中写道，计划中的组织应当"限于革命的共产主义者的范围，其中的每一

---

① 《马克思恩格斯全集》第 1 版第 36 卷第 105 页。
② 《马克思恩格斯全集》第 1 版第 36 卷第 106 页。

个人在国内都要参加某一个团体,或者在这个团体之外而同它有联系,并有可能对它施加一定影响。"但是,当恩格斯要他举出支持这一设想的人时,农涅只能举出几个不知名的人物,并说他期望得到拉法格、盖得、福尔马尔、倍倍尔和李卜克内西等人的赞同。所有这些只能加深恩格斯的警惕,他的回答十分坚决:

至于说到您的国际联系的宣传,那么

(1) 它的目的是如此不明确,以致我确实不能把自己的时间花在这种性质含糊的任务上。

(2) 几乎所有您提到的人,我都不认识……

(3) ……当我完全不知道同盟会把我引向何处以及今后要我担负什么联系的时候,我不能加入同盟……可能发生这样的情况,就是我势必要同我应当与之进行坚决斗争的人处在一个组织里,或者我要对我不赞同的言论负责。我无论如何不能把自己置于这样的地位。①

恩格斯同农涅的通信从此终止。可能是农涅遭到恩格斯的坚决拒绝而决定不再同他通信。我们不知道农涅后来几个月干了什么事。不过十分肯定的是:对他的行为很快就产生了怀疑。劳拉甚至请恩格斯打听她的"形迹可疑的邻居"的情况,因为农涅在巴黎时住在劳拉毗邻。

打听"形迹可疑的邻居"这件事,没有难倒恩格斯。巴黎的德国工人组织的领导人已经掌握了材料:农涅这一时期是普鲁士警察当局的密探。10月6日特别委员会承认这一事实确凿无误,并决定把他开除出党。10月23日《社会民主党人报》刊载了这一决定的全文。警察密探农涅被永远清除出工人运动的队伍。

---

① 《马克思恩格斯全集》第1版第36卷第118—119页。

农涅被揭露一事，说明他所拟定的计划就是企图利用恩格斯的名声来成立一个国际中心，而它的每一步行动都为警察当局所掌握。也正是恩格斯的坚决反对，构成了这一计划破产的主要原因之一。

我们现在并未掌握可以揭露农涅的材料。调查委员会自然也未能知道，当农涅在伦敦并同恩格斯交往的时候，柏林警察总局曾不断收到关于恩格斯活动的报告。把这些事情加以对照，会使人认为这些报告的执笔者就是亨利希·农涅。

我们不知道农涅后来的命运如何，当然这一点也没有什么意思。我们只想指出，三年后，《社会民主党人报》1887年12月24日发表了柏林警察总局密探的名单，其中有农涅的名字。同样令人感兴趣的是，若干年后，德国社会民主党人Э.恩斯特在1911年出版的《警察密探和非常法》一书中，不仅认为农涅在柏林被捕时就已经当了密探，而且断言他后来在旅居俄国时不止一次护送过威廉皇帝。

七年后，由于非常法废除后资产阶级知识分子的某些阶层和大学生更加倾向社会民主党，恩格斯在1891年11月曾向倍倍尔提到农涅的情况。恩格斯谈到这类同盟者的不坚定性和对每一个这样的人要详细考察的必要性。他写道："我也不会忘记辛格尔在谈农涅时向我叙述的那些大学生的情况，他们由于惧怕考试而向社会民主党靠拢。"①

农涅是唯一取得某种成绩的、而且在极短时间里有机会同恩格斯亲自交往和通信的一个警察密探。

(原载于苏联《近代史和现代史》1986年第2期)

(肖彬 摘译)

---

① 《马克思恩格斯全集》第1版第38卷第212页。

1888年夏恩格斯的美国和加拿大之行*

〔德〕托马斯·波勒

我们在出版《马克思恩格斯全集》历史考证版第1部分第31卷（包括1886年10月至1891年2月这段时期）时面临这样一个任务：更广泛地研究1888年8—9月恩格斯的美国和加拿大之行。在传记研究中至今还是很不重视这两个月。但是，为了弄清本卷中恩格斯在旅行期间所写文章的日期和阐明这些文章产生的过程，我们需要详细了解这次旅行的经过、目的和成果。这些研究应该回答一些尚未解决的问题，并且有助于充实恩格斯的传记。

收入《马克思恩格斯全集》历史考证版第1部分第31卷的5篇文献都同恩格斯的美国和加拿大之行有关。这5篇文献是《致〈纽约人民报〉（〈社会主义者报〉）编辑部的声明草稿》《致〈芝加哥工人报〉编辑部的声明草稿》《美国旅行札记》和《美国旅行印象》一文主要正文的手稿片断以及本卷附录中的《〈纽约人民报〉编辑部采访恩格斯的谈话》。到目前为止，《美国旅行札记》只用俄译文发表在《马克思恩格斯全集》第50卷①上，现在第一次用原文（德文和英文）发表。

---

* 本文选自《马克思恩格斯研究》1993年总第13辑。
① 参看《马克思恩格斯全集》第1版第50卷第387—390页。

与在此之前的著作①相比，为《马克思恩格斯全集》历史考证版第1部分第31卷从事的工作，使人对这次旅行第一次有了更进一步的了解。除了传记上的一些细节外，还涉及恩格斯接受《纽约人民报》的采访。

旅行经过

众所周知，1888年8—9月，恩格斯在卡尔·肖莱马、爱琳娜·马克思—艾威林和爱德华和艾威林的陪同下，乘船到美国和加拿大旅行。1888年8月8日，他们一行乘"柏林号"远洋轮从利物浦②起航，于1888年8月17日傍晚抵达纽约港。在美洲大陆的这次旅行，有时乘火车，有时乘轮船。1888年9月20日，恩格斯及其旅伴登上"纽约号"轮开始返英的归程，并于9天后即1888年9月29日抵达。这次七个多星期的旅行对恩格斯来说不仅非常愉快，得到休息，而且富有教益，使他获得许多新的印象。

---

① 参看《恩格斯传》1970年柏林版。还可参看《恩格斯的生平和活动》1973年莫斯科版；古·迈耶尔：《恩格斯传》1932年海牙版第2卷；B.G.塔尔塔科夫斯基：《恩格斯——国际无产阶级的导师和顾问》1966年莫斯科版；雷·沙克：《恩格斯在旅途中》1985年柏林版；H.德雷珀：《马克思恩格斯编年史。马克思恩格斯生平和活动按日记录的年表》，见《马克思恩格斯全书》1985年纽约版第1卷；Y.卡普：《爱琳娜·马克思》第2册《忙碌的年代（1884—1898）》1976年伦敦版。

② Y.卡普《爱琳娜·马克思》第280页及雷·沙克《恩格斯在旅途中》第185页上提到利物浦是"柏林号"轮的起航码头。该船起航和到达利物浦的时间（参看《马克思恩格斯全集》第1版第37卷第7、93页）。

恩格斯在美国许多城市逗留时有很多观感。另外，他在美国和加拿大逗留的城市不像以前一些资料①说的那样是13个城市和地点，而是14个。这样就可以确定，他从1888年9月11日至12日游览普莱锡德湖。② 可以证实，恩格斯在美国11座城市作了短时或较长时间的逗留，这些城市有的是海港城和工业城（波士顿、纽约、布法罗和沃耳巴尼），有的是小城镇如霍布根、康克德、剑桥、罗克斯伯里和风景秀丽地区的游览地，如尼亚加拉瀑布、普拉茨堡或普莱锡德湖。他在加拿大游览了海港城多伦多、金斯敦和蒙特利尔，并在霍普港逗留。

恩格斯到达后，在霍布根（新泽西）的弗里德里希，阿道夫·左尔格那里和在纽约住了一星期左右（8月17—26日）。他根本不喜欢大城市，觉得大城市太嘈杂，闹哄哄的，建筑艺术上很不成功，而且充满了令人讨厌的广告。他在一封1981年才发表的致劳拉·拉法格的信中说："那里一切用手工做的东西都很蹩脚，只有巴托尔迪建造的自由神塑像例外……"他还评价了与此有关的地理位置："纽约对资本主义生产的首府来说占据着少见的最优越地理位置。"③

1888年8月27日恩格斯乘火车前往波士顿。他的至今还无人知道的旅行路线，估计是经布里奇波特、纽黑文和温索克特到波士顿④，他

---

① 参看海·格姆科夫《我们的一生。马克思恩格斯传》（1981年柏林版第293页）中的一张地图。这张地图标出恩格斯在美和加拿大逗留的11处地点，其中一处（罗彻斯特）是错的。可能由于地理位置方面的原因没有标出霍布根、康克德和罗克斯伯里。

② 参看《马克思恩格斯全集》第1版第37卷第88页。

③ 《马克思恩格斯全集》第1版第60卷第487页。

④ 这条旅行路线符合当时的铁路线（参看《美国北部各州地图。包括美国的铁路交通图》，载于迈耶尔：《大百科全书》1909年莱比锡和维也纳版第20卷第51页）。

在波士顿一直待到9月1日。恩格斯认为这座城市"比纽约优雅"①，他很喜欢附近的一些小地方（剑桥和罗克斯伯里）和康克德（新罕布什尔），因为"非常漂亮，美不胜收，这是在到过纽约甚至波士顿之后根本料想不到的"②。

8月30日，恩格斯在康克德参观了国家的设施——一个"感化院"。他深受感动地向左尔格谈了这座得到先进管理的监狱，"在监狱里犯人看小说和科学书籍，成立了俱乐部"③，并且可以集会，饮食充足，生活条件良好，每间牢房都挂着图片，有自来水。

显然，恩格斯还打算拜访他的老朋友，住在剑桥的昔日宪章派领导人乔治·朱利安·哈尼和住在罗克斯伯里的内侄威利·白恩士。在他这两封含有书面通知的信上，写的日期是1888年8月21日，寄自霍布根，信未保存下来。但是，在玛丽·哈尼④和威·白恩士⑤的友好的复信中提到过这两封信，他们当时还转达了对恩格斯的邀请。另外，那时正在英国逗留的乔治·朱利安·哈尼在1888年9月7日提到恩格斯8月21日寄自霍布根的这封信。⑥

---

① 《马克思恩格斯全集》第1版第37卷第80页。
② 《马克思恩格斯全集》第1版第37卷第81页。
③ 《马克思恩格斯全集》第1版第37卷第81页。
④ 参看玛·哈尼1888年8月23日给恩格斯的信，载于F.W.布莱克和R.W.布莱克：《哈尼通信集》1969年亚琛版第323—324页。
⑤ 参看威·白恩士1888年8月2日给恩格斯的信，藏于原莫斯科苏共中央马列主义研究院中央党务档案馆。
⑥ 参看乔·朱·朱哈1888年9月7日给恩格斯的信，载于《哈尼通信集》1969年亚琛版第324页。

1888年8月28日，恩格斯在哈尼夫人家作客。

次日，恩格斯可能拜访了他的内侄——一个铁路工人和积极的工会会员——及其一家，并受到他的热情招待。用恩格斯的话来说，他结识了一个"以全部身心投入运动"① 的美国工人，一位美国无产阶级的代表，他虽然出生在爱尔兰，但却觉得自己是美国人。1888年7月23日的信就已引起恩格斯的惊奇。威·白恩士在信中请恩格斯寄些社会主义出版物以支持竞选运动中的街头鼓动，因为工人们想提出自己的候选人。② 恩格斯的复信——如同与威·白恩士通讯中的许多信一样——没有保存下来。同他内侄交谈的结果，至少是恩格斯寄给他一本1888年9月出版的马克思的小册子《关于自由贸易的演说》。1848年1月9日发表于比利时布鲁塞尔民主协会的公众大会上（1888年波士顿版）。威·白恩士对此表示衷心感谢。他还请恩格斯寄其他的学习材料，如英文版的《资本论》。同时，他许诺今后也报道关于工会运动发展的情况，此外，他征求恩格斯对他自己撰写的关于1888年10月4日为铁路工人工会召开的鼓动大会的匿名号召书的意见③，他肯定得到恩格斯的赞同。后来，威·白恩士也经常收到恩格斯寄的英国社会主义的报纸。④

恩格斯的第二个较长的旅行是，9月1日首先乘火车横穿美国的东北部地区，从波士顿前往尼亚加拉瀑布。据推测，这次旅行所到之处是

---

① 《马克思恩格斯全集》第1版第37卷第81—82页。
② 参看威·白恩士1888年7月23日给恩格斯的信，藏于原莫斯科苏科中央马列主义研究院中央党务档案馆。
③ 参看威·白恩士1888年10月5日给恩格斯的信，藏于原莫斯科苏共中央马列主义研究院中央党务档案馆。
④ 威·白恩士1889年12月8日给恩格斯的信，藏于原莫斯科苏共中央马列主义研究院中央党务档案馆。

特洛伊、沃耳巴尼、乌提察、锡拉丘兹、罗彻斯特和布法罗①18，并稍事停留。从9月2—6日左右，恩格斯在尼亚加拉瀑布和大湖逗留②，沿着急流漫步，并乘小艇"雾姑娘"游览，"开到瀑布的跟前"③。

那时已经能够利用伊利运河之便在伊利湖上周游。恩格斯作这样的游览是完全可以想象的。也有可能从伊利湖经韦兰运河转往加拿大。但是这一切无据可查。④

与之相反，得到证实的却是：恩格斯顺路到加拿大旅行，在安大略湖乘船经多伦多、霍普港、金斯敦，继续顺圣劳伦斯河而下到蒙特利尔（9月7—10日）。9月10日晚乘火车前往普拉茨堡返回美国。次日坐乡间马车到山区。在恩格斯的《美国旅行印象》里可以找到与此有关的有趣篇章："我们四个人就这样到阿德朗达克山脉去游览了一次，我们从来也没有像坐在这辆马车的顶上那样哈哈大笑过。一辆样式无法形容的旧的破马车，有名的古代普鲁士拖车跟它比起来，就像是豪华的轿式马车了，车顶上和车厢里有六个或九个那样的座位，这就是所谓马车。"⑤晚上，他们在普莱锡德湖——现在的冬季运动中心——过夜。9月13日，恩格斯及其旅伴离开普拉茨堡，经香普冷湖和乔治湖驶向奥尔巴尼，然后取道哈德逊河。计划9月15日晚抵达纽约。

---

① 威·白恩士1889年12月8日给恩格斯的信，藏于原莫斯科苏共中央马列主义研究院中央党务档案馆。

② 参看H.德雷泊：《马克思恩格斯编年史》第252页。

③ 《马克思恩格斯全集》第1版第50卷第488页。

④ 参看O. B.沃罗别娃和I. M.西涅利尼科夫：《马克思的女儿们》1964年莫斯科版第126页，以及该书第6修订补充版1985年莫斯科版第163—164页，其中不再有关于恩格斯游览伊利湖的段落。

⑤ 《马克思恩格斯全集》第1版第21卷第536页。

左尔格夫人邀请这伙人于9月16日前往霍布根参加告别宴会①。这些天，恩格斯及其旅伴住在纽约旅馆。1888年9月18日，他写了致〈纽约人民报〉（〈社会主义者报〉）编辑部》和《致〈芝加哥工人报〉编辑部的声明》，他在声明中惋惜地说："很遗憾，我在美国短期旅行期间，没有能够"②"亲自拜访"。然而，接待旅客登"纽约号"轮的时间从9月18日推迟到9月19日。在出发前的很短时间内恩格斯给了《纽约人民报》的代表泰奥多尔·库诺一次采访的机会。第二天早上，恩格斯、肖莱马和艾威林夫妇离开美国大陆前往英国。

旅行的原因

恩格斯到美国和加拿大的旅行有许多目的，这从他旅行的各个地点可以看出。文献中几乎没有解释这次旅行的原因。我想在下面对此作一概述。

19世纪80年代，美国的特征是经济发展异常迅速，这同工业无产阶级数量上的增长和阶级力量的两极分化有关，其结果是工人运动也迅速发展起来。恩格斯密切注视这些事件。他从报上的报道及朋友和战友处得知独立而又充满矛盾的发展以及美国工人运动中形形色色的思潮。虽然这个国家本身用不着清除封建遗迹，但是，大量移民的浪潮造成工

---

① 参看弗·阿·左尔格1888年9月13日给恩格斯的信，藏于原莫斯科苏共中央列主义研究院中央党务档案馆。

② 《马克思恩格斯全集》第1版第37卷第91页。——本来这次旅行也应该到普拉茨堡和芝加哥。在艾威林那里改变了计划，加之时间有限，未能成行。70年代恩格斯曾是《芝加哥工人报》的撰稿人。这些工业城市发展成工人密集的地区，并与8小时工作日运动紧密相连，它们肯定丰富了恩格斯的旅行印象。

人阶级的极大分裂。1876年成立的社会主义工人党（实际上是美国环境中的德国人的党）的宗派主义活动也证明了这一点，因为大多数党员主要是德国移民，他们同当地工人几乎没有联系。① 恩格斯说："达到这种结果，……联合成一支具有临时纲领……不管这个纲领如何不够，但只要它真正是工人的纲领就行……的全国性的工人大军，这就是在美国需要完成的下一个巨大的步骤。"②

从80年代中起，恩格斯也支持美国工人运动的一些代表在工人中进行的大力传播马克思主义的活动。应纽约的社会主义者弗洛伦斯·凯利—威士涅威茨基夫人的请求，恩格斯帮助她把他的《英国工人阶级状况》一书及马克思的《关于自由贸易的演说》译成英文，这些书于1887年和1888年在美国出版。恩格斯为这两本书写了序言，从而向美国社会主义者提供了对美国工人运动的马克思主义分析，并作了宣传马克思经济学的指示。③ 恩格斯在为马克思这篇文章作的序言里澄清了在美国轰动一时的正在讨论的有关从马克思主义立场出发支持或反对自由贸易的问题。这场争论的背景是美国资本为在世界市场上攫取霸权地位的斗争，而面临的总统竞选使这场斗争更激烈了。

此外，还有另一种看法。在1888年期间，恩格斯从事《资本论》第3卷付印的准备工作。他究竟在多大程度上有特殊兴趣在美国获得启示来澄清一些问题，如在第3卷里提到的各工业部门的垄断倾向，或解释靠资本主义掠夺性的耕作来改变密歇根州和纽约州的土地质量的问

---

① 参看《马克思恩格斯全集》第1版第21卷第681页注376。
② 《马克思恩格斯全集》第1版第21卷第391页。
③ 参看《马克思恩格斯全集》第1版第21卷第383页及以下几页，第413页及以下几页。

题①，这就必须探讨《马克思恩格斯全集》历史考证版第2部分相应的卷（第2—4卷）才有结果。

除了党的政策和学术理论方面的原因外，个人方面的一些原因也起了作用。恩格斯在美国有许多朋友和熟人，他们像他的亲戚一样，早就期待他的来访。

凭他对一切新事物的兴趣，他很早就有计划②有朝一日到一个如此年轻和繁荣的国家了解一下它们的社会生活；政治和经济关系，这是毫无疑问的。后来，他这样表明他的访问对他本人的意义："我对美国很感兴趣；……应该亲眼去实际看一看。我们通常对它的概念是不真实的，就像任何一个德国小学生对法国的概念一样。"③

尽管恩格斯已上了年纪，但仍很健康，有创作能力。但是，在1888年一段时期以来出现的眼疾显著加重，以致长期中断工作和失眠。因此，医生力劝他休假。对恩格斯来说，为了确实恢复健康，必须在1888年夏中断所有正在进行的工作，作一次"长途海上旅行"，"去彻底改换一下空气"。假定恩格斯认识到这个必要性，那么对他来说为了治愈他的慢性结膜炎而"进行长途海上旅行"，可能只有这样一个目的地：美国。④

当然，他不会单独前往。恰好艾威林夫妇也打算去美国办事，请人在纽约、波士顿和芝加哥排练爱德华·艾威林的剧本。很快又找到卡尔·肖莱马——著名的化学家，马克思和恩格斯的朋友——作另一位旅

---

① 参看《马克思恩格斯全集》第1版第25卷第495—496、754—755页。
② 参看《马克思恩格斯全集》第1版第37卷第77页。
③ 《马克思恩格斯全集》第1版第37卷第95、77页。
④ 《马克思恩格斯全集》第1版第37卷第95、77页。

伴，他可以陪伴恩格斯。7月11日，恩格斯告知他预定到达的时间为8月份，并于1888年8月4日向左尔格证实了此事。①

概括地说，这次旅行既有政治、学术理论和个人方面的原因，也有实际的和健康方面的考虑，它们促使恩格斯去作这样的"远足"。

旅行的性质

这次旅行没有官方政治的性质。这一点已由下述事实证明：医生不准恩格斯参加任何集会和会议以及其他激动人心的场合。但是，说这是一次"完全非政治的旅行"②，也是不恰当的。更确切地说，在评价这次旅行时，意见分歧很大。

1. 当然，这次休假，换句话说，在这次旅行中恩格斯的身体复原，是第一位的。从旅行地点可以看出，美国，对这样一次休假来说非常合适，因为它几乎同时提供了松弛精神和积极休养的可能性：无数新的印象，水陆旅行以及迫切需要的改换空气。此外，朋友们欢聚一堂。最后，恩格斯是一个喜欢美酒的人。

2. 但是，也有这样的看法：认为这次旅行是工作休假，说这是恩格斯的典型作风，因为，首先可以举出同弗·阿·左尔格的涉及许多问题的交谈，交谈中对恩格斯的许多问题作了答复，并向恩格斯介绍了第一手经验。此外，恩格斯同他的内侄的交谈深入到对美国无产阶级的一个代表的个人关系和政治关系，1888年后还以书信形式继续交谈。同样也不应低估同玛丽·哈尼的会晤。

---

① 《马克思恩格斯全集》第1版第37卷第68、75页。
② Y.卡普：《爱琳娜·马克思》第279页。

3. "远足"的诸多好处在这次旅行的准备阶段已很清楚。卡·考茨基——《新时代》的编辑——得知恩格斯的这些计划,高兴地写道:"这不仅是休养旅行,而且也是学习旅行"①,同时他还暗示恩格斯计划撰写一篇谈个人印象的文章。恩格斯同左尔格一起商量了旅行计划并在信中不断落实。众所周知,美国东北部地区差异极大。遗憾的是,恩格斯在那里获得的印象只有一部分以书面形式保存下来。

旅行的一些成果

恩格斯喜欢这次旅行,对旅行的成果很满意。早在他逗留美国期间,就在给威廉·李卜克内西的信中这样写道:"这是一次很出色的旅行:我们了解了许多东西,终于出了很多汗……"②他在给弗洛伦斯·凯利—威士涅威茨基夫人的信中说,大家"玩得很高兴,我们回来个个增强了体质,这……将有助于我们度过整个冬天"③。他在给他的弟弟海尔曼的信中写道:"旅行是非常愉快、有趣和有益的",他感到自己"至少年轻了五岁。我的一切小毛病都消失了,眼睛也好转"。④他劝他的弟弟也作一次类似的旅行。

继续进行《资本论》第3卷的最后编辑工作首先有了保证,这是这次旅行的另一个成果。恩格斯马上又着手这项他给予绝对优先的工作。这样,他显然不再有时间完成他在归途中开始为《新时代》撰写

---

① 卡·考茨基1888年8月6日给恩格斯的信,载于《恩格斯与卡尔·考茨基的通信》,由B.考茨基整理出版,1955年维也纳版第220页。
② 《马克思恩格斯全集》第1版第37卷第83、89页。
③ 《马克思恩格斯全集》第1版第37卷第83、89页。
④ 《马克思恩格斯全集》第1版第37卷第91、92页。

的文章的手稿。①

恩格斯在美国旅行的成果记入他的文学遗产《美国旅行札记》《美国旅行印象》的片断以及《致〈纽约人民报〉(〈社会主义者报〉) 编辑部的声明》和《致〈芝加哥工人报〉编辑部的声明》的两篇草稿。《美国旅行印象》的片断，写了不满两张纸，仅仅是文章的开头。该片断以下述评价开头：一般都认为，这个新世界"不仅是就发现它的时间而言，而且是就它的一切制度而言；……由于藐视一切继承的和传统的东西而远远超过了"欧洲人，这个新世界是"由现代的人们根据现代的、实际的、合理的原则"②重新建立起来的。这种看法根本与事实不符。恩格斯开始根据美国社会生活和政治生活的例子来证明这个论断。③

当时古斯达夫·迈耶尔就指出恩格斯的《美国旅行印象》和《美国旅行札记》之间内容上的联系，特别指出《札记》中有意义的评价。④《札记》是这样开头的：美国是一个"不可调和的对立物的国家"⑤，即新与旧之间的对立的国家。当然，因为《旅行印象》是个片断，所以其中只吸收了《札记》中所包含的部分思想。恩格斯的《札记》具有提纲性，其中各种问题也从多方面出现。为了说明"片断"逐字逐句地或经过改写地利用《札记》里的思想，举例如下："家具""波士顿马车""旅馆的组织""前进的民族""铁路""街道""死板"，

---

① 参看《马克思恩格斯全集》第1版第37卷第94、109页。
② 《马克思恩格斯全集》第1版第21卷第534页。
③ 《马克思恩格斯全集》第1版第21卷第534页。
④ 参看古·迈耶尔：《弗里德里希·恩格斯》第472页。
⑤ 恩格斯《美国旅行札记》，参看《国际社会史研究所资料新编》第113册第1页。

"外省人。17世纪至18世纪的……土生土长的稳健的小资产者的基础""阿德朗达克山脉"①。

在此之前，有人认为，《札记》只是在去英国（1888年9月19—29日）的归途中写的。我认为，关于写作的许多过程（其中第一个过程可以相当肯定地说是在陆上，最早在1888年9月初，即从波士顿前往尼亚加拉瀑布期间）可能有三个论据：（1）恩格斯使用了不同纸张。他写《札记》用的是一张空白纸，而写"片断"用的是印有"纽约号"轮公用笺的纸；（2）恩格斯用铅笔记了《札记》的头七行，然后是用墨水笔继续往下记的；（3）这七行中有两处补充是用墨水笔写的，这两处补充可能写于第二个写作过程——最迟在船上。

有人认为，恩格斯是分若干阶段撰写《札记》的，这一看法也通过他给第三者的信得到间接支持，他在这些信中拟定了一些要点。例如，恩格斯对加拿大的看法②、对纽约③或美国资本主义经营方式的看法④。在个别信中，他也超出《札记》的范围阐述一些新思想。例如，他颇为详细地描写了尼亚加拉瀑布⑤和美国旅馆里饮食的优点⑥。

只有查阅原件和深入研究这些问题才能彻底澄清这些问题。

---

① 参看《国际社会史研究所资料新编》第113册第1、2、4页。
② 参看《马克思恩格斯全集》第1版第37卷第84—85页；第50卷第487—488页。
③ 参看《马克思恩格斯全集》第1版第37卷第80—81页，第50卷第487—488页。
④ 参看《马克思恩格斯全集》第1版第50卷第487—488页，第37卷第84—87、95页。
⑤ 《马克思恩格斯全集》第1版第50卷第488页。
⑥ 《马克思恩格斯全集》第1版第37卷第92—93页。

关于《〈纽约人民报〉编辑部采访恩格斯》

这次采访有一个并不索然无味的来历。如上所述,恩格斯在美国旅行时并不打算同党的干部进行正式会谈或接受采访。这一方面是由于他的健康状况,另一方面是由于他对社会主义工人党的领导和包括《纽约人民报》在内的美国报界持批判态度。① 49 虽然左尔格恳切告诫他不要把自己的名字登在"柏林号"轮的旅客名单上,但未能挡住。这样一来,他在美国旅行就成了众所周知的事。1888 年 8 月 31 日左尔格告诉他,《纽约人民报》的编辑之一亚历山大·约纳斯"知道他在此逗留"②。这一消息来源于资产阶级的《纽约每日论坛报》(50 年代恩格斯曾是该报通讯员)。它在 1888 年 9 月 18 日发表了"柏林号"轮的旅客名单。③

当时恩格斯知道很难制止《人民报》记者们的来访怪癖,然而他很幽默地接受了采访。虽然他想尽量推迟返回纽约的时间,但他感到有义务接受来访。他这样写道,因为他已经旅行完了,一记者"最多可以

---

① 恩格斯与美国的德国工人报刊的紧张关系同《纽约工人报》编辑擅自改动他的 1887 年春美国版的《英国工人阶级状况》序言手稿有关。此外,《纽约工人报》1887 年初作为社会主义工人党行政机关的喉舌对爱·艾威林提出毫无根据的指控,并诽谤艾威林夫妇。

② 弗·阿·左尔格 1888 年 8 月 31 日给恩格斯的信,藏于原莫斯科苏共中央马列主义研究院中央党务档案馆。

③ 参看 1888 年 8 月 18 日《纽约每日论坛报》;《恩格斯在美国》,载于 1888 年 9 月 20 日《纽约人民报》。

折磨"他"半小时"①。回纽约时,恩格斯这时对此事有了别的考虑,如从9月18日写的《致〈纽约人民报〉编辑部的声明草稿》中得知的:但是,"遗憾的是"他"逗留的时间太短……不能"② 如约亲自拜访编辑部。因为"纽约号"轮的起航由于机器故障而推迟了,也许主要是因左尔格的迫切要求,所以9月19日泰奥多尔·库诺对恩格斯进行了采访。此外,可以认为,给两家工人报的声明根本没有寄出,因为这两篇声明未见发表。

细读恩格斯和左尔格的通信以及其他一些研究资料后可以得知,《马克思恩格斯全集》第21卷的有关注释中关于采访"没有同恩格斯商量过"③的说法必然有些局限性:(1)恩格斯必定考虑到会发表他接受采访;(2)他可能会对当时的歪曲提出公开的抗议,但他显然没有这样做;(3)恩格斯在10月10日给左尔格的信中评论道,亚·约纳斯用恩格斯"不太好否认的形式"④炮制了这篇采访记;(4)1888年10月1日起在伦敦出版的《社会民主党人报》没有在10月13日转载这篇采访记。

《纽约人民报》编辑部在登载采访之前加了一篇相当长的按语,评价恩格斯为科学社会主义的发展和国际工人运动作出的贡献。根据《马克思恩格斯全集》历史考证版的出版原则,这个按语在《马克思恩格斯全集》历史考证版第1部分第31卷的学术资料卷里有了一席之地。该编辑部特别强调恩格斯为完成《资本论》所做的工作,并让人们去

---

① 《马克思恩格斯全集》第1版第37卷第84、90页。
② 《马克思恩格斯全集》第1版第37卷第84、90页。
③ 参看《马克思恩格斯全集》第1版第21卷第722页,注57。
④ 《马克思恩格斯全集》第1版第37卷第97页。

看:"马克思《关于自由贸易的演说》,他(恩格斯)为演说写的序言……《1844年英国工人阶级状况》(1887年美国版)和"他可能不久将发表的概况"。①

编辑部的按语也含有对这次旅行的性质和必要性(包括医嘱在内)的评价。从事这个耗费精力的工作的后果"在最近几个月里以这样的程度显露出来:恩格斯的医疗顾问让他中断工作——至少要在短时间内——并作一次旅行,尽可能作海上旅行……到美国休息!这听起来像是开玩笑。然而,恩格斯真正地达到目的……有一点当然是完全必要的……绝对坚持化名……"② 同恩格斯商谈后紧接着提到他的最重要的旅行地点,其中有到弗·阿·左尔格和"宪章派报纸的昔日朋友"(乔·朱·哈尼)那里作客。③

这个总的来说相当客观的报道有助于缓和紧张关系,因为后来几年里《纽约人民报》又发表了恩格斯的许多文章。

在此期间可以在美国和德国的工人报刊上发现两次至今未为人所知的转载和两篇以采访为基础的简讯。《芝加哥工人报》首先作出反应,在1888年9月25日发表了这篇采访记。编辑部方面写了如下按语:"我们从《纽约人民报》上获悉恩格斯秘密地在我们这里逗留了几个星期,昨天又回到英国。医生吩咐他远足;远足延伸到新英格兰和加拿大的一些地方。《人民报》上发表了采访恩格斯时关于欧洲问题的谈话,我们在这里予以发表。"④ 我在1888年9月29日的《纽约人民报周刊》

---

① 《恩格斯在美国》,载于1888年9月20日《纽约人民报》。
② 《恩格斯在美国》,载于1888年9月20日《纽约人民报》。
③ 《恩格斯在美国》,载于1888年9月20日《纽约人民报》。
④ 1888年9月25日《芝加哥工人报》。

上发现完整地登出这篇附有提要的采访记。《社会主义者报》，即《纽约人民报》，紧接着在当天用下面的话发表了一篇简讯："恩格斯用化名在东部一些州逗留了四星期之久。"① 因此，与迄今为止所知的情况相反，美国舆论界对采访有巨大的反响。

《社会民主党人报》（伦敦）用下面的话给这篇采访记作了按语："恩格斯在8月和9月份遵照医嘱到美国旅行，《纽约人民报》编辑部询问了他对欧洲政治的一些问题的看法。因为他的回答对我们的读者有意义，所以我们也就照此办理，因为我们特别关注恩格斯对爱尔兰运动的阐述，他的阐述会结束至今仍顽固坚持的对这场运动的一些过低和过高的评价。"②

在欧洲，在《柏林人民论坛》上也提到与恩格斯接受采访有关的事。该报发表此事的根据显然是《纽约人民报周刊》。编辑部从《周刊》上相当详细地引用了提要，可是，一点也没有提采访本身："马克思的忠实朋友和合作者恩格斯不久前用化名在合众国待了一个多月，于9月29日从那里返回。"③

尽管如此，这里所引用的一些新的结论还需要进一步研究，以便充实和完善恩格斯1888年美国和加拿大之行的情景。也可以认为，在欧洲还会有关于恩格斯接受采访的转载和报道。

（原载《德国工人运动史论丛》1988年第1期）

（胡慧琴 译 单志澄 校）

---

① 1888年9月29日《社会主义者报》（纽约）。
② 1888年10月13日《社会民主党人报》（伦敦）。
③ 1888年10月13日《柏林人民论坛》副刊。

恩格斯的骨灰罐是在 1895 年 8 月 27 日投葬海中的吗？*

王宏道

人们一直认为，恩格斯骨灰罐投葬海中的日期是 1895 年 8 月 27 日。但是，1982 年民主德国马列主义研究院出版的《马克思恩格斯研究论丛》第 13 期发表的格姆科夫的文章《一个日期的必要的更正》对此提出异议，认为恩格斯骨灰海葬日期的传统说法有误。

民主德国和苏联马列主义研究院的研究人员在准备编辑出版《他们的名字万古流芳。卡尔·马克思和弗里德里希·恩格斯逝世时的讣告与悼文》一书（已于 1983 年由柏林狄茨出版社和莫斯科政治出版社出版）时，从几份当时的报纸上找到了报道恩格斯骨灰罐安葬的消息。他们惊讶地发现，同过去所有关于恩格斯的传记著述所讲的日期完全不符！

格姆科夫分析说，迄今的传记作品中所记述的日期很可能是以弗里德里希·列斯纳 1902 年发表在《茅屋》杂志上的文章《一个工人对弗里德里希·恩格斯的回忆》为依据的。列斯纳在该文里写道："把骨灰撒在大海中，这是恩格斯留下的最后遗嘱。8 月 27 日，恩格斯的这个遗嘱由爱琳娜·马克思、爱·艾威林博士、爱·伯恩施坦和我执行。我

---

* 本文选自《马列主义研究资料》1985 年第 2 辑。

们来到恩格斯心爱的夏季休养地伊斯特勃恩，雇了一只双桨的小船，把我们难忘的友人的骨灰瓮送到离海岸两英里的海中。"①

据格姆科夫说，第二个描写这最后一幕情景的是爱·伯恩施坦，他在1918年出版的回忆录《我的流亡岁月》中写道："1895年秋天的一个孕育着风暴的日子，艾威林夫妇、共产主义者同盟的老盟员弗里德里希·列斯纳，还有我自己，就在离比契角五六里的地方，把我们的弗里德里希·恩格斯的骨灰瓮投入海中。"②

伯恩施坦仅仅说到"秋天的一个孕育着风暴的日子"，而列斯纳则准确指出是8月27日。后来这两种说法交替出现在各种有关著述中。在第一部由古斯塔夫·迈耶尔所写的恩格斯传记中用的是伯恩施坦的材料，叶·斯捷潘诺娃的恩格斯传也是这样。"1895年8月27日"这个日子首次为《马克思恩格斯全集》（苏联第2版，民主德国第1版）第22卷的附录《弗里德里希·恩格斯生平事业年表》所采用，此后才被引用到传记著作中。

格姆科夫指出，1895年8月底的各国工人报刊上没有刊载任何有关恩格斯骨灰罐安葬的消息，反而在9月底才出现。首先是德国社会民主党中央机关报柏林《前进报》在1895年9月29日第228号的《政治概况》一栏头条报道说："柏林9月28日讯 据夜间收到的电报报道，恩格斯的骨灰已于昨天在伊斯特勃恩投葬海中。"（此则消息的全文附后）。同一天的《萨勒费尔德人民报》在"地方新闻和综合消息"栏目下也载有一则简讯："伊斯特勃恩9月27日讯 弗里德里希·恩格斯的骨灰已于今日投葬入海。"因为该报在伊斯特勃恩或伦敦没有通讯员，

---

① 《智慧的明灯》（《回忆马克思恩格斯》），人民出版社1983年版，第14页。
② 《智慧的明灯》（《回忆马克思恩格斯》），人民出版社1983年版，第53页。

所以可以认为这则简讯的消息也来自《前进报》报道中所提及的那封电报。9月29日以后，德国的或外国的其他工人报纸相继转发了《前进报》的报道，只是编辑在行文上略有改动。例如1895年9月30日美因兹出版的《美因兹人民报·黑森人民之声》；1895年10月1日布达佩斯出版的《新人民之声·匈牙利社会民主党机关报》就是如此。格姆科夫由此得出结论："因此，现在可以认为弗里德里希·恩格斯的骨灰罐于1895年9月27日葬入伊斯特勃恩附近的大海中是有把握的。"然而，列斯纳"8月27日"这个说法该如何解释呢？作者在文章的最后指出，对于这个问题，这位同恩格斯保持几十年友谊的老战友自己就作过解答。在《一个工人对弗里德里希·恩格斯的回忆》这篇文章的开头，列斯纳声明说："的确，我未必能够谈得像我所想的那样周全。从我认识恩格斯到现在已有半个世纪之久了，一切往事我都只能凭记忆来讲述。我已经年老不中用了，提起笔来，手也不听使唤。因此，我希望读者能够原谅我在讲述中的缺点。"

但是，格姆科夫的文章忽略了一个重要情况，即威廉·李卜克内西在《1897年新世界历书》上发表的文章《忆恩格斯》早就提出了"8月27日"这个日期，该文结尾写道："8月10日，我们在伦敦把他的遗体火化了。8月27日，遵照他的遗嘱，把他的骨灰投入了大海。"①李卜克内西的文章是在恩格斯逝世至多两年之后写的，比列斯纳的文章早五年。这一情况又该如何解释呢？也许同样可以用李卜克内西"年老不中用了"，以及他不是直接参加者来解释。不过，我们认为1895年9月29日《前进报》第228号的有关报道的权威性是不容置疑的，恩格

---

① 《我景仰的人》（《回忆马克思恩格斯》），人民出版社1983年版，第179页。

斯骨灰罐投葬入海的准确日期应为 1895 年 9 月 27 日。

附：1895 年 9 月 29 日《前进报》第 228 号"政治概况"栏头条消息的全文如下：

柏林 9 月 28 日讯 据夜间收到的电报报道，恩格斯的骨灰已于昨天在伊斯特勃恩投葬海中，那里是死者多年来于晚夏时节休憩的地方，就在他逝世前不久还曾前往疗养，至此，我们的朋友和顾问的临终遗愿终于得以了却。其他情况暂时无可奉告，只好留待参加这一庄重葬礼的那些人去做。

几个月前有人散布一些耸人听闻的消息，企图煽起同志们的激动情绪，这些人将不得不承认，他们的消息来源极不可靠。

我们尤其认为有义务指出，在德国的亲属对于实践我们的弗里德里希·恩格斯的遗愿未曾提出任何异议。

从此，我们的伟大死者的骸骨所遗留的部分便同覆盖着世界、把各族人民联结起来的大海融为一体了。

他的丰碑将胜似青铜碑碣长久地矗立在每一个有阶级觉悟的工人和每一个有崇高思想的人的头脑里，矗立在他们的心中，他同他的也是我们的卡尔·马克思在团结在他们两个人的旗帜下的全世界无产者中间所播下的不朽的种子将茁壮成长、开花结果。

《列宁年谱》 简介[*]

施 均

一部新的大型《列宁年谱》（《Владимир Ильич ЛЕНИН. иоричаа）биоа фескяхроник, 1870—1924》的各卷正陆续在苏联问世。这部多卷本的著作，从1970年开始，以每年一卷的速度出版，迄至1979年，已出了10卷，其余若干卷正在编印，估计全书出齐，将达15或16卷。本书中译本已由三联书店组织翻译，将分批出版。

从这部书的出版可以看出，苏联对马克思列宁主义本身的研究，最近若干年来，无论是广度或深度，都有所发展。苏联已分别建立了以"马克思学"和"列宁学"命名的学科，表现出对马克思列宁主义本身的研究正趋向于细致。在这两个"学科"中都出现了一些反映研究成果、学术水平较高的多卷本大部头著作。这一《列宁年谱》就是苏联"列宁学"的最新成果之一。

苏共中央马列主义研究院为编印这部著作，曾多年积累资料，开展科学研究工作。Г. Н. 哥利科夫、Г. Д. 奥比奇金、А. А. 索洛维约夫、В. Я. 捷文等人是这部著作的主要执笔者，但该院列宁著作室的许多研究人员进行了大力的合作。这就使它达到了较高的水平，在国内外受到一

---

[*] 本文选自《马列著作编译资料》1980年第10辑。

定的重视。

编写列宁年谱的工作在苏联具有相当长久的历史，它是苏联的马克思列宁主义研究工作的一个组成部分，是和汇编列宁著作、撰写列宁传记的工作同时开展起来的。早在1924年列宁研究院成立后着手编印《列宁全集》第二、三版时，就开展了这一工作。《列宁全集》第二、三版的每一卷都有《列宁生平大事》作为附录，这是年谱的一个雏形。后来，在这个基础上把各卷中的生平大事片断汇集起来，经过整理，在1931年出版了第一部完整的列宁年谱《列宁生平事业年表（1870—1924年）》。1933年该书出了修订版，还增添了一些附录。1941—1950年出版的《列宁全集》第四版继续做了这样的工作，并且订正了一些史实，材料也扩充了。1958—1965年编印《列宁全集》第五版，这方面的工作又大进了一步，从材料的精确性和分量两方面来说，都大大超过了从前。除此外，在这个时期内，苏联先后还编写了一些"断代"的列宁年谱，如1934年编印的《列宁在第二次代表大会和党分裂时期（生平活动大事记片断）》和《列宁的两月工作（生平活动大事记片断）》。1957年为纪念十月革命四十周年又专门编印了《列宁生平事业年表：一九一七年三至十月》。后来，主要是编纂列宁在苏维埃时期的活动年表，如1960年为纪念列宁九十周年诞辰而发表了《列宁在苏维埃政权的最初几个月》这一"断代"年谱。这些"断代"年谱所包括的尽管只是列宁生平事业中的一段不太长的时期，但它们使年谱的编纂工作深化了。

现在的这部新的大型《列宁年谱》吸收了过去编写总年谱和"断代"年谱的经验，并有所发展和创新。可以看出，它的蓝本或者说主要基础是《列宁全集》第五版各卷中的《列宁生平事业年表》。

后来居上，现在这部年谱具有内容充实、材料丰富、科学性强的特点。

这部年谱的篇幅之大远非同类书籍所能相比。它广征博引，充分利用了苏联若干年来学术研究、情报工作的成就，把陆续发掘出来的新史实都包容进书中了，这样就以大量新材料扩充了内容。

可以把这部年谱同《列宁全集》第二、三、四、五版中的列宁生平活动大事记或年表作一比较。有关列宁生平的史实，在全集第二、三版的大事记中提到的共为2000件多一点；全集第四版年表中提到的为3000多件；全集第五版的年表中提到的约为8500件；现在这部新的大型年谱中所列的，据粗略估计，则为几万件。再以一个分卷为例。本年谱第一卷中所刊载的史实有3000件，比之全集第五版相应几卷中的年表，为数已超过两倍。

总的看来，这部年谱的内容是远略近详。从列宁出生到1905年俄国革命共35年编为一卷，从1905年到1917年二月革命的12年编了两卷，而二月革命以后的活动则编为十一、十二卷，平均七八个月就编一卷。这个时期的材料的细致，已远不像过去同类年表或大事记那样，按日期排列史实，而是在一个日期内又按日夜、小时甚至分钟排列。

值得提一下的是这部年谱中包含有一些新列宁文献。在这部年谱中，通常只提到列宁著作（包括报告和发言等）的篇名，不叙述内容；仅有一些未发表的或者发表在很少为人所知的出版物上的列宁文献才介绍了内容。但列宁的一些便条、电报、命令、决议、批注、签署等，既是新发现，又很短，便被全文刊载在这部年谱里了。所以，这部年谱也算是一部提供这方面列宁新文献的出版物。

这部年谱还可看作一部列宁著作编年索引。年谱中按时间顺序排列了列宁一生的著作（包括已发表的或未发表的），说明了这些著作的写作时间、发表时间以及发表场所。特别重要的一点是，它经过考证，对过去确定的一些写作和发表时间进行了订正。这部年谱比之同类作品另有一个很大优点就是,它在每件史实下面都标明了出处,即材料的来源。编者提供了大量文献资料,为进一步研究提供了线索。

另外,这部年谱的每一卷都附有一些索引,如人名索引、地名索引、组织机构索引、列宁的化名索引等,对读者和研究者查找都很方便。

这部年谱对于了解列宁生平活动和编写列宁传记、对于汇编列宁著作,很有价值,可以当成一部工具书、资料书使用。

《列宁年谱》已出各卷基本情况一览

卷次	起迄年限	出版年代	页数
1	1870 年—1905 年	1970	628
2	1905 年—1912 年	1971	720
3	1912 年—1917 年	1972	646
4	1917 年 3—10 月	1973	460
5	1917 年 10 月—1918 年 7 月	1974	740
6	1918 年 7 月—1919 年 3 月	1975	666
7	1919 年 3—11 月	1976	700
8	1919 年 11 月—1920 年 6 月	1977	704
9	1920 年 6 月—1921 年 1 月	1978	744

列宁在斯维尔德洛夫共产主义大学
作论国家讲演的经过*

〔苏〕П. М. 拉比诺维奇

研究列宁关于国家与法问题的理论遗产,是苏联法学最重要的任务之一。这在当前准备纪念列宁诞辰 100 周年的时期,具有特殊的现实性。作为发展和丰富了马克思主义学说的天才思想家、世界上第一个工农社会主义国家的缔造者,列宁对世界革命运动的发展、对共产主义建设事业都作出了巨大的贡献。全面深刻地研究他的革命著作,对于进一步理解列宁的历史作用有着巨大的意义。

列宁 1919 年 7 月 11 日给斯维尔德洛夫共产主义大学学员作的讲演,在他阐述国家问题的著作中占有显要的地位。列宁《论国家》的讲演,是阐述马克思主义关于一切剥削阶级国家特别是资产阶级国家的产生和本质的基本思想的典范。这篇讲演有着重要的方法论方面的意义,并且至今仍然是同资产阶级思想体系作斗争的有效的武器。①

---

* 本文选自《马列著作编译资料》1979 年第 6 辑。

① 根据全苏中央书库出版统计部的材料,列宁《论国家》的讲演,除收入全集外,1929—1968 年在苏联出版过 143 次,总印数为 4628700 份,有 38 种苏联各民族文本和 16 种外文本。

搞清楚那些在很大程度上决定列宁《论国家》讲演的内容和形式的具体情况，这是对讲演全面加以分析的必不可少的前提。

一、斯维尔德洛夫共产主义大学在经济崩溃和饥荒的极端艰苦的条件下，在国内战争和同外国武装干涉作斗争的形势下，开始了自己的工作；它的前身是全俄中央执行委员会附属鼓动员和指导员训练班。按照雅·米·斯维尔德洛夫的倡议于1918年6月组织的这些训练班，有几批学员，总数约2000余人，经过两至三周的短期训练毕业。以后，训练班于1919年1月改组为全俄中央执行委员会附属苏维埃工作学校，其目标是为乡村和县苏维埃机关培训干部。

为了完成摆在它面前的任务，苏维埃工作学校在1919年3月培训出340余名学完一个半月的所谓乡级教程的学员，并在1919年5月又培训出750名学完三个月的县级教程的学员。俄共（布）中央、全俄中央执行委员会和俄罗斯苏维埃社会主义共和国联邦政府对苏维埃工作学校给予了巨大的关怀。党和国家的最著名的活动家，像列宁、雅·米·斯维尔德洛夫、米·伊·加里宁、阿·瓦·卢那察尔斯基、娜·康·克鲁普斯卡娅、叶·德·斯塔索娃、米·费·弗拉基米尔斯基、米·尼·波克罗夫斯基、弗·伊·涅夫斯基、瓦·瓦·沃罗夫斯基、伊·伊·斯克沃尔佐夫—斯切潘诺夫、叶·雅罗斯拉夫斯基、尤·米·斯切克洛夫及其他一些人都给学员作过演说。

国家急需经过培训的党务工作者，因而1919年3月召开的俄共（布）第八次代表大会接受了代表们的建议，委托中央委员会筹建高级党校。考虑到物质条件不足和缺少师资的情况，俄共（布）中央决定在苏维埃工作学校的基础上建立高级党校，把该校改为中央苏维埃工作和党务工作学校。

按照这一决定,在中央学校开设了两个分科,即苏维埃工作分科和党务工作分科,每科可容500人。中央学校的教学计划规定,首先学习公共理论课(240学时),然后再把学员分别编入苏维埃工作分科或党务工作分科中去,在那里对他们进行专门的理论和实践的培训。1919年6月,俄共(布)中央和全俄中央执行委员会主席团批准了中央苏维埃工作和党务工作学校的教学计划和讲课人员,同时招收了第一批学员。7月8日举行了隆重的开学典礼,米·伊·加里宁、С.И.加纳特契科夫、弗·伊·涅夫斯基、阿·瓦·卢那察尔斯基、米·费·弗拉基米尔斯基等人出席了这次典礼。随后学校就按照预定三个月共520学时的大纲的规定,开始正常上课。几乎与此同时,根据俄共(布)中央的决定,中央苏维埃工作和党务工作学校改名为斯维尔德洛夫共产主义大学。全俄中央执行委员会主席团成员弗·伊·涅夫斯基被任命为大学的负责人(校长)。①

二、中央苏维埃工作和党务工作学校教学大纲规定的公共理论课之一是《俄罗斯苏维埃社会主义共和国国家法(按照马克思主义关于法和国家的一般学说来研究)》。被确定主讲这门课程的人有:列宁、米·费·弗拉基米尔斯基、亚·格·哥伊赫巴尔格、彼·阿·克拉西科夫、尼·瓦·克雷连柯、德·伊·库尔斯基和С.И.诺维科夫。预定讲授24课时的这门课程分为两部分,即:马克思主义关于国家与法学说的一般理论问题和苏维埃宪法原理。

为了弄清关于国家的一般理论问题,列宁打算就这门课程的第一部

---

① 弗·伊·涅夫斯基的前任,鼓动员和指导员训练班以及后来的苏维埃工作学校的领导人,是全俄中央执行委员会委员,老布尔什维克格·伊·奥库洛瓦-泰奥多罗维奇(1918年6—11月)和С.И.加纳特契科夫(1918年12月—1919年7月)。

分作几次讲演。① 所以，他用下述这句话作为自己第一次讲演的结束语："我希望我们在以后的讲演中还谈到这个问题，还多次地谈到这个问题。"可见，列宁尽管国家、党和战争事务异常繁忙，他还是尽可能地给予共和国中党的唯一高等学校以巨大的关注。

还是在苏维埃工作学校时期（1919 年 1—5 月），列宁就曾多次地为该校学员作有关现行政策特别是党的农村政策问题的报告。②

---

① 根据一些材料，有理由推测，列宁作这样的讲演有四至五次（参见 Х. 拉波波尔特：《一九一九年（五至十月）的斯维尔德洛夫大学》，载于《斯维尔德洛夫大学学员》1923 年第 7—8 期第 64 页；П. 佐洛塔列夫：《难忘的会见》，载于《乌德摩尔梯真理报》1962 年 4 月 22 日；С. 恩格尔：《听列宁的讲演》（手稿第 6 页），苏共中央马列主义研究院关于列宁的回忆录档案。——米·费·弗拉基米尔斯基参加了这门课程第二部分即苏维埃宪法原理的讲授（参看米·弗拉基米尔斯基：《地方苏维埃政权的组织。在中央苏维埃工作学校的讲演》莫斯科国家出版社 1919 年版第 3 页）。

② 参看《列宁在党务工作学校》，载于 1920 年 4 月 23 日《全俄中央执行委员会公报》；В. В. 扎勃罗夫：《终生牢记同伊里奇的亲切谈话》，载于《赞歌不停的这些日子》文集 1959 年图拉版第 147—148 页；А. Л. 卡赞斯基：《我看见并听到了伊里奇讲话》，载于《苏共历史问题》1965 年第 4 期第 103—104 页。——根据弗·伊·涅夫斯基的回忆录，在苏维埃工作学校里，"弗拉基米尔·伊里奇讲过一门有关土地问题——更确切地说，有关党的农村政策问题——的不长的课程（六讲）。"［参看弗·涅夫斯基：《斯维尔德洛夫大学与十月革命》，载于《斯维尔德洛夫共产主义大学的十年（1918—1928）》1928 年莫斯科版第 26 页］列宁的所有这些讲演的速记记录都没有找到。《列宁全集》俄文第五版刊载的仅仅是 1919 年 5 月 3 日所作的那一次讲演（参看《列宁全集》俄文第 5 版第 38 卷第 546 页）。很遗憾，关于列宁的上述讲演的问题，在有关共产主义大学历史的专门著作中还没有着手研究（参看 М. П. 费利钦柯夫：《党校历史片断》，载于《苏共历史问题》1958 年第 1 期；Л. В. 诺维科娃：《共产主义大学及其在一九一八至一九二九年间对培养马克思主义历史学家所起的作用》，载于《历史与历史学家》文集 1965 年莫斯科科学出版社版）。

自从建立起中央苏维埃工作和党务工作学校及后来改名为斯维尔德洛夫共产主义大学，列宁就成了公共理论课一系列题目的主讲人之一。① 而且仅是其中的一个题目——俄罗斯苏维埃社会主义共和国联邦的国家法，他就讲过两课。同时，列宁还曾参加了1919年10月24日举行的共产主义大学第一期学生毕业晚会，并在会上作了演讲。一直到后来，斯维尔德洛夫共产主义大学的情况仍不断引起他的关心。由此可见，决不能把列宁在斯维尔德洛夫共产主义大学进行的教学活动看作是偶然的。

列宁选择国家问题这个被他看作"全部政治的根本问题"，一个"最复杂最困难的问题，也可以说一个被资产阶级的学者、作家和哲学家弄得最混乱的问题"②，作为自己讲演的题目，这件事也不是偶然的。还在十月革命以前，列宁就在自己的著作《国家与革命》中指出："国家问题，现在无论在理论方面或在政治实践方面，都具有特别重大的意义。"③ 过了两年，列宁在论国家的讲演中再次强调："现在，当社会主义革命在全世界已经开始并且已在几个国家内获得胜利的时候，当反对全世界资本的斗争特别尖锐的时候，这个问题即国家问题就具有最大的意义，可以说，已经成为最迫切的问题，成为目前一切政治问题和一切政治争论的焦点了。"④ 诚然，列宁不仅是一位对马克思主义思想宝库作出了异常宝贵贡献的天才思想家，而且是卓越的演说家，是这一思想

---

① 列宁列入讲课表上的不仅有俄罗斯苏维埃社会主义共和国联邦国家法的课程，而且有俄国农民运动史、俄共（布）纲领以及当前政策的问题（参看1919年6月7日《俄共（布）中央公报》）。

② 《列宁选集》第1版第4卷第41页。

③ 《列宁选集》第1版第3卷第171页。

④ 《列宁选集》第1版第4卷第53页。

的孜孜不倦的普及工作者,在那个时期,他不能不反复强调马克思主义国家学说中那些基本的也是最重要的问题。

必须指出,列宁在斯维尔德洛夫共产主义大学讲演时,始终考虑到学员的知识水平,力求以最易于接受的方式讲述已定的题目。必须考虑到,共产主义大学第一届本科毕业的998名学生中①,工人占53%(其中有约40%是五金工人和铁路员工),农民占16%,知识分子、职员及其他人员占31%。学员中大部分(65%)是俄共(布)党员及其同情者,而且有26%的共产党员是十月革命前入党的。尽管多数(68%)学生的年龄不超过25岁,但在上大学之前,有一半人直接参加过国内战争,其余的人则参加过苏维埃或工会机关的工作。在全体学生中有88.5%的人从来都不曾成为生产资料的所有者。根据所有这些情况,有理由认为斯维尔德洛夫共产主义大学是真正的无产阶级的学校。

经受了阶级斗争锻炼的斯维尔德洛夫共产主义大学学生们所固有的本质特征就是,极大的政治积极性,高度的无产阶级自觉性,对社会主义建设事业无限忠诚,随时准备完成党的各项任务。弗·伊·涅夫斯基对斯维尔德洛夫共产主义大学的气氛所作的评价就是:"真正共产主义的精神在整个大学蔚然成风。"

但是适当的普通训练对于有效地掌握马克思主义原理还是必要的。绝大多数斯维尔德洛夫大学学员(占学生总数四分之三以上)在上大学之前只读完了革命前的初级学校,大约5%的学员基本上没受过教育

---

① 除了本科即三个月的训练班外,1919年7—10月在共产主义大学里还举办了各种短期训练班,特别是为哥萨克投诚者办的、为巴什基里亚人办的、为合作社工作者及其他人办的训练班(参看弗·涅夫斯基:《斯维尔德洛夫工农共产主义大学的工作报告》第6页)。

而是自学识字的。可见,马克思、恩格斯和列宁的著作对于多数斯维尔德洛夫大学学员来说,"几乎是紧接着识字课本后阅读的第一批书籍"①。然而,这些书籍当时也是很少的。因为如此,列宁在那些缺乏知识素养的学员面前作报告时,考虑到了对他们来说是"初次有系统地研究这个问题"的情况,他才对其研究问题的方法给予那样大的注意,对有关的文献著作做了一系列重要的介绍,并且指出了在学习文件材料中可能遇到的困难。

虽然日常生活条件是艰苦的,而且物质供应也是很差的(没有教材、文具及上课的地方,等等),但共产主义大学的学生们竭力克服一切困难,并把在斯维尔德洛夫共产主义大学学习的时期看作自己一生最幸福的时期之一。

三、1919年7月11日,在共产主义大学通常是给苏维埃工作系和党务工作系的学员上公共课的唯一的一间大教室里,斯维尔德洛夫大学学员集合起来了,他们预先得知将要听列宁的报告。到这里来的还有应邀前来的教育人民委员部附属校外教育训练班、交通人民委员部附属高级铁路员工训练班的学员及其他人。在挤满人群的大厅里洋溢着喜悦激动的气氛,全体出席的人都急切地期待着列宁的出现。对其中很多人来说,这还是第一次亲眼看见共产党及苏维埃国家的缔造者和领导者、世界无产阶级的领袖。

为了使大家都能更好地看到和听到列宁讲话,把作讲台用的桌子从舞台上搬到了侧面的高墙那里,顺着墙为听讲者摆了很多长凳。为了组织好对列宁的欢迎,大学的领导采取了必要的保卫措施,在大楼的入口

---

① Е. Я. 德拉勃金娜:《没有写成的书的故事》1963年莫斯科苏维埃作家出版社版第297页。

处设置了岗哨,在进入讲演教室的门口布置了值勤人员。

列宁按预定的时间来到了大学。迎接他的有大学校长弗·伊·涅夫斯基、党委书记Л.И.科特利克和学生会主席Г.Ф.特鲁沙也夫。

经过校长办公室的时候,列宁向弗·伊·涅夫斯基和大学的各种社会组织的代表详细地询问了大学生的成分、他们的要求、纪律状况、学习组织中的困难等情况。他还建议大学领导向全俄中央执行委员会主席团请示发给大学生们所必需的全套制服。

列宁一进入大厅,就激起了暴风雨般的欢呼声。他把准备好的讲稿放在桌上之后①,便开始讲演。讲演的引言部分专门对关于国家的科学作了马克思主义的阐述。在强调指出这门科学对于阶级斗争和建设社会主义社会的巨大意义之后,列宁论证了这门科学所固有的党性,并且揭露了"为社会特权做辩护,为剥削的存在做辩护,为资本主义的存在做辩护……"②的资产阶级国家理论的虚伪"客观性"。

列宁揭示了国家产生的社会根源,接着详细阐明了为什么"国家是在社会分成阶级的地方和时候、在剥削者和被剥削者出现的时候才出现的"③。他指出,国家得以产生出来的阶级条件正是了解其社会使命和本质的关键。按照列宁形象的说法,在阶级对抗的社会里,任何国家的

---

① 参看Г.Г.杜勃洛夫斯基:《我对列宁的回忆》1936年手稿第1页,苏共中央马列主义研究院关于列宁的回忆录档案;К.加马尤诺夫:《听列宁讲话》,载于《顿河》1957年第11期第19页;В.凯林:上文第31页;В.А.维德蒙特:《斯维尔德洛夫大学学员对列宁的回忆》,载于《回忆列宁》文集第二辑莫斯科国家政治书籍出版社版第417页;И.扎列茨卡斯:《领袖的鼓励》,载于1966年4月30日《苏维埃立陶宛》。

② 《列宁选集》第1版第4卷第43页。

③ 《列宁选集》第1版第4卷第44页。

本质都是"维护一个阶级对另一个阶级的统治的机器"①。

列宁讲演的主导思想就是论证了对任何国家都必须以阶级观点来考察。在对剥削阶级国家类型作了精确的马克思主义的划分之后,列宁着重对资产阶级国家作阶级分析及对其反人民的反动本性进行揭露。他证明了任何资产阶级国家,无论其在政体、正式的管理方式、法规体系等方面的特点如何,其本质都是一样的:"都是资本家用来控制工人阶级和贫苦农民的机器。"②

根据这些原理,列宁做出了关于工人阶级、共产党人对资产阶级国家的态度的最后结论,无产阶级要"摈弃"资产阶级国家而建立自己的、在本质上是另一类型的、以消灭一切剥削制度为使命的国家。

所有参加听讲的人都被讲演者叙述的清晰和论据的充分所吸引。列宁的讲演给听众留下了终生难忘的深刻印象。讲演结束之后,列宁回答了大学生们提出的各种问题,并向他们询问了地方上的形势、在大学里的生活条件、学习中的困难及其他一些问题。

四、列宁在斯维尔德洛夫共产主义大学所作的第一次讲演被速记下来了。速记记录有18印张,未经原作者校阅,于1926年由A. A.基维里科夫斯基③转交给列宁研究院。列宁研究院于1929年1月18日在《真理报》上首次发表了这篇讲演,并把速记记录原本上的标题《国家

---

① 《列宁选集》第1版第4卷第48页。
② 《列宁选集》第1版第4卷第54页。
③ A. A.基维里科夫斯基(1873—1932年)——文艺学家、政论家。从1898年起为俄国社会民主工党党员。第一所高级党校的组织委员会成员(参看1919年5月13日《全俄中央执行委员会公报》),被任命为中央苏维埃工作和党务工作学校公共理论课《第一国际史》以及党务工作分科的专业课《党的报刊》的讲授者之一[参看1919年6月7日《俄共(布)中央公报》],于1919年6—7月在中央学校工作(参看苏联国立中央十月革命与社会主义建设档案馆档案)。

法》改为《论国家》。研究院更改这篇讲演的题目的理由是，既然列宁在讲演中"只谈到了国家而没有涉及法的问题"，那么这个标题才"完全符合内容"。在发表速记记录的说明中断言，"这第一篇讲演是唯一的一篇讲演，没有续篇"①。

但是，研究院的结论错了。② 在原斯维尔德洛夫共产主义大学学员 Я. Я. 别尔兹1929年3月9日写给列宁研究院的信中说，1919年8月29日下午从两点到四点，列宁在共产主义大学作了第二次论国家的讲演③。根据这一情况（已为其他史料所证实），从第二版开始的全集以后各版都指出列宁作了第二次讲演。

那么列宁论国家的第二次讲演是否速记下来了呢？根据一系列资料，能够肯定地回答这一问题。比如，共产主义大学校长弗·伊·涅夫斯基在关于这一期间的工作报告中提到，"学校中几乎全部讲演和辩论都做了速记"④。对于列宁的讲演就更应该这样了。1919年10月24日列宁在斯维尔德洛夫大学学员毕业晚会上的欢送词都速记下来了，就是证明。此外，共产主义大学的女学员 A. A. 波塔波娃断定，列宁在1919年8月29日的讲演是由女速记员记录的。因此，苏共中央马列主义研究院关

---

① 参看1929年1月18日《真理报》。

② 应该指出，作这样的断定，在1929年那个时候就已经不能不遭到反对了，因为它与以前发表的关于列宁1919年夏天不止一次在共产主义大学作有关国家问题的讲演的说法相矛盾（参看弗·涅夫斯基：《斯维尔德洛夫工农共产主义大学的工作报告》第21页；X. 拉波波尔特：上文第64页；阿·波波夫：上文第70页。格林瓦尔特：《回忆我在中央党校里的生活片断（1919年夏）》，载于《斯维尔德洛夫共产主义大学的十年》文集第335页）。在上述对列宁《论国家》第一次讲演的说明中，显然没有考虑到这样的说法。

③ 参看《列宁全集》俄文第五版第39卷第469页。

④ 弗·涅夫斯基：《斯维尔德洛夫工农共产主义大学的工作报告》第26页。

于列宁论国家的第二次讲演记录还没有找到的推测，有着高度的可靠性，是为了积极寻找讲演的速记记录。然而，除了寻找，还必须利用听到过第二次讲演的人们的回忆，设法恢复这次讲演的哪怕是主要的论点。①

综合一些研究性的资料②，可以得出下面的结论。

在这次讲演中，列宁在简要地回顾了一下第一次讲演的内容之后，就把主要的注意力集中于对国家的阶级分析以及自由和民主的问题。例如，早在列宁论国家的第一次讲演见于报章之前就发表了的 К.Я.格林瓦尔特的回忆录中就记载着："列宁同志为我们讲过两次……对他的讲演我还记得一些话，大约是'当我们谈论自由的时候，我们必须知道这是对于谁的自由'。"众所周知，按速记记录刊印的第一次讲演的原文中是没有这种说法的。另一位斯维尔德洛夫共产主义大学学员 Г.Г.杜勃洛夫斯基在1936年说，关于列宁的第二次讲演他"只留下了简短的笔记。伊里奇在讲演中教导我们，要用阶级观点来理解国家、自由和民主。伊里奇说（根据我的笔记），'国家是维护一个阶级对另一个阶级

---

① 在文献中已经作出了一些关于列宁这篇讲演内容的推测。例如，М.А.阿尔让诺夫就曾写道：这篇讲演"看来是论述有关苏维埃社会主义国家的问题……"（М.阿尔让诺夫：《列宁的讲演〈论国家〉》，载于1939年7月11日《消息报》）但是，这个假说没有为第一手资料所证实。

② 对发表在国家图书报刊上的有关列宁的这一讲演的回忆录和保存在苏共中央马列主义研究院列宁科学资料室的回忆录手稿都进行了研究。为了作出科学的判断，还利用了原共产主义大学的学员、列宁论国家讲演会的参加者为作者热心提供的材料。这些人有：Е.Т.阿法纳西也娃、П.Т.杰缅季也夫、А.А.波塔波娃（莫斯科）、И.Т.别夫晋柯（克拉斯诺达尔边疆区克拉斯诺耶村）、Т.Е.维错卓尔斯（里加）、М.Н.沃林（陶格夫匹尔斯）、Н.К.佐洛塔列夫（乌德摩尔梯苏维埃社会主义自治共和国阿尔纳希村）、В.И.凯林（列宁格勒）、В.Д.米申（斯维尔德洛夫斯克）、Д.Г.辛丘柯夫（阿尔汉格尔斯克）、Г.Г.托卡列夫（库尔斯克）、А.П.舒瓦洛娃（喀山）、М.М.纳扎尔古洛夫（乌发）。

的统治的机器。工人阶级掌握了这个机器之后,就要镇压资产阶级的反抗,从而破坏所谓'全民意志'、'全民自由'、'全民平等'等。当我们的敌人攻击我们破坏自由的时候,必须用下面的问题追问他们:这个自由是对谁而言的,给予哪个阶级的,是用来干什么的?'"①

在这篇讲演中,列宁更加深刻和广泛地阐述了资产阶级国家的阶级本质。他对资产阶级民主作了全面的分析,指出了它的阶级局限性,对资产阶级思想家关于这种民主似乎具有超阶级的"纯洁性"和普遍性的谰言给予了无情的批判。根据米·沃林的回忆录,列宁为了着重指出资产阶级民主的虚伪和欺骗,"曾举了下面的例子:在法兰西资产阶级共和国这个文明的国家里,你们可以看见一条标语:'自由、平等和博爱'。在各处甚至在监狱里都能看见这条标语,但这并不妨碍当工人阶级的代表提出合法要求的时候,法国资产阶级把他们投入这些监狱。"②

同时,列宁也揭示了俄国苏维埃的、无产阶级的民主的阶级本质,指出了它较之资产阶级民主的根本优越性。例如,在К.И.美尔尼科夫对列宁第二次讲演所作的叙述中这样记载着:"资产阶级从民主中获得了自己的所有权和压迫别人的自由。但是,这样的权利他们不会从我们这里得到。他们将享有我们为他们规定的那种自由。这个自由就是让剥削者从事有益的劳动,就像工人和农民一生那样地从事劳动……我们的自由的使命是为工人阶级和农民即为大多数人服务,而不是为少数人服务。我们既然从苏维埃政权那里、从布尔什维克那里得到了这个权利,我们就要利用这个权利,而任凭全世界的资产阶级及其帮凶去叫喊和咒骂。"③

---

① Г.Г.杜勃洛夫斯基:《我对列宁的回忆》1936年手稿第2页。
② 米·沃林:《伊里奇为我们临别赠言》,载于1968年9月17日《消息报》,另见А.А.波塔波娃:前引书第12、16页。
③ К.И.美尔尼科夫:《我同列宁会见的简短回忆》1960年手稿第7页,苏共中央马列主义研究院关于列宁的回忆录档案。

在驳斥关于布尔什维克破坏自由的责难时，列宁坚定地说："如果有人提出自由出卖粮食的问题，那么我们不能做到这一点，因为我们不能容许奸商掠夺工人阶级。"①

一系列史料表明，列宁在他的讲演中谈到了苏维埃政权的本质，及其在同反革命的斗争中、在实现无产阶级专政中的最迫切任务和共产党的作用问题。② 一些听讲者还记得列宁的这一讲演的结束语："警惕政权冲昏头脑，也不要去追求职位。"③

大体上看来，列宁1919年8月29日在斯维尔德洛夫共产主义大学讲演时所阐明的问题就是这样。

当然，上述关于列宁论述国家问题第二次讲演的内容的见解带有推测的性质，并且也只能是有待于补充验证的一种工作上的假说。进一步在这方面进行探讨，是研究列宁遗产的工作中必不可少的任务。

（原载苏联《法学》杂志1969年第5期）

（王景荣 译 吴大英 校）

---

① 米·沃林：上文。

② 参见 Б. Ф. 加尔金：《列宁论国家的讲演》，载于《十月革命的成果是这样巩固的》文集1960年图拉版第29页；P. 纽林：《难忘的会见》，载于1959年4月22日《布良斯克工人》；Г. 托卡烈夫：《值得纪念的日子》，载于1962年4月22日《库尔斯克真理报》；Г. Ф. 特鲁沙也夫：前引书第494页；B. 凯林：上文第33页；И. 扎列茨卡斯：上文；X. 伊什姆拉托夫、M. 纳萨尔古洛夫：《永远牢记》，载于1969年7月10日《真理报》。

③ 参看阿·波波夫：上文第71页；Г. Ф. 特鲁沙也夫：《十月革命的成果是这样巩固的》文集1960年图拉版第494页。

列宁在十月武装起义的日子里

——《列宁年谱》选译*

1917年10月

10月25日（11月7日）

10月25日（11月7日）作为伟大十月社会主义革命的胜利日载入了史册。十月革命开辟了人类历史的新纪元——革命变革、从资本主义向社会主义和共产主义过渡的纪元。列宁在这一天早晨写的具有历史意义的《告俄国公民书》宣布：资产阶级临时政府已被推翻，国家政权已转到苏维埃手中。

《列宁全集》俄文第5版第35卷第1页

列宁指导彼得格勒苏维埃军事革命委员会的工作，领导军事革命委员会攻占冬宫和彼得格勒军区司令部的行动，坚决要求在全俄工兵代表苏维埃第二次代表大会开幕前攻占冬宫和逮捕临时政府成员；要求按时报告起义进程；给领导起义的军事革命委员会野战司令部发去几个便条

---

* 本文选自《马列著作编译资料》第8辑。

原题注：《列宁年谱》（《Владимир Ильич ЛЕНИН. биографическая хроника 1870—1924》）1974年莫斯科政治书籍出版社版第5卷第1—23页。

(没有找到),要求立即开始向冬宫冲击。

莫斯科—彼得格勒《无产阶级革命》杂志
1922 年第 10 期第 77—78、79 页;莫斯科《星
火》杂志 1925 年第 46 期第 1—2 页;莫斯科
《历史文献》杂志 1956 年第 6 期第 131 页;《论
伊里奇。彼得格勒工人回忆录》1970 年列宁格勒
版第 377—378 页

列宁出席（14 点 35 分后）彼得格勒工兵代表苏维埃会议（在斯莫尔尼宫大礼堂）。会上军事革命委员会宣布:临时政府已被推翻,革命已取得胜利;列宁起草决议草案,并作了《关于苏维埃政权的任务的报告》。他说:"同志们! 布尔什维克始终认为必要的工农革命,已经成功了。"列宁代表布尔什维克提出的决议案以压倒性的多数票通过。决议着重指出:"苏维埃坚定不移地相信,革命将建立起保证城市无产阶级得到全体贫苦农民群众支持的工农政府,即苏维埃政府,这个政府一定会坚决地走向社会主义,走上使国家摆脱战争的奇灾大祸的唯一途径。"

《列宁全集》俄文第 5 版第 35 卷第 2—5
页;彼得格勒《工人之路报》1917 年 11 月 8 日
(10 月 26 日) 第 46 号

列宁出席（晚上,22 点 40 分前）全俄苏维埃第二次代表大会布尔什维克党团会议,并发表演说,谈到革命和本届苏维埃代表大会的任务。以及为了巩固工人阶级和劳动农民的联盟在解决土地问题时必须考虑根据 242 份地方农民委托书拟定的委托书。

会议还讨论了代表大会的主席团成员和议事日程的问题。

苏共中央马列主义研究院中央党务档案第 70 全宗第 4 目录第 197 卷宗第 67 张反面、第 68 张；列宁格勒党务档案第 4000 全宗第 12 目录第 404 卷宗第 4—7 张；《全俄工兵代表苏维埃第二次代表大会》1928 年莫斯科—列宁格勒版第 3 页；彼得格勒《新生活报》

1917 年 10 月 26 日（1 月 8 日）第 163 号；《论列宁。回忆录汇编》1925 年列宁格勒版第 1 卷第 61 页；《从二月到十月》1957 年莫斯科版第 112 页；莫斯科《红色史料》杂志 1934 年第 1 期第 89—90 页；《伊里奇最后的地下活动。回忆录》1934 年莫斯科版第 92 页；莫斯科—列宁格勒《星》杂志 1957 年第 11 期第 205 页；莫斯科《消息报》1960 年 4 月 17 日第 92 号；莫斯科《苏共历史问题》杂志 1966 年第 8 期第 50—51 页；《彼得格勒在伟大十月的日子里。一九一七年彼得格勒革命事变参加者回忆录》1967 年列宁格勒版第 421—422、426—427 页

列宁代表布尔什维克党团当选（22 点 40 分后）为全俄苏维埃第二次代表大会主席团成员。

《全俄工兵代表苏维埃第二次代表大会》1928 年莫斯科—列宁格勒版第 3 页

列宁出席（22 点 40 分后）布尔什维克党团会议，会议通过了关于孟什维克、右派社会革命党人和崩得分子的代表退出代表大会而准备向代表大会提出的决议案。

> 苏共中央马列主义研究院中央党务档案第70全宗第2目录第381卷宗;《全俄工兵代表苏维埃第二次代表大会》1928年莫斯科—列宁格勒版第3、6—12页;索·阿·洛佐夫斯基:《伟大的阶级战争战略家》1924年莫斯科增补第2版第104—105页;莫斯科《外国文学》杂志1967年第5期第23页

列宁写（1点50分后）全俄工兵代表苏维埃第二次代表大会《告工人、士兵、农民书》。

> 《列宁全集》俄文第5版第35卷第11—12页;彼得格勒《工人和士兵报》1917年10月26日（11月8日）第9号;《全俄工兵代表苏维埃第二次代表大会》1928年莫斯科—列宁格勒版第10、12页;《十月武装起义。彼得格勒的一九一七年。第2册。武装起义。社会主义革命的胜利》1967年列宁格勒版第358、360页

列宁写的《告工人、士兵、农民书》，由阿·瓦·卢那察尔斯基在全俄苏维埃第二次代表大会休息后又开始的会上宣读（3点10分后）。代表大会通过了（5点）《告工人、士兵、农民书》。书中宣布：临时政府已经被推翻，临时政府的大多数成员已经被逮捕，根据绝大多数工人、士兵和农民的意志，依靠彼得格勒工人和卫戍部队所举行的胜利起义，代表大会已经把政权掌握在自己手里，各地全部政权一律转归工兵农代表苏维埃，苏维埃政权将立即向各国人民提出民主的和约，保证把地主、皇室和寺院的土地无偿地交给农民委员会处理，使军队彻底民主化，建立工人监督生产的制度，保证各民族都享有真正的自决权。代大

会号召工人、士兵和农民提高警惕，坚持到底，捍卫革命，使其不受帝国主义和反革命的侵犯。

《列宁全集》俄文第 5 版第 35 卷第 11—12 页；《全俄工兵代表苏维埃第二次代表大会》1928 年莫斯科—列宁格勒版第 47、52—55 页

列宁不多几时从斯莫尔尼宫来到弗·德·邦契—布鲁也维奇的寓所（赫尔松大街 5 号 9 室），稍事休息，接着就写《土地法令》草案。

列宁格勒党务档案第 5 全宗第 1 目录第 376 卷宗第 157—159 张；莫斯科《农业生活》杂志 1922 年第 7 期第 29 页；1927 年第 44—47 期第 41 页；弗·巴·米柳亭：《苏联的土地政策》1929 年莫斯科—列宁格勒增补第 3 版第 57 页；莫斯科—列宁格勒《无产阶级革命》杂志 1922 年第 10 期第 71 页；《回忆列宁》1968 年莫斯科版第 1 卷第 488 页；弗·德·邦契—布鲁也维奇：《回忆列宁》1969 年莫斯科增补第 2 版第 124—126 页

10 月 26 日（1 月 8 日）

列宁接见（在斯莫尔尼宫 76 号房间）"厄里克桑"工厂的工人、彼得格勒苏维埃代表阿·斯·谢苗诺夫，他是来要求从国家银行提款以支付工人工资的。列宁写了一个便条（以军事革命委员会委员的身份署名），让谢苗诺夫去找财政人民委员部的军事革命委员会临时委员维·鲁·明仁斯基，要他处理一下财政上的事。

《彼得格勒军事革命委员会》1966 年莫斯

科版第 1 卷第 137、139 页；《俄国工人和农民忆列宁》1958 年莫斯科版第 38—40 页

列宁审订（在斯莫尔尼宫 18 号房间）《土地法令》草案。

莫斯科《新世界》杂志 1960 年第 4 期第 147 页；《回忆列宁》1969 年莫斯科版第 2 卷第 467 页

列宁出席军事革命委员会会议；给来斯莫尔尼宫的维·鲁·明仁斯基写了一个便条，建议他马上给谢苗诺夫支 50 万卢布，好给"厄里克桑"工厂的工人发工资（便条没有找到）。

《彼得格勒军事革命委员会》1966 年莫斯科版第 1 卷第 137、139 页；《俄国工人和农民忆列宁》1958 年莫斯科版第 40 页；《回忆列宁》1969 年莫斯科版第 2 卷第 460 页

列宁同俄国技术协会农业技术部主席、工艺工程师彼·阿·科兹明交谈关于保障彼得格勒的面粉供应问题，责成他组织面粉厂的保卫和面粉厂的工作，并派他去军事革命委员会领取相应的委托书。

《科兹明选集》1958 年莫斯科版第 35—36 页

列宁答（在斯莫尔尼宫军事革命委员会的房间里）孟什维克的《工人报》记者问。他指出，已经取得的成果正在巩固，新政权的组织取决于全俄苏维埃代表大会的决定，从前线不断收到令人满意的消息。

彼得格勒《工人报》1917 年 10 月 27 日第 197 号

列宁出席全俄苏维埃第二次代表大会布尔什维克党团会议，会议讨论了苏维埃政府的人选问题。

> 苏共中央马列主义研究院中央党务档案第70全宗第3目录第552卷宗第1—17张；第4目录第199卷宗第61张；伊万诺沃—沃兹涅先斯克《工人边疆报》1924年2月2日第27号；索·阿·洛佐夫斯基：《伟大的阶级战争战略家》1924年莫斯科增补第2版第104页；《列宁在十月。回忆录》1957年莫斯科版第177页；莫斯科《工业经济报》1957年10月18日第125号；莫斯科《消息报》1957年11月1日第260号；《回忆列宁》1969年莫斯科版第2卷第467页

列宁写《和平法令》草案和《关于成立工农政府的决定》草案。

> 《列宁全集》俄文第5版第35卷第13—16、28—29、119页

列宁同被任命为陆海军委员会委员的弗·亚·安东诺夫—奥弗申柯、巴·叶·德宾科和尼·瓦·克雷连柯谈话，指示德宾科必须领导海军管理机关、克雷连柯必须领导外部战线、安东诺夫—奥弗申柯必须领导军事管理机关和国内战线。

> 弗·亚·安东诺夫—奥弗申柯：《国内战争札记》1924年莫斯科版第1卷第80页；弗·亚·安东诺夫—奥弗申柯：《在革命中》1957年莫斯科版第176页

列宁指示（晚上）军事革命委员会向喀琅施塔特执行委员会主席

团建议，立即建立一支由水兵组成的 3500 人的队伍，在一名可靠的布尔什维克同志的指挥下开往彼得哥弗，去解除士官生的武装，以及占领沃尔杭公路和皇村公路交叉处的阵地。

《彼得格勒的十月武装起义。回忆录》1956 年列宁格勒版第 263 页；《列宁——十月革命的领袖。彼得格——勒工人回忆录》1957 年列宁格勒版第 232—233 页；《遵照列宁指出的任务。十月革命和国内战争的老战士回忆录》1971 年莫斯科版第 28—29 页

列宁出席（大约 19 点）俄国社会民主工党（布）中央委员会会议，参加会议的有被邀请来的左派社会革命党的代表，他们被提议参加苏维埃政府。由于他们拒绝，因此，通过了由布尔什维克单独组成政府的决定，并拟定了候选人。

《列宁全集》俄文第 5 版第 35 卷第 45、72—73 页；第 36 卷第 494—495 页；莫斯科—彼得格勒《无产阶级革命》杂志 1922 年第 10 期第 23 页；《回忆列宁》1968 年莫斯科版第 1 卷第 489 页

列宁出席（19 点到 21 点之间）全俄苏维埃第二次代表大会布尔什维克党团会议，会议讨论了列宁写的和平法令和土地法令的草案，以及其他一些问题。

苏共中央马列主义研究院中央党务档案第 4 全宗第 2 目录第 1936 卷宗第 15—19 张；第 70 全宗第 3 目录第 552 卷宗第 10—11 张；第 4 目录第 381、387 卷宗；列宁格勒党务档案第 4000 全宗

第12目录第404卷宗第7—8张;托木斯克《革命旗帜报》1917年11月8日第131号;约翰·里德:《震撼世界的十天》1957年莫斯科版第114—115页;莫斯科《消息报》1964年11月2日第262号;伊万诺沃—沃兹涅先斯克《工人边疆报》1924年2月2日第27号;《从二月到十月》1957年莫斯科版第276—277页;《伟大十月大事记。一九一七年四至十月》1958年莫斯科版第249—250页;《论列宁。回忆录》1963年莫斯科版第270页;莫斯科《苏共历史问题》杂志1966年第8期第53页;莫斯科《新世界》杂志1966年第11期第162、163页;《彼得格勒在伟大十月的日子里。一九一七年彼得格勒革命事变参加者回忆录》1967年列宁格勒版第422页

列宁请(2点前)玛·伊·乌里杨诺娃去玛·瓦·福法诺娃的寓所,取回他要在全俄苏维埃第二次代表大会上作土地问题报告所需要的《全俄农民代表苏维埃消息报》1917年8月19日第88号,该报载有"示范委托书",它是根据全俄农民代表苏维埃第一次代表大会的代表从各地送来的242份委托书拟定的。

《全俄工兵代表苏维埃第二次代表大会》1928年莫斯科—列宁格勒版第56页;莫斯科《新世界》杂志1960年第4期第147页

10月26日和26日夜(11月8日和8日夜)

列宁参加(从21点至早晨5点,1点至2点休息)全俄苏维埃第

二次代表大会会议,致开幕词,作关于和平问题的报告,宣读《和平法令》草案,作关于和平问题的报告的结论和关于土地问题的报告,宣读《土地法令》草案。

代表大会通过了列宁写的《和平法令》《土地法令》和《关于成立工农政府的决定》。《和平法令》中说:"10月24—25日的革命所建立的、依靠工兵农代表苏维埃的工农政府,向一切交战国的人民及其政府建议,立即就公正的民主和约进行谈判。"《土地法令》中宣布说:"立刻毫无报偿地废除地主土地私有制。"为了管理国家,代表大会成立了世界上第一个工农政府即以列宁为首的人民委员会。列宁被选为工兵代表苏维埃全俄中央执行委员会委员。

《列宁全集》俄文第5版第35卷第13—18、
19—22、23—27、28—29页;苏共中央马列主义
研究院中央党务档案第4全宗第2目录第1936卷
宗第20—21张;《全俄工兵代表苏维埃第二次代
表大会》1928年莫斯科—列宁格勒版第13、15、
56、59—63、65—68、69—73、76—77、79—
80、90、92页

10月26日或27日(11月8日或9日)

列宁写《工人监督条例草案》。草案中说:"在拥有工人和职员共计五人以上,或每年资金周转在一万卢布以上的一切工业、商业、银行和农业等企业中,对一切产品和原材料的生产、储藏和买卖事宜应实行工人监督。"列宁把草案交给工会中央理事会秘书索·阿·洛佐夫斯基,请他向工会的领导人介绍该草案。

《列宁全集》俄文第5版第35卷第30—31

> 页；苏共中央马列主义研究院中央党务档案第 14 全宗第 1 目录第 58 卷宗第 5 张；彼得格勒《新生活报》1917 年 10 月 28 日（11 月 10 日）第 165 号；索·阿·洛佐夫斯基：《伟大的阶级战争战略家》1924 年莫斯科增补第 2 版第 108 页

列宁出席彼得格勒及其郊区工会和工厂委员会中央理事会工作人员会议（在斯莫尔尼宫一楼 26 号房间），会议研究了工人监督法令的草案，采纳列宁提出的草案作为基础（列宁亲自宣读草案，并对某些条文作了说明）。列宁就建立全俄经济机构问题建议拟定一个苏维埃政权首先应当掌握的经济机关的名单，并查明工厂委员会和工会中能够搞这项工作的全部工作人员数。

> 莫斯科《国民经济》杂志 1918 年第 11 期第 8、23—24 页；《列宁领导着伟大的建设。回忆列宁在经济战线上的活动汇编》1960 年莫斯科版第 57 页；《十月革命和工厂委员会。工厂委员会历史资料》1929 年莫斯科版第 3 卷第 92—93 页

10 月 27 日（1 月 9 日）

列宁同阿·瓦·卢那察尔斯基交谈（5 点后）教育人民委员部在国民教育方面的首要任务，指出一定要多让无产阶级的青年入高等学校学习，整顿图书馆的工作，尽快地使书籍为群众所利用。

> 莫斯科《书目索引》1924 年第 5—6 期第 75—76 页；阿·瓦·卢那察尔斯基：《回忆和印象》1968 年莫斯科版第 175—177 页

列宁去（5 点）弗·德·邦契—布鲁也维奇寓所稍事休息。

> 弗·德·邦契—布鲁也维奇：《回忆列宁》1969年莫斯科增补第2版第135页；《论伊里奇。彼得格勒工人回忆录》1970年列宁格勒版第381页

列宁回斯莫尔尼宫后，同全俄苏维埃第二次代表大会的代表交谈他们在当地的工作任务；他说，他们应当向地方苏维埃和全体劳动者介绍彼得格勒十月武装起义的情况和苏维埃代表大会的工作，帮助他们贯彻执行苏维埃政府的法令和命令。

> 萨兰斯克《红色的莫尔多维亚》1948年1月21日第15期；莫斯科《星火》杂志1957年第15期第3页；莫斯科—列宁格勒《星》杂志1957年第11期第205页；《列宁专辑。报告。回忆录。随笔》1960年莫斯科版第130页

列宁同喀琅施塔特苏维埃执行委员会委员、喀琅施塔特军事技术委员会副主席维·普·普罗宁谈话（在斯莫尔尼宫三楼60—61号房间，14点），普罗宁为了保卫彼得格勒建立了一支喀琅施塔特水兵队伍。

> 《彼得格勒的十月武装起义。回忆录》1956年列宁格勒版第263页；《遵照列宁指出的任务。十月革命和国内战争的老战士回忆录》1971年莫斯科版第29—30页

列宁主持人民委员会第一次会议（在斯莫尔尼宫一楼36号房间），会议讨论和通过了列宁起草的《工人监督条例草案》，以及《出版法令》和《政府关于如期召开立宪会议的决议》的草案。

> 彼得格勒《工农临时政府报》1917年10月

30日（11月12日）第2号；彼得格勒《新生活报》1917年10月28日（11月10日）第165号；彼得格勒《工人报》1917年10月29日第199号；莫斯科《国民经济》杂志1918年第11期第16页；莫斯科—列宁格勒《无产阶级革命》杂志1922年第10期第455页

列宁签署《出版法令》《政府关于如期召开立宪会议的决议》和《政府关于扩大城市自治机关在粮食工作方面的权限的决议》。

《苏维埃政权法令》1957年莫斯科版第1卷第24—29页

列宁同布尔什维克党1902年的党员普·伊·列别捷夫—波梁斯基交谈彼得格勒的粮食状况。

莫斯科—彼得格勒《无产阶级革命》杂志1922年第10期第455页；莫斯科《新世界》杂志1958年第11期第166页

列宁同自己的前联络员、彼得格勒工人埃·拉希埃谈话，并任命他为芬兰铁路的政委。

中央国家十月革命档案第1236全宗第1目录第80卷宗第19张；莫斯科《新世界》杂志1934年第1期第37页

列宁同全俄苏维埃第二次代表大会的水兵代表们谈话（17点前），给他们读1917年10月27日（11月9日）第164号《新生活报》的消息：全俄海军中央委员会加入了反动的救国救革命委员会，建议将该中央委员会解散，建立海军部作为苏维埃政权的一个机构。

> 彼得格勒《新生活报》1917年10月27日（11月9日）第164号；《列宁在苏维埃政权的最初几个月。文章和回忆录汇编》1933年莫斯科版第79—81页；《列宁——十月革命的领袖。彼得格勒工人回忆录》1957年列宁格勒版第234页；《彼得格勒的十月武装起义（文件与材料）》1957年莫斯科版第675页；《准备和进行伟大的十月社会主义革命的波罗的海水兵》1957年莫斯科—列宁格勒版第296—297、300页

俄国社会民主工党（布）中央委员会、人民委员会和军事革命委员会建立（17点后）以列宁为首的委员会来领导保卫彼得格勒，以抵御克伦斯基—克拉斯诺夫的反革命军队的进攻。

> 苏共中央马列主义研究院中央党务档案第70全宗第4目录第197卷宗第67张反面；彼得格勒《新生活报》1917年10月28日（11月10日）第165号；莫斯科《罗斯塔社鼓动报》1919年10月23日第132号；《彼得格勒军事革命委员会》1966年莫斯科版第1卷第183页

列宁出席（从19点起）第二届全俄中央执行委员会第一次会议，会议讨论了农业人民委员弗·巴·米柳亭关于召开农民代表苏维埃代表大会的报告以及其他一些问题，通过了全俄中央执行委员会《告各苏维埃、全体工人、士兵和农民书》。

> 《第二届全俄中央执行委员会会议记录》1918年莫斯科版第3页

列宁以人民委员会的名义指示陆海军委员会委巴·叶·德宾科率领水兵和陆军部队从赫尔辛福斯前去增援彼得格勒的工人和士兵。

     莫斯科《历史文献》杂志1957年第5期第201页；莫斯科《罗斯塔社鼓动报》1919年10月23日第132号

10月27日或28日（1月9日或10日）

列宁同内务人民委员阿·伊·李可夫交谈《关于工人民警》法令草案。

     彼得格勒《消息报》1917年10月29日第210号；莫斯科《真理报》1924年11月7日第255号

10月27—11月10日（11月9—23日）

列宁在69号房间办公，这是他的第一个办公室（斯莫尔尼宫三楼左侧南面拐角上的一个房间）。

     苏共中央马列主义研究院中央党务档案第4全宗第2目录第3674卷宗第1张；第3705卷宗第1张；中央国家十月革命档案第130全宗第1目录第45卷宗第120张；第58卷宗第1张；彼得格勒《田地》杂志1917年第46—47期第721页；莫斯科《无产阶级革命》杂志1922年第9期第299页；弗·德·邦契—布鲁也维奇：《回忆列宁》1969年莫斯科增补第2版第131—132、135—136页；《回忆列宁》1969年莫斯科版第2卷第457—459页；1969年莫斯科版第3卷第54

页;《论列宁。回忆录》1963 年莫斯科版第 307 页

10 月 27 日以后—30 日以前（1 月 9 日以后—12 日以前）

列宁写《人民委员会主席警卫职责》守则。

《列宁文集》第 35 卷第 7 页；莫斯科《苦役与流放》杂志 1932 年第 11—12 期第 80 页

10 月 27 日（11 月 9 日）夜

列宁去彼得格勒军区司令部（皇宫广场 4 号），听取弗·亚·安东诺夫—奥弗申柯、康·亚·美霍诺申和尼·伊·波德沃依斯基报告克拉斯诺夫将军的哥萨克在占领加特契纳后彼得格勒附近的局势，以及同他们作斗争的计划，并向军事革命委员会司令部提出了组织保卫彼得格勒的任务。

《彼得格勒军事革命委员会》1966 年莫斯科版第 1 卷第 183 页；莫斯科《罗斯塔社鼓动报》1919 年 10 月 23 日第 132 号

列宁把军事革命委员会委员弗·弗·拉斯科尔尼科夫海军准尉召到彼得格勒军区司令部，向他询问波罗的海舰队有哪些舰艇配有大口径炮，能不能用来保卫彼得格勒以抵御克拉斯诺夫的军队；命令拉斯科尔尼科夫同喀琅施塔特联系要他们建立一支装备机枪和大炮的强有力的队伍来保卫彼得格勒。

《列宁和红海军》1924 年列宁格勒版第 75 页；弗·弗·拉斯科尔尼科夫：《在战斗岗位上》1964 年莫斯科版第 211—212 页

列宁从彼得格勒军区司令部打直达电报给赫尔辛福斯；同赫尔辛福斯苏维埃执行委员会主席阿·李·舍印曼、芬兰陆海军和工人区域委员会军事部主席伊·米哈伊洛夫和波罗的海舰队中央委员会副主席尼·费·伊兹马伊洛夫谈话，命令立即把波罗的海舰队的军舰、水兵和陆军从芬兰调往彼得格勒，加强彼得格勒的保卫，以抵御克拉斯诺夫—克伦斯基的反革命军队。

《列宁全集》俄文第 5 版第 35 卷第 32—35 页

10 月 27 日以前（11 月 9 日以前）

列宁在同海军革命委员会主席伊·伊·瓦赫拉梅耶夫谈话时赞同该委员会吸收德·尼·维尔杰列夫斯基海军少将以海军部主管人的身份参加工作。

彼得格勒《真理报》1917 年 11 月 10 日（10 月 28 日）第 171 号；莫斯科—列宁格勒《红档》杂志 1932 年第 4 期第 78 页

10 月 28 日（11 月 10 日）

列宁任命（6 点前）米·阿·穆拉维约夫中校为彼得格勒和彼得格勒地区城防司令。

中央国家十月革命档案第 1029 全宗第 1 目录第 17 卷宗第 87 张；彼得格勒《消息报》1917 年 10 月 29 日第 21 号

列宁在清晨从彼得格勒军区司令部回到斯莫尔尼宫后，叫俄国社会民主工党（布）彼得格勒委员会的值班秘书立即召集彼得格勒委员会执行委员会的委员和区的党组织者；接着向他们介绍彼得格勒附近的情况，提议立即发动全体工人，着手在城市四周挖掘战壕和设置铁丝网。

> 新尼古拉也夫斯克《南方宣传员》杂志1923年第1期第38页；新尼古拉也夫斯克《红色西伯利亚人》杂志1924年第2期第73页；《彼得格勒真理报》1924年1月27日第22号；伊·卡·纳乌莫夫：《在十月的日子里（随笔）》1925年列宁格勒—莫斯科第2版第108—109页

列宁接见美国新闻记者阿·威廉斯，他要求准许随出发去抗击克拉斯诺夫反革命军队的赤卫队采访。

> 彼得格勒《新生活报》1917年10月29日（11月11日）第166号；《彼得格勒的十月武装起义（文件与材料）》1957年莫斯科版第878—879页；阿·罗·威廉斯：《论列宁和十月革命》1960年莫斯科版第39页；莫斯科《外国文学》杂志1967年第5期第41—42页

列宁签署人民委员会关于禁止出版军事革命委员会根据《出版法令》第一条查封的报纸的决议。

> 《苏维埃政权法令》1957年莫斯科版第1卷第24—25、539页

列宁同工厂委员会中央理事会的代表普·尼·阿莫索夫和米·尼·日沃托夫交谈他们所拟定的全俄国民经济管理机构——国民经济委员会的提纲，赞同他们的建议，责成他们准备法令草案，并答应派一名有经

验的工作人员去帮助工厂委员会中央理事会。

> 彼得格勒《新生活报》1917年10月29日（11月11日）第166号；莫斯科《经济生活报》1924年1月25日第95十年来的列宁格勒工会（一九一七至一九号；《二七年。回忆录汇编》1927年列宁格勒版第48—49页；《回忆列宁》1969年莫斯科版第3卷第85—87页

列宁去（12点）军事革命委员会司令部（斯莫尔尼宫三楼60—61号房间），亲自进行组织工作，以抵御克拉斯诺夫的反革命军队对彼得格勒的进攻；把主管供应工作和主管工人、爆破专家动员工作等的全权代表派给司令部使用；把各种组织、工厂的代表召来，要他们报告能够在军队服务的工人的数目、他们拥有的技术手段等，责成普梯洛夫工厂工人制造装甲平台车和大炮来援助革命部队，责成纳尔瓦区苏维埃进行组织，把普梯洛夫工厂制造的大炮送到加特契纳前线；给汽车连战士的任务是动员全城的汽车来输送弹药；派遣人民委员去各工厂、机关和组织，以便动员一切力量来保卫彼得格勒。

> 莫斯科《罗斯塔社鼓动报》1919年10月23日第132号；《列宁——十月革命的领袖。彼得格勒工人回忆录》1957年列宁格勒版第244—245页；《回忆列宁》1969年莫斯科版第2卷第399—400页

列宁召集党组织、工厂委员会、区苏维埃、工会和部队的代表开会，阐明主要的任务是设法用武器、粮食和衣服支援革命部队；向会议的参加者提出了具体的任务，记下了他们的姓名，任务的性质和完成的

日期。

会后,列宁同迟到者谈话。

> 莫斯科《罗斯塔社鼓动报》1919年10月23日第132号

列宁去(17点左右)彼得格勒军区司令部参加关于组织粉碎克拉斯诺夫的反革命军队的会议;研究彼得格勒及周围地区的地图;责成被召来司令部的海军革命委员会主席伊·伊·瓦赫拉梅耶夫组织调遣波罗的海舰队的舰艇增援加特契纳前线的革命军队。

> 《列宁和红海军》1924年列宁格勒版第72页;莫斯科《红海军报》1940年1月21日第17号;伊·伊·瓦赫拉梅耶夫:《为了革命。回忆录》1957年莫斯科版第28—29页;康·斯·叶列梅也夫:《火焰》1930年莫斯科—列宁格勒版第154页

列宁回斯莫尔尼宫后(19—20点),研究关于克拉斯诺夫的军队抵近普尔科沃高地的报告;责成弗·德·邦契—布鲁也维奇火速把大炮和弹药从彼得—保罗要塞、奥布霍夫工厂和普梯洛夫工厂送上革命军队的阵地。

> 弗·德·邦契·布鲁也维奇:《在二月革命和十月革命的战斗岗位上》1931年莫斯科第2版第142—144页

列宁同陆海军委员会委员巴·叶·德宾科交谈(夜晚)普尔科沃附近的情况,赞同他的建议:立即派遣从赫尔辛福斯调来的波罗的海水兵去抵御克拉斯诺夫的反革命军队。

> 巴·叶·德宾科:《革命的波罗的海水兵》1959年莫斯科版第87—88页

10月28日（1月10日）夜

列宁听取陆海军委员会委员弗·亚·安东诺夫—奥弗申柯关于加特契纳前线情况的报告。

> 莫斯科《红军战士》杂志1919年第10—15、31页；弗·亚·安东诺夫—奥弗申柯:《在革命中》1957年莫斯科版第178—179页

列宁去（夜里1点左右）普梯洛夫工厂（纳尔瓦城关彼得哥弗路67号），在工厂委员会同工人们谈话，询问他们的情绪、对苏维埃政权的态度、粮食和燃料的情况、上前线的部队的人数、他们的装备，等等；提出要加速制造装甲平台车和大炮，以便用来攻打克拉斯诺夫的反革命军队。

> 弗·亚·安东诺夫—奥弗申柯:《在革命中》1957年莫斯科版第179页；克拉斯诺达尔《红旗报》1927年1月21日第17号；《回忆列宁》1969年莫斯科版第3卷第23—25页；《列宁——十月革命的领袖。彼得格勒工人回忆录》1957年列宁格勒版第244—245页

列宁回到斯莫尔尼宫，听了彼得格勒苏维埃执行委员会值班的委员弗·亚·阿列克谢也夫报告士官生在米哈伊洛夫练马场夺取了三辆装甲车的消息后说，他将亲自处理这件事。

> 苏共中央马列主义研究院中央党务档案第4全宗第2目录第2512卷宗第16张；《彼得格勒的

十月武装起义（文件与材料）》1957年莫斯科版第823页

列宁指示军事革命委员会必须采取措施平定1917年10月28日（11月10日）夜发生的士官生叛乱。

苏共中央马列主义研究院中央党务档案第146全宗第1目录第15卷宗第17张

10月29日（11月11日）

列宁因发生了士官生叛乱而召开（清晨）有军事革命委员会工作人员参加的会议。

莫斯科《工业化报》1930年1月21日第17号

列宁写了（早晨，10点前）给赫尔辛福斯的电报，要海军上校、波罗的海舰队第二巡洋舰队司令米·弗·伊万诺夫"立即来彼得格勒斯莫尔尼宫"，接着又附言："叶·费·罗兹米罗维奇：能发吗？请通过全俄海军中央委员会电台台长发出。"

苏共中央马列主义研究院中央党务档案第2全宗第1目录第4651卷宗；莫斯科—列宁格勒《红色史料》杂志1926年第6期第34、35页

列宁同彼得格勒和彼得格勒地区城防司令米·阿·穆拉维约夫交谈关于反对克拉斯诺夫军队的战斗行动的进程。

中央国家十月革命档案第1029全宗第1目录第15卷宗第74张、93张反面—94张

列宁在军事革命委员会的命令上写道:"10月29日晚10时前准备好出动大炮。"命令是给陆海军副政委安·伊·弗罗洛夫的,要他解除彼得格勒米哈伊洛夫炮兵学校士官生的武装并利用从他们那里缴获的大炮去攻打克拉斯诺夫的军队。

《列宁全集》俄文第5版第50卷第1页;
《彼得格勒军事革命委员会》1966年莫斯科版第1卷第283页

列宁签署军事革命委员会给奥赫汀斯克炸药库的命令,命令立即供给赤卫队司令部和维堡区苏维埃的成员基·奥尔洛夫手榴弹和300发炮弹。

《列宁军事书信集(一九一七至一九二○年)》1956年莫斯科版第9页

列宁同莫斯科军事革命委员会的代表米·巴·托姆斯基交谈莫斯科十月武装起义的进程,并责成他同约·维·斯大林商谈援助莫斯科的革命工人和士兵的问题。

苏共中央马列主义研究院中央党务档案第70全宗第4目录第386卷宗第69—70张;莫斯科—列宁格勒《红档》杂志1932年第5—6期第81、103、150页

列宁接见第六后备工兵营的代表费·格·马尔科夫斯基,指示他挑选一批爆破手派往加特契纳地区,去破坏克拉斯诺夫军队驻地的铁路和其他交通线;记下这200名专业工兵。

苏共中央马列主义研究院中央党务档案第4全宗第2目录第1657卷宗第10张;《彼得格勒军

事革命委员会》1966年莫斯科版第1卷第283页

列宁给军事革命委员会委员格·伊·丘德诺夫斯基签署（15点30分前）证书，证明派他去同伊兹马伊洛夫和其他各团进行商谈，"达成协议，以便立即采取行动保卫彼得格勒，抵御反革命军队"。

莫斯科《历史文献》杂志1957年第5期第5页；《彼得格勒的十月武装起义（文件与材料）》1957年莫斯科版第717、719页

列宁接见彼得—保罗要塞的政委格·伊·勃拉冈拉沃夫；听取了他的报告：在要塞打死士官生三名、打伤一名，这几个人是先因做了保证已予释放、后又因参加反革命叛乱而被逮捕的。接着列宁写了一道命令："我以全俄罗斯共和国的名义命令停止对士官生私自处刑，采取措施保全所有被捕人员其中包括部长的生命。人民委员会主席弗·乌里杨诺夫（尼·列宁）"。

彼得格勒《士兵真理报》1917年11月7日第71号；彼得格勒《日报》1917年11月7日第201号；彼得格勒《工人报》1917年11月8日第207号；彼得格勒《工人和士兵报》1917年11月16（29）日第26号

列宁同全俄苏维埃第二次代表大会代表普·斯·帕尔诺夫军官谈话（17点后）；接着打电话请尼·伊·波德沃依斯基接见帕尔诺夫并分配他担任适当的工作。

莫斯科—列宁格勒《无产阶级革命》杂志1926年第10期第34—35页

列宁责成（晚上）军事革命委员会值班员叶·尼·阿达莫维奇把所有可以被派往彼得格勒卫戍部队各团做鼓动工作的人员召集到斯莫尔尼宫来。

半小时后，列宁同鼓动员们谈话，告诉他们彼得格勒地区的情况非常严重，必须到各兵营去，号召彼得格勒卫戍部队各团起来反对克拉斯诺夫的反革命军队。

> 苏共中央马列主义研究院中央党务档案第70全宗第4目录第378卷宗第119张反面；哈尔科夫《共产主义者报》1924年4月23日第93号；莫斯科《新世界》杂志1958年第11期第166页

列宁召见（晚上）红村的政委德·扎·曼努伊尔斯基和俄国社会民主工党（布）彼得格勒委员会委员格·康·奥尔忠尼启泽，指派他们去加特契纳前线革命部队做鼓动工作。

> 《彼得格勒军事革命委员会》1966年莫斯科版第1卷第297、300、319页；《伟大的十月社会主义革命。彼得格勒和莫斯科革命参加者回忆录汇编》1957年莫斯科版第320页

列宁在彼得格勒卫戍部队各团代表会议上作（22点起）关于目前形势的报告，并就武装部队问题和建立城市秩序问题发言。

> 《列宁全集》俄文第5版第35卷第36—40页；彼得格勒《真理报》1917年11月3日（10月31日）第174号；约·里德：《震撼世界的十天》1957年莫斯科版第174页

10月29日和29日夜（1月11日和11日夜）

列宁参加全俄中央执行委员会布尔什维克党团会议，会议讨论了全

俄铁路工会执行委员会提出的要求：建立从布尔什维克起到包括人民社会党人在内的所有社会主义政党的代表组成的政府（所谓"清一色的社会主义者政府"）；列宁为了邀请在斯莫尔尼宫的全体全俄中央执委会的委员去他那里而退席；在一间大厅里向一批前线战士代表讲了话。

回到会上后，他发表了长篇演说，论证了俄国社会民主工党（布）中央关于同全俄铁路工会执行委员会就政府成员进行谈判的决定，批评了要求建立"清一色的社会主义者政府"的列·波·加米涅夫及其拥护者。

> 苏共中央马列主义研究院中央党务档案第70全宗第4目录第197卷宗第67张反面；第378卷宗第220—222张；列宁格勒党务档案第4000全宗第5目录第392卷宗第32—34张；索·阿·洛佐夫斯基：《伟大的阶级战争战略家》1924年莫斯科增补第2版第104、107页；莫斯科《历史文献》杂志1957年第5期第197—198页；莫斯科《新世界》杂志1958年第11期第160—162页

10月29日（1月11日）夜

列宁在军事革命委员会司令部讨论增援莫斯科的革命工人和士兵的问题。

> 莫斯科—彼得格勒《无产阶级革命》杂志1922年第10期第98页；《从二月到十月》1957年莫斯科版第283页

列宁同早上被暴乱的士官生逮捕、晚上为赤卫队释放的弗·亚·安

东诺夫—奥弗申柯谈话。

> 苏共中央马列主义研究院中央党务档案第 70 全宗第 3 目录第 589 卷宗第 4 张；彼得格勒《真理报》1917 年 11 月 15（2）日第 177 号；弗·亚·安东诺夫—奥弗申柯：《国内战争札记》1924 年莫斯科版第 1 卷第 84 页

列宁听取海军革命委员会主席伊·伊·瓦赫拉梅耶夫的报告，报告说"奥列格号"巡洋舰和"胜利者号"鱼雷艇已抵达彼得格勒来参加保卫这个城市；列宁指示在军舰阵位部署完成后再报告一次。

> 莫斯科《红海军报》1940 年 1 月 21 日第 17 号；伊·伊·瓦赫拉梅耶夫：《为了革命。回忆录》1957 年莫斯科版第 38 页；《准备和进行伟大十月社会主义革命的波罗的海水兵》1957 年莫斯科—列宁格勒版第 307 页

列宁同弗·德·邦契—布鲁也维奇谈话，列宁是去他那里过夜的；在谈话中列宁说，着手直接管理国家的工作的时候已经到了，因此必须立即首先建立苏维埃政府的直属机关；责成邦契—布鲁也维奇负责建立人民委员会办公厅的工作。

> 中央国家十月革命档案第 130 全宗第 1 目录第 8 卷宗第 30 张；第 14 卷宗第 44 张；第 45 卷宗第 157、158 张；第 56·卷宗第 13 张；弗·德·邦契—布鲁也维奇：《回忆列宁》1969 年莫斯科增补第 2 版第 131 页

10 月 29 日以前（1 月 11 日以前）至 11 月初

列宁给伊·克·克罗托夫签署证书，证明他确实是军事革命委员会

下设的监督委员会的委员。这个委员会是为了检查部队指挥部反克伦斯基—克拉斯诺夫的行动而建立的。

《彼得格勒军事革命委员会》1966 年莫斯科版第 1 卷第 311 页;《列宁和彼得格勒的十月武装起义。一九六二年十一月十三至十六日在列宁格勒召开的全国科学会议材料》1964 年莫斯科版第 156—160 页

10 月 30 日 (11 月 12 日)

列宁签署的人民委员会的法令《关于批准和颁布法律的程序》在《工农临时政府报》第 2 号上发表。

彼得格勒《工农临时政府报》1917 年 10 月 30 日(11 月 12 日)第 2 号;《苏维埃政权法令》1957 年莫斯科版第 1 卷第 29—30 页

列宁接见(早上)芬兰中央工人革命委员会代表尤·西罗拉和埃·胡顿宁,他们是代表芬兰工人和芬兰社会民主工党为祝贺俄国苏维埃政府成立而来彼得格勒的;列宁同他们交谈了关于芬兰的情况;询问了从芬兰供应彼得格勒粮食的可能性问题。

彼得格勒《工人和士兵报》1917 年 10 月 30 日(11 月 12 日)第 11 号;莫斯科《无产阶级革命》杂志 1930 年第 1 期第 80—81 页

列宁同来到彼得格勒的莫斯科党组织的代表伊·斯·韦格尔交谈(早上)莫斯科的情况和军事革命委员会对他提出的给莫斯科的工人和士兵援助的建议进行讨论的结果;建议他书面说明自己认为必须援助莫

斯科的理由。

> 彼得格勒《消息报》1917年11月9日第220号；莫斯科《无产阶级革命》杂志1922年第9期第29页；《在同一个队伍里》1967年莫斯科版第172—173页

列宁给军事革命委员会代表斯·维·柯秀尔写委托书，证明他有权征用"军队和革命委员会所必需的一切物品"。委托书是以军事革命委员会主席的身份签署的。

> 《列宁全集》俄文第5版第50卷第1—2页

列宁同被人民委员会任命为社会（国家）救济人民委员的亚·米·柯伦泰谈话（在斯莫尔尼宫36号房间）；建议她马上去国家救济部，使这个部为苏维埃政权服务；签署了任命她为人民委员的证书。

> 莫斯科《历史文献》杂志1957年第5期第5页；《回忆列宁》1961年莫斯科版第3卷第175页

列宁任命弗·德·邦契—布鲁也维奇推荐的尼·彼·哥尔布诺夫为人民委员会秘书。

> 中央国家十月革命档案第130全宗第1目录第8卷宗第30张；第14卷宗第44张；第45卷宗第157、158张；第56卷宗第13张；《回忆列宁》1969年莫斯科版第3卷第53—54页

列宁签署（晚上）任命维·鲁·明仁斯基为财政部（财政人民委员部）临时副人民委员的命令。

苏共中央马列主义研究院中央党务档案第2全宗第1目录第4654卷宗;《十月革命法令》1933年莫斯科版第27页;弗·德·邦契—布鲁也维奇《回忆列宁》1969年莫斯科增补第2版第133页

列宁签署《关于银行营业的决议》和财政部关于制止国库和储蓄银行职员罢工的命令。

《苏维埃政权法令》1957年莫斯科版第1卷第30—31页

列宁给国家银行发了一个书面指示,要它"给人民委员会在国家银行彼得格勒营业所立一个往来账户",并附了他自己的和维·鲁·明仁斯基的签字的样式。

中央国家十月革命档案第130全宗第1目录第25卷宗第58张;第56卷宗第13张反面

列宁在军事革命委员会司令部关于用炮队、汽车和通信工具加强皇村附近的革命部队、建立所有反克拉斯诺夫军队的部队的统一司令部和供应赤卫队粮食的命令上写了(21点后)下述指示:"请采取一切措施**立即执行**"。

《列宁全集》俄文第5版第50卷第1页;《彼得格勒军事革命委员会》1966年莫斯科版第1卷第352—353、360—361、363页

列宁在彼得格勒苏维埃会议上发表(夜晚)关于苏维埃政权的土地政策的演说。

>彼得格勒《消息报》1917 年 10 月 31 日第 212 号；约·里德：《震撼世界的十天》1957 年莫斯科版第 180 页

列宁起草（23 点 30 分前）人民委员会的《告全体公民》的广播稿，谈到全俄苏维埃第二次代表大会建立了苏维埃政府，代表大会通过了最重要的决议，士官生的暴动已被镇压，苏维埃政府为粉碎克拉斯诺夫—克伦斯基的军队采取了措施。

>《列宁全集》俄文第 5 版第 35 卷第 41 页；《苏维埃政权法令》1957 年莫斯科版第 1 卷第 32 页

10 月 30 日（1 月 12 日）夜

列宁召见尼·彼·哥尔布诺夫，责成他组织一个车队，把弹药从彼得—保罗要塞运到同克拉斯诺夫的军队作战的地区。

>《伟大的无产阶级革命的文献》1938 年莫斯科版第 125 页；《回忆列宁》1969 年莫斯科版第 3 卷第 57 页

10 月 31 日（1 月 13 日）

列宁接见（清晨）一位农民，他是来请列宁帮助领取二月革命前不久被征用的马匹的赔款的；列宁让他去国家救济人民委员部找亚·米·柯伦泰，并带去一张便条，请她付给这位农民赔款。

>《回忆列宁》1961 年莫斯科版第 3 卷第 176—178 页

列宁在人民委员弗·亚·安东诺夫—奥弗申柯报告军事革命委员会委员格·伊·丘德诺夫斯基1917年10月30日（11月12日）晚在抗击克拉诺夫军队的战斗中负伤的便条上写了如下指示："《消息报》**火速**（通报）"。

苏共中央马列主义研究院中央党务档案第2全宗第1目录第23959卷宗；彼得格勒《消息报》1917年11月1日第213号；彼得格勒《真理报》1917年11月15（2）日第176号

列宁把告全世界革命无产阶级书交给（早晨）美国作家约·里德。

《纽约号角报》1917年11月22日；纽约《解放者》杂志1918年3月第1期第25页；希克·乔·约翰·里德：《一个革命者的成长》1936年纽约版第282页

列宁同邮电人民委员尼·巴·阿维洛夫（格列鲍夫）和从卢甘斯克来的弗·尼·扎列日斯基谈话（上午）；同意阿维洛夫的建议，派扎列日斯基去邮电人民委员部工作；并指示对社会革命党人领导的邮电工会必须采取谨慎的策略，以便把邮电职员的大多数吸引到苏维埃政权方面来。

彼得格勒《新生活报》1917年11月1（14）日第169号；《彼得格勒军事革命委员会》1966年莫斯科版第1卷第443页；弗·尼·扎列日斯基：《一个地下工作者的回忆》1931年哈尔科夫版第209—211页

列宁责成（上午）彼得格勒军区司令部政委打直达电报召请俄国

社会民主工党（布）中央委员会莫斯科区域局的代表。

中央国家十月革命档案第 130 全宗第 1 目录
第 14 卷宗第 47 张；《彼得格勒军事革命委员会》
1966 年莫斯科版第 1 卷第 445、466 页

列宁去（12 点）彼得格勒军区司令部主持（16 点前）会议，讨论给正在同士官生作战的莫斯科的工人和士兵以军事援助的问题；书写和授予波罗的海和华沙火车站政委恩·克·别利亚科夫委托书，并命令"全体铁路员工最积极地协助别利亚科夫"完成交给他的任务：运送彼得格勒赤卫队、波罗的海水兵和杰伊诺波利第 428 团士兵的混合部队到莫斯科。

苏共中央马列主义研究院中央党务档案第 2 全宗第 1 目录第 4658 卷宗；中央国家十月革命档案第 1029 全宗第 1 目录第 15 卷宗第 74 张反面；彼得格勒《工人报》1917 年 11 月 1 日第 200 号；莫斯科《交通通报》杂志 1924 年第 5 期第 5 页（复制版）；莫斯科《技术与生活》杂志 1924 年第 3 期第 3 页（复制版）；列宁格勒《红色日报》1925 年 1 月 21 日第 17 号（复制版）

列宁就全俄铁路工会执行委员会拒绝把革命军队的混合部队从彼得格勒运往莫斯科一事召开会议（有俄国社会民主工党（布）彼得格勒委员会的代表参加）。

莫斯科《工业化报》1930 年 1 月 21 日第 17 号列宁接见"自由曙光号"战列舰政委伊·尼·科尔宾，宣布任命他负责建立若干革命军梯队调往莫斯科，并给他签署了委托书。《为争取十月

革命胜利而斗争的水兵》1958年莫斯科版第352—355页

10月底

列宁写《职员守则草案》，规定了防止国营、公营和私营企业的职员进行反苏维埃怠工的办法。

《列宁全集》俄文第5版第35卷第42页

列宁同彼得格勒市政管理委员会粮食特别管理局政委玛·娜·斯米特—法尔克涅尔谈话，谈到如何同粮食机关工作人员的怠工作斗争。

莫斯科《新世界》杂志1958年第11期第163页

列宁请全俄中央执行委员会军事部军用图书处主任瓦·费·瓦尼奇科夫介绍要发往各地的图书；查看带来的图书后作了指示：哪些应该首先发出去。

《从二月到十月》1957年莫斯科版第71页

列宁向出发去抗击克拉斯诺夫反革命军队的彼得格勒赤卫队队员发表讲话（在斯莫尔尼宫大礼堂）。

莫斯科《青年近卫军》杂志1925年第10—11期第110—112页

列宁同出版人民委员尼·伊·杰尔贝舍夫谈话；建议把他所没收的黑帮分子的传单作为历史资料加以保存。

莫斯科《新世界》杂志1958年第11期第163页

列宁同俄国社会民主工党（布）彼得格勒委员会委员索·纳·拉维奇交谈莫斯科城关区党组织的情况，并询问了党员的情绪。

莫斯科—列宁格勒《无产阶级革命》杂志
1929年第8—9期第105页

列宁同第三军团第三十五军出席全俄苏维埃第二次代表大会的代表阿·费·包亚尔斯基谈话；并给陆海军委员会写了一个便条，请求同他更详细地谈谈第三军团的情况（便条没有找到）。

莫斯科工农红军军事学院《红色曙光》杂志1925年第1期第54页；《彼得格勒军事革命委员会》1966年莫斯科版第1卷第188、468页；《十月革命的英雄们。准备和进行彼得格勒十月武装起义的积极参加者传记》1967年列宁格勒版第2卷第713、736页

列宁了解关于征用私邸和空房做工人住宅的法律草案；并在文件背面注明："军事革命委员会"。

苏共中央马列主义研究院中央党务档案第2全宗第1目录第4640卷宗

列宁几次同法国军事使团成员雅·沙杜尔大尉谈布尔什维克在组织俄国新的政府即苏维埃政府问题上的立场。

雅·沙杜尔：《关于布尔什维克的革命的札记（1917年10月至1918年7月）》莫斯科版（无出版年代）第67、69页

10月底或11月初

列宁同全俄中央执行委员会候补委员瓦·弗·库拉也夫谈话；建议

他立即回奔萨参加建立苏维埃政权的斗争。

瓦·弗·库拉也夫：《奔萨的十月》1957 年奔萨第 2 版第 18 页；《伏尔加河流域的十月》1967 年萨拉托夫版第 233 页

列宁同全俄军事农民协会执行委员会委员尼·伊·波克罗夫斯基骑兵少尉谈话，后者告诉列宁，驻伦敦的俄国军事订货办事处营私舞弊。

彼得格勒：《新生活报》1918 年 1 月 31 日 12 月 13 日第 23 号

列宁在人民委员会的一次会议中间去接待室，同被派到斯莫尔尼宫来请求给予汽油的普梯洛夫工厂工人费·安·谢尔盖也夫谈话；询问了谢尔盖也夫关于普梯洛夫工厂的情况和关于工人的情绪；并写了一个关于给普梯洛夫工厂以汽油的命令（命令没有找到）。

《俄国的工人和农民论列宁。回忆录》1958 年莫斯科版第 44—45 页；莫斯科《五金工人》杂志 1927 年第 3 期第 18—19 页

列宁同俄国技术协会农业技术部主席、工艺工程师彼·阿·科兹明交谈技术知识分子的情绪和他们对待苏维埃政权的态度；并说必须吸收专家们来为苏维埃国家服务。

《科兹明选集》1958 年莫斯科版第 17 页

10 月底以后—1918 年 3 月 10 日以前

列宁把彼得格勒军区军事电报局和一些人民委员的电话号码和地址以及其他事项写在通信录上。

《列宁文集》第 21 卷第 83—87 页；苏共中

央马列主义研究院中央党务档案第 2 全宗第 1 目录第 4563 卷宗

(李遵玉 译　董荣卿 校)

列宁——经济战线上的领袖*

[苏] 伊·伊·拉德琴柯

我是1900年在普斯科夫同弗拉基米尔·伊里奇认识的。在我们会见时，他教给我开展革命工作的组织艺术。在他出国之后，在1900至1902年间，我继续得到他的指示，但已是书面形式的了。① 他教导我（我当时是《火星报》"技术"组织员）怎样通过芬兰国境秘密运进书刊、怎样组织工人小组、怎样在同经济派—工人事业派的斗争中贯彻当时党的总路线。最后，又教导我怎样使俄国社会民主党人职业革命家组织做好参加党的第二次代表大会的准备。当时，我是《火星报》国外组织的代表和召集代表大会的组织委员会委员。很遗憾，我未能出席这次代表大会，因为1902年11月4日我和潘·尼·勒柏辛斯基一起在普

---

* 本文选自《马列著作编译资料》1980年第10辑。

原编者按：伊·伊·拉德琴柯（1874—1942），1898年加入俄国社会民主工党，系列宁的战友，党内熟悉工业建设业务的专家，十月革命后一直担任经济战线的重要领导职务，成为苏联泥炭工业的奠基者之一。这篇回忆录逐年记述列宁对发展泥炭工业的关怀和指示，体现出列宁对苏维埃俄国社会主义经济建设的深入而具体的领导。

① 见列宁给伊·伊·拉德琴柯的信（《列宁全集》俄文第5版第46卷）。

斯科夫（当时正在这里举行组织委员会代表会议）被捕了。①

我在彼得堡拘留所和彼得—保罗要塞待了八个月之后，被流放到雅库茨克州。1905年8月我逃出流放地以后，就去了日内瓦，以便得到国外中心对整顿布尔什维克刊物运输的指示（我在流放地时就已下决心作一名坚如磐石的布尔什维克）……

1905—1907年在彼得堡召开的《新生活报》《浪潮报》和其他布尔什维克报纸和杂志编辑部的会议、协商会议和代表会议上我常见到弗拉基米尔·伊里奇。我为上述出版社的事同他在库奥卡拉（他曾在那里住过）也见过面。为安排他出国，我在这一时期同他最后的一次见面是在1907年末。从那时起直到1917年，我再也没有见到过他，不过我通过瓦·瓦·沃罗夫斯基和其他一些见到弗拉基米尔·伊里奇以及同他通过信的人能始终了解他的工作。

1917年

在暴风雨般的、事件层出不穷的1917年，我记忆犹新的唯有11月在斯莫尔尼宫同弗拉基米尔·伊里奇的一次会面，我去那里是受莫斯科自治机关的专门委托，在中央寻求组织莫斯科省泥炭业的贷款。工业和交通、城市经济、医院和诊疗所，以至居民本身奇缺燃料的紧张状况，迫使我们狠抓这种我们当时还了解不多、试用不多的燃料。这项事业委托给了我这个在博哥罗茨克"输电站"（现名克拉桑"输电站"）泥炭开采场有五年实际经验的人。

---

① 在其余的代表会议与会者（克拉斯努哈、克拉西柯夫、林格尼克、斯托帕尼、列文）当中，一部分人幸免，另一部分人随后不久也被捕了。——作者注

拿到斯莫尔尼宫的入门证后,我在走廊里遇见玛丽亚·伊里尼奇娜,她领我去见弗拉基米尔·伊里奇。在一间小房间里我见到他坐在一张小桌子后面,旁边放着一把供客人用的普通维也纳式的椅子。弗拉基米尔·伊里奇非常热情地接见我。他问我,这些年在什么地方,做些什么。他听说我做过泥炭工作并熟悉这项事业,表示满意。弗拉基米尔·伊里奇指出泥炭的重大意义,认为泥炭在当时情况下比起遥远的顿巴斯的煤炭和巴库的石油是一种比较容易得到的燃料。他兴致勃勃地谈了一系列未来的泥炭大发电站,就是我讲的博哥罗茨克"输电站"那种类型的。我问能不能在别的什么工作岗位上为革命更好地使用我,他坚持说服我留在这条极其重要的燃料战线上,况且我是这方面为数不多的**苏维埃**专家之一。

他个人认为,莫斯科为组织泥炭业所需要的贷款是必须给的,并且答应在人民委员会提出这个问题。在解决这个问题之前,他打发我去找施略普尼柯夫和古科夫斯基。施略普尼柯夫当时是工商业人民委员,古科夫斯基是财政人民委员。

在同弗拉基米尔·伊里奇谈话中间,我向他询问了一些同志的情况,我顺便提到列·波·克拉辛。我问弗拉基米尔·伊里奇是否见过他,为什么他不出来工作。弗拉基米尔·伊里奇回答说:"见过……我像照料小姐那样照料他……他不想……反正一样——迟早会到咱们这里来的……"

1918 年

现在还保存着一份 1918 年 2 月 19 日区杜马委员会常务委员会颁发的证明:"兹证明城市泥炭开采场主管工程师**拉德琴柯**和工程师文特尔

确为莫斯科市公用局事务前往彼得格勒市。"①

我同文特尔这次前往彼得格勒市，是政府在组织苏维埃泥炭业方面所采取的第二个步骤，在政府迁都莫斯科之后，这项事业就有了坚实的组织基础。燃料总委员会同其他总委员会一起宣告组成，下辖煤炭总委员会、石油总委员会和泥炭总委员会。1918年2月20日颁布了泥炭总委员会条例。

所有这一切都是在弗拉基米尔·伊里奇本人大力参加之下做出的。在组成泥炭总委员会时，同农业人民委员部发生了争执，它想一手把持泥炭业的整个管理权，这样一来，泥炭应划为土地、土壤，而不应划为矿藏。这完全是社会革命党的帝国主义精神和旧内阁的心理，因为革命前为数不多的泥炭开采场是由农业部管辖的。弗拉基米尔·伊里奇在人民委员会会议上解决了这个争端，在1918年4月20日《最高国民经济委员会燃料局泥炭总委员会组织条例》中就阐明了这一点。

"第五款，作为土地面积的所有泥炭沼泽由农业人民委员部管辖。

第六款，在泥炭总委员会认为这种或那种矿藏适合于工业开发的目的之后，泥炭总委员会便建议农业人民委员部将此种矿藏移交给该会……

第九款，参加泥炭总委员会的有农业人民委员部的代表，有表决权……"②

沙图拉沼泽泥炭开采场是苏维埃第一个泥炭开采方面的产儿。可是1918年，那里还只是进行准备工作，因为开采这一大片沼泽需要一支泥炭工人大军和相应数量的粮食，而把粮食供给老的已整顿就绪的泥炭

---

① 引自伊·伊·拉德琴柯的文件。
② 《苏维埃政权法令》1959年俄文版第2册第148页。

开采场则更为合理。只是到了秋天，弗拉基米尔·伊里奇8月受伤康复后，才给沙图拉拨来了粮食和贷款。我还记得在他康复后我们的第一次会面，他那疲惫的病容和吊着绷带的手臂使我大为震惊……

我记得弗拉基米尔·伊里奇有一次在审核组建沙图拉沼泽开采场预算时很有代表性的发言。那是1918年4月在人民委员会发生的事情。财政人民委员部代表反对泥炭总委员会建造泥炭工人用的木板房的预算，建议比报请的数目削减几乎一半。记得，我们计算当时建造一座木板房要用4000卢布。

我接到弗拉基米尔·伊里奇的一张纸条："你建造过木板房吗？您肯定知道需要4000卢布？"

我在这张纸条上作了肯定的回答。

于是弗拉基米尔·伊里奇就大声向我提问这个问题，随后又向对我们的预算提出异议的同志提出这个问题。那位同志惊异地回答：

"没，没有建造过。"

弗拉基米尔·伊里奇将问题付诸表决，他这样说：

"有两种建议。第一种是从前**建造过**木板房的同志的建议，要给4000卢布。

第二种是**没有**建造过木板房的同志的建议，要给2000卢布。"

第一种建议获得大多数票通过。

1918年整个年末都是在为争取燃料、争取加强和整顿燃料开采的斗争中度过的：12月1日国防委员会讨论了燃料问题，4日解决了动员居民参加木材采伐工作的问题。

12月12日，我收到弗拉基米尔·伊里奇的一张便条，内容如下：

拉德琴柯同志：

附件是向我报告的一份建议,是一位诚实商人提出的,他熟悉木柴业,他断言用这种方式能够而且应当使**大量**的盗窃和舞弊行为被揭露出来。

请**赶快**讨论(您要先同沃尔柯夫斯基讨论,如果愿意,马上在林业委员会讨论)并**及时**将你们的结论告诉我。

人民委员会主席　列宁①

可惜,弗拉基米尔·伊里奇写的建议的内容我记不清了。②

12月15日,国防委员会通过了关于指定设立一个审核中央木材采购局、林政和木材加工工业总委员会工作计划和规划的临时委员会的决定。当时就发给我一份由弗拉基米尔·伊里奇签署的就任调查和改进中央木材采购局及林政和木材加工工业总委员会工作的临时委员会主席的委任状。

22日,国防委员会再次提出了关于调查林政和木材加工工业总委员会的临时委员会工作问题。

国防委员会几乎天天讨论木材燃料的运输和采购问题、工人的供应问题、国内居民的动员(劳动义务制)问题、同开小差现象作斗争等问题。

而所有这一切问题都是不知疲倦、不知休息的弗拉基米尔·伊里奇提出、解决、推动和促进的!没有哪一项决定不是在他的积极参加下作出的。

有一次,我给我年幼的儿子写道:"当伊里奇总为大家着想,为大

---

① 《列宁全集》俄文第5版第50卷第218页。

② 列宁在给伊·伊·拉德琴柯的信中附了一份无名氏起草的关于加快运出存放在私商、银行、社会组织和国家组织、代表苏维埃各部等仓库中待转运的粮食货物和木材的计划。

家办事的时候……你就不会不成为奥勃洛摩夫。"①

由于这一切顽强而紧张的工作，供应铁路（即供粮食和军队的运输），供应住宅、医院和诊疗所取暖，供应军工厂的木材燃料的采伐工作整顿并加强了。

1919 年

1918 年末和 1919 年一整年，对于泥炭总委员会说来，是在为泥炭开采场——其中也包括沙图拉泥炭开采场——搞粮食中度过的。弗拉基米尔·伊里奇非常积极地参加了这项工作，只要力所能及就予以帮助。1919 年 2 月 6 日人民委员会作出《关于给泥炭开采工业的粮食用直达货运列车运输》的决定。4 月 14 日国防委员会提出并解决了关于发给泥炭工人劳动组合保护证书，保证他们把粮食从居住地运往工作地的问题。关于泥炭工人的粮食问题，国防委员会在 4、5 月间又提出过四次。

现在还保存着一份当时的粮食人民委员瞿鲁巴同志给乌克兰粮食人民委员关于大力协助泥炭总委员会全权代表在乌克兰独立采购的公函，公函上的弗拉基米尔·伊里奇的亲笔批示如下：

> 同意瞿鲁巴同志的请求，请大力协助拉德琴柯同志等全权代表。1919 年 4 月 17 日。人民委员会主席**弗·乌里杨诺夫（列宁）**

还有一份 4 月 19 日由弗拉基米尔·伊里奇、亚·德·瞿鲁巴、

---

① 奥勃洛摩夫是俄国作家冈察洛夫的长篇小说《奥勃洛摩夫》（1859 年）中的主人公。他是一个年轻的地主，怠惰成性，害怕变动，终日沉于幻想，对生活抱消极态度。这个人物是俄国文学史上的"多余的人"的形象之一。——译者注

列·波·克拉辛和弗·德·邦契——布鲁也维奇签署、人民委员会办公厅发给我的证明,措辞极其有力。证明上命令乌克兰的各级政权和组织大力协助购买肉、腌肉、脂油等,协助将这些产品装车、急速起运并畅通无阻地运到指定地点。

我这样详细地引用这些文件的内容,就是为了说明弗拉基米尔·伊里奇认为泥炭作为燃料,泥炭作为电灯和电动机的基础,具有何等重大的意义。

在私人交谈中,弗拉基米尔·伊里奇对我们为了把泥炭工人留在开采场所采取的措施很感兴趣,他建议免除他们的兵役和劳动义务,奖励他们"生活用品":布匹、靴子、镰刀等。

当那时觉悟不高的泥炭工人在博哥罗茨克"输电站"(克拉桑电站)举行罢工,要求提高计件工资时,人民委员会研究了这个问题。根据弗拉基米尔·伊里奇的建议,人民委员会于5月27日作出了如下的决定:

人民委员会当年5月27日会议决定:

(一)明晨通过捷尔任斯基同志,由全俄肃反委员会派出一名代表作为委员前往沙图拉沼泽①,并派拉德琴柯和卢托维诺夫两同志以鉴定人身份随同前往。

(二)被派出的委员应肩负的任务是:必要时,对泥炭开采工人实行军管,争取按全俄工会理事会规定的条件生产。

该委员有权在必要时就近为自己指定助手。

这个决定是深夜11时作出的。我和卢托维诺夫按照弗拉基米尔·

---

① 此处有笔误,指的是"输电站"泥炭开采场。

伊里奇的建议即刻去捷尔任斯基那里。亚·弗·艾杜克被委派为全俄肃反委员会代表。第二天清晨,我们启程前往"输电站",排解了冲突。

1919年11月11日下午一时,泥炭总委员会把它的关于刚刚结束的泥炭运动的总结报告送交给了弗拉基米尔·伊里奇。这是一份纯粹事务性的总结报告。当晚11时,我收到他的一封信:

致泥炭总委员会
1919年11月11日
关于送来的1919年总结报告
(1)希望在《经济生活报》上把**总结**刊登出来(送我一份)。
(2)细目表太多,**总结表没有**:
——比较一下1918年、1919年以及**更早**的生产情况(天数?运转的机器的百分比?等等)。
略图?或离火车站的距离?
开足全部机器的条件?
关于生产依赖消费(食品和纺织品)的比较资料?

列宁①

从这封信中看出,弗拉基米尔·伊里奇对于这项对他也是完全新的事业熟悉得多么快,他对于这项事业的细节了解得多么细心,由于抓住了问题的关键,提出的实际建议多么有道理。弗拉基米尔·伊里奇对我们的总结报告反应之快,表明他认为泥炭事业是有意义的。

1920年

在这一年里,我同弗拉基米尔·伊里奇特别经常地谈到日益扩大的

---

① 《列宁全集》俄文第5版第51卷第83页。

(尽管有国内战争造成的困难)泥炭开采场的粮食和设备以及从技术上和组织上加以改进的问题。弗拉基米尔·伊里奇对沙图拉电站建设的各个阶段都非常关心。我多次请他去工地,每次他都对我说:

"我很愿意去你们那里。能到沼泽地走走该有多快乐!"

但是,他竟未能去成,而我也没有再坚持,因为我知道,我们当时的道路和交通工具都没有搞好,又经常损坏(从我们那里到沙图拉有一条铁路和一辆摩托轨道车)。

1920年2月,最高国民经济委员会派我以泥炭总委员会主席的身份去乌拉尔调查和组织该区域的泥炭业。此外,又委托我以林业总委员会驻第一劳动军全权代表的身份协调和整顿乌拉尔各省林业委员会的工作。弗拉基米尔·伊里奇认为此行意义重大,在2月5日我接到的两份委任书上都有他的亲笔批示:"请**大力**协助我本人了解的拉德琴柯同志。

弗·乌里杨诺夫(列宁)"

这次动身之前,我同弗拉基米尔·伊里奇有过三分钟的会面。我们在这三分钟里具体谈了些什么,我已不记得了。但是,对于他的伟大和对于他灌注到我身上的一股巨大的力量和决心的切身感受却几乎全部铭记着。

1920年,我们第一次采用泥炭水力开采法。泥炭水力开采法的发明人是我们杰出的苏维埃工程师罗伯特·爱德华多维奇·克拉桑。他的发明的基础就是利用水的强大射流冲刷含金岩石、顺旧河床排放的"加利福尼亚法"。弗拉基米尔·伊里奇热烈赞扬泥炭水力开采思想,说它是实现泥炭工人繁重劳动机械化方面第一个卓越的成果。经过短短的两年时间,在他的大力扶持下,他帮助这个起初还不成熟的产儿站稳了脚跟,克服了不可避免的"幼稚病",并开始在工业上赢利了。

在1920年泥炭水力开采的经过中,可以指出三个最重要的时刻:

(1) 10月27日弗拉基米尔·伊里奇出席观看了克拉桑在克里姆林宫放映的有关泥炭水力开采法的电影。我记得他们在阔别25年之后饶有兴趣的第一次会面。弗拉基米尔·伊里奇见到了克拉桑,这样说道:

"喂,您还记得您当时是怎么怀疑的吗?革命不是也成功了。"①

(2) 10月28日弗拉基米尔·伊里奇把写好的信亲自分送给下列收信人。全文照录如下:

(1) 送**李可夫**同志(如果病还没好,就交给米柳亭同志)

(2) 并送**泥炭总委员会伊·伊·拉德琴柯**同志

抄送:(3) 罗·爱·克拉桑(通过拉德琴柯可找到),

(4) 俄罗斯国家电气化委员会主席克尔日札诺夫斯基,

(5) 斯克良斯基(第4项)和托洛茨基,

(6) 列扎瓦和罗蒙诺索夫,

(7) 电影局,

(8) 索斯诺夫斯基,

(9) 沙屠诺夫斯基(运输总委员会)。

1920年10月27日给许多党员观众放映了电影,影片记录了使泥炭开采机械化的新型泥炭水吸机(工程师罗·爱·克拉桑发明)的工作情况,同旧的方法作了比较。

就此,工程师克拉桑、泥炭总委员会代表伊·伊·拉德琴柯及莫罗佐夫同志、沙屠诺夫斯基同志(代表运输总委员会)和我交换了意见。

这次交换意见表明,泥炭总委员会的领导人完全同意发明人对这项发明的重大意义的看法。泥炭开采的机械化使俄罗斯社会主义联邦苏维埃共和国国民经济的恢复和全国电气化的整个事业有可能以无法比拟的速度更快、更

---

① 列宁于1895年在彼得堡会见过罗·爱·克拉桑。

扎实地和更广泛地向前发展。因此必须立即在全国范围内采取一系列措施来发展这项事业。

请立即讨论这个问题，并把你们对昨天初步交换意见时提出的下列建议的反应（修改、补充、反对等）立即告诉我。

1. 肯定泥炭水力开采法的应用对国家具有头等重大的意义，因而也是特别紧急的工作。这件事要在星期六（10月30日），通过人民委员会来做。

2. 责成那些总委员会（以及其他机关）——它们的协助主要关系到"**泥炭水力开采委员会**（或委员会①?）"（隶属于泥炭总委员会）的工作成败——派出自己的代表（最好是共产党员，或起码也应当是尽心竭力和**精力充沛**的人）经常参加泥炭水力开采委员会。上述各总委员会要特别负责**尽快地**、毫不拖延地完成这个委员会的订货和请求，要把这些代表的姓名和住址上报给人民委员会。

3. 对于若干和这项工作有关的十分重要的工厂也应照此办理。应把这些工厂的名单开列出来。

4. 责成**海军**总部向这个委员会派出一名十分熟悉该部物资储备和技术设备的代表。

5. 凡直接决定这项事业取得迅速而圆满的成功的人员，均应发给红军口粮，并且提高他们的薪金，使他们能够全力以赴地埋头工作。责成'泥炭水力开采委员会'立即将这些人的**名单**（准确的名单）并注明薪金、**奖金**等等的标准，送交粮食人民委员部和全俄工会中央理事会。

6. 立即同对外贸易人民委员部讨论：哪些订货应该立即向瑞典工厂和德国工厂提出（也许要在那里雇用一名或几名大化学家），以便在1921年夏季之前我们能够得到那些为更迅速、更广泛地采用水力开采法所必需的东西。

---

① 前一个"委员会"的俄文是"КОМИССИЯ"，后一个"委员会"是"КОМИТЕТ"。

为此,尤其应当利用罗蒙诺索夫同志几天后即将去瑞典和德国的机会。

7. 责成**电影局**(教育人民委员部?)**十分广泛地**(特别在彼得格勒、伊万诺沃—沃兹涅先斯克、莫斯科和**泥炭开采地区**)放映水力开采法的记录影片,还必须借此让人看到介绍泥炭开采机械化和电气化的巨大意义的简明而通俗的传单(请索斯诺夫斯基同志编写)。

8. 关于"泥炭水力开采委员会"这个问题的第一份报告我拟于1920年10月30日送交人民委员会。

人民委员会主席　　弗·乌里扬诺夫(列宁)[①]

(3) 10月30日人民委员会通过了关于泥炭水力开采管理局的法令。

整个年末都是在大力实现弗拉基米尔·伊里奇有关泥炭水力开采管理局的建议的工作中度过的。为了实现我们在泥炭技术方面的第一个大发明,不惜动用了这几年(当时经济破坏尚未消除)相当有限的人力和资金。由于弗拉基米尔·伊里奇的坚持和克拉桑的推动,在莫斯科拨出一家专门制造机械的原米歇尔逊机械制造厂(现名伊里奇机械制造厂),以便制造五台某种样式的泥炭水力开采联合机。得到很好的口粮供应的1000多名工人和200多名专家为实现这项发明而工作。弗拉基米尔·伊里奇认为泥炭水力开采法具有何等重大的意义,从他在12月22日苏维埃第八次代表大会上的演说中就看得出来。弗拉基米尔·伊里奇说:

我应当指出,我们在燃料方面的最大成就之一,就是采用了泥炭水力开采法。泥炭是我国蕴藏量非常丰富的一种燃料,但是过去我们不能利用,因

[①] 《列宁全集》俄文第5版第51卷第318—320页。

为在此以前必须在难以忍受的条件下工作。所以这种新方法将帮助我们克服燃料荒,燃料荒是我们经济战线上的严重危险之一。如果我们依然用旧的经营方法,如果我们的工业和交通得不到恢复,那末,我们在很长的时间内都不能摆脱这种困境。我们的泥炭委员会的工作人员曾经帮助两位俄国工程师把这项新发明进行到底,他们已经使这种新方法差不多就可以完成了。总之,我们已经处在大革命的前夕,这一革命在经济上将给我们很大的支持。不要忘记,我们有无限丰富的泥炭。但我们不能加以利用,因为我们不能派人去做这种苦工。资本主义制度能够派人去做这种苦工。在资本主义国家,人们做这种工作迫于饥饿,而在社会主义国家,我们就不能派人去做这种苦工,如讲自愿,任何人都不会去。资本主义制度的所作所为都是为了上层,它是不关心下层的。

应该在各地更多地采用机器,应该尽量广泛地采用机器技术。最高国民经济委员会顺利改进的泥炭水力开采法,已使我们能够大量开采泥炭,不必吸收受过训练的工人,因为用这种方法,没有受过训练的工人也可以工作。我们已经生产这种机器了,我个人建议代表同志们去看一看关于泥炭开采工作的影片,这部片子在莫斯科已经放映过,现在可以为代表大会的代表们放映。它会使人们具体地了解这是克服燃料荒的胜利基础之一。我们制造了用新方法来操作的机器,但是这些机器造得不好。我们已派人到国外去安排同国外的贸易,虽然我们的贸易关系是半公开的,但还是会帮助我们从国外得到这些由我国发明家设计而在外国制造的优良机器。这些机器的数目,泥炭总委员会和最高国民经济委员会在这方面的工作成绩,将是衡量我们经济方面的一切成绩的尺度,因为不克服燃料荒,就不能取得经济战线上的胜利。在恢复运输业方面能否取得重大成就,也与此有关。①

---

① 《列宁全集》第 1 版第 31 卷第 462—463 页。

1921 年

在这一整年,弗拉基米尔·伊里奇对泥炭水力开采法非常关心,一面解决围绕这项事业发生的争论,一面帮助它克服自己的"幼稚病"。最初,技术人员、泥炭开采专家和实践工作者对这种泥炭开采法都有许多争论,技术上很不熟练,考虑很不周到,对于赢利也有很多怀疑。他们觉得不该如此匆忙地推行泥炭水力开采法,至少不该按照发明家设想的大规模推行。在着手制造功率大、造价高的机器之前,还应该对泥炭水力开采法的整套设备结构进行认真的测算。可是发明家们——克拉桑和基尔皮奇尼科夫却急不可耐地往前冲。

而英明的弗拉基米尔·伊里奇则调和双方,一方面表现出有革命的胆略,另一方面在解决技术经济问题上又表现出必要的谨慎和细心。

1921年初,克拉桑奉派出国了解泥炭技术方面的最新成就,以便把在这方面对我们有价值的和能采用的一切东西搞到手。现在保存下来一份他于3月23日从柏林寄来的给副对外贸易人民委员列扎瓦的报告信。弗拉基米尔·伊里奇亲手用蓝铅笔在这封信的页边和正文中写了批注,画了横线。弗拉基米尔·伊里奇对报告的下面几处特别感兴趣:

1. 克拉桑写道,他宣传的泥炭水力开采法使丹麦、芬兰、德国的泥炭技术界很感兴趣。弗拉基米尔·伊里奇对信里下面的地方强调了又强调:

"……一家有力量的德国公司成立了,它现在已经着手在我们最新成果的基础上制造更加完善的机器。我认为这对我们很有利,<u>因为到秋季之前</u>他们就能在德国几家最大的机器制造厂的合作下加工出全部零件并能够为他们自己、也为我们制造出<u>十分完善的机器。</u>"(横线是弗拉

基米尔·伊里奇划的)

2. 在描述德国的原料泥炭机械挤压法的地方有弗拉基米尔·伊里奇加的许多批注和着重号,在罗·爱·克拉桑的报告中谈到"马德路克"① 改进法有可能使泥炭由季节性开采变为常年开采的地方打了好几个问号。

3. 弗拉基米尔·伊里奇在谈到制造供锅炉用的泥炭粉(取代不方便的泥炭砖)的工厂的几行文字边上加了着重号。

4. 克拉桑建议:全部泥炭设备订货由列·波·克拉辛(他当时是对外贸易人民委员)搞,克拉桑本人只负责纯技术部分;对这个建议批了"注意"二字。

5. 弗拉基米尔·伊里奇在克拉桑计算一所机械脱水工厂对我们来说总产值达2100万至2200万德国马克的地方也加了着重号。在页边弗拉基米尔·伊里奇亲手作了下面的核算:

$$\begin{array}{r} 30 \\ \times 30 \\ \hline 900 \end{array}（单位：千）$$

从核算中看出,他对这项事业能否赢利是表示怀疑的。

克拉桑的这份报告直到4月16日才到了弗拉基米尔·伊里奇手中。② 当天我收到他一封信。

1921年4月16日

拉德琴柯同志:刚才列扎瓦把克拉桑的报告(3月23日)交给了我。现将抄件(或许是**原件**?)送泥炭总委员会即送给您。

---

① "马德路克"是一家机械挤压(脱水)公司。
② 见《列宁文集》俄文版第20卷第239—240页。

请特别注意,并请立即作复:什么时候可作出最后的正式结论?

要快,以便在克拉桑从德国动身以前来得及作出答复。

等候答复。您的**列宁**①

给泥炭总委员会的信是4月16日下午六时收到的。我们会务委员们马上聚在一起开会,就此事讨论了三个小时,当晚九时就把所要求的结论送给了弗拉基米尔·伊里奇。

在这以前,4月6日,泥炭总委员会请求弗拉基米尔·伊里奇协助尽快派遣一个人数为十人的泥炭专家科学考察团出国,以便全面了解国外建立这项事业的情况。当天,弗拉基米尔·伊里奇就给全俄肃反委员会发去了相应的公函。② 可是实际上并没有去十个人,只去了三个人。稍后不久,克拉桑在泥炭水力开采管理局的同事基尔皮奇尼科夫工程师撇开我们,直接向弗拉基米尔·伊里奇递交了书面报告,请求派他出国。弗拉基米尔·伊里奇把他的报告交给我裁定。我回答他说,我看不需要派基尔皮奇尼科夫去,因为克拉桑业已在国外办理此事,我们应该珍惜我们的黄金储备,不能为迁就基尔皮奇尼科夫以及其他泥炭水力开采专家们的任性的要求而浪费黄金储备。

6月5日我收到下面的信:

拉德琴柯同志:请不要对泥炭水力开采管理局过于苛求。这项事业已为**法律**所承认,是**极其重要**的。

泥炭总委员会**有义务**执行这项法律,不是出于惧怕,而是出于良心。

发明是伟大的。要善于同发明家共事,即使他们有些任性。

---

① 《列宁全集》俄文第5版第52卷第148页。

② 见《列宁全集》俄文第5版第52卷第129—130页。

而我暂时还看不出有什么任性。

基尔皮奇尼科夫是发明家。应该放他出去，派他出去。反对意见只能出于**政治**考虑，如果有反对意见，**请秘密**告诉我。

如果没有，务请派基尔皮奇尼科夫去。

我深深知道并且高度评价您在主持泥炭总委员会工作上的功劳。您把泥炭总委员会组织得很出色。恳请您：**不要犯错误**，不要对泥炭水力开采管理局过于苛求。

敬礼！

列 宁①

在我用书面比较详细地说明了自己的立场之后，6月7日又收到一封信：

(机密)
泥炭总委员会
拉德琴柯同志
6月7日
亲爱的伊万·伊万内奇：
……不管您的愤怒心情怎样有理，也不要犯错误，不要感情用事。

发明家是外人，但我们应当利用他们。最好让他们多赚点钱，多捞点，多刮点，——但是会推进**我们的**事业，对俄罗斯联邦具有极其重要意义的事业。

让我们再比较细致地考虑考虑这些人的**任务**。可以拟定这样一个计划：

(1) 允许基尔皮奇尼科夫出国，条件是要准确地完成确定的任务；列出一个任务清单。

---

① 《列宁全集》俄文第5版第52卷第254—255页。

(2) 派两三个政治上可靠的人（工人、自己的工程师等等）以某种"政治委员"身份随行。给他们规定详细的工作细则。

(1)、(2) 两项同克尔日扎诺夫斯基商量后再确定。

(3) 在我们国内成立一个专门中心，定购泥炭水力开采管理局的好机器，用这些特殊的机器装备这个专门中心即专门企业，并责成它**按自己的方式推动这项事业前进**。

能找到办此事的人吗？

(4) 应由**泥炭总委员会**拿出一笔奖金（一万至三万**金**卢布），在加拿大和德国征求泥炭水力开采管理局需要的优秀的泥炭脱水法和优质样机等等。

您的**列宁**

附言：我奇怪，克拉桑在德国不搞奖励，虽然我同他谈过此事。是他在从中阻挠？可否由**泥炭总委员会**直接来办？不要吝惜这笔钱。①

从这一封信里再一次看出，弗拉基米尔·伊里奇是如何深入每项事业的实质，如何周密地考虑全部实际细节，如何根据对我们落后贫穷的国家的工业化的历史性预见，认为把当时的巨额资金仅仅投在泥炭开采机械化一项事业上也是可能的。

我手上还保存着他在一次人民委员会会议上讨论时写的一张小纸条。

拉德琴柯同志：我想，您收到这个了吧？如果没有，请读完。看来有**推迟**的危险。可能又要耽误，又要错过了。让你们的专家拟一份文稿，催一催，提一提（也许要派人到德国催一催），由我送给斯塔尔科夫和斯托莫尼亚科夫。无论如何争取完成并于1922年4月及时运来。

列　宁

---

① 《列宁全集》俄文第 5 版第 52 卷 260—261 页。

10月28日①

此事谈的是关于"马德路克"泥炭人工脱水法设备的订货。

还有一份1921年12月17日的正式便条：

> 对外贸易人民委员部**拉德琴柯**同志
> 抄送泥炭水力开采管理局基尔皮奇尼科夫同志
>
> 有几个问题请给我作最扼要的回答，一页，最多两页，使我能够在苏维埃代表大会上把报告中的有关部分阐述得更确切些，再加进一些最典型的数字。
>
> 在德国，究竟给泥炭水力开采管理局定购了什么，请把准确的说法告诉我，不要超过一页。到1922年春天能不能准备好，这能给1922年的整个泥炭开采运动开辟怎样的前景。
>
> 　　　　　　　　　　　　　　人民委员会主席　**列宁**②

弗拉基米尔·伊里奇就是这样为第九次苏维埃代表大会上的讲话收集资料的。在他的讲话中，在谈我们初步取得的其他的微小成绩当中也提到了泥炭，话是这样说的：

"现在再简略地谈谈我们泥炭采掘工作的成绩。1920年我国的泥炭采掘量达9300万普特，1921年已达13900万普特。这也许是我们唯一大大超过战前水平的部门。在泥炭方面，我们拥有世界上任何国家所没有的无限富源。但是，在这方面曾经有很大困难，而且现在也还有一些困难，一般说来，这种工作是艰苦的，在俄国尤其艰苦得可怕。泥炭水力开采法的发明减轻了这种工作，泥炭总委员会的拉德琴柯、缅施科夫

---

① 《列宁全集》俄文第5版第53卷第315页。
② 《列宁文集》俄文版第23卷第282页。

和莫罗佐夫三位同志在泥炭水力开采的发明上也做了工作。在这方面取得了很大成绩。1921年共用两台泥炭泵,这种用水力开采泥炭的机器,可以使工人摆脱苦役般的劳动,因为直到现在开采泥炭就象服苦役一样。现在我们又在德国订了这样的机器,年内就可以供给20台。我们同先进的欧洲国家的合作已经开始了。现在我们已经有了发展这种合作的可能,不合作是不行的。俄国沼泽多,泥炭蕴藏量比任何地方都丰富。过去只有少数工人而且也只有少数工人能够做开采泥炭的工作,现在已经有可能把这种苦役般的劳动变成比较正常的劳动了。目前我们同现代先进国家德国有了实际的合作,因为那里的工厂已在制造减轻这种劳动的器械,造好后大概在1922年就可以使用了。这种情况我们应当加以重视。只要我们加紧努力,实现劳动机械化,俄国就比其他任何国家有更多的可能摆脱经济危机,如果我们大家都懂得并且宣传这个道理,那我们在这方面就能够做出很多很多的事情。"①

1921年弗拉基米尔·伊里奇尽管把全部心思都放在泥炭水力开采法上,也还是不惜帮助和支持旧的受过经济检验的(虽然技术上还很不完善)提升机开采法,因为这种方法在当时的泥炭开采总平衡表上仍然占95%。其实泥炭水力开采法那时刚刚经过科学技术实验阶段,而应用泥炭开采提升机开采法的当时却有近六万工人,所以这种方法尚未失去其实际意义;弗拉基米尔·伊里奇一向关心这支工人大军的粮食供应工作,在这饥荒的一年里这是一件极其困难的事情。他为支持我向粮食人民委员部提出以借贷形式调给我们泥炭工人5000普特油脂的申请,给哈拉托夫写了信:

---

① 《列宁全集》第1版第33卷第142—143页。

这件事应当办到。据列扎瓦的汇报（今天4月22日已送给您了），我们可用从国外购进的物资来归还这笔借贷。

列　宁

4月22日①

弗拉基米尔·伊里奇还支持过我的一份申请，即在做换季准备的紧张时刻从泥炭开采场粮库中一次性地发给泥炭总委员会每个工作人员20俄斤面粉和其他必需品。

最后，还有弗拉基米尔·伊里奇给教育人民委员部卢那察尔斯基的一封异乎寻常的信，鲜明地表达了他认为整个泥炭事业对苏维埃俄国所具有的那种意义。

阿纳托利·瓦西里也维奇·

卢那察尔斯基

抄送泥炭总委员会

为了提高泥炭开采量，应当广泛进行宣传——利用传单、小册子、流动展览会、电影，印发教科书；在普通学校和高等技术学校增设关于泥炭开采的必修课；编写教科书；每年向国外派遣考察团。

具体地说，必须：（1）责成国家出版局在4月15日以前印10万本小册子《泥炭》，篇幅为一个半印张，原稿已由泥炭总委员会于今年2月8日送交鼓动部莫尔德文金同志，此外，还要再付印泥炭总委员会的三种小册子和传单，5月1日以前出版；15000册必须交由泥炭总委员会发行。

（2）责成电影局于5月份在泥炭总委员会指导下拍摄12部关于泥炭开采的影片（供应俄罗斯、乌克兰、乌拉尔、白俄罗斯和西伯利亚）。

（3）责成职业教育总局与泥炭总委员会一起在6月1日以前订出普通学

---

① 《列宁全集》俄文第5版第52卷第160页。

校和高等学校泥炭开采必修课的草案。

请把您的指示的抄本和有关机关与个人的答复（并注明日期）寄给我。

人民委员会主席
弗·乌里杨诺夫（列宁）①

可惜，弗拉基米尔·伊里奇有关教育人民委员部各机关广泛宣传泥炭业的指示和希望，时至今日连实现的一点明显迹象都看不到。

还有一封他在1921年5月23日写的信，信中除了帮助沙图拉工地反对当地政权和某个彼得格勒组织的种种舞弊行为之外，还严正地斥责我和文特尔公文写得不简练。撇开上面我们确有的缺点不说，这里无疑已说明他是真够操劳的了。

现将此信照引如下：

列宁致泥炭总委员会
伊万·伊万内奇·拉德琴柯

拉德琴柯同志：

这是您不听我的劝告的一个例子。

关于沙图拉的公文是4月14日送来的，厚厚的一大叠。没有单个列出明确的建议。

我很忙，不能看，大伤脑筋到5月23日。

而您却默不作声。

这太不象话了！

本应附上两份公文：

---

① 《列宁全集》第1版第35卷第482页。

（一）请求关闭"政治部"①，因为它根本就不适用（五行字）。文件么，可转送给列宁。

（二）请签发一份电报稿（或电话稿）：为什么不把那两台（四台）锅炉给人家。说明原委，请不要拖延。**列宁**

然后把**这两份**公文抄送给**福齐也娃**，好让她提醒我。

当初您要是抓到了要领，我大概在4月15日或16日就签字了。

往后**只能这样做**。

附上两三页纸，每张五行字，加上给福齐也娃的抄件，这并不难。工作结论应当由您本人来做，别让我从十页中去找这五行工作结论。

将此信念给文特尔听听，并把您的和他的说明你们两人对本指示**业已明了并予以执行的回条**给我送来。

列　宁
1921年5月23日②

虽然这是对我的严正的斥责，而我依然记得，我对他严厉而正确的、同志式的教诲态度丝毫不感到委屈，甚至还感到高兴。只是想到，我们尽把那些比较琐碎的小事（遗憾的，远远不止是我们这样做）拿给他，更加重了这副极其宝贵的大脑的负担！

如果我们当时了解并且想到这会有什么结果就好了！然而，在工作、斗争和创造的紧张时刻，我们却没有注意到这些最初的报警信号……

---

① "政治部"是全俄肃反委员会的县级机构，这里指的是沙图拉工地的肃反委员会。

② 《列宁全集》俄文第5版第52卷第205页。

* * *

1921年我曾有机会同弗拉基米尔·伊里奇谈过对外贸易人民委员部的工作,因为7月16日在列·波·克拉辛的坚决要求下,我被任命为对外贸易人民委员部部务委员;我曾反对过这份额外负担,因为它会影响我在泥炭总委员会的主要工作,可是弗拉基米尔·伊里奇却是这样来说明对我的任命的决定:

> 任命拉德琴柯同志为对外贸易人民委员部部务委员,条件是保留他在各燃料总委员会中担负的燃料方面的全部职务和全部工作。一旦兼职影响他的燃料工作,立刻将他调回来专搞燃料工作。

这是签订第一批贸易合同的时候,其实也是苏维埃对外贸易刚开始的时候。的确很需要这方面的工作人员,况且许多"共产党员商人"同志不完全了解对外贸易垄断的意义,竭力在国外为自己所代表的机关或组织单独做买卖。例如,当时中央消费合作总社就是如此。所有这一切给当时的最大垄断者克拉辛的工作制造了极大的困难。为了支持他,我也必须参加部务委员会。他能说服弗拉基米尔·伊里奇,说我在那里兼职是极正常的,因为我搞燃料工作,为燃料组织订购机器和设备,时时刻刻都应当同国外保持联系。

在对外贸易人民委员部工作时,我有不少的机会证实,弗拉基米尔·伊里奇对任何事情——哪怕是与他毫不相干的事情——都了解得何等认真和细致。现在保存着一些他在1921年10—12月亲笔写给我的信和便条①，从中可以看出，他是怎样竭力通过推荐经过考验的工作同志来促进工作的。

举其中两封为例：

1921年10月19日

拉德琴柯同志：

向您推荐持信人尼古拉·亚历山大罗维奇·**叶梅利扬诺夫**。请派他**出国半年**，脱离一下彼得格勒的难以忍受的生活，休息休息，换换工作。

我本人很了解尼古拉·亚历山大罗维奇，我相信，这样一位同志，一位绝对正派和忠诚的共产党员，有丰富的生活经验，有搞工厂工作和党务工作的经验的人，可以而且应当任用来负责清扫对外贸易人民委员部驻外官员的盗窃和怠工的肮脏马厩。请您今天就给我回电话。 致

共产主义的敬礼！

列　宁②

另一张便条是1921年11月10日的。

拉德琴柯同志：

这是一位党的老同志。

要同国外不实心实意的人作斗争，这样的人是绝对有用的。

他不是商人，但是在有经商经验的人的指点下，能够带来好处，肯定能够带来好处，因为他是一位诚实的人。

请予以任用。 致

---

① 可惜是很少的一部分。而列宁用小玻璃珠笔写在小纸片上的宝贵的小张便条我们每个人都毁掉了不少！——作者注

② 《列宁全集》俄文第5版第53卷第283—284页。

共产主义的敬礼!

列 宁①

弗拉基米尔·伊里奇在这张便条里推荐的究竟是谁,我记不得了。②

在推荐老同志这件事情上面,弗拉基米尔·伊里奇对这些同志本身的关怀所起的作用收到了同样好的效果……

有一次弗拉基米尔·伊里奇请我去看看列扎瓦的住房(有人告诉他,列扎瓦的住房是一间潮湿的木板房),请我供给列扎瓦燃料。

真正令人惊奇的是,他在百忙的繁重工作中还抽出时间和精力来关心同志们的个人疾苦!

保存下来了几封弗拉基米尔·伊里奇有关苏维埃贸易的形式和方法的信件。

例如我在上面提到的那些侵犯对外贸易人民委员部垄断权的同志,要求允许外国的商人和贸易公司自由进入俄罗斯联邦做各种生意。经过马尔滕斯同志的推荐,作为例外,也作为试验,允许了一家美国的"哈默和米歇尔"公司。下面这封信就说明了弗拉基米尔·伊里奇对待这件事的态度,这封信是他在1921年10月27日写的。

拉德琴柯同志:

马尔滕斯同志给我送来了您同美国公司(哈默和米歇尔)签订的合同。

我认为这份合同有重大的意义,是贸易的开端。

---

① 《列宁全集》俄文第5版第54卷第11页。
② 这里指的是拉·萨·里夫林,列宁推荐他到对外贸易人民委员部驻国外机关工作。

绝对必要的一点是，您要**特别注意切实履行我们的**义务。

我坚信，没有**加倍的**压力和监督**将一事无成**。要采取加倍的预防措施和**检查**执行的情况。

委派什么人作负责执行人；准备什么样的商品；尤其是美术工艺品和国家珍品保护委员会的珍品等等搞不搞，请告诉我。

每月向我报告两三次：什么东西运到港口了。①

大致同时，弗拉基米尔·伊里奇在另一张便条中写道：

拉德琴柯同志：

出口基金应由对外贸易人民委员部的小额采购员、代办员和经销员筹集。

他们的工作应按百分比分成。

此事是这样办呢，还是另有别的办法？

列　宁②

在这饥荒的一年，对外贸易人民委员部的主要工作是从国外购买粮食（部分油脂和其他产品）。说到这里，有一次在劳动国防委员会的会议上，我收到弗拉基米尔·伊里奇的一张便条：

"按一卢布四十戈比购粮如何？"

我在背面回答：

"应该买，正在办。

对外贸易人民委员部知道价格：一卢布三十五戈比至一卢布四十五戈比。弗鲁姆金同志从我们这里已经收到了。据我们的情报，伦敦正在购进粮食。今天至关重要的，是让劳动国防委员会决定拨出两千万金卢布。"

---

① 《列宁全集》俄文第 5 版第 53 卷第 310—311 页。
② 《列宁全集》俄文第 5 版第 53 卷第 318 页。

这张便条又退回给我，加了列宁的批注：

"列入议程了吗？"①

我在对外贸易人民委员部只工作到年底。我感到自己不能胜任这种工作，况且同时又顾不上自己主要的泥炭业务工作。我觉得更困难的是克拉辛和列扎瓦总在国外，而此地的全部担子都落在我身上，落在这项事业的一个新手身上。再者，我同克拉辛对俄罗斯联邦对外贸易垄断制的概念的解释也不完全一致，我看他太偏重于由对外贸易人民委员部的机构垄断。我经常向他指出，一个机构干不了这件事，应该在这个机构的领导和监督下发挥集体的、团体的主动性。

在此期间，以欣楚克为代表的中央消费合作总社特别坚持要把单独向国外市场出口的权力争到手。他给弗拉基米尔·伊里奇和我——克拉辛的副手猛写书信，猛送公函。我们向在国外的克拉辛和列扎瓦征求他们对此事的意见。克拉辛表示反对，口气相当暴躁。

弗拉基米尔·伊里奇下面的一封信就是这时写的：

拉德琴柯同志：

请设法打听一下（别惹克拉辛发火）列扎瓦回来的确切时间。

我的意见是，如果克拉辛歇斯底里地回答，就别理他。

不要无限期地拖。

您是什么时候把**原件**（关于中央消费合作总社及其参加对外贸易的决定）送到伦敦的？送到柏林的？那边是什么时候收到的？复函和反应是什么时候收到的？

列　宁

---

① 《列宁文集》俄文版第23卷第160页。

11月10日①

应当指出,列·波·克拉辛不止一次从伦敦给我写信,通过我向弗拉基米尔·伊里奇转交他请求辞去对外贸易人民委员部职务的辞职书。当我见到弗拉基米尔·伊里奇,把这份辞职书转交给他的时候,他笑着对我说:

"在工农政府,不是请求辞职,而是予以免职。请这样转告克拉辛。"

12月底,我请求弗拉基米尔·伊里奇解除我在对外贸易人民委员部的工作,申请的理由在上面已经全说过了。我再补充一点,泥炭总委员会改成中央泥炭开采管理局之后削减了泥炭总委员会的职能,因此需要兼任两项工作,那么最好让我做最适合于我的业务工作——整顿国营制糖工业托拉斯,那里早就叫我去。当天弗拉基米尔·伊里奇就向所有有关人员发布了相应的书面命令,12月29日我交卸了对外贸易人民委员部的工作,就上任管理国营制糖工业托拉斯。

1922年

在整个1922年,弗拉基米尔·伊里奇依然继续关心泥炭水力开采管理局。

在我长时间离开莫斯科的时候,1922年2月,克拉辛同志向弗拉基米尔·伊里奇递交了一份简要报告,报告中抱怨中央泥炭开采管理局不拨给他为彻底装备泥炭水力开采管理局所需要的资金。他暗示,在那

---

① 《列宁全集》俄文第5版第54卷第11—12页。

里竞争规律在起作用,请求把泥炭水力开采管理局从中央泥炭开采管理局分出来,拨400万金卢布由他掌握,使这一笔款成为末尾的最后的一笔。这一笔款使泥炭水力开采管理局有可能在下一年成为旧泥炭开采法的"完全商业方式的"竞争者。

弗拉基米尔·伊里奇于2月10日给尼·波·哥尔布诺夫写了一张《给泥炭水力开采管理局以帮助》的便条,对此作了答复。

哥尔布诺夫同志:请给予**最严重**的注意。我看,申请的钱,即400万卢布×0.2(?)=8000亿,应**如数满足**。这是第一。

第二,**不要**从中央泥炭开采管理局分出来(既然拉德琴柯不在,要问问莫罗佐夫和缅施科夫)。何必分出去呢?应该在**中央泥炭开采管理局内部**给予**自主权**。对此作出明文规定,并由**劳动国防委员会**加以确认。

第三,关于泥炭水力开采管理局是重点单位以及其他等等,**劳动国防委员会**作过**一系列**决定嘛。显然都被'遗忘'了。太不象话了!要把那些犯'遗忘'罪的人查出,送交法院。一定!(请把结果告诉我:**都干了些什么**。)

列　宁
2月10日①

显然,哥尔布诺夫查出犯有过失的人是燃料总管理局②的皮达可夫、泥炭总委员会的莫罗佐夫、人民委员会办公厅的扎克斯和他本人,因为弗拉基米尔·伊里奇在2月27日亲手用红墨水写的一封极长、极生气的信中曾严厉地斥责过这四个人。他认为,在这里,他们的主要过错是"遗忘"了人民委员部1920年10月30日的决定,"这个决定要求

---

① 《列宁全集》俄文第5版第54卷第159页。
② 即最高国民经济委员会燃料总管理局。

所有人民委员会都在实际上承认泥炭水力开采管理局'对国家具有极其重要的意义',并向该局提供'一切便利'……"

对于有没有这么大一笔款,他不考虑下什么指示,因为应当召开最高国民经济委员会、财政人民委员部和工农检查人民委员部各人民委员会议来制定方案:谁拨出多少,在预算之外追加多少,把泥炭水力开采管理局的规划压缩多少。

另外,他还斥责扎克斯和哥尔布诺夫,说他们送来的公文连外表都看不过去:

……既没有查对法律条文,也没有简述泥炭水力开采管理局的申请,也没有注明行文日期和我批注的日期。

在信的末尾,他再次提醒所有四位一起犯有过错的人:

有觉悟的革命者除了履行自己的职责以外,还应当考虑考虑是哪些经济原因迫使人民委员会承认泥炭水力开采管理局"对国家具有极其重要的意义"。①

在处理了这件事之后,3月2日他才写信给泥炭水力开采管理局的工作人员:

致泥炭水力开采管理局的同志们:
由于我的帮助,你们现在获得了你们工作上必需的东西。尽管我们十分贫穷拮据,但我们除已经投入的资金外,还是给你们拨了巨款。

---

① 《列宁全集》俄文第 5 版第 54 卷第 186—187 页。

必须严格注意：

1. 不要做徒劳无益的事；
2. 不要超出投资允许的范围，把规模搞得过大；
3. 要使你们进行的试验获得最可靠的结果，能对新法开采泥炭是否切实可行和经济上是否有利，作出最后的结论；
4. 特别注意：使用拨给你们的经费要记账。

账目应能反映出开采出来的泥炭价值多少。

人民委员会主席
弗·乌里杨诺夫（列宁）[①]

关于泥炭业的这最后一封信不仅可以看作是弗拉基米尔·伊里奇给泥炭工作者的遗嘱，而且可以看作是给整个经济工作者的遗嘱。

弗拉基米尔·伊里奇最后一次给泥炭业的切实的帮助是在1922年10月27日。这一天我向他递交一封短信，请求他帮助了解和从国外购买新式泥炭机器。他当天通过劳动国防委员会作出了相应的决定，当天晚上让福齐也娃同志往我家里打电话，通知劳动国防委员会作出的决定。

决定如下：

（一）从劳动国防委员会后备基金中拨出7000金卢布，用于从国外购买泥炭机器；

（二）建议拉德琴柯同志申请应按规定的出差费出国的工程师人数，补充费用也从同一后备基金中拨出。

从1922年3、4月起我就再也没有见着弗拉基米尔·伊里奇，同他再也没有任何个人接触。直到1924年1月22日，在哥尔克，在他逝世

[①] 《列宁全集》俄文第5版第54卷第196—197页。

时，才又看见他。可是直到如今使人浑身上下好像还感到那样一股干劲，这股干劲就是在他的每一次亲自接见中、每一封信中（无论他是表扬，是表示满意，或者相反，是在对某种过失、错误发脾气和进行申斥时）使工作人员感染到的。

这位巨人对我们这些不是政治领袖而是普通经济工作者的影响的秘密在哪里呢？为什么他在克服当时的所有那些非同小可的困难时，激起了人们这样的朝气蓬勃精神，激起了这样的工作愿望呢？是因为他从来**不拿**这些困难**吓唬**人，一次也不多提这些困难吗？是因为他甚至在严肃地斥责人的时候，从来不伤害别人的自尊心，不置人于死地，总是让人有自信心，相信自己的力量，相信能够纠正自己的过失和错误吗？他掌握分寸，讲究态度，关心他人，每逢困难他便给以**同志式的**帮助，甚至使软弱的、萎靡不振的、对自己缺乏信心的工作人员也都为之感到精神振奋；他用自己的蓬勃朝气和信心去感染他们，以自己的勇敢、果断、思维和行动的敏捷、对执行情况的检查，而主要是以自己对正确的目标和达到这种目标的正确途径的预见去激励他们。

他以自己全部坚强的具有各种才能的人品给了我们大家如此的鼓舞，以致我们所有普通工作人员都敢于同一切"客观原因"搏斗，斗得好上加好，并获得了胜利。

[原载《回忆列宁》（五卷集）1970年俄文版第4卷第48—70页]

（李桂兰、项国兰 译　毕世良 校）

列宁起草改组消费合作社提纲的经过（摘译）*

〔苏〕И.А.法鲁丁

1919年3月7日，人民委员会委托由尼·尼·克列斯廷斯基、维·巴·诺根和莫·伊·弗鲁姆金①所组成的一个委员会以列宁的提纲为基础，准备关于消费公社的法令草案。该委员会在工作中还应考虑莫·伊·弗鲁姆金关于这个问题的建议。列宁提纲的手稿没有保存下来，一直到前不久人们还认为这些手稿是丢失了。

1957年，在已故的科学院院士奥·尤·施米特的私人档案中发现了人民委员会的这个委员会所拟定的关于消费公社的法令草案，上面有列宁所作的大量补充和修改。② 1958年，这个文件刊登在《苏共历史问题》杂志上。③

在准备出版多卷本的《苏维埃政权法令汇编》时，苏共中央马克

---

* 本文选自《马列著作编译资料》1980年第10辑。

① 财政人民委员尼·尼·克列斯廷斯基当时领导俄共（布）中央合作社委员会，维·巴·诺根是全俄工人合作社理事会的主席，莫·伊·弗鲁姆金是粮食人民委员部部务委员会委员。

② 奥·尤·施米特1919—1920年是粮食人民委员部部务委员会委员，参加了拟定法令草案的工作。

③ 见《苏共历史问题》杂志1958年第1期第100—106页。

思列宁主义研究院科学研究员 Ю.А.阿哈普金断定并论证说,作为人民委员会1919年3月7日会议记录附件的文件中有一份打字的文件副本,就是没有找到的列宁提纲。这样,经过将近50年,才找到了这一列宁文献,它首次刊登在《苏维埃政权法令汇编》第四卷中。

列宁的提纲总结了将近一年半来共产党和苏维埃国家反对资产阶级和小资产阶级合作社工作者、争取对合作社运动的领导的经验,规定了改组旧的合作社并在"战时共产主义"和国内战争的条件下发展合作社的主要方针。起草提纲的简单经过如下。

* * *

列宁早在四月提纲中就要求立即过渡到由工人代表苏维埃不仅对社会生产、而且对产品的分配实行监督,他认为实行这样的监督是资产阶级民主革命转变为社会主义革命的一个极其重要的条件。1917年9月,鉴于国内饥饿的威胁,弗拉基米尔·伊里奇指出,必须把全体居民强制性地联合到消费合作社中去,他强调指出,"因为不这样就无法实行完备的消费监督。"① 同时,列宁提出了以下列方式组织监督的任务,即"由居民中的贫苦阶级来监督富人消费"②。

伟大的十月社会主义革命胜利之后,布尔什维克党认为可以利用具有广泛的收购和分配站网的旧合作社为劳动者服务。到1918年1月1日,35000个消费合作社联合了1150多万人,连同他们的家庭成员,大约占全国人口的三分之一。1917年,消费合作社占零售商品总额的32%。而苏维埃政权当时实质上还没有分配机构。

---

① 《列宁选集》第1版第3卷第153页。
② 《列宁选集》第1版第3卷第153页。

1917年12月末，列宁制定了《关于消费公社的法令草案》，草案中规定，第一，把消费合作社变为全国统一的分配机构的一个组成部分；第二，必须使全体居民都参加合作社；第三，建立苏维埃对合作社这个经济组织的监督。① 在苏维埃国家建设的最初阶段之所以必须采取这些反映了党对旧合作社的政策的措施，还因为必须吸引合作社同国内的粮食危机作斗争。

资产阶级合作社工作者极端仇视列宁的这个法令草案。在莫斯科和彼得格勒举行的许多次会议上，以及后来在第一次全俄合作社代表大会（1918年2月18—24日）上，旧合作社的领导人都表示反对法令草案，并决定采取一切措施，使草案不能成为法令。

为了利用合作社机构来组织商业并在居民中分配产品，苏维埃政府对合作社工作者作了许多让步，这反映在人民委员会1918年4月10日通过的《关于消费合作社组织》的法令中。苏维埃政权不得不暂时放弃免费加入合作社的社会主义原则和把一个地区的全体居民联合到一个消费合作社中去的做法。法令草案中所提出的把所有的资产阶级代表人物开除出合作社管理委员会的建议也没有完全得以实行。只是禁止私人资本主义性质的工商业主参加合作社管理委员会。

在列宁看来，虽然这个法令在某种程度上是对资产阶级合作社的让步，但它符合进一步发展无产阶级革命和建立社会主义经济基础的利益。列宁指出："苏维埃政权同资产阶级合作社达成这种协议时，具体

---

① 见《列宁全集》第1版第26卷第390—391页。法令草案最后由粮食人民委员部定稿，刊登在1918年1月19日（2月1日）的《全俄中央执行委员会消息报》上，被报刊（包括合作社的报刊）称为"施利希特尔草案"，这是以当时的粮食人民委员亚·格·施利希特尔的姓命名的。

确定了自己在目前发展阶段上的策略任务和特殊的工作方法：领导资产阶级分子，利用他们，对他们作某些局部的让步，这样我们就能创造向前进展的条件，这种进展比我们最初预定的要缓慢些，但是会稳固些，它能更可靠地保证根据地和交通线，更好地巩固已经夺得的阵地。"①

生活完全证实了列宁的预见，到1918年底已联合了200多万人的工人合作社首先被争取到苏维埃政权方面来了。在全俄工人合作社第三次代表大会（1918年12月6—11日）上，共产党员第一次占了多数。代表大会关于工人合作社同苏维埃政权的相互关系问题的决议主要讲述的是消费公社这个联合全体居民的统一供应机关。列宁在代表大会上发表演说时指出了各个地区的包括合作社组织在内的所有粮食组织正在联合起来的趋势，并号召代表大会的代表们使资产阶级合作社工作者以及工人合作社中的孟什维克和社会革命党人所捍卫的合作社运动"独立"的思想彻底完蛋。为了响应列宁的号召，代表大会提出了工人合作社在新的条件下活动的一个极其重要的任务，这就是建立统一的供应机关——消费公社。

从1918年秋天开始，中农和其他小资产阶级阶层开始转向苏维埃政权方面。这个转变在合作社运动中的表现就是：所谓全体公民的或者各阶层的合作社也声明支持苏维埃政权。首先这样声明的是沃洛格达省、维亚特卡省和其他许多省份的合作社组织。

到1919年春天，共产党和苏维埃国家在组织粮食事业和合作社工作方面已经积累了相当多的经验。各地党和苏维埃机关在寻找同饥饿和投机行为作斗争的有效措施时，愈来愈坚定地认为必须利用旧的合作社，必须把所有的粮食组织联合起来。

---

① 《列宁选集》第1版第3卷第509页。

根据俄共（布）莫斯科委员会的倡议，1919年2月24日莫斯科苏维埃主席团以及第二天的莫斯科苏维埃全体会议认为，刻不容缓的任务是在莫斯科建立统一的分配机构，其形式为消费公社，采取联合莫斯科苏维埃粮食局的各个分配站、莫斯科中央工人合作社和"合作社"这一方式。2月27日在莫斯科成立了组建这一类公社的委员会，2月28日通过了这一类公社的组织计划。

1919年2月11日，俄共（布）彼得格勒省第二次代表会议就《关于目前党的粮食政策》的报告通过了一项决议，决议认为必须在最短期间组织起消费公社，以便调整居民中食品和日用品的分配。1918年11月至1919年3月初，根据沃洛格达省党和苏维埃机关的倡议，就"沃洛格达人"消费合作社改组成统一的城市消费公社的问题举行了一系列各部门之间的会议，因此，不仅进行这种改组被认为是适宜的，而且实行改组的具体计划也制定出来了。

共产党的基层组织也开始提出成立消费公社的建议。例如，1918年12月18日，叶列茨的共产党同情者组织要求"在叶列茨村建立一个符合全乡所有贫苦居民利益的强大的合作社，以代替那三个合作社商店……"莫吉廖夫省米库林乡的共产党员提出了建立全乡统一的工人合作社的计划。

1918年12月30日至1919年1月6日举行的全俄粮食会议也认识到改组消费合作社的必要性。会议认为，联合"现有的合作社和苏维埃小商店……为统一的劳动者合作社——消费公社"是适宜的，并号召一切粮食机关慎重对待"现有的合作社组织"。会议还规定了实行这种联合所应当遵循的原则。

到1919年春天，共产党和苏维埃政权在争取消费合作社方面取得了很大成就，但还没有完全消除那些妨碍把消费合作社变成服务于无产阶级国家的分配机关的困难。困难之一是，领导所谓全民合作社的仍然是资产阶级和小资产阶级活动家，他们在1918年春天被迫同苏维埃政权达成了协议，但从未放弃一有机会就用合作社这个经济组织和社会政治力量来对抗无产阶级专政的希望。但是合作社的资产阶级首领已经不可能阻止全民合作社——大多数是农民合作社——向着同苏维埃政权合作的方向发展。

到1919年初，消费合作社已经联合了1700万人，比上一年增加了三分之一。在欧俄的33个省中，消费合作社为将近73%的居民提供服务。仅中央消费合作总社运送的各种商品在1918年就有32000车厢，而在1917年则是6000车厢。只有在苏维埃政权下，消费合作社才能取得这样大的成就。国家供应机关为合作社提供了在居民中进行分配的日用必需品，并拨给大量资金。到1919年1月1日，国家给消费合作社的预支总额达24600万卢布，而中央消费合作总社拥有的股金仅为4400万卢布。

这样，资产阶级的和社会革命党—孟什维克的合作社工作者已经无法使群众相信苏维埃政权是敌视合作社的，也无法阻止建立统一的消费公社了。当然，合作社机构的上层分子还在继续阻挠合作社同苏维埃组织联合，阻挠建立统一的供应和分配机关。为此，列宁在1919年1月说：“我们有足够的力量和权力”来粉碎合作社首领的反抗，"以为会遇到严重的反抗，那是很可笑的。"[①]

所以，到1919年春天，按符合无产阶级国家需要的原则来改组革命前所遗留下来的消费合作社的必要条件已经具备了。需要确定的是改组的具体措施和途径。1919年2月2日列宁写道："任务的困难（以及

[①]《列宁全集》第1版第28卷第371页。

立即提到我们面前的当前任务的全部内容）在于制定一套切实可行的措施，从旧的合作社（由于资产阶级的需要而建立的，其股东占居民的少数；以及由于其他原因而建立的）过渡到新的真正的公社，从资产阶级合作社的供应和分配过渡到无产阶级共产主义的供应和分配。"①

列宁密切注视着合作社运动的发展，第一个提出了一整套措施，这些措施都体现在他的改组消费合作社的提纲中。

*　　*　　*

1918年12月1日，在列宁主持下举行会议的工农国防委员会，委托粮食人民委员部提出"如何更快地建立和改善分配机构的报告"。1919年1月25日，人民委员会根据列宁的建议责成粮食人民委员部和最高国民经济委员会起草关于利用合作社机构的情况和同它联合的措施的报告，1月28日又根据粮食人民委员部和最高国民经济委员会的报告通过了一项决定（决定草案是列宁起草的），责成最高国民经济委员会合作社局和粮食人民委员部同中央统计局一道在最短期间内"搜集有关合作社实际贯彻执行苏维埃政策基本方针的资料"②。同时，建议粮食人民委员部制定有关合作社里的苏维埃代表的指示，建议尼·尼·克列斯廷斯基制定关于消费公社的法令草案。

1919年2月2日，列宁写了一封《论从资产阶级合作社的供应和分配过渡到无产阶级共产主义的供应和分配的办法》的信，按照他的指示，这封信送给了最高国民经济委员会和粮食人民委员部、财政人民委员部。列宁在信中强调指出，1月28日人民委员会讨论了合作社问题，

---

① 《列宁全集》第1版第28卷第421—422页。
② 《列宁文稿》第3卷，人民出版社1980版，第107、447页。

"把从资产阶级合作社过渡到全体居民的共产主义消费生产联合的办法,作为最重要的问题,提到了日程上来"①。列宁建议在报刊上讨论关于过渡到新的合作社的措施的问题,以使苏维埃政权的所有中央和地方机关都关心这个问题的解决、制定出这一过渡的纲领,等等。根据这些建议,人民委员会在1919年2月13日委托最高国民经济委员会合作社局和粮食人民委员部起草一个"收集有关无产阶级和半无产阶级居民参加合作社事业情况的材料"的计划。

1919年2月27日,人民委员会讨论了全俄工人合作社理事会主席维·巴·诺根的报告和《关于对待工人合作社的态度的法令草案》。报告和法令草案提出了关于工人合作社和苏维埃政权在调整国内的粮食状况方面共同行动的建议,同时又坚持工人合作社在消费公社内"独立"存在。人民委员会没有审查全俄工人合作社理事会所提出的法令草案,并作出决定,责成尼·尼·克列斯廷斯基和奥·尤·施米特起草一个关于彻底改组中央消费合作总社管理委员会和尽快地、彻底地把该委员会争取过来的措施的法令草案。全俄工人合作社理事会的请求仅仅在一件事情上得到了满足,这就是请求粮食人民委员部给予全俄工人合作社理事会25000万卢布贷款的财政援助。

列宁还是在关于合作社的第一个苏维埃法令草案中就规定了共产党和苏维埃国家对工人合作社的态度,并在《苏维埃政权的当前任务》一文的初稿中作了明确的阐述。列宁当时指出:"……工人合作社应当领导使各个合作社转变为统一的全民合作社的运动。工人阶级不应当脱离其他阶层的人民,而应当毫无例外地领导各阶层人民,把他们全部联

---

① 《列宁全集》第1版第28卷第421页。

合到统一的全民合作社里去。"①

当然，在列宁看来，对工人合作社的财政支援不是保持其独立存在的手段，也不是要使它同全民合作社相对抗的打算，而是在完全掌握合作社的道路上迈出的重要一步。这种支援应当是有助于工人合作社在更大程度上的团结，有助于其组织上经济上的巩固，有助于提高其在整个合作社运动（工人合作社是这个运动的一个组成部分）中的作用。

全俄工人合作社理事会要取消莫斯科苏维埃关于在首都建立统一的消费公社的决定这一企图实际上没有为人民委员会所接受。这一问题在1919年3月6日和7日的人民委员会会议上进行了讨论。在3月7日的会议上，"莫斯科问题"从日程表上被取消，而代之以"关于合作社"的问题。就在这次会议上任命了一个由尼·尼·克列斯廷斯基、维·巴·诺根和莫·伊·弗鲁姆金所组成的委员会，该委员会受托以列宁的提纲为基础来制定关于消费公社的法令草案。

列宁的提纲强调指出，迫切需要的是立刻改进在居民中分配产品和在联合苏维埃粮食局的分配站、工人消费合作社和各阶层合作社的基础上建立统一的供应机关的整个这一事业。进行这样的联合，是迫于粮食状况的困难，这些困难要求采取紧急措施来使全国免于饥饿、最大限度地节省人力和物力、严格按照苏维埃政权的粮食政策整顿整个分配工作。提纲在谈到必须建立统一的分配机构时说："特别紧迫的是，所有分配机关（主要分为三类：粮食机关、工人合作社和全民合作社）从一个来源取得大部分产品，而这三类之间的冲突在实践上却已经变成了事业的不可避免的障碍。"②

---

① 《列宁全集》第1版第27卷第198页。
② 《苏维埃政权法令汇编》1968年莫斯科版第4卷第491—492页。

同时，提纲特别说明了保留、发展和完善合作社机构的必要性。提纲说："联合现有分配机关，应当完全做到使群众性正规分配的主要机构，即合作社这个在资本主义制度下建立的并经过多年发展和实践经验检验过的唯一机构，不遭到破坏和不被抛弃，而成为新机构的基础，并得到保留、发展和完善。"① 提纲提出，在解决应以现有消费团体中的哪一种（工人消费团体或者全民消费团体）作为正在建立的消费公社的基础这一问题时，要看这两种机构中哪一种在技术上最完善，并授权由苏维埃政权所任命并对其负责的一个委员会来解决这个问题。

提纲规定了过渡到统一的消费公社的基本原则和实际措施。其中规定消费公社应当联合当地的所有居民。提纲说："所有的消费者都要按地区编入一个小商店；必须编入并且马上编入。"② 这一措施必将彻底地把合作社从入股者的特殊阶层的组织变为不必向公社缴纳股金的广大劳动居民阶层的真正群众性的组织。

根据提纲，只有那些按照俄罗斯苏维埃联邦社会主义共和国宪法规定享有选举权的消费者，才有权选举和被选入公社的管理委员会和监督委员会。这就必然清除公社的管理委员会和监督机构中的资产阶级，并把很少数旧的资产阶级首领所经营的合作社事业转交给广大的劳动群众。旧合作社的领导人，在公社管理委员会的监督下，可以作为专家使用。

提纲规定苏维埃政权机关有权向中央和地方的消费公社管理委员会派遣政治委员，其"职能为政治监督而无权干预业务"。提纲还规定监

---

① 《苏维埃政权法令汇编》1968 年莫斯科版第 4 卷第 492 页。
② 《苏维埃政权法令汇编》1968 年莫斯科版第 4 卷第 492 页。

督委员会成员"玩忽职守应受审判"①。这些措施把合作社这个经济组织置于苏维埃政权的监督之下，这种监督足以使合作社的发展符合工农国家的利益。

最后，提纲还规定了对那些具有"最大组织才能（表现为消耗人力物力最少而分配产品最正确最迅速，以及利用生产力来扩大产品的运送最出色）"②的消费公社负责人员实行物质鼓励的形式。

提纲所提出的这些措施，使得有可能达到列宁1919年1月17日在全俄中央执行委员会、莫斯科苏维埃和全俄工会代表大会联席会议发言中所提出的基本目的："必须善于同合作社机构中坏的上层分子进行斗争……同时一定要利用合作社机构，这样我们才不会丧失自己的力量，才能使这一机构统一起来，才能使共产党员利用自己的力量来进行政治工作和组织工作，并在技术上利用这一准备好了的机构——合作社机构。"③

分析和比较人民委员会2月27日、3月6日和7日会议的记录以及与这几次会议有关的材料和委员会起草、经列宁补充和修改的法令草案，可以有根据地推测，关于改组消费合作社的提纲是列宁于1919年3月6日在人民委员会会议结束以后写的。

在列宁提纲的基础上制定的关于消费公社的法令草案再一次送交弗拉基米尔·伊里奇审阅过，经他修改和补充后于3月15日提交人民委员会讨论，并于第二天即1919年3月16日通过。法令的引言完全照搬了列宁提纲的前三段，而法令本身则基本上就是把提纲中的具体建议改

---

① 《苏维埃政权法令汇编》1968年莫斯科版第4卷第492页。
② 《苏维埃政权法令汇编》1968年莫斯科版第4卷第492、495页。
③ 《列宁全集》第1版第28卷第371页。

写成单个条款。

人民委员会所通过的、奥·尤·施米特和 П.А.切戈达耶维（司法人民委员部部务委员）受人民委员会委托最后修订的《关于消费公社》的法令，由列宁在 1919 年 3 月 20 日即在俄共（布）第八次代表大会会议期间签署，刊登在《全俄中央执行委员会消息报》上。

*   *   *

列宁关于改组消费合作社的提纲对于制定共产党的合作社政策作出了重大贡献。提纲中的建议来自同饥饿和投机行为作斗争的迫切需要。后来，由于过渡到新经济政策，共产党没有实行提纲中所规定的许多措施。然而提纲是列宁制定合作社计划过程中的一个重要阶段，清楚地表明了列宁关于利用资产阶级合作社机构为无产阶级国家服务的观点。

（原载《苏共历史问题》杂志 1971 年第 10 期第 107—112 页）

（赵国顺 译　丁世俊 校）

图书在版编目（CIP）数据

马克思恩格斯列宁生平与事业研究Ⅱ／马瑞
主编．—北京：中央编译出版社，2015.11
（马克思主义研究资料／杨金海主编；32）
ISBN 978-7-5117-2863-0

Ⅰ.①马… Ⅱ.①马… Ⅲ.①马克思,K.(1818~1883)-生平事迹
②恩格斯,F.(1820~1895)-生平事迹 ③列宁,V.I.(1870~1924)
-生平事迹 ④马克思列宁主义-研究 Ⅳ.①A7 ②A8

中国版本图书馆 CIP 数据核字（2015）第 280508 号

马克思恩格斯列宁生平与事业研究Ⅱ

出 版 人：	刘明清
责任编辑：	杜永明
责任印制：	尹 珺
装帧设计：	田晗工作室
排版制作：	北京吉浪世纪制版科技有限公司
出版发行：	中央编译出版社
地 址：	北京西城区车公庄大街乙 5 号鸿儒大厦 B 座（100044）
电 话：	（010）52612345（总编室）　（010）52612342（编辑室）
	（010）52612316（发行部）　（010）52612317（网络销售）
	（010）52612346（馆配部）　（010）55626985（读者服务部）
传 真：	（010）66515838
经 销：	全国新华书店
印 刷：	山东鸿君杰文化发展有限公司
开 本：	787 毫米×1092 毫米　1/16
字 数：	506 千字
印 张：	40.75
版 次：	2015 年 11 月第 1 版第 1 次印刷
定 价：	240.00 元

网 址：	www.cctphome.com　　邮　箱：cctp@cctphome.com
新浪微博：@中央编译出版社　　微　信：中央编译出版社（ID：cctphome）
淘宝店铺：中央编译出版社直销店（http://shop108367160.taobao.com）　（010）52612349

本社常年法律顾问：北京嘉润律师事务所律师　李敬伟　问小牛
凡有印装质量问题，本社负责调换。电话：（010）55626985